언제나 영어본래의 모습대로 공부하는

게리오웬의

기본 영뇌

Garryowen's Basic Native Brain English

Garryowen J. Rhee 저

Vol. 2

Plant Your Brain,

BEis native brain,

and finally, IS native brain!

단, BAM영뇌와 F영뇌도 이들 속에 뇌화되어 작동되고 있어, 영뇌영어는 원어민이 하는 것과 똑 같다. 뿐만이 아니라, 영뇌영어는 이론적 체계, 학문적 체계, 실용성 모두를 갖추고 있다.

.. urging extreme caution to the readers and teachers :
이 책은 interactive 학습법으로 design 되어 있기 때문에 독자들은 반드시 free 감주를 간직해야 하고 vocal 감주 F3+E2 말하기를 실천해야 한다. 그리고 선생들은 일방적으로 강의만 하는 것이 아니라, 감주 BEis/IS 영뇌가 되도록 가르치고, 영어로 주거니 받거니 말을 많이 해야 한다.

추천 teaching 순서 : F영뇌→BAM 영뇌→영뇌세포만들기→twenty four 영뇌

For All Learners' and Teachers' English

.. 이 책은 모든 영어의 기초 기본서이다.
영뇌 상급자는 현장영어 또는 각종 시험영어를 하면서 이 책으로 공부하든지,
영뇌 초중급자는 이 책으로 공부하면서 현장영어 또는 각종 시험영어를 하는 게 좋다.
항상 병행하라. 가르칠 때도 같다. 이제 영어의 기본틀이 바뀌어야 한다.
특히 듣기, 말하기, 읽기, 문법의 기본틀이 이 책 속에 다 들어있다.

☺.. 매일매일 감주로 이해하거나 듣거나 말하여 free 감주를 간직하는 것이 영어공부다.

차세대 영어를 선도하는 영뇌영어, 영뇌란?

(한국사람으로서) 원어민 두뇌로 영어를 하는 것으로서 원어민 두뇌 그 자체[NB]를 말하며, 그래서, 원어민들처럼 이해하는 것만 촛점이 가 있는 것이 아니라, 영뇌로 듣고, 영뇌로 말하고, 영뇌로 쓴다. In concrete, 영뇌는 (영순대로 무한글 이해로서) BEis 또는 IS 영뇌다. 다시말하면 이런 것들을 바탕으로 해서 감각적 주파수로 이해하거나 듣거나 말하는 것이 영뇌다. 영뇌영어는 원어민이 하는 것과 똑 같으며, 영뇌를 쉽게 작동시키려면 읽거나 듣거나 공부하면서 생활 속에서의 뜻으로 free 영뇌를 간직하되, 특히 free (vocal) 감주를 많이 간직하라. 그러면 저절로 BEis/IS로 엮어지고 결국에는 영어도 우리말처럼 감주 일상적인 말이 된다. free 영뇌는 구속받지 않는 자유로운 영뇌로 문장내 뿐만이 아니라 문장간 free 영뇌도 가지되, 특히 아필(我必) free 감주는 반드시 가진다.

tip) 이 책은 문법책이 아니다. 영뇌, 즉 원어민 두뇌로 바꾸어 주는 영뇌서적이다. 그래서 영뇌영어는 소리부터 가르친다.
↳특히 천재두뇌로 바꾸어 주고, 원애 언어습득과 똑 같은 방법으로 영어를 익힌다.
↳영어 본래모습 + 언어소통 병행 학습서

NB English History
Berkeley English Language Research Institute Established in 1999
Changed into G English Research Institute in 2004
Changed into NB English in 2013
NB English ~ Now

Garryowen J. Rhee, an M.A. or MBA from Yonsei University
Garryowen J. Rhee의 영뇌 저서들
Nuance English, 1999
영어하산 리딩, 2004 영어하산 리스닝스피킹, 2004
BAM영뇌, 2010
영뇌영어 vol 1, vol 2, 2013 개정1판 2013, 개정2판 2018, 개정3판 2019, 개정4판 2023
기본영뇌 vol 1, vol 2, 2015 개정1판 2018, 개정2판 2019, 개정3판 2023

New Domains
www.nbenglish.co.kr or www.genglish.com

Garryowen의 기본영뇌 vol. 2 : 해설[듣고 말하기] ⇒ 유튜브 〉 영뇌영어 〉 동영상

First published August, 2015
Second Edition, 2018 Third Edition, 2019 Fourth Edition, 2023
Printed in South Korea

Contents

Preface

영어를 왜 한글로 이해하는 가? 해석은 이해의 부산물이지 영어를 이해하는 근본적인 방법이 아니다. 영어는 원어민들처럼 이해해야 한다. 이게 바로 영어공부이다. 엄밀히 말하면 한글로 해석해서 이해하는 것은 한글공부이지 영어공부가 아니다. 해석은 영어 정복의 최대의 적이자 방해물이다. 해석버릇을 고치지 않고는 영어를 절대로 정복할 수 없다.

그런데 과연 한국사람이 원어민들처럼 이해하는 것이 가능할까? 결론적으로 말하면 가능하다. 게리오웬에 의해 원어민 두뇌 실체가 밝혀졌기 때문이다. 그것이 바로 영뇌이다. **즉 BEis 영뇌, IS 영뇌이다.** 다시말하면 이런 것들을 바탕으로 해서 **감각적 주파수**로 이해하거나 듣거나 말하는 것이 영뇌다. 기계의 두뇌를 발견한 사람이 Steve Jobs와 Bill Gates라면 인간의 두뇌를 발견한 사람은 게리오웬이다.

좀더 구체적으로 말하면 **twenty four 영뇌와 free 영뇌, BAM 영뇌, F영뇌**를 통해서 원어민들처럼 무한글 상태에서 영어를 이해하거나 말한다. <u>특히 듣기와 읽기, 말하기, 쓰기의 비밀이 free 영뇌로 밝혀져 우리도 원어민들처럼 free 감주로 자연스럽게 할 수 있게 되었다</u>.

twenty four 영뇌를 크게 분류하면 연결설명어 영뇌와 비연결설명어 영뇌, 등맥설명어 영뇌, sign설명어 영뇌가 있다. **연결설명어 영뇌**에는 콤머유무 연결설명어와 콤머불관 연결설명어가 있고, 전자에는 관계대명사 영뇌, 관계부사 영뇌, 관계과분사 영뇌, 관계현분사 영뇌, 관계형용사 영뇌, 관계문장 영뇌가 있고, 후자에는 to부정사 영뇌, 전치사 영뇌, 종속접속사 영뇌, 종속문장 영뇌가 있다. 모두 10개이다. 그리고, **비연결설명어 영뇌**에는 원동사 영뇌, 과동사 영뇌, 현동사 영뇌, 일반과분사 영뇌, 일반현분사 영뇌, 조동사 영뇌, 관사 영뇌, 명사 영뇌, 일반대명사 영뇌, 동명사 영뇌, 일반형용사 영뇌, 일반부사 영뇌가 있으며 12개이다. 연결설명어 영뇌 10개와 비연결설명어 영뇌 12개, 여기에 등맥설명어 영뇌, sign설명어 영뇌를 포함시키면 twenty four 영뇌가 된다.

이제, 여러분들은 원어민들처럼 단어의 고유한 뉘앙스를 느낄 수 있고, 사전의 수 많은 뜻을 외울 필요도 없고, 사전에 없는 뜻도 원어민들처럼 만들어 낼 수도 있다. 단어의 실체가 밝혀졌기 때문이다. **그것이 바로 BAM 영뇌이다. 원어민들처럼 BNW 하나만 알면 된다.** 그러면 원어민들이 어떻게 표현해도, 아무리 어렵게 표현해도 원어민들처럼 쉽게 이해할 수 있거나 마음대로 자신있게 표현할 수도 있다. 그리고, **F영뇌가 있기 때문에 우리도 원어민들처럼 들을 수 있고, 감각적 주파수로 말할 수 있다. 특히 vocal 감주로 원어민과 똑 같은 말투를 구사할 수 있다.**

영뇌영어에서는 가정법, 화법, 수동태, 진행형, 완료형, 분사구문이라는 기능적 용어로 영어를 가르치지 않는다. <u>twenty four 영뇌로 그냥 단어의 뜻으로 바로 가르친다</u>. 즉 원어민들처럼 가정법은 원동사 영뇌의 **의미원성립**과 과동사 영뇌의 **의미과성립**으로 하나의 단어의 뜻으로 바로 처리하지 패턴으로 외우게 하지 않는다. 가정이 의미원성립과 의미과성립의 극히 일부라는 사실을 알게 되면 지금까지 여러분들이 얼마나 잘못 배워 왔는가를 알게 될 것이다. 화법도 시제일치로 해서 직접화법을 간접화법으로 고치는 식으로 이해시키지 않고, 원어민들처럼 바로 뜻으로 처리한다. 즉 twenty four 영뇌로 상황에 맞게 단어의 뜻대로 표현하도록 가르친다. **단어의 뜻만 정확히 알면 그것으로 끝이다. 단, 원어민들처럼 영순대로 이해하려면 버그단어는 기/설 값이 들어가야 한다.**

수동태와 완료형도 바로 일반과분사 영뇌의 event로 바로 처리한다. 원어민들이 처리하는 것과 같다. 능동태를 수동태로, 경험, 계속, 결과, 완료적 용법하면서 전환식으로 기능적으로 암기식으로 가르치지 않는다. 분사구문도 마찬가지이다. 부사절을 부사구로 고치는 식으로 이해시키지 않고, 원어민들처럼 바로 뜻으로 콤머유무 연결설명어로 바로 이해시킨다. **왜냐하면 관계과분사도, 관계현분사도, 관계형용사도 하나의 단어이기 때문이다.**

우리가 우리말을 배울 때 패턴식으로 암기하거나 기능적으로 고치거나 전환식으로 이해하면서 공부했는가? 언어는 단어의 뜻으로 이해하는 것이지 **원어민들도 그런 패턴식, 전환식, 기능적 이해는 갖고 있지 않다.** 그런 패턴식, 전환식, 기능식 이해는 영국사람들이 비즈네스를 하기에 좋게 지어낸 것에 불과하다. 영국사람들은 문화로서 경제를 일으키는 것으로 유명하다. 대표적인 예로 해리포터와 세익스피어가 있다. 시중에 나와 있는 영어책들은 영국사람들이 지은 것이 대부분이다.

이렇게 먼저 twenty four 영뇌와 free 영뇌, BAM 영뇌, F영뇌를 통해서 감주 BEis 영뇌, 감주 IS 영뇌를 익히고 영뇌청취[일명 감주청취]와 영뇌말하기[일명 감주말하기]를 통해 귀와 입을 열어 최종적 목표인 원어민 (두뇌)으로 만들어 주는 책이 기본영뇌이다. **그래서 이 책은 문법책이 아니다. 영뇌, 즉 원어민 두뇌를 만들어 주는 책이다.** 영뇌만 형성되면 말하기, 듣기, 토익, 토플, SAT, 수능, 내신, 공시, OPic, IELTS, — 등은 쉽게 해결된다. 이 학원 저 학원으로 자꾸 다닐 필요도 없다. **모두 영어를 이해하는 방법은 근본적으로 같기 때문이다. 그래서 기본영뇌는 모든 영어의**

기초 기본서이다. 기본영뇌를 갖추는 것이 영뇌 책이 하는 역할이고, 이것을 바탕으로해서 수 많은 표현을 읽고 듣고 말하고, 문제를 푸는 것은 여러분들 (스스로의) 몫이다. 게리오웬의 영뇌 서적에는 뉘앙스 잉글리쉬, 영어하산 리딩, 영어하산 리스닝 스피킹, BAM 영뇌, 영뇌영어 vol 1, vol 2, 기본영뇌 vol 1, vol 2가 있다. 여러분들의 두뇌가 영뇌로 되지 않고는 영어를 절대로 정복할 수 없다. 아무튼 영어는 영뇌 속에서 해결되어야 한다. 한뇌나 해석습관으로 해결하면 안된다. **한뇌에 영뇌가 지배하도록 하라. Plant your brain, the Basic Native Brain English!**

음력 정월 스무나흗날 March 14, 2015 *Garryowen J. Rhee*

CHAPTER Ⅲ

↗ **한뇌영어의 자연도태는 빨라지고 있다.**

원어민들처럼 쉽게 읽으려면 확실히 생활 속에서의 뜻으로 free 영뇌로 간직하되, free (vocal) 감주를 많이 간직하라. 간직시 我必 free (vocal) 감주는 반드시 간직한다. 머리 속에 free 감주가 많으면 저절로 BEis로 IS로 엮어진다.
영어는 free 영뇌의 조합에 불과하다. 읽기의 비밀이 바로 여기에 있다. ↘**애들이 언어를 습득하는 과정과 같다.**

tip)한글도 free 한뇌로 이해되거나 저장되어 있음 ※free 감주=free 영뇌의 말값

↗ ∵ **말[소리]자체/글자자체=뜻 + 생활 속에서의 뜻**

주의] 영뇌리딩=감주로 이해한다. ↗ **영어자체로 이해되는 것=감주, IS, BEis, free 영뇌, 의음/의자, 선인영뇌각인**
그러면 해석뇌가 발동하지 않고, Ekbe 문맥 토씨없이 저절로 영어자체로 충분히 이해가 된다. 잘 안되면 free 영뇌로 해서 감주로 이해한다. ↘영어자체 느낌과 한글로 이해하는 느낌은 다르다.
일반적으로 free 영뇌는 의율이 되는 대로 부분부분으로 하여 이해하는 것이다.

tip)영뇌=한글구조의 문맥 토씨없이 이해하는 것 — 예컨데 : You have a car할 때 you를 '당신'이라는 실체로 이해하는 것이지 '당신은' 하고 '은'을 붙여서 이해하지 않는다. a car도 '를/를 말이다'를 붙이지 않고 그 실체로 바로 이해한다. 다른 단어들도 마찬가지이다. 즉 영어자체로서 바로 이해가 되어야 한다. 그래서 have도 '가지고 있다'로 이해하는 것이 아니라, '가지고 있는 상황', 즉 소유 그 자체로 이해한다. 이런 것들이 감주로 자동설가 또는 설가로 읽혀지는 것이다. 그래서 영어도 한글처럼 쭉 읽어내려 갈수 있다.

그래서 단어 하나를 외우더라도 암기식으로 외우는 것이 아니라 생활 속에서의 뜻[소리]으로 free 영뇌로 간직해야 한다.

↗Monday를 그냥 월요일로 외우는 것과 실제 생활 속에서 월요일로 느껴지는[보이는] 것은 다르다.

.. IS 영뇌/Free 영뇌 : 생활 속에서의 뜻[소리]이므로 미국에서 살면서 얻어지는 뜻[소리]과 같다.
그래서, 미국에 가지 않더라도 영어 정복이 가능하다.

※미국에서 살지 않더라도 (생활 속에서의 뜻으로) 원어민과 똑같이 얻어지게 하는 뜻=IS + BNW[BAM]
미국에 살지 않더라도 (생활 속에서의 소리로) 원어민 말투를 내게[듣게] 하는 것=vocal 감주

.. IS 세상[세계] : 한글[해석]로 먼저 가지 않고, 생활 속에서의 뜻으로 IS 세상[세계]으로 먼저 간다.
생활 속에서의 뜻으로 IS 세상[세계]이 분명히 존재한다. 우리는 그곳으로 가면 된다.
그것이 바로 이해이자 영뇌다. 생활 속에서의 뜻으로 모든 단어는 자기 거주지가 있다.
※선인영뇌 각인=먼저 말에 먼저 영뇌로 각인되는 것
\+ 한글[해석]로 먼저 가지않고 바로 IS 세상[세계]으로 가는 것

↗ Australian gold medal → Australian goldmedal

↗**감주전개**=감주 /감주+단주 /단주+감주 /감주+감주 — 등

.. free 영뇌의군=감각적 주파수로 간직한다 : Stay at the hotel that has the new source.
— 그냥 영뇌의군으로 간직하는 것과 다르다. =Stayatthe hotel thathasthe newsource.
: 감주는 뒷말과 말하는 것이고 (강약) 감주 : ↓ (약=약약) + 단주 비약음 〃 : 가장 많음
이런 느낌 때문에 바로 이해작용 발생+저절로 기억 Stayatthe hotel : high definition camera
주의]단순히 연음으로 느끼면 바로 IS가 발생하지 않음 =highdefinition camera
소감주 **빅감주**

비연결설명어 영뇌

.. 감각적 주파수로 이해하면 읽기도 청취도 말하기도 쉽게 정복이 된다.
그래서 감주 리딩을 습관화 시켜라. 영어읽기와 한글읽기는 서로 다르기 때문이다.

⇨ 다른 free 영뇌와 조합이 되면 감각적으로 감각적 주파수[리듬]가 달라진다.
one lethal factor ···› onelethal factor : 여기에서는 one이 뒷말과 말하게 된다. (↗ 음수조절 감주) (↗ ∵ **Best 감주**)
하지만 여기에 "at least" free 영뇌가 붙으면 atleastone lethalfactor로 원어민들은 말한다.
여기에 또 "but there's" free 영뇌가 붙으면 Butthere'satleast onelethalfactor로 말하니 이런 리듬으로 두뇌가 적응되어 있어야 영어를 쉽게 읽을 수 있고, 듣기도 말하기도 가능해진다.
Butthere'satleast=버ㅌ데어젓리-스트 : IS로 이해가 실리니 한 단어처럼 말할 수 있고 그렇게 말해야 영어 빠르기가 나온다.
↳데어젓=약한 주파수 리-스트=강한 주파수 : 표현에 따라 약강/강약 주파수로 말해야 리듬이 생긴다.

more) considerate=컨씨더러트 ···› Be considerate=비컨씨더러트 : con이 앞쪽으로 붙었다=분리 감주=**고난도 감주**
It's a connected world=이ㅌ서 ···› It'sa connectedworld=강약/비약음 감주

.. 영뇌 상급자는 major 감주 또는 아필 감주로 이해한다. 나머지는 흡수식 이해다.

Chapter Ⅲ

Ⅲ. 비연결설명어 영뇌[Non-LEW NB]

.. 비연결설명어 영뇌란?	무한글 이해로 (연결의미가 없어 연결하지 않고) 그냥 앞말을 서술적으로 설명해 나가는 뇌, 즉 그냥 좌에서 우로 의미가 흘러가는 뇌 — 원동사, 과동사, 현동사, 일반과분사, 일반현분사, 조동사, 관사, 명사, 일반대명사, 동명사, 일반형용사, 일반부사 : 서술적 영뇌로 작동 (단, 관사=제한적 영뇌)

※영어는 단어에도 연결의미가 있다.

연결의미 뜻 관계를 알아야 어순정복이 쉽게 된다.

vs 연결 설명어 영뇌 — 일정한 대상을 정해놓고 연결시켜 설명해 나가는 뇌

- **콤머유무 연결설명어[콤머영뇌 작동/비작동 연결설명어]**
  =(무한글 이해로) 사람/비사람에 연결시켜 제한적/비제한적으로 설명해 나가는 뇌
  — **관계대명사, 관계부사, 관계과분사, 관계현분사, 관계형용사 + 관계문장**
  : 콤머 유무에 따라 제한적/비제한적 연결영뇌가 작동하는 뇌
- **콤머불관 연결설명어**
  =(무한글 이해로) 명(대), 동, 형, 문에 연결시켜 제한적/비제한적으로 설명해 나가는 뇌
  — **to부정사 /전치사 /종속접속사 + 종속문장**
  : 콤머 유무에 상관없이 제한적/비제한적 연결영뇌가 작동하는 뇌
  ※무한글로 이해하니까 IS로 이해할 수 밖에 없다.

□ **영어두뇌 작동[즉 원어민 두뇌작동]=ΣB → E i.e., Σ기 → 설**
— 기본어를 중심으로해서 설명해 나가는 뇌

□ **설명어 종류**=연결설명어(10개) /비연결설명어(12개) /등맥설명어 /sign설명어
: **twenty four 영뇌**—하루 24시간과 일치⇒ 생활 속에서의 뜻이자 표현되었을 때의 뜻

생활 속에서의 단어, 즉 생활 속에서의 표현 : T로 무장하기

cf]사전의 단어/단어장 단어=죽은 단어

tip)모든 문법단어들도 (BAM으로 생활 속에서의 뜻으로 해음/상음, 해자/상자로 만들어) 我必 free 감주로 간직하라. 이때 감주는 vocal음이고, 감주로 간직하면 저절로 기억되기 때문에 <u>암기부담도 없고</u>, BEis/IS 영뇌도 쉽게 발생한다. 그리고 twenty four 영뇌를 알아야 free 영뇌도 가능하다.
주의]단어의 뜻을 한글로만 보유하는 것은 별로 의미가 없다. <u>생활 속에서의 뜻이 반영된</u> IS로 보유해야 한다. 특히 BNW를 모르면 IS가 정확하게 작동하지 않는다.

□ **영뇌=BEis-Os /I-Os /S-Os 즉 BEis 영뇌 /IS 영뇌**
▸ **BEis 영뇌 종류**=서술적/제한적 영뇌 //제한적/비제한적 연결영뇌
▸ **기본 BEis 영뇌**= ① 가→ 설/설=독설뇌 — 독립적인 관계
② 가→ 설→ 설′=연설뇌 — 연속적인 관계

주의] 먼저 말에 먼저 영뇌각인이 되지 않으면 영뇌가 아니다. 특히 영뇌의군으로 이해시 주의하라.

↗연결의미 보유 ↗연결의미 미보유

tip)연결설명어=연결의미 vs 비연결설명어=비연결의미, 즉 서술적 의미/제한적 의미

↘제한적 연결의미/비제한적 연결의미

1. 원동사 영뇌[RTV NB]란 :

무한글 이해, 즉 IS두뇌로 조동사 /부정전치사 to /주어 /definition 동사를 본동사의미, 의미원성립으로 그냥 서술적으로 설명해 나가는 뇌

요컨데, 비연결설명어

또는 명령동사 /제목동사[동사상황 설명] /의미원성립으로 먼저 표현하는 뇌,

: 기본어 또는 전설 (단, 도치 의미원성립은 도치 하생각으로 전설)

▭ **원동사의 BNW**=자체의미 ▭ **원동사**=자체의미 /본동사의미 /의미원성립

→ **원동사**=to원동사/조동원동사/지각[사역]원동사 : 실제의미

명령원동사 : 실제의미

의미원성립원동사 : 비실제의미

▭ **시[시제]**

=원시 /현재 /과거 /미래 /event시 /진행시 /동명시

(event시=과분사 時 동명시=동사사실 時)

↗ Merriam-Webster 사전에서는 단어가 태어난 연도를 표기하고 있음

원시(原時)=태시(胎時)— 단어가 태어날 때의 時, 즉 자체의미의 時

사람에게 생일로서 태시가 있듯이 단어도 자기 생일시, 즉 태시가 있다.

▭ **원시**(原時 root tense)

=원동사의 BNW 시제로서 가장 기본이 되는 기시(基時) — 원시가 현동사, 과동사, 과분사, — 등으로 바뀜[적용 됨]. 그래서 원동사를 Root Verb라 함 ⇒ root, present. past. pp, — etc.

▭ **본동사 의미**=현재/과거/미래 속에서의 본동사의미 /일반적 본동사의미 /설명 본동사의미

∵ 원동사의 본동사의미=본동사의 본동사의미 (본동사=현동사/과동사/조동사)

tip) to부정사, 관계현분사의 본동사의미도 본동사의 본동사의미에 불과하다.

∴ 둘다=현과미 속에서의 본동사의미/일설 본동사의미

☞.. 영어이해 흐름대로 이해하거나 무한글로 이해하는 원천 기술은 기/설과 IS다.

1) 원동사 영뇌[RTV NB]

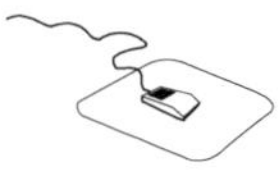

무한글 이해, 즉 IS두뇌로 조동사 /부정전치사 to /주어 /definition 동사를 본동사의미, 의미원성립으로 그냥 서술적으로 설명해 나가는 뇌

요컨데, 비연결설명어

또는 명령동사 /제목동사[상황설명] /의미원성립으로 먼저 표현하는 뇌 : 기본어 또는 전설

주어=조동사[지각/사역 동사], 즉 조지사 뒷주어 /의미원성립 주어 /명령주어

① 조동사를 설명해 나가는 뇌

↙서술적 영뇌

A.. All must /die /eventually. [or All must /die eventually.=기-->설]

영뇌=기-->설-->설′ : BEis-Os

or I + I + I : I-Os or S + S + S : S-Os .

영어[영순] 이해흐름을 유지하는게 Top Priority

How to Read[Speak]

=Allmust dieeventually. ⇒ 비약음 감주, 즉 감주+감주

: BEis/IS, 즉 설가뇌와 자동설가뇌로 되어 있는 것을 감각적 주파수로 이해한다.

즉 한 단어처럼 뒷말과 말하면 저절로 이해가 된다.

시동= vocal 감각적 주파수로

(BEis/IS 영뇌가 될 때까지) F3+E2 강하게 말하기

→ 여기서 원동사=미래 속에서의 본동사 의미

↗ **아필 free 영뇌의 소리값 → 아필 생활 속에서의 (뜻의) 소리값**

☜.. **我必 Free 감주 간직하기**=Must die eventually. or Die eventually.

시동=모든 것은 해야 한다. 죽는 것인데 종국에 가서는[종국적으로] 말이다.

⇒ **이런 Ekbe값을 IS값[무한글 이해/무한글 뜻]으로 바꾸어주면 IS, BEis 영뇌가 된다.**

말=DIe=DAi=slide 주파수 i=ai: 알파벳 음가

die=기력을 다하는 것으로서 죽는 것

[d: down 다하는 것 e: energy + no 's' 원형 자체의미 — 이것이 본동사 의미로 적용됨]

▸ All 뒤에 전치사 영뇌를 추가하면 :

A- E.. All on earth /must /die eventually.

영뇌==기-->설-->설′ : BEis-Os

or I + I + I : I-Os or S + S + S : S-Os

시동=모든 것, 상에 지구상에 있는 모든 것은 해야 한다. 죽는 것인데 종국에 가서는[종국적으로] 말이다. /모든 것, 상소(上所), 지구 상소에 있는 모든 것은 ------ .

☜.. **생활 속에서의 뜻=외국인과 생활하면서 느껴지는 뜻이자 실제로 적용된 뜻(≠사전의 원형적인 뜻)**

⇒ **영뇌 상급자는 IS로 생활 속에서의 뜻이 용해된 감주로 이해한다.**

↗ **free 영뇌의 소리값 → 생활 속에서의 (뜻의) 소리값 [≠사전의 원형적 소리인식]**

Free 감주로 이해/간직 하기 ⇒ All must. /Must die. /Die eventually.

/Must eventually. /All. /Must /Die. /Eventually. /-- etc.

*etc.=etcetera; and so on; and everything 주의)free 감주 간직시 감주 이해감도 같이 유지,

즉 감주 그 자체로 free 영뇌로 작동되어야 함

↗ free 감주 간직시 항상 vocal로 F3로 말하여 간직

▶ All must. 모든 것[만생(萬(生)]은 필히 해야한다. Must die. 필히 해야 하는 데 그것은 사(死)이다.
Die eventually. 죽는 것[기(氣)가 다하는 것]인데 종국에 가서는 죽는 것[기(氣)가 다하는 것](definition/제목/**상황설명**) /죽어라. -- (**명령**) : **본동사 의미** 죽는 것이 이루어지면 해요, -- : **의미원성립**
Must eventually. 반드시[필히] 해야 한다. 종국에 가서는 말이다 /필히 되는 데 : **의무/필요성/불가피성**
확실히[틀림없이] 이루어 질 것 같다. -- : **확실한 추측** Eventually. 종국적으로[결국에는] 말이다.

All. 만생/만생은 말이지 : **생명체** 만물(萬物) : **비생명체**
Must. 반드시/필히 해야 한다 : **의무/필요성** 틀림없이 (무언가) 인 것 같다 : **확실한 추측**
Die. 죽는 것(definition/제목/상황설명) /죽어라 /죽는 것이 이루지면 해요 : **일종의 원동사 free 영뇌**
죽었어요(발생현재) 죽어요(설명현재/일반적 현재) 죽는다(래발생현재) : **일종의 현동사 free 영뇌**

시동 목적=영어자체로 (무한글 이해) 느낌을 갖기 위한 것

⇨ 결국 이런 free 영뇌의 조합이 전체가 되고, 그러면 전체가 쉽게 영뇌 작동이 된다. 뿐만이 아니라, free 영뇌는 그것만으로도 하나의 말이 된다. 즉 전달요소가 된다. 그래서, 영어 전체 입장에서는 infml E도 영어다. **remember]** free 영뇌는 문장 뿐만이 아니라 문장 간에도 발생한다.

시동 종류=원애시동 /vocal음 /Free 영뇌 /F3+E2 /일상적인 생활 /Ekbe값 /†SIUM 말하기 /무한글 /BNW or 비한글 BNW /BAM /BEis 영뇌[=IS 설가뇌] /G토씨 /connotation /영뇌 기본자세 /패턴 /associate — 최종적인 영뇌, 즉 감주 IS 영뇌로 가기위한 시동의 종류 : 해석이 종점이 아니다.
↳현장 영어에서는 BAM과 associate를 모르면 시동을 걸수 없는 경우가 많다. 명심하라.

영어자체로 (무한글 이해) 느낌이 오는 것

조동사와 원동사 관계 **머리가 좋다는 것=의양두뇌 인지를 잘하는 것**
: 생각[마음]주의 기/설영뇌 or 개략주의 기/설영뇌

모든 것은 인간의 머리로 부터 결정되어 나오니 생각[마음]부터 먼저 뇌를 작동시킨다. 그래서 조동사를 원동사보다 먼저 작동시키는 것이다. 조동사의 BNW는 생각의미이다. 또는 조동사는 개략적인 단어이다. 개략적인 것을 먼저 표현하고 원동사로 구체적으로 설명해 나가는 뇌로 작동시켜도 좋다. 그리고 조동사를 원동사로 설명해 나가니 조동사가 오히려 본동사가 되고 원동사는 본동사가 되지 못한다.

천재들은 모든 것에 대해 의양두뇌 인지로 두뇌세포가 (나보다) 먼저 인지한다.

우리가 공부하는 것도 의양두뇌 인지를 위한 것이다.

eventually=부사주의 기/설영뇌에 의해 문두 전설뇌로 작동시켜도 좋다 : Eventually all must die.
↳ 시간[시기]/장소/빈도 부사=표현자의 뜻관계 의도에 따라 위치가 자유롭다.

영뇌 상급자의 BEST 이해법

(뇌화된 D두뇌 하에서 ↗ 특히 major 감주 또는 아필 감주로 의음 또는 의재[의양두뇌 인지]로) free 영뇌, 즉 free 감주로 감을 잡는다 : **천재들의 두뇌**
(↗Double 두뇌로 집중된 머리=명상머리 / 이해한다.)

tip)free 영뇌는 생활 속에서의 뜻이지 사전 속에서의 뜻이 아니다.
즉 사전의 원형적인 뜻이 아니라 실제로 적용된 뜻이다. 사전의 뜻은 free 영뇌의 뜻을 원형적으로 적어 놓았을 뿐이다. free 영뇌는 보이는 대로 들리는 대로 생활 속에서의 뜻으로 IS가 작동하는 영뇌이다.
↳ "This morning's top stories are on NBC today." 에서 This morning today, This morning top stories, morning's stories, top stories are, top stories on, are today, top stories NBC, morning's, This, on, are, stories로 어떻게 보이든[들리든] 생활 속에서의 뜻으로 IS가 작동하면 된다.

② 부정전치사 to [원동사 to]를 설명해 나가는 뇌

A.. She decided /to have /a medical exam.

영뇌=기-->설-->설′ : BEis-Os

or I + I + I : I-Os or S + S + S : S-Os

How to Read[Speak]

=Shedecidedto havea medicalexam. 〉 Shedecided tohavea medicalexam.

: 먼저 감각적 주파수로 이해한다. 그러면 저절로 이해된다. 이때 이해는 소리본체에서 느껴진다.

시동= vocal 감각적 주파수로

(자동 설가가 될 때까지) F3+E2 강하게 말하기

⇒ 여기서 **원동사=과거 속에서의 미래 본동사의미/미래 속에서의 본동사 의미**

(디**사**이디드투=cramp F + dot 점형 F **디사**이디드어=cramp F : t폐쇄와 비합성감주 **디사**이디더=cramp F : t폐쇄와 합성감주 해브어=slide F : 비합성감주 해버=slide F : 합성감주 투[터]해브어=cramp F 투[터]해버=cramp F)

(역순이해인) 지시동은 걸지마라.

이것은 Ekbe 시동에 의해 저절로 걸리니까.

.. 我必 Free 감주 간직하기=Decided to have an exam.

시동=그녀는 결정했어요, 대동[to하는 것, 즉] 받는 것인데 의료검진을 말이다. / -- , 즉 받기로

have=가지는 것으로서 받는 것 [h: hand 손아귀에 넣는 것 + no 's' 원형 자체의미]

tip] to **본토말=투/터/더/어/합성감주**

↘**합성감주일때 소리가 안나는 것이 아니라 합성감주로 소리나는 것**

마지막에 전치사 영뇌를 추가하면 :

A- E.. She decided /to have /a medical exam /in[at] the general hospital.

영뇌==기-->설-->설′-->설″ : BEis-Os

or I + I + I + I : I-Os or S + S + S + S : S-Os

시동=그녀는 결정했어요, 대동 받는 것인데 (어떤/어떤 하나의) 의료검진을 내소, 종합병원 내소에서 말이다/즉[직처] 종합병원에서 말이다. .. **문장뼈대**=기본어(She)+s동사(decided)+연결설명어(to)

주의]우리말에서는 보통 **'a의미' 가 전제되는 경우**가 많다.

Shedecidedto. Decidedto have. --etc

↗ Medicalexam. Amedical exam.

↗ **free 영뇌가 의군일 때는 (그냥 영뇌의군으로 간직하지 말고) 늘 감주로 간직하라.**

Free 감주로 이해/간직 하기 ⇒ She decided. /Decided to. /To have. /Medical exam. /Have a. /She decided to. /Decided to have. /A medical exam. /Have a medical exam[=Havea medicalexam]. /Exam she decided. /-- etc.

She decided. 그녀는 결정했어요. Decided to. 결정했는 데 (대동/그렇게/무언가) 하기로 말이다.

*그렇게/무언가=(연결설명 또는 연결대상으로서) to**의 단어** associate, **즉** to associate tip)Exam she decided. 검진인데 그녀가 결정한 것 : **관계문장**   검진을 그녀가 결정했다 : **서술문장**(목적어 도치)

To have. 대동[즉] 갖는 것 : **definition/제목/상황설명**   대동[즉] 갖는 것/가질 것/가진 것/가지니까 : **안내/연결**
대동[즉] 갖는다/가질 것이다/가졌어요 : **s동사 대용**

Medical exam. 의료검진/건강검진   Have a. 갖는 것[받는 것]인데 어떤 하나를 말이다.

She decided to. 그녀는 결정했는 데 (대동/무언가/그렇게) 하기로 결정했다.

Decided to have. 결정했는 데 (본동사의미 연결만 느끼고) 갖기로[받기로] 말이다.

A medical exam. 어떤 하나의 의료검진 ➾ 이때 " a " 는 어떤 내시경 검진인지 암검진인지 -- 모르겠으나 어떤 하나의 상황으로 보이면 된다.   tip)free 영뇌는 항상 (vocal) 감주로 간직하라.

Have a medical exam. 받는 것인데 의료검진을 받는 것 : **definition/제목/상황설명**
tip) **또다른** free **영뇌**=가졌어요[받았어요], -- : **발생현재**
//받아요, 의료검진을 말이다 : **설명현재**
//받아라, 의료검진을 말이다 : **명령 본동사의미**
//받는 것이 이루어지면 해요, -- : **의미원성립(소망/바람/요구/제안/주장 -- 등)**

tip)아필 감주로 scan하는 것
— 아필 감주로 빨리 각인 시키는 것

*have=갖는 것으로서 받는 것/먹는 것/마시는 것 -- etc.
: I had rice.   I had coffee.
vs take=취하는 것으로서 먹는 것 : I take a cough medicine.
I take herbal medicines.

↗ **☞.. major 감주=** She --- arrive -- 7 a.m..

B.. She is /to arrive /at 7 a.m..

영뇌=기-->설-->설′ : BEis-Os

major 감주로 skim한다.
즉 major 감주로 중요한 것만 각인시킨다.

↗분리 고난도 감주, 즉 이 문장에서 Key 감주

How to Read[Speak]=Sheistoa rriveat 7a.m.. or Sheis toarriveat 7a.m..
or Sheistoa/rriveat 7a.m.. : 먼저 감각적 주파수로 이해한다.

시동= vocal 감각적 주파수로
↳일종의 분리 감주 : anotherafew monthsa/go
↳다섯 단어를 한 단어처럼 말하는 감주
(자동 설가가 될 때까지) F3+E2 강하게
말하기 ⇒ 여기서 원동사=미래 속에서의 본동사 의미 | Free 감주 간직하기

(Sheistoa=쉬-이즈투어/이즈어/이저=retro-root F toarRive=투[터]어**라**이브/터**라**이브=cramp F SheistoarRiveat=쉬-이즈어/이저**라**이브애ㅌ[애트]=retro-root F+slide F+post 점형 F[small slide F] : 기본주파수가 변형된 새로운 조합주파수)

☞.. 我必 Free 감주 간직하기=She to arrive 7 a.m..

시동=그 여자는 인데, (대동/즉/to하는 것인데 즉) 도착 하는 것인데, 시간은 7시 오전이지요.

to로 연결해서 자신은 빠지면서 바로 본동사의미 '도착하는 것' 으로 두뇌를 작동시켜도 좋다. 이렇게 to를 Ekbe 해석한글 대신 그냥 '연결 또는 (기본어일 경우) 안내' 만 느끼고 IS 영뇌를 작동시키는 것을 비한글 BNW 시동이라 한다. to할 때 그 '연결 또는 안내' 까지도 무한글 이해로 스쳐가게 하는 것이 무한글 시동이다.

↗사전의 뜻만으로 부족+BAM(Associate)+(특히 설가뇌) 뜻관계 뜻+finally, 감주

☞.. 영어는 단어의 뜻만 정확히 알면된다.

대동/즉[to] 할때 연결 또는 안내 동사상황이 보이면 된다 : S영뇌

말=arRIve=arRAive=cramp 주파수
arrive=어떤 곳에 (굴러) 이르는 것으로서 도착하는 것
[a: at + rr: 이르는 것 or roll and roll + no 's' 원형 자체의미]

□ **to 부정사=to 원동사=to 본동사의미** : to 부정사는 문장 속에서 현동사, 과동사, 조동사를 또다시 표현하지 않고, 이런 본동사의미를 표현하기 위해서 태어 난 것이다. to 부정사가 별 것 아니다.

to + 원동사의 시동 대동[즉] 본동사 의미를 느끼는 것 /to에서 '연결' ['안내']만 느끼고 바로 본동사 의미를 느끼는 것 /↑to를 영어 그대로 느끼고 바로 본동사 의미를 느끼는 것 /to하되 (즉) 본동사 의미로 하는 것

∵ to=연결 또는 안내 의미 원동사=본동사의미
: I would like to go to see a movie.
나는 하겠어요, ok를 대동 가는 것에 즉 보러 가는 것에 (영화를) 말이다.

tip) 부정전치사의 대동=代動 /對動 : 연결영뇌일 때는 이을 '대(代)', 안내영뇌일 때는 안내 '대(對)'
cf]동명사 to=대상 '대(對)' 대동조동사할 때 대신 대(代) : 원동사를 대신하는 것

big tip)부정전치사 to=연결/안내 동사가 본동사의미인 것으로서 대동(代動/對動)
vs 일반전치사 to=방향대상이 동사사실의미와 EM인 것으로서 대동(對動)

③ 주어를 설명해 나가는 뇌

-- 조동사[지각/사역동사] 뒷 주어, 즉 조지사 뒷 주어 /의미원성립 주어 /명령 주어를 설명해 나가는 뇌

A.. Can /you have /my laundry done /by this evening?

영뇌=기→ 설→ 설′→ 설″ : BEis-Os
or I + I + I + I : I-Os or S + S + S + S : S-Os

How to Read[Speak]=Canyou havemy laundrydone bythis evening?
: 먼저 감각적 주파수로 이해한다.
기/설로 끊어 놓은 것은 영뇌로 뜻 관계를 단지 알리기 위함이니
이해하거나 말을 할때는 감각적 주파수로 하면 된다. ∵ **그렇게 해도 여전히 IS 설가뇌 유지**
시동= vocal 감각적 주파수로 (자동 설가가 될 때까지) ↳absolutely more) ☞ 기본영뇌 vol 1 p211
F3+E2 강하게 말하기 ⇒ 여기서 **원동사=미래 속에서의 본동사의미**
(캐ㄴ유↗=up-slide F : 중간 tail F 이브닝↗[니잉↗]=slide F + tail F 잉=내성음)

☞.. 我必 Free 감주 간직하기=Can you by this evening?

시동=가능한가, 네가 갖는 것인데[하는 것인데] 내 세탁물 완성을, 쯤에[근시] 오늘 저녁쯤에 [하는 것을] 말이다? ⇒ **영어는 항상 어느 부분을 보더라도 free 영뇌, 특히 free 감주로 이해되어야 한다.**
↳**그러면 감주 패턴이 눈에 보인다.**

☞.. 시동으로 (영어) 글자/말 자체에서 뜻이 보이거나 상황이 (머리 속에서) 보이면 된다 : IS 영뇌

⇒ 이런 Ekbe값을 무한글 이해/무한글 뜻으로 바꾸어 주면 IS 영뇌 또는 BEis 영뇌가 된다. 이때 주의할 것은 IS 또는 BEis 작동시 영어자체로 바로 해작용이 발생해야지 한글이나 한글 구조 형태의 이해느낌을 가지면 안된다.

즉 영어구조대로 그냥 있는 그 위치에서 무한글로 영어 그 자체에 의해서 저절로 또는 바로 이해가 되어버리거나 해가 우러 나오든지 앞방으로 A상황이 보이면 된다. 이것이 바로 **IS 영뇌**이고, 이런 것들이 설명해 나가는 관계로 작동하면 **BEis 영뇌**가 된다. 머리가 나쁜 사람들은 글자[소리] 자체에서 바로 해작용이 발생하지 않고 잡념이 들어간다.

결국 영어도 글자[소리]에 의해서 있는 그 위치에서 무한글로 이해되는 것이고, 한글도 글자[소리]에 의해서 있는 그 위치에서 무영어로 이해되는 것이다. 특히 감각적 주파수로 이해하면 저절로 의음/의자로 이해된다.

그래서 **완전한 감주 IS 영뇌 경지가 되면** 영어와 한글 구분없이, 즉 영뇌와 한뇌 구분없이 양쪽 언어를 마음대로 구사할 수 있다. 처음에는 머리 속에 한뇌와 영뇌가 공존하나 결국에는 그 벽이 없어진다는 것이다. **우리는 영뇌가 한뇌를 지배할 때 하나로 된다.** 마치 다문화 가정 애들이 두 가지 언어를 구사하는 것과 같다.

> **말**=HAve=slide 주파수
> have=갖는 것으로서 하는 것, 즉 소유로서 하는 것 vs do=실행으로서 하는 것
> vs be=있는 것으로서 하는 것 : **동동사** (⇐ **be동사=상동사/동동사/동질동사)**
> : Be careful. **시동**=있게 하라, 주의하는 마음을 말이다 --〉하라, 주의하라.
> **The concert was last night.** Your purchase was successful. **시동**=있었다/했는데
> by=옆 시간으로서 쯤에/근시(近時) -- 쯤에 [b〉p : 옆]

laundry 앞에 일반형용사 영뇌를 추가하면 :

A- E.. Can /you have /my dirty laundry done /by this evening?[≠clean]

영뇌=기--〉설--〉설′--〉설″ : BEis-Os

or I + I + I + I : I-Os or S + S + S + S : S-Os

시동=가능한가, 네가 갖는 것인데[하는 것인데] 나의 더러운 세탁물 완성을, 쯤에[근시] 오늘 저녁쯤에 [하는 것을] 말이다? ☞.. **문장 뼈대**=기본어/s동사(Can) + 연결설명어(by)

Free 감주로 이해/간직 하기 ⇒ Can? /Can you? /Can you have? /Have my laundry done? /By this evening? /Laundry done by this evening? /My laundry done by? /Can by this evening? /-- etc.

= 원어민처럼 마음대로 이해할 수 있는 원천기술이 free 감주/free 영뇌다 =

.. Ekbe 시동[영어본래의미] 또는 감주로 이해되어야 영어승차감이 나온다.

Can? 가능한 가/할 수 있는 가? tip) **또다른 free 영뇌** [.]=가능하다/할 수 있다.

Can you? 가능한 가, 당신은 말이다? Can you have? 가능한 가, 당신이 갖는 게 말이다?

Have my laundry done? 갖는 것인데 내 세탁물 완성물을 말이다?

tip) **또다른 free 영뇌** [.]=가지고 있어요, 내 세탁물이 다 된 것을 말이다.

By this evening? 쯤에 오늘 저녁 쯤에 말이다? tip) **또다른 free 영뇌** [.]=쯤에 오늘 저녁 쯤에는 되지.

Laundry done by this evening? 세탁물 완성을 쯤에 오늘 저녁 쯤에 말이다?

tip) **또다른 free 영뇌** [.]=세탁물이 완성되는 데 쯤에는[근시] 오늘 저녁 쯤에는 된다.

Can by this evening? 가능한 가, 쯤에는[근시] 오늘 저녁쯤에는 말이다?

My laundry done by? 내 세탁물 완성을 어떤 시기 쯤에는[근시에는] 말이다?

*어떤 시기=**단어** associate, **즉 전치사** associate

tip) **또다른 free 영뇌** [.]=내 세탁물 완성이 어떤 시기 쯤에는[근시에는] 된다.

major 감주로 skim한다.

B.. What did /you come /for?

영뇌=기→ 설→ 설′ : BEis-Os ↘ **.. major 감주=** What --- come for?

How to Read[Speak]=Whatdidyou comefor? : 먼저 감각적 주파수로 이해한다.

시동= vocal 감각적 주파수로 (자동 설가가 영뇌가 될 때까지) F3+E2 강하게 말하기

⇒여기서 **원동사=과거 속에서의 (동시점 발생) 본동사 의미** | **Free 감주 간직하기**

(워ㅌ디드유/쥬=slide F: 비합성/합성 감주 컴포-[포오]=stair F : 약음장음과 내성음 /컴퍼=slide F)

↳ wh-의문문 마지막 단어는 자기 주파수대로 소리낸다.

.. 我必 Free 감주 간직하기=You come[came] for? ↗**이렇게 뼈대가 잡히니** you come**은 지각[사역] 동사뒤 원동사처럼 느껴진다.**

시동=무엇이었지, 네가 오게된 이유말이야? **.. 문장뼈대**=기본어(What)+s동사(did)+연결설명어(for)

말=COme=post점형 주파수 ↗The country (is) coming together. 국가란 가는 데 함께 가는 것이다.

↗gerund : U.S withdrawal abandoning allies.: **일종의 free 영뇌**

come=(관심 쪽으로) 가깝게 움직이는 것으로서 가까이 가는 것/오는 것

[c〉 ➡ 〉 ↘ : 가깝게 접근하는 모양 + o: 움직이는 것 or m: move+no 's' 원형 자체의미]

vs go=멀어지게 움직이는 것으로서 (떠나) 가는 것 (vs leave=남겨 두고 떠나는 것)

[g 〉g 〉 *g* 〉 ↗ : 멀어지는 모양 o: 움직이는 것 + no 's' 원형 자체의미]

그래서, 대전 쯤가서 'I'm coming to Seoul' 로 말하나 'I'm going to Seoul' 로 말하나 전달결과는 같다할지라도 **접근하는 뉘앙스가 다르다.** 전자는 '가까이 가고 있다' 는 말이고, 후자는 '(이곳을 떠나) 가고 있다' 는 말이다. *go E-BAM=가는 것으로서 진행하는 것/시작하는 것 - 등

add] bring vs take도 come vs go와 같은 개념 -- bring=(관심 쪽으로) 데리고/가져 가다[오다]

: Bring your friend to the party. Let's bring FIFA forward together.

come : **원동사**=자체의미/본동사의미/의미원성립 **현동사**=현재의미 **과분사**=event
came : **과동사**=실제과거/의미과성립
ex]goes=가다 went=갔다/갔으면 해요 gone=간 것(↳event) go=가는 것[간 것/갈 것]/가면해요 (↗현과미 속에서의 본동사의미, ↳자체의미)
for=해당사항으로서 해당이유
did=과거 대동의미로서 이었지 [d: 대동의미 id 엳>었: 과음가 or d: did 실제과거 suffix]
do=현재 대동의미로서 하지/이지/있지 [d: 대동의미]
: What do you want? **시동**=무엇이지/무엇이 있지 네가 원하는 게 말이야?

□ 과동사의 과거상황과 원동사의 과거상황은 서로 접근하는 뉘앙스도 다르고, IS도 달라진다.

전자=실제과거로서 과거형 과거상황
후자=과거 속에서의 본동사의미로서 원형 과거상황
: He saw her lock the door. saw=과동사 과거상황 -- 보았다
lock=원동사 과거상황 -- 과거 그때 잠그는 것 : **과거 속에서의 (동시점 발생) 본동사 의미**

C.. Do /you like to /pay /a charge card?

영뇌=기→ 설→ 설′ → 설″ : BEis-Os

How to Read[Speak]=Doyou liketo paya chargecard?
: 먼저 감각적 주파수로 이해한다. 영뇌 상급자에게는 감각적 주파수는 주로 I영뇌로 작동한다.
시동= vocal 감각적 주파수로 ↗**그러면 영어말투가 형성되고 영어말투에 익숙해진다.**
(자동 설가가 될 때까지) F3+E2 강하게 말하기
→ 여기서 원동사=현재 속에서의 본동사의미 | Free 감주 간직하기

: yes-no 의문문 마지막 단어는 tail F로 소리낸다. ☞.. **문장 뼈대**=기본어/s동사(Do) + 연결설명어(to)
(두**유**↗ 라이ㅋ터 페이어 차-[차아]쥐카-[카아]**드**↗ =up-slide, 즉 중간 tail F /slide /slide /retro-root F /line 점형 + tail F)
☞ liketo=LIketo=slide F paya=PAya=slide F : 감주로 말하면 극저음 감주 (to/a)도 저절로 의음/의자로 이해가 실린다.

☞.. **我必 Free 감주 간직하기**=Do you pay a charge card?
시동=그런가, 당신은 좋은 가, 지불하는 것인데 요금지불 카드로 해서 말이다?
/그런가, 당신은 Ok하는 가, 지불을 요금지불 카드로 하는 것에 말이다?

말=DO=post점형주파수 o: u=감정음가 like=LIke=slide 주파수
do=대동의미로서 그런가 cf] do 영뇌=대동의미와 일반동사의미 ☞**영뇌영어 vol 1 p59**
like=좋은 모습에 기뻐하는 것으로서 좋아 하는 것
/좋은 가로서 ok하는 것[의견개진] /좋다고 하는 것으로서 ok[want]하는 것
[l: 쭉 잘 빠진 모습 + k: 기뻐하는 것 + no 's' 원형 자체의미]
vs fond=adj. 마음에 들어하는 것으로서 좋아하는 것 [f: friend처럼 마음에 들어하는 것]

☞.. **선생들은 일방적으로 가르치기만 하지말고, 영어로 (특히 5W1H로) 주거니 받거니 말을 많이하라.**

do=보통 대동의미으로서 그런 가[하지/이지/하다/있다] //강조 대동의미로서 (정말로) 하다

Did you love me? What did you want? I did not like. : **의문문과 부정문**

// I (really) did/do love you. I, Donald John Trump, do solemnly swear.

I never (really) did love her. : **긍정문과 never 부정문**

-- '정말로' 는 개략적 강조 대동사 associate이므로 really 표현도 가능

↳ '했어요, 사랑을 말이다' → '정말로 했어요, -- .' 라는 의미

[=I never loved her. : **보통표현**] charge card=요금지불 카드, 즉 credit card에 해당

타동사의 associate는 '무엇' 이지만 목적어를 쓰는 것과 같다.

D.. We heard /him lock /the door. : 관습적 E

영뇌=기→ 설→ 설′ : BEis-Os

How to Read[Speak]=Weheardhim lockthe door.

: 먼저 감각적 주파수로 이해한다. 감주는 남들보다 머리를 빨리 쓰는 것이다.

시동= vocal 감각적 주파수로

(BEis/IS 영뇌가 될 때까지) F3+E2 강하게 말하기

→ **여기서 원동사=과거 속에서의 (동시점 발생) 본동사의미**

(위-허-드힘 라ㅋ더 도어=line 점형 F + retro-root F + slide F + slide F)

※감각적 주파수=생활 속에서의 뜻이 용해된 대부분 I값이다.

☞.. **我必 Free 감주 간직하기**=Door heard to lock.

시동=우리는 들었어요, 그가 (그때) 잠그는 것인데 문을 말이다.

*잠그는 것=(heard와 같은) 현재형 과거상황 | **Free 감주 간직하기**

말= LOck=라ㅋ/라크=post점형 /slide 주파수

lock=key로 닫는 것으로서 잠그는 것

[c: close + k : key + no 's' 원형 자체의미]

▭ 바로 지각작용/사역작용을 일으켜야 하기 때문에 원동사로 바로 작동시키는 뇌로 굳어졌다 : **관습적 StE**

- He saw at least one bus and close to a dozen motorcycles plunge into the Mahakam River. Several cars were mangled, he said.

close to=가까이 되는 데 대자 어떤 숫자까지 가까이 되는 것 : 부사의 전치사 설주

close=adv. to=방향대상으로서 대자 -- 까지

close to a dozen /motorcycles **영뇌의군**

=설-->기 : 가까이 되는 데 대자 12대 까지 가까이 되는 모터 사이클

: at least 24 /children=about 24 /children at least/close to=**부사의군**

E.. My parents might /let me have /more.

영뇌=기→ 설→ 설′ : BEis-Os

How to Read[Speak]=Myparents might letme havemore. : 먼저 감주로 이해한다.
대개 부분 감주[free 감주]로 저절로 엮어지는 것이지 내가 엮는 것은 아니다.
시동= vocal 감각적 주파수로
(자동 설가가 될 때까지) F3+E2 강하게 말하기
⇒ 여기서 **원동사** let/have=**미래 속에서의 본동사의미**
(마이**페**어런스=small slide F + slide F : t폐쇄) | Free 감주 간직하기

.. 我必 Free 감주 간직하기=My parents might let me.
시동=내 부모님들은 허락할 것같다. 하도록 하는 것인데 내가 먹도록 더 많이 말이다.

말=HAve=slide 주파수 a: 애=강한 감정음가
have=갖는 것으로서 먹는 것/마시는 것/피우는 것
: I had lunch. I had coffee. I had a cigarette.

Plus 1] 관습적 사역동사=망명가시다 : make/bid/have/let

단, get=사역동사, 즉 사역의미가 될 때도 있으나, 관습적 사역동사가 아니다. 그래서 to를 쓰는 것
: 비관습적 사역동사 cf]optional 관습적 사역동사=help
: Please get her to come here.
시동=제발 그렇게 하도록 하라. -- 오도록 --. *그렇게=**단어** associate, **즉 원동사** associate

Plus 2] 동사=자동사/타동사, 상동사/동동사, 사역동사/비사역동사

--영어는 일형태 다의어 뇌이기 때문에 하나의 동사가 동사에 따라 이렇게 각각 두 가지 뜻 가능

a.. He had his purse stolen. : **비사역 의미** (had=가졌다로서 당했다)
시동= 그는 당했다. 지갑도난을 말이다.
: stolen=**일반과분사 영뇌 -- 비연결설명어** : 목적보어로서 동사와 앞명사 관계함
vs stolen=**관계과분사 영뇌**[=which was] -- **연결설명어** : 앞명사만 관계함
: 그는 가졌다. 지갑인데 도둑 맞은 지갑을 말이다 -- 결국 찾은 것이다.

b.. I had the roof fixed. tip)사역동사/지각동사 뒤 to 부정사를 쓸 경우 원동사를 쓰는 것이다.
▭ **사역의미인 경우** 문맥에 따라 과분사 또는 현분사도 올 수 있다.
⇒ 시동=나는 하게 했다. 지붕을 고치도록 말이다 -- 과분사를 주체 입장에서 해석
/지붕이 고쳐지도록 말이다 -- 과분사를 피사체 입장에서 해석
fixed=**일반과분사 영뇌 -- 비연결설명어** : 목적보어로 동사와 목적어 둘다 관계함
▭ **비사역의미인 경우** ⇒ 시동=나는 갖게 되었다. 지붕인데 고쳐 진 지붕으로 말이다.
fixed=**관계과분사 영뇌 -- 연결설명어**[=which was] : 지붕만 관계함

c.. You are so lucky to have him to cling to.

▭ **비사역의미--him만 to로 연결시켜 설명해 나가는 뇌 : have 동사와 관계없음**

시동=너는 정말로 운이 좋아요, 있으니, 그 놈, 즉 붙들고 늘어질 그 놈이 있으니 말이다.

*마지막 to=방향 대상으로서 그 놈 are= 동질[동질연결]로서 '는'

비사역 원동사 영뇌

비사역으로서 원동사 영뇌를 작동시키는 경우 : 발전 English(로서 관습적 E)

- He had his wife <u>die</u> last year.

  아내를 죽게 했다가 아니다. 습관적 사역동사에서 발전된 발전 English이다.

  시동=그는 당했어요, 자기 wife가 죽은 것/사(死)한 것을 지난해에 말이다.

  ➧ die=과거 속에서의 발생 본동사 의미

F.. He rest /in peace!

영뇌=기→ 설 : BEis-Os

How to Read[Speak]=Herestin peace! or Herest inpeace!

: 먼저 감각적 주파수로 이해한다.

시동= vocal 감각적 주파수로

(자동 설가가 될 때까지) F3+E2 강하게 말하기

⇒ 여기서 **원동사=의미원성립으로서 기원의미/소원의미**

.. 我必 Free 감주 간직하기=Rest in peace! | Free 감주 간직하기

시동=그대여 푹 쉬는 것이 이루어지기를[잠드소서]! 속에서/내자 평온 속에서!

말=REst=slide 주파수 e: 에=철자음가

rest=멈추고 푹 쉬는 것으로서 휴식하는 것/잠드는 것 [r: relax st: stop + no 's' 원형 자체의미] 이것을 의미원성립으로 적용시키면 '-- 지기를/잠드소서'

[r: relax st: stop + no 's' 원형 + under 의미원성립]

: God love you all! 시동=신이여 사랑하옵소서, 여러분 모두를 말이다!

Everyone stay with me! 시동=머물면 좋겠어요, 동자 우리와 함께 말이다! : **바람**

big tip) 1. IS 영뇌가 형성된 사람들에게는 글자 또는 소리에 의해서 (무한글로) 바로 이해가 되지, <u>내가 먼저 이해하는 것은 아니다.</u> 영뇌 상급자는 의음/의자 감주 두뇌로 이해한다.

2. 일반적으로 청취는 의음(依音)이고, 읽기는 의자(依字)이다.

↳ 의음=소리에 의해 (무한글로) 이해되는 것 의자=글자에 의해 (무한글로) 이해되는 것

↳ 감각적 주파수로 이해하면 저절로 의음/의자로 이해가 된다.

↳ 의음/의자는 의양두뇌 인지로서 일종의 두뇌세포 선인지이자 선인영뇌 각인이다.

↳ 의음/의자에는 무부 의음/의자도 있다. ※무부(無不)=모르거나 알듯 모를듯 하는 것

G.. If /it /rain tomorrow, //we'll /stay at home.

영뇌=전설→ 설′ → 설″ ⇨ 기→ 설 : BEis-Os

How to Read[Speak]=Ifit raintomorrow, we'll stayathome. [or we'llstay athome]

: 먼저 감각적 주파수로 이해한다.

시동= vocal 감각적 주파수로 (BEis/IS 영뇌가 될 때까지) F3+E2 강하게 말하기

→ 여기서 **원동사=의미원성립으로서 가정의미** ☞.. **문장뼈대**=전설 연결설명어(If)+기본어(we)+s동사('ll)

(위ㄹ 스**테**이애(ㄹ)호ㅁ[호움]=post 점형 F + cramp F + post 점형 F + post 점형 F or slide F **주의]**애로 초성과 중성을 강하게 내면 저절로 약한 단타 (ㄹ)가 생겨 ho 음가에 첨가=**약한 단타음 첨가** home=HOme : 빠르게 리듬을 주면 ou는 단모음화가 되어 slide 주파수가 post 점형 주파수로 바뀐다 : **변형 주파수**)

☞.. **我必 Free 감주 간직하기**=If it rain, we'll stay.

시동=만약에/약자(若者) 날씨가 비가 오는 것이 이루어지면 내일 말이야, 그렇다면 우리는 할 것이다. 머무는 것인데 집에 말이다. ＊그렇다면=**문맥** associate | **Free 감주 간직하기**

말=RAin=slide 주파수 **rain**=주룩 주룩 떨어져 담기는 것으로서 비가 오는 것, 이것을 의미원성립으로 적용시키면 '-- 이루어지면'

[r: drops in: 내로 들어가는 것으로 (지구에) 담기는 것

+ no 's' 원형 자체의미 ⇒ + under 의미원성립] ❖ if=가정/가상/조건 종맥과 그 실체

H.. People urged /that the restrictions be /lifted.

영뇌=기→ 설→ 설′ : BEis-Os

↱ **음수조절 감주** ↰

How to Read[Speak]=Peopleurged thatthe restrictions belifted.

: 먼저 감각적 주파수로 이해한다.

시동= vocal 감각적 주파수로 (자동 설가가 될 때까지) F3+E2 강하게 말하기

→ **여기서 원동사=의미원성립 -- 바람의미** | **Free 감주 간직하기**

(리스트**리**ㅋ션스/리스트**리**ㅋ션=small slide F + cramp F : 여기서 복수 sign은 비폐쇄 또는 폐쇄 ∵ n=치경음이자 비음이기 때문)

☞.. **我必 Free 감주 간직하기**=Restrictions be lifted!

시동=국민들은 촉구했어요, 즉 규제들이 이루어지면 하고 철폐되는 것으로 말이다[-- 되면 하고, 철폐되면 하고 말이다]. / 즉 규제들에게 생기면 하고, 철폐되는 일이 생기면 하고 말이다.

tip) ‖ go(원동사) /goes(현동사) /went /gone /going(현분사) /going(동명사)의 **보통의미**

: 가는 것[간 것/갈 것] /간다 /갔다 /간 것 /가고 있는 것 /가는 것을 하는 것

‖ be /is /was /been /being(현분사) /being(동명사)의 **보통의미**

: 있는 것[있었던 것/있을 것] /있다 /있었다 /있었던 것 /하고 있는 것 /있는 것을 하는 것

: He is being a father. 있는데 즉 하고 있는 데 아버지 역할을 하고 있다 : **현분사**

His mission is being there. 그 사람의 임무는 인데 있는 것을 하는 것인데 거기에서 말이다 : **동명사**

vs to go 대동 가다[갔다/갈 것이다] to be 대동 있다[있었다/있을 것이다] : to **부정사 -- s동사 대용**

말=be=dot 점형 주파수 or Be=비이=내성음 slide 주파수 이=내성음
be=보이는 것이 있는 것으로서 있다 /is 동질/동질연결로서 이다
이것을 의미원성립 시키면 ⇒ '이루어지면 하고 /되면 하고 /생기면 하고'
[b: 보이는 것(e=eye) e〉i: is, 즉 보이는 것이 있는 것으로서 '있다'
or e〉i: is 이다로서 동질/동질 연결
+ no 's' 원형 자체의미 ⇒ + under 의미원성립]

vs 의미과성립= -- that the restrictions were ---.
= --- , 즉 규제들이 이루어 졌으면하고 철폐되는 것으로 말이다.
/ --- , 되었으면 하고, 철폐되었으면 하고 말이다.
/ --- , 생겼으면 하고, 철폐되는 일이 생겼으면 하고 말이다.

↗ **.. major 감주=** --- give blood, ---- save a life.

I.. You give /blood, I and I you'll /save a life.

영뇌=기→ 설 ⇨ 등전설 ⇨ 기→ 설 : BEis-Os

↗ **콤머붙임 고난도 감주, 즉 이 문장에서 Key 감주**

How to Read[Speak]=Yougive bloodand you'll savea life.
: 먼저 감각적 주파수로 이해한다.
시동= vocal 감각적 주파수로
(자동 설가가 될 때까지) F3+E2 강하게 말하기
⇒ 여기서 **원동사=현재/미래 속에서의 명령 본동사 의미**

(애ㄴ/애ㄴㄷ 유얼 세이브어/세이버 라이프=post 점형/slide F + slide F + slide F + slide F
And=d 폐쇄 (∵ n=치경음+비음) 또는 비폐쇄 you'll=어화
세이브어/세이버=약음 비합성/합성 감주: a=앞으로 또는 뒤로 붙임) I **Free 감주 간직하기**

.. 我必 Free 감주 간직하기=Give blood, and you'll save.
시동=여러분들은 주세요, 피를 말이다. 그러면 여러분들은 하게 될 것이다. 구하는 것인데 한 생명을 말이다.

말=GIve=slide 주파수
give=g로서 주는 것[g: 주는 것 + no 's' 원형 자체의미]

④ definition 동사를 설명해 나가는 뇌

A.. pout verb
/push (the lips or the lower lip) forward esp. /to show displeasure I or I to attract sexual interest

영뇌=가→ 설→ 설′ ⇨ 등설 ⇨ 설′ : BEis–Os
or I + I + I + I + I : I–Os or S + S + S + S + S : S–Os

> **How to Read[Speak]**
> =pout, pushforward esp. toshow displeasureor toattract sexualinterest.
> : 먼저 감각적 주파수로 이해한다. 감주로 이해하면, 먼저 저절로 말[소리]자체 또는 소리본체로 이해된다. 이게 바로 감주 의음/의자이다.
> **시동**= vocal 감각적 주파수로
> (의음/의자가 될 때까지) F3+E2 강하게 말하기
> → 여기서 **원동사 push=일반적[일반적 설명] 본동사의미**
> (투어트래ㅋ트=small slide F + small slide F + cramp F : tt중 앞 t폐쇄)

.. 我必 Free 감주 간직하기='pout', push forward to attract sexual interest.
시동=pout란 내미는 것인데 앞으로 내미는 것이다. 특히 보여주기 위해서 불쾌감을 보여주기 위해서 그렇게 하거나 끌어보려고, 성적 관심을 끌어보려고 그렇게 하는 것이다.
*그렇게 하거나/그렇게 하는 것이다=**문맥 associate 단, show/attract=일반적 설명 본동사의미**

> **말**=POut=slide 주파수 o: 아=감정음가
> pout=관심을 끌기위해 입을 내미는 것으로서 삐죽 내미는 것
> [p: push ou: mouth t: attract + no 's' 원형 자체의미]

부정전치사 영뇌로 작동시켜도 좋다 : to push –– (optional 관습적 E)
to로 definition 동사에 연결시켜 설명해 나가면서 정의를 말해도 좋다.

definition을 달리 표현하면 :

B .. pout verb
/to push out your lower lip /because you are annoyed or unhappy,
I or I in order to look sexually attractive
영뇌=가→ 설→ 설′ ⇨ 등설 ⇨ 설′ : BEis–Os
or I + I + I + I + I : I–Os or S + S + S + S + S : S–Os
| Free 감주+我必 Free 감주 간직하기

시동=pout란 to하는 것, 즉 미는 것, 밖으로 미는 것인데 여러분의 아랫 입술을 밖으로 미는 것이다. 왜냐하면 여러분들이 성가시거나 행복하지 못하기 때문이고 아니면 하기위해서 즉 달성하기 위해서, 즉 처럼 보이는 것, 성적인 관심을 끄는 것처럼 보이는 것을 달성하기 위해서 그렇게 하는 것이다. *그렇게 하는 것이다=**문맥 associate**

Free 감주로 이해/간직 하기 ⇒ Pout. /Push forward. /To show displeasure. /To attract sexual interest. /Push forward to show displeasure. /The lips or the lower lip forward. /The lips or the lower lip forward to attract sexual interest.

Pout. 입을 뽀쭉/삐쭉 내미는 것 (definition/**제목/상황설명**)

tip) **또다른** free **영뇌**=삐쭉 내밀어라 (**명령 본동사의미**)

/삐쭉 내밀어 주면 해요 (**의미원성립 : 소망/바람/요구/제안/주장 -- 등등**)

/입을 삐쭉 내밀었어요(**발생현재**) /입을 삐쭉 내밀어요(**설명현재**)

/입을 삐쭉 (앞으로) 내민다(**래발생현재**)

Push forward. 미는 데 앞쪽으로 미는 것 (definition/**제목/상황설명**)

tip) **또다른** free **영뇌=명령 본동사의미** /**의미원성립** /-- etc.

Push forward to show displeasure. 미는 것인데 앞으로 미는 것, 즉 보여주기 위해서 불쾌감을 말이다(definition/**제목/상황설명**) tip) **또다른** free **영뇌=명령 본동사의미** /**의미원성립** /-- etc.

The lips or the lower lip forward. 양입술[s: 둘 복수] 또는 아랫 입술을 앞으로 하는 것

The lips or the lower lip forward to attract sexual interest. 양입술 또는 아랫 입술을 앞으로 하는 것인데 즉 관심을 끌기 위해서 성적인 관심[흥미]을 끌기 위해서 말이다

To show displeasure. 대동/즉 보여주는 것, 불쾌하다는 것을 보여 주는 것 : definition/**제목/상황설명**

대동/즉 보여주기 위해서, 불쾌하다는 것을 보여주기 위해서 : **연결의미 -- 연결영뇌**

tip) **또다른** free **영뇌**=대동[즉] 보여준다[보여 줄 것이다/보여 주었다] : **s동사 대용**

To attract sexual interest. 대동/즉 관심을 끄는 것, --- (definition/**제목/상황설명**) /-- etc.

tip) **또다른** free **영뇌**=대동/즉 관심을 끌어요[끌 것이다/끌었다] : **s동사 대용**

↳ to와 함께 표현

⑤ 명령동사로 먼저 표현하는 뇌, 즉 기본어로 먼저 표현하는 뇌

A.. Bung /me /a cigarette.

영뇌=가→ 설→ 설′ or **가→ 설/설** : BEis-Os

or I + I + I : I-Os or S + S + S : S-Os (→설′=연설목적어 /설=독설목적어)

> **How to Read[Speak]** =Bung mea cigarette.
>
> : 먼저 감각적 주파수로 이해한다.

→ 여기서 **원동사 =현재 속에서의 명령 본동사의미** (미어 **시거레**트=small slide F + 뒤가 높은 double slide F)

-- 바로 본동사 의미를 실현시키기 위해 명령도 지각동사처럼 바로 원동사로 표현한다.

.. 我必 Free 감주 간직하기=Bung a cigarette. | Free 감주+我必 Free 감주 간직하기

시동=툭던져, 나에게 담배 한 까치를 말이다. 주의]원동사=본동사는 아니지만 명령/의미원성립으로서 s동사 가능

: "You bung me a cigarette!" ⇛ 명령주어를 설명해 나가는 뇌

[= -- me cigarette! : infml E] 말= BUng=post점형주파수 u:ʌ=아/어의 중간 감정음가

bung=방던져 주는 것으로서 툭 던지는 것 [bun: 방 던지는 것 + g: give + no 's' 원형 자체의미]

: Look at /David report.=기→ 설 : BEis-Os

시동=살펴보자/살펴봐라 : 전자=Let' s look at David report. [=Let us look ---. : formal E]

↳ 원동사 명령이 반드시 상대방에게만 하는 것은 아니다. 나를 포함해서 우리 모두에게도 가능하다.

Let' s 시동=합시다/해보자. 살펴보는 것인데 즉 --. [=하자구나 우리들이 살펴보자 구나, 즉 --.]

cf]let=취하도록 허락하는 것으로서 사허[l: allow t: take] ↗let' s=제안만 뜻하는 것은 아니다.

let' s=a contraction of 'let us' : 우리들에게 하게 하는 것으로서 **사허/실시/제안/의향**

: Let us go to Germany. [=Let' s] She will let us go to Germany. [=Let' s]

하도록 해주세요, 우리들이 가도록 대자 독일로 말이다.

[그 여자는 앞으로 하게 할 것이다. 우리가 가도록 대자 독일로 가도록 말이다.]

/해보자, 즉 우리들이 가보자, 대자 독일로 말이다.

/하자구나[합시다], 즉 우리들이 가는 것인데, 대자 독일로 가는 것을 말이다.

/하겠어요, 즉 우리들이 가겠어요. 대자 독일로 말이다.

: Let' s go here. : Davos Forum에서 자기회사 미래 위치를 화이트 보드에 표시하면서 말하는 상황

⇛ 하겠어요, 우리들은 시작을 여기에서 하겠어요.

Ⅲ.. **명령표현** : ① non-to형 명령 — to가 없거나 to부정사 부분이 명령이 아닌 경우

: Live well. Let us remember this. **Reverend** : Let us pray. [=Let' s]

Click to enter.[=Click in order to enter.]

② you형 명령: You <u>live</u> well! -- 명령 본동사의미와 의미원성립도 가능 : 살면 해요, 즉 잘 -- .

③ to형 명령: Click to enter. [=Click enter. : infml E] ↘주의]You <u>be</u> involved! : **원동사 영뇌**

너도 하라/하면 해요. 참여를 말이다.

<u>See</u> your mother <u>to give</u> my regards. Be sure to tell.

Free to compete for India. -- to **부정사 부분도 명령이 되는 경우**

: 클릭해서 대동 들어가라 /만나서-- 대동 전해줘라 /하되 확실히 대동 말해줘라 /자유롭게 대동 겨루라.

*<u>클릭해서 /만나서 /하되</u>=**서술형 명령의미** free=adv.

⇛ **me 앞에 전치사 영뇌를 추가 시키면 :**

A-E .. Bung /to me /a cigarette. or Bung /a cigarette /to me.

영뇌=기→ 설→ 설′ or 기→ 설/설 : BEis-Os

or I + I + I : I-Os or S + S + S : S-Os

시동=툭던져, 대자 나에게 담배 한 까치를 말이다 /담배 한 까치를 대자 나에게 말이다.

A.. Bung me a cigarette. ↘ .. **major 감주=** Bung --- cigarette.

Free 감주로 이해/간직 하기 ⇨ Bung. /Bung me. /Me a cigarette. /Bung a cigarette. /A cigarette. /-- etc. ⇛ Bung. 방~ 던져 : **명령 본동사의미**

tip) **또다른** free **영뇌**=방~ 던지는 것 : definition/**제목/상황설명** 툭 던지면 해요 : **의미원성립**
방 던졌어 : **발생현재** 방 던지고 있어요 : **설명현재** Me a cigarette. 나에게 담배 한 까치를 말이다.
Bung a cigarette. 툭 던져, 한 까치 담배를 말이다. A cigarette. 한 까치 담배야.

Bung me. 툭 던져, 나에게 말이다 : **명령 본동사의미** ↗**설명원형**
tip) **또다른** free **영뇌**=툭 던지는 것인데 나에게 던지는 것 : definition/**제목/상황설명**
툭 던지고 있어요--- : **설명현재** 툭 던졌어요--- : **발생현재**
툭 던지면 해요/툭 던지는 게 이루어지면 해요 --- : **의미원성립**

⑥ 제목동사/상황설명으로 먼저 표현하는 뇌 ⇨ 기본어 또는 전설

A.. 1. Surrender.=기 2. Become /stronger.=기→ 설 : BEis-Os
B.. Make, Create, Innovate.=기/기/기
"What are you doing?" "Run, run, run, //I'm /running." =전설 ⇨ 기→ 설
cf] Date Maker : Enjoys travel.

여기서 원동사=일반적[일반적 설명] 본동사의미 : 원형이 명령만 되는 것은 아니다.
이때는 to **부정사도 가능** : To surrender. To become stronger.
To make, to create, to innovate. To run, to run, to run.

시동=첫째, surrender하는 것 둘째, 되는 것인데 더 강하게 되는 것
/제조하고, 신제품을 만들고, 혁신한다. /뛰는 것, 뛰는 것, 뛰는 것인데 '나는 뛰고 있어요'.
cf]즐기는 데 여행을 즐긴다 -- **현동사 영뇌**=설명현재/일반적 현재

tip] Make a birdie, 10 under par.
⇨ **Make=원동사 영뇌로서** (현재상황에 대한) **설명/명령 본동사 의미** + comma **영뇌**
시동=하게되면 -- , --- 된다 /하라 --, 그러면 -- 된다.
⇨ 되면 -- 된다/그러면 -- 된다=associate, **즉 문맥** associate, **특히 콤머** associate

주의]또는 현동사 영뇌도 가능 : Make(s) -- s**일 경우 삼인칭 단수 주어 전제** : he/she
└→ (현재상황에 대한) **설명현재[≠설명원형]**

extreme caution] 두뇌세포는 소리 또는 글자에 의해서 영뇌각인, 특히 **감주세포가 되는 게 더 중요하다.**
소리 또는 글자에 의해서 감주세포가 되어야지 해석머리로 돌아가서 이해하려고 하면 안된다.

⑦ 의미원성립으로 먼저 표현하는 뇌 ⇛ 전설 또는 기본어

A.. Find /she /a four-leaf clover, //she'll /have /good luck.

영뇌=전설→ 설′→ 설″ ⇨ 기→ 설→ 설′ : BEis-Os or I + I + I + I + I + I : I-Os

or S + S + S + S + S + S : S-Os

감주를 확실히 느끼기 위해 처음에는 **영뇌초중급자**=장감주 또는 단주로 훈련시키는 게 좋다.

How to Read[Speak]=Findshea fourleaf·clover, she'll havegood·luck.

: 먼저 감각적 주파수로 이해한다 ⇛ 이때 감주=마음의 소리 or 실제소리

시동= vocal 감각적 주파수로 (자동 설가가 될 때까지) F3+E2 강하게 말하기

→ 여기서 **원동사=의미원성립으로서 가상의미**

-- 의미원성립으로 먼저 표현하고, 주어로 설명해 나가면서 주절전체를 설명해 주는 뇌 (쉬어/쉬여=slide F 쉬을/쉬얼==slide F)

☞.. 뒷말과 말하는 느낌이 머리[마음] 속으로 /눈으로 보이면 저절로 이해된다.

☞.. **我必 Free 감주 간직하기**=Find a four-leaf clover, will have good luck.

시동=찾는 것이 이루어지면 그 여자에게 네잎 클로버가 말이다. 그러면 그 여자는 할 것이다. 갖을 것인데 행운을 말이다.[=a four-leaved clover] *그러면=**문맥** associate

의미원성립 동사에는 상상의미가 들어 있으므로 접속사 대용표현이 가능하다

: **도치 하생각=도치 의미원성립=관습적 E /formal E**

--- 가상동사에는 원동사와 과동사, 과조동사 밖에 없다.

tip) Don't bad guys win! : Brussels Terror Attacks -- **의미원성립 소망/실제의미 도치강조**

시동=되면[하면/이루어지면] 안돼요![bnw-BAM] 나쁜 녀석들이 이기는 것은 말이다!

↳ **대동사의 의미원성립** (IM=하지 않았으면 해요! ⇛ im-BAM) vs **대동사의 실제의미**=하지 못한다

말=FInd=slide 주파수 i: ai=알파벳음가

find=파서 들어가서 끄집어 내는 것으로서 찾는 것/찾아내는 것,

이것을 의미원성립 시키면 '찾는 것이 이루어 지면'

[f: (갈고리로) 끄집어 내는 모양 in: 들어가는 것 d: dig + no's' 원형 자체의미 ⇛ + under 의미원성립]

☞.. **문장 뼈대**=전설(Find=도치 하생각) + 기본어(she) + s동사('ll)

clover 뒤에 전치사 영뇌를 추가 시키면 :

A- E .. Find /she /a four-leaf clover /in the grass, //she'll /have /good luck.

영뇌==전설→ 설′→ 설″→ 설‴ ⇨ 기→ 설→ 설′ : BEis-Os

시동=찾는 것이 이루어지면 그 여자에게 네잎 클로버인데 속에 있는 풀 속에 있는 네잎클로버가 말이다. 그러면 ----.

↗ .. **major 감주**= Find --- four-leaf clover, --- have good luck.

A.. Find she a four-leaf clover, she'll have good luck.

Free 감주로 이해/간직 하기 ⇒ Find. /Find she. /Find she a four-leaf clover. /She'll /She'll have. /'Ll have=Will have. /Have good luck. /Good luck. /'Ll have good luck. /She a four-leaf clover. /-- etc.

Find. 찾는 게 이루어지면 (말이야).

tip) **또다른** free **영뇌**=찾아라 (**명령 본동사의미**) /찾는 것 (definition/**제목/상황설명**)

Find she. 찾는 게 이루어지면 그 여자에게 말이다. Find she a four-leaf clover. 찾는 게 이루어지면 그 여자에게 네 잎클로버가 말이다. She'll. 그 여자는 앞으로 할 것이다.

She'll have. 그 여자는 앞으로 가질 것이다. 'Ll have=Will have. 앞으로 가질 것이다.

Have good luck. 갖는 것인데 행운을 갖는 것 (definition/**제목/상황설명**)

tip) **또다른** free **영뇌**=가져라, 행운을 말이다 (**명령 본동사 의미**) 갖는 것이 이루어지면 해요 (**의미원성립**)

Good luck. 행운이야. tip) **또다른** free **영뇌**=행운을 빈다.

'Ll have good luck. 앞으로 가질 것인데 행운을 말이다.

She a four-leaf clover.
그 여자에게 네잎 클로버가 말이다 : **명사영뇌로서 대명사 설가**

B.. Long live /the king!

영뇌=가→ 설 : BEis-Os

or I + I : I-Os or S + S : S-Os | Free **감주 간직하기**

How to Read[Speak]=Long livethe king!
: 먼저 감각적 주파수로 이해한다 ⇒ 단주+감주+단주
시동= vocal **감각적 주파수로 (자동 설가가 될 때까지) F3+E2 강하게 말하기**
→ 여기서 **원동사=의미원성립으로서 기원, 소원, 바람 의미**
-- 즉 앞으로 이루어지면 하고 기원/소원/바라는 것
: 부사의 설명을 받아서 의미원성립을 시키고, 주체로 설명해 나가는 뇌

.. **我必 Free 감주 간직하기**=Long live!

시동=오래오래 사는 것이 이루어지기를[사시기를]/오래오래 살아주면 해요, 대왕이여!

⇒ bnw-BAM 주의]명령/의미원성립 원동사=s동사 가능

뜻하는 의미[IM]=살았으면/살아주셨으면 해요 ⇒ im-BAM

: One in four U.S. women over 40 take anti-depressants.

↳먹고싶어 해요/먹었으면 해요

의미원성립으로 주어를 설명해 나가는 뇌로 작동시키면

⇒ The king long live! 도 가능 하지만 문두가 더 강조

the=강조의 the로서 대(大) long=adv. 말=LIve=slide 주파수
live=서서 걷거나 움직이는 것으로 사는 것,
이것을 의미원성립으로 적용시키면 ‘사는 것이 이루어지기를’ [l: 서 있는 모양/서서 걷는 모양 v: 활동모습 + no ‘s’ 원형 자체의미 ⇒ + under 의미원성립]

↗즉 원형적 의미 ↗즉 전달의미/생활 속에서의 뜻

비영어권 사람은 표현되지 않았을 때의 의미에 익숙해져 있고, 원어민은 표현되었을 때의 의미에 익숙해져 있다.

2) 자체의미

표현되지 않았을 때의 의미
표현되었을 때의 의미

↗(영어에 대한 기초지식[basics]을 알았다면)

□ **원동사=자체의미, 본동사의미, 의미원성립** — 중자/말자=생활 속에서의 뜻으로 我必 Free 감주간직

□ **원동사 BNW=자체의미**

: 자체의미에서 본동사의미, 의미원성립으로 확장, 즉 일단 표현되면 본동사의미 아니면 의미원성립이 된다. 이렇게 단어의 뜻을 확실히 알면 말의 자유가 생긴다.

※no ‘s’ 원형=단수 현재동사가 아닌 것으로서의 원형

원형적 의미

□ **자체의미**=만들어 놓은 의미가 담겨져 있는 단어 그 자체를 말하며, 이것이 바로 원동사이다.

다시말해, 동사가 갖고 있는 원래의미 또는 최초에 단어를 만들었을 때의 의미, 즉 최초에 언어를 만들었을 때의 단어의 뜻이 바로 원동사이다.

그래서, 동사는 원동사로 언어를 만들었고, 사전에 원동사로 표현하여 다시 뜻을 밝히고 있다.
여러가지 실제 의미(현재 /과거 /미래 /event시 /진행시 /동명시)에 적용이 되도록 **원동사로 그렇게 만들어 놓았다. 그래서, 사전상의 표기로만 존재한다.**

자체의미는 그냥 뜻으로 존재하는 것이지 (실제) 표현으로 존재하는 것이 아니다.
원동사가 일단 표현되면 자체의미가 적용되었기 때문에 **본동사 의미** 아니면 **의미원성립**이 된다. 실제 적용이 원형으로 나타나면 원동사가 되며, 실제형태로 나타나면 현동사, 과동사, 과분사, †현분사, 동명사, 대동조동사가 된다. 단, **과분사와 일반현분사, 동명사**는 자체의미가 실제로 적용되도 순수한 본동사 의미가 되지 못한다. 본동사의미에 **event와 진행의미, 동사사실의미**가 첨가되기 때문이다. 그래서 단순한 동사서술의미도 되지 못하며, HB 동사와 현동사, 과동사, 원동사를 이들 단어 앞에 써도 서로 충돌이 일어나지 않는다.

: **have smoked, is smoking, stop smoking, stopped smoking, will stop smoking**

tip]자체의미가 적용된 (순수한) 본동사의미 동사=원동사/to부정사/현동사/과동사/관계현분사/대동조동사

원동사의 본동사 의미

=실제의미로서 단순한 동사서술의미 tip 1)단순동사=원동사/현동사/과동사

tip 2)조동사=생각의미로서 미래/가능/의무 vs 원동사=실제의미로서 미래/가능/의무

A.. 자체의미 만들기 :

- 원동사 이용 : **go definition=move or to move**

  ··))▶ go라는 자체의미[원래의미]를 만들기 위해, 즉 go라는 말을 만들기 위해 move 라는 원동사의 본동사 의미, 즉 실제의미를 이용하여 자체의미를 만든 것

  이 때 **원동사 move=일반적[일반적 대표]/일반적 설명 본동사 의미**

  vs **원동사 go=자체의미**

- BAM 이용 : go=g로서 가는 것 [g: **가는 것 + no 's' 원형 자체의미**]

-- 자체의미 원동사는 단어를 만들었을 때의 의미인데 후세인들이 이것을 모를 것 같아 사전에서 다시 go처럼 원동사로 표기하고 실제적용이 되는 다른 원동사로 표현하여 뜻풀이를 하고 있다.

attention] go=실제 미적용 표현

move /to move=실제 적용표현 그래서, 원동사 BNW≠to부정사의 원동사 BNW

B.. 적용의미 만들기 -- 본동사 의미 또는 하생각 의미로 적용

1. 본동사 의미 적용 :

① • **We hear him sing.** • **We heard him sing.** • **He will sing.**

-- 현재/과거/미래 속에서의 본동사 의미

다 같이 노래하는 것이지만 현재 속에서, 과거 속에서, 미래 속에서 노래하는 것이다.

vs • **We have heard before.**

• **We are hearing a French lecture.** • **I enjoy drinking.**

-- event 또는 진행의미, 동사사실 의미

하지만 have/are/enjoy=현동사의 본동사의미

② 강의제목 /상황설명 :

IIIII.. **First, move. Second, live. Third, enjoy.** IIIII.. **Make, Create, Innovate**

--- 설명 본동사의미, 즉 일반적 설명 본동사 의미 or 일반적 본동사의미

시동=첫째, 움직이는 것 둘째, 사는 것 셋째, 즐기는 것

/제조하고[만들고], 창조하고, 혁신하는 것

③ **This is the law to forbid the import.**

▭ **일반적[일반적 설명] 본동사의미** -- 금지법의 일반성 또는 일반적 설명

시동=법인데 즉 금지하는 법

④ **To move is the best way for health.** ▭ **일반적[일반적 설명] 본동사의미**

-- 지금 움직이고, 앞으로 움직이고 하는 그때 그때 해당하는 그런 의미는 아니다. 일반적으로 움직이는 동작이나 행위의 일반성을 나타내는 말이다. 어떤 시기에 일어나는 한정된 상황에 대한 설명이 아니라 일반적으로 일어나는 것에 대해서 일반적으로 설명하는 식으로 말하면 일반적 설명이 된다

시동=움직이는 것/움직인다는 것

[mo/o : 움직이는 것 + no 's' 원형 일반적[일반적 설명] 본동사의미]

cf] a.. Moving is the best way for health.

동명사=일반적 동사사실로서 일반적 사실

시동=움직이는 것을 하는 것/움직이고 움직이고 하는 사실

b.. Money moves.

현동사=현재 일반적 현상으로서 현재 일반적 사실

시동=움직이는 것이다/돌아 다니는 것이다.

c.. He is always moving money in the morning.

현분사=일반적 진행으로서 일반적 진행사실 시동=언제나 옮기고 있다.

동명사, 현동사, 현분사의 일반성도 원동사의 일반성처럼 일종의 비시제 의미이다. 어느 한 시제에 국한되어 적용되는 의미는 아니다. 지금 움직이지 않아도 사실로서 moving으로, 돈이 현재 움직이지 않아도 moves로, 현재 돈을 옮기고 있지 않아도 moving으로 표현할 수 있다. 이게 바로 일반성이자 비시제의미이다.

⑤ **Obama to visit Seoul tomorrow.**

▭ **미래 속에서의 본동사의미** 시동=오바마는 방문한다는 것인데 서울을 내일 말이다.

2. 하생각 의미로 적용 ☞ p36

tip]단순한 동사서술의미가 아닌 것=event/진행의미/동사사실의미/생각의미/대동의미

big tip) 원동사/to부정사/관계현분사와 본동사 관계 : 원동사/to부정사/관계현분사는 모두 현재/과거/미래 속에서의 본동사 의미와 일반적 또는 설명 본동사의미를 갖고 있다. 이들 동사의 본동사의미는 본동사의 본동사의미이기 때문이다. 따라서 일반적으로 원동사/to부정사/관계현분사로 본동사가 갖고 있는 모든 의미를 연출할 수 있다. ☜.. **본동사=현동사/과동사/조동사**

☞.. 이해는 (언어에 대한 basics를 알았다면) 최종적으로 단어의 최종적인 뜻인 감주로 이해한다.

3) 본동사의미

요컨데 (실제의미로서)
본동사 의미를 대변하는 의미
(본동사=현동사/과동사/조동사)

원동사의 본동사 의미는 (특히 본동사의 본동사 의미이기 때문에)

- ▭ 원형(base form)으로서 자체의미가 그때 그때 적용되는[일어나는] 실제의미
- ▭ 원형으로서 자체의미가 일반적 사실[일반성]에 적용되어 일어나는 일반적 실제의미
- ▭ 원형으로서 자체의미가 어떤 것을 실제로 설명하는 것에 적용되어 일어나는 설명 실제의미

이런 본동사 의미가 느껴져야 영어승차감을 탈 수 있다.

➡ 전자는 현재, 과거, 미래 의미를 현동사, 과동사, will를 써지 않고, 원형을 써서 나타내는 것이고, 중자는 원형으로서 현동사의 일반적 현재를 대신하는 것과 같고, 말자는 원형으로서 현동사의 설명현재를 대신하는 것과 같다.

(단, 명령 원동사=본동사 대용은 아니지만 그때 그때 일어나는 실제의미)

↗ 본동사대용 본동사의미

요컨데, 원동사의 본동사 의미=본동사의 본동사의미로서 현과미 속에서의 본동사의미 + 일설 본동사의미

일설 본동사의미=일반적 본동사의미 + 설명 본동사의미

↘ 일반적 설명 본동사의미 + 현재[과거/미래] 상황 설명 본동사의미

⇒ 자체의미가 실제로 이렇게 적용되어 나타나는 것 ⇒ 이런 본동사 의미들을 알아야 IS 영뇌가 쉽게 작동

이렇게 원동사는 자체의미 또는 본동사의 본동사의미를 보유하고 있기 때문에 어떠한 시제 속에도 들어갈 수 있고, 그 속에서 본동사 의미를 나타낸다. 가면 쉽게 IS가 작동한다.

A.. 현재/과거/미래 속에서의 본동사의미 ⇒ 모든 동사는 자기시제를 갖고있다. 그 시제상황 속으로 들어

a.. I see him move. b.. We saw him move. c.. We will move.

⇒ 다 같이 움직이는 것이지만 현재 속에서, 과거 속에서, 미래 속에서 움직이는 것이다.

tip)to가 현과미 속에 들어가거나 일설이 되는 것은 아니다. 동사가 아니기 때문이다. 원동사에서 이런 것들이 느껴져야 IS가 분명히 보인다.

시동=나에게 보여요. 그가 움직이는 것이 말이다.
/우리는 보았어요, 그가 (그때) 움직이는 것을 말이다.
/우리는 할 것이다. (앞으로) 움직이는 것을 말이다.
[mo/o : 움직이는 것 no 's' 원형 본동사 의미]

이렇게 문장 속에서 또다시 현동사, 과동사, will을 쓸 수 없으니, 원동사를 써서 그것을 대신하는 의미로 나타낼 수 있다. 이게 바로 부정사이다. 즉 문장 속에서 원동사로서 본동사 의미를 나타내는 것이 부정사이다. 이때 to를 써지 않으면 원형부정사가 되고, to를 쓰면 to부정사가 된다. 알고보면 부정사도 결국 원동사 영뇌에 불과하다.

- I see him moves. (X) --> I see him move.
- We saw him moved. (X) --> We saw him move.
- Get something will drink. (X) --> Get something to drink.

전자=실제의미 입장에서 바라본 의미
후자=설명(하는) 입장에서 ″

tip) Syrian people have to die. die=현재 속에서의 본동사의미 또는 현재상황에 대한 설명 ″

시동=시리아 국민들은 하고 있는데 대동 죽어가고 있다.

Plus] He will /my shield and portion /be.=기→ 설→ 설′ : 'Amazing Grace' 가사 일부
옛날 어순도 기/설로 설명해 나가는 것에 불과하다 : 명사 설가
시동=그는 앞으로 나의 방패와 일부분이 될 것이다 : 미래 속에서의 본동사의미
[=He will be my shield and portion.]

Extreme Caution] U.S. and UK officials have said there may have a bomb aboard the jet.

: 블랙박스 해독후 발표한 것 -- 과거 속에서의 선발생 본동사 의미[infml]
(said=과거 속에서의 (기의미성립) event) ↳s동사와 pp 이전 발생 ⇒ 원동사의 선발생 : vol 1 p275
시동=아마도 가진 것[있었던 것] 같다고, 폭탄 하나가 실린 것으로 그 제트기에 말이다.
*have=소유로서 가지는 것/있는 것 aboard=주체가 사물이니 실린 것 만약 사람이면 승선한 것 : 주체 helper
기본영뇌 vol 1 p310

d.. Go to see your mom.[=Go see your mom.: infml E] Cyberattack costs may be $300 million.
go/be=현재[미래] 속에서의 명령/동질연결 본동사의미 (to형 명령: Click to start.) may be=아마도 즉 — 될 것같다.
시동=가서 대동[즉] 만나 보아라 : to형 명령 → 일종의 계속연결 /가라, 대동[즉] 만나보러 너의 엄마를 말이다.

e.. I am glad to meet you. 현재 속에서의 본동사의미 시동=대동[즉] 만나게 되어

f.. I was shattered to hear that news. 과거 속에서의 (동시점) 본동사의미 시동=대동[즉] (과거 그때) 듣고서

g.. Get something to drink. get=현재 속에서의 명령 본동사의미
시동=가져와라, 무언가 대동[즉] 마실 것을 말이다. drink=(직후) 미래 속에서의 본동사 의미 : 앞으로 마시는 것
caution]미래의미=to가 아니라 원동사에서 찾아야 한다. 동사가 아니기 때문이다.

h.. Malaysia to Unveil New Economic Measures. [=unveils 래발생현재 ≒ will unveil]
(앞으로 일어날 것으로서) 미래 속에서의 본동사의미 시동=대동[즉] 발표한다: 현동사 대용 /대동[즉] 발표 할 것이다 : will 대용
일종의 Associate
vs 현재 속에서의 발생 본동사의미 : Obama to appoint Ron Klain as Ebola czar.
[=appoints/taps 발생현재/설명현재 대용] -- 상황이 현재 지명한 것을 두고 표현한 것이라면 앞으로 지명하는 것이 아니라, '대동[즉] 지명했다' 가 된다.

i.. I want to see a movie. 미래 속에서의 본동사 의미 시동=원해요, 대동[즉] 보는 것인데 movie를 말이다.

j.. He decided to buy a new car. 시동=결정했어요, 대동[즉] 사는 것인데/사기로 신차를 말이다.
(단순과거일 경우 결정한 과거 시점이후 앞으로 사는 것으로서) 과거 속에서의 미래 본동사 의미
-- 이것이 과거에만 국한하는 지(would 대용), 현재에도 유효한 지는(will 대용) 상황에 따라 판단하면 된다.
후자일 경우 미래 속에서의 본동사 의미로 작동시켜도 좋다. 각각 IS 영뇌 작동이 다르니 주의하라.
tip) decided가 발생현재[decides]와 같을 경우 : 언제나 "미래 속에서의 본동사 의미" (뒷 to=계속연결)

k.. I tried my best only to fail. (to=결과연결) 과거 속에서의 (발생) 본동사의미
시동=해봤다, 최선을 다해 해봤으나 오로지 대동 실패만 하게 되었다.

cf]grant=(to) agree to give
(대동) 합의[동의]해서
즉 주는 것 → 하사하는 것

l.. What did you come for? 과거/현재 속에서의 (발생) 본동사의미 시동=무엇이었지, 네가 오게 된[온] 이유가 말이야?
※did=현재범위 과거도 가능

Why not say so? '의문사+원동사'의 과거 속에서의 (발생) 본동사의미 : 전제 관습적 E

시동=왜 말을 그렇게 하지 않았니? (=Why didn't you say so?)

m.. We will be having dinner then. 미래 속에서의 본동사 의미

시동=앞으로 하고 있을 것이다. 먹고 있을 것인데 dinner를 그때 말이다.

n.. The plane may have flown[sent] 4~5 hours[pings]. *may=현재 추측

: 실종된 말레이지아 비행기에 대한 기자회견

— 현재 속에서의 본동사 의미 : 원동사는 s동사 이전상황으로 갈 수 없다. 자기 이전 상황은 pp이다. 그래서, (단순형) 부정사는 같거나 나중시제가 된다. 단 문맥에 따라 이전상황 가능 ☞ p33 〉 extreme caution]

↳ 선발생 infml E — 원동사 cf]선과거 infml E

시동=아마도 (가지고) 있을지도 모른다, 날아 간 것[보낸 것]인데 -- -- .

vs might have =아마도 (가지고) 있는 것같다 : **정생각 -- 현재 속에서의 본동사의미**

/아마도 가졌을[있었을]지도 모른다 : **과생각 -- 과거 속에서의 본동사의미**

have=소유로서 '가지다/있다'

-- 과거 속에서의 본동사의미가 되려면 'might have'로 표현하면 된다.

may=기대어 마음으로 생각하는 것으로서 추측, 추측으로서 아마도 [m: mind y: 기댄 모습]

: Russia meddled, but others may have.[=may have meddled] (others=other countries)

B.. 일설[일반적/설명] 본동사의미 — 모든 일반적 본동사 의미도 일반적 설명 느낌으로 이해/표현 가능

a.. I like to watch TV. 일반적[일반적 설명] 본동사 의미 시동=좋아해요, 즉 보는 것인데 TV보는 것을 --.

b.. To see is to believe. 일반적[일반적 설명] 본동사 의미 시동=대동[즉] 보는 것이 대동[즉] 믿는 것이다.

c.. This is to 'jump'. 일반적 설명 본동사 의미 시동=이런 것은 인데 대동[즉] jump(하는 것이)라 한다.

vs Rebels claim to shoot down. : warplane이 추락한 후 하루 지난 것을 CNN이 보도한 것

현재 속에서의 선발생 본동사 의미 or 과거상황에 대한 설명 본동사의미

claim=발생현재 /(과거상황에 대한) 설명현재

시동=반군은 주장했는데 대동[즉] 쏘아 추락시킨 것이라고 했다.[=to have shot down]

이때 have도 발생/설명 본동사 의미 : 대동/즉 가졌다고 — 한 것을 말이다 ↵

d.. This is the law to forbid the import. 일반적[일반적 설명] 본동사 의미 시동=법인데 대동[즉] 금지하는 법

vs This is the law forbidding the import. [=the law which forbids --.]

관계 현분사의 본동사 의미로서 현존설명, 즉 현존 본동사 의미

시동=법인데 금지를 담고 있는 법 *관계현분사=본동사의미/진행의미 일반현분사=진행의미

e.. "I know Marie Curie. She is the only person to win two Nobel prizes."

is=과거상황에 대한 설명현재 win=과거상황에 대한 설명 본동사 의미 시동= 대동[즉] 수상한 사람으로서

f.. "To err is human, to forgive is divine." [a word by Alexander Pope] ↳**기본영뇌 vol 1 p276/278**

일반적[일반적 설명] 본동사 의미 시동=대동[즉] 잘못을 저지르는 것/대동[즉] 용서하는 것

↳definition 동사 설명도 같은 의미

g.. "To teach a fish how to swim." 일반적 설명 본동사 의미 [s동사 대용=You teach : **설명현재 → 일반적 설명**]

시동=대동[즉] 가르치는 것과 같다. 고기에게 법을, 대동[즉] 수영하는 법을 말이다 -- **공자 앞에서 문자 쓴다는 말**

vs Obama to visit Korea next month. 미래상황에 대한 설명/미래 속에서의 본동사의미 시동=대동[즉] 방문한다.

h.. "Study Quicker, Score higher" 제목동사로 (일반적) 설명 본동사 의미 시동=공부는 더 빠르게, 점수는 더 높게
↘**명령과 구별요**

자체의미가 적용된	본동사의미와 원동사 시제

□ **자체의미가 적용된 본동사의미 :** ↗원형 본동사의미=본동사 대용으로서 본동사의미

원동사/현동사/과동사[즉 단순동사]의 본동사의미 -- 원형/현재형/과거형으로서 본동사의미=비연결설명어

관계현분사 본동사의미 -- ing형으로서 본동사의미=연결설명어

to부정사 본동사의미 -- to원형으로서 본동사의미=연결설명어

대동조동사 본동사의미 -- 현과형으로서 〃 =비연결설명어 : 단순한 동사서술의미가 아닌 본동사의미

단, event, 진행의미, 동사사실의미=단순한 동사서술의미도 아니고 + 본동사의미도 아니다.

tip) **(본동사가 아닌 것으로서) 본동사 의미를 나타내는 법=to부정사/원동사/관계현분사**

□ 원동사는 현재/과거/미래 속에 들어 갈 수 있으므로 현재/미래/과거 상황표현이 가능하지만 s동사 이전상황으로는 갈 수 없다 → s동사와 같거나 나중시제 [단, **선발생 infml E**로 s동사이전 가능 ☞ p33 〉 extreme caution]

↗ **활용] 현장감과 생동감을 살리기 위해 앵커들은 발생현재 일반현분사를, 신문기자들은 발생현재를 많이 사용한다.**

↗현재범위에서 진행되었음을 알리려고 할때 많이 쓰기 때문에 저녁뉴스 첫머리에 많이 등장함[infml E] **cf]발생현재**=현재 발생했음을 알리기 때문에 신문 Headline으로 많이 표현

plus] 발생현재 일반현분사 Free 영뇌 → 발생현재 진행의미

1. NBC Nightly News : The tipping point on impeachment. Nancy Pelosi <u>announcing</u> a formal impeachment inquiry. : 낮에 일어난 것에 대한 저녁뉴스 보도 → (드디어) 칼끝이 향했다. 상자 탄핵에 말이다.

   Nancy Pelosi는 "발표하고 있었다" ⇦ is=발생현재 전제 — 하고 있었다 ⇦ be동사=동질/상/동 동사

   vs CNN : North Korea <u>purging</u> top officials after Trump–Kim summit.

   : 숙청한 후 상당히 지난 후에 나온 보도 → "숙청하고 있었다" ⇦ was=과동사 전제

   vs <u>Killing 8</u>, wounded 4. : gunfires후 보도 — **일반현분사** : 앞으로 진행의미

   죽였는데 8명을 죽였고 부상은 4명이었다 : **분리 관계현분사** : 연결의미=나열 — cf]Starting next year. 시작예정이다

   vs "Gunfires exchanged, killing 8 people." : **분리 관계현분사** : 연결의미=계속 [=, and killed] — **cf]미분리 관계현분사**

2. <u>Firing</u> back. — 전날 트럼프에 대해서 클린턴이 다음날 낮에 반격한 저녁뉴스 — Students graduating came here. 학생들인데 졸업한 학생들

   쏘고 았었는데 다시 쏘고 있었다 —> 치고 있었는데 되받아 치고 있었다 {=Fired] — 단순과거보다 더 현장감이 있다.

   뉴스를 끝맺음 하면서 하는 말 : Sam reporting now. 보도하고 있었는데 이제 막 말이다.

3. A major tornado outbreak <u>slamming</u> several states.— 쑥대밭으로 만든 것에 대한 저녁뉴스

   쾅하고 날려 보내고 있었다[=is slamming : StE] ↗퍼붓고 있었다

: The massive storm system <u>dumping</u> more than 16 inches of snow.

Flash flooding <u>forcing</u> the governor to declare a state of emergency. 강요하고 있었다

vs Trump <u>tweeting</u>, Mike Pompeo, Director of the CIA, will be our new Secretary of State.

— 트윗터를 했는데 : **(분리) 관계현분사 -- 비제한적 본동사 의미 → 비제한적 부사적 연결의미=전환** [=tweets/tweeted]

Breaking news, Taliban seizing six cities.— 속보인데 장악했어요 : **(분리) 관계현분사 → 연결의미=구체적 설명**

↘만약 콤머없이 단독일 경우 **현분사 or 동명사 free 영뇌**= 둘다 '본동사 의미' : **Packaging by SIG.**

↘장악했어요 ↘장악했음 (단, 진행의미일 경우=장악하고 있어요)

☞.. 가정법의 패턴식 접근은 비현실적인 극히 일부분만 취급하는 학문적 접근이니 그냥 단어의 뜻대로 처리하라.

4) 의미원성립

원형 형태를 빌어서 (원형으로) 한번 성립시켜 보는 의미로서 실제의미가 아니다.
즉 기원/요구/제의/주장/촉구/부탁/찬성/바람/목적달성/때(p82) /가정[가상/조건]/소망[소원]/희망/양보/걱정/결과/목적/발생/pretense(p96)/동질비교(p101) -- 등등 하에서 원형으로 그런 성립적 생각을 하는 것이 의미원성립이자 하생각이다.

의미원성립으로 느껴져야 영어승차감을 탈 수 있다.

동사 자체의미를 나타내는 것이 원동사이고, 본동사를 써지 않아도 본동사 의미를 나타내는 것이 원동사다. 즉, 현동사/과동사/조동사를 써지 않더라도 이런 본동사 의미를 나타내는 단어가 있더라 그것이 바로 원동사이다. 이런 본동사 의미는 실제의미이지만 자체의미와 의미원성립은 실제의미가 아니다.

□ **실제의미가 아닌 것은 원동사/과동사[과조동사] 밖에 없다.**
그래서 go=가는 것[간 것/갈 것] //가면 해요 ⇒ 실제의미로서 현과미 속에서의 본동사의미와 하생각
went=갔다//갔으면 해요 ⇒ 실제의미로서 실제과거와 하생각
could=할 수 있었다/할 수 있을 것 같다/할 수 있었으면 해요
⇒ 실제의미로서 과생각/정생각과 성립적인 생각으로서 하생각

tip)하생각은 단순동사의 하생각이기 때문에 (접속의미가 들어있는) 하생각 단순 동사서술의미이다.
그래서 접속사 대용도 가능하고, 하생각 뒤에 event/진행의미/동사사실의미가 와도 충돌이 일어나지 않는다 ⇒ 의미원성립/의미과성립 + pp/현분사/동명사 표현가능
(단순동사-현동사/과동사/원동사 — 단순한 동사서술의미)

1.. Move he! or He move!
□ **move=의미원성립 -- 기원 하에서[기원 쪽으로] 원형으로 한번 성립시켜 보는 것**
시동=움직이는 것이 이루어 지기를/움직여 주시기를! (그 사람에게 말이다)
[mo: 움직이는 것 no 's' 원형 + under 기원 의미원성립]
⇒ **여기서** under=기원 하(下)에서, 즉 기원 쪽으로 의미원성립시키는 것
: Long live the king! -- **도치강조** Thanks be to God! 감사하고 감사함이 이루어지소서/이루어지면 해요. 대자 하나님께 말이다.

vs May he move! **시동**=기원합니다/비옵나이다.
그가 움직이기를 말이다. move=현재 또는 미래 속에서의 본동사의미
□ **may=마음으로 비는 것으로서 기원의미** [m: mind y: 서서 비는 모습]
: May the king live long! -- **기원문** : 의문문이 아님

☞.. 기원 의미원성립을 학자에 따라 **온건한 명령 하생각**[jussive subjunctive]이라고도 한다.
jussive적인 하생각이기 때문이다. ※jussive=온건한 명령

.. 이해는 (언어에 대한 basics를 알았디면) 최종적으로 단어의 최종적인 뜻인 감주로 이해한다.

plus] • I wish[hope] it rain. 소망[희망] 의미원성립
내 소망/소원[희망]은 날씨가 오는 게 이루어지면[비가 오면] 좋겠다는 것이다.
• I wish he have read. 내 소망[소원]은 그가 가지면 좋겠다는 것이다. 즉 읽은 것을 말이다 : pp
• I wish he be reading. 내 소망[소원]은 그가 하고 있으면 좋겠다는 것이다. 즉 읽고 있는 것을 말이다 : 현분사
• I wish he be reading. 내 소망[소원]은 그가 이면 좋겠다는 것이다. 독서하는 것으로 말이다 : 동명사

2.. People demanded you move. → tip)간절히 바람으로서 해야한다 : 의미원성립
사발생으로서 해야한다 : should 임무로서 해야한다 : must

▭ move=의미원성립 -- 요구 하에서[요구 쪽으로] 원형으로 한번 성립시켜 보는 것
시동=움직이는 것이 이루어 지면하고[움직이면 하고/움직여 주면 좋을 텐데하고/움직이는 것이 이루어져야 한다고/움직이여야 한다고] 말이다. [mo: 움직이는 것 no 's' 원형 + under 요구 의미원성립]

: It is vital that children remain in the school grounds until their parents arrive.
시동=그것은 정말로 꼭 필요한 것이에요. 즉 애들이 남아 있으면 좋겠다는 것이 말이다 : bnw-BAM
-- 필요 의미원성립 뜻하는 의미=즉 애들이 남아 있어 주었으면 하는 것 말이다 : im-BAM
vs 본동사의미 : It is vital for children to remain ---.
시동=즉 애들이 남아 있는 것은 말이다.

3.. Linda suggested that Bill buy a new pair of blue jeans.
▭ buy=의미원성립 -- 제의 하에서[제의 쪽으로] 원형으로 한번 성립시켜 보는 것
시동=사는 것이 이루어지면 좋을 텐데 하고 /사면 좋을 텐데 하고 /사는 것이 이루어져야 한다고 /사야 한다고 ⇨ commend[recommend]/insist/demand/suggest/ask/vital + that + 의미원성립

vs Linda suggested that Bill should buy a new pair of blue jeans. : BrE
시동=하여금 일어나는 게 좋을 것 같다고[일어나야 한다고], 사는 게말이다. --- .
should=사발생 buy=본동사 의미 -- 직설법 표현
vs "Why don' t you buy a new pair of blue jeans?" ↘vs 의미원성립, 즉 하생각이 더 애절함이 느껴진다.
why don' t=이유로서 제안의미[의견개진] /그냥 이유를 묻는 말
전자 시동=왜 하지 않지, 사는 것인데 새 옷 한벌, 즉 blue jeans 새 옷 한벌을 말이야?
뜻하는 의미=하지 그래
후자 시동=이유가 뭐야, 즉 하지 않는 이유가 뭐야 /왜 하지 않는 거야 ---?

4.. They insisted that we not stay behind.
▭ stay=의미원성립 -- 주장 하에서[주장 쪽으로] 간절히 원형으로 한번 성립시켜 보는 것
시동=우리가 (앞으로) 안 머물면/안 머무는 것이 이루어지면 좋겠다고 뒤에서 말이다. 뜻하는 의미=안 머물었으면 --- .

▭ **원동사를 부정하는 법 :**

not 사용 [단, 명령원동사 부정=대동조동사로 부정 : modern E] *not=adv.

ㅍ.. Why not say that? Let's not go to the party, ok?

jump bail, to not come back for trial after bail has been paid

or to not come back for trial after being released on bail

즉 않는 데 돌아오지 않는 것[=not to come : to 부정]

: They jumped bail and fled to Spain.

Did you not come? **cf]** Don't be sad.

↳[=Didn't you --? : 부정 묻는 말=축약형 사용]

cf] 조동사/be동사 부정 : not 사용

- They didn't jump bail. -- 엄밀히 말하면 조동사 부정이지 원동사 부정이 아니다.

  그들은 하지 않았다. jump bail하는 것을 말이다. ↳하지만 not 위치는 언제나 원동사 앞이다.

  He will not come here. This is not a car.

  ↗cf] Do bung me a cigarette.

- Don't bung me a cigarette. [=Do not] Don't let him go out.

  vs • Ask not what your country can do for you. -- 원래 원동사 그대로 부정

  : old E ⇒ Modern StE : Do not ask --- .

cf] H동사 부정 -- not 또는 대동조동사로 부정 ∵ 특수동사(BrE) 또는 일반동사(AmE)

- He has not a car.=He does not have a car.

cf] 조동사 부정과 대상 부정

-- I did not/didn't say. 하지 않았는데 즉 말을 말이다/말을 하지 않았다.

vs I said not. 말했는데 (그것이) 아니다고 말이다 : I think/hope not.

cf] I said 'no'. 말했는데 no라고 말했다/말했는데 거부했다. (그것이=상황/문맥 associate)

tip)일반적으로 원동사/조동사/특수동사(HB동사) 부정 --> not 일반동사 부정 --> don't[do not]

5.. "I asked that it be done yesterday."

▭ be=의미원성립

-- 부탁 하에서[부탁 쪽으로] 원형으로 한번 성립시켜 보는 것

시동=부탁했어요, 즉 그것이 이루어지면 좋겠다고 완성되는 것인데 어제말이다.

: I ask(ed) that he be shown mercy.

시동=부탁했어요, 즉 (그에게) 이루지면 하고, 보여지는 일이 이루어지면 하고, 자비가 말이다. 결국 자비가 베풀어 졌으면 하고 부탁하는 말이다.

6.. Everyone in favor of this proposal please raise their/his hand.

□ raise=의미원성립 -- 찬성 하에서[찬성 쪽으로] 원형으로 한번 성립시켜 보는 것

시동=한다면 즉 찬성한다면 -- 제발 들어 주면 해요[좋겠어요], (각각) 자기 손을 -- : bnw-BAM

뜻하는 의미=들어 주었으면 해요 : im-BAM (their=infml E 각각 자기 his=StE/Formal 자기)

↳ 어떤 뜻으로 시동을 거느냐에 따라 IS영뇌도 달라진다 ⇒ bnw-BAM 시동=Best ∵ 원어민과 같은 느낌

□ he=그 남자(male gender) /그 사람(neuter) ∴ his=둘다 의미 가능, 만약 모든 사람이 여자들이면 her도 가능 ☞ p420

plus]Thailand favoring the new constitution.

찬성하고 있다[있었다] : 전자=현재시점 일반현분사 후자=발생현재 일반현분사 ⇒ 모두 is 전제

: The restrictions be lifted.

□ be=의미원성립 -- 바람 하에서[바람 쪽으로] 원형으로 한번 성립시켜 보는 것

시동=(앞으로) 되면[이루어지면] 좋겠어요. 철폐되는 것이 말이다.

vs The restrictions should be lifted.

시동=규제에게 일어나야 해요[규제로 하여금 일어나게 해야 해요], 즉 철폐되는 것이 말이다. □ be=본동사 의미 -- 그래서 should를 쓰면 직설의미가 된다.

의미원성립은 rather formal English이고,
미국 사람들은 의미원성립을 더 즐기고, 영국 사람들은 modal verb와 본동사 의미를 더 즐긴다. (↳법조동사)

7.. Suffice it (to say) that he died in solitude a short time after he retired to his native village.

□ suffice=의미원성립 -- 바람 하에서[바람 쪽으로] 원형으로 한번 성립시켜 보는 것

시동=충분한 것으로 생각해주면 해요, 그것만으로 (대동 말하자면) 즉 그가 죽은 것만으로 말이다.

뜻하는 의미[im-BAM]=충분히 생각해 주었으면 해요.

: 마치 의미과성립처럼 이해하는 것은 뜻하는 의미이다. 주의하라.

to say를 말하지 않고 it의 구체적 내용으로 바로 that으로 표현해도 좋다.
다음은 it의 구체적인 내용을 comma로 표현 것

: a.. What is it, barbecue?

시동=무엇이지 그것말이야, 바베큐인가?

b.. Don' t do it, child abuse [sexual abuse].

시동=하지말라, 그것인데, 아동학대[성학대]를 말이다.

c.. He has been resetting it, the time. 시동=그것, 즉 시간을 말이다.

8.. If they insist on that attitude, then so be it.

□ be=의미원성립 -- 고집 하에서[고집 쪽으로] 원형으로 한번 성립시켜 보는 것

시동=고집한다면[고집을 계속한다면] -- 그렇다면 그렇게 이루어지면 좋겠어요, 그것이 말이다.

뜻하는 의미=되었으면 해요 : im-BAM ↳bnw-BAM

*on=작동으로서 수행/계속 insist=현동사로서 래발생현재

9.. I'm putting your dinner in the oven in order that it keep warm.

□ keep=의미원성립

-- 목적달성 하에서[목적 달성쪽으로] 원형으로 한번 성립시켜 보는 것 말이다.

시동=되도록, 달성되도록, 즉 그것이 유지 달성되도록[이 계속해서 이루어지도록] 따뜻하게

[k〉키:상태 그대로 지키는 것 + no 's' 원형 + under 목적달성 의미원성립]

=may keep keep=(may를 쓰면) 그냥 본동사 의미

may=허락으로서 되도록 : 유지 쪽으로 허락하는 것

-- 의미원성립 하생각으로 표현하나 조동사로 써서 설명 본동사의미로 표현하나

전달 결과는 같다할지라도 접근하는 뉘앙스도 다르고, IS도 달라진다.

: He wrote it in his diary in order that he remember.

시동=하려고, 달성하려고, 즉 자기 기억을 달성하려고[달성시켜 볼려고] (말이다.)

[=might remember ➾ remember=그냥 본동사의 의미 -- 직설의미]

in=들어가는 것으로서 하는 것

order=목적을 달성시키는 것[o: objective d: 달성](purpose + achieving)

10.. If she move it, -----.

□ move=의미원성립 -- 가정[가상/조건] 하에서[쪽으로] 원형으로 한번 성립시켜 보는 것

시동=(혹시 한다면/이렇게 한다면 즉) 움직이는 것이 이루어진다면[움직이면] ----- .

[mo: 움직이는 것 no 's' 원형 + under 가정[가상/조건] 의미원성립]

⇨ 여기서 under=가정[/가상/조건] 하(下), 즉 가정[/가상/조건] 쪽으로 의미원성립시키는 것

가정법 패턴을 외울 필요가 없다. 그냥 의미원성립으로 단어의 뜻으로 알고 있으면 가정법도 끝이다.

: I will not let thee go, except [=unless] thou bless me. (Old Testament)

시동=하지 않으면, 즉 당신 네들이 축복하는 것이 이루어지지 않으면 나를 말이다.
(thou=다우 -- old-fashioned + literary of you
vs thou=싸우 -- US infml a thousand dollars : She earns more than a hundred thou a year)

plus] 옛날로 올라갈 수록 의미원성립 표현이 많다. 현대에 가까와 질 수록 현동사 영뇌가 점차 늘어나게 된다. 전달하는 뜻의 차이가 거의 없기 때문이다.

11.. Though she move, ----.

▭ **move=의미원성립 -- 양보 하에서[양보 쪽으로] 원형으로 한번 성립시켜 보는 것**

시동=(할지라도) 움직이는 것이 이루어 진다할 지라도

[mo: 움직이는 것 no 's' 원형 + under 양보 의미원성립]

: a.. **Whatever she move, ---- .**

시동=(무엇이든지 간에) -- 옮기는 것이 이루어 진다해도

b.. **Always immediately report such behaviour to the nearest person, whether it be a school teacher or a policeman or anyone else.**

시동=어느 사람이든, 즉 그 사람이 학교 선생이든, 경찰이든, 그밖에 어느 누구이든 간에 말이다.

c.. **Murder, though it have no tongue, will speak.**

시동=비록 그것이 가진다고 해도 무 tongue을 말이다,
그래도 (하는 경향이 있다. 말해지는 경향이 있다)
결국 살인 사건은 알려지기 마련이다는 말
***will=주체성발생으로서 경향/성향** 그래도=**문맥** associate

d.. **Whoever he be, he shall not go unpunished.**

시동=도대체 그 사람이 누구라고 생각이 되든[누구이든], 그로 하여금 발생하지는 않을 것 같다. 가는 것인데 처벌을 안받는 쪽으로 가는 것이 말이다.
결국 처벌을 받는다는 말

e.. **Be it ever so humble, there is no place like home.**

시동=이다고 생각이 된다할지라도, 즉 그것이 정말로 그렇게 humble하다고 생각이 된다할지라도 : **도치 의미원성립 -- 접속사 대용이지 도치강조는 아니다.**
[=However humble it <u>may</u> be **be=본동사의미 -- ∵ 조동사 뒤 원동사**
may=허락으로서 해도]

f.. Whatever the situation be, do your best.

시동=무엇이든 그 상황이 무엇이든 간에 [=Whatever the situation is, -- . is=**현동사 본동사의미**]

tip) **의미원성립**=양보 하에서 한번 성립시켜 보는 것 **본동사의미**=그냥 실제의미로서 양보

☞ 본동사 의미 뇌로 작동시키려면 조동사를 쓰면 된다.

vs a.. Come what may, we'll stand by you! (what=**의대접속사**)

시동=앞으로 닥친다고 해도 즉, 무언가 그렇게 되도, 우리는 할 것이다.

come=**도치강조** --- 하생각을 전제로 하지 않는다.

b.. Be that as it may, you are still required to attend.

시동=되도, 그렇게 즉 그것이 되도 (**뜻하는 의미**=그렇다하더라도)

여러분들에게는 여전히 요구되고 있어요, 즉 참석 하도록 말이다.

as=**동급/동질로서 양보** may=**허락[인정]로서 되는 것**

c.. Go where you will, you cannot succeed without perseverance.

시동=간다해도 어디를 네가 앞으로 말이다. 그래도 --- . *그래도=**문맥** associate

vs **정순강조** : Wherever you may go 그 어디를

d.. Try as you may, you'll be unable to persuade her.

시동=노력를 해봐도 즉 네가 그렇게 해봐도

vs **정순강조** : However you may try 제아무리

plus]소리는 발음기호에서 나오는 것이 아니라 소리본체에서 나온다. ☞ vol 1 p131

그래서 소리본체로 듣지 않으면 현장의 소리는 듣기가 어렵다.

: **succeed**=석씨-드=trapezoid F : u=아와 어의 중간 감정음가 **business**=비즈니스/비즈너스/비즈네스=slide F : u=이: 강한 감정음가 마치 the를 '디' 로 강하게 소리내는 것과 같다. i=모음폐쇄 e=알파벳음가(이) 또는 약한 감정음가(어) 만약 '에' 로 소리나면 철자음가가 된다.

12.. I eat lest I die. He eats lest he die.

▭ **die=의미원성립 -- 걱정 하에서[걱정 쪽으로] 원형으로 한번 성립시켜 보는 것**

시동=할 것 같아서, 즉 내가/그가 죽을 것 같은 생각이 들어서[내가/그가 죽을 것 같아서] 말이다.

[d: down 기력을 다하는 것 + no 's' 원형 + under 걱정 의미원성립]

lest (LITERARY)
=가능성을 가장 적게 하는 것, 즉 가능성을 없애는 것으로서 걱정(fear) 또는 방지 (prevent), 걱정/방지로서 할까봐[하지 않았나] /하지 않도록 (하기 위해서 하는 것) [l: least likely]

vs I eat lest I should die.
시동=할까봐, 나로 하여금 일어 날까봐, 죽는 게 말이다. die=본동사의미

vs They were afraid to complain about the noise lest they annoyed the neighbours. **또는 걱정 쪽으로**
▭ annoyed=**의미과성립 -- 걱정 하에서 일어난 것처럼 한번 성립시켜 보는 것**
시동=아주 걱정했는데 즉 불평할 까봐 관련해서 시끄러움과 관련해서 불평할까봐 아주 걱정했어요. 즉 하지 않았나, 자기네들이 성가시게 하지 않았나 즉 자기 이웃들에게 성가시게 하지 않았나 하고 말이다.

: a.. **I' ll place the book back on the shelf, lest it get lost.**
시동=할까봐, 즉 그것이 될까봐, 잃어 버리는 것으로 말이다.

b.. **She turned away from the window lest anyone see her.**
시동=할 것 같아, 누군가가 볼 것 같은 생각이 들어서/볼 것같아.

c.. **She was put in a cell with no clothes and shoes lest she injure herself.**
시동=할 까봐[할 것 같아], 즉 -- 해칠 것 같은 생각이 들어서[해칠 까봐].

= lest she should injure herself.
시동=하지 않도록 -- 하여금 일어나지 않도록 (해치는 것인데 자기 자신을 말이다.)
·))) **injure=과거 속에서의 본동사 의미**
-- 걱정 하에서 성립시켜 보는 성립적인 생각을 전제로 하지 않고, 그냥 실제의미로서 본동사 의미로 말하는 것이다.

= so that she might not injure herself.
시동=그렇게 하도록 즉 --- 하지 않도록, 해치지 않도록 자기 자신을 말이다.
***should=사발생 might=허락/허가로서 하도록 하는 것**

쉬어가기] A gunman, possibly with a political ax to grind. Unleashed a vicious rifle attack on Republican members of Congress. : (과거 속에서의) 발생 본동사의미 /과동사 free 영뇌
시동=한 총기살인자는 아마도 가지고 있었던 같다. 정치적 도끼 즉 잘 갈은 도끼를 말이다. 그리고 분노를 폭발시켰어요. 악랄한 소총 공격을 가하면서 공화당 의원들에게 말이다. *잘/그리고/분노=**상황/문맥/단어** associate

13.. She put your dinner in the oven so that it keep warm.

▭ keep=의미원성립 -- 결과 하에서[결과 쪽으로] 원형으로 한번 성립시켜 보는 것

▭ so that=result or purpose /성립

시동= 그래서, 그 결과로 그것은 유지 될 것 같다. 따뜻하게 말이다.

▭ keep=의미원성립

-- 목적[성립] 하에서[목적/성립 쪽으로] 원형으로 한번 성립시켜 보는 것

시동= 그렇게 되도록 즉 그것이 유지되도록

[k〉키:상태 그대로 지키는 것+ no 's' 원형 + under 결과/목적/성립 의미원성립]

[= should keep keep=본동사의미 should=사발생]

시동=그래서, 그 결과, 그것으로 하여금 일어날 것같다. 유지되는 것인데 따뜻하게 말이다.

14.. Woe betide anyone who wakes the baby!

▭ betide=의미원성립 -- 발생 하에서[발생 쪽으로] 원형으로 한번 성립시켜 보는 것

시동=걱정거리가 생길 것 같다[아주 골치 아픈 일이 생길 것 같다],

(어느 누구에게도, 즉 누구냐 하면은 깨우는 사람이면 누구든지 그 아기를 말이다.)

*betide verb [I or T] LITERARY

어떤 것이 있을 것으로서 발생하는 것 [be〉to be : 있을 것 t: a thing ∴ to happen (to)]

*woe betide somebody

used to say that someone will be in trouble if they do something – often humorous

한국식	구문법의 오류와 표현의 자유

▭ 기원[소원]/요구/제의/주장/부탁/찬성/바람/목적달성/때 의미원성립

가정[조건]/소망/양보/걱정/결과/목적/성립/발생 의미원성립

원어민들이 이 모두를 subjuctive 속에 넣었다고 해서 **한국식 구문법**에서는 이 모두를 가정법으로 취급하고 있다. 하지만 가정 의미원성립 외에는 가정 뉘앙스를 찾아 볼 수 없다. 원어민들은 subjunctive를 하생각 또는 성립적인 생각으로 이 모두를 취급하고 있고 한국사람들은 오역하여 가정법을 알고 있다는 데 문제가 있다. 우리도 이제 하생각 또는 성립적인 생각으로 이해해야 한다. 그러면 마음대로 원어민들처럼 subjuctive를 표현할 수 있다.

plus

A.. 의미원성립은 특히 하생각으로 한번 성립시켜 보는 것이므로 상상의미가 들어있다.
예컨데 ' — 이루어진다면/이루어 진다해도 '이라는 의미 속에는 상상의미가 들어 있다.
그래서 **도치 의미원성립**이 되면 접속사 대용이 된다.

Move she it, —— .
Be it ever so humble, there is no place like home.
—— **formal /관습적 English**

Formal English/관습적 English가 되는 것은 원래 의미대로 쓰기 때문이고, 나중에 가서 if/though [가상단어/양보단어]와 함께 쓰기 시작했다. [=If/Though she move it, —— .]

B.. If she move it, —.   vs If she moves it, —.
전자=(만약에) '원형으로 이루어 지면' 하는 가상 의미원성립이고,
후자=(만약에) '실제로 되면' 하는 조건 래발생현재이다.
그래서 전자는 순수한 가정을 바탕으로 하고 있고, 후자는 현실적인 의미를 바탕으로 하고 있다.

이런 뉘앙스 차이를 활용하여 IS영뇌를 정확하게 작동시켜라. 구문법에서는 이런 뉘앙스 차이를 몰라 무조건 같게 취급하는 데 잘못된 생각이다.
전자 시동=만약에 옮기는 것이 이루어 지면 : **원동사 영뇌**
후자 시동=만약 실제로 옮기게 되면 : **현동사 영뇌** (실제로=단어 associate, 즉 현동사 associate)
tip)아득한 옛날로 올라갈 수록 의미원성립이 많고, 오늘날은 현동사 영뇌가 많다.

조건 래발생현재 :
: If the temperature falls below zero, water freezes.
If you select your reverse gear, the car goes backwards. (**instruction**)
If he's got no money, he doesn't go out. (**general truth**)

* 's got=있다면 즉 가진 것이 있다면 (무돈/무전(無錢)으로 말이다. 그렇다면)
⇒ has=소유로서 있다면
got=움직여 취한 것으로서 획득소유, 획득소유 event로서 가진 것

또한, ▭ 전자의 move=if의미가 가미되지 않아도
' — 하는 것이 이루지면' 이라는 가상 접속의미가 들어 있으나,
▭ 후자의 moves=if의미가 첨가되지 않으면

접속의미가 없는 단순한 동사서술의미로 '움직인다'는 뜻이 되어 접속사 대용으로 쓸 수가 없다 ⇨ Move she it, ── . : ok vs Moves she it, ── . : not ok

C.. If she <u>move</u> it, you will/would /can/could/ or Contact /You win — — etc.

→ 현동사로 표현하지 않더라도 if-의미원성립으로 (원형으로) 한번 성립시켜 보아도 여전히 미래의미를 담고 있기 때문에 주절에 조동사의 현생각뿐만아니라, 정생각, 명령법, 심지어 현동사를 써도 의율이 된다.

▭ **would/could=정생각 : 할 것같다/가능한 것 같다**

D.. People demanded you move.

vs People demanded you should move.

vs People demanded you moved.

tip) I wish he move. 소망 의미원성립

▭ 전자=요구 의미원성립 -- **현재/미래/과거 속에서의 의미원성립**

시동=요구했어요, (지금/앞으로/과거에) 네가 움직이면 좋을 것 같다고[좋을 텐데하고] 말이다/움직이는 것이 이루어지면하고 말이다.

만약 move=현동사이면 래발생현재 : 네가 (앞으로) 움직이라고 말이다.

: North Korea demanded South Korea <u>stops</u> propaganda broadcasts.

▭ 중자=본동사 의미로서 실제의미 -- **현재/미래/과거 속에서의 본동사의미**

시동=요구했어요, 너로 하여금 (지금/앞으로/과거에) 일어나야 한다고 <u>움직이는 것</u>이 말이다.

▭ 말자=요구 의미과성립 -- **현재/미래/과거 속에서의 의미과성립**

시동=요구했어요, 네가 (지금/앞으로/과거에) 움직였으면 하고 말이다 /움직이는 것이 이루어 졌으면 하고 ── .

일반적으로 요구/제의/주장 의미원성립은 현재/과거/미래 속에서 가능하나, if-의미원성립은 현재/미래 속에서만 가능하다. 전자는 if의미 없이 원형으로 한번 성립시켜 보는 의미이고, 후자는 if의미로 한번 성립켜보는 의미이기 때문이다. 하지만 의미과성립은 if의미가 있어도 언제나 현재/과거/미래 속에서도 가능하다. <u>일어난 것처럼</u> 한번 성립시켜 보기 때문이다.

그래서 if로서 만약 과거 속에서 성립적인 생각을 하려면 의미과성립으로 표현하면 된다.

: • Jane suggested that you bought. — 제의 의미과성립
시동=(현재/앞으로/과거에) 구매했으면 하고 말이다/사는 게 이루어졌으면 하고 말이다.

vs Jane suggested that you buy. 시동=(현재/앞으로/과거에) 네가 사면 하고 [사면 좋겠는데 하고/사는 게 이루어 지면하고] 말이다.

• If he moved/had moved last month, —— . cf] if he move last month : **not ok**
시동=만약에 그때 움직였더라면/그때 가졌더라면 움직인 사실을 말이다. 그랬더라면 —— .
▭ **moved/had=과거 속에서의 의미과성립 pp 'moved'=event, 즉 능동 event**

if-의미원성립을 시제와 관련해서 말하면 '만약에'로 한번 성립시켜 보는 것이기 때문에 현재/미래를 원형으로 당긴 하생각이고, 그래서 현재/미래 속에서만 가능하다. 따라서 현재 또는 미래 상황으로 두뇌가 작동하고, 구문법에서는 if-의미원성립을 가정법 현재라 한다.

하지만 **if-의미과성립**은 '만약에'로 일어난 것처럼 한번 성립시켜 보는 것이기 때문에 현재/미래/과거를 과거형으로 당긴 하생각이다. 그래서 현재/미래/과거 속에서도 가능하다. 구문법에서는 if-의미과성립을 가정법 과거 또는 가정법 과거완료, 가정법 미래라 한다.

tip)원동사/과분사/현분사/동명사도 현재/과거/미래 속에서 가능하다.
이들 속에 본동사의미가 들어있거나 자체의미, event, 진행의미, 동사사실의미가 되기 때문이다.

vs Jane suggested that you should buy.
시동=즉 너로 하여금 일어나야 한다고[일어나는 게 좋겠다고], 구매하는 것이 말이다.
▭ **should=사발생 직설권고 buy=본동사 의미로서 실제의미[직설의미]**

E.. She said that he had suggested that you apologize.
vs He insisted that Tom should go there alone.

▭ 전자=의미원성립 ▭ 후자=사발생 직설표현 + 본동사 의미
시동=그 여자가 말한 바에 의하면, 그 사람은 가지고 있다는 것, 제안한 사실을 가지고 있다는 것이다. 즉 네가 (현재/앞으로/과거에) 사과하면 좋을 텐데[사과하는 게 이루어지면] 하고 말이다. 또는 — 가지고 있었다는 것인데 제안한 사실을 가지고 있었다는 것이다. —— .

뜻하는 의미=사과 했으면 하고 말이다.

: 마치 의미과성립처럼 이해하는 것은 뜻하는 의미이다. bnw—BAM이 아니니 **주의하라.**

***가지고 있다는 것=(said와 같은) 현재형 과거상황**

/ ——. 즉, 탐으로 하여금 일어나야 한다고 가는 것인데 거기에 홀로 말이다.

subjunctive의	정확한 번역

subjunctive의 정확한 번역은 하생각, 즉 성립적인 생각이다. 가정법이 아니다. 그래서, 무드에는 하생각 무드, 명령무드, 직설무드가 있지, 가정무드, 명령무드, 직설무드가 있다고 말하면 안된다. 가정무드는 하생각 무드의 극히 일부다.

하생각 무드에는 기원/요구/주장/제의/소망/희망/가상/조건/양보/결과/걱정/발생 하생각 무드 — 등등이 있으며, 얼마든지 더 생길 수 있다. ☞ **subjunctive의 정역 p100**

구문법의 습관적 속박의 한계에서 벗어나라. 우리는 습관적 속박의 ugly 속에서 살고 있다. 가정은 의미원성립과 의미과성립의 극히 일부분에 지나지 않은 것을 하나의 큰 장으로 우리의 머리를 지배한다는 데 영어를 어렵게 만드는 것이다.

- the imperative mood=명령무드[명령법] — 하라
- the subjunctive mood=하생각 무드[하상법 下想法] — 하는 게 이루어지면 해요
- the indicative mood=직설무드[직설법]=서술무드+의문무드

- the declarative mood=서술무드[서술법] — 하다
- the interrogative mood=의문무드[의문법] — 하느냐?
- mood=동사가 취하는 태도로서 법[法]

IIIII.. 모든 동사의 뿌리는 원동사[root verb]이다.

- **원동사**=본동사 의미 ⇐ 본동사=현동사/과동사/조동사(주로 will /can /must /may)

∴ 현과미 속에서의 원동사/일설 원동사 (본동사 의미=실제의미≠하생각
현과미=시제의미 일설=비시제의미)

현동사=원동사 + s ∴ 현과미 속에서의 현동사/일설 현동사
과동사=원동사 + ed ∴ 현과미 속에서의 과동사/일설 과동사
현분사=원동사 + ing ∴ 현과미 속에서의 현분사/일설 현분사
과분사=원동사 + ed ∴ 현과미 속에서의 과분사/일설 과분사
to부정사=to + 원동사 ∴ 현과미 속에서의 to부정사/일설 to부정사
동명사=원동사 + ing ∴ 현과미 속에서의 동명사/일설 동명사

.. 그래서 모든 동사의 여러가지 세부적인 의미도 결국 이 범위를 벗어나지 못한다.

.. (free) 4감주, 즉 들은 감주, 말한 감주, 읽은 감주, 쓴 감주가 많아야 영어가 저절로 된다.

> **2. 과동사 영뇌[PTV NB]란 :**
> **무한글 이해, 즉 IS두뇌로 주어를 실제과거 또는 의미과성립으로 그냥 서술적으로 설명해 나가는 뇌, 요컨데 비연결설명어**
> **또는 의미과성립으로 먼저 표현하는 뇌 : 기본어 또는 전설**
> **/free 영뇌[infml E]로 먼저 표현하는 뇌 : 기본어**
> (단, 도치 의미과성립은 도치 하생각으로 전설)

▭ **과동사 BNW**=실제과거 ▭ **과동사**=실제과거 or 의미과성립

▭ **실제과거**

=단순과거 /일반적 과거 /인정과거 /성립과거 /동시점 과거 /선과거 /기간과거 — etc..

tip-1]과거하면 먼 과거만 생각한다. 말하는 직전도 과거이다. 아무튼 말하는 시점 이전상황은 모두 과거이다. **그래서 현재범위에서 과동사 표현도 가능하다.**

tip-2]**과동사**=본동사 의미가 들어 있기 때문에 현과미 속에 들어 갈 수 있고, (일어난 것 ↗현재 또는 현재 가까이에)
특히 본동사 의미가 들어 있기 때문에 현과미 속에서의 과거 또는 일설 과거가 된다. (↗현재범위 과거)
예컨데, 성립과거는 현과미 속에 들어갈 수 있고, 발생현재 대신에 현재 속에서 과동사로 표현할 수 있고, 의미과성립으로 현과미 속에 들어 갈 수 있다. (⇐ 과동사=원동사 + ed=본동사의미+과거의미)

.. 영어에 대한 모든 지식은 언어로 나타나야 한다. 그게 바로 "감주"다.

1) 과동사 영뇌[PTV NB]

무한글 이해, 즉 IS두뇌로 주어를 실제과거 또는 의미과성립으로 그냥 서술적으로 설명해 나가는 뇌 요컨데, 비연결설명어
또는 의미과성립으로 먼저 표현하는 뇌 : 기본어/전설 /free 영뇌[infml E]로 먼저 표현하는 뇌 : 기본어

주어=명사, 대명사, 동명사, to부정사

① 명사 주어를 설명해 나가는 뇌

↙**서술적 영뇌**

A.. Pasteur /died /in 1895. (or Pasteur /died /in /1895.)

영뇌=기-->설-->설' : BEis-Os

or I + I + I : I-Os or S + S + S : S-Os

☞.. 시동으로 (영어) 글자/말 자체에서 뜻이 보이거나 상황이 (머리 속에서) 보이면 된다 : IS 영뇌

How to Read[Speak]

=Pasteur diedin 1895. : best 리듬 (∵ Pasteur diedin=음수조절 감주)

: BEis/IS, 즉 설가뇌와 자동설가뇌로 되어 있는 것을 감각적 주파수로 이해한다.

즉 한 단어처럼 뒷말과 말하면 저절로 이해가 발생한다.

주의] Pasteurdied in1895. : 이런 감주로 이해하거나 말할 수 있으나 best 리듬이 아니다.

시동= vocal 감각적 주파수로

(BEis/IS 영뇌가 될 때까지) F3+E2 강하게 말하기

여기서 과동사=실제과거로서 단순과거 -- 과거 속에서의 과거

(패스테-르=slide F + retro-root F : 애=강한 감정음가 diedin=단감주 감주 in1895=in • 18 • 95=장감주 감주)

☞.. **我必 Free 감주 간직하기**=Died in 1895. or Died 1895.

시동=파스테르는 죽었어요, 시기는 1895년 이었지요/내시(內時)에 1895년 내시에 말이다.

in=내시기로서 시기/해/연도/달/계절

말=DIed=DAid=slide 주파수 i=ai: **알파벳 음가**

--바로 말로 뇌를 작동시켜라. 발음으로 하나의 과정을 통해 간직하지 말라.

발음이 따로 있고, 말이 따로 있는 것은 아니다. 일반적으로 말은 소리에 해가 들어 갔거나 상황이 보이는 음이다. **즉, 해음/상음이 바로 말이다.**

died=기력을 다한 것으로서 죽은 것 [d: down 기력을 다하는 것
+ ed: 과음가(얻)었 e=어(化) or d: did 실제과거로서 단순과거]

cf] Pasteur had died in 1895.

[d: down + ed: 었던 것 〉 했던 것으로서 event 음가 or d: done으로서 event]

Pasteur 뒤에 전치사 영뇌를 추가하면 :

A- E.. Pasteur /from France /died /in 1895. **=기-->설/설-->설′ : BEis-Os**

시동=파스테르는 출신이 프랑스인데 죽었어요,---- .

-- 출신 프랑스가 죽은 것이 아니기 때문에 독설뇌가 된다.

Pasteur 뒤에 comma 영뇌를 추가하면 :

A- E.. Pasteur, /a French scientist, /died /in 1895. [without 'a' : infml E]

영뇌=기-->설/설-->설′ or 기-->설-->설′-->설″ : BEis-Os

시동=파스테르는 프랑스 과학자인데 죽었어요 -- 동격으로서 같은 사람이기 때문에 연설뇌도 가능

Free 감주로 이해/간직 하기 ⇒ Pasteur. /Died. /In. /1895. /Pasteur died. /Died in. /In 1895. /Died in 1895. /Died 1895. /1895 Pasteur died (in). /-- etc.

Pasteur. 파스테르(이지). tip) 또다른 free 영뇌 [?]=파스테르 말인가? Died. 죽었다(실제과거)
tip) 또다른 free 영뇌=죽었으면 해요/좋겠어요 -- 의미과성립 : 소망/바람/요구/제안/주장/때 -- 등등
In. 내시[내소]/내자 1895. 1895년 In 1895. 내시/내자, 1895년 (내시)
Pasteur died. 파스테르가 죽었어요. tip) 또다른 free 영뇌=죽었으면 해요 -- 의미과성립 관계문장
Died in. 죽었는 데 어떤 내시에[내소/내자에서] 말이다/죽었으면 해요, --. tip)1895 Pasteur died (in).
Died in 1895. 죽었는데 내시 1895년 내시였지/죽었으면 해요, 내시[내자] 1895년에 말이다 ···› 1895=명사
Died 1895. 죽었는데 1895년 이었지/죽었으면 해요, 1895년에 말이다 ···› 1895=명사부사 1895년 파스테르가 죽은 해 /죽었는데 그 내시기에 죽은 해

5W1H Short Talk ⇒ Teacher : Who died? Student : Pasteur. or He was Pasteur.
Teacher : When did he die? Student : In 1895. /1895. or It was 1895. /He died in 1895.
— 묻는 말을 쉽게 말하는 법: 말[대화]이 끊어지지 않게 짧게 말하거나 상대방 말을 (재)활용해서 조금 길게 말한다.

과동사/현동사 또는 is가 문중에 들어가면	원동사 또는 as가 된다.

과동사/현동사가 문중에 들어가면 원동사로 변한다. 마치 is가 문중에 들어가면 as로 변하는 것과 같다. 원동사에게도 본동사 의미로 실제의미가 있고, as에게도 is동질[p482]이 있기 때문이다 : ▭ We saw Pasteur die in 1895. ‹-- Pasteur died in 1895.

▭ I am glad to meet you. ‹-- I meet you.

▭ 2015 in Review: Kim Jong-un anoints his 8-year-old son, Kim Jong -deux as a six-star general. ‹-- He is a six-star general.

add] a.. Volatility as opportunity. 변동성이 즉/곧/동자 기회다[=is]

b.. Treat is malfunctioning traffic lights as 4-way stops. 만지다가 작동이 되지 않고 있다. 교통 신호등, 즉/동자 사거리 정지 구역 (에 있는) 신호등이 말이다.[=of/at]

이렇게 되기 때문에 태초에 언어를 만들때 원동사나 as라는 단어를 만들 필요성이 있었다.

❖ anoints=(in a ceremony) oil을 발라 주는 것으로서 공식적으로 임명한다는 것
[a: at n: 누비는 것 oi: oil s: singular 현동사로서 래발생현재]
— 이렇게 현동사 그대로 하나의 단어로 취급하여 그 뜻 그대로 간직하라.

❖ anoint=어떤 곳에 oil을 누벼대는 것으로서 비벼 바르는 것
/(in a ceremony) oil을 발라 주는 것으로서 공식적으로 임명하는 것
[a: at n: 누비는 것 oi: oil no 's' 원형 자체의미]
: Anoint sunburned places with cold cream.

② 대명사 주어를 설명해 나가는 뇌

1.. She /got /spending money /from her parents.

영뇌=기→ 설→ 설′→ 설″ : BEis-Os

or I + I + I + I : I-Os or S + S + S + S : S-Os

How to Read[Speak]=Shegot spendingmoney fromher parents.: 먼저 감주로 이해한다.
대개 부분 감주[free 감주]로 저절로 엮어지는 것이지 내가 엮는 것은 아니다.
시동= vocal 감각적 주파수로
(자동 설가가 될 때까지) F3+E2 강하게 말하기
여기서 과동사=실제과거로서 단순과거 **↘그러면 영어말투가 형성되고 영어말투에 익숙해진다.**
(쉬-가ㅌ/가ㅌ=line 점형 F + post 점형 F/slide F 프[퍼]롬허=cramp F)

.. 我必 Free 감주 간직하기=Got spending money from her.

시동= -- 받았어요, 용돈을, 기처(基處) 부모님으로부터 말이다/용돈인데 주신 곳은 부모님이에요.

.. 문장 뼈대=기본어(She) + s동사(got) + 연결설명어(from)

말=GOt=가ㅌ/가ㅌ=post점형 /slide 주파수 o=a: **감정 음가**
got=움직여 취한 것으로서 받은 것
[g>go: move t: took ot: '았' 으로서 과음가, 과음가로서 실제과거]

cf] She has got/gotten pocket money from her parents.
got=[g>go: move ot: 았던 것>이었던 것>했던 것으로서 event 음가/t: taken]
gotten=[g>go: move otten: 았던 것>이었던 것>했던 것으로서 event 음가/en: done]

from=출처로서 기처 -- 부터 /발신처 /출처 /출소 /주신 곳 /기점 /기일-- 등등[f: flow]
spending money=쓸 돈으로서 용돈
vs pocket money esp. BrE=pocket에 넣어 다니는 돈으로서 용돈
vs allowance [AmE]=어떤 곳에 쓰도록 허락된 돈으로서 용돈/수당

spending money 뒤에 전치사 영뇌를 추가하면 :

1 - E.. She /got /spending money of $100 a week /from her parents.

영뇌=기→ 설→ 설′→ 설″ : BEis-Os

or I + I + I + I : I-Os or S + S + S + S : S-Os

시동= -- 받았어요, 용돈, 즉 100불을 일주일 마다, 기처(基處)/기자 부모님으로부터 말이다.

Tip)토익 part 2 Response는 free 영뇌와 sentence로 표현되어 있다.

Free 감주로 이해/간직 하기 ⇨ She got. /Got spending money. /Spending money from parents. /From her parents. /Got from her parents. /-- etc.

※토익 response는 free 영뇌를 모르면 정확히 해석할 수 없다.

Got spending money. 받았는 데 용돈이었지(**실제과거**) ↱이럴 때 느낌표로 표현하면 더욱 간절한 의미과성립이 된다.

tip) **또다른** free **영뇌**=받았으면 해요, 용돈을 말이다 (**의미과성립**) Spending money from parents. 용돈인데 출처/기자가 부모님입니다. From her parents. 출처/기자가 자기 부모이에요.

Got from her parents. 받았는데 출처/기자가 자기 부모이에요//받았으면 해요, 기처/기자 부모님으로 부터 말이다.

She got. 그 여자는 받았어요/이해했어요/그 여자가 샀어요[가져 왔어요].

tip) **또다른** free **영뇌**=그 여자가 받았으면 해요/이해했으면 해요/샀으면 해요[가져 왔으면 해요].

Plus] Beau Biden, the son of Vice President Joe Biden, has died of brain cancer, the family said tonight. He was 46. "It is with broken hearts that Hallie, Hunter, Ashley, Jill and I announce the passing of our son, Beau," the vice president said.

↱영뇌영어 vol 2 p437/440

문장간[내용간] Free 감주 간직하기 ⇨ (With) Broken hearts that I announce his death.

(동자/동체) 찢어지는 마음들이다. 즉 내가 발표하게 되었어 그이의 죽음을 말이다.

/Our son, Beau, 46, died of brain cancer. /Our son died, (with) broken hearts. / -- etc.

2.. It was /going /to rain |but| then //the sun /came out. [=Going to rain: infml E]

영뇌=기→ 설→ 설′ ⇨ 등전설 ⇨ 전설 ⇨ 기→ 설 : BEis-Os

↱여기서 rain=단주 또는 장감주 가능

How to Read[Speak] =Itwas goingto rain butthenthe sun cameout.

: 먼저 감각적 주파수로 이해한다. 특히 감주로 말하면 전제없이 쉽게 full로 말할 수 있다.

시동= vocal **감각적 주파수로** (BEis/IS **영뇌가 될 때까지**) F3+E2 **강하게 말하기**

여기서 과동사=실제과거로서 단순과거 -- '무언가 하고 있었다' 로서 과발생존재

(고우잉투 레인=slide F + slide F 고너레인=double slide F : o지배음가로서 단모음화와 gt폐쇄와 어화)

.. 我必 Free 감주 간직하기=It was going to rain but it didn't. | Free **감주 간직하기**

시동=날씨가 (하고) 있었어요, 하려고 대동 비가 오려고 말이다. 하지만 그때 태양이 오고 말았는 데 나오고 말았지요 / ---- , 가려고 즉[to 쪽으로/대동] 비가 오는 쪽으로 가려고 말이다. (going=앞으로 진행)

말=WAs=slide 주파수 a=어: **약한 감정음가**

was=과발생존재로서 무언가 하고 있었다는 것

[w>v 발생 + as: '어즈>었' 으로서 과음가 + s>~: 존재모습 + s: 과거 singular s]

*있다=위치/존재/상태/발생 의미도 되고
'무언가 하고 있다는 것' 으로서 발생존재도 된다.
vs The concert was last night. -- '있었다' 로서 그냥 발생 : **과발생**

3.. We were /notified /by our son //that the wedding was canceled.
영뇌=기→ 설→ 설′ ⇨ 전설 : BEis-Os | Free 감주 간직하기

How to Read[Speak] ↗**고난도 감주** : 아들에 의해 즉 그것이라고 말이다=**free 감주 순서대로 이해감 유지**
=Wewere notified byour sonthatthe weddingwas canceled.
: 먼저 감각적 주파수로 이해한다. 그러면 저절로 의음/의자가 된다.
시동= vocal 감각적 주파수로 (의음/의자가 될 때까지) F3+E2 강하게 말하기
여기서 과동사=실제과거로서 단순과거 -- 과거발생

(위-워어=line 점형 F + little slide F **노**우러**파**이드=앞이 높은 double slide F : t단타=빠른 리듬에 의한 자연적 현상)

.. 我必 Free 감주 간직하기=We notified by our son the wedding canceled.
시동=우리에게 있었어요, 통지를 받은 것인데 행자(行者) 아들에 의해서 말이다. 즉 그 내용은 -- .

말=WEre=워어=slide 주파수 뒷 e=어: **약한 감정음가**
were=과발생으로서 있은 것
[w 〉 v : 발생 ere: '어〉었' 으로서 과음가 ➧ 뒷e=우리말 받침 역할
+ no singular s 복수] were/was=과동사로서 본동사 (의미)

.. 문장 뼈대=기본어(We) + s동사(were) + 연결설명어(by) + 전설 연결설명어(that)

4.. That /the man betrayed me /was very wrong.
영뇌=기→ 설/설 : BEis-Os

How to Read[Speak]=Thatthe man betrayedme wasvery wrong.
: 먼저 감각적 주파수로 이해한다.
시동= vocal 감각적 주파수로 (자동 설가가 될 때까지) F3+E2 강하게 말하기
여기서 과동사=실제과거로서 단순과거 -- 과동질[과동질연결] | Free 감주 간직하기

(비츄**레**이드미/비쳐**레**이드미=post/dot 점형 F + cramp F + dot 점형 F : '레' 로 빠르게 올라갔다가 떨어져야 한다)

.. 我必 Free 감주 간직하기=That the man betrayed was wrong.
시동=즉 그것, 그 남자가 배반했다는 것인데 나를 배반했는 것은 이었지요, 대단히 잘못된 것이었지요.

➧ that, 즉 대명사로 먼저 언급하고, 언급내용을 다시 구체적으로 관계문장으로 설명해 나가면서
또다시 s동사로 설명해 나가는 뇌 : **BEis 영뇌**

= 원어민처럼 말할 수 있는 원천기술이 감주다 =

여기서 that=대명사 : 관계문장의 선행사도 되고, s동사의 주어가 되는 뇌

: Not that you would but you could. -- **대명사로서 관계문장의 선행사**

또는 대명접속사 : 대명사로서 관계문장의 선행사가 되고 자기문장을 앞에서 s동사에 접속시켜 주는 접속사 ⇒ 종속접속사=주기능으로서 주어

was=과동질[과동질 연결]로서 이었다는 것
[w: 연결 모습 as: '어즈>었' 으로서 과음가 + s: same/is]
vs were =과동질[과동질 연결] [w: 연결 모습 ere: '어>었' 으로서 과음가 + e: equal]

③ 동명사 주어를 설명해 나가는 뇌 ↗ ☞.. **major 감주=** -- building --- bridge -- slow work.

A.. The building /of the bridge /was slow work.

영뇌=기→ 설/설 : BEis–Os or I + I + I : I–Os or S + S + S : S–Os

↗**주의]** was slowwork=**한뇌리딩**

How to Read[Speak]=Thebuilding ofthe bridge wasslow work.
: 먼저 감각적 주파수로 이해한다.
시동= vocal 감각적 주파수로 (자동 설가가 될 때까지) F3+E2 강하게 말하기
여기서 과동사=실제과거로 단순과거 -- 과동질[과동질연결]

(어브더=small slide F 브리지=cramp F 워어크/워얼크=slide F : 어/얼=내성음과 같은 극저음 cf]walk=워–크=retro–root F)

tip)소리 에너지의 효율성[배분] : • 저음과 극저음은 고음을 내기 위한 것 : again=aGAin → **저음기준 고음소리**
• 고음은 저음과 극저음을 내기 위한 것 : city's=CIty's → **고음기준 저음소리**
∴ **고음에 가려서 저음 감주가 안들릴 수 있다 : 고음 그늘음**

저음소리로 내기도 한다
문장전체 리듬에 따라 iKEEPGETTING CONFUSED. → i
비약음/강약/약강 감주를 ← THESEDAYS ihave SOMANYMEETINGS. → ihave 비약음 감주를
↳ 저음으로 내면 약음감주가 됨

cf]Most people will be peasants. → Mostpeople willbe peasants.

-- **sink hole 감주** : 특히 willbe 감주를 약음감주, 즉 저음감주로 Mostpeople하면서 툭 떨어지면서 말하는 것

☞.. **我必 Free 감주 간직하기**=The building of the bridge was slow. ↳**고난도 감주** ↳**청취시 유의**
or Building of bridge was slow. or Building the bridge was slow.

시동=그 짓는 공사, 즉 다리를 짓는 공사는 이었지요, 느린 작업이었지요. [=of bridge : infml E]

☞.. **문장 뼈대**=기본어(The building) + 연결설명어(of) + s동사(was)

bridge 뒤에 전치사 영뇌를 추가하면 :

A- E.. The building /of the bridge over a railway line /was slow work.

영뇌=기→ 설/설 : BEis–Os or I + I + I : I–Os or S + S + S : S–Os

시동=짓는 공사, 즉 다리를 걸소에 철길 걸소에 짓는 공사는 이었지요, ---- .

A.. The building of the bridge was slow work.

Free 감주로 이해/간직 하기 ⇛ The building of. /Of the bridge. /The bridge was. /Was slow. /The building was. /Was slow work. /Of the bridge was slow.

·))) The building of. 그 짓는 공사, 즉 Of the bridge. 즉 그 다리가 말이다/즉 그 다리와 관련해서 말이다. The bridge was. 그 다리는 이었지요[되었지요] : **실제과거**

그 다리는 이었으면 해요[되었으면 해요] : **의미과성립** (was=infml 의미과성립 were=formal 의미과성립)

Was slow. 되었는 데 천천히 되었다/되었으면 해요, -- ⇛ **일종의 과동사** free **영뇌**

Was slow work. 이었는 데 느린 작업이었지요/이었으면 해요, -- .

Of the bridge was slow. 즉 그 다리와 관련해서 되었는 데 천천히 되었다 : (주어) **전제 infml E**

The building was. 그 짓는 공사[짓는 것을 하는 공사]는 되었다 : **동명사** 그 빌딩은 되었다 : **명사**

plus] "[Comey] didn't give him 100% loyalty, and he demands that of people who works with him," the 86-year-old said. "[Comey] said he would give 100% honesty, but not loyalty. : Comey의 father가 free 영뇌로 말한 것을 신문은 [Comey]로 full로 표현하고 있음

④ to부정사 주어를 설명해 나가는 뇌

A.. To keep /the affair secret /was /his plan. (secret=adj. ~ rendezvous)

영뇌=기→ 설/설→ 설′ : BEis-Os

or I + I + I + I : I-Os or S + S + S + S : S-Os

> **How to Read[Speak]**=Tokeepthe affairsecret washis plan.
>
> 〈 Tokeepthea ffairsecret washis plan.
>
> : 먼저 감각적 주파수로 이해한다. 단주도 근접감주로서 감주에 속한다 : plan
>
> **시동=** vocal **감각적 주파수로 (자동 설가가 될 때까지)** 단주도 뒷말과 말하기 때문이다.
>
> **F3+E2 강하게 말하기 여기서 과동사=실제과거로 단순과거 -- 과동질[과동질연결]**

(투키-프디/투키-프더=trapezoid F : 모음에 관계 없이 아주 빠르게 감주로 리듬을 주면 어화 : **infml 소리**

어패어씨-크러[리]트=cramp F + retro-root F : 씨=된소리화=story/song(스또리/쏘ㅇ) 러=e의 어화 또는 약한 감정음가 리=e의 알파벳 음가 or **고난도 감주** : 투키-프디어 패어씨-크러[리]트=trapezoid F + little slide F slide F + retro-root F)

.. 我必 Free 감주 간직하기=To keep the affair secret was no doubt.

시동=(to한다는 것) 즉 유지한다는 것, 그 일을 비밀로 유지한다는 것은 이었지요, 자기가 할 계획이었지요 ⇛ **영어는 항상 어느 부분을 보더라도 free 영뇌, 특히 free 감주로 이해되면 된다.**

> was=과동질[과동질 연결]로서 이었다는 것
>
> **동질**=전후가 같은 질로서 같다는 의미 -- **현동질/과동질/미동질** : '이다' / '이었다' / '일 것이다'
>
> **.. 문장 뼈대**=기본어(To keep) + s동사(was)

secret 앞에 명사부사 영뇌를 추가하면 :

A- E.. To keep /the affair 100% secret /was /his plan. [=100% confidential]

영뇌=기→ 설/설→ 설′ : BEis-Os

시동= (to한다는 것) 즉 유지한다는 것, 그 일을 100% 비밀로 유지한다는 것은 이었지요, ---- .

Free 감주로 이해/간직 하기 ⇒ To keep. /The affair secret. /Keep the affair secret. /To keep was. /Was his plan. /To keep was his plan. /-- etc.

To keep. (to 하는 것) 즉/대동 지킨다는 것[유지한다는 것] : definition/**제목/상황설명**

즉/대동 지킨다[지킬 것이다/지켰다] : s**동사 대용**

The affair secret. 그 일, 즉 비밀스러운 일 : **관계형용사** 그 일은 비밀이야 : **일반형용사** (be동사 전제)

To keep was. 즉 유지한다는 것은 이었지요/이었으면 해요. Was his plan. 되었는 데 자기 플랜이 되었다/되었으면 해요, --- . To keep was his plan. 즉 지키는 것은 되었는 데 자기 플랜이 되었다/되었으면 해요, -- .

Keep the affair secret. 지키는 것, 그 일을 비밀[기밀]로 지키는 것 : definition/**제목/상황설명**
지켜라. 그 일을 비밀[기밀]로 말이다 : **명령 본동사의미**
지키는 것이 이루어지면 해요 : **의미원성립** 지킨다 : **설명현재** 지켰어요 : **발생현재**

⑤ 의미과성립으로 먼저 말하는 뇌 : 전설 또는 기본어 [=If the government were to] (**주어를 설명해 나가는 뇌**)

A.. Were /the government /to cut Value Added Tax, //prices would /fall.

영뇌=전설→ 설′→ 설″ ⇨ **기→ 설** : BEis-Os

or I + I + I + I + I : I-Os or S + S + S + S + S : S-Os

How to Read[Speak]=Werethe government tocut ValueAdded·Tax, priceswould fall.
: 먼저 감각적 주파수로 이해한다.
시동= vocal 감각적 주파수로 (자동 설가가 될 때까지) F3+E2 강하게 말하기
여기서 과동사=(현재/과거/미래 속에서의) 가정[조건] 의미과성립

(밸루애디드/밸루애리드=double F : d단타 cf]t단타=ㄹ/d/dd로 단타 : water(워러)/city(시디)/nightly news(나이뜰리) ⇒ 사람에 따라 단타시키도 하고 철자음가 대로 내기도 한다 밸루-애디드/밸루-애리드=stair F + slide F : slide 주파수가 stair 주파수보다 리듬이 빠르다)

.. 我必 Free 감주 간직하기=Were government to cut, prices would fall.

시동=(현재에) 했다면[(과거에) 했더라면/(앞으로) 했을 경우] 정부가 대동 깎아주는 것인데 부가세를 말이다. 그랬다면[그랬더라면/그렇다면] 가격은 될 것 같은데 떨어지는 것이 말이다 ⇒ **would=정생각** (**가능성**)

/(현재에) 했다면[(과거에) 했더라면] 정부가 대동 깎아주는 것인데 부가세를 말이다. 그랬다면[그랬더라면] 가격은 (현재/과거에) 되었을 텐테 떨어지는 것이 말이다 ⇒ **would=(현재/과거 속에서의) 의미과성립**
(**하고 (반대사실 유감 쪽으로) 한번 성립시켜 보는 것** / **반대사실 의미과성립**)

.. 문장뼈대=전설(Were=도치 하생각)+기본어(prices)+s동사(would)

were=가정[조건] 의미과성립으로서 '했다면/했더라면/했을 경우'

[w>v 발생 ere: 어>었으로서 과음가 + under 가정[조건] 의미과성립]

-- be동사를 '이다/있다' 로만 고정시키지 말라.

의미과성립도 의미원성립처럼 **접속사 대용 표현**이 가능하다.

하생각으로 일어난 것처럼 한번 성립시켜 보는 의미 속에 상상의미가 들어 있기 때문이다. 처음에는 접속사 if/though를 써지 않고 이렇게 많이 표현했는데 나중에 가서 이들 단어와 함께 쓰게 되었다. 그래서, 이제는 안쓰면 formal E /**관습적** E가 된다.

: Pasteur died in 1895.

실제과거 뇌를 의미과성립 뇌로 작동시키면

⇨ Died Pasteur in 1895, he could have ----.

Had Pasteur died in 1895, he could have ----.

: **과거 속에서의 의미과성립** ∵ 분명한 과거 표현 'in 1895' 이 있기 때문이다.

시동=과거에[그때] 죽었더라면 /과거에[그때] 가졌더라면 죽은 사실을 가졌더라면

tip)주의할 것은 과분사는 event이지, 의미과성립이 아니다.

government 앞에 일반형용사 영뇌를 추가하면 :

A- E.. Were /the Korean government /to cut Value Added Tax, //prices would /fall.

영뇌=전설→ 설′ → 설″ ⇨ 가→ 설 : BEis-Os

or I + I + I + I + I : I-Os or S + S + S + S + S : S-Os

시동=(현재에) 했다면[(과거에) 했더라면/(앞으로) 했을 경우] 한국 정부가 깎아주는 것인데 부가세를 말이다. 그랬다면[그랬더라면/그렇다면] -- 될 것 같은데/되었을 텐데, -- .

B.. "Lived /right now." =**가→ 설**

시동=살았으면 해요, 당장 지금 말이에요. | **Free 감주+我必 Free 감주 간직하기**

A.. Were the government to cut Value Added Tax, prices would fall.

Free 감주로 이해/간직 하기 ⇨ Were. /The government to cut. /To cut Value Added Tax. /Prices would. /Would fall. /To cut Value Added Tax, prices would fall. /Were, prices would fall. /The government to cut Value Added Tax, prices would fall.

주의]free 영뇌[특히 free 감주]로 이해하는 기술이 있어야 저절로[스스로] 말의 조합력이 생긴다.

하루에 몇 문장씩 외운다고 해서 말의 조합력이 생기는 것은 아니다. ※TF를 알아야 free 영뇌도 가능

↳이것은 해석뇌이지, 원애 언어습득 방법도 아니고 일반적 언어습득 방법도 아니다. ↳twenty four 영뇌

↳D두뇌+의음[의자]+free 감주+자연조합+무부스텝+두뇌세포 선인지+부지언인

※신동머리/천재머리=D두뇌인지/의양두뇌인지/무부스텝인지/두뇌세포선인지

Were. 했으면 해요 : (바람/소망/요구/주장 -- 등등) **의미과성립** 했어요/이었어요 : **실제과거**

바람/소망 의미과성립이 되니 시한부 생명을 살아가는 딸이 아버지에게 이렇게 말한다. "Lived, daddy." 라고 말이다. 이때 이 말은 현재 속에서의 의미과성립으로서 바람/소망이다. 즉 "현재 살았으면 해요, 아빠"라는 뜻이다.

tip) 1. lived NB=**실제과거 /의미과성립** /event 2. "Live, daddy." **의미원성립보다 더 애절하다 : 살면해요**
3. **살려라** : Make live her.[=Make her live.] or Save her. or Rescue her. (make live=살아 있도록 하는 것으로서 살리는 것 save=구해내는 것으로서 살리는 것 rescue=구조해 내는 것으로서 살리는 것)

The government to cut. 정부가 to하는 것, 즉 깎아 주는 것 : definition/**제목/상황설명**
정부가 대동 깎는다[깎을 것이다/깎았다] : **s동사 대용 -- 현동사/조동사(will)/과동사 대용**

: The government to cut, prices could fall. : **콤머로 문맥 연결** -- 정부가 즉/대동 깎는 다면
⇒ For the government to cut, prices could fall. : **전치사+콤머로 문맥 연결** -- 즉/해자 정부가

To cut Value Added Tax. 즉/대동 깎는 것인데 부가세를 깎는 것 : definition/**제목/상황설명**
즉/대동 깎는 것[깎을 것/깎은 것/깎으니까] : **안내 또는 연결 의미**
즉/대동 깎는다[깎을 것이다/깎았다] -- : **s동사 대용**

Prices would. 가격은 할 것같다 : **정생각** 가격은 했던 것같다 : **과생각**
Would fall. 할 것같은데 즉 떨어질 것 같다 : **정생각**
했던 것같다. 즉 떨어지기로 말이다/했던 것같다. 즉 떨어졌던 것 같다 : **과생각**
(**전자=과거 속에서의 미래 본동사의미 후자=과거 속해서의 발생 본동사의미**)
↳이것이 현재에 유효할 경우 **미래 속에서의 본동사의미 작동가능**

To cut Value Added Tax, prices would fall. 즉 깎아준다면 부가세를 말이다. 그렇다면 가격은 할 것같다. 떨어지기를 말이다. Were, prices would fall. 있었다면[있었더라면/있었을 경우] : **접속대용 의미과성립**
가격은 할 것같다[했을텐데]. 떨어지기를 말이다 : would=**정생각/의미과성립**
The government to cut Value Added Tax, prices would fall. : **콤머로 문맥 연결**
정부가 즉 깎아 준다면 부가세를 말이다. 그렇다면 가격은 할 것 같다 ---. (would=**정생각**)

⑥ free 영뇌[infml E]로 먼저 말하는 뇌 : 기본어 tip] free 영뇌로 완전문장 공포에서 벗어나라.
↗ infml E도 일종의 free 영뇌

a.. Was /45kg and now 60 kg.**=기→ 설 : BEis-Os** ↳free 영뇌=infml E + StE, 즉 모두 포함

b.. Died /in 1895. **=기→ 설 : BEis-Os**

c.. Had /been trapped /by Gadhafi troops /in Tripoli. [=usually, trapped]
영뇌=기→ 설→ 설′/설′ : BEis-Os

☞.. **我必 Free 감주 간직하기**=Trapped inTripoli by Gadhafi.

d.. Killing /8, wounded /4. [=Killed 8, wounded 4]

영뇌=가→ 설 + 가→ 설 : BEis-Os

↗**분리 감주**

> **How to Read[Speak]** =Wasforty fivekg andnow 60kg. Diedin 1895.
> Hadbeen trappedby Gadhafitroops inTripoli. Killingeight, woundedfour.
> : 먼저 감각적 주파수로 이해한다.
> **시동=** vocal 감각적 주파수로 (자동 설가가 될 때까지) F3+E2 강하게 말하기
> 여기서 과동사=실제 과거로 단순 과거

먼저 기본어 뇌로 작동시킨다 : was/died/had/wounded=**주어전제** infml E
vs killing=(콤머/분리) **관계현분사**[=Killed] **주의]일반 현분사가 아니다.**
: **(본동사 의미으로서) 나열 비제한적 연결의미** vs The earthquake occurred, killing 8. **계속**

시동=과거에는 이었지요, 45kg이었지요, 그리고 지금은 60 kg입니다.
/죽었는데 그 시기는 1895년이었지요.

/가졌어요. 된 것, 덫에 걸려 들게 된 것인데, 행자(行者) 가다피 군사들에 의해서, 내자[내소] 트리폴리 [내소]에서 말이다 ⇒ 결국 덫에 걸려 들었 다는 것이다. 즉 함정에 빠졌다는 것이다.
/죽였는데 8명이었고, 그리고 상처를 냈는데 4명이었다.

: • **Fired and came back, changed the world.**
▸ fired(**과분사**)=(**주동**) **전제** infml E ⇒ Steve Jobs was
came/changed(**과동사**)=(**주어**) **전제** infml E ⇒ Steve Jobs

• **Dempsey said the <u>United States</u> had "positive indications" the Iraqi government was prepared to do that <u>but had</u> not yet acted.**
▸ (**주어 전제**) infml E -- **등위접속사는 주어가 같더라도 쓰면** formal E
: 하지만 없다. 아직도 행동으로 옮긴 것은 말이다.
ex] He fell but (he) wasn' t hurt [injured].

caution] 1. free 영뇌는 SpE(뉴스, 드라마, 대화), 리플, 알림, 광고,— 등에서 많이 표현한다.
2. 사전의 소리와 실제 소리는 다른 경우가 많으니 소리본체로 현장청취를 많이 하라.
↳ United States에서 United의 세 가지 소리=유**나**이티드/유**나**이리드 : t단타 /유**나**잇엇=cramp F

↗**중앙감주**
⇒ **감주리딩**=Step backand see.

Big tip) 결국 영어는 감주영뇌, 즉 감주다. ↗ Step back and see. ↘**빼컨**

• 소감주+단주, 소감주+소감주, 단주+소감주, 단주+단주, 단주+소감주+단주, — 등 : **근접감주**는 다양하다.
• 감주 크기 : 보통 2단어 〉3단어 〉4단어로 형성되나 **2단어 감주**가 가장 많다.
↳ Be one with innovation. ⇒ **감주리딩**=<u>Beonewith</u> innovation.

Plus] 특수동사[HB동사]인 경우 먼저 묻는 뇌로 바로 작동

- Was this a gas station nearby? Why were you here? Who was I?
- Had you anything else? Had she a car?

단, have 동사= 특수동사(BrE)

/일반동사(AmE) -- 묻는 말로 do 조동사 사용

: Did you have anything else? Did she have a car?

Do you have anything else? Does she have a car?

Free 감주로 이해/간직 하기 ⇒ Died. /Died in. /Died 1895. /-- etc.

⇒ Had been. /Been trapped. /Trapped by. /Trapped by Gadhafi troops. /Trapped in Tripoli. /-- etc.

↱ 이때 의미=(생활 속에서의 뜻인) IS값

↱ tip)단어하나를 간직해도 free 영뇌로 간직하라. 즉 의미 전달 값으로 간직하라 ⇒ 의미전달 최소단위=단어하나

▸ Died. 죽었어요 : **실제과거** 죽었으면 해요 : **의미과성립** -- 바람/요구/주장/제안/소망 의미과성립 -- 등등

Died in. 죽었어요. (어떤) 내 시기에/내소에서/내자에서 말이다 /죽었으면 해요, --- .

Died 1895. 죽었어요. 1895년에 말이다 : **명사부사**

죽었으면 좋겠어요, 1895년에 말이다 : **의미과성립**

▸ Had been. 가졌어요, 된 것을 말이다 : **처지** event

가졌어요, 있은 적이 있었던 것을 말이다 : **경험** event

가졌어요, 있어 왔던 것을 말이다 : **계속** event

가졌으면 해요, 된 것[있은 적이 있었던 것/있어 왔던 것]을 말이다 : **의미과성립**

↱ 이럴 때 보통 과분사만 표현

Been trapped. 된 것, 즉 덫에 걸려 든 것 Trapped by. 덫에 걸려 들었는 데 어떤 행자에 의해서 말이다.

tip) **또다른** free **영뇌**=덫에 걸려 들었는 데 (어떤 것) 옆에서 말이다/(어떤) 측자에서 말이다.

Trapped by Gadhafi troops. 덫에 걸려 들었는 데 행자 가다피 병력에 의해서 말이다.

Trapped in Tripoli. 덫에 걸려 들었는 데 내소/내자, 트리폴리 (내소)에서 말이다.

상음/상자의 두 가지 이해 방향 :

= ① 소리[말]/글자 —〉 A상황 : 소리[말]/글자에서 앞방으로 A상황이 보이는 것

② 소리[말]/글자 〈— A상황 : 소리[말]/글자가 A상황을 표현하는 것으로 이해하는 것, 말하기와 같고, 들으면서 이해하거나 말을 배울 때도 많이 활용됨

2) 실제과거

표현되었을 때의 의미

(영어에 대한 기초지식[basics]을 알았다면)

□ **과동사**=실제과거 or 의미과성립 — 생활 속에서의 뜻으로 모두 我必 Free 감주로 간직하라.

전자=실제로 일어난 것으로서 실제의미

후자=실제로 일어나지는 않았으나 과거형태를 빌어서 일어난 것처럼 (한번) 성립시켜 보는 의미

tip)1. 실제과거 중 단순과거와 동시점 과거는 원동사/to부정사/관계현분사의 본동사의미에서는 과거 속에서의 (발생 또는 동시점 발생) 본동사의미로 나타난다.

2. 실제과거=모두 설명과거로 이해해도 좋다. 3. 과동사도 현과미 속에서의 과거, 일설 과거로 이해하면 쉽게 IS 영뇌를 작동시킬 수 있다.

□ **과동사의 BNW**=실제 과거

□ **실제과거**=단순과거, 일반적 과거, 동시점 과거, 선과거, 인정과거, 성립과거, 덩어리기간 과거, 반복과거(☞p281), 발생존재 과거 — etc..

동시점 과거와 선과거는 지배시제, 즉 s동사 시제와의 관계에서 나타나는 현상이다. 즉, 동사 두개에서 일어나는 현상이다.

단, 성립과거는 실제로 이루어진 경우와 앞으로 실제로 이루어지는 경우 두 가지가 있다.
후자일 경우=보통 before/until/whether과 함께 표현하고 한글에는 없는 표현이니 한국 사람들에게는 아주 취약하다. 영어에서는 앞으로 이루어지는 경우에도 과거형을 취한다.
이렇게 실제과거로서 의미가 하나 더 있다.

A.. He moved the stone.

[move+ed: 과음가 or d: did 단순과거] -- **단순히 일어난 과거사실** 시동=옮겼다/움직였다.

현재범위 과거/현재범위 미래

과거라고 해서 하루 이전 상황만 떠올리면 안된다. 말하는 시점 이전상황, 즉 지나 간 것은 모두 과거이다. 그래서, 현재 범위에서 일어나는 과거도 사람에 따라 과동사로 표현하기도 하고 현동사로 표현하기도 한다. 이때 현동사는 발생현재가 된다.
특히 IS영뇌 작동시 유의하라. 미래도 마찬가지이다. 하루 기준이 아니다. 말하는 시점이다.

: • "I said! Back to work!" : **현재범위 과거 ═ "I say! Back to work!" : 발생현재**

• "MyTV will quit now. Try again later."

: **현재범위 미래[직후미래]로서 지금과 의욕 [=quits : 래발생 현재]**

시동=MyTV는 곧 할 것이다. 즉 종료되는 데 지금 말이다. ∗**MyTV=app 명칭**

B.. He often moved back and forward.

[move + ed: 과음가 or (e: 조율음) d: did 일반적 과거] 시동=종종 움직이곤 했다.

이 학교에 '다녔다'를 영어로 표현하면 '다녔다'가 과거 일반적 의미이기 때문에 'I went to [attended] this school'로 표현하면 된다. 이 때는 단순 과거로 '갔다/참석했다'가 아니다. [went 〉w: ↗ 가는/다니는 모습 ent: 과음가(엔트〉언트〉었다) or t〉d: did로서 일반적 과거 attend+ed: 과음가 or (e: 조율음) d: did로서 일반적 과거]

C.. She said that he moved.

[move + ed: 과음가 or d: did 동시점과거/선과거 — 과거 속에서의 과거]

시동=그 여자는 말했는 데 즉 그가 움직인다고/옮긴다고 말이다 : **동시점 과거**

⇨ (움직인다고/옮긴다고=현재형 과거상황)

tip) **현재형 과거상황 시동** : A rainstorm <u>came along</u> and obliterated children's drawings on the sidewalk. <u>와서 쭉 지나가면서</u> 지워버렸다 **cf]발생현재=과거형 현재상황 시동**

시동=그 여자는 말했는 데 즉 그가 (이미) 움직이었다고/옮겼다고 말이다 : **선과거(infml E)**

⇨ **StE=had moved** : 시동=가졌다고 옮긴 사실을 가졌다고 --- .

전환식 이해의 종지부 : 영뇌화법 시제 일치식으로 직접화법을 간접화법으로 전환하는 전환식 공부를 하지 말라. 그냥 단어의 뜻대로 상황에 맞게 표현하라.

·))) 선과거일 경우 had moved로도 표현할 수 있으나 각각 접근하는 뉘앙스와 문체도 다르고, IS도 달라진다. ▭ **선과거**=같은 과거범주로 취급하여 표현하는 선과거 뉘앙스

▭ **과거완료**= had의미+과분사 의미, 즉 had를 과분사[기의미성립 event]로 설명해 나가는 의미

·))) 동시점 과거는 현재에 유효해도 표현할 수 있는 과거이다.

즉 현재에 선생을 하고 있어도 "When I met him, he said that he was a teacher." 로 말할 수 있다. 이때 was를 단순 과거사실[선과거]로 오해하면 안된다. 말한 그때[그 당시에] 선생이라고 알리기 위해서 단지 과거형태를 취했을 뿐이다. 한뇌[한글]와 다르다.

시동=말했는데 즉 자기가 그때 이라고 선생이라고 말이다.

or 말했는데 즉 자기가 이라고 선생이라고 말이다. * '이라고' =**현재형 과거상황**

tip)과동사=event 소유 표현 가능 — 현재 event 소유/과거 event 소유 ↗말하는 시점 이전 상황 → 영어에서 과거라는 의미

He went there. '그가 갔다'는 것은 현재에 간 사실을 가지고 있거나 과거에 간 사실이 있었던 것이나 다름없다.

→ **He has gone there. or He had gone there.** : formal한 느낌을 주어 일반적으로 SpE에서는 단순과거를 더 선호한다. 그렇지만 <u>분명한 메시지를 전달하거나 시차를 분명히 하고자 할 경우</u> event 소유로 표현해야 한다 : **We hope that you have enjoyed.** 갖기를 즐겨 본 것을 갖기를 **He said that he had moved.**

*pp=현재/과거/미래 이전이 가능함

···▶ 이렇게 동시점 과거로 표현했는 데 만약 (이미) 지난 과거사실로 오해할 것같으면 현동사 뇌를 작동시키면 된다 : " ---- , he said that he is a teacher." * is=일반적 현재사실

···▶ 만약 상황이 지금 은퇴한 경우임에도 불구하고 was로 표현했다면 선과거 뇌[단순 과거사실 뇌]로 작동시켜야 한다.
시동=말했는데 즉 자기가 과거에 했다고[이었다고] 선생을 했다고[선생 이었다고] 말이다.

···▶ 그런데 (이미) 지난 사실로 표현했는데 현재에 유효한 동시점과거 사실로 알아 들을 것같으면 기의미 성립 event 또는 분명한 반복과거 뇌, (전달동사) 설명현재와 단순과거 뇌를 작동시키면 된다.

: " ----, he said that he had been a teacher."
or "----, he said that he used to be a teacher."
or "----, he says that he was a teacher."

시동=말했는 데 즉 그가 (그때) 가졌다고, 했던 것[이었던 것], 선생을 했던 것[이었던 것]을 말이다.
/ -- 즉 그는 하곤했다고, 즉 선생 노릇을 하곤 했다고 말이다.
/ 그 사람 말은 즉 자기가 -- 이었다고 해요.
*to be=to+be= "(본동사의미) 연결+동질연결" 로서 '즉'

···▶ 하지만 말에서는 서로 말을 한 배경상황을 알고 있기 때문에 이런 오해들은 생길 수 없다.

···▶ 언어는 뜻이지, 수학공식이 아니다. 시제일치, 인칭일치, 대명사 일치하면서 직접화법를 간접화법으로 고치는 수학적 배움은 이제 그만 해도 좋다. 이것은 입시 위주의 교육에서 나타난 부산물이다. 그냥 단어의 뜻대로, 상황대로 전달하면 된다 : **구문법의 식민지에서 벗어나라!!**

had=가진 것으로 그때 가졌다고
[h: have + ad: 과음가(엇>었) or d: did 동시점 과거]
been=(이미) 이었던 것/했던 것
[be: 동질사실 + en: event 음가(언 것>었던 것>했던 것) or en: done
기의미성립 능동 event] -- been에서 said 이전 상황을 느껴야 한다. had가
기의미성립 event를 소유했기 때문이다.
used=사용[이용]하곤 하곤 했던 것으로서 하곤 했던 것
[use+ed: 과음가 or d: did 반복과거]

tip)(s동사와) 명백한 동시점 과거 :

" I didn' t know if she was dead or alive." : wife가 구조된 후 지상에서 지켜보았던 남편이 나중에 한 말 → 나는 몰랐어요, 인지/인자(認者) 그 여자가 그때 죽었는지 살았는지 말이다.

D.. Mr Rice asked Mike where he lived.

▭ 선과거 뇌로 시동[infml E]

= -- 물어 봤는데 Mike에게 어디에 살았는지를[어디인지 그가 살았던 곳이] 말이다.
[=had lived : formal E /standard WrE]

▭ 동시점 과거 뇌로 시동

= -- 물었는데 Mike에게 (그때) 어디에 사는 지를 [(그때) 어디인지 그가 사는 곳이] 말이다.
🔊 현재에 살고 있어도 과동사 영뇌로 작동시켜도 좋다. 동시점 과거 뇌이기 때문이다.
*사는 지[곳]=**현재형 과거상항**

이미 highway 휴게소에서 식사는 해결하고, 집에 도착했을 경우 배고픈 것이 현재상황이 아니므로 "When she said that she was hungry, I bought it for her." 라고 단순 과거 사실로 표현해주면 된다.

이때 was는 동시점 과거로서 단순과거 사실이다. 즉 현재에 유효한 과거가 아니다. 그냥 과거 그때 [그 당시] 상황임을 알리는 것이다.

시동=언제냐 하면은 때에 그 여자가 말했을 때 즉 자기가 그때 배고프다고 말했을 때에 나는 사 주었어요. -- . *was=가 그때 -- 이다고

big tip] 동시점 과거 뇌는 현재에 유효할 수도 있고, 유효하지 않을 수도 있지만, 인정과거나 성립과거 뇌는 언제나 현재에 유효한 과거이다. 동시점은 동사가 두개 이상 일때 s동사와의 관계에서 발생하는 데, 동시점 과거 뇌는 일반적으로 절(that절/의문사절/if/whether절 — 등등)과 부정사에서 많이 나타난다.

attention] 원동사의 선발생과 동시점 발생 :

a.. Said to kill son but to spare father.
(상황: 아들은 이미 죽은 상황이고, 아버지는 살아 있는 상황)
시동=알려졌는 데 그때 죽인 것으로 -- 하지만 봐준 것으로 --- .
: kill=과거 속에서의 선발생 본동사의미 -- pp이전상황으로 <u>선과거 표현과 같다</u>.
⇒ [**시차** infml E] **vol 1, p275**
*said=[주동] **전제** infml E son/father=[지정사] **전제** infml E

b.. We saw him lock the door. 시동=그때 잠그는 것을 --.
: lock=과거 속에서의 동시점 발생 본동사의미 ⇒ **vol 1, p275**

tip) 동시점, 선과거, 선발생은 동사가 두개 이상일 때 s동사와의 관계에서 발생하는 개념이다.

IIIII.. **동시점 과거가 발생하는 이유** ⟹ He가 실제로 한 말 : "She is a teacher."
들은 말을 간접전달을 할 경우 : He said that she was a teacher.

들은 말을 전달하니 시간 경과가 있었다. 그래서 is를 was로 표현해야 하고, 전달동사도 said로 표현되니 서로 동시점이 되기도 하고, 실제말 현재사실은 시간이 경과하면 과거 그때 현재사실로 되니까 서로 동시점이 되기도 한다. 그래서, 그 여자가 지금 선생을 하고 있어도 간접전달시 was로 표현하는 것이다. 비록 지금 선생을 하고 있어도 이렇게 시간경과 대로 was로 표현이 가능한 것은 절대적 일반적 사실이 아니기 때문에, 즉 보통 일반적 사실이기 때문이다. 이런 동시점 과거를 특히 **일반적 현재 동시점 과거**라 한다. 보통 일반적 현재가 동시점 과거가 된 것이다. **주의]**시간경과 때문이지 said했기 때문에 was가 된 것은 아니다.

IIIII.. **동시점 과거 종류**

↱ 현재유효시 ' lives ' 가능

① He said he lived here. : **동시점 현재 동시점 과거** ⇒ 그때 살고 있다고 --- .

② He said he left in two days(' time). : **래발생 현재 동시점 과거** ⇒ 그때 떠난다고, --- .
현재에도 유효시 래발생 현재 또는 주체래발생 가능 : -- leaves/will leave

③ He said he was leaving ahead. : **앞으로 진행 동시점 과거** ⇒ 그때 있다고 즉 떠나기로 되어 있다고 앞으로 말이다. 현재유효시 " is leaving/will be leaving " 도 가능

④ He said he had better leave. He said he left. : **의미과성립 동시점 과거**
⇒ 그때 했으면 더 좋겠다고 떠나는 것으로 말이다/그때 떠났으면 하고 말이다.

⑤ He said he watched her! : **동일치 현재 동시점 과거** ⇒ 그때 유심히 봤다고 --- !

⑥ He said he was a teacher : **일반적 현재 동시점 과거** ⇒ 그때 선생이라고 --- .
-- 보통 일반적 현재를 동시점 과거로 말한 것이면 언제나 'is' 가능

E.. My history teacher said Columbus discovered America in 1492.
[discover + ed: 과음가 or (e: 조율음) + d: did 역사적 선과거 — 과거 속에서의 과거]

역사적 사실로 관용적으로 굳어진 과거는 과동사 영뇌 그대로 작동시킨다. 언어는 생활의 산물이다. 늘 그렇게 쓰는 것으로 습성이 되었기 때문에 기의미성립인 과분사 event로 표현하지 않아도 전달상 오해는 절대로 없다. 이런 과거를 특히 **역사적 과거, 즉 역사적 선과거**라하며, **관습적** StE이다.

F.. She came after he moved. [move + ed: 과음가 or d: did infml 선과거]

엄밀히 따져 보면 후과거와 선과거가 되는 데, 모두 과동사로 표현하는 것은 시차를 생각하지않고, 모두 과거(범주)에 일어난 것으로 단순과거 사실로 표현하기 때문이다. 대화에서는 일일이 따지지 않고 그냥 이렇게 많이 표현한다. 그래서, 선과거는 **시차 infml E**가 된다.

vs She came after he had moved. : Formal E -- 무언가 딱딱한 느낌을 준다.
[had=h: have + ad: 과음가(엎)었) or d: did 단순과거

moved=move + ed: event 음가 (었던 것>했던 것) or d: done 능동 event]
시동=후에, 그가 가진 후인데[한 후인데] 옮긴 것을 말이다.
⇒ **일일이 논리적으로 엄밀하게 따지는 표현은 Written English[Formal English]이다.**

move=어깨에 지고 운반하는 것으로서 옮기는 것 /이동으로서 움직이는 것
[m: 어깨에 메고 운반하는 여러 사람들의 다리 모습
or o: o↘ o↗로서 이동 + no 's' 원형 자체의미]
-- 언어를 만들 당시, 옛날에는 큰 물건을 나를 때 여러 사람들이 어깨에 얹어서 옮겼다.

G.. "You were rich to have a chauffeur."

상황 : 지금도 여전히 부자인 사람이다. 그런데 어느 날 갑자기 운전기사를 데리고 나오니 친구가 한 말
이런 상황에 과동사를 썼다면 과거에 부자였던 단순한 과거사실이 아니다. 부자인 것으로 인정하는 것이다. **이런 과거를 특히 인정과거라 한다.** 무언가 인정을 할 때 과동사 영뇌를 즐겨라. **이럴 경우 우리말도 같다.**
인정과거도 동시점 과거처럼 현재에 유효해도 현재로 표현하지 않고 표현할 수 있는 과거이다.

were=과동질 인정으로서 이었지 -- **여기서는 현재 속에서의 과거**
[w>v: (체크) 인정 ere: 과음가 e: equal 동질 — 인정과거]

시동=너 이었지, 부자이었지, 고용하고 있으니 운전기사를 말이다.
*have=가지고 있는 것으로서 고용하고 있는 것

H.. ① "At last he loved her!" "At last he had a car!"

과거형이다고 해서 반드시 단순 과거 사실로 오해해서는 안된다. 사랑을 성립시킨 것, 소유를 성립시킨 의미로 과거형을 취했을 뿐이다. 이런 과거를 **성립과거**라 한다.
[love+ed: 과음가 or d: did 성립 과거] 시동=(드디어) 사랑하게 되었어! /갖게 되었어!
그래서, 갑자기 엉뚱한 짓을 하는 것을 보고 "You were crazy!"라고 말할 수 있다.
시동=되었구먼! 미친 것으로 말이다 -- 이럴 때는 과거에 미친 사실이 있었다는 의미는 아니다.
↘**여기서는 현재 속에서의 과거**
또한 승진발령이 이제 막 발표되었을 때,
"He was a captain." 이라고 과동사 뇌를 작동시킬 수 있다. 시동=(이제) 되었어, 선장[함장]으로 말이다.
이렇게 성립과거도 인정과거처럼 단순과거 사실이 아니기 때문에 현재에 유효한 과거로 뇌가 작동한다. 즉 단순한 성립으로 끝나는 것이 아니다. 성립한 것이 여전히 현재에도 살아 있다.
이럴 경우 우리말도 같다.

② 과동사의 성립개념을 알면 다음과 같이 표현된 기사를 보더라도 쉽게 감을 잡을 수 있을 것이다.

Talks On North Korea Await Bank Transfer

By David Lague

Beijing: -------------- .

North Korean negotiators refused to discuss nuclear weapons until the frozen funds were transferred to an account controlled by North Korea in China.

---------------- .

여기서 성립과거 뇌는 과거형태를 이용해서 미래 어느 시점에 <u>**실제로**</u> 성립시켜 보는 것이다. 일어난 것처럼 한번 성립시켜 보는 의미과성립하고는 다르다. 의미과성립은 실제과거가 아니다. 성립과거를 모르는 사람들은 송금이 된 것으로 **단순과거로 이해하여** refused와 의율이 안되어 틀린 표현으로 생각 할 것이다.

until -- were에서 were=성립 과거로서 실제로 되는 것[이루어 지는 것], 즉, until의 미래의미 영향을 받아 미래의미 성립, 즉 미래 어느 시점에 가서 실제로 이루어 지는 것이다.

시동=거부시켰는데 (대동) 논의 자체를 거부시켰는데, 까지/도자 -- 가 (실제로) 이루어 질때/일어 날때[이루어 졌을 때/일어 났을 때]까지, 즉 송금되는 일이 (실제로) --- 까지는 말이다.

⇒ 여기서 (영어에서의) 과거라는 개념은 <u>성립시키기 위한 것</u>이다. '지난 것' 만 나타내는 우리말과 다르다. tip)**성립과거도 하생각처럼 현과미 속에 들어 갈 수 있다.**

↳여기서는 미래 속에서의 과거

이렇게 성립과거는 실제로 이루어진 경우와 앞으로 실제로 이루어지는 경우 두 가지가 있다. **후자의 경우 우리말에는 없는 현상이다.** <u>역시 현재에 유효하므로 현동사(are)로 표현해도 좋다</u>. 즉 앞으로 송금이 실제로 성립될 때까지를 의미하므로 현동사의 래발생 현재로 표현해도 좋다. 하지만 접근하는 뉘앙스와 문체, IS가 다르다. 래발생현재는 미래성립보다 미래발생에 중점을 둔 표현이다.

are=현동사의 래발생 현재

: 일반적으로 미래의미 시간/조건 접속사[until /before /when /if]와 함께 작동

-- <u>접속사에 이미 미래의미가 있기 때문에</u> 미래조동사 will을 써지 않고, 대신 미래 의미가 있는 현동사 뇌로 작동시킨다.

refused 시제에 신경쓰지 말라. 각각 따로 자기 의미대로 쓰면 된다.

한국 사람들은 시제일치로 화법 전환식 공부를 했기 때문에 전환식 일치 개념으로 접근하려는 경향이 강하다 : **60여년 간 식민 통치한 구문법 통치에서 벗어나라!**

만약, refuse로 발생현재 뇌로 표현하면, 성립과거 외에 **래발생 현재** event **소유**로도 표현 가능

: North Korean negotiators refuse --- until the frozen funds have been transferred --- .

시동=거부시켰는데 까지 -- 가질 때까지 이루어진 것, 즉 송금이 이루진 것을 가질때 까지 --- .

[or refuse --- until -- were ----. : **발생현재+성립과거**]

·))) 중국 대통령 후진따오가 미국을 방문하니 타이완이 가만히 있을 수 없다.

The island launched 19 air-to-air missiles before U.S. and Chinese leaders were to meet.

before=이 때 before도 미래 시기를 의미하므로 이때 성립과거는 현재 속에서의 성립이 아니라, 미래 속에서의 성립이다. 즉 앞으로 '(실제로) 미팅이 있기 전' 이라는 의미이다.

시동= -- 발사했는데 -- 전에 미중 두 지도자들에게 (실제로) 이루어지기 전에 회담하는 게[만나는 게] 말이다. **이럴 때도 기자에 따라 현동사 영뇌[are]로 작동시키는 사람도 있을 것이다.**

성립되는 의미로 시동

성립과거=실제로 성립이 이루어진 경우와 실제로 성립이 이루어지려고 했던 경우, 앞으로 실제로 성립이 이루어지는 경우(주로 until/before/whether와 함께)로서 실제의미

전자=현재/과거 성립과거 **중자=과거 성립과거** : There was a spectacular opening celebration, but it wasn' t held until December first. ※until=될 때까지

: 하려고 했다 ⇦ 성립시키려고 했다 ⇨ 12월 1일에 비로소 개최되었다는 말

말자=미래 성립과거 : A week ahead could decide whether that was the bottom.

시동=일주일, 앞으로 일주일이 할 수 있을 것 같은데 즉 결정할 수 있을 것 같은데 어떤 것인지 즉 그것이 이루어지는지 바닥으로 말이다. (that=the stock market)

tip)**과거라고 해서 반드시 '었다' 로 해석할 필요는 없다. 영어에서의 과거는 '성립' 도 되기 때문이다.**

- Love was when I loved you. -- from 'Titanic' **시동**=사랑은 오로지 존재 할뿐이다[성립한다]. 시자(時者)[언제냐 하면] 내가 사랑[나의 사랑]이 이루어 질[성립할] 때인데 당신에게 말이다 ⇒ **오로지/할 뿐**=associate
- You knew that ahead in 30 years. **시동**=여러분들은 아는게 이루어지요[알게 되지요], ---- .
  ↘**미래상황**=앞으로 내자[지나면] 30년이 지나면 ↘'알았다' 가 아니다.

I.. I slept for 10 hours.

잤는데 시간이 10시간이나 된다는 것은 과거에 10시간 계속 잤다는 의미이다. 이런 과거를 특히 **덩어리 기간[덩어리 계속] 과거**라 한다. 그래서 과분사 뿐만아니라 과동사도 for/since와 의율이 된다. 여기서는 과거 속에서의 과거이다.

▭ slept=infml E /AmE vs have[had] slept=Standard Written E/BrE

덩어리 기간[덩어리 계속] 과거는 그냥 덩어리 기간[덩어리 계속]으로 AmE이자 infml E이다. 하지만 영국사람들은 이런 두뇌 작동을 싫어 한다. 전부터 어느 때까지 계속한 과분사의 **기간계속 뇌**를 작동시킨다 : **I have[had] slept for 10 hours last night.** **＊과분사=기간계속** event

미국사람들은 현실적 실용에 중점을 두고 있고, 영국사람들은 정확하게 쓰는 데 더 촛점을 두고 있다.

시동=나에게 있었다. 잔 것인데 구시(區時) 10시간 동안 (잔 것인데) 지난밤에 말이다.

slept=sleep한 것으로서 잠을 잔 것
[sl: sleep ept: 과음가(에프트>엎다>었다) or t>d: did 덩어리기간과거
or ept: event 음가(엎던 것>었던 것>했던 것) or t>d: done 기간계속 event]

sleep=눈을 감고, 쭉 뻗거나 오그려서 누워 편히 쉬는 것으로서 잠자는 것
[s: 오그려 누워 있는 모습 l: 쭉 뻗어 누워 있는 모습 ee: eyes p: peace
no 's' 원형 자체의미]

J.. He was having dinner then.

was는 보니까, 보는 바로 그때 무언가 하고 있었다는 것으로서 발생존재[행위존재] 과거이다. 그리하여 상세히 들여다 보니 먹고 있었다는 것이다. 이런 과거를, 특히 발생존재[행위존재] 과거라 한다. 현분사의 동일치 또는 지속 진행의미에서 많이 발생한다.

시동=그는 (하고) 있었는 데 먹고 있었어요, 저녁을 그때 말이다.

was=과거 발생존재로서 하고 있었다는 것
[w: v 발생 + ~ 존재 as: 과음가(어즈/었) 과거 발생존재 — 과거 속에서의 과거]

현재까지 나온 실제과거를 정리하면 다음과 같다.

실제과거=단순 과거/현재범위 과거 /일반적 과거 /동시점 과거 /반복과거 /역사적 선과거 /선과거[infml E] /인정과거/성립과거/덩어리기간 과거[infml E] /발생존재[행위존재] 과거 --etc.

하지만 원어민 표현을 접하다보면 어떤 의미가 또 추가될 지 모른다. 하지만 걱정하지 말라.
BAM **영뇌 원리**로 해결하면 된다. **cf]반복과거 : p64/281**
⇒ IS영뇌를 정확하게 작동시키려면 적어도 이 정도는 세밀하게 알아야 한다.

✠ 과거상황 표현 방법

=과동사/ †**원동사**/현동사 /과분사[기의미성립/과거의미성립] /†관계현분사 /조동사/동명사로 표현
원동사에는 본동사 의미가 있기 때문에 문장 속에서 과거상황을 나타내고자 할 때는 과동사 대신 원동사로 표현하면 된다.

: a.. Said to kill son but to spare father.
kill/spare=**과거상황**: 죽인 것/봐준 것 -- 과거 속에서의 발생 본동사의미
or **미래상황**: 죽일 것/봐줄 것 -- 미래 속에서의 본동사의미

b.. We saw him lock the door. lock=그때 잠그는 것 -- 과거 속에서의 발생 본동사의미

c.. We tried our best only to fail.
fail=실패만 하게 되었다 -- 과거 속에서의 발생 본동사의미

☞.. 이해는 (언어에 대한 basics를 알았디면) 최종적으로 단어의 최종적인 뜻인 감주로 이해한다.

✠ 타동사의 발전 English : ↘그러면 영어말투가 형성되고 영어말투에 익숙해진다.

타동사에게도 전치사 사용이 가능하다. 의율만 되면 된다. 전치사 의미만큼 뜻의 차이가 있을 뿐이다. 특히 타동사만 쓰나 타동사와 전치사 또는 전치사부사를 함께 쓰나 뜻이 거의 같은 표현을 **함께동사**라 한다. 이럴 경우 사람들이 많이 쓰는 표현이 StE이고 덜 쓰는 것이 infml E이다.

• (A) Korean lawmaker visited to an island. 〈 • (A) Korean lawmaker visited an island.
vs • US killed <u>on</u> Osama bin Laden. 〈 • US killed Osama bin Laden.

visited to=방문했는데 곳으로, (어떤 섬이라는 곳으로 말이다)
/ --- , 대처 (어떤 섬을 말이다) **to=방향 대상**
killed on=죽이는 일을 수행했다 **on=작동으로서 수행 -- 전치사 부사**

↗뜻 관계로 저절로 목적어 종류가 결정된다.

✠ 목적어 종류=대상물[직물/간물] /결과물 /내용물 /수단물

🔊 목적어를 한뇌, 즉 한글구조로 '을/를' 로만 생각하면 안된다. 그냥 기/설, 즉 설가뇌로 처리하라.

타동사 뇌=동작 또는 행위가 목적어에 직/간접적으로 영향을 미치는 것
vs **자동사 뇌**=주체에게 그냥 일어나는 것
-- 이런 차이를 알면 동사가 어떻게 표현되더라 쉽게 Ekbe값을 가져 올 수 있다.

a.. He gave Vera a generous discount.**=간물(에게) /직물**
I got me some intelligence.**=간물(내가) /직물**
-- 나는 획득[입수]했다. 내가 어떤 정보를 말이다.
North Korea is funding its threats.
=간물(에) -- 자금을 대고 있는데 자기네들이 여러가지로 위협하는 일에 말이다.
He married her.**=직물** -- 그 여자와 말이다.

b.. Mike planted the garden. **=간물 or 명사부사** -- 정원에
He eagled the 8th hole. **=간물 or 명사부사** -- 8번 홀에서
c.. You burnt a hole in my skirt. **=결과물** -- 태워서 구멍을 냈구먼 /구멍이 생겼구먼.
d.. Clinton said that it' s dangerous. **=내용물** -- 하다고 말이다.
e.. He lives a lie. He points a shotgun. He hit his fingers.
=수단물 --거짓말로 /사격총으로 /자기 손가락으로

tip)고난도 감주 : And I wanted to reward you with that week off.
⇨ AndI wantedtore wardyouwith thatweekoff.
애ㄴ**아**이 **워**니투[츄]리 **워**-쥬워드 **대**ㅌ위**가**ㅍ ↳그리고 나는 하고 싶었어요, 대동 보상[사례]하는 것인데 네가 동자 그 주를 가지고 쉬게 함으로써 말이다.
⇨ d/t/d 탈리와 re 분리, 쥬=d (구개음) 감정음가 합성감주,
가ㅍ=k (ㄱ경음) 감정음가 + o=아 감정음가, 받침ㅍ=초성/중성만 강하게 말하게 하는 역할

3) 의미과성립

의미과성립으로 느껴져야 영어승차감을 탈 수 있다.

실제로 일어나지는 않았으나 과거 형태를 빌어서 일어난 것처럼 한번 성립시켜 보는 의미이다.
즉, 가정[가상/조건]/소망[소원]/바람/희망/때/양보/걱정/발생/pretense/동질비교/권고/원함 -- 등등 하에서 이런 성립적인 생각을 하는 것이 의미과성립이자 하생각이다.

의미과성립과 의미원성립은 어떤 것 하(下)에 두고 성립적인 생각을 하는 것으로서 하생각이자 성립적인 생각이다. 하생각이니 저절로 전제가 따르고, 의미과성립 전제가 의미원성립 전제보다 더 강하다.
즉, '했을 경우' 가 '하면' 보다 더 강하기 때문이다. 그래서 가상 의미과성립일 경우 시동을 걸때 전제 associate로 '만에 하나/설령 있다해도/그럴리는 없지만' -- 이런 표현이 보통 따라 다니는 것이다.

> tip)하생각은 단순동사의 하생각이기 때문에 (접속의미가 들어있는) 단순한 동사서술의미이다.
> 따라서 의미과성립도 접속사 대용으로 쓸 수 있으며, 뒤에 pp나 현분사, 동명사를 표현해도 좋다.
> 예컨데 pp뿐만이 아니라 현분사, 동명사를 써서 얼마든지 가정의미를 만들 수 있다.

↗즉 가정[가상/조건] 쪽으로 의미과성립시키는 것

① **가정[가상/조건] 의미과성립** — 가정[가상/조건] 하에서 일어난 것처럼 한번 성립시켜 보는 것

A.. Moved we tomorrow, we would ----.

— 미래 속에서의 의미과성립

미래 속에서 가정[가상/조건] 하에서 마치 일어 난 것처럼 한번 성립시켜 보는 것이다.
즉, 미래 그때 옮기는 것이 이루어 졌을 경우 그 결과가 어떻게 되는 지 말해 나가는 두뇌이다.

> moved=미래 속에서 가정[가상/조건] 하에서 의미과성립 시킨 것으로서 옮기는 것이 이루어 졌을 경우
> [move: 옮기는 것 (e)d: 과음가 or did + under 가정(가상/조건) 의미과성립]
> 여기서 under=가정[가상/조건] 하(下)에서의 의미과성립

시동=옮기는 것이 이루어 졌을 경우/옮겼을 경우가 일어난다면, 우리가 내일 말이다. 그러면 우리는 그때 하겠다. ------ . **＊would=정생각**

·))▶ 미래 속에서의 의미과성립(가정/가상/조건) :

a.. Rained it tomorrow, we'd stay at home.

b.. Would you mind if I used your phone?

c.. Many believed that if the Assad family fell, they were doomed.

시동=몰락했을 경우, -- 되어버린다고, 운명의 날로 되어버린다고 말이다.

＊were=성립과거로서 실제의미 : 의미과성립이 아님 -- 주절에 조동사가 오지 않아도 된다.

☞.. 이해는 (언어에 대한 basics를 알았디면) 최종적으로 단어의 최종적인 뜻인 감주로 이해한다.

tip)미래 속에서의 의미과성립(가능성) :

The South Koreans say the officials stayed by the phone all day, just in case it rang.

시동=그냥 대비해서[내자] 경우를 대비해서, 전화가 울렸을 경우를 대비해서 말이다.

*The South Koreans : s=비묶음 복수로서 group ⇒ 남한 측

만약 says로 표현하면 묶음복수로서 group : 단수취급 ☞ more p398

과동사와 미래부사 의율

의미과성립 의미이기 때문에 의미과성립은 현재뿐만이 아니라, 미래, 과거 속에서도 두뇌를 작동시킬 수 있다. 그래서, 과동사가 tomorrow와 의율이 되는 것이다.

B.. Moved we right now, you could ---- .

— 현재 속에서의 의미과성립

: 현재 속에서 가정[가상/조건] 하에서 일어난 것처럼 한번 성립시켜 보는 것

moved=현재 속에서 가정[가상/조건] 하에서 의미과성립 시킨 것으로서 (현재) 옮기는 것이 이루어 졌다면 /졌을 경우 *현재=**단어** associate ⇒ **의미과성립** associate

[move: 옮기는 것 (e)d: 과음가 or did + under 가정(가상/조건) 의미과성립]

시동=옮기는 것이 이루어 졌다면[졌을 경우/옮겼다면/옮겼을 경우가 일어난다면], 우리가 바로 지금말이다. 그러면 (그때) 너는 할 수 있을 것같아요[그랬다면 너는 (현재) 가능했을 텐데] --- .

*그러면/그랬다면=**문맥** associate could=**정생각/의미과성립** -- 전자=가능성 후자=반대사실 의미과성립

▸ 현재 속에서의 의미과성립(가정/가상/조건) :

a.. **Were you happy today, you'd make others happy.**

b.. TV화면서 무중력으로 떠다니는 것을 보면서 말하는 상황 :

"Just, think, Joesy. If we were weightless, we wouldn't have to wear shoes or wipe feet.

시동=만약에/약자(若者) 우리도 현재에 이었다면 --- 없을 것 같다. 즉 할 필요가 없을 것 같다[없었을 텐데, 즉 할 필요가 없었을 텐데] 신고 다니는 것도 --- 닦는 것도 말이다. 즉 신발을 신는 것도, 발을 씻는 것도 싫은 모양이다. ***would=정생각/의미과성립 have=갖는 것으로서 하는 것**

C.. Moved you yesterday, you could have eaten.

— 과거 속에서의 의미과성립

: 과거 속에서 가정[가상/조건] 하에서 일어난 것처럼 한번 성립시켜 보는 것

의미과성립이니 현재, 미래 속에서만 하라는 법은 없다. 과거 속에 들어가서도 의미과성립을 작동시킬 수 있다.

had+과분사 표현도 have 동사를 과거 속으로 가져 가서 의미과성립 시킨 것이다.
과분사는 event로서 여전히 자기의미 그대로 보존하고 있을 뿐이다. 결국 과동사 하나만 표현하나 과분사와 함께 표현하나 같은 이치이다. 즉, 같은 두뇌 작동이다.

moved=과거 속에서 가정[가상/조건] 하에서 의미과성립 시킨 것으로서 (그때) 움직였더라면
/움직이는 것이 이루어 졌더라면
[move: 움직이는 것 (e)d: 과음가 or did + under 가정(가상/조건) 의미과성립]

시동=움직였더라면 네가, 즉 어제 말이다. 그랬더라면 너는 그때 가능했을 것이다[했을 텐데]. 즉 먹은 일로 말이다[즉, 가지는 것인데 먹은 사실로 말이다].
/할 수 있었을 것이다[할 수 있었을 텐데]. 즉 가질 수 있었을 것이다[가질 수 있었을 텐데] --- .

could=과생각/의미과성립 -- 전자=직설의미 -- 가능성
후자=과거 속에서의 하생각 -- 과거사실 반대 have=과분사 소유로서 즉/가지는 것

과거 속에서의 의미과성립(가정/가상/조건) :

a.. **Survivor of London Tower Fire : if we stayed inside, we would be dead.**
시동=만약에/약자(若者) 우리가 머물러 있었더라면 안에 말이다, 그랬다면 우리는 했을 것을 것이다.
즉 죽었을 것이다.[했을 텐데, 즉 죽었을 텐데.] **[=had stayed, would have been]**

If I wanted that, I would have gone there.
시동=(만약에) 과거에 원했더라면, 그때 했을 것이다. 즉 가졌을 것인데 간 사실을 거기에 말이다.
[했을 텐데, 즉 가졌을 텐데.] *wanted=(희박한 가능성 또는 반대사실) 의미과성립
would=(가능성) 과생각/(반대사실) 의미과성립

b.. **If he missed the bus, he won't be here on time.** ↗open condition
시동=(실제로) 놓쳤다면 /(하생각으로) 놓쳤더라면 *missed=실제과거/(희박한 가능성) 의미과성립

c.. **If they posted the parcel yesterday, it won't get there before Friday.**
시동=(실제로) 부쳤다면 /(하생각으로 그럴 가능성 희박하지만 그래도) 부쳤더라면

d.. **Perhaps Mike took a taxi. --- Well, if he took a taxi, he ought to be here by now.** 시동=(실제로) 잡아 탔다면 /(하생각으로) 탔더라면

e.. **If John told you that last night, he was lying.**
시동=(실제로) 말을 했다면/(하생각으로) 했더라면 -- 하고 있었던 셈이 되는데 거짓말을 하고 있었던 셈이 된다. *told=실제과거--open condition /의미과성립--희박한 가능성

f.. **If he did it, he was a fool.**
시동=(실제로) 했다면/(하생각으로) 했더라면 -- 된 사람이나 다름없다. 바보로 말이다.
↳**성립과거**

g.. If he healed the man's hand, they planned to accuse him of working on the Sabbath.

시동= (실제로) 고쳤을 경우 /(하생각으로) 고쳤더라면 -- 계획하고 있었다.
비난 할 것을 그가 즉 일하는 것을 했다고[일을 했다고] 상일에 안식일 상일에 말이다.
＊he=Jesus they=Jesus' enemies keep/break the Sabbath

h.. If it was Susan, then why not say so?

시동= (만약에/약자 若者 그 사람이) (실제로) 이었다면/(하생각으로) 이었더라면, 즉 수잔이었다면/이었더라면, 그때 왜 말을 하지 않았겠나? 그렇게 말이다. say=과거 속에서의 (동시점 발생) 본동사의미 ⇐ clue=then

open[real] condition

하생각이 들어가지 않는 실제과거[직설과거]

즉, 의미과성립이 아닌 open[real] condition — if가 있다고 해서 무조건 하생각이 되는 것은 아니다. 실제의 경우도 있을 수 있다. 이럴 때는 when과 뜻이 같게 된다.

a.. They sat on the grass if it was fine. [=when]

시동=그들은 앉아 있곤 했다. ----. 경우에 날씨가 실제로 있었을 경우에, 좋은 날씨가 있었을 경우에는 말이다 ⇒ was=**실제과거** 실제로=**단어** associate ⇒ **과동사** associate

-- 만약 하생각으로서 경우가 되려면 '가능했던 같다' 로 되어야 한다. 즉 만약에 날씨가 좋았을 경우에는 앉아 있는 것이 가능했던 것같다로 한번 성립시켜 보는 것은 가능하다 ⇒ could sit

sat=**반복과거**[s: sit at: 과음가(었) or t〉d: did 반복과거] : I used to have $20.
if=**만약으로서 경우에/실제로서 경우에** vs when=**시기로서 경우에**
vs in case=**발생으로서 경우** : 할 경우에/발생할 경우에/생기면 경우가 생기면
⇒ in=**들어가는 것으로서 하는 것, 하는 것으로서 발생**

b.. If it was raining , we usually stayed indoors. [=When]

시동=경우에, 날씨가 실제로 하고 있었을 경우, 즉 비가오고 있었을 경우에는 우리는 보통 머물곤 했다. ---- . ⇒ was=**실제과거**
＊stayed=**반복과거**[stay + ed: 과음가 or (e: 조율음) d: did 반복과거]

tip) **현동사 real condition:** You don't seem to care if I'm tired. ⇒ am=**실제현재**

시동=하지 않는 것 같다, 몸 돌보기를 말이다. 경우에도 내가 실제로 피로해 있는 경우에도 말이다.

vs real or 조건 condition : If you select your reverse gear, the car goes backwards.
If he's got no money, he doesn't go out. tip)if=가정[조건/real] condition

D.. Had you moved ---, you could have eaten.

-- 과거 속에서의 의미과성립

: 과거 속에서 가정[가상/조건] 하에서 일어난 것처럼 한번 성립시켜 보는 것

had=과거 속에서의 의미과성립
moved= (기의미 성립) event could=과생각/의미과성립

그래서, 하생각무드가 되는 것은 어디까지나 had이지 moved가 아니다. 하생각의미는 had에서 찾아야 한다. moved는 능동 event로서 직설의미이다.

따라서, moved는 접속사 대용으로 쓸 수 없다. 즉 had와 함께 이동할 수도 없다.

⇨ Had moved you ---, you ---. : **incorrect** ⇨ Had you moved ---. : **correct**

시동=과거에 (그때) 가졌더라면 움직인 사실을 말이다. 그랬더라면 그때 가능했을 것이다[했을 텐데]. 즉 먹은 일로 말이다. [=If you had moved ---.]

had=과거 속에서 가정[가상/조건] 하에서 의미과성립 시킨 것으로서 그때 가졌더라면/했더라면 [h: have ad: 과음가(얻)었) or d: did + under 가정(가상/조건) 의미과성립]

moved=기의미성립 능동 event로서 움직인 사실
[move: 움직이는 것 (e)d: event 음가 or done 기의미성립 능동 event]

주절이 완료형일 때 과거완료의 had는 **일반적으로** 과거 속에서의 의미과성립 뇌로 작동한다. 그리고, 과거라는 개념은 지금 이전 개념이므로 먼 과거, 특히 하루 이전만 생각해서는 안된다. 따라서, 과거 속에서의 의미과성립은 **바로 지금 이전[말하는 시점 이전] 속에서의 의미과성립**도 가능하다.

: If you' d just set your mind to it, I' m sure you could do it.

시동=만약에/약자(若者) 네가 (조금 전에) 가졌더라면 방금 정한 것인데 너의 마음을 대자 그 쪽으로 말이다. 그랬다면 나는 확신이 선다. 네가 할 수 있을 것 같다고 그것을 말이다.

'd=had -- just 때문에 조금 전 속에서의 의미과성립
could=정생각 if=가정/가상/조건 종맥과 그 실체

·⟫ 과거 속에서의 의미과성립(가정/가상/조건)

: If he had worked hard in his youth, he would have been rich.

had=과거 속에서의 (가정/가상/조건) 의미과성립
worked = (기의미 성립) event   would=과생각/의미과성립

시동=(만약에) 가졌더라면 일한 사실, 열심히 일한 사실을 가졌더라면 --- ,
(그때) 했을 것 같다. 즉 되었을 것 같은 데 부자로 말이다.
/ 그때 되었을 텐데, 즉 부자가 되었을 텐데.

tip] 1. 과거완료 had가 반드시 과거 속에서의 의미과성립만 되는 것은 아니다.

IIIII.. **If he had worked hard, he could be rich.**

-- **had가 과동사이기 때문이다.** 과동사는 현재/미래/과거 속에서 의미과성립으로 쓰인다.

a.. 과거 속에서의 의미과성립인 경우 :

-- 과거완료의 had를 의미과성립 시킨 것과 같다.

: 그때 가졌더라면 일을 열심히 한 사실을 말이다. 그랬더라면 지금 가능할 것같다[가능했을 텐데], 즉 부자로 말이다. (could=정생각/의미과성립 : 가능성/현재사실 반대)

b.. 과현/현재 속에서의 의미과성립인 경우

-- 현재완료의 have/has를 의미과성립 시킨 것과 같다.

: 지금까지/현재에 가졌더라면 ---, 그랬다면 지금 ---. ※그때/지금까지[현재에]/앞으로=의미과성립 associate

⇒ 과거부터 현재까지 또는 지금 현재를 의미과성립 시킨 것 (could=정생각/의미과성립)

c.. 미래 속에서의 의미과성립인 경우

-- 미래 대용 현재완료의 래발생 현재를 의미과성립 시킨 것과 같다.

: (앞으로) 가졌을 경우, 일을 열심히 한 사실을 말이다. 그렇다면 (앞으로) 가능할 것 같다. 즉 부자로 되는 게 말이다. (could=정생각)

⇒ 그래서, **hard** 뒤에 **from next month**를 표현할 수 있다.

2. 의미원성립과 의미과성립은 하생각이기 때문에, 원동사는 자체의미가 되기 때문에, event와 진행의미, 동사사실의미는 단순한 동사서술의미가 아니기 때문에 현재, 과거, 미래 속에 들어 갈 수 있다.

3. 단순동사의 하생각은 단순한 동사서술의미이기 때문에 pp뿐만이 아니라 현분사, 동명사 표현도 가능하다. 서로 충돌이 일어나지 않기 때문이다. (단, 조동사의 하생각은 생각의미의 하생각이기 때문에 단순한 동사서술의미가 아니다.)

- **If he were reading, he could be successful.** 만약에/약자 그가 하고 있었더라면, 즉 읽고 있는 것을 하고 있었더라면 그는 가능했을 텐데[했을 것이다], 즉 성공이 말이다[=could have been successful] : **현분사**
- **If he were reading, he could be successful.** 만약에/약자 그가 이었더라면, 즉 독서하는 것이었더라면 그는 가능했을 텐데[했을 것이다], 즉 성공이 말이다 : **동명사** **(could=의미과성립/과생각)**

과음가와 event 음가 ed의 소리

(유성음 매치, 무성음 매치로) 유성음 뒤에서는 d로, 무성음 뒤에서는 t로, d/t로 끝나면 id로 소리난다 : questioned, lived, denied **vs** hoped, talked(토-크트/토-커드(e의 어화와 d의 받침역할 =infml 소리 : 특히 infml 소리는 음수를 맞추기 위해 노래에서 많이 나타남), increased(인크리-스트/인크리-스(infml 소리) stuffed(스터프트/스터프(infml 소리 : 때로는 단어에 따라 '트' 음가 폐쇄. 뜻은 상황 또는 말맥에 따라 판단) cf]last=라-스트/라-스 **vs** added(애디드/애리드: d단타) wanted(워ㄴ티드 : 비음 n때문에 비단타) ☞ 유성음/무성음 p184

↗즉 소망[소원] 쪽으로 의미과성립시키는 것

② **소망[소원] 의미과성립** — 소망[소원] 하에서 일어난 것처럼 한번 성립시켜 보는 것

A.. People wish we moved. — 현재 속에서의 의미과성립

시동=(사람들 소망/소원은 우리가 지금) 옮겼으면/옮기는 것이 이루어 졌으면 해요.

moved=현재 속에서 소망[소원] 하에서 의미과성립 시킨 것으로서
(현재에) 옮겼으면/옮기는 것이 이루어 졌으면 해요
[move: 옮기는 것 (e)d: 과음가 or did + under 소망/소원 의미과성립]
wish=빌고 비는 것으로서 소망/소원하는 것 [w: v+v 빌고 비는 것 + no 'd' 현재]
⇒ no 'd' **현재=did/done의 d가 없는 것으로서 현재**

기원 의미원성립처럼 **wish**가 없어도 소망[소원] 하에서 의미과성립이 가능하다. 그래서 딸이 병상에서 살고 싶어 아버지에게 **'Lived.'** 라고 말한다.
이 때는 '(현재에) 살았으면 해요' 라는 현재 속에서의 의미과성립으로서 소망[소원]이다.
[= I wish I lived.] **cf] Lived, I will not go.** 살았을 경우 : **하생각 접속사 대용**
tip) lived NB=**실제과거 /의미과성립** /event ＊ live=to be alive : living golf

: a.. Romney: I wish Obama had succeeded.

-- had로 현재 속에서 의미과성립시키면 결국 현재완료 상황을 의미과성립시킨 것이나 같다. **'Republican president nominee acceptance speech'** 에서 롬니는 오바마를 실패한 정부로 맹비난 하고 있다. 시동=(내 소망은 오바마 대통령이) 가졌으면 해요, ↗과분사 associate
(현재까지/지금까지 성공한 사실을 말이다) 현재까지/지금까지=succeeded associate
↘지금까지 사실을 나타내는 사실 event

b.. Sam lives in Boston, but he wishes he lived in New York.

-- 여기서는 had나 lived는 현재 속에서의 의미과성립으로서 같은 의미과성립이다.
시동=지금 살았으면 해요.
이면 의미=He is/feels sorry that he doesn't live in New York. : **소망[소원] 유감**
↘(참) 애석해요/안타깝다/안되었어요

vs 과조동사의 (소망/소원) 의미과성립 :

1.. I can't speak Chinese, but I wish I could speak Chinese. -- **현재 속에서의 의미과성립**

시동=지금 할 수 있었으면 해요: bnw-BAM ⇒ **뜻하는 의미**=지금 할 수 있으면 해요: im-BAM

↳ 어떤 뜻으로 시동을 거느냐에 따라 IS영뇌도 달라진다 ⇒ bnw-BAM 시동=Best ∵ 원어민과 같은 느낌

이면 뜻=I am/feel sorry that I cannot speak Chinese.

2.. I wish it would rain. -- **미래 속에서의 의미과성립**

시동=날씨가 앞으로 일어 났으면 해요, 비가 오는 게 말이다.

뜻하는 의미=일어나면 해요 ▭ **원동사**=본동사의미로서 실재의미

3.. I wish she would come back. -- **현재/미래 속에서의 의미과성립**

시동=현재/앞으로 해주었으면 해요. 이면 뜻=It is improbable for her to come back.

cf] I wish to stay with you. ▭ wish=formal E/want **강조** ▭ want=**일반적** E

시동=나는 소망해요[내 소원은], to하는 것, 즉 머무는 것인데 함께 너와 함께 말이다.

/나는 정말로 하고싶어요 [정말로 원해요], --- .

B.. Joe lived in US, but he wishes he had lived in Canada.

— 과거 속에서의 의미과성립

: 과거 속에서 소망[소원] 하에서 일어난 것처럼 한번 성립시켜 보는 것

시동=하지만 그이의 소망[소원]은 과거에 가졌더라면 살아 본 것을 가졌더라면 하는 것이다. 내소, 캐나다 내소에서 말이다. 이면의 뜻=He is/feels sorry that he didn't live in Canada.

vs John Wayne lives in the city, but he wishes he lived in the suburbs.

-- **현재 속에서의 의미과성립**

: a.. The student cafeteria was closed, and Cindy didn't have a snack.

▭ **과거소망 뇌로 작동시키면** (Making a wish then)

⇨ She wished she <u>had</u> had a snack. -- **과거 속에서의 의미과성립**

시동=그 여자는 과거에 소망했대요, 즉 자기가 그때 가졌더라면 먹은 것을, 스낵을 먹은 것을 가졌더라면 하고 말이다.

▭ **현재소망 뇌로 작동시키면** (Making a wish now)

⇨ She wishes she <u>had</u> had a snack. -- **과거 속에서의 의미과성립**

시동=그 여자의 현재 소망은, 즉 자기가 그때 가졌더라면, 먹은 것을 스낵을 먹은 것을 가졌더라면 해요.

plus] He just wished Emily <u>were</u> with him.

▭ **직전과거 소망 뇌로 작동시키면**

— 현재/미래 속에서의 의미과성립

시동=바로 조금전에[방금] 소망했어요, 현재/앞으로 있었으면 하고 말이다.

b.. I didn't cash a check yesterday, but I wish/wished I <u>had</u> cashed a check.

— (현재 또는 과거 소망 하에서) **과거 속에서의 의미과성립**

시동=나의 (현재) 소망은 내가 그때 가졌더라면 현금화 시킨 것, 수표를 현금화 시킨 것을 가졌더라면 했다 /나는 과거에 소망했었지요. 내가 --- 그때 가졌더라면 하고 말이다.

snack=a smaller than usual meal or a small amount of food, ranging from a chicken leg or a hot dog to a bar of chocolate or a candy bar
간식 또는 간식용 음식, 간식용 과자

student cafeteria=학생식당

C.. I wish it rained tomorrow.

— 미래 속에서의 의미과성립

: 미래 속에서 소망[소원] 하에서 일어난 것처럼 한번 성립시켜 보는 것

시동=내 소망[소원]은 날씨가 앞으로 비가 왔으면 해요, 내일 말이다.

tip) I wish it rain tomorrow. : 소망/소원 의미원성립

내 소망[소원]은 날씨가 앞으로 비가 오면 해요, 내일 말이다.

D.. "Does Mr. Grant enjoy selling used cars?"
"Not really. He wishes he sold insurance."

— 현재 또는 미래 속에서의 의미과성립

: 현재 또는 미래 속에서 소망[소원] 하에서 일어난 것처럼 한번 성립시켜 보는 것

시동=그이의 소망[소원]은 현재/앞으로 팔았으면 해요. 보험을 말이다.

＊현재/앞으로=**단어** associate ⇒ **의미과성립** associate

③ 요구/제안/주장 의미과성립 : 요구/제안/주장 하에서 일어난 것처럼 한번 성립시켜 보는 것

↳**즉, 요구/제안/주장 쪽으로 의미과성립시키는 것**

A.. People demanded we moved.

— 현재/미래/과거 속에서의 의미과성립

의미과성립이 현재 속인지, 미래 속인지, 과거 속인지는 그때 그때 상황에 따라 판단

moved=현재/미래 /과거 속에서 요구 하에서 의미과성립 시킨 것으로서
(현재 /앞으로 /과거 그때) 옮겼으면/옮기는 것이 이루어 졌으면/졌더라면 해요
[move: 옮기는 것 (e)d: 과음가 or did + under 요구 의미과성립]

시동=(사람들은 요구했어요, 우리가) (현재/앞으로 /과거 그때) 옮겼으면[옮기는 것이 이루어 졌으면/졌더라면] 하고[좋을 텐데하고] 말이다.

: a.. **Jane suggested that I bought.**

-- 현재/미래/과거 속에서의 제안 의미과성립

: 현재 또는 미래, 과거 속에서 제안 하에서 일어난 것처럼 한번 성립시켜 보는 것

시동=제안했는데 현재/앞으로/그때 구매했으면 하고 말이다.

b.. **I insisted that he <u>apologized</u>.**

-- 현재/미래/과거 속에서의 주장 의미과성립

: 현재 또는 미래, 과거 속에서 주장 하에서 일어난 것처럼 한번 성립시켜 보는 것

시동=주장했는데 현재/앞으로/그때 사과했으면 하고 말이다.

tip)과거 속에서의 의미과성립으로 확실히 밝히려면 과거완료형으로 표현하면 된다.
[=had apologized]

vs I demanded that he <u>apologize</u>. -- 현재/미래/과거 속에서의 요구 의미원성립

시동=(현재/ 앞으로/그때) 사과하면 좋을 텐데 하고 말이다.

caution] be동사의 의미과성립은 인칭에 관계없이 were이다.
만약 was로 쓰면 infml **의미과성립**이 된다.

▭ Tiger's mom: "He did not demand that he <u>was</u> God."

-- 현재/미래/과거 속에서의 요구 의미과성립, 즉 요구 하에서 의미과성립 시킨 것

시동=아들은 하지 않았다, 요구하지 않았다. 즉, 자기가 현재/앞으로/그때 되었으면하고, 신이 되었으면 하고 말이다. [즉 , 자기가 현재/앞으로/그때 이었으면, 신이었으면 하고 말이다.]

-- Tiger의 부정[adultery]에 대해 사람은 누구든지 실수할 수 있다는 엄마의 대변이다.

↗즉, 희망 쪽으로 의미과성립시키는 것

④ 희망 의미과성립 : 희망 하에서 일어난 것처럼 한번 성립시켜 보는 것

A.. I hope you didn't keep you waiting. — 미래 속에서의 희망 의미과성립

: 회사 일을 그만 두고 끌어 안으면서(hugging) 하는 말

시동=나의 바램은 네가 (앞으로는) 하지 않았으면 해요, 계속해서 네가 기다리는 것을 말이다.

: I hope you took me there.

시동=나는 희망해요, 네가 (앞으로) 데리고 갔으면 하고 말이다.

vs 영화가 끝났을 때 한 말 (at the end of film)

We hope you enjoyed. — 과거 속에서의 희망 의미과성립

시동=우리의 바램은 여러분들이 그때 즐겼으면[즐겼더라면] 해요.

vs I hope it rains.

시동=나는 바래요, 날씨가 비가 오기를 말이다.

rains=**현동사의 래발생현재 : 실제의미**

vs I wish it were rainy. -- **현재/미래 속에서의 소망[소원] 의미과성립**

시동=내 소망[소원]은 날씨가 지금/앞으로 했으면 해요. 비가 오는 것으로 말이다.

↗즉, 때 쪽으로 의미과성립시키는 것

⑤ 때 의미과성립 : 때 하에서 일어난 것처럼 한번 성립시켜 보는 것

A.. It's time you went to bed.

— 현재 속에서의 때 의미과성립

시동=(시간이 되어, 즉) 때가 되어 네가 갔으면 해요. 대자 잠자리로 말이다.

it=situation 'it' **로서 시간을 지칭** 's=동질/동질연결로서 '되어'

went=현재 속에서 때 하에서 의미과성립 시킨 것으로서 갔으면 해요

[w: 가는 것 – 떠나가는 모습 ent: 과음가(엔트〉언트〉었다) or t〉d: did + under 때 의미과성립]

vs It's time you go to bed. **cf]It's time for you to go to bed. : 직설법**

— 현재 속에서의 때 의미원성립, 즉 때 하에서 의미원성립 시킨 것

(시간이 되어, 즉) 때가 되어 네가 가면/가는 게 이루어 지면 해요.

: a.. It's time you <u>were</u> leaving. -- **현재 속에서의 의미과성립**

시동=시간이 되어 즉 때가 되어 네가 되었으면[이었으면/했으면] 해요, 떠날 것[떠나는 것]으로 말이다.

leaving=앞으로 진행시키는 것으로서 앞으로 진행
were=현재 속에서 때 하에서 의미과성립으로서 되었으면/했으면 해요
[w>v: 발생/행위(v: 활동모습>행위) ere: 과음가 + under 때 의미과성립]

b.. It's time you left.

-- 현재 속에서의 의미과성립

시동=(시간이 되어, 즉) 때가 되어 너가 떠났으면 해요.

left=현재 속에서 때 하에서 의미과성립 시킨 것으로서 떠났으면 해요
[l>ll: 시렁에 남겨 두고 가는 것으로서 떠나는 것 — 각목모양
eft: 과음가(에프트>어프트>었다) or t>d: did + under 때 의미과성립]

c.. It's [high/about] time we went.

-- 현재 속에서의 의미과성립 시동=(시간이) [정말로/대략] 때가 되어 우리가 갔으면 해요.

직설표현=It's time /for us to go.=기-->설 ⇒ it=situation 'it' 로서 now/time 지칭
go=**현재/미래 속에서의 본동사의미 -- 실제의미** ＊'s=이 high=강조로서 정말로

Plus] The Great Britain that I <u>grew</u> up in needs your austerity.

-- (관계절에서의) 현재/미래 속에서의 바람 의미과성립, 즉 바람 하에서 의미과성립 시킨 것

시동=대영제국, 이 나라는 내가 성장시켜 키워 냈으면 하는 나라인데/냈으면 하는 데 (지금) 필요로 하고 있다. ----- .

↗즉, 바람 쪽으로 의미과성립시키는 것

⑥ 바람 의미과성립 : 바람 하에서 일어난 것처럼 한번 성립시켜 보는 것

A.. If <u>only he didn't smoke</u>! : 뒷문장 초점 [=If he <u>only didn't</u> smoke! : 동사초점]

— 현재/미래 속에서의 if only 바람 **의미과성립**(strong wish)

시동=(만약에 단지/오로지) --- (현재/미래에) 하지 않았으면 해요. ＊**only=초점부사**

if only (만약에 오로지/단지) /would that (했으면 좋겠는데 즉) /oh, that (아, 그렇게 되었으면 좋겠는데)
⇒ 모두 뒤에 하생각 동사가 올 경우 뜻하는 의미 = I wish /We wish
vs (Leviticus 25 : 52) : <u>If only</u> a few years <u>are</u> left, they will calculate that.
: 현동사로서 하생각이 아니다. 실제의미이다.

: a.. **Would that I were young again!** -- **현재/미래 속에서의 would that 의미과성립**

현재/미래 속에서 would that 하에서 의미과성립시킨 것-- 이때 would도 의미과성립이다. 현재/미래 속에서 바람 하에서 일어난 것처럼 한번 성립시켜 보는 의미이다.

시동=(되었으면 좋겠는데, 즉 내가) (지금/앞으로) 되었으면 젊음이 또다시 되었으면 좋겠는데!

b.. **Oh! that money grew on trees.** -- **현재/미래 속에서의 oh! that 의미과성립**

현재/미래 속에서 oh! that 하에서 의미과성립시킨 것 -- oh! that도 현재/미래 속에서의 바람 하생각이다. 동사만 하생각이 되는 것이 아니다. ↘상황에 따라 과거 속에서도 가능 : 아! 그랬더라면

시동=(아! 그렇게 되었으면 좋겠는데 돈이) (지금/앞으로) 자랐으면 하고, 상소에서 나무 상소에서 말이다.

현동사 영뇌] I'd offer to help, only I'm really busy just now.

시동=단지-- 정말로 바쁘다면 ▭only=conjunction to help=도와 달라고

c.. **If only you hadn't said. [=If you only hadn't said.]**

-- **과거 속에서의** if only 바람 **의미과성립**

즉 과거 속에서 if only 바람 하에서 의미과성립시킨 것 ↗문맥/상황/단어 associate

시동=(만약에/약자 오로지) 네가 하지 않았더라면 좋았는데 말을 (그렇게) 말이다.

: **If he would only learn to eat quietly!** : **과조동사의 바람 의미과성립**

미래 속에서 바람 하에서 의미과성립 시킨 것

-- if가 있다고 해서 반드시 가정[가상/조건] 하생각이 되는 것은 아니다.

시동=(만약에/약자 그가 (앞으로) 했으면 해요, 즉 단지 배웠으면 해요, 먹는 법, 즉 조용히 먹는 법을 말이다. ***조동사=현조동사/과조동사**

tip)**If he only learned[learnt : BrE] to eat quietly!**

: **과동사의** if only 바람 **의미과성립**

과거 속에서 if only 바람 하에서 의미과성립 시킨 것

시동=(만약에/약자) 그가 단지 배웠더라면 (좋겠는데) 먹는 것인데 조용히 말이다!

vs **If he only learned[learnt : BrE] to eat quietly, he could be polite.**

: **과동사의** 가정[가상/조건] **의미과성립** (could=현재 속에서의 의미과성립)

과거 속에서 가정[가상/조건] 하에서 의미과성립 시킨 것

시동=(만약에/약자) 그가 단지 (과거에) 배웠더라면 -- 지금 가능했을 텐데 즉 예의바른 것이 말이다.

cf]learned scholar[opinion/discussion] : 학구적인/학문적인 [러- ㄴ이드/니드=retro-root F]

d.. I <u>would</u> rather die than surrender.

-- 현재 속에서의 바람 의미과성립

현재 속에서 바람 하에서 의미과성립 시킨 것 -- would는 주체성발생으로서 want 뜻이 있으므로 의미과성립시키면 바람 의미과성립이 된다.

시동=했으면 해요, 차라리 죽기를, 보다 굴복하는 것보다 말이다.

> would=**의미과성립** or **정과거**
> 정과거일 경우=하고 싶은데, 차라리 하고 싶어요 : **하생각이 아닌 실제의미**

vs 직설표현 :

I would like to die. -- **(의향/원함) 정생각 정과거**

시동=나는 하겠어요/하고 싶어요, ok를 죽는 것에 하는데 말이다.

*like=좋다는 것으로서 ok/want

vs I should like to die. -- **사발생 정과거**

시동=나로 하여금 일어나게 하겠어요, ok를 죽는 것에 말이다.

결국 죽음을 발생시키겠다는 말이다.

⇒ 두 표현이 전달결과는 같을 지언정 접근하는 뉘앙스와 IS가 다름에 유의하라.

e.. You <u>had</u> better[best] go at once. : **관습적 E -- 바로 원동사 영뇌**

-- 현재 속에서의 바람 **의미과성립** : 현재 속에서 바람 하에서 의미과성립시킨 것

시동= 했으면[되었으면] 더 좋을 것같다/최고로 좋을 것 같다.

가는 것인데 즉 당장에 말이다. *once=한번에로서 당장에

> had=**의미과성립** or **정과거**
> 정과거일 경우=하면 더 좋을 것[제일 좋을 것/최고일 것] 같아요 : **하생각이 아닌 실제의미**
> **직설 표현**=may as well //do well to
> -- 하는 게, 즉 잘하는[좋은] 지도 모른다 //하는 게 잘하는 짓이다.
> had=갖는 것으로서 '했으면' 이고, would=하고 싶은 것으로서 '했으면' 이다.

vs If he <u>had</u> better go at once, he could be there by now.

: 과거 속에서의 가정[가상/조건] **의미과성립, 즉 의미과성립** 가정[가상/조건]

시동= 만약에/약자 그가 했더라면 즉 더 잘 했더라면 가는 것인데 즉 당장에 말이다.

그랬다면, 그는 가능할 텐데 ---- .

Plus] Those who committed crime should be punished.

-- 실제과거 or (현재/미래 속에서의) **의미과성립**

▭ 실제 과거 시동=사람들, 누구냐 하면은 저지른 사람, 죄를 저지른 사람들에게는[로 하여금] 일어 나야 한다. 즉 처벌 받는 일이 말이다 : **실제로 저지른 경우**

▭ 의미과성립 시동=그 사람들, (누구냐 하면) 즉 이 사람들에게 (현재/앞으로) 저지르는 것이 일어 났을 경우[났다면] 죄를 말이다. 그러면 이들로 하여금 일어나게 해야 [일어나야] 한다. 즉 처벌 받는 일이 말이다.

should=사발생으로서 정생각 -- 정과거
committed=c: crime+carry out 죄를 수행하는 것으로서 저지르는 것 ed: 과음가 or (te: 조율음) d: did로서 실제과거 or + under로서 가정/가상/조건 의미과성립

if/wish/hope/demand/time라는 단어를 써지 않아도 관계절에서도 의미과성립을 얼마든지 만들 수 있고, 특히 if를 써지 않아도 'Lived' 처럼 의미과성립을 만들 수도 있다. 과동사 자체에 이런 의미가 있기 때문이다.

그래서, AFN의 Deal or No Deal 프로그램 host는 'Had you said, ---.' 라는 표현을 자주 쓴다.
[h: have + ad: 과음가 or d: did + under로서 가정/가상/조건 의미과성립]
시동=그때 가졌더라면 말한 사실을 그때 가졌더라면 ----- .

have=손(아귀)에 넣는 것으로서 가지는 것[h: hand no 's' 원형 자체의미]
commit=m으로서 맡기는 것 /맡아 하는 것으로서 수행하는 것
[m: 맡기는 것 or 맡아 하는 것 no 's' 원형 자체의미]

/c로서 수행하는 것 [c: carry out 수행하는 것 no 's' 원형 자체의미]
/죄를 수행하는 것으로서 저지르는 것
[c : crime + carry out no 's' 원형 자체의미]

⇐ carry=지게를 지고 (목적지로) 가까이 가는 것으로서 운반하는 것[c: come y: 지게]
/운반하는[나르는] 것으로서 수행하는 것 : Carry a tune.
carry out=수행 해나가는 것[해내는 것]으로서 수행하는 것
out=외작동(外作動)으로서 해나가는 것[해내는 것]

⑦ 양보 의미과성립 :

양보 하에서[양보 쪽으로] 의미과성립 시킨 것

A .. But [=although] he were dead, yet shall he live. (New Testament)

— 과거 속에서의 의미과성립

: 과거 속에서 양보 하에서[양보 쪽으로] 의미과성립 시킨 것

시동=하지만[정말로 비록] 그가 되었다고 할지라도, 즉 죽었다고 할지라도 하지만 여전히 틀림 없이 발생할 것이다. 그에게 살아 있다는 게 말이다 -- **즉, 영원히 죽지 않는 다는 뜻** 예수가 죽었어도 사실은 죽은 게 아니다.

be동사의 의미과성립=인칭에 관계없이 were 사용 : formal E/StE
하지만 infml E로 was 가능
but=(반대) 양보 종속접속사

vs I'm sorry if I upset you. — 현재/과거 속에서의 가정[조건] 의미과성립

시동= (만약에 현재 또는 과거에) 속을 뒤집었다면/복장을 터지게 했다면

⑧ 걱정 의미과성립 :

걱정 하에서[걱정하는 쪽으로] 일어 난 것처럼 한번 성립시켜 보는 것

A.. They were afraid lest they annoyed the neighbours.

—과거 속에서의 의미과성립

: 과거 속에서 lest, 즉 걱정 하에서 의미과성립시킨 것

시동= -- 몹시 걱정했는데 하지 않았나, -- (과거에) 성가시게 하지 않았나 하고 말이다.

*afraid=두려운 것으로서 몹시 걱정하는 것

B.. They were afraid to complain about the noise lest they annoyed the neighbours.

— 과거 속에서의 의미과성립

시동=아주 걱정했는데 즉 불평할 까봐 관련해서 시끄러움과 관련해서 불평할까봐 아주 걱정 했어요. 즉 하지 않았나, 자기네들이 성가시게 하지 않았나 즉 자기 이웃들에게 성가시게 하지 않았나 하고 말이다.

⑨ **발생 의미과성립 :**

발생 하에서[발생하는 쪽으로] 일어 난 것처럼 한번 성립시켜 보는 것

A.. Just suppose that crocodile were to escape!

— 현재 속에서의 의미과성립

: 현재 속에서 발생 하에서[발생하는 쪽으로] 의미과성립시킨 것

시동= 그냥 상상해 보아라 .

즉 -- 에게 (현재에) 일어 났다고[일어 났을 경우를] 도망가는 게 말이야!

주의] 가정법 패턴식으로 were to를 불가능한 가정으로 외우지 말라.
그냥 의미과성립으로서 were의미, to의미로 이해하라.
의미과성립의 이면의 뜻이 불가능한 것일 수도 있고, 희박한 가능성일 수도 있다.

B.. Suppose the story were[was] true.

— 현재 속에서의 의미과성립

시동=(상상해보아라) (현재에) 되었다고[되었을 경우를], 사실로 말이다.

*was= infml **의미과성립**

C.. Suppose [Imagine] you and I were to find ourselves on a desert island.

— 현재 속에서의 의미과성립

시동=되었다고, 발견하는 것이 되었다고, ---- .

*desert island 사막섬으로서 무인도 *on=상소로서 상지(上地)

D.. If the gift was mailed to my old address but was not returned, I will inform you to confirm it.

— 과거 속에서의 의미과성립

: if-하생각을 반드시 가정[가상/조건] 하에서 성립적인 생각을 하지 않아도 좋다. 문맥에 따라 그냥 발생 하에서 의미과성립을 시켜도 좋다.

시동=(만약에) 되었더라면, 즉 우편으로 부쳐져서 대자 나의 옛 주소로 보내졌더라면 그리고 하지만 않았더라면, 반송되지 않았더라면 -- 할 수 있을 것 같은 데 알리는 것이 말이다. *will=**발생능력** vs can=**수행능력** 그리고=**문맥** associate

의미과성립과 의미원성립 원래 단어의미 대로 표현하면 **Formal English /관습적 English**가 된다. 나중에 가서 사람들은 하생각에 if/though를 붙이기 시작했다. 그래서, 공문서 같은 데는 if를 붙이지 않은 표현이 더 많다.

if 의미=가정[가상/조건/real] condition /부정확인 /인정양보 — 등등

a.. **Moved we tomorrow /now /yesterday, ---- .**
=If we moved tomorrow /now /yesterday, --- . **: 오늘날 일반적 표현**

b.. **Moved we yesterday, ---- .**
=Had you moved yesterday, ---- .
=If you moved yesterday, --- .
If you had moved yesterday, --- . **: 오늘날 일반적 표현**

c.. **Be it ever so humble, there is no place like home.**
=Though it be ever so humble, --- .

가정법 패턴 머리 속에서 삭제하기

pattern이 아무 소용없다.

가정법 현재, 가정법 미래, 가정법 과거, 가정법 과거완료 하면서 패턴을 외울 필요가 없다. 패턴이 뜻을 결정하는 것이 아니라, 단어가 뜻을 결정하는 것이다. 그냥 의미원성립과 의미과성립만 알면 된다.

: 60년 구문법 식민통치에서 벗어나라!

원동사=자체의미/본동사의미/의미원성립
과동사=실제과거/의미과성립
과조동사=정생각/과생각/의미과성립

가정법은 subjunctive (하생각)의 극히 일부분에 지나지 않는다.
어떤 것 하에서 그냥 의미원성립 또는 의미과성립 시키면 본인의 성립적인 생각을 표현할 수 있다. 굳이 if가 아니더라도 관계절에서도 that절에서도 hope에서도 suggest에서도 lest에서도 —— 어떠한 단어에서도 성립적인 생각을 할 수 있는 게 subjunctive이며, 일반동사이든 특수동사이든 조동사이든 어떠한 동사라도 단독으로도 하생각을 할 수 있는 게 subjunctive이다.
이것이 바로 표현의 자유이자 이해의 자유이다. 패턴 암기는 결코를 자유를 주지 못한다.

☞.. 이해는 (언어에 대한 basics를 알았다면) 최종적으로 단어의 최종적인 뜻인 감주로 이해한다.

의미과성립 전제와 그 종류

의미과성립은 실제로 일어나지는 않았으나 과거형태를 빌어서 마치 일어난 것처럼 한번 성립시켜 보기 때문에 '했을 경우/했다면/했더라면' 으로 성립이 된다.

그래서 **하생각 강도가 의미원성립보다 더 강하고, 그 전제도 아주 강하다.**

따라서 **뜻하는 의미로 '하면' 으로 성립시키면** 하생각 전제도 함께 표현해야 의미과성립의 강한 성립인 생각 뉘앙스를 살릴 수 있다. 뿐만이 아니라, 직설의미와 혼란도 방지시킬 수 있다.

주의] 가정법미래, 가정법 과거, 가정법 과거완료로 구문법에서 말하고 있는 '강한 불확실성, 강한 의심, 불가능한 일, 강한 욕구, 희박한 가능성, 반대사실 가정' 하면서 외울 필요가 없다. **tip)** 일반적으로 비-if 하생각은 하생각 전제가 없다. if때문에 발생한다.

① 의미과성립 전제가 강한 의심/강한 불확실인 경우

(deep doubt /greater uncertainty but possible in case)

IIIII .. **If she should find a four-leaf clover, she'll have good luck.**

: 현재/미래 속에서의 의미과성립

시동=만약에 그 여자로 하여금 현재 또는 앞으로 **발생했을 경우** (찾는 것인데 네잎 클로버를 말이다. 그랬을 경우 --.

↳bnw-BAM

뜻하는 의미 ↙**의미과성립 전제[즉, 강한 하생각 전제]**

=찾을리야 없겠지만 [찾는다는 게 아주 불확실한데 /그럴리는 없겠지만/만에 하나] 그래도 만약에 그 여자로 하여금 **일어난다면** 찾는게 말이다. 그러면 --.

↳im-BAM

숨은 뜻=a.. I think she is too difficult to find a four-leaf clover.

b.. I think it is deep doubtful[great uncertain] for her to find a four-leaf clover. *deep/great=adv.

▭ If she find, ------ . : **의미원성립**

= (혹시) 찾아 낸다면/찾아 내는 게 이루어지면

-- 하생각 강도가 약해 직설법 현재와 뜻이 거의 같다고 한다.

≒ If she finds, ----.

≠ If she found /should find, --- . : **의미과성립 -- 하생각 강도가 강함**

= (가능성은 희박하지만 현재/앞으로) 찾았을 경우/찾아 내는 게 일어 났을 경우

② 의미과성립 전제가 불가능한 일인 경우

IIIII.. **If the sun were to collide with the earth, I will plant an apple tree on the moon.**

: **미래 속에서의 의미과성립**

시동=(절대로 충돌할리야 없지만/충돌하는 게 불가능한데, 그래도 앞으로) 만약에 했을 경우 충돌하는 게 말이다.

*were=**발생 의미과성립으로서** 했을 경우

숨은 뜻

=It is impossible for the sun and the earth to collide with each other.

tip)were to가 반드시 미래 속에서의 의미과성립만 되는 것은 아니다 ☞ 57

구문법에서는 불가능한 가정을 특히 순수가정이라 한다. 의미과성립으로서 강한전제이기 때문이다.

"Nonsense! If you were the Queen of Sheba, I'd be King Solomon."

: **미래 속에서의 의미과성립** ↗bnw-BAM

시동=(그렇게 될리는 없겠지만) 만약에 당신이 앞으로 되었을 경우에는 -- 나도 되겠다.

뜻하는 의미= 그렇게 될리는 없겠지만 -- 된다면: im-BAM would=**정생각**

※Nonsense! = What nonsense!

(헛소리 하지마! = 뭐 헛소리 하지마 what=adv.)

a.. If he were to die tomorrow, then you would inherit everything.

시동=(그럴리야 없겠지만 그래도) 만약/약자 그에게 일어 났을 경우(가 생기면) 죽는 게 내일말이야. 그렇다면 너는 할 것 같다. --- .

*were=**발생 의미과성립**

b.. If I were to be young again, I would be an artist.

시동=(그럴리야 없겠지만 그래도) 만약 나에게 일어 났을 경우, 즉 젊음[젊어진다는 것]이 또다시 말이야. 그렇다면 나는 될 수 있을 것 같다. --- .

*to be=**연결설명+동질연결로서 즉**

tip)**미래 속에서의 의미과성립인 경우=주절의 과조동사 : 정생각**

were가 미래 속에서의 의미과성립으로서 반드시 불가능한 것만 전제하는 것은 아니다. 희박한 가능성도 전제할 수도 있다.

IIIII .. If he were to resign, she would scream. [=If he resigned 사직했을 경우가 생기면]

시동=만약에/약자 (그럴 가능성은 희박하지만 그래도) 그에게 일어 났을 경우 to 하는 게, 즉 사직하는 게 말이다. 그렇다면 --- .

뜻하는 의미=만약에 그럴 가능성은 희박하지만 그래도 -- 일어 난다면 ----- .

a.. If she were to succeed, he would be glad. [=If she succeeded 성공했을 경우가 생기면]

b.. If you were to give the money to me, then I would say no more about it. [=If you gave]

c.. I think if Donald were to win, the deficit would jump significantly. If Hillary were to win, I think the deficit would jump modestly. [=if Donald won/If Hillary won]

— be동사 의미과성립이나 일반동사 의미과성립이나 다 같이 의미과성립이니 전달결과가 같다.

의미과성립 전제=강한 하생각 전제 [강한 전제 associate]

=의미과성립일 경우 반드시 하생각 전제를 함께 넣어 해석하지 않아도 좋다. 의미과성립 속에 포함되어 있기 때문이다. 뜻하는 의미로 '하면' 으로 해석시 보통 함께 해석하여 의미과성립 (전제) 뉘앙스를 살린다.

③ 의미과성립 전제가 강한 욕구[욕망/의지/의향]인 경우

(little desirous or common but willing to get in case)

IIIII .. **If she would get pearls, she should dive deep into the sea.**

: 현재/미래 속에서의 의미과성립

시동=만약에/약자 그 여자에게 하고자 하는 마음이 (현재) 생겼다면

후자=현재사실 반대
↗ 전자=가능성

-- 하여금 일어나야 할 것같다/하여금 일어났을 텐데 : should=**정생각/의미과성립**

/(앞으로) 생겼을 경우에는 -- 하여금 일어나야 할 것같다 : should=**정생각**

뜻하는 의미=필히 -- (현재/앞으로) 하고자 한다면/하겠다면 (얻는 것인데 진주를 말이다. 그렇다면 그 여자로 하여금 일어나야 할 것같다. dive해서 깊숙히 들어가는 것인데 바다 속으로 말이다.)

cf] I would like coffee.

시동=나는 하겠어요, ok를 coffee에게 말이다/하고 싶어요. 커피를 말이다.

*would=**정과거로서 정생각** like=**좋다는 것으로서** ok/want

④ 의미과성립 전제가 희박한 가능성인 경우

(Improbable/Not very likely but Possible in Case)

IIIII .. **If someone tried to blackmail me, I would tell the police.**

: 현재/미래 속에서의 희박한 가능성 의미과성립 (would=정생각)

시동=(그럴리야 없겠지만[그럴 가능성은 도저히 없겠지만] 그래도) 현재에[앞으로] 시도했을 경우에는 (갈취하는 것을 나에게 말이다. 그랬을 경우에는 나는 하겠어요.)

*tell=말해 주는 것으로서 알리는 것 cf] call=오라고 부르는 것: Call the police.

a.. **"If a burglar came into my room at night, I'd scream."**

의미과성립으로서 희박한 가능성 가정이지 반대사실 가정이 아니다.

구문법의 한계] 과동사일 경우 거의 모두 반대사실 가정으로 취급하고 있다.
이것이 바로 구문법의 한계이자, 한국사람들의 취약점이다.

tip)if절이 가능성 의미과성립일 경우 주절의 과조동사는 정생각 아니면 과생각이 되고,
if절이 반대사실 의미과성립일 경우 주절의 과조동사도 반대사실 의미과성립이 된다.
참고)일반적으로 if-의미과성립=가능성/반대사실 가정 vs if-의미원성립=가능성 가정

b.. **"Do you love me, dad?" "Of course I do, Susan."**

"Would you still love me if I did something bad?"

"Well of course ... I ... would..."

"I mean something really really." "Susan, what did you do?!"

-- 딸과 아빠의 대화이다.

⇨ **"Would you still love me if I did something bad?"**

: 현재/과거 속에서의 희박한 가능성 의미과성립 (양보)

-- 여기서도 희박한 가능성 가정이지 반대사실 가정이 아니다.

시동=하시겠어요, -- (즉, 그럴리는 없겠지만) 만약에 내가 (현재에/과거에) 했을 경우에도 [했다고 가정할 경우에도]
즉 어떤 나쁜 짓을 했을 경우에도[했다고 가정할 경우에도] 말이야?

tip) '했을 경우/했다면/했더라면' 으로 **의미과성립을 시키면[bnw-BAM]** 이 말 속에 강한 하생각 전제가 포함되어 있으므로 하생각 전제를 반드시 해석할 필요가 없다. 하지만 뜻하는 의미로 '하면' 으로 성립시키면[im-BAM] **강한 하생각 전제**를 해석 해줘야 의미과성립 (전제) 뉘앙스를 살릴 수 있다.

일반적으로 '했을 경우/했다면/했더라면' 이 '하면' 보다 **하생각 전제가 강하다.**
예컨데, 친구가 골프경기 약속을 하는 과정에서 처음에는 '비가 오면 어떻게 할래?' 라고 묻다가 나중에는 '비가 왔을 경우 어떻게 할래?' 로 말이 바뀐다.

전자는 래발생 현재로 직설이거나 의미원성립으로서 하생각 전제가 약하고,
후자는 의미과성립으로서 하생각 전제가 더 강하기 때문이다.
하생각 전제가 강할 수록 희박한 가능성이든 불가능한 것이든 반대사실이든 전달하고자 하는 메시지는 더 강하다.

※ 의미원성립도 약한 전제로서 약한 전제가 '하면' 속에 포함되어 있으므로 반드시 하생각 전제를 해석할 필요는 없다.
※ **하생각 전제**는 하생각 단어 속에 숨어 있는 뜻으로 일종의 **단어** associate이다.

vs If you could see me now, you'd laugh your head off.
: 현재 속에서의 반대사실 의미과성립
시동=만약에/약자 네가 가능했다면 보는 것인데 나를 지금 말이다. 그랬다면 너는 했을 텐데.
즉 우스워서 너의 머리가 떨어져 나갔을 텐데.
would=(반대사실) 의미과성립
뜻하는 의미=만약에 사정이 허락하지 않아 안되지만 그래도 네가 할 수만 있다면 ---

⑤ 의미과성립 전제가 반대사실인 경우
이것은 의미과성립의 사실 문제이지 가능성 문제는 아니다.
그래서, 하생각 전제와 숨은 뜻은 반대사실, 즉 반대사실 유감이 된다. **cf]소망[소원] 유감**

A.. If I had a traffic map, I could lend it to you.
-- 현재 속에서의 의미과성립 ＊could=(반대사실) 의미과성립//정생각

(bnw-BAM)
시동=만약에 내가 현재 가졌더라면, -- 할 수 있었을 텐데/있었는데 //할 수 있을 것같다
-- 숨은 뜻은 현재 가지고 있지 않아서 그렇게 할 수 없다는 것이다.
⇒ **숨은 뜻**=I haven't a traffic map, so I cannot lend it to you.

뜻하는 의미=만약에 내가 없어서 (현재) 갖게 되면 --- 할 수 있는데 --- .
(im-BAM)

: a.. **You don't know the number, but If I knew it, I would phone him.**

시동=현재에 알고 있었다면 --- 할 수 있었을 텐데 : bnw-BAM

뜻하는 의미= 모르니 현재에 알고 있다면 -- 할 수 있는데 : im-BAM

tip) Long live the king! 오래오래 살아주면 해요[bnw-BAM] : **기원 의미원성립**

뜻하는 의미=오래오래 살았으면 해요[im-BAM]

(would=주체성발생으로서 발생능력 vs could=감당해 낼 수 있는 능력으로서 수행능력)

b.. **If I had money, I could buy a new car.**

↗ **현재 속에서의 하생각**

시동=만약에 현재에 가졌더라면, -- 할 수 있었을 텐데 *could=**의미과성립**

⇒ **숨은 뜻**=I have no money, so I cannot buy a new car.

B.. If it had rained, we would have stayed at home.

-- 과거 속에서의 의미과성립

시동=만약에/약자 날씨가 과거 그때 가졌더라면 비가 온 사실을 말이다.

그랬더라면, 우리는 (그때) 했을 텐데, 즉 머물기를 구처 집에서 말이다.

-- 숨은 뜻은 과거에 비가 온 사실이 없어서 머물지 않았다는 얘기이다.

⇒ **숨은 뜻**=It didn't rain, so we didn't stay at home.

*would=(반대사실) **의미과성립 -- 과거 속에서의 하생각**

: **If I had had money, I could have bought a new car.**

--과거 속에서의 의미과성립

시동=만약에 과거에 가졌더라면 소유인데 돈을 말이다. 그랬더라면, -- 가능했을 텐데,

즉 구매가 말이다. [즉 가지는 것이 가능했을 텐데, 구매한 사실로 말이다.]

⇒ **숨은 뜻**=I had no money, so I could not buy a new car.

앞 had=의미과성립 뒷 had=event could=의미과성립

여기서 가정의미가 되는 단어는 if/had/could 밖에 없다. (if=가정 condition)

C.. He orders me about as if I were/was [am] his wife. But I am not.

-- 현재 속에서의 의미과성립

시동=(명령한다 -- 이리 저리 명령한다.) 마치 혹시, 내가 (현재에) 된 것처럼[인 것처럼]

자기 wife로 말이야. -- **동급취급 반대사실 의미과성립**

were=formal **의미과성립** was= informal **의미과성립**
am=현동사의 실제의미 as=동급으로서 마치 if= '만약에' 로서 혹시

: He behaves as if he owned the place.
But he doesn't own it or probably doesn't own it
or we don't know whether he owns it or not.

D.. He talks as if he had loved her. But he did not.
-- 과거 속에서의 의미과성립 -- 과거 속에서 pretense 하에서 한번 성립시켜 본 것
시동=마치 혹시 (과거에) 가졌던 것처럼 사랑한 사실을 가졌던 것처럼[했던 것처럼 사랑 했던 것처럼] --- .
vs **He talks as if he love her. -- 현재 속에서의 의미원성립**
마치 혹시 사랑하는 것처럼/사랑하고 있는 것처럼

E.. He talks about Rome as though he had been there himself. But he was not.
-- 과거 속에서의 의미과성립 -- 과거 속에서 pretense 쪽으로 한번 성립시켜 본 것
시동=마치 그래도 (과거에) 한 적이 있었던 것처럼, 즉 있어 본적이 있었던 것처럼 --- .

F.. He looks/looked as though he hadn't had a decent meal for a month.
But he had. -- 과거 속에서의 의미과성립
시동=(보여요/보였다) 마치 그래도 (과거에) 갖지 못했던 것처럼 먹은 것인데 제대로 된 식사를 구시 한 달동안 말이다. 하지만 -- .

as if= **'동급 혹시' 로서** pretense if=만약으로서 혹시
as though= **'동급 그래도' 로서** pretense though=반대양보로서 그래도/그렇지만

addition-1

A.. If he missed the bus yesterday, he won't [would not] be here on time.
[missed=miss + ed: **과음가** or (e: **조율음**) d: did + under]
시동=(만약) 그때 놓쳤더라면 어제 말이다, 그랬다면 --
(현재 또는 앞으로) 하지 못할 것이다[하지 못할 것같다 /(현재) 하지 못했을 텐데]. --- .
▭ be=**있는 것으로서 도착하는 것** would=**정과거/(현재 속에서의) 의미과성립**

의미과성립은 현재 속이든 과거 속이든 의율만 되면 얼마든지 주절에 현조동사가 와도 좋다. 반드시 과조동사만 오는 것이 아니다. 서로 의율이 되는 가 안되는 가 그것만 따지면 된다. 그래서, 의미과성립도 의미원성립처럼 주절 표현이 의율에 따라 자유롭다. 패턴 암기로 표현의 자유를 구속시키지 말라. 그냥 단어의 뜻 대로 쓰라.

가정법을 패턴식으로 외우는 사람은 한국인과 일본인 밖에 없다.

따라서 다음 표현도 가능하다.

ⅢⅢ .. **If he had missed the bus yesterday, he won' t [would not] be here on time.**

시동=(만약) 그때 가졌더라면 놓친 사실을 말이다 --- . 그랬다면 하지 못할 것이다[하지 못할 것같다 /(현재에는) 하지 못했을 텐데] --- .

B.. **If we moved right now, you could go.** [move + (e)d: **과음가** or did + under]

시동=(만약에) 움직였을 경우, 바로 지금말이다,

그러면 <u>**그때**</u> 가능할 것 같다/그랬다면 <u>**그때**</u> 가능했을 텐데, (가는 게 말이다).

⇒ **과조동사의 정생각과 의미과성립은 형태가 과거형이기 때문에 '그때' 라는** associate **의미, 즉 동시점 의미가 포함되어 있다. 일종의 단어** associate**이다.**

could=정생각/의미과성립

[ould(었): 과음가 or d: did + decide or under]

-- 일반적으로 정생각은 **'것 같다'** 는 의미이다.

: -- 할 것같다 /-- 가능 할 것같다 /-- 가능 한 것 같다

C.. **If we moved yesterday, you could have eaten.**

[move+(e)d: **과음가** or did + under]

시동=(만약에) 움직였더라면 어제말이다. 그랬다면 그때 가능했을 것이다. 즉 먹은 일이 말이다.

[그때 가능했을 것 같다. 즉 가지는 것이 가능했을 것 같은데 먹은 사실로 말이다].

// -- 가능했을 텐데 [즉 가지는 것이 가능했을 텐데] --- .

could=과생각/의미과성립 [c〉k: 가능 ould(었): 과음가 or d: did or + under]

D.. **다음은 캄보디아 킬링 필드 가담자가 한 말이다.**

"He didn' t know what I was doing. I never told anybody. If I told them, they would have told me to stop."

told=과거 속에서의 의미과성립 [t: tell old〉od(었): 과음가 or d: did + under]

would=과생각/의미과성립

시동="만약에 내가 말을 (그때) 했더라면, 그들에게 말이다. 그랬다면 그들은 그때 했을 것이다[했을 텐데], 즉 말을 나에게 stop하라고 말이다." / --- 그때 했을 것 같다[했을 텐데], 즉 가졌을 것 같 은데[가졌을 텐데] 말한 사실, 나에게 stop하라고 말한 사실을 말이다.

vs If I had told them, --- .

had=**과거 속에서의 의미과성립** [h: have ad: 과음가 or d: did + under]
told=**기의미성립 능동** event [told: tell+ old>od(었던 것): event 음가 or d: done]
tell=**전해 주는 말로서 말해 주는 것/말하는 것**
[t: talk, talk로서 전해주는 말 + no 's' 원형 자체의미]

시동=(그때) 가졌더라면 말한 사실을 그들에게 말이다. 그랬다면 --- .
: **전달 결과는 같다.**

구문법의	Blunder

가정법 과거완료로 **if절에 반드시 과거완료로 표현해야 한다고**, 패턴으로 암기시키는 것은 잘못된 가르침이다. 과동사만으로도 충분히 과거 속에서의 의미과성립 뇌를 작동시킬 수 있다. 마치 과동사가 미래 속에서 의미과성립 뇌가 작동하는 것과 같다. 그래서, 과거완료도 사실 따지고 보면 had가 의미과성립된 것이지 과분사는 어디까지나 event이다. 구문법 용어로 말하면 had가 가정법이고, 과분사는 직설법이다. 한국 사람들은 얽쳐서 이해하니 마치 두 단어 모두가 가정 무드인양 오해를 하고 있다.

여러분들은 다음과 같은 표현을 많이 보았을 것이다.
알고보면 이것도 과거 속에서의 의미과성립에 과조동사의 과생각 또는 의미과성립으로 서로 동시점 상황으로 만들어 준 것에 불과하다.

IIIII .. **If he had missed the bus, he could not have bought this.**

had=**과거 속에서의 의미과성립** [h: have ad: **과음가** or d: did + under]
missed=event, 즉 **기의미성립 능동** event could=**과생각/의미과성립**

시동=만약 과거에[그때] 가졌더라면 즉 놓친 사실을 가졌더라면 --- ,
그랬다면 -- 할 수 없었을 것 같다[할 수 없었을 텐데], 즉 가질 수 없었을 것 같다[가질 수 없었을 텐데]. 구매한 사실로 말이다.
/ -- (그때) 가능하지 않았을 것 같다[않았을 텐데]. 즉 구매한 사실로 말이다.

addition-2

A.. If you <u>knew</u> me better, you wouldn't have said that.

— 과거 속에서의 의미과성립

시동= -- (과거 그때) 알았더라면/알고 있었다면/알았다면 (더 잘 말이다).
(그랬더라면/그랬다면 그때 하지 않았을 텐데[하지 않았을 것 같다], 즉 말을 그렇게 하지는 않았을 텐데[하지 않았을 것 같다]).

knew=과거 속에서의 의미과성립으로서 그때 알았더라면/알고 있었다면/알았다면
[k: ok로서 알고 있다는 것
ew(v): 일어나 버린 것으로서 과거 + under 의미과성립]
숨은 뜻= You didn't know me better, so you said that.

would=의미과성립 -- 과거사실 반대 /과생각 -- 가능성

과거 속에서의 의미과성립인 told 표현과 같다.

"He didn't know what I was doing. I never told anybody. If I <u>told</u> them, they would have told me to stop."

-- 현재 속에서의 의미과성립과 혼란을 없애려면 과거 속에서의 의미과성립일 경우 과분사로 설명해 나가거나 in the past로 두뇌를 작동시키면 된다.

⇨ **If you had <u>known</u> me better, you wouldn't have said that.**
or If you knew me better <u>in the past</u>, you wouldn't have said that.

B.. If I was as clever as you think, I should have been rich then.

— 과거 속에서의 의미과성립

시동=만약에 내가 했다면, 같은 정도로 똑똑했다면 즉 너 생각만큼 똑똑했다면, 나로 하여금 발생했어야 했다[했을 텐데]. 즉 되었어야 하는 데[되었을 텐데] 부자로 그때 이미 말이다.
-- 그럴 가능성이 희박하거나 과거사실과 반대를 나타낸다. * should=(사발생) 과생각/의미과성립

vs If I am as clever as you think, I should have been rich then[by now].

— 현동사로서 직설의미

시동=만약에 내가 이다면, 같은 정도로 똑똑한 사람이다면, 즉 너 생각만큼 똑똑한 사람이다면, 나로 하여금 발생했어야 했다[했을 텐데]. 즉 되었어야 하는 데[되었을 텐데] 부자로 그때 이미[쯤에는 지금쯤에는] 말이다. * should=과생각 /(과거/현재 속에서의) 의미과성립

구문법 삭제하기

if절 과거, 주절 과조동사, if절 과거완료, 주절 과조동사+ 현재완료, 뚱딴지 같은 소리 하지 말라. 여러분들의 머리 속에 **가정법 현재, 가정법 과거, 가정법 미래, 가정법 과거완료**라는 용어를 삭제하라. 오로지 원어민들처럼 의미원성립과 의미과성립 용어만 머리 속에 간직하라. 가정의미를 만들 수 있는 동사는 **원동사와 과동사[과조동사] 밖에 없다.** 특히 가정법은 의미원성립과 의미과성립의 극히 일부에 지나지 않는다.

addition-3

subjunctive 정의

이 말을 가정법으로 가정의미로 국한 시킨 것은 오역이다. **하생각 또는 성립적인 생각으로 번역**해야 정역이 된다. 그 무엇을 연관시켜 하[under下]에 두고 성립적인 생각을 하는 것이 하생각이다. 예컨데 소망과 관련해서 소망 하에서 성립적인 생각을 하는 게 subjunctive이다. 자기 소망이 건강이라면 그 소망으로 건강이 이루어지면 하고, 건강이 이루어 졌으면 하고 성립적인 생각을 하는 게 subjunctive이다. [sub: under j: join(연관) t: think]

그래서 원어민들이 알고 있는 subjunctive에는 가정뿐만이 아니라, 요구, 주장, 제안, 바람, 소망, 기원, 권고, 원함, 양보, 걱정, 발생, pretense, 동질비교 -- 등등의 성립적인 생각도 포함된다. 따라서, 의미원성립과 의미과성립이 subjunctive에 딱 해당하는의미이다.

↗ **subjunctive의 사전상의 정의=** the verb form that is used to express suggestions, wishes, uncertainty, possibilily, —— etc.

subjunctive : 하생각[성립적인 생각]=의미원성립 /의미과성립

가정법은 subjunctive의 극히 일부에 지나지 않는다.

앞으로는 subjunctive하면 가상의미만 생각할 것이 아니라,
위와 같이 정역을 하여 다양하게 생각해야 한다. 그래야 영어의 본 뜻을 쉽게 파악할 수 있고 표현의 자유도 생긴다.

subjunctive mood [하생각 무드]

⇒ demanded that + 원동사/과동사,
wish that + 원동사/과동사, if + 원동사/과동사, time + 원동사/과동사,
as if[though] + 원동사/과동사, though+ 원동사/과동사,
had better[rather], would rather, 기원, — etc..

: 한국식 구문법대로
이 모두를 오역한 가정법 속에 넣어 가정무드로 이해하면 도저히 가정의미를 캐취할 수 없다. 정역인 하생각 무드로서 요구/소망 /가정 /때 /동질비교 /양보 /권고 /원함 /

기원 -- 따위로 이해해야 감을 잡을 수 있다.

더욱 분명한 것은 가정법은 의미원성립과 의미과성립의 극히 일부분으로서 두 단어의 공부에 지나지 않은 것을 그렇게 많은 시간을 쏟고도 한국사람들, 특히 영어 선생들조차도 잘 모르고 앵무새처럼 패턴으로 외우고 있다는 사실이다.

.. as it were가 subjunctive가 되는 이유

이면 뜻으로 이해하면 subjunctive가 되지 않는다. 또한 왜 were라고 썼는지도 이해되지 않는다. 의미과성립으로 이해하면 쉽게 subjunctive 감을 잡을 수 있을 것이다.

||||| .. Sam is, as it were, a grown-up baby[modern boy].

-- 동질 비교 하에서 의미과성립 시킨 것

□ **완전번역[bnw-BAM]**=(샘은 인데) 즉/동자 그 사람이 (현재) 되었다고 가정할 경우 (-- 와 같다).

□ **이면번역[im-BAM]**=말하자면(in other words) □ **were=현재 속에서의 의미과성립**

↳ 어떤 번역으로 시동을 거느냐에 따라 IS영뇌도 달라짐 ⇒ bnw-BAM 시동=Best

∵ 원어민과 같은 느낌

vs **직설표현**= ---, one might say, ---.

시동=어떤 이는 할지 모르겠으나, 즉 말하지 모르겠으나 : **삽입표현**

이면[준번역]=말할 것 같으면

⇨ **동질 비교 하에서 의미원성립 시키면 :**

Sam is, as it be, ----. 즉/동자 그 사람이 (현재) 이다고 가정할 경우 **이면**=말하자면

주의]특히 뜻하는 의미로 이해하면 종속접속사 영뇌를 느낄 수 없다.

||||| .. If he still refuses, we could always apply a little pressure, as it were.

시동= --- 즉/동자 그럴 경우가 발생했을 경우에는 말이다. **이면**=말하자면 그렇다는 것이다.

□ **were=현재/미래 속에서의 의미과성립** could=**정생각**

addition-4

↗ **이해는 최종적으로 단어의 최종적인 뜻인 감주로 이해한다.**

의미과성립에는 과동사의 의미과성립과 과조동사의 의미과성립, 두 가지가 있으며, 똑 같다.

Ⅰ 과동사의 의미과성립

-- 현재/과거/미래 속에서

실제로 일어나지는 않았으나 과거형태를 빌어서 일어난 것처럼 (한번) 성립시켜 보는 것 영어에서의 과동사는 꼭 일어난 것만 말하는 것이 아니다. 성립시키는 의미도 있다. 한뇌와 다르다.

A.. If I had had your advantages, I'd be better off now.

[h: have ad 었: 과음가 or d: did + under]

had=과거 속에서 의미과성립 -- (과거에) 가졌더라면
pp had=event -- 가졌던 것으로서 받았던 것[h: have ad 었던 것: event 음가 or d: done]
would=정생각/(현재 속에서의) 의미과성립 -- 그래서 구문법으로 말하면 가정법 과거완료 + 가정접 과거

시동=만약에 내가 (그때) 가졌더라면, 즉 받은 것, 당신의 편의[혜택]를 받은 것을 가졌더라면 나는 할 것 같은데[할 수 있었는데], 즉 더 잘 되어 보낼 것 같은데[보낼 수 있었는데] 지금쯤은 말이다.

cf] He lives off fishing, farming. **시동**=살아가면서 세월을 보내고 있다/살아가고 있다.
off=(세월이) 떨어져 나가는 것으로서 (세월을) 보내는 것
: children from well-off families 잘 나가는[유복하게 살아가는][≠badly-off]

▭ advantage=something that may help one to be successful 편의/혜택
▭ better off=더 잘 되어 보내는 것으로서 더 유복하게/더 부자로 살아가는 것
▭ **숨은 뜻**=I didn't have your advantages, so I am not better off now.
As I didn't have your advantages, I am not better off now.

B.. If I had followed your advice then, I should be happier now.

시동=만약 내가 가졌더라면, 따른 사실[것] 너의 충고를 따른 사실[것]을 그때 가졌더라면 나로 하여금 틀림없이 발생할 것같은 데[발생했을 텐데], 즉 더 행복한 생활이 지금쯤은 말이다. *should=정생각/(현재 속에서의) 의미과성립 생활=문맥/상황 associate

tip) had가 희박한 가능성 의미과성립이면 should=정생각 반대사실 의미과성립이면 should=반대사실 의미과성립

2 과조동사의 의미과성립
-- 현재/미래/과거 속에서
실제로 일어 나지는 않았으나 과거형태를 빌어서 일어난 것처럼 (한번) 성립시켜 보는 의미

A.. If you <u>should</u> die, what shall/should I do?
-- 미래 속에서의 의미과성립

시동=만약에 너로 하여금 앞으로 일어났다면/났을 경우 (죽는 것이 말이야), 그렇게 되었다면, 무엇을 일어나게 할 까요[일어나게 해야 하나요], 나로 하여금 취할 조치에 말이다?
뜻하는 의미 =그럴리는 없겠지만 만약에 너로 하여금 일어나게 되면, (죽는 것이 말이다. 그러면 ---- ?)

shall=사발생으로서 현생각
should=사발생 정생각 (뒷것)

: If he should die tomorrow, then you would inherit everything.

시동=만약에 그로 하여금 발생했을 경우 --- 내일말이다. 그랬다면 -- 할 것 같다. 물려받는 것인데 ---- . : 희박한 가능성 [=If he died tomorrow 죽었을 경우]

vs If you die, whal shall/should I do?

▭ **의미원성립일 경우 : 하생각 하에서 말하는 것**

-- 시동=(혹시) 만약에 죽게 되면/죽는 게 이루어지면(doubtful) -- **약한 전제**

▭ **래발생현재일 경우 : 실제의미로 말하는 것**

-- 시동=전제없이 실제의미로 미래에 가서 그냥 만약에 죽게 되면

약한 전제의 의미원성립도 의미원성립에 포함되어 있으므로 **약한 하생각 전제**를 반드시 넣어 해석할 필요가 없다. 그리고, 약한 전제이기 때문에 직설의미와 뜻이 거의 같다.

B.. If I could buy the car, I could fly to you.

-- 현재/미래 속에서 의미과성립

시동=만약에 현재 가능했다면 -- 할 수 있을 것같다/할 수 있었는데

: **주절 could=정생각/(현재 속에서의 반대사실) 의미과성립**

/앞으로 가능했을 경우에는 -- 할 수 있을 것같다 : **주절 could=정생각**

C.. If I could have bought the car, I could have flown to you.

-- 과거 속에서의 의미과성립

시동=그때 할 수 있었다면 즉 가질 수 있었다면, 구매한 사실을 가질 수 있었다면, 그때 할수 있었을 텐데, 즉 가질 수 있었을 텐데, 날아간 사실을 가질수 있었을 텐데.

∗뒷 could=(과거 속에서의 반대사실) 의미과성립

의미과성립과 (정생각) 정과거는 다르다.

정과거는 과거형태를 빌어서 그냥 생각을 정하는 non-past **의미**이며, 실제의미로서 직설의미이다.

ⅡⅢ.. **"Should you be interested in our offer, contact us."**

▭ should=**정과거 : 정생각으로 공손한 뜻**

: shall [**현조동사 생각의미**]에 생각을 가다듬는 의미[한번 더 생각하는 의미]가 들어가면

should로 바뀐다.

시동=일어나신다면 여러분들로 하여금 즉 관심을 갖는 것이 일어나신다면 내자 우리의 제의에 말이다[내자 우리의 제의와 관련해서 말이다]. 그러면 --- .

*in=내관으로서 관련해서 /내관 대상으로서 내자 -- (관련해서)

↳ ☞ vol 1 315

하생각이 높을 수록 실현 가능성은 적고, 하생각 전제 뉘앙스는 더 강하다.

IIIII .. If he misses [miss /missed] the bus tomorrow, he wouldn't be here on time.

□ **현동사 시동**=(그냥 실제로) 놓치게 되면 /놓치는 게 내일 그때 현실적으로 이루어 지면
-- 직설은 하생각이 아니다 : 실제로 내일 발생할 경우를 의미함

□ **의미원성립 시동**
=(혹시) 놓치는 일이 이루지면/놓치게 되면 : 하생각으로서 내일 발생할 경우를 의미함

□ **의미과성립 시동**
=(혹시라도/그럴리는 없겠지만) 놓쳤을 경우 : 하생각으로서 내일 발생했을 경우를 의미함

의미원성립 : 성립시켜려 하거나 한번 성립시켜 보는 것
의미과성립 : 일어난 것처럼 한번 성립시켜 보는 것

하생각 (전제) 강도 : 의미과성립 〉 의미원성립
실현 가능성 : 의미원성립 〉 의미과성립

misses=미끄려져 빠져나가 듯이 놓치는 것
[m: 미끄러지는 것 ss: 쏵 빠져 나가는 모습 s: singular 현재]
miss=의미원성립
[miss + no 's' 원형 + under]
*no **'s' 원형**=singular s가 없는 것으로서 원형
missed=의미과성립
[miss + (e)d: 과음가 or did + under]

tip) **if-의미원성립**=보통 가능성 의미원성립
if-의미과성립=희박한 가능성/불가능/반대사실 의미과성립 cf]**if-직설**=실제경우

..이해는 (언어에 대한 basics를 알았디면) 최종적으로 단어의 최종적인 뜻인 감주로 이해한다.
↘그러면 영어말투가 형성되고 영어말투에 익숙해진다.

addition-5

A.. If he were[was] here, he could help me.

시동=(지금) 있었다면 -- 할 수 있었는데[할 수 있을 것 같다] : could=**의미과성립/정생각**

뜻하는 의미=그럴리는 없겠지만 그래도 있다면 -- 할 수 있는데[할 수 있을 것같다]

B.. If I were[was] better qualified, I' d apply for the job. ↗would=**의미과성립/정생각**

시동=(지금) 되었다면 더 적합한 자격요건이 되었다면 -- (지금) 했을 텐데[할 수 있을 것 같다]

뜻하는 의미=혹시라도 (지금) 된다면 -- (지금) 할 텐데[할 수 있을 것 같다]

be동사의 의미과성립은 원래 인칭에 관계없이 were이다. 관습으로 굳어진 StE이다. 그래서 formal English가 된다. 하지만 초기에는 were만 의미과성립으로 쓰다가, 나중에 사람들이 실용성으로 was로 의미과성립을 시키게 되었다.

❈were=formal **의미과성립** ❈was=infml **의미과성립**

따라서, **관습적 표현이거나 불가능한 경우, 접속사 대용으로 의미과성립**을 시킬 경우에는 was로 표현하지 않고, 원래 대로 표현해야 한다.

▭ **관습적 표현 :**

a.. If I were in your position, I' d accept his offer.

b.. If it were not[weren' t] for your help, we would still be homeless.

시동=만약에 그런 것이 없었다면, 즉 너의 도움이 없었다면

-- 되었을 텐데, 여전히 즉 집없는 거지 신세가 되었을 텐데

❈ it=referring forward referent=for 이하

▭ **불가능한 경우 :**

a.. If I were the Queen of Sheba, you' d be king Solomon.

b.. If I were Jane, I' d walk out on him.

시동=만약에 내가 이었다면

-- 해버렸을 텐데[해버리겠다], 즉 걸어나가 버렸을 텐데[걸어 나가 버리는 것인데] 그 사람 곁을 말이다.

❈ on=**작동으로서 수행** -- 걸어 나가는 것을 수행하는 것으로서 버리는 것

❈ 곁=**문맥/상황/단어** associate 'd=would=**의미과성립/정생각**

tip)불가능한 것이든 희박한 가능성이든 의미과성립은 실현 가능성이 적은 것을 앞세워 더 강한 메시지를 전달한다.

□ **접속사 대용 : 도치 의미과성립**

a.. Were it not for the fact that you helped me, I would still be homeless.

시동=있었지, 그런게 있었지 않았다면, 즉 그런 사실, 즉 네가 돕기를 나에게 한 사실이 있었지 않았다면 ---- .

주의] Weren't it for ---- . : incorrect

were만 앞으로 표현[in full]해야 한다. 의미과성립 의미는 과동사에게만 있기 때문이다.

b.. Were I better qualified, I'd apply for the job.

addition-6

동사 가운데 가상[가정] 의미가 되는 단어는 원동사와 과동사, 과조동사 밖에 없다.
in short, 의미원성립, 의미과성립 밖에 없다.

현동사와 과분사에는 그런 의미가 전혀 없다. 현동사는 현재형으로서 그냥 직설하는 의미이고, 과분사는 event를 나타내는 의미이기 때문에 성립적인 생각을 할 수 없다. 우리는 한뇌로 had/have+pp를 뭉쳐서 하나의 동사로 취급하기때문에 마치 pp가 가정무드가 되는 것처럼 착각하게 된다. 단어 하나 하나의 뜻으로 이해하면 have **동사가 의미과성립 또는 의미원성립이 되는 것이다.**

IIIII .. If it <u>had</u> been raining since Last July, -----.

구문법 패턴식으로 암기한 사람들은 이런 표현을 만들 수 도 없고, 본 적도 없을 것을 것이다.

시동=만약에 날씨가 지금까지/현재에 가졌더라면, 있었던 것인데 쭉 비가 오고 있었던 것을 가졌더라면 이래로 지난 7월 이래로 말이다. 그랬더라면 ----- .

—— 과현/현재 속에서의 의미과성립

: 과거 완료형이라고 해서 반드시 과거 속에서의 의미과성립이 되는 것은 아니다.
현재 완료의 have동사를 의미과성립시키면 과거 완료형이 된다.

vs If it <u>had</u> been raining last year, -----. : 과거 속에서의 의미과성립

시동=만약에 날씨가 그때 가졌더라면 있었던 것인데 쭉 비가 오고 있었던 것을 지난해에 말이다. 그랬더라면 ---- .

vs If it <u>have</u> been raining until tomorrow, -----. : 미래 속에서의 의미원성립

시동=만약 날씨가 가지게 되면, 오고 있는 것, 쭉 비가 오고 있는 것을 까지/도자 내일까지 말이다. 그러면 ----. ※been=있어 오고 있는 것으로서 오고 있는 것 -- **계속** event

vs If it <u>had</u> been raining until tomorrow, -----. : 미래 속에서의 의미과성립

시동=만약 날씨가 가졌을 경우, 오고 있는 것, 쭉 비가 오고 있는 것을 까지/도자 내일까지 가졌을 경우 ---- .

addition-7 과분사와 과동사는 분명한 차이가 있다.

□ pp=event [일어 났거나 일어나는 사실/사건/일]

vs 과동사=단순한 동사서술의미 [실제과거/의미과성립]

그래서, **과분사**는 '--한 것/한 사실/한적이 있는 것/--를 해오고 있는 것/해왔던 것 -- 등' 으로 나타나고, **과동사**는 '했다/했다면(했으면) /했더라면/했을 경우 -- 등' 으로 나타난다.

주의] 구문법에서는 have동사와 pp를 묶어 계속, 경험, 결과, 완료로 생각하고 있다.

단어 하나 하나의 뜻으로 have에서 소유로, pp에서 계속, 경험, 결과, 완료, 사실, 소재 event 를 느껴라.

※ **완료형 과분사=능동 event** tip) **event=능동 event /피동 event /자동 event**

⇒ **피동 event=상태 event /동작 event /피동동작**

addition-8 **성립과거와 의미과성립은 다르다.**

전자는 실제의미이고, 후자는 실제의미가 아니다.

즉 전자는 실제로 현재에 성립 되었거나 앞으로 실제로 성립시키는 의미이고, 후자는 실제의미를 마치 일어난 것처럼 한번 성립시켜 보는 의미로서 하생각이다.

tip) `-ed˴ 고난도 감주 :

- Talked about, talked about. ⇒ Talked' bout, talked' bout.

  토-컷바웃 토-컷바웃 — `토-크트바웃 토-크트바웃˴ 이라고 하지않고 전자로 말할 때 듣기가 어렵다.

- —, and admitted sometimes she lost one in her eye.

  ⇒ andadmitted sometimes shelost oneinher eye. : 가끔 contact lens 하나를 빼내지 못하고 잃어버렸다고 인정한 말

  애더미덧 : 애로 초성과 중성을 강하게 말하면 저절로 n받침은 탈리[폐쇄]

  — `애더미티드˴ 라고 하지않고 전자로 말할 때 듣기가 어렵다. 소리본체에서 소리가 나오기 때문에 `ed˴ 의 소리가 `엇˴ 이 가능하다. 그래서 `었/었던 것˴ 으로 ed에서 바로 한글 BNW로 과동사/과분사 의미를 느낄 수 있다.

terms 정리와 영어전체 입장

영어전체 입장

=SpE + WrE + infml E + formal E (단, 이들 중 범위가 가장 큰 것은 SpE이다)

-- 영어전체 입장에서 보면 infml E도 맞다. Standard Written English 입장에서 보면 infml E는 틀린 표현으로 간주하지만, Spoken English(뉴스, 대화, 쇼) 또는 알림, 광고, headline, -- 등에서 많이 표현한다.

☞.. 이해는 (언어에 대한 basics를 알았디면) 최종적으로 단어의 최종적인 뜻인 감주로 이해한다.

addition-9 하생각과 영뇌화법 :

간접전달시 : 의미과성립=그대로 의미원성립=그대로 or 래발생현재 or 의미과성립으로 전달
그려면 거짓말이 되지 않는다.

tip) if-의미과성립=현재/과거/미래 속에서도 가능 vs if-의미원성립=현재/미래 속에서만 가능

A.. He가 실제로 한 말 : "If I had a permit, I could get a job."

-- had=현재 속에서의 의미과성립

시동=(현재) 가졌다면 -- (현재에) 가능했을 텐데 (구하는 것인데 일자리를 말이다.)

들은 것을 직접전달 : **"If I had a permit, I could get a job,"**
he said /says /has[had] said /is[was] saying /would say.

시동=(라고) 말했어요/말을 해요 /가지고 있는데[가지고 있었는데] 말한 사실을 가지고 있다[있었다]
/하고 있는데[하고 있었는데] 말을 하고 있다[있었다] /한 것같은 데 말한 것 같다.

들은 것을 간접전달 :

He said /has[had] said /was saying /would say that if he had a permit, he could get a job.

-- 일종의 동시점 하생각 시동=말했는데 그때 가졌다면 -- 그때 가능했을 텐데 하고 말이다.

or He says /is saying that if he had a permit, he could get a job.

-- had=(전달동사를 시간경과 대로 표현하지 않아) **여전히 현재 속에서의 의미과성립 : 실제말과 일치**

B.. He가 실제로 한 말 : "If she had loved Tom, she wouldn't have left him."

-- had=과거 속에서의 의미과성립 (loved=event)

시동= (전에) 가졌더라면 (사랑한 사실을) -- 그랬다면 (전에) 하지 않았을 텐데 --.

들은 것을 직접전달 : **"If she had loved Tom," he said /says /has[had] said /is[was] saying /would say, "she wouldn't have left him."**

들은 것을 간접전달 : **He said /says /has[had] said /is[was] saying /would say that if she had loved Tom, she wouldn't have left him.**

-- 동시점 과거 속에서의 의미과성립
또는 (says/is의 경우) 과거 속에서의 의미과성립

시동=말했는데 그때 가졌더라면 (사랑한 사실을) -- 그랬더라면 그때 하지 않았을 텐데하고 말이다.
/말에 의하면 가졌더라면 --- 그랬더라면 하지 않았을 텐데.

vs **He가 나에게 실제로 한 말 :** **"If she come to my house, I will give it to her."**

-- come=**미래 속에서의 의미원성립**

시동=(앞으로 혹시) 오는 것이 이루어 지면 ----.

들은 것을 직접전달 : **He said /says /has[had] said /is[was] saying /would say to me, "If she come to my house, I will give it to her."**

들은 것을 간접전달 : **He told[said to] /has[had] told /was telling /would tell me that if she came to his house, he would give it to her.**

-- **(동시점) 과거 속에서의 미래 의미과성립** : Subjunctive tense changes.

시동=말했는데 그때 앞으로 오는 것이 이루어 졌을[왔을] 경우에는 (그때는 하겠다고 말이다.)

or He tells /is telling me that if she come[came] to his house, he will give it to her.

-- 미래 속에서의 의미원성립 또는 미래 속에서의 의미과성립 : <u>하생각 강도만 다를뿐 전달결과는 같다</u>.

or He told[said to] /has[had] told /was telling /would tell me that if she come to his house, he will give it to her. -- 전달동사를 시간경과 대로 과거로 표현하더라도 미래 속에서의 의미원성립이 여전히 현재에 유효하면 그대로 표현해도 좋다.

cf]비록 said 해도 현재에 유효할 경우 is/will 그대로 전달한다.

He said that he <u>is</u> hungry. ➡ 현재에도 여전히 배가 고픈 경우

He said that he <u>will</u> come here.

or He told/tells[said/says to] /has[had] told /was telling /would tell me that if she comes to his house, he will give it to her. -- 래발생현재로 전달해도 거짓이 되지않는다.

tip) 간접전달시 : 래발생현재=그대로 or 의미원성립 or 의미과성립으로 전달

He가 실제로 한 말 : **"If she catches the plane, she will be home by five."**

-- catches=**래발생 현재 -- 실제의미로서 직설의미**

시동=그냥 잡아 탄다면/실제로 잡아 탄다면

들은 것을 직접전달 : **He said /says /has[had] said /is[was] saying /would say, "If she catches the plane, she will be home by five."**

들은 것을 간접전달 : **He said /says /has[had] said /is[was] saying /would say that if she caught/catch/catches the plane, she would/will be home by five.**

-- caught=동시점 과거 속에서의 미래 의미과성립 또는 (says/is의 경우) 미래 속에서의 의미과성립

(catch=미래 속에서의 의미원성립 catches=래발생현재)

시동=말했는 데 (그때) 앞으로 잡는 것이 이루어 졌을 경우 -- (그때) 할 것 같다고 말이다.

Plus] 기원문도 일종의 의미원성립 :

Mr. Rice가 실제로 God에게 한 말 : "God bless America!"

-- bless=현재/미래 속에서의 기원 의미원성립

시동=(현재/앞으로) 축복이 있으시기를

들은 것을 직접전달

: Mr. Rice said/prayed to God, "God bless America!"

-- 기원에 맞게 전달동사를 선택하면 되고 전달동사를 상황에 맞게 다양하게 표현 가능

: prays /has[had] prayed /is[was] praying /would pray /says /has[had] said to -- etc.

들은 것을 간접전달

: Mr. Rice said/prayed to God that God bless/blessed America.

-- (현재/미래/과거 속에서의) 의미원성립 또는 의미과성립으로 전달 가능

그래도 거짓전달이 되지 않는다.

tip) if의미가 없는 의미원성립은 현재/미래/과거 속에서도 가능하다 ☞ p46

시동=(현재/앞으로/과거 그때) 축복이 내려지면 좋을 텐데 하고 말이다.

(현재/앞으로/과거 그때) 축복이 내려졌으면[축복이 있었으면] 좋을 텐데 하고 말이다.

물론 여기서도 전달동사 다양하게 선택가능

: expressed the wish/has said to -- etc.

or Mr. Rice prayed /prays /has[had] prayed /is[was] praying /would pray to God that God might[may] bless America.

— 기원 조동사를 써서 직설법으로 전달가능

: 특히 동시점 과거가 현재에 유효할 경우 may로 전달해도 좋다.

동시점 과거 might=그때 해주시기를[해달라고] (축복하는 것인데 미국을 말이다.)

may=(현재 또는 앞으로) 해주시기를 --- .

might=마음으로 비는 것으로서 그때 해주시기를[해달라고]

[m: mind h: 서서 비는 모습 ight>it>었: 과음가 or t>d: did 과생각]

may=마음으로 비는 것으로서 기원합니다/비옵니다

[m: mind y: 비는 모습] : **May you long live!**

☞.. 이해는 (언어에 대한 basics를 알았디면) 최종적으로 단어의 최종적인 뜻인 감주로 이해한다.
↘그러면 영어말투가 형성되고 영어말투에 익숙해진다.

addition-10

문맥/상황 associate → 'if + 하생각/직설' 의미 :

— 종사[종속접속사]가 아닌 종맥

A.. A step farther, and you would have fallen off the cliff.

시동=한 발자국만 더 옮겼더라면, 그랬더라면 너는 했을 것이다[했을 텐데]. 즉 가졌을 것이다 [가졌을 텐데]. 떨어진 사실을 그 절벽에서 말이다 : would=과생각/의미과성립

associate로 달리표현

=If you took /had taken a step farther : 과거 속에서의 의미과성립

B.. With luck, we'll be there in time.

시동=있다면/동자 운이 있다면, 우리는 할 것이다. 도착하는 것인데 거기에 제때에 말이다.

associate로 달리표현=If we're /we be lucky

C.. Without your help, we couldn't have done it.

시동=없었더라면/무자 너의 도움이 없었더라면 -- 할 수 없었을 것이다[할 수 없었을 텐데]

associate로 달리표현=If you hadn't helped

시동=만약에/약자 너가 하지 못했다면, 즉 도와 주지 못했다면

associate로 달리표현=If it had not been for your help

시동=만약에/약자 그것이 없었다면, 된 사실, 즉 너의 도움이 된 사실이 없었다면

▭ it=referring forward ▭ referent=for 이하 ▭ for=해당사항으로서 즉

D.. In different circumstances, I would have said yes.

시동=속에 있었더라면. 즉//내자 다른 환경 속에 있었더라면, 나는 했을 것이다[했을 텐데]. 즉 가졌을 것이다[가졌을 텐데]. 말한 사실, yes라고 말한 사실을 말이다 /즉 말을 yes라고 말이다.

▭ have=과분사 안내로서 즉 would=과생각/의미과성립

associate로 달리표현=If circumstances had been different

시동=만약에/약자 환경이 가졌더라면 이었던 점, 즉 달랐던 점을 가졌더라면

E.. A true friend would not say such a thing.

시동=진실한 친구라면 하지 않을 것 같다[하지 않았을 텐데]. 말하는 것인데 그런 것을 말이다.

associate로 달리표현=If he were a true friend, he would not say such a thing.

시동=만약에/약자 그가 현재 이었다면, 즉 진실한 친구이었다면 -- (would=정생각/의미과성립)

F.. **Together everyone achieves more.**

시동=함께 모이면, 모두가 함께 모이면 얻는 것도 더 많아 진다.

associate로 달리표현=If everyone gets together, they achieve more.

시동=만약/약자 모두가 하면 함께 하면

G.. **Given time, they' ll probably agree. cf] He was given a gift.**

시동=주어지면, 시간이 주어지면 그들은 할 것 같다. 아마도 동의할 것 같다.

⇨ **관계과분사 영뇌의 실질 연결대상=they**

associate로 달리표현=If we give them time

vs **Time given, they' ll probably agree.**

⇨ **관계과분사 영뇌의 실질 연결대상=time**

H.. **To hear him talk, you' d think he was President.**

시동=대동 들을 수 있다면, 그가 말하는 것을 들을 수 있다면, 너도 하게 될 것 같다. 즉 생각하게 될것 같다, 그 사람이 였다는 것, 즉 대통령였다는 것으로 말이다.

associate로 달리표현=If you can hear him talk

I.. **A man who had common sense would not do that.**

시동=사람, 즉 가진 사람이라면 상식을 가진 사람이라면 하지못할 것 같다. [짓]히는 것인데 그런 짓[것]을 말이다/-- 가진 사람이었더라면 -- 하지 못했을 텐데 --- .

associate로 달리표현=A man, if he had common sense, would not do that.

/A man with common sense would not do that.

↗But (it were not) for ↗과생각과 의미과성립을 완료형으로 표현 ⇒ 보다 더 구체적이고 분명한 메시지

J.. **But for my father' s pension, we would starve.** : 반대부정 종맥과 그 실체

시동=하지만 없다면, 즉 나의 아버지의 연금이 없다면, 우리는 할 것같다. 굶어 죽을 것 같다.

/-- 없었다면, --- 연금이 없었다면 -- 했을 것이다[텐데], 즉 굶어 죽었을 것이다[텐데].

// 하지만/반부자(反不者), 즉[반부해자(反不該者)] 나의 아버지의 연금이 없다면/없었다면,

-- **would=정생각/과생각/의미과성립**

associate로 달리표현

=**If we didn' t have my father' s pension/If it were not for my father' s pension**

후자 시동=만약에/약자 그것이 오늘날 없었다면 즉 나의 아버지 연금이 없었다면

⇨ 오늘날=의미과성립의 단어 associate : 현재 속에서의 의미과성립

※ **but=반대사실로서 부정/제외** (conj. except that)

K.. The car broke down. But for that we would have been in time.

시동=하지만 없었더라면, 즉[반부해자] 그런 것이 없었더라면 우리는 했을 것을 것이다[했을 텐데]. 즉 가졌을 것이다[가졌을 텐데]. 도착한 사실을 제때에 말이다. ※ **been=있었던 것으로서 도착한 것**

associate로 달리표현=**If it hadn't been for that** /Without that

시동=만약에/약자 그것이 (그때) 없었더라면, 된 사실 즉 그렇게 된 사실이 없었더라면

↳**조건종맥과 그 실체**

cf] He would have won easily, but he fell and broke his leg. : 종속접속사/등위접속사

시동= 했을 것이다[했을 텐데]. 즉 승리를 쉽게 했을 것이다[했을 텐데].

▭ 종맥 뇌로 작동시키면 : 하지만/반부자(反不者), 그가 넘어져 부르뜨리지 않았더라면

associate로 달리표현= --- , if he hadn't fallen and broken his leg.

▭ 등맥 뇌로 작동시키면 : 하지만 넘어져서 부르뜨렸지 뭐람

※ **would=과생각/(과거 속에서의) 의미과성립**

Plus] 콤머문맥 associate가 종속 접속사를 대신하는 표현

- You can see, ----. [=As you can see]
  시동= 할 수 있듯이, 즉 볼 수 있듯이 cf] You see, =보시다시피
- You know, ----. [=As you know] **시동=**아시다시피
- Love me, love my dog. [=If you love me] : **감주리딩**=Loveme, lovemy dog.
  시동=사랑하면, 나를 사랑하면, 사랑하라, 내 개에게도 말이다.
  ⇒ 아내가 귀여우면 처가집 말뚝보고 절한다는 말

tip) associate를 알아야 말을 쉽게 할 수 있다.

완전한 원어민이	되려면 감주영뇌가 되어야 한다.

- than four years ⇒ 감주리딩 : thanfour years 한뇌리딩 : than fouryears
- connect the world ⇒ 감주리딩 : connectthe world 한뇌리딩 : connect theworld
- a rich man ⇒ 감주리딩 : arich man 한뇌리딩 : a richman

감주리딩=IS 설가뇌 또는 IS 설주뇌로 뒷말과 말하는 것 vs 한뇌리딩=해석한 한글중심으로 말하는 것 — 감주로 이해하거나 듣거나 말해야 진짜 영어를 느낄 수 있다. 한글중심의 의식이 들어가면 안된다.

tip)has already been ⇒ 감주리딩 : hasalreadybeen — 약강약 감주

어떠 종류의 감주인지는 반드시 현장의 소리로 확인하라.

☜.. 뒷말과 말하면 저절로 이해가 되는데 소감주/빅감주/왕감주로 이해된다 : **감주 이해의 원리**

3. 현동사 영뇌[PRV NB]란 :
무한글 이해, 즉 IS두뇌로 주어를 현재범위에서의 설명으로 그냥 서술적으로 설명해 나가는 뇌, 요컨데 비연결설명어
또는 free 영뇌[infm E]로 먼저 말하는 뇌 : 기본어

▭ **현동사 BNW**=현재범위/현재중심 ∵ 모든 동사=현재중심으로 말하기 때문이다.

▭ **현동사를 쉽게 표현하거나 이해하는 법 :**
우리말 '해요 /한다 /하고 있어요 /하도다
/(현재범위에서) 했어요' 에 해당하는 말이 현동사이다.

※**우리말 '하고 있어요'**=동일치 의미 /진행 의미 /일반적 의미 /설명의미 /지속 의미
➾ '하고 있어요' 가 반드시 진행만 의미하는 것은 아니다. 주의하라.
※**우리말 '했어요'**=현재 범위에서 '했어요' /실제과거로서 '했어요'
➾ '했어요' 가 반드시 과거상황만 뜻하는 것은 아니다.

tip]**현동사**=본동사 의미가 들어 있기 때문에 현과미 속에 들어 갈 수 있고,
특히 본동사 의미가 들어 있기 때문에 현과미 속에서의 현재 또는 일설 현재가 된다.
예컨데, 발생현재로 현과 속에 들어갈 수 있고, 래발생현재로 미래 속에서 들어갈 수 있고,
설명현재로 현과미 속에 들어 갈 수 있다. (⇐ 현동사=원동사 + singular 's'=본동사의미+현재의미)

☜.. **영어에 대한 지식만 소유하지 말라. 언어를 소유하라. 그게 바로 "감주"다.**

1) 현동사 영뇌[PRV NB]

무한글 이해, 즉 IS두뇌로 주어를 현재범위에서의 설명으로 그냥 서술적으로 설명해 나가는 뇌, 요컨데 비연결설명어
또는 free 영뇌[infml E]로 먼저 말하는 뇌 : 기본어

주어=명사 /대명사 /동명사 /to부정사
현재범위에서의 설명으로 표현되는 현재
=동일치 현재, 발생현재, 래발생 현재, 일반적 현재, 설명현재, 소유현재, (상/동) 지속현재, 동질현재, — 등등

Chapter Ⅲ. 비연결설명어 영뇌

.. 시동으로 (영어) 글자/말 자체에서 뜻이 보이거나 상황이 (머리 속에서) 보이면 된다 : IS 영뇌

① 명사 주어를 설명해 나가는 뇌

↙서술적 영뇌

A.. Boiled potatoes /peel /easily. (or Boiled potatoes /peel easily.)

영뇌=기-->설-->설′ : BEis-Os

or I + I + I : I-Os or S + S + S : S-Os

How to Read[Speak]=Boiledpotatoes peeleasily.

: BEis/IS, 즉 설가뇌와 자동설가뇌로 되어 있는 것을 감각적 주파수로 이해한다.

시동= vocal 감각적 주파수로 ↗**그러면 영어말투가 형성되고 영어말투에 익숙해진다.**

(BEis/IS 영뇌가 될 때까지) F3+E2 강하게 말하기

→ **여기서 현동사=일반적 현재/일반적 설명현재**

삶은 감자의 일반적 현상

: 그래서, 현재 벗겨지는 현상이 발생하지 않아도 peel 표현이 가능하다. ↗ p184

(퍼**테**이토우즈=cramp F + small slide F : 복수 sign s음가=(단수동사 s와 같이) 유성음 매치는 z로, 무성음 매치는 s로 낸다. 모음 유성음매치: churches=**쳐**-취즈 noses=**노**우지즈 dishes=**디**쉬즈: sh음을 기준으로 하는 것이 아니라 마지막 e음을 기준으로 함) ↳ ∵ 소리는 소리본체에서 나오기 때문이다.

※I영뇌가 잘 작동하는 사람은 S영뇌도 쉽게 작동함

∵ A상황이 용해되어 있기 때문

.. **我必 Free 감주 간직하기**=Peel easily.

시동=삶은 감자는 벗겨지는 데 쉽게 벗겨진다. ← **Ekbe 시동목적=(순서대로 무한글 이해 느낌인)** 영어자체로 느낌을 갖거나 감주로 이해느낌을 갖기 위한 것

말=PEEl=spiral 점형 주파수 ee=e-: **알파벳 음가**

peel=펄럭 떨어져 나가는 것으로서 벗겨지는 일반적 현상

[p: 펄럭이듯이 떨어져 나가는 모습 + no 'd' 일반적 현재/일반적 설명]

*no 'd' 현재=did/done의 d가 없는 것으로서 현재

potatoes=potato + e: 조율음 s: 일반적 복수/대표복수

-- 여기서는 여러 개의 감자가 아니다.

potato=배와 같은 주렁주렁 달린 뿌리 열매로서 감자 [p: pear t: root t: root]

: **a.. Nine people are /reported /wounded.**=기→ 설→ 설′: BEis-Os

시동=(에게/이) 있다. 보도 된 것인데 크게 부상을 당한 것으로 말이다.

tip) wound=크게 상처를 주는 것[w: wide u: 상처가 들어간 모습]

injure=그냥 상처를 주는 것[in: 피부를 갉히고 들어간 상처]

hurt=다치는 것[h: harm 즉 damage를 입는 것으로서 다치는 것 : My leg hurt.]

b.. The two Indians are /cross-legged /on the floor. =기→ 설→ 설′ : BEis-Os

시동=있는 데 다리를 꼬고서, 상소, 마루 상소에서 말이다.

☞.. **Ekbe 시동[영어본래의미] 또는 감주로 이해되어야 영어승차감이 나온다.**

▸ **Boiled potatoes 뒤에 전치사 영뇌를 추가하면 :**

A- E.. Boiled potatoes /in the Korean (traditional) cauldron /peel /easily.

영뇌=기-->설/설-->설′ : BEis-Os

시동=삶은 감자, 내소 한국 (전통) 가마솥에서 삶은 감자는 벗겨지는 데 쉽게 벗겨진다.

A.. Boiled potatoes peel easily. ↘ ☞.. **major 감주=** Boiled --- peel easily.

Free 감주로 이해/간직 하기 ⇒ Boiled potatoes. /Potatoes peel. /Peel easily. /Boiled potatoes peel. /-- etc.

▸ Boiled potatoes. 삶은 감자이지/삶은 감자야. Potatoes peel. 감자는 벗겨져요/벗겨진다[벗겨졌어요 : **발생현재**] Peel easily. 껍질이 벗겨지는데 쉽게 된다[벗겨졌는데 쉽게 되었다] ⇒ **일종의 현동사 free 영뇌** Boiled potatoes peel. 삶은 감자는 벗겨진다[벗겨졌다].

시동 종류=원애시동 /vocal음 /Free 영뇌 /F3+E2 /일상적인 생활 /Ekbe /†SIUM 말하기 /무한글 /BNW or 비한글 BNW /BAM /BEis 영뇌 /G토씨 /connotation /영뇌 기본자세 /패턴 /associate

— 마지막 경지인 감주 IS 영뇌로 가기 위한 시동의 종류, 특히 영맥 파악[이해]=BEis 영뇌, 영어이해=감주
↳특히 기본어/연결설명어/s동사

② 대명사 주어를 설명해 나가는 뇌

A.. We /get /a lump sum.

영뇌=기-->설-->설′ : BEis-Os or I + I + I : I-Os or S + S + S : S-Os

How to Read[Speak]=Wegeta lumpsum.
: BEis/IS, 즉 설가뇌와 자동설가뇌로 이해되는 것을 감각적 주파수로 이해한다.
시동= vocal 감각적 주파수로
(BEis/IS 영뇌가 될 때까지) F3+E2 강하게 말하기
⇒ **여기서 현동사=일반적 현재[일반적 설명현재]/발생현재**
-- 일반적 사실[일반적 설명] 또는 방금 받은 것

(위-게터/위-게러=line 점형 F + slide F : 비단타와 단타 러ㅁ써ㅁ/러ㅁ프써ㅁ=post점형 F + post점형 F /slide F + post점형 F=check mark F : 자음과 자음 사이 p폐쇄와 비폐쇄와 s된소리화, 즉 자음 감정음가)

☞.. **我必 Free 감주 간직하기**=Get lump sum.

시동=우리는 받아요, 한목에 말이다. /우리는 (방금) 받았어요, 한목에 말이다.

이때 '받았어요'=현재 범위에서의 발생현재 *lump sum 일시불/한목

lump payment 일괄지불

↗장단감주 ↗장감주

Wegeta lumpsum=We・geta lump・sum=감주+감주

단감주=합성감주/비합성감주
사이 time : 합성감주=minus
비합성감주=zero

⇒ 단어 내에 (고저/저고) 장단음이 있듯이 단어와 단어 사이에도 (고저/저고) 장단음이 있다.

말=GEt=게ㅌ/게ㅌ=post점형/slide 주파수 ㅌ=극저음 e=e: **철자음가**
get=움직여 취하는 것으로서 받는 일반적 현재/일반적 설명현재/발생현재 -- 받는다/받았어요
[g>go: move + t: take + no 'd' 일반적 현재/일반적 설명현재/발생현재]

: a.. This is /clogged with /traffic.

영뇌=기→ 설→ 설′ : BEis–Os | Free 감주+我必 Free 감주 간직하기

시동=이곳은 있는데 꽉 막혀 있다. 교통으로 말이다. [=This clogged ---. : infml E]

***with=동존으로서 상존, 상존으로서 '있다' : 동존상존**

b.. She is /pressing /his suit.

영뇌=기→ 설→ 설′ : BEis–Os | Free 감주+我必 Free 감주 간직하기

시동=있는 데 눌러 다림질 하고 있다. 자기 양복을 말이다.

진행형 be동사 IS영뇌 쉽게 작동시키기

is=발생[행위] 존재로서 '있다' --- 보니까 '무언가 하고 있더라' 는 것이다.

이런 것을 보고 is를 던지는 것이다. 여기서 is할 때 '있다' 라고 **해석 한글**로 이해하지 않고, 바로 발생[행위] 존재 느낌만 있어도 이해가 된다. 이것이 바로 **비한글** BNW **시동**이다.

마지막에 전치사 영뇌를 추가하면 :

A- E.. We get /a lump sum /[//] from the government.

영뇌=기-->설-->설′ or 기-->설 ⇨ 전설 : BEis–Os

시동=우리는 받는데[받았는데] 한목으로 기처 정부로부터 말이다.

/우리는 받는데[받았는데], 한목으로 받아요[받았어요]. 기처 정부로부터 말이다.

↳ **영어는 항상 어느 부분을 보더라도 free 영뇌, 특히 free 감주로 이해되어야 한다.**

Free 감주로 이해/간직 하기 ⇒ We get. /Get a. /Get a lump sum. /A lump sum. Lump sum we get. /-- etc.

We get. 우리는 받아요[받았어요]. tip) **또다른** free **영뇌**=우리가 샀어요/이해했어요.
Get a. 받는데[받았는데] 어떤 하나이에요[이었어요]. Get a lump sum. 받는 데 일시불이에요 (**일반적 현재/설명현재, 특히 일반적 설명현재**) /받았는데 일시불이었지요 (**발생현재**) A lump sum. 일시불/한목 (이지).
Lump sum we get. 한목인데 우리가 받는 금액 : **관계문장** 한목으로 우리는 받는다 : **서술문장**(목적어 도치)

③ **동명사 주어를 설명해 나가는 뇌** ↗ **.. major 감주=** Slow cooking --- tough meat tender. [!]

A.. Slow cooking /makes /tough meat /tender. [!]

영뇌=기→ 설→ 설′→ 설″ : BEis-Os

or I + I + I + I : I-Os or S + S + S + S : S-Os

How to Read[Speak]=Slowcooking makestough meattender.

: BEis/IS로 되어 있는 것을 감각적 주파수로 이해한다.

시동= vocal 감각적 주파수로

(자동 설가가 될 때까지) F3+E2 강하게 말하기

⇒ 여기서 현동사=일반적 현재[일반적 설명현재] /발생 현재 /동일치 현재[!]

(슬로우쿠킹=cramp F+slide F : 킹=받침이 초성과 중성을 강하게 하지 않으니 '키ㅇ'으로 표기하지 않음

메이크스=slide F : a=알파벳음가 크스=무성음 매치)

.. 我必 Free 감주 간직하기=Cooking makes meat tender.

시동=요리하면 생기는 일반적 현상 또는 그런 현상에 대한 설명 -- 만들어 진다.

/방금 발생한 것을 보고 말했을 경우 -- 만들어 졌어요.

/발생하는 것을 보면서 바로 일치시켜 말할 경우 -- 만들어져요!

즉 천천히 cooking하면 만들어져요, 질긴 고기도 부드럽게 말이다.

/천천히 cooking하니까 만들어 졌어요, 질긴 고기가 --- .

/천천히 cooking하니까 만들어져요! --- !

말=MAkes=MEiks=slide 주파수 a=ei: **알파벳음가**

makes=만드는 것으로서 일반적 현재[일반적 설명현재] /발생현재 /동일치현재

-- makes를 하나의 독립된 단어로 취급하여 바로 이대로 뜻을 간직하라. 원형에서 가져오는 버릇을 삭제하라. 그러면 바로 바로 써 먹을 수 있다.

[m: 만드는 것 + (s: singular 현재)

+ no 'd' 일반적 현재[일반적 설명현재]/발생현재 /동일치현재]

처음에 도입 (등맥) 영뇌를 추가하면 :

A- E.. There are /various ways of cooking, | but | slow cooking makes /tough meat /tender.

영뇌=기-->설 ⇒ 등전설 ⇒ 기-->설-->설′ : BEis-Os

시동=있는 데 여러가지 방법, 즉 요리하는 여러가지 방법이 있으나, 천천히 요리를 하면 만들어져요, 질긴 고기도 부드럽게 말이다.

Free 감주로 이해/간직 하기 ⇒ Slow cooking makes. /Makes tough meat. /Makes tough meat tender. /Makes tender. /Tough meat tender. /-- etc.

Slow cooking makes. 천천히 요리를 하면 만들어 집니다/천천히 요리를 하니까 만들어 졌어요. Makes tough meat. 만들어져요, 질긴 고기로 말이다/만들어 졌는데 질긴 고기에요. Makes tough meat tender. 만들어지는 데 질긴 고기가 부드럽게 말이다/만들어 졌어요, 질긴 고기가 부드럽게 말이다. Tough meat tender. 질긴 고기도 부드럽게 말이다.
Makes tender. 만들어져요, 부드럽게 말이다/만들어 졌는 데 부드러운 상태[질]로 말이다.
plus) Brake, balance. **현동사/원동사 영뇌** : 브레크를 밟으면 균형이 잡힌다 /밟아라, 그러면 -- .
↳콤머영뇌=성립/조건

tip]우리말 '하게' =형용사로서 질/상태 또는 부사로서 양태/방법
전자 예: She made me happy. ⇒ 행복하게=행복한 질 또는 상태

④ to 부정사 주어를 설명해 나가는 뇌

A.. To give up /the job /is stupid.
(or To /give up the job /is stupid. : 부정 전치사 주어)
영뇌=기→ 설/설 (or 기→ 설/설 / 기→ 설→ 설′) : BEis-Os
or I + I + I : I-Os or S + S + S : S-Os

How to Read[Speak]=Togive · upthe jobis · stupid.
: BEis/IS로 이해되는 것을 감각적 주파수로 이해한다.
시동= vocal 감각적 주파수로**more)** ˋup theˎ **free 감주**=손드는데 그것에 손드는 것
(자동 설가가 될 때까지) F3+E2 강하게 말하기 ˋjob isˎ **free 감주**=job에게 그렇게 하는 것은 인데
여기서 현동사=현재 동질[동질연결]

(터기브어ㅂ더=cramp F+little slide F 자ㅂ이즈스튜-피드[스튜-퍼드]=slide F+trapezoid F)
↳어화가 있기 때문에 영영사전마다 달리 표기하고 있다.

.. 我必 Free 감주 간직하기=To give up is stupid.
시동=대동 주어 버리고 손을 드는 것은[일어나면] the job에게 말이다. 그러면 그런 것은 어리석은 짓이에요. /대동 주어 버리고 손을 들면 the job에게 손을 들면 되는 데 어리석은 짓이 됩니다.

비한글 BNW 시동=is할 때 바로 동질 또는 동질연결로 느낀다. 굳이 '그런 것은' / '되는 데' 로 이해할 필요가 없다. 그러면=문맥 associate **.. 문장 뼈대**=기본어(To give) + s동사(is)

말=Is=slide 주파수 i=i: 철자 음가 s=z: **유성음가**
is= '이다/equal' 로서 동질/동질연결
[i: 이다 or i>e: equal + no 'd' 현재동질 /현재 동질연결

give up=주어버리고 손드는[일어서는] 것/주되 똑바로[완전히] 내놓는 것으로서 포기하는 것
/버리는 것/단념하는 것 /항복하는 것/양보하는 것 -- 등등
[g: 주는 것 up: 손들거나 일어서는 것 /똑바로(로서 완전히)]
vs give in=주고 들어가는 것[숨는 것]으로서 포기[굴복]하는 것

Sony Pictures : "We have not caved. We have not given in. And we have not back down." — 북한의 사이버 공격 위협때 한 말

job에 설주뇌로 일반형용사 영뇌를 추가하면 :

A- E.. To give up /the safe job /is stupid.=가→ 설/설 : BEis-Os

시동=대동 주고 일어서면 그 안전한 일자리[직장]를 주고 일어서면 되는 데 어리석은 짓이 된다. *job=일자리로서 직장 vs workplace=일터로서 직장

A.. To give up the job is stupid. ↘ **major 감주=** -- give up -- job -- stupid.

Free 감주로 이해/간직 하기 ⇒ To give up. /Give up. /Is stupid. /To give up is stupid. /Give up is stupid. /Give up the job. /Give up the job is stupid. /-- etc.

To give up. 대동 주고 손든다는 것 (definition/**제목/상황설명**) 대동 손드는 것 [대동 손 든 것/손 들 것/손 드니까] (**안내/연결 의미**) 대동 주고 손든다/손 들것이다/손 들었다 (**s동사 대용**)

Is stupid. 인데 즉 어리석다 Give up. 주고 손든다는 것 (definition/**제목/상황설명**)
주고 손들어라 (**명령 본동사의미**) 주고 손들면 해요 (**의미원성립**)

To give up is stupid. 대동 주고 손들면[주되 완전히 주면] 되는 데 어리석은 짓이 된다.

Give up is stupid. 주고 손든다는 것은 인데 어리석은 짓이다 ⇒ **일종의 원동사 free 영뇌**
Give up the job. 주고 손든다는 것, 즉 그 일자리를 말이다.
주고 손들어라 /주고 손들면 해요.
Give up the job is stupid. ↗**문맥 associate**
주고 손든다는 것, 즉 그 일자리를 말이다. 그러면 그것은 어리석은 짓이 된다.
↘**동질[동질연결]**

⑤ free 영뇌[infml E]로 먼저 말하는 뇌 : 기본어 (infml E도 일종의 Free 영뇌)

Date Maker :

Lonesome female, 40, seeking middle-aged man. Enjoy(s) travel, cooking.

Enjoy(s) /travel, /cooking.

영뇌=가→ 설/설 : BEis-Os or I + I + I : I-Os or S + S + S : S-Os

[date maker/female=(관사) 전제 infml seeking=(be동사) 전제 infml] | **Free 감주 간직하기**

我必 Free 감주 간직하기=Female seeking middle-aged man.

How to Read[Speak]=Enjoy(s)travel, cooking. : 먼저 감각적 주파수로 이해한다.
시동= vocal 감각적 주파수로 (자동 설가가 될 때까지) F3+E2 강하게 말하기
→현동사=일반적 현재[일반적 설명현재] -- 일반적인 자기취미 또는 그러한 것에 대한 설명 : 원동사가 아님
(인죠이즈/인죠이스=cramp F : s음가를 유성음 매치로 내지않고 소리본체대로 내면 infml 소리가 된다.)

시동=즐겨요, 여행과 요리를 즐겨요. *Enjoy(s) =**(주어) 전제** infml E -- I 또는 He
: 데이트 구애자 자신 입장 [I] 또는 표현자 입장에서 그 사람[He] 전제로 두뇌를 작동시킨다.

: a.. **Vaseline: The original, 100% Pure, Heals Dryness.**
⇒ **StE: It heals Dryness.** Vaseline=약품명
b.. Catches fire! ⇒ StE: Her dress catches fire! c.. Barks loudly! ⇒ StE: The dog barks loudly!
d.. Fordham says on the upcoming Greek referendum. Adds that it will cost a lot.
⇒ StE: He adds that it will cost a lot. *on=작동으로서 시작, 시작으로서 꺼내는 것 that=result

e.. Widows most wives. ⇒ StE: The war widows most wives.
f.. Taste horribe? **(동주) 전제 infml E** ⇒ StE: Does the tobacco taste horrible?

g.. Am a flower addict, too. ⇒ StE: I am -- .
Is all. ⇒ StE: That's all. : 다 말하고 이렇게 말하면 된다.
시동=인데 이상이다. (all=전부로서 '이상' 이다는 말) : **Is your paper. Is fantastic. Is not there.**
시동=인데 너의 신문입니다/인데 정말로 좋은 것이다/없어요, 거기에는 말이다.
*fantastic=**생활 infml E 원래 뜻=adj.** 환상적인 것

enjoy=기쁨을 누리는 것으로서 일반적으로 즐기는 것 또는 그러한 것에 대한 설명
[en〉in: 하는 것으로서 누리는 것 joy: 기쁨 no 'd' 일반적 현재/일반적 설명현재]
catches=동일치로서 붙잡는 것으로서 붙어 버렸어요
[catch: 붙잡는 것 + e: 조율음 + singular 's' 동일치 현재]
vs He catches a cold. : 발생현재[과거/현재 상황에 대한 설명현재]
▸ 붙잡거나 붙잡고 있는 것으로서 걸렸어요/걸려 있어요[=**has/contracts/gets**]
catch=붙잡는 것을 취하는 것으로서 붙잡는 것/붙잡고 있는 것을 취하는 것으로서 붙잡고 있는 것
[ca: cap 모자 같은 채로 붙잡거나 붙잡고 있는 것 t: take + no 's' 원형 자체의미]

caution] 1. free 영뇌는 일반적으로 SpE(뉴스, 드라마, 쇼, 대화), 리플, 알림, 광고,— 등에서 많이 표현한다.
2. 특히 현동사 free 영뇌와 명령 원동사는 구별되어야 한다 : Yes! Begin with small stuffs. This is life!
시작하는 거야[시작하라], 가지고서[하면서/동자] 작은 것을 가지고[하면서] 말이다.
with=동존 소유/처리와 그 대상으로서 동자 stuff=채워 넣는 물건으로서 재료, 원료, 물건 -- 등 [t: thing f: fill]

tip)일반적으로 short하게 말하면 free 영뇌[infml E]가 되고, full로 말하면 StE[formal E/WrE]가 된다.
그래서, 대개 각종 시험영어, 특히 IELTS, TOEFL의 말하기와 쓰기는 full로 표현한다.

Plus] 특수동사 물음영뇌

— 먼저 묻는 뇌로 작동시킨다.

a.. Is this a gas station nearby? Why are you here? Who am I?

시동=인가, 이곳이 주유소, 근처 주유소 인가?

/이유가 뭐지 너가 여기에 있는 이유말이야[다]? /누구이지 내가 말이다?

: If this isn't slavery, <u>what is</u>? : **묻는 말만 표현** [=What is it?]

vs Is X〉Y? : **묻는 말+묻는 내용** vs Is? (인가/이지?) Do? (하는 가/그런 가?)

b.. This is the bus to the mall, isn't it? I'm late, aren't I.

시동=이 차는 이지요, 버스, 대처 몰로 가는 버스이지요, 안 그런가, 그 버스가 말이야?

/나는 늦었지요, 안그렇다고 말할 수 없지[아니다고 말할 수 없지요 /아니다고 우겨댈 수 없지요], 내가 말이야 (전자=확인태그 후자=인정태그)

＊aren't I. =생활 infml E ain't I. =slang am I not? =formal E

단, have동사

=특수동사(BrE) or 일반동사(AmE) -- 일반동사 일때=묻는 말로 do 조동사 사용

• Have you anything else? Has she a car?

vs Do you have anything else? Does she have a car?

시동=가지고 있는 가, 너는 어떤 것도 그밖에 말이다?

/가지고 있는 가, 그 여자가 자동차를 말이다?

vs 그런가, 즉 너는 가지고 있는 가, 어떤 것도 그밖에 말이다?

/그런가, 즉 그 여자가 가지고 있는 가, 자동차를 말이야?

.. 이해는 (언어에 대한 basics를 알았다면) 최종적으로 단어의 최종적인 뜻인 감주로 이해한다.

tag questions과 | 종류 --- 누워서 떡먹기! **It's a piece of cake!**

□ **tag questions ═ a. confirmation tag b. agreement tag c. aggressive tag d. echo tag e. 명령 tag** ☞ 조동사 영뇌편 〉 p258

※ confirmation tag[확인태그] /agreement tag[인정/동감/동의 태그]

═ 앞이 positive이면 negative tag로, 앞이 negative이면 positive tag로, 즉 반대방향으로 확인하거나 인정하거나 동감/동의를 구하면 된다.

cf] ok tag : 일종의 confirmation tag

: "I teach you, ok?, friend, friend, ---."

시동= 가르쳐 주마, ok? **friend, friend**이라고 말해봐.

※ aggressive tag[공격적 태그]

= 협박하거나 공격적 감정을 나타내야 하기 때문에 같은 방향으로 태그 표현을 한다. 즉 앞이 positive이면 positive tag로, 앞이 negative이면 negative tag로 겁을 주면 된다.

: So he won't pay the bill, won't he? 시동=그래, 그 놈이 하지 않겠다고, 지불을 그 계산서 지불을 정말로 하지 않겠단말이지, 그 놈이 말이야 ?

vs Do you not come? : 강조/공식적 표현

↗ ∵ 묻는 말=일반적으로 축약형 : Don't you come?

※ tag표현= • 일반적으로 부정일 경우 **축약형**[contracted form]을 써야 하며, 대명사는 인칭대명사로 표현한다. 대명사를 대신하는 말은 인칭대명사이기 때문이다.

: This is cheap, isn't it? cf] That's not so easy as it looks.

시동=그건 아닌데, 그렇게 쉬운 것이 아니야, 즉 그것이 보이는 것처럼 말이다.

(it/they/he/she=삼인칭 대명사 I/you=일인칭/이인칭 대명사 book=삼인칭 명사)

• amn't라는 단어가 없기 때문에 **생활** infml E로 일인칭일 때도 **aren't를 많이 쓴다.** 만약 「---, ain't I.」로 표현하면 slang이 된다. 축약형으로 써지 않고 「---, am I not?」로 표현하면 formal E가 된다. ※ ain't=am not/is not/are not/has not/have not

tip)비축약=emphatic 또는 formal E 축약=general E

※ **확인할 때는 어떤 내용을 확인할 것인 지 잘 살펴 보아야 한다.**

IIIII .. I think he has (got) much savvy, hasn't he? : confirmation tag

⇒ 나의 생각을 확인하는 것이 아니라, 그 사람이 가지고 있는 실질적인 이해력 또는 지식을 확인하는 것이다.

시동=내 생각엔 --가지고 있는 것같다/(가지고 있는 것 같다. 획득한 것인데), -- , 안 그런가, 그가 말이야?

※ agreement tag는 full stop을 **찍어야 그 뉘앙스를 살릴 수 있다. 그래서 원서는** period로 **찍고 있다.**

A : You're tired, aren't you. B : Tired? What makes you think I'm tired?

시동=너는 피로하지[넌 피로한 것 맞지], 안 그렇다고 (말) 할 수 없지, 당신은 말이야.

*맞지=**문맥/상황** associate

※ echo tag[반응 태그]는 aggressive tag처럼 같은 방향으로 반응을 보이는 태그이다.

Worker A : He hasn't resigned. Worker B : Hasn't he?

시동=그는 안했어요, 사직을 아직도 말이다 : 안했단 말이지 그 사람이 아직도?

/그는 아직도 가지고 있지 않다. 사직한 사실을 말이다 : 아직도 가지고 있지 않단 말이지, 그 사람이 말이야?

2) 현동사 영뇌 종류

↱(영어에 대한 기초지식[basics]을 알았다면)

□ **현동사 영뇌** — 생활 속에서의 뜻으로 모두 我必 Free 감주로 간직하라.

a.. 현재범위에서 동일치로 말하는 것 : **동일치 현재**

b.. 현재범위에서 발생했거나 현재에 발생하고 있거나 발생하는 것을 말하는 것 : **발생현재**

↘전자의 경우=과동사 영뇌, 중자의 경우=현재 진행형도 가능

c.. 앞으로 발생할 것을 현재중심에서 말하는 것 (이때 will 영뇌도 가능함) : **래발생 현재**

d.. 일반적으로 발생하는 것을 현재중심에서 말하는 것 : **일반적 현재**

e.. 현재중심 또는 현재범위에서 모든 상황에 대해 설명해 주는 식으로 말하는 것 : **설명현재**

f.. 현재중심에서 상태[동질/존재/발생존재/행위존재] 현재, 동질발생[동질변화] 현재로 말하는 것 g.. 현재중심에서 소유현재, (상/동) 지속현재 — 등으로 말하는 것

※외국에 나가는 가장 큰 이유 : 생활 속에서의 뜻[소리]을 얻기 위한 것

표현되어쓸 때의 의미

이런 의미들이 느껴져야 영어승자감을 탈[유지할/이로 이해할] 수 있다.

↱즉 말하는 시점중심

그래서, 현동사의 BNW=현재범위/현재중심 ∵ **모든 동사=현재중심으로 말하기 때문이다.**

tip)**현동사와 원동사[to부정사/관계현분사] 관계**=발생현재는 현재 속에서의 발생 본동사의미로, 래발생현재는 미래 속에서의 본동사의미로, 일반적 현재는 일반적 본동사의미로, 설명현재는 설명 본동사의미로 나타난다. 원동사/to부정사/관계현분사는 본동사 의미이기 때문이다.

현동사 판단=단수동사 's'가 있거나 did, done의 'd'가 없으면 현동사이다.

단, send의 d는 do의 d이다.

① **동일치 현재** -- 현재범위에서 현재상황과 동일치시켜 말하거나 과거상황을 현재범위로 당겨서 동일치시켜 말하는 것 ⇒ **현재 속에서의 현재**

□ **전자**=현재 동일치 : 순간 동일치[완전 동일치]와 진행 동일치 □ **후자**=역사적 동일치

tip)동일치 현재도 동일치 상황에 대한 설명으로 **동일치 설명현재** 가능

순간 동일치와 역사적 동일치는 긴박감, 박진감, 생생한 효과, 강조효과가 발생하지만, 진행 동일치는 그냥 그 시점 진행일치 느낌만 발생한다. 그래서 순간 동일치는 중계방송시 많이 활용된다.

A.. The specter vanishes! Someone watches me!

He is on the rock! At last he reads!

시동=사라져요! [사라지고 있어요!] /주시해요! [주시하고 있어요!] /있어요! /읽었어요!

순간 동일치 -- 순간적으로 일어나고 있는 상황과 (동사) 말을 일치 시키는 것, 즉 순간적인 상황에 말을 일치시키는 것

☞.. 동사를 tense식[12시제] 접근은 가장 비효율적이고 비현실적인 학문적 접근이니 그냥 단어의 뜻대로 처리하라. 원동사/과동사/현동사/과분사/현분사/to부정사/동명사/조동사 영뇌로 처리하면 된다.

[vanish 사라지는 것 + e: 조율음 + singular 's' 순간동일치 현재]
[watch 주시하는 것 + e: 조율음 + singular 's' 순간동일치 현재]

B.. Caesar crosses the Rubicon! Daddy comes here!

시동=건너요! [건너가고 있어요!] /오고 있어요!

과거상황 현재 동일치 -- 과거 상황을 현재 범위로 당겨 일치시키는 것, 마치 현재에 일어나고 있는 것과 같다. 이런 현재를 특히 **역사적 동일치 현재**라 한다.

*Daddy= '죽은 아빠' 를 두고 한 말

[cross 건너가는 것 + e: 조율음 + singular 's' 역사적 동일치 현재]

주의]우리말 '하고 있어요'

=동일치 의미 /진행 의미 /일반적 의미 /(현재) 설명의미 /지속의미

→ '하고 있어요' 가 반드시 진행만 의미하는 것은 아니다.

C.. He is reading.

시동=그는 (하고) 있다. 즉 reading하고 있다. /있는 데, reading하고 있다.

발생[행위] 존재로서 진행 동일치

-- 이 때 '있다' 는 보니까 바로 '무언가 하고 있다' 는 것으로서 발생[행위] 존재로서 (현재범위에 있는) 진행 동일치상황이다. 즉, 딱 보니까 무언가 하고 있는 데 상세히 들여다 보니 reading 하고 있더라는 것이다. 그래서, 현분사는 be동사의 구체적인 내용으로 동일치 진행이 되고, 이런 현분사를 **동일치 진행[즉 시점진행]**이라 한다.

따라서, **동일치 진행의미는 be동사에서 먼저 개략적으로 느껴져야 하고**, S영뇌로 이해시 He is 할 때 개략적으로 그 사람이 '있는 상황' 부터 먼저 보여야 한다. be동사의 진행 동일치는 표현자가 순간상황과 순간일치를 시키는 것이 아니라, 먼저 보이는 **개략적인 진행 상황과 동일치시키는 것이다.** 그래서 느낌표도 붙이지 않고 일반현동사의 순간일치처럼 긴박감이 없다.
[i: 있다 + s: singular 's' 진행 동일치현재]

□ **be동사**=상동사/동동사/동질동사(로서 안내의미) ⇒ 일반현분사와 의율=동동사/동질동사
□ **우리말 '가/는/은'** =주격조사 /동질의미[동질연결의미]
□ **동일치현재**=순간 동일치현재 /진행 동일치현재 /역사적 동일현재

tip)현재도 현과미 속에서의 현재, 일설현재로 이해하면 IS 영뇌 쉽게 작동

☞.. 이해는 어떤 표현이든 최종적으로 단어의 최종적인 뜻인 감주로 이해한다.

② 발생현재 :

현재범위에서 발생했거나 현재에 발생하고 있거나 현재에 발생하는 것을 말한다.
하지만 발생했기 때문에 과동사로, 발생하고 있기 때문에 현재진행형으로 표현해도 좋다. 이때 과동사 표현을 **현재범위 과거**라 한다. tip)**과거상황 표현 방법**=과동사 /원동사 /'현동사 /과분사 /관계현분사 /조동사 /동명사

A.. Unionists use force.[=using : **발생현재 진행의미** free **영뇌** ☞p35]
[use 사용하는 것 + no 'd' 발생현재]

현재범위에서 이미 동이 발생한 것을 보고 동사를 던지는 것, 즉 무력을 사용한 것을 보고 말을 하니 말하는 시점을 기준으로 하면 과거로 표현해야 하나, **현재로 표현하는 것은 현재범위에서 발생한 것이라고 알리기 위해서이다.** 즉 그런게 현재에 있었다고 알리기 위함이다. 현장감과 박진감이 넘친다. 그래서, 신문 Headline은 이럴 경우 보통 현동사 영뇌를 작동시킨다.
tip)신문기자는 발생현재를 선호하지만 앵커는 (저녁 뉴스 시작시) 일반현분사 영뇌를 더 선호한다.

use=현재범위에서 발생한 것에 중점 used=이미 발생한 것에 중점
using=현재범위에서 진행되었음을 알리는데 중점 ⇨ **표현에 따라 각각 IS 영뇌가 달라진다.**

이런 경우 발생현재는 대개 **'--했어요/했다'** 로 번역하는 경우가 많은 데 **동동사일 때** 많이 발생한다. 시동=노조원들은 사용했어요/사용하도다, 무력을 말이다.
↘**과거형 현재상황**

vs **현재완료 뇌 작동=** --- have used -- .
=이미 일어난 상황[기의미성립 event]을 현재에 분명히 보유하고 있음을 알리기 위한 표현,
그래서 그가 현재 죽은 것을 두고 'He dies.' 'He died.' 'He has died.' 로 두뇌를 작동시킴
전자=현재발생에 중점 중자=발생한 것에 중점
말자=발생한 것에 대한 현재소유에 중점 : event **소유**
↘(단순한 동사서술의미) **보다 더 구체적이고 분명한 메시지**

발생현재의 **현재범위는 방금 또는 하루로 꼭 정해진 것은 아니다.** 이틀 전에 죽었어도 조문하러 가는 도중에 스마트 폰으로 'He dies.' 로 날려 보낼 수 있다. 이것은 현재에 죽었다고 알리기 위해서 died 대신 dies로 표현하는 것이다.

B.. We[They] accept your offer. C.. He wants this.
[accept/wants + no 'd' 발생현재 /singular 's' 발생현재]

현재범위에서 마음이 발생한 것을 보고 표현한 것, 즉 엄밀히 말하면 마음이 먼저 결정된 후 동사를 던지는 것이다. 그래서 현동사 형태이자만 현재범위의 것으로 '-- 했어요/했다' 로 해석한다. 하지만 **상동사일 경우** 번역은 대개, '-해요/한다' 이다. 여기서는 **신문 headline처럼 생동감은 없다.** 특히 이럴 경우 대화시 현재범위의 것으로 accepted, wanted로 표현해도 좋다. 그래서, 똑 같은 상황을 두고 접근하는 방법에 따라, 현동사 영뇌로 작동시키는 사람이 있는 가 하면, 과동사 영뇌로 작동시키는 사람이 있다. 시동=우리는 받아 들인다[그들은 받아 들이었다] /원해요[원했어요].-- .

D.. As she exits the race, Elizabeth Warren faces an endorsement dilemma.
-- 박진감없는 그냥 발생현재로서 **전자=동동사 후자=상동사**
시동=동자 그 여자가 빠져나왔기 때문에 -- , 즉 Elizabeth Warren는 직면하고 있다.

E.. ❶ He drives a bus. -- 지금 운전하고 있는 모습을 보고 표현했다면 현재에 발생하고 있는 것으로서 **발생현재**다.
시동=그는 운전하고 있어요. 버스를 말이다.[=He is driving a bus.]
만약 직업이 버스기사라면 지금 집에 있어도 이런 표현은 가능하다 : **일반적 현재**
시동=그는 운전하는 사람이에요. 버스를 말이다.

❷ She tosses a salad. [=She is tossing a salad.]
-- 지금 샐러드를 만들고 있는 모습을 보고 표현했다면 역시 현재에 발생하고 있는 것을 말하는 **발생현재**이다. 물론 설명현재로 이해해도 좋다. 시동=그 여자는 섞고 있어요. -- .

표현의 자유 ※우리말 '되다/지다' =자동의미/피동의미 -- 주의하라.

지금 막 잔이 손에서 빠져나가 깨어졌다. 이런 상황을 보고 **바로 즉시** 발생현재 또는 동일치 현재로 표현할 수 있다. 전자는 시차를 약간 느끼고, 후자는 시차를 zero로 느낀다.
"The glass is broken!" [i 〉 ━· : 동질변화/동질발생 + s: singular 's' 발생현재/동일치현재]
시동=잔이 되었어요! 즉 깨어졌어요! → is=동질변화로서 동동사
/잔에게 생겼어요! 깨어진 일이 말이다! → is=동질발생으로서 동동사
⇒ **또한 시차대로 표현하면 was도 가능** : 현재범위 과거로서 **성립과거**

be동사의 세 가지 IS영뇌 be동사가 반드시 **상동사**만 되는 것이 아님에 유의하라.
특히 과분사/현분사로 설명해 나갈 때 유의하라. be동사는 동동사, 상동사, 동질동사로 IS가 작동한다. 대부분의 한국사람들은 상동사로만 알고 있다는 데 문제가 있다.

자타 동사 쉽게 시동걸기 **자동사, 타동사 개념**만 잘 알고 있으면 쉽게 시동을 걸 수 있고, 원어민 표현을 쉽게 이해할 수 있다. 동사를 1형식 동사(완전 자동사), 2형식 동사(불완전 자동사), 3형식/4형식 동사(완전 타동사), 5형식 동사(불완전 타동사)로 외울 필요가 없다. 원어민들도 그렇게 알고 있지 않다. 그냥 **자동사/타동사 개념**만 잘 알고 있고, 기/설 의율에 맞게 **표현**하기 때문이다.

전자=주체에게 그냥[자동으로] 일어나는 것으로서 영향을 미치지 않는 동사 ∴ **목적[대상]어가 없는 동사**
후자=동작 또는 행위가 직/간접적으로 목적어에 영향을 미치는 동사, 즉 직물로, 간물로, 내용물로, 결과물로, 수단물로, 동반물로 영향을 미치는 동사 ☞ more p71

전자 : Rain showers develops around early evening. 발달한다
후자 : Regular exercises develop back muscles. 발달시킨다

③ 래발생 현재 — 미래 속에 들어 갈 수 있는 현재

A.. After that, the 20/20 continues.

[continue 계속하는 것 + singular 's' 래발생현재] 시동= -- 계속된다.

B.. We get a lump sum next month.

[get 받는 것 + no 'd' 래발생현재] 시동= -- 받는 데 한목으로 다음 달에 말이다.

앞으로 발생할 것을 현재중심으로 말하는 것이 현동사의 **래발생 현재**이다. 이럴 때는 '한다' 로서 미래의미를 나타낸다. 이때 will를 쓸 수 있으나 이럴 때는 '할 것이다' 로 된다. 그래서 **래발생 현재가 주체래발생** will보다 더 강조가 된다.

tip)래발생 현재도 미래상황에 대한 설명현재로 두뇌 작동이 가능하다. 설명현재는 시간과 상관없이 설명해 주는 식으로 말하기 때문이다. 즉 시간 경과이든 미경과이든 상관없다.

continues/get=현재범위에서 앞으로 발생하는 것에 중점을 둔 것
will continue/get= 그냥 앞으로 발생하는 것에 중점을 둔 것(What will happen)
▭ **우리말 '한다'** =현재의미/미래의미
▭ **미래상황 표현방법** =†현동사 /조동사, 특히 will /원동사 /현분사 /과분사[미래 속에서의 기의미성립/미래의미성립] /동명사

미래와 한글표현

일반 동사= '한다' 로서 미래
vs be **동사**= '있다' 로서 미래 : '또 있다' 할 때 '있다' 가 바로 미래의비이나.
vs will= '할 것이다' 로서 미래 --- 등등

C.. The concert is today. 시동= 그 연주회는 있는데 오늘 있다.

'있다' 로 래발생 현재, 즉 래발생으로서 동동사 의미 : **동동사 뇌**

cf] '있었다' (발생과거)로서 동동사 의미: The concert was last night.

D.. Trump : "I do, always will." 시동= 나는 하는데 늘 앞으로도 할 것이다[하겠다].

④ **일반적 현재** — 같은 말이더라도 비일반적 의미와 구별하라. 이런 것도 알아야 영뇌 말하기도 터진다.

tip)일반적 현재도 일반적 상황에 대한 설명현재 가능, 이런 설명현재를 특히 일반적 설명현재라 한다.

A.. He drives a bus. B.. Ants creep.

(전자=보통 일반적 현재 후자=절대적 일반적 현재)

[drive 운전하는 것 + singular 's' 일반적 현재]

[creep 기어다니는 것 + no 'd' 일반적 현재]

시동=운전하는 사람이에요 /기어다니는 동물이에요 : general statement

물론 상황에 따라 이들 표현도 **비일반적 의미**로 동일치 현재[운전해요!/기어요!], 발생현재 [운전했어요/기었어요//운전하고 있어요/기고 있어요], 래발생현재[(앞으로) 운전한다/긴다], 설명현재 뇌[운전하고 있어요/기고 있어요]로도 작동시킬 수 있다.

C.. 'Children learn by example. Buckle up!'
[learn 배우는 것 + no 'd' 일반적 현재]

시동=배워요, 해서 본본기로 해서 말이다/행체(行體) 본본기로 해서 말이다.
＊by=행위실체/원인행위/행위수단

일반적 현재는 현재중심으로 일반적으로 일어나는 **현재 일반적 사실**이다.
현재 일반적 사실이기 때문에 지금 운전하지 않고, 침대에 잠을 자도 'He drives a bus.' 라고 표현할 수 있다.
현재 쉬어도 잠시 쉴 뿐이지, 현재 직업으로서 운전하는 사실은 변함은 없다.
물론 이럴 때는 be 동사 일반적 의미와 현분사의 일반적 진행으로 표현해도 된다.
: 'He is driving a bus.'

하지만 일반성 정도는 현동사가 더 강하다. 현분사는 진행의미로서 일반성을 나타내기 때문이다.
⇒ 여기서 'is' =일반적 현재로서 '하고 있는 것' **시동=**(일반적으로) 하고 있는 데, driving하고 있다.

일반적 현재는 현재뿐만이 아니라, 과거, 미래에도 적용이 가능하다. 과거에도 해왔고, 앞으로도 하는 것이다. 그래서, **비시제의미**라 한다. 그 효과가 시제의 제한이 없기 때문이다. 일반적 현재도 일반적 설명현재로 표현이 가능하다. 설명도 시간과 상관없기 때문이다.

일반적 현재와 영뇌화법

비시제 의미는 일반적 속성 그대로 유지해야 하니, 시간이 지나 said **해도** 그대로 표현해야 정확한 전달이 된다. 즉 거짓말이 되지 않는다 ⇒ He said that he drives a bus.

단, 절대적 일반사실이 아니기 때문에 drove 가능 : 이때는 동시점 과거로서 현재에 유효

비시제 의미의 비제한성

a. 삼시제에 두루 적용이 가능하다. b. 시간 경과와 상관없다. c. 현재 동작 발생과 상관없다.

일반적 현재는 직업, 성격[속성], 습관, 본보기, 진리, 루울, 금언, 안내 — 등등에서 많이 나타난다. tip)모두 일반적 설명현재로도 작동이 가능하다. 일반적 설명도 어느 한 시제에 국한된 설명이 아니다.

: a.. He flies a plane. He sells insurance and cars. → 직업

Dogs bark. People walk. A snake glides. Birds fly. Fish swim.

→ 동물 /사람 /생물의 일반적 성격[속성] ⇒ 또는 그런 것들에 대한 설명도 가능

b.. I read a lot, and I collect stamps from all over the world. → 일반적 취미생활

c.. A lotta people always say you' re wrong. → 일반적 행위

시동=늘 말한다 ＊lotta=infml **표기**

d.. You go right and turn left at the corner.

We leave London at 10 : 00 next Tuesday and arrive in Paris at 13 : 00.

→ 일반적 지침 안내 ⇒ 또는 그런 것들에 대해 설명 형식으로 말해도 좋다.

e.. Asian Games marathon rules do not allow any substitutes. → 일반적 적용 루울/제도

f.. You pour this liquid into the test-tube, mix it, heat it slowly and then, ------ .

→ 일반적 실험과정 /제조과정 ⇒ 또는 그런 것들에 대해 설명 stlye로 말해도 좋다.

g.. Imams, militants and police are killed every week.

→ 일반적 발생 : 생기는 데 살해 되는 일이 --- .

D.. A dinosaur is big. [i: '이다' 로서 동질 + s: singular 's' 일반적 현재]

시동=공룡은 인데 큰 동물이다 : **일반적 동질로서 공룡의 일반적 특성**

↳**또는 그런 것에 대한 설명도 가능**

a[an] 영뇌의 일반성 a dinosaur=하나 하나로서 전체에 해당하는 것으로서 일반적 대표의미 : 여기서는 어떤 공룡한 한 마리가 크다고 말하는 것은 아니다.

E.. Rhode island is the smallest of the U.S. states.

[i: '이다/있다' 또는 —· 로서 동질/존재 + s: singular 's' 일반적 현재]

시동=인데 가장 작은 것이다. /(되어) 있다. 가장 작은 것으로서 되어 있다 : **일반적 동질[존재]**

F.. The fear of losing money has lost more money.

[ha: have + s: singular 's' 일반적[일반적 설명] 소유현재

lost: 일반적[일반적 설명] (능동) event] -- 계속되는 랠리에 (겁을 내어) 사지 못하는 투자가에게 한 말

시동=그런 두려움, 즉 잃을 까하는 돈을 잃을 까하는 두려움은 가지게 된다. 잃어버리는 일인데 더 많은 돈을 말이다. / --- , 두려움이 있으면 생기게 된다. ------ .

cf]The applicant has talked the interviewer to sleep. : **설명현재+(현재상황에 대한) 설명** event

그 지원자는 하다가 이야기(하는 것을) 하다가 그 면접담당자와 얘기하다가 대동 잠들어 버렸다.

: **발생본동사의미** or 그 지원자는 하다가, 즉 이야기를 해오다가 ---- : **계속** event

tip]모든 동사=시제의미 아니면 비시제의미 : 과분사, 현분사, 동명사, to 부정사, — etc.

⑤ 설명 현재 : 현과미 속에 들어 갈 수 있고, 일반적 설명도 가능한 현재

— (현재중심 또는 현재범위로 해서) 현재/과거/미래 상황과 일반적 상황을 설명해 주는 식으로 말하는 것
+ 기타 일반적으로 설명하는 방식으로 말하는 것 tip)모든 현재를 설명현재로 대체 가능, 설명은 시간과 관계없기 때문이다.

A.. • She tosses a salad. : **눈에 보이는 현재상황에 대한 설명** -- 톡톡 튀기면서 섞고 있어요

• Brazil questions former president Lulu. : **뉴스로 질문하는 현재상황에 대한 설명**

• She rides a tiger. : **그림 또는 사진 현재상황에 대한 설명**

이럴 때 모두 우리말은 대개 '하고 있어요' '하고 있는 모습' 이다 ⇒ **'현동사+현분사' 영뇌 가능**

토익 사진 묘사는 대개 현동사와 현분사로 많이 표현한다. 이때 진행형의 현동사도 설명현재이다.

그래서 현분사도 설명진행이 되는 것이다.

⇒ B-e.. • She is riding a tiger. • She is tossing a salad.

하지만 그림 또는 사진 상황은 엄밀히 말하면 지난 상황이므로 rides는 과거상황 설명으로도 볼 수 있다.

• Someone watches me! : **동일치 현재상황에 대한 설명** -- 이럴 때는 동일치 현재도 가능

B.. • He takes on me. : **과거상황에 대한 설명** -- 그가 했는데[걸었는데] 먼저 했어요[걸었어요].

(어제) 먼저 싸움을 걸었을 때 이렇게 설명하면 된다. 이럴 때는 발생현재 느낌으로 말해도 좋다.

takes=취한 것으로 한 것[걸은 것] on=작동[실시]으로서 먼저

C.. • She leaves tomorrow. : **미래상황에 대한 설명** -- 이럴 때는 래발생현재도 가능

D.. • The earth moves around. : **일반적 상황에 대한 설명**--이럴 때는 일반적 현재도 가능

E.. • Success involves more than money. ↘**일종의 일반적 설명** tip)**일반적 설명**

: **일반적 설명** -- 마치 강의하듯이 설명 : 관련이 있는데 이상 차자 돈 이상으로 --. **=일반적 사실에 대한 〃 + 그냥 〃**

• One day Patrick goes to town. He talks a fortuneteller. "Please help me," says he. ---.

: **일반적 설명** -- 실제로 과거에 일어난 일도 애들에게 일반적으로 설명해 주는 식으로 말할 수 있다.

우리말도 같은 현상이다. 이럴 때 우리말은 대개 '해요' '한다' 이다.

tip) **어떤 현재로 시동을 거느냐에 따라 접근하는 뉘앙스도 다르고, IS영뇌도 달라진다.**

설명현재와 과부사 의율

설명시 과부사와 의율 가능[infml E]

즉 이렇게 타고 있는 모습은 어제 일이라고 설명할 수 있다.

: She rides a tiger yesterday. (yesterday=**의율** infml E)

하지만 WrE **추구자**는 이런 표현을 싫어 한다. 과동사에 과부사로 일치시키는 것이 좋은 문장[글]이라고 생각하기 때문이다 ⇒ She rode a tiger yesterday.

주의] IELTS Task 1 Graphic Writing시 Tense 선택 Skill — Coherence 유지

1. 과부사(특히 지난 연도별/일자별 비교)와 함께 표현시 : **과동사 선택**
2. 제조방법 diagram(그림/도형) : **현동사 선택**
3. others : **optional, 즉 보는 관점에 따라** 설명현재 /과동사 /event 소유, — 등을 선택

tip)과거상황에 대한 설명현재는 엄밀히 말하면 과거상황이므로 yesterday와 의율 가능 ☞p169

설명 현재와 영뇌화법

설명 현재는 시제[시기]의 제한을 받지 않는 일종의 비시제의미이다. 그냥 설명하기 때문이다. 그래서, 어떤 사람이 말한 것이 시간이 상당히 경과했어도, 현재범위에서 설명해 주는 식으로 전달동사 뇌를 작동시킬 수 있다.

IIIII .. He says that Columbus discovered America. 시동=그 사람 말에 의하면/그 사람 왈 -- .

-- 또는 현재범위에서 발생한 것으로 알릴 경우 **발생현재**로 말해도 좋다.

하지만 시간 경과 그대로 표현하려면 과동사 뇌로 작동시켜야 한다.

IIIII .. He said that Columbus discovered America. (discovered=**역사적 선과거**)

시동=그 사람이 말한 것에 의하면 ---- .

add] People say location is everything. -- 장사 위치의 중요성을 말함

시동=사람들은 말해요/이다고 : **일반적 설명현재**

이렇게 단어의 뜻대로 전달하는 것이 **영뇌화법**이다. cf]전환식 화법=구문법

설명현재와 발생현재

Yao Ming이 삼일 전에 그만둔다고 말했어도 만약 아직도 그만두지 않았을 때는 설명현재 뿐만이 아니라 발생현재 뇌로 작동시켜도 좋다. 여전히 현재에 유효하기 때문이다. 즉 그만 둔다고 말만 한 경우이다.

그래서, 'Yao Ming says good-bye.' 로 각종 방송사는 현동사 영뇌로 전송한다.

하지만 이미 떠났거나 시간 경과 그대로 표현하려면 과동사 영뇌로 작동시켜야 한다.

⇛ 'Yao Ming said good-bye.'

설명현재는 설명에 더 중점을 두고 있고, 발생현재는 현재발생을 알리는 데 더 중점을 두고 있고, 과동사 영뇌는 과거사실에 더 중점을 두고 있다.

⑥ 상태/동질/존재/발생존재[행위존재] 현재 //동질변화[동질발생] 현재

— 현재중심에서 상태[동질/존재/발생존재/행위존재] 현재, 동질변화[동질발생/동지속] 현재로 말하는 것

tip)이런 현재들도 모두 설명현재 가능

A.. It is cold. [i: '있다/이다' + s: singular 's' 상태/동질 현재]

시동=날씨가 있다, 추운 것으로 말이다. /날씨가 인데 춥다.

B.. He is a student.

[i: '있다/이다' + s: singular 's' 존재/동질 현재]

➾ 존재/동질로서 일반적 현재, 즉 일반적 존재/동질

시동=그는 있다. 학생으로 있다. /인데 학생이다.

그 사람을 상세히 들여다 보면 그 사람이라는 실체가 있는 데 학생[학생이라는 신분]으로 있다는 것이다. 이것은 결국 인데 학생이다는 의미가 된다 : E-BAM

결국 be동사의 최상위 BNW는 있다[=동질동사/상동사/동동사 의미 모두 포함]이다.

'있다' 에서 이다[동질] /있다[존재] /되다[동질변화] /하다[행위] -- 등으로 확장되는 것이다 : E-BAM

C.. There is God.

[i: '있다' + s: singular 's' 존재 현재] ➾ 존재로서 일반적 현재, 즉 일반적 존재

시동=있는 데 신이 있다.

D.. UN chief[boss] : Time is of the essence. [i: '이다' + s: singular 's' 동질 현재]

시동=유엔 수장[우두머리] 말은 시간이 즉 정말로 중요하다는 것이다.

*boss=우두머리로서 사무총장/사장/부장/manager -- 등등[o: 오야/우두머리]

of=동격으로서 즉 — 동질과 의율

ııııı .. Time is of the essence. vs Time is the essence.

ııııı .. Read about the story. vs Read the story.

-- of/about 전치사 의미만큼 차이가 있지 전달 결과는 거의 같다.

그래서, 사람에 따라 talk about하는 사람이 있는 가 하면, 그냥 talk만 쓰는 사람도 있다.

⇛ Betty White talks love and romance.

or Betty White talks about love and romance. 변관, -- 변관[邊關]에 대해서

E.. They are enjoying drinking.

[ar: 외적음가 e: 있다 + no 'd' 발생[행위]존재로서 진행동일치 또는 동지속 현재]

시동=(하고) 있어요, 즐기고 있는 데 술마시는 것을 하는 것을 말이다.

-- 외적음가 발생[행위] 존재로서 진행동일치 현재 또는 동지속 현재

∴ **현분사의 동일치 진행 또는 지속 진행과 의율**

F.. At last he is a doctor.

[i 〉—· + s: singular 's' 동질변화/동질발생 현재, 즉 일종의 발생현재]

시동=되었다. 의사로 말이다.

vs was=시차대로 표현하면 과동사 영뇌로서 성립과거 -- 현재에 유효한 과거

tip) "Former FBI Director James Comey <u>testifies</u> before the Senate." : Tense Process[Flow]

a. 아직 상원에 출석하지 않았다면 : **래발생 현재**=증언한다

b. 출석해서 증언을 하고 있는 중이면 : **설명 현재**=증언을 하고 있어요

c. 증언이 끝났다면 : **발생 현재**=증언을 했어요

⑦ **소유 현재** — 현재중심으로 소유현재 tip)소유현재도 현재 소유에 대한 설명현재 가능

A.. I have mailed the letter.

B.. Call 13 13 14 if you have changed your address.

[h: hand + no 'd' 소유 현재]

시동=가지고 있어요, 부친 것인데 -- 을 말이다 /만약에 네가 있다면 변경한 일이 있다면 --- .

***이때 '하고 있어요' 라는 우리말은 진행의미가 아니다. 소유 지속의미이다.**
***소유로서 '있다면'**

⑧ **(상/동) 지속 현재** — 현재중심으로 (상/동) 지속 현재

tip)지속현재도 현재지속 상황에 대한 설명현재 가능

A.. That bridge lasts a long time.

[l 〉 — : 쭉 지속되는 모양 or s〉z: 지속 + no 'd' 상지속 현재]

시동=지속된다. --- . *a long time=**명사부사** [=for a long time]

extreme caution

어떤 단어가 상지속 의미일 경우 동지속이 아니므로 현분사의 진행의미로 작동시킬 수 없다. 즉 진행형으로 표현할 수 없다.

B.. Water increases for an hour.[=an hour]

Plus-1 1. **단수 현동사**

=현동사의 대표동사이며 3인칭 단수주체[the third singular person]와 의율이 된다.
그래서 singular 's' 이면 단수 현동사가 되고, no 's' 원형이면 원동사가 된다.

2. 일반적으로 동사에 no 'd' 이면 현동사가 된다. 대부분 과동사와 과분사에는 d/t가 들어 있다. 그래서 **no 'd' 현재**라 한다.

단, 'send'=d: do로서 현동사 'sends'=ds: does 또는 singular 's'로서 현동사
sent=ent〉엔트〉었/었던 것: 과음가/event음가 or t〉d: did or done으로서 과동사, 과분사
— 'ent' 하면 실제과거 아니면 의미과성립, event이다.

3. 고어나 성경에서는 th가 d/t 과음가를 대신한다.

• But the Lord said unto Samuel, Look not on his countenance or on the height of his stature; because I have refused him; for the Lord seeth not as man seeth; for man looketh on the outward appearance, but the Lord looketh on the heart.

☞.. 이해는 (언어에 대한 basics를 알았디면) 최종적으로 단어의 최종적인 뜻인 감주로 이해한다.
↘그러면 영어말투가 형성되고 영어말투에 익숙해진다.

Plus-2

전달표현, 즉 영뇌화법과 현동사, 과동사, 과분사, 조동사 영뇌

— 동사이든 대명사이든 시간부사이든 상황에 맞게 단어의 뜻대로 전달하는 것이 영뇌화법이다. 특히 화법 전환식으로 전달동사 시제에 전달내용 동사시제를 연관시키지 말라. 그러면 표현의 자유, 이해의 자유가 구속받는다. 구화법은 전달동사 일치식 또는 직간접 전환식 이해를 늘 갖고 있다.

A.. **'She says it is urgent.'**

비서가 kidnapped된 여자에게 전화를 받고, Senator에게 보고하는 상황이다.
상당히 시간이 지났음에도 불구하고 이렇게 says라고 표현했다면 **설명현재 또는 발생현재** 뇌로 작동시킨 것이다. 이때 is는 동질 또는 상태 현재이다.
시동=그 여자 말에 의하면, 상황이 이다고, 긴박하다고 해요.

시간이 경과했으니 과동사 뇌로 작동시켜 보고해도 좋다.
A-E.. **She said it was urgent.**
이때 was=동시점 과거 뇌, 즉 said한 그 당시 상황이라는 뜻이다.
시동=말했는데 -- (그때) 긴급한 것이라고 말이다.

하지만 **지금 현재** 긴급한 상황이라고 분명히 알리고 싶으면 비록 일반적 사실이 아니더라도 'is' 그대로 현동사 뇌로 보고 할 수도 있다.
A-E.. **She said it is urgent.**

그래서, 휴게소에서 어떤 한 여자가 현재 배가 고프다고 말한 것을 다른 사람에게 전달할 때도 **"She said she is hungry."**라고 표현 하는 것이다. 여전히 현재 범위에서 배 고픈 상태가 현재 그대로 유효하기 때문이다.

구문법 식민통치에서 탈피하기!

일반적 사실, 진리 — 등일 때만 시제일치 예외라고 하는 것은 잘못된 가르침이다.
그러니 **시제일치, 인칭일치, 장소일치, 지정일치, 날짜일치** ---- 이런 것을 생각하여 전환식으로 무조건 외우면 실제 생활 영어를 자유롭게 구사할 수 없다. 그냥 상황에 맞게 뜻대로 현동사 영뇌, 과동사 영뇌, 원동사 영뇌, 과분사 영뇌, 조동사 영뇌로 작동시키면 된다. ☞ **P140, 141** 특히 의미원성립, 의미과성립을 전달할 때도 이들 단어 뜻대로 전달하면 된다. ☞ **과동사 영뇌 P108, 109**
그래서, 과거는 과거완료, 현재는 과거로 고치는 식으로 외우지 말라.
이런 식의 개념[이해]을 머리 속에서 삭제하라.

그런데 이미 식사는 해결하고, 집에 도착했을 경우에는 배고픈 것이 현재상황이 아니므로

B.. "When she said that she was hungry, I bought it for her." 라고 was라고 동시점 과거로 표현해 주면 된다. 시동=언제냐 하면 그 여자가 말했을 때. 즉 자기 그때 이다고, 배고프다고 말했을 때, 나는 사 주었어요, ---- .

동시점 과거 뇌는 이렇게 활용하는 것이다. 여기서는 동시점 과거가 현재에 유효한 것은 아니다. 하나의 과거사실로 되어 버렸다. 하지만, 인정과거나 성립과거는 언제나 현재에 유효한 것이다.

물론 과동사 뇌와 과분사 뇌를 작동시켜도 좋다.

B-E.. "When she said that she had been hungry, I bought it for her."

시동=언제냐 하면 그 여자가 말했을 때, 즉 자기가 가졌다고, 된 사실, 배고프게 된 사실을 가졌다고 말했을 때, ----- .

▭ 이때 bought도 had bought로 표현해도 좋다. '사 주었다' 는 말은 결국 event 소유나 같은 말이다.

시동=가졌는데 사 준 사실을 가졌다/가지고 있었는데 사 준 사실을 가지고 있었다.

하지만 완료형 영뇌는 무언가 딱딱한 느낌을 준다. 대화는 가급적 simple하게 말하는 게 좋다.

B-E-e.. "When she says [said] that she was hungry, I bought it for her."

▭ says=**설명현재/발생현재**

상황에 맞게 단어의 뜻대로 표현한 예 :

1.. The goverment **announced** that it **will** build a new town.

▭ 동시점 과거미래 뇌로 **would** 가능 : 이때는 현재에 유효한 동시점 과거 미래

↳**토익문제 주의]**현재에 유효하면 will 그대로 표현하는 것이 일반적이며 기자도 더 선호한다. would도 맞으나 will이 best answer : **출제자 의도 파악 중요**

2.. Tom Casey **said** in a statement it was unfortunate that North Korea **has** not yet met its commitments.

▭ 현동사 영뇌 대신 동시점 과거 뇌로 **had** 가능, 하지만 과거 사실로 오해할 것 같아 has로 표현 한 것임 시동=말했는데 아직도 가지고 있지 않다고 충족 시킨 사실을 ----- .

: George Davila **told** CNN the time for change **has** come.

3.. I **heard** someone **is** whispering.

▭ 현동사 영뇌 대신에 동시점 과거 뇌로 **was** 가능, 하지만 서로 접근하는 뉘앙스와 IS가 다르다.

⇨ **is**=여전히 현재 상황임을 알리기 위한 것

was=과거 그때 그 당시 (현재) 상황임을 알리기 위한 것

4.. I just **realized** that I **wasted.**

- wasted=**선과거 infml E [즉, 시차 infml E]** -- 같은 과거 범주로 단순 과거 사실로 취급
- 선과거 의미를 살려 WrE로 과동사와 과분사 영뇌로 작동 가능 그러면 event로서 realized 이전상황이 된다 : I just **realized** that I **had wasted.**

⇒ **이때 had=동시점 과거** wasted=**그 이전상황, 즉 기의미성립 event**

5.. I **asked** who your leader **is.**

- asked**와 같은 동시점 과거 뇌** was **가능**

6.. He **told** me he **must /had** to warn me of the consequences.

- must=**현조동사/과조동사 (단, 과조동사이면 동시점 과거)**
  had=**동시점 과거** --> has **가능** (아직도 유효하다면)

7.. He **says** merger talks with it **end.**

- says=**설명현재 또는 발생현재** end=**발생현재/래발생 현재**
  시동=그 사람 말은 합병 회담, 즉 동체 그 회사와 함께하는 회담이 끝났다는/끝난다는 것이다.

8.. The officials **said** the flames **have** spread.

- **현동사 have=현재사실에 더 중점을 둔 표현**

▸ 동시점으로 전달 가능=had

하지만 상황을 모르면 **과동사**는 단순한 과거사실로 오해할 가능성이 있기 때문에 지금도 번지고 있다면 have로 쓰는 게 좋다. 그래서, 이럴 경우 기자는 have를 더 선호한다.

시동=관리들은 말했어요, 불꽃이 (현재) 가지고 있다고 번지고[번져 가고] 있는 것을 말이다. *spread=계속 event

주의] 진행형 /완료형 /수동태도 두 **단어를 엎쳐서 이해하지 말고** 그냥 단어 하나 하나의 뜻으로 현동사 /과동사 /일반현분사 /일반과분사 영뇌로 바로 이해하라.
그래야 영어를 쉽게 이해 할 수 있고, 원어민과 같은 느낌으로 이해할 수 있다. 뿐만이 아니라 표현된 단어들의 각각의 **IS영뇌**를 원어민들처럼 작동시킬 수 있다. 특히 현재는 과거로, 과거는 과거완료로 **시제일치하면서 화법 전환식으로 절대로 공부하지 말라.**

tip) 한뇌로 두 단어를 엎쳐서 이해하거나 숙어를 뜻하는 의미로 이해하거나 관계대명사/관계부사를 빼먹고 거꾸로 이해하면 원어민과 같은 느낌으로 이해할 수 없다.

9.. IAEA **has** said it **hopes** to have screening results from the first sample.

▭ 지배시제는 s동사 has이다. 그래서 hopes로 뇌를 작동시킨 것이다.
과분사 event 시제와 관련시켜 동시점 과거 상황으로 뇌를 작동시킬 수도 있다[=hoped].

시동=IAEA는 가지고 있어요, 발표한 사실, 즉 자기네들은 (현재) 바란다고, 가지기를, 조사한 결과, 기처 첫 번째 샘플에서 나온 조사 결과를 가지기를 바란다고 발표한 사실을 말이다[가지고 있어요]. vs hoped=(그때) 바랬다고

10.. United States secretary of state Colin Powell **has** said that there **are** problems with Iraq' s nuclear weapons declaration.

시동=가지고 있는데 말한 사실을 가지고 있는 데 현재에 있다고 말이다.

▭ were로 동시점 과거 뇌를 작동시켜 전달할 수 있으나, 상황을 모를 경우 단순 과거 사실로 독자들이 취급할 수 있어, 여기서는 기자가 현동사 뇌로 작동시킨 것 같다.

11.. Democrats **have** said Bush **was** gambling his prestige on the outcome of the race.

▭ 이 말은 부시 퇴임시 나온 말이다.
영어는 **일형태 다의어**이기 때문에 항상 <u>말한 상황을 깔고서 이해</u>해야 해당의미를 쉽게 가져올 수 있다[**상황** helper].
여기서, was는 단순 과거 사실로 전달하고 있다. is와 확실히 전달상 차이가 있다.
시동=가지고 있는데, 말한 사실을 가지고 있는데, (과거에) 하고 있었다고, 즉 도박을 하고 있었다고 말이다. /-- 에게 있어요, 말한 사실이 있어요. ＊이때 '있다' =소유로서 '있다'

전달동사=현재 event 소유, 즉 말한 사실를 현재 보유[소유]로 표현
피전달문동사=단순과거 사실로서 과거 진행 ※prestige 신망/위신

12.. He **says** that his father **is** ill.

▭ 현동사 표현으로 보아 현재에 그렇다는 뜻으로 이해하면 된다.
하지만 현재에 아파도 시간이 지난 후 말하는 것이니까 said로 표현하여 동시점으로 was로 표현하는 사람도 있을 것이다. 현재에 유효한 과거이다. 동시점 과거는 말한 그때 그렇다고 알리기 위해 쓰이는 시제이다. 그렇지만 이것도 상황을 모르는 사람에게는 단순과거 사실로 오해를 일으킬 수도 있다. 그래서 아예 is로 선택한 것이다.

13.. He says that a snake **glides**.

(says=**설명현재/발생현재** -- 어느 것이 더 좋은지는 그때 상황에 따라 판단하라)

14.. He **said** that a snake **glides.**[=He **saying,** a snake **glides.**]
(said=**단순과거** vs saying=**콤머 관계현분사** -- 말했는데 -- 라고 말이다)
▭ **glides=일반적 현재 -- 기어 다니는 동물로서 일반적 사실**
a=하나 하나 모두를 지정하는 것으로서 일반적 대표의미로서 '뱀이란'

Ⅲ.. 절대적 일반적 사실, 보통 일반적 사실과 영뇌화법

뱀이 절대로 서서 다닐 수 없다. 이런 일반적 현재를 **절대적 일반적 사실**이라고 한다.
절대적 일반적 사실은 동시점 과거 뇌로 작동시킬 수 없다.

하지만 **보통 일반적 사실**은 동시점 과거 뇌로 작동시킬 수 있다.
보통 일반적 사실은 세월이 지나면 변하기 때문이다.

a.. He **said** that he **is** a teacher.
직업이 선생이기 때문에 (현재) 일반적 사실이다.
그런데, 앞으로 그만 둘 수도 있고, 중간에 다른 직업으로 바꿀 수도 있다.
그래서 이것은 **보통 일반적 사실**이다.

그래서, 사람에 따라 지금 선생을 해도
만날 그 당시에 그렇게 말한 사실로 알리고 싶으면 **동시점 과거 뇌**로 작동시킨다.
a-e.. He **said** that he **was** a teacher.
시동=말했는 데 자기가 그때 이다고 선생이다고 말했다.

그러나, 이것도 상황을 모르는 사람들에게는 단순 과거 사실로 오해를 일으킬 수 있다.
단순과거 사실이 되면 was는 선과거가 된다.
시동=말했는 데 --- 했다고, 선생을 했다고 말했다.

역으로 단순과거 사실로 전달했는데 오히려 동시점 과거로 이해하는 사람도 있을 것이다.
이럴 경우는 'had been or used to or <u>says</u> -- was' 로 전달하면 된다.

구문법 식민통치에서 벗어나기!

시제일치와 시제일치 예외라는 말을 머리 속에서 삭제하라.
현동사 /과동사 뜻대로 쓰라. 주절 동사이든 종속절 동사이든 그냥 자기 뜻대로
상황에 맞게 표현하면 된다.

||||.. 묘출화법으로 말하기

• I must go and see Lynn, Marsha thought.

▭ must=과조동사/현조동사 ▭ I 대신에 she 가능 ⇛ **간접화법** ∵ 이때 I=Marsha

※**묘출화법**=내용은 직접화법 식으로 형식은 간접화법 식으로 표현하는 화법

묘출표현도 상황에 맞게 그냥 뜻대로 쓰지, 묘출화법 표현 기법을 알고 원어민들이 쓰는 것은 아니다. 시제일치, 인칭일치, --하면서 직접화법에서 간접화법으로 바꾸는 **전환식 가르침에 위배되니** 사람들이 묘출화법이라는 용어를 만들었을 뿐이다. 말한 그대로 따옴표를 찍지 않고 얼마든지 전달할 수 있다. 그래도 의미가 통한다.

그리고, 간접 전달내용을 앞에 쓸 때는 that을 써지 않는다.
대신 comma만 찍어 주면 된다.

: She must go and see Lynn, Marsha thought.

⇒ she 대신 I로 전달하면, 있는 그대로 묘사하니까 묘출화법이 된다.

vs Marsha thought (that) she must go and see Lynn. : **일반적 표현 방식**

plus]묘출표현

: Issue is why did Romney lose. -- **묻는 표현 그대로 표현**

시동=문제는 왜 했느냐이다. 즉 왜 롬니가 졌느냐이다.

[=why Romney lost]

tip)실제말을 직접전달로 할 것인가, 간접전달로 할 것인가, 묘출전달로 할 것인가는 표현자의 몫이다(speaker' s desire).

.. 이해는 (언어에 대한 basics를 알았디면) 최종적으로 단어의 최종적인 뜻인 감주로 이해한다.

영뇌전달 | **즉 영뇌화법 — 그냥 단어의 뜻대로 상황에 맞게 전달하는 것이 영뇌화법이다.**

전달표현을 시제일치, 장소일치, 날짜일치, 인칭일치 식으로, 즉 직접화법을 간접화법으로 바꾸는 식으로 이해를 하면 표현을 이해하거나 바로 표현하는 데 구속을 받게 된다. 왜냐하면, 간접화법을 늘 직접화법에 빗대어 이해하거나 판단하려고 하는 습성이 생기기 때문이다. 이런 전환식 가르침은 영국 사람들이 지어낸 대표적인 불필요한 영어학습 방법이다.

보통 각종 참고서에서는 시간과 장소 변화를 전제로 하여 직접전달을 간접전달로 바꿀 때, 서로 뜻을 일치시키기 위해 시제와 장소, 날짜, 인칭 — 등을 변화시킨다. 실제예문에서 보았듯이 이런 전환식 이해는 정말로 부질없는 짓이다. 왜냐하면 실제말을 간접전달 할 것인가, 직접전달할 것인가 그것이 문제이지 화법은 직접전달을 간접전달로 바꾸는 것이 아니기 때문이다.

하지만 단어의 뜻대로, 상황 그대로 말하면 이런 구문법식 전환식 일치의식은 필요없다. 즉 말한 사실이 과거이면 said로, 현재 또는 과거에 말한 사실을 보유한 것이면 has[had] said로, 비록 말한 것이 과거라 할지라도 설명현재 또는 발생현재로 전달하고 싶으면 say[says]로, 일반적으로 말하는 경우이면 일반적 현재 그대로, 그리고 일반적 진행 또는 설명진행으로 말할 경우에는 is saying으로, 과거진행으로 말할 경우에는 was saying으로, 과거에 말한 것 같을 경우에는 would say로 표현하면 되고,

that 이하는 that 이하 상황이 현재에 유효하거나 일반적 현재이면 현동사로, 말한 시점 이전상황이면 단순과거 또는 선과거, 과거 event 소유로, 그 이전상황이 현재에 유효할 경우 현재 event 소유로, 과거 그때 현재상황이면 동시점 과거로, 과거미래 상황이면 과거미래로, 과거 그때 현재미래이면 동시점 과거미래로, 현재에 유효한 미래이면 현재미래 will 그대로, 정과거이면 would로 표현하면 된다.

이렇게 전달표현은 원어민들처럼 그냥 단어의 뜻대로 상황에 맞게 전달하면 된다. 그러다보면 저절로 묘출화법으로 표현되기도 하고, 일치식 이해의 구속에서 벗어나며, IS 영뇌를 바로 작동시킬 수 있다. 우리가 우리말을 배울 때 어디 화법 전환식으로 배웠던가?

① 단어 뜻대로 직접전달

- At the station Tom said /says /has[had] said /is[was] saying /would say, "I'll be **here/there** again."

  -- 얼마든지 직접전달에도 there 표현이 가능함

  ⇒ I referent=Tom here referent=the station there referent=나타나 있지 않음

  would say=한 것같은 데 말한 것 같다 : **과생각**

② 단어 뜻대로 간접전달

- At the station Tom said /says /has[had] said /is[was] saying /would say that he would[will] be **here/there** again.

  -- will=현재미래 피전달동사 would=과거미래 /동시점 과거미래 /정생각 정과거

  ⇒ he referent=Tom or 제삼자 가능 here referent=the station

- **He** would[will] be **here/there** again, Tom said /says /has[had] said /is[was] saying /would say at the station.

③ 단어 뜻대로 묘출전달

- **I** would[will] be **here/there** again, Tom said /says /has[had] said /is[was] saying /would say at the station. ⇒ I referent=Tom here referent=the station
- And Samuel said unto Saul, I will not return with thee.
  Then he said, I have sinned. -- Bible에서는 거의 대부분이 묘출표현이다.

here / there　this place / that place　these places / those places

-- 직접전달이든 간접전달이든 here 상황이면 here로, there 상황이면 there로, -- 전달하면 된다. 즉, 거짓이 안되게 전달하기만 하면 된다. 다만, 구문법에서는 전자 장소에서 장소 변화[이동]를 전제로 하기 때문에 간접전달시 후자로 전달하여 말을 서로 맞추는 것이다.

Tom이 실제로 한 말 : "She went there." -- original words

⇒ 남이 한 말을 어떻게 전달할 것인가 그것만 생각하면 된다. 즉 거짓말이 안되게 전달동사를 어떻게 표현할 것인가, 피전달 동사를 어떻게 표현할 것인가 그것만 생각하면 된다. 시제일치 식으로 생각하지 말자.

누가 한 말을 전달동사를 써서 다른 사람에게 전달하는 것이 전달표현이다. 전달방법에는 직접전달과 간접전달이 있다. (실제로 말한자 입장에서) 직접한 말 그대로 전달하는 것이 직접전달이고, 전달자 입장에서 전달하는 것이 간접전달이다.

tip]직접전달=직접한 말을 따옴표로 전달하는 것　간접전달=따옴표 없이 전달하는 것

들은 것을 직접전달

: Tom said /says /has[had] said /is[was] saying /would say, "She went there."

들은 것을 거기인 자기 사무실에서 직접전달

: Tom said /says /has[had] said /is[was] saying /would say, "She went there."

-- 비록 자기 사무실이더라도 here라 하지않고 직접전달은 실제말 그대로 전달한다.

들은 것을 거기가 아닌 곳에서 간접전달

: Tom said /has[had] said /was saying /would say (that) she went there.

선과거(infml)로 전달 : 전달동사가 과거상황이면 went=**선과거** : '이미 갔다고 말이다'

or Tom said /says /has[had] said /is[was] saying /would say (that) she had/has gone there.

event 소유(StE)로 전달 : 과거[현재] event 소유

-- (과거에) 가지고 있었다고 간 사실을 가지고 있었다고 말이다 : had=동시점 과거

/(현재) 가지고 있다고 간 사실을 가지고 있다고 말이다 : 현재에 유효한 경우

or Tom says /is saying (that) she went there.

단순과거(StE)로 전달 : 전달동사가 현재상황이면 went=**단순과거** : '갔다고 말이다'

.. 실제말 went는 과거 사실로서 말한 시점 이전상황이다.

그래서 실제말이 과거 사실이면 that 이하는 이전상황이 되도록 선과거 또는 과거 event 소유, 단순과

거로 전달하는 것이다. 만약 그 과거사실이 완전한 과거사실이 아닌 여전히 현재에 유효한 과거 사실이라면 현재 event 소유로 표현하면 된다. tip) '갔다' 는 말은 '간 사실을 (현재에) 가지고 있거나 (과거에) 가지고 있었다' 는 말과 결국 같은 말이다, 즉 결국 **과거사실은 (현재 또는 과거) event 소유**와 같은 말이나, IS가 서로 다르고 후자가 보다 더 구체적이고 강한 메시지일 뿐이다.

이렇게 실제말을 중심으로 해서 단어의 뜻을 정확히 알고, 상황에 맞게 정확하게 전달하는 게 바로 **영뇌화법**이다. 그래서 실제말을 보고 직접전달 또는 간접전달을 선택하는 것이지, 구문법대로 직접전달을 보고 간접전달로 시제일치를 시켜가며 바꾸는 식으로 생각하면 표현의 자유, 이해의 자유가 생기지 않는다. 구문법 식으로 시제일치로 이해하면 한 가지 방법, 즉 'Tom said she had gone there.' 밖에 없다.

전달표현에 IS 영뇌를 바로 바로 작동시키려면 영뇌화법으로 바로 이해하라.

들은 것을 거기인 자기 사무실에서 간접전달 — 이쪽으로 장소변화가 생겼음

: Tom said /says /has[had] said /is[was] saying /would say (that) she went here.

➾ **선과거(=infml) 또는 단순과거로 전달**

or Tom said /says /has[had] said /is[was] saying /would say (that) she had/has gone here. ➾ **event 소유로 전달**

자기 사무실에 방금 도착한 그 여자에게 말하는 경우

: Tom said /has[had] said /was saying /would say that you came/come here.

-- 말했을 그때 온다고 /온다고 ➾ **동시점 과거 또는 래발생 현재로 전달**

이런 사실을 동시점 과거미래 또는 정생각, 현재미래로 말해도 좋다.

➾ Tom said /has[had] said /was saying /would say that you would/will come here.

-- 말했을 그때 할거라고 /할 것같다고 /할거라고

주의]동시점 과거/동시점 과거미래/선과거=과거상황 전달동사와 함께 쓰이는 개념

그래서, 이들 단어들을 쓸 때는 현재상황 전달동사는 제외시켜야 한다.

자기 사무실에 먼저 도착한 친구에게 간접전달로 말하는 경우

: Tom said /has[had] said /was saying /would say that she came/comes/would[will] come here.

➾ **동시점 과거 /래발생 현재 /동시점 과거미래 /정생각 /현재미래로 전달**

plus] said 외 전달동사[전달표현] : 실제말 분위기에 맞게 전달동사[전달표현] 선택

: 'An earthquake occurred in China,' the Los Angeles Times reported.
According to George, you owe her $100.
He explained that he never ate meat. "I never eat meat," he explained.
He promised that he would do it the next day/tomorrow.
"I'll do it tomorrow," he promised.
"Sorry to be late," she smiled. "Oh, poor little thing," she wailed.
"Your school report is terrible!" the mother frowned.

now / then today / that day 그 날 tonight / that night 그날 밤
-- 때를 의미하는 이들도 장소표현과 같이 상황에 맞게 단어의 뜻대로 표현하면 된다.
그래서 얼마든지 직접말[직접화법]로 후자를 택할 수도 있고, 간접말[간접화법]로 전자를 택할 수도 있다. 다만 전자로 말한 것이 시간 경과가 생겼지만 한참 지나서 정확한 시간이나 날짜가 계산이 되지 않을 경우 후자로 말하는 것이다. 비록 전자로 말했지만 시간이나 날짜 계산이 정확하게 될 경우 계산된 시간이나 날짜로 말하면 더 정확한 전달이 된다.

Tom이 실제로 한 말 : "She went today." [=passed away/died]
들은 것을 직접전달

하루가 지나지 않았을 경우
: (Today) Tom said /says /has[had] said /is[was] saying /would say, "She went today."

하루가 지났을 경우
: Yesterday Tom said /had said /was saying /would say, "She went today."

만약 yesterday를 표현하지 않는다면 :
Tom said /says /has[had] said /is[was] saying /would say, "She went today."
-- yesterday는 StE에서는 현동사 영뇌와 함께 작동시키지 않는다.

만약 이틀이 지났을 경우 : The day before yesterday/Two days ago를, 삼일이 지났을 경우 : Three days ago를, 여러 날이 지났을 경우 : A few days ago를, 오랜 시간이 지났을 경우 : A long time ago를 전달동사와 함께 표현하면 된다. 전달동사 표현은 yesterday 유무와 같다. 직접전달로 이틀 전에 말했을 당시에 오늘 죽었다는 말은 결국 이틀 전에 죽었다는 의미이다. 삼일전 -- 며칠전 -- 등등도 마찬가지이다. 오늘이라는 의미는 말했을 당시 시기이므로 죽은 시기는 이들 시기가 된다.

들은 것을 간접전달

하루가 지나지 않았을 경우

: Tom said /says /has[had] said /is[was] saying /would say that she went /had[has] gone today. -- 선과거(시차 infml) 또는 단순과거, event 소유

하루가 지났을 경우

: Tom said /says /has[had] said /is[was] saying /would say that she went /had[has] gone yesterday. **has gone yesterday=의율 infml E** ↳ p216/508

만약 이틀이 지났을 경우 : the day before yesterday/two days ago를, 삼일이 지났을 경우 : three days ago를, 며칠 지났을 경우 : a few days ago를, 오랜 시간이 지났을 경우 : a long time ago를 yesterday 대신에 표현하면 된다.

여러 날이 지나 날짜 계산이 안될 경우 :

Tom said /says /has[had] said /is[was] saying /would say that she went /had gone that day. -- 현재에 유효하지도 않으면 has gone은 안된다.

정확하게 날짜계산이 되지 않으니 '오늘' 을 '그 날' 이라고 해야 뜻이 같아진다.

Tom이 실제로 한 말 : "She went that day." [=passed away/died]

들은 것을 직접전달

: Tom said /says /has[had] said /is[was] saying /would say, "She went that day."

하루가 지났건 이틀이 지났건 그 날이 언제인지 알아도 직접전달은 실제말 그대로 전달한다. 하지만 알고 있을 경우 그 날짜로 전달해도 잘못 전달하는 것은 아니다.

or Tom said /says /has[had] said /is[was] saying /would say, "She went (on) June 25." **그 날이 육이오 사변인 경우**

들은 것을 간접전달

: Tom said /says /has[had] said /is[was] saying /would say that she went/had [has] gone that day. -- **선과거 또는 단순과거, event 소유**

-- 그 날이 얼마되지 않으면 현재에 유효한 것으로 전달 할 수 있다. 즉 죽어서 지금 드러 누워 있는 경우는 가능하다. 그리고 현재사실을 전달하는 것이 아니어서 동시점 과거로 전달할 수 없다. 실제말은 과거사실이다.

or Tom said /says /has[had] said /is[was] saying /would say that she went/had gone (on) June 25. **그 날이 육이오 사변인 경우 :** *not* 'has gone'

-- 이미 6/25 전쟁 때 죽었으니 현재에 유효한 것이 아니다.

다음 날짜 표현도 같다. 즉 today / that day처럼 같다.

tomorrow / the next [following] day (그) 다음 날
yesterday / the previous day/the day before (그) 전날/(그) 날, 즉 전날
last night / the previous night/the night before (그) 전날 밤/(그) 밤, 즉 전날 밤

two days ago / two days before[earlier] (어느 시점, 즉 그 시점/그로부터) 이틀 전
the day after tomorrow 모레 or tomorrow and the next[following] day 내일과 그 다음 날로서 모레
/ two days later (어느 시점, 즉 그 시점/그로부터) 이틀후에
or in two days(' time) [≠ *not* 'after two days'] 딱 이틀 지나서 /딱 이틀간의 시간이 지나서
(단, in은 기준시점이 현재도 되고, 어느 시점도 된다. after는 딱 이틀 후가 아닐 수도 있다.)

the day before yesterday 그저께 / two days before (그로부터) 이틀 전
next week[year] / the following week[year]
last week[year] / the previous week[year]/the week[year] before

a year ago (현재로부터) 일년 전
/ a year before[earlier] 어느 시점, 즉 그 시점/그로부터) 일년 전[일년 일찍]

특히 전자는 기준 시점이 현재로 현재로부터 계산된 날짜이고, 후자는 기준 시점이 어느 시점으로 (대화에서) 어느 시점을 염두에 두고 말하는 날짜이다. 정관사와 previous, before, later, earlier 단어에는 어느 시점을 암시하는 뜻을 보유하고 있기 때문이다.

☞ 영뇌영어 vol 2 p385

- Kennedy was elected president in 1960.
  He was assassinated <u>three years later</u>. : <u>그로부터</u> 3년 후
- They married in 1995.
  They had announced their engagement <u>three years before</u>. : <u>그로부터</u> 3년 전

그래서, 전자로 직접 말한 것을 날짜가 한참 지난 후 간접말로 전달 할때는 후자로 말하는 것이다. 그러면 같은 말이 된다 -- **구문법은 이것만 말하고 있다.**
하지만 직접말로 후자로 말할 수 도 있고, 물론 간접말로 전자로 말할 수도 있다. 그래서, 직접말로 후자인 경우, 간접전달인 경우에는 그대로 말해야 같아진다. 모두 어느 시점을 염두에 두고 하는 말이기 때문이다. tip) a day before 그로부터 하루전/예정 하루전 vs a day ago (그냥) 하루전

이렇게 단어의 뜻대로 상황에 맞게 표현하면 된다. 화법이 별 것 아니다.

▸ **Tom이 실제로 한 말 :** "She went three days ago." [=passed away/died]

들은 것을 직접전달

▸ 하루가 지나지 않았을 경우

: (Today) Tom said, "She went three days ago."

▸ 하루가 지났을 경우 : Yesterday Tom said /had said /was saying /would say, "She went three days ago."

만약 yesterday를 표현하지 않는다면 :

: Tom said /says /has[had] said /is[was] saying /would say, "She went three days ago."

만약 이틀이 지났을 경우 : The day before yesterday/Two days ago를, 삼일이 지났을 경우 : Three days ago를, 여러 날이 지났을 경우 : A few days ago를, 오랜 시간이 지났을 경우 : A long time ago를 Yesterday 대신에 표현하면 되나 이들은 표현하지 않아도 좋다. 거짓 전달이 되지 않기 때문이다. 전달동사 표현 방식은 yesterday 유무와 같다.

들은 것을 간접전달

▸ 하루가 지나지 않았을 경우

: Tom said /says /has[had] said /is[was] saying /would say that she went/had [has] gone three days ago. -- 선과거 또는 단순과거, event 소유

(단, 현재 event 소유일 경우 -- 의율 infml E)

▸ 하루가 지났을 경우 : Tom said /says /has[had] said /is[was] saying /would say that she went/had[has] gone four days ago.

이틀이 지났을 경우 : five days ago

삼일이 지났을 경우 : six days ago

has gone : 현재에 유효할 경우

▸ 여러 날이 지나 정확한 날짜 계산이 되지 않을 경우 :

Tom said said /says /has[had] said /is[was] saying /would say that she went/had gone three days before[earlier].

— 정확하게 날짜 계산이 되지는 않지만 아무튼 어떤 기준시점으로부터 삼일전이라고 말하면 된다. 그래서 before/earlier로 말하면 되고, ago는 기준시점이 분명하게 현재로 현재 이전이다.

기타 : come[bring] / go[take] this / that[the] : 이때 that 뜻=그것/그 -- 대명사/형용사
say to / tell : 하지만 간접 전달에도 say to 그대로, 직접 전달에도 tell 그대로 가능
주의] 구문법은 무조건 **tell**로 바꾸라고 함 **ask**도 직간접 전달 모두 가능

Tom이 Susan에게 실제로 한 말 : "They will go tomorrow."

들은 것을 직접전달

: Tom said to/told Susan, "They will go tomorrow."
or Tom says /has[had] said /is[was] saying /would say to Susan, "They will go tomorrow."
or Tom tells /has[had] told /is[was] telling /would tell Susan, "They will go tomorrow."

들은 것을 간접전달

: Tom said to/told Susan (that) they would[will] go the next [following] day.
-- 여러 날이 지나 날짜 계산이 정확하게 되지 않을 경우에는 내일은 어느 시점으로부터 그 다음 날이 된다. 그래야 정확한 전달이 된다. 그래서, tomorrow를 the next [following] day로 바꾸는 것이다. 만약 하루가 지났을 경우에는 today로 말해야 한다.

would=**동시점 과거미래** will=**현재미래** -- 미래가 여전히 현재에도 유효한 경우
Instead of 'said/told', you can say like this :
says /has[had] said /is[was] saying /would say
or tells /has[had] told /is[was] telling /would tell

-- 만약 전달동사 현재상황에 that절에 would를 쓰면 정생각이 된다.
그래서, 실제말은 동시점 과거미래 또는 현재미래, 정생각으로 전달이 가능하다.

'Yes' (직접적인 가부 말) → in the affirmative (해서 긍정적으로 해서) /agree
'No' (직접적인 가부 말) → in the negative (해서 부정적으로 해서) /deny
'Damn!' (직접으로 욕하는 말) → swear/cuss/curse
'Oh!' (기쁨/즐거움/놀라움/두려움 표시 직말) → with joy/delight/pleasure/surprise/fear

'Alas!' (슬픔, 후회, 한탄하는 직말) → with sorrow/regret/a sigh
'Bravo!' (찬사를 표현하는 직말) → with applause
'Hurrah!' (기쁨을 표현하는 직말) → with joy/delight
'Congratulations!' (축하는 직말) → congratulate me

-- 직접의견이나 직접감정은 말한자 입장에서의 말이므로 간접전달시에는 전달자 입장에서 말해야 한다. 그래서 후자, 즉 간접의견 또는 간접감정으로 말하면 된다. 전달동사도 실제말, 즉 직접의견이나 직접감정에 맞게 선택하면 된다.

He가 실제로 한 말 : "Yes."
들은 것을 직접전달 : He said/replied/answered, "Yes."
들은 것을 간접전달 : He replied/answered in the affirmative. or He agreed.

He가 실제로 한 말 : "No."
들은 것을 직접전달 : He said/replied/answered, "No."
들은 것을 간접전달 : He replied/answered in the negative. or He denied.

The spectators가 실제로 한 말 : "Bravo! (It is) Wonderful!"
들은 것을 직접전달 : The spectators said/exclaimed, "Bravo! (It is) Wonderful!"
들은 것을 간접전달
: The spectators exclaimed with applause that it was wonderful.

He가 실제로 한 말 : "Congratulations!"
들은 것을 직접전달 : He said, "Congratulations!"
들은 것을 간접전달 : He congratulated me.

He가 실제로 한 말 : "Damn!"
들은 것을 직접전달 : He said, "Damn!"
들은 것을 간접전달 : He swore.

He가 실제로 한 말 : "Thank you!"
들은 것을 직접전달 : He said, "Thank you!"
들은 것을 간접전달 : He thanked me.

- **He가 실제로 한 말** : "Good luck!" 들은 것을 직접전달 : He said, "Good luck!"
  들은 것을 간접전달 : He wished me luck. (wish 속에 good 의미가 들어 있음)

- **He가 실제로 한 말** : "Liar!"
  들은 것을 직접전달 : He said, "Liar!" 들은 것을 간접전달 : He called me a liar.

- **간판에 실제로 적힌 글** : Welcome to Wales!
  본 것을 직접전달 : The notice said : Welcome to Wales!
  본 것을 간접전달 : The notice welcomed visitors to Wales.

  > Instead of 'said', you can say like this :
  > says /has[had] said /is[was] saying /would say
  > //물론 간접전달시에도 과동사 대신 설명현재/발생현재로 표현해도 좋다.

- **Tom이 실제로 Mike에게 한 말** : "What a silly boy you are!"
  -- 감탄말도 일종의 직접 감정이다. 즉 직말이다.
  그래서 평서문으로 전달하면 간접 감정이 된다. *what=**감탄부사** : 정말로

  들은 것을 직접전달
  : Tom said to Mike/exclaimed at Mike, "What a silly boy you are!"
  -- 여기서는 감탄말이기 때문에 전달동사는 후자가 더 분위기에 맞다(best).

  > Instead of 'said /exclaimed', you can say like this :
  > says /has[had] said /is[was] saying /would say
  > or exclaims /has[had] exclaimed /is[was] exclaiming /would exclaim

  들은 것을 간접전달
  : Tom exclaimed at Mike what a silly boy he was[is].
  -- was=동시점 과거 : 현재에 유효할 경우 is 가능
  or Tom exclaimed at Mike that he was[is] a very silly boy.
  -- what을 한번 더 간접말로 바꾸었다.

  시동= -- 정말로 (그때) 어리석은 녀석 /매우 바보같은 녀석이라고 말이다.

  > Instead of 'exclaimed', you can say like this :
  > exclaims /has[had] exclaimed /is[was] exclaiming /would exclaim

-- 일반적으로 실제말 현재사실은 동시점 과거로, 실제말 현재미래는 동시점 과거미래로 전달한다. 시간이 지나면 현재사실은 과거 그때 현재사실이 되고, 현재미래는 과거 그때 현재미래가 되기 때문이다. 그래서 exclaims/is exclaiming에 was로 표현하면 단순과거가 되어 과거사실이 되기 때문에 거짓전달이 된다. 이럴 때는 is로 말해야 바른 전달이 된다.

만약 실제말이

"Alas! What a silly boy you are!" 이면 간접말은 다음과 같이 된다.

▸ Tom exclaimed at Mike <u>with sorrow</u> what a silly boy he <u>was/is</u>.
or Tom exclaimed at Mike <u>with sorrow</u> that he <u>was/is</u> a very silly boy.

▸ Tom이 실제로 Mike에게 한 말 : "Are you hungry?"

묻는 말에 맞게 전달동사를 선택하고, 묻는 말은 직말이니 평서문으로 말해야 간접말이 된다. 특히 의문사가 없는 묻는 말은 if 또는 whether 평서문으로 확인하면서 물어보면 간접말이 되고, 의문사가 있으면 의문사 평서문으로 전달하면 간접말이 된다.

들은 것을 직접전달

: Tom said to/asked Mike, "Are you hungry?"

Instead of 'said/asked', you can say like this :
says /has[had] said /is[was] saying /would say
or asks /has[had] asked /is[was] asking /would ask

들은 것을 간접전달 : Tom asked Mike if/whether he was[is] hungry.

('*not*' said : say와 if/whether는 의율이 안된다)

-- was=동시점 과거 -- 현재에 유효할 경우 is 가능, 즉 배고픈 것이 여전히 현재에도 유효하면 is로 전달해도 좋다. 실제말 you는 Mike를 두고 한 말이니 간접말에서는 he로 변한다.

tip] **실제말 현재사실 → 동시점 과거** ∵ 과거 그때 현재사실 (단, 현재에 유효할 경우=현재 그대로 가능)
실제말 일반적 사실 → 일반적 현재 ∵ 시간경과 미영향 (단, 보통 일반적 사실=동시점 과거 가능)
실제말 과거사실 → 선과거 또는 단순과거, 과거 event 소유
∵ (말한 시점) 이전상황 (단, 현재에 유효할 경우=현재 event 소유 가능)

실제말 현재미래 → 동시점 과거미래 ∵ 과거 그때 현재미래 (단, 현재에 유효할 경우=현재미래 그대로 가능)
전달동사 → said /has[had] said /was saying /would say | says /is saying
∵ 시간경과
(단, says=설명현재/발생현재/일반적 현재 is saying=설명진행/일반적 진행)
ex]People (always) <u>say</u> location is everything. 설명 또는 일반적 현재

Instead of 'asked', you can say like this :
asks /has[had] asked /is[was] asking /would ask
주의] 실제말이 현재사실로 묻기 때문에 asks/is asking -- was로 하지 않는다.
즉 단순과거 사실로 전달하지 않는다. 하지만 has asked -- was는 과분사와 동시점 과거가 되니 옳은 전달이 된다. pp도 기의미성립으로서 일종의 과거상황이다.

Tom이 실제로 Mike에게 한 말 : "Where do you live?"

들은 것을 직접전달
: Tom said to/asked Mike, "Where do you live?"

Instead of 'said/asked', you can say like this :
says /has[had] said /is[was] saying /would say
or asks /has[had] asked /is[was] asking /would ask

들은 것을 간접전달
: Tom asked Mike where he lived.
-- 시간이 경과한 대로 전달하려면 전달동사는 단순과거로 표현하고 피전달 동사는 동시점 과거로 표현하면 된다. 실제말이 현재사실로 묻고 있기 때문이다.
동시점 과거 표현은 마치 today를 that day로 전달하는 것과 같다.
시동=(그때) 어디에 사는 지 : **동시점 과거[≠선과거]**

이때 동시점 과거가 현재에 유효하면 현동사 영뇌로 말해도 좋다.
: Tom asked Mike where he lives. **시동**=(현재) 어디에 사는 지

만약, 실제말이 **"Where did you live?"** 이면
시간 경과 대로 전달하려면 전달동사를 단순과거로 하고 피전달동사는 선과거 아니면 과거 event 소유로 말해야 한다. 실제말이 과거사실로 묻고 있기 때문이다. 즉 과거사실은 말한 시점 이전상황이기 때문이다.

또는 live가 과거 속에서의 본동사의미로서 과거 상황이기 때문에 과거를 시간이 경과한 만큼 표현하려면 과거로 더 거슬러 올라가야 한다. 그래서 선과거 아니면 기의미성립 event로 말하는 것이다. 즉 과거로 더 거슬러 올라가면 선과거 아니면 과거 event 소유가 된다. **이것이 바로 이전과거이다.**
: Tom asked Mike where he lived[had lived].

선과거=어디에 그가 (이미) 살았는지[≠**동시점 과거**]
과거 event **소유**=어디에 그가 가졌는지 살은 것을 가졌는지

Instead of 'asked', you can say like this :
asks /has[had] asked /is[was] asking /would ask

단, 만약 전달동사를 현재(asks/is asking)로 표현할 경우 lived는 **단순 과거**가 되어 선과거나 기의미 성립 event로 말하지 않더라도 묻는 말의 과거상황을 현재 이전상황으로 전달할 수 있다.
: asks/is asking --- lived.
그래서 "She went." 도 "Tom says she went." 로 간단히 처리할 수 있다. [=died]

그리고 실제말이 과거사실일 경우 has asked의 asked는 event로서 과거 상황이기 때문에 이 경우 lived는 **선과거**가 된다 : has asked --- lived. [≠**동시점 과거**]
vs **실제말 현재사실** : has asked --- lived. [=**동시점 과거**]

이렇게 실제말에 따라 피전달동사는 **단순과거 또는 동시점 과거**, **선과거**, event **소유**, **현재에 유효한 의미**, **일반적 의미** -- 등이 되니 상황에 맞게 이런 의미로 전달하면 된다. **＊이전과거=선과거/단순과거/event 소유로서 이전과거**

Tom이 실제로 Mike에게 한 말

: "Keep a record of your expenses."
-- 명령에 맞게 전달동사를 선택하고,
명령도 의문문이나 감탄문처럼 직말이니 평서문으로 말해야 간접말이 된다.

들은 것을 직접전달

: Tom said to/told Mike, "Keep a record of your expenses."
-- 만약 전달동사를 시간 경과대로 표현하지 않고, 상황에 따라 설명현재나 발생현재로 말할 수도 있다 : Tom says to/tells Mike, "Keep a record of your expenses."

Instead of 'said/told/says/tells', you can say like this :
has[had] said /is[was] saying /would say
or has[had] told /is[was] telling /would tell

들은 것을 간접전달

: Tom told/advised Mike to keep a record of his expenses.

-- 명령 실제말 분위기가 조언하는 분위기이면 advised로 전달하는 것이 더 정확한 전달이 된다(best).

> Instead of 'told/advised', you can say like this :
> tells /has[had] told /is[was] telling /would tell
> or advises /has[had] advised /is[was] advising /would advise

이 때에도 물론 시간 경과대로 표현하지 않고 현재 범위에서 발생한 것으로 알리고 싶으면 발생현재로, 그냥 과거상황을 현재범위로 당겨서 설명해 주는 식으로 말하고 싶으면 설명현재로 말해도 좋다.

: Tom tells/advises Mike to keep a record of his expenses.

caution] 일반적으로 to 부정사로 설명해 나갈 때는 say to라 하지않고 tell를 많이 쓴다.

or Tom said to/told/advised Mike that it was good to keep a record of his expenses.

-- 이렇게 to부정사 대신 that절로 표현해도 간접말이 된다.

이때 was는 동시점 과거이다.

시동=(그때) 이라고 좋은 것이라고 --- . * '이라고' =**현재형 과거상황**

or Tom advised Mike that he should keep a record of his expenses.

-- 간접말로 사발생 권고로 표현해도 거짓 전달이 되지 않는다.

: **동시점 과거 또는 (현재에 유효할 경우) 정생각**

└, 여기서 should=실제말 현재를 대변하므로 동시점 과거[**≠동시점 과거미래**]

시동=그로 하여금 일어나는 게 좋겠다고 --- .

*he/his=Mike를 두고 한 말 advise=충고[조언]하다 /(formal) 통지하다

Tom이 실제로 Mike에게 한 말 : "Let's play basketball."

들은 것을 직접전달

: Tom said/suggested to Mike, "Let's play basketball." (let's=suggestion)

-- 실제말이 제안이니 전달동사도 단순한 출처보다 후자를 선택하는 게 더 좋다.

Instead of 'said/suggested', you can say like this :
says /has[had] said /is[was] saying /would say
or suggests /has[had] suggested /is[was] suggesting /would suggest

들은 것을 간접전달

: Tom said/suggested to Mike that we should play basketball.

-- 사발생 제안 should를 써서 직접말 let's 뉘앙스를 대신하고, 이럴 때에도 전달 동사 suggest를 쓰는 게 Best다 : **동시점 과거 또는 (현재에 유효할 경우) 정생각**
└→ **≠동시점 과거미래**

시동=우리들로 하여금[우리들에게] (그때) 일어나는 게 좋겠다고 ---- .

Mr. Rice가 실제로 God에게 한 말

: "God bless America!"

현재/미래 속에서의 기원 의미원성립 -- (현재/앞으로) 축복이 있으시기를

-- 이번에는 기원 의미원성립에 맞게 전달동사를 선택하면 된다.
그래서 best 전달동사는 pray이다.

들은 것을 직접전달 : ☞ p110

들은 것을 간접전달 : ☞ p110

or Mr. Rice prayed to God that God bless America.

-- 의미원성립 그대로 전달해도 간접말이 된다.
bless=**현재/미래/과거 속에서의 의미원성립**

A Quick Note

시동=기도했는데 (현재/앞으로) 축복이 내려지기를 말이다.
(현재/앞으로) 축복이 있으면 좋을 텐데 하고 말이다.
: **현재/미래 속에서의 의미원성립** cf] I will pray to God for his safety.

/기도했는데 (그때) 축복이 내려지기를 말이다.
(그때) 축복이 있으면 좋을 텐데 하고 말이다.
: **과거 속에서의 의미원성립**

caution] if-의미가 없는 의미원성립은 현재/미래/과거 속에서도 가능하나
if-의미원성립은 현재/미래 속에서만 가능하다.

·))) **Tom이 실제로 한 말** : "I have done my best."

들은 것을 직접전달

: He[Tom] said, "I have done my best." ···› 시간경과대로 전달

He[Tom] says, "I have done my best." ···› 설명현재 또는 발생현재로 전달

> Instead of 'said/says', you can say like this :
> has[had] said /is[was] saying /would say

들은 것을 간접전달

: He[Tom] said that he had[has] done his best.

-- 시간이 경과한 후에 전달하니 전달동사를 단순과거로 하고 have는 동시점 과거로 표현하면 된다. 마치 today를 that day로 말하는 것과 같다. 하지만 동시점 과거가 현재에 유효하면 현재 event 소유로 표현해도 좋다.

시동=말했는데 그때 가졌다고, 다한 것, 최선을 다한 것을 가졌다고 말이다.

/말했는데 (현재) 가지고 있다고 ---- 다한 것을 가지고 있다고 말이다.

> Instead of 'said', you can say like this :
> says /has[had] said /is[was] saying /would say

단, 'says/is saying -- had done' 으로 표현하면 had는 동시점 과거도 될 수 없으며, had가 단순과거로서 완전한 과거사실이 되기 때문에 오전달(誤傳達)이 된다. 실제말 지배시제는 have로서 현재사실이다. 현재사실을 전달하는 것이다. 그래서 says/is saying일 경우에는 'says/is saying -- has done' 로 전달해야 정전달(正傳達)이 된다.

·))) **Tom이 실제로 한 말** : "I was doing my best."

들은 것을 직접전달

: He has/had said, "I was doing my best." ···› 전달동사를 event 소유로 전달

He said/says, "I was doing my best." ···› 단순과거/설명현재/발생현재로 전달

-- 시간 경과를 자기 의도대로 표현해도 거짓말이 되지 않으면 된다.

결국 '말했다' 는 말은 '말한 것을 소유하고 있거나 소유한 것' 이나 다름없다.

> Instead of 'has[had] said /said/says', you can say like this :
> is[was] saying /would say

들은 것을 간접전달

: He has said that he was doing his best. ⋯▸ 선과거[infml]로 전달
He has said that he had been doing his best. ⋯▸ 과거 event 소유로 전달

Instead of 'has said', you can say like this :
/said /says /had said /is[was] saying /would say
plus]They're saying this is preliminary. -- 이라고 예비조사이라고

cf] go 가다(단순현재)
/went 갔다(단순과거) /이미 갔다(선과거) /gone 간 사실(event)
과거사실=선과거 과거사실/과거 event 소유 과거사실/단순 과거사실
단, 현재 event 소유=준과거사실

Tom이 실제로 한 말

: "She is coming this week."
-- 이때 is=래발생현재 coming=앞으로 진행
시동=그 여자는 (앞으로) 있다는 것인데, 오기로 되어 있다는 것이다. ---- .

들은 것을 직접전달

: He said/has said, "She is coming this week."

Instead of 'said/has said', you can say like this :
/says /had said /is[was] saying /would say

들은 것을 간접전달

: He said/has said that she was coming last week. ⋯▸ 일주일이 지났을 경우
He said/has said that she was coming that week. ⋯▸ 일주일 이상이 지났을 경우
-- **이때** was=**동시점 과거** -- (그때) 있다고 **주의**]past week= '그냥 지난 주'

완료형도 진행형도 각각 분리 시켜 단어 뜻대로 생각하면 전달이 별것 아니다.
'조동사+원동사' 도 마찬가지이다.

Tom이 실제로 한 말

: "We will discuss this tomorrow."
-- 여기서 **원동사**=미래 속에서의 본동사 의미

들은 것을 직접전달

: He said, "We will discuss this tomorrow."

> Instead of 'said', you can say like this :
> /says /has[had] said /is[was] saying /would say

들은 것을 간접전달

: He said that they would[will] discuss it[the matter/that] the next day.

-- would=(**주체래발생) 동시점 과거미래** -- 현재에 유효할 경우 사람에 따라 will 그대로 말하기도 한다.

여기서 **원동사**는 would이면 과거 속에서의 미래 본동사 의미, 즉 '(말했는 데) 그때 논의할 것' 이라는 의미가 되고, 만약 will이면 미래 속에서의 본동사 의미, 즉 '앞으로 논의할 것' 이라는 의미가 된다.

주의] 과거미래는 상황에 따라 그 영향이 과거에만 국한될 수도 있고, 현재 이후까지 미칠 수도 있다. 그래서 후자일 경우 기자들은 will로 보도하는 것이다.

그리고, 만약 여러 날이 경과한 후에 전달하는 것이라면 tomorrow (내일)는 the next[following] day (그 다음 날)로 바뀐다. 왜냐하면 내일은 날짜가 경과하면 어느 기준 날짜로부터 다음 날에 해당하니까.

그리고, 장소 이동후 전달하는 것이라면 'this (이것)' 는 변한 장소에서 가리키는 것이므로 'it/that (그것)' 이라고 해야 하고, 그것이 그 문제이면 the matter로 표현해도 거짓 전달이 되지 않는다.
만약 직접말이 that (저것)이라면 장소이동 후에는 'it (그것)' 으로 가리켜진다.
we도 장소 이동후에 말하면 간접말에서는 they (그들)로 가리켜진다.

> **주의]**that=저것/그것 //저/그 -- 일반적으로 간접말일 때는 '그것/그' 라는 뜻이다.
> **지시형용사** : this year / that[the] year this place / that[the] place
> **지시대명사** : this[these] // it/that[they/them/those]
>
> **조동사** : 조동사 뜻대로 전달, 이때 원동사는 그대로 따라감
> will=**주체발생** : 주체래발생/주체성발생 -- 주체발생 미래
> shall=**사발생** : 보통 사발생/강한 사발생 -- 사발생 미래

Instead of 'said', you can say like this :
/says /has[had] said /is[was] saying /would say

단, 'says/is saying -- would' 는 동시점 과거미래가 될 수 없기 때문에 would가 정과거이면 가능하다. 그래서, 전달동사와 피전달동사를 시간경과대로 표현하지 않고 says/is saying**일 경우** 'says/is saying -- will' 로 많이 전달한다.
실제말은 현재미래 사실임에 유의하라.

하루가 지난 후 들은 것을 직접전달
: Yesterday he said, "We will discuss this tomorrow."

하루가 지난 후 들은 것을 간접전달
: He said that they would[will] discuss it[the matter/that] today.
-- 하루가 지났으니 오늘로 날짜 계산이 확실히 된다.
일반적으로 우리는 들은 것을 다른 사람에게 전달하므로 시간도 경과하고, 장소 이동도 생긴다.
그래서 특별한 말이 없는 한 **시간경과와 장소변화를 염두에 두고** 간접전달을 하면 된다.

Caution] 다음은 실제로 말한 것을 전달하는 것이 아니다. 앞으로 이런 게 있을 것이라고 말해 주는 것이다.

- 간접표현 : She will tell me that she will[shall] come here tomorrow.
  vs 직접표현 : She will say to me, "I will[shall] come here tomorrow."
  will=**주체래발생 미래** -- 앞을 할 것이다
  shall=**사발생 미래** -- 하여금 (확실히) 일어나도록 하겠다
  : 나로[자기로] 하여금 (확실히) 일어나도록 하겠다[하겠다고] 오는 것인데 --- .

Tom이 실제로 한 말 : "Shall I open the window?"
-- shall=**사발생 허락**
: 하게 할까요, 나로 하여금 열게 할까요, ---- ?

들은 것을 직접전달
: He said, "Shall I open the window?"

Instead of 'said', you can say like this :
/says /has[had] said /is[was] saying /would say

들은 것을 간접전달

: He asked if he should[shall] open the window. -- **사발생 동시점 과거미래**

-- 조동사만 동시점으로 표현해주고 원동사는 그냥 따라 가기만 하면 된다.

그러면 원동사는 저절로 실제말의 현재 또는 미래 속에서의 본동사의미가 과거 속에서의 현재 또는 미래 본동사의미로 바뀐다. cf]**주체래발생 동시점 과거미래**

만약 동시점 시제가 현재에 유효할 경우 shall도 가능하다.

시동=그는 물어봤는 데, 인지 즉 자기로 하여금 (그때) 일어나도 되는지 여는 것인데 그 창문을 말이다. *shall=**사발생 미래로서 허락, 권고** -- **등등**

Instead of 'asked', you can say like this :
/asks /has[had] asked /is[was] asking /would ask
(만약 'asks/is asking -- should' 로 표현하면 should=정생각 정과거
-- 과생각으로 전달되면 오전달이 되니 아예 기자는 shall로 선택한다.)

Tom이 실제로 나에게 한 말

: "You should see a specialist" : should=**현재 또는 미래 사발생 권고 -- 정생각**

들은 것을 직접전달

: "You should see a specialist," he told me.

Instead of 'told', you can say like this :
/tells /has[had] told /is[was] telling /would tell
/said[says] to /has[had] said to /is[was] saying to /would say to

들은 것을 간접전달

: He told me that I should see a specialist.

-- **사발생 동시점 과거미래**=즉 나로 하여금 (그때) 일어나는 게 좋겠다고,--- .

: 만약 현재에 유효하면 **사발생 정생각**으로 이해가능

Instead of 'told', you can say like this :
/tells /has[had] told /is[was] telling /would tell
/said[says] to /has[had] said to /is[was] saying to /would say to
(만약 'tells/says/is -ing -- should' 로 표현하면 should=정생각 정과거)

Tom이 실제로 나에게 한 말 : "Your sweater must be dry-cleaned."

-- must=현재 또는 미래 의무/필요성

들은 것을 직접전달

: Tom said to me, "Your sweater must be dry-cleaned."

Instead of 'said to', you can say like this :
/says to /has[had] said to /is[was] saying to /would say to
/tells /has[had] told /is[was] telling /would tell

들은 것을 간접전달

↗must=현과 동형이나 여기서는 과조동사

: Tom said to me that my sweater must[had] to be dry-cleaned.

-- **동시점 과거 의무/필요성**=(그때) 해야 한다고/필요성이 있다고 -- 이때 had도 동시점 시제이다. 단. 동시점 과거가 현재에 유효할 경우 현조동사 must 또는 has 가능

Instead of 'said to', you can say like this :
/says to /has[had] said to /is[was] saying to /would say to
/tells /has[had] told /is[was] telling /would tell
(단, 'says/tells/is -- must' 인 경우 must=현재 또는 미래 의무/필요성 -- 현조동사)

Tom이 실제로 나에게 한 말 : "The Korean War broke out in 1950."

-- broke=역사적 과거

들은 것을 직접전달

: Tom said to[=told] me, "The Korean War broke out in 1950."

들은 것을 간접전달

: Tom told[=said to] me that the Korean War broke out in 1950. -- **역사적 선과거**

역사적 선과거는 일반적으로 역사적 사실로서 먼저 일어난 일로 분명하기 때문에 과거형태 그대로 전달해도 오해가 없다. **일종의 관습적 English로서 StE이다.** 실제말이 과거사실이기 때문에 과거 event 소유로 표현해도 틀린 것은 아니나 그렇게 되면 아주 formal한 English가 된다[=**had broken**].

Instead of 'said to/told', you can say like this :
/says to /has[had] said to /is[was] saying to /would say to
/tells /has[had] told /is[was] telling /would tell
(만약 'says/tells/is -- broke' 로 표현하면 broke=단순과거로서 이전과거/과거사실)

의미과성립은 현재/미래/과거 속에서도 가능하다. 그래서 동시점 하생각으로 전달이 가능하다. ☞ p108 (if – 하생각 전달 /if – 래발생 현재 전달)

Tom이 실제로 한 말

: "I wish I were rich enough to buy the picture."

-- were=(현재 속에서의) 소망[소원] 의미과성립 : (현재) 이었으면 좋겠는데 -- -- .

들은 것을 직접전달 : He said, "I wish I were rich enough to buy the picture."

들은 것을 간접전달

: He said he wished he were rich enough to buy the picture.

-- wished=**동시점 과거 소망**=그 사람의 (말했을) 그때 소망은 --- : **하생각이 아님**

were=**동시점 의미과성립** -- 동시점 속에서의 소망[소원] 의미과성립

=말했는데 (그때) 자기 소망**으로** (그때) 이었으면 좋겠는데 하고 말이다.

-- 동시점 만큼 하생각 시제가 이동했다.

tip)구문법에서는 외관상 그대로 이니 시제는 가정법 과거와 가정법 과거완료는 변하지 않는다고 말하나 실질적으로는 하생각 시제는 변한 것이다.

Instead of 'said', you can say like this :
/says /has[had] said /is[was] saying /would say

(만약 'says/is -- wished' 로 표현하면 wished=단순과거, 즉 과거사실이 되어 거짓 전달이 되고 만다. 실제말은 현재 소망으로 말한 시점 이전상황이 아니다. 'I wish.' 만 전달한다고 생각하면 쉽게 이해가 될 것이다. 따라서 says/is saying으로 할 경우에는 'says/is -- wishes' 로 모두 설명현재로 전달하면 된다. 그래서 전달동사가 과거일 때는 현재소망은 과거 그때 현재소망이 되니 동시점 과거소망으로 전달하는 것이다.)

Tom이 실제로 Sally에게 한 말

: "It's very cold now. Are you going out?"

-- 두 문장도 한 문장 전달하는 것과 근본은 같다. 특히 전달동사 표현 방식도 같다.

들은 것을 직접전달 : Tom said to Sally, "It's very cold now. Are you going out?"

들은 것을 간접전달

: Tom told Sally that it was very cold then and asked if she was going out.

-- 전달내용에 맞게 전달동사를 선택하고, 두 문장을 적절한 접속사로 연결하면 된다.

피전달동사는 실제말이 현재사실이니 동시점 과거로 표현하면 된다.

시동=말했는데 그때 이다고 -- 그리고 물어봤는데 그때 인지 (나갈 것인지) 말이다.
[and asked=and he asked her] -- 물론 이때에도 전달동사를 다양하게 표현 가능

Tom이 실제로 Sally에게 한 말
: "Oh, how beautiful this dress is! How much do I pay you?"

들은 것을 직접전달
: Tom said to Sally, "Oh, how beautiful this dress is! How much do I pay you?"
들은 것을 간접전달
: Tom exclaimed at Sally with pleasure how beautiful the dress was and asked how much he paid her. [= -- the dress was very beautiful and asked ----.]
-- 전달동사는 감탄에 맞게, 묻는 말에 맞게 선택하고 적절한 접속사로 연결시킨다.
was와 paid=동시점 과거이지 선과거가 아니다. ∵ **실제말=현재사실**

and asked=and he asked her oh ⋯▸ with pleasure/delight
this=장소 이동후 전하는 것이면 그것으로 변하고, 그래서 the로 바뀌며 만약 that으로 하면 이때 that은 저것의 '저'가 아니라 그것의 '그'가 된다.
아무래도 오해를 없애기 위해 the로 표현하는 것이 best **전달**이다.
that은 이것, 저것으로 많이 쓰이기 때문이다.

A Quick Note
that이 '그-/그것'이라는 의미인 경우 :
this year ⋯▸ that year/the year this place ⋯▸ that place/the year
Thank you for that. The ears of a rabbit are longer than those of a cat.

Tom이 실제로 Sally에게 한 말
: "Don't make any noise. My baby is sleeping now."

들은 것을 직접전달
: Tom said to Sally, "Don't make any noise. My baby is sleeping now."
들은 것을 간접전달
: Tom told Sally not to make any noise, for his baby was sleeping then.
-- 명령문과 평서문의 전달동사는 실제말이 이유관계이면 하나로 통일 시킬 수 있다.

일반적으로, 명령문 간접 전달동사=tell, advise, order, invite, suggest, -- etc.
의문문 간접 전달동사=ask 기원문 간접 전달동사=pray, express the wish
감탄문 간접 전달동사=exclaim, sigh, -- etc.

Tom이 실제로 한 말 : "I am hungry, and I want something to eat."

들은 것을 직접전달

: He said, "I am hungry, and I want something to eat."

들은 것을 간접전달

: He said (that) he was hungry and that he wanted something to eat.

-- 평서문 직말은 that절로 말하면 간접말이 된다.

하지만 앞 that대신에 바로 문장을 써도 (said의 목적절로) 종속문장이라는 것을 바로 느낄 수 있지만 만약 'and 뒤 that' 은 써지 않으면 또하나의 독립된 문장으로 오해할 우려가 커 간접전달시 반드시 that을 말해 줘야 한다. but도 마찬가지이다.
하지만 for, so 등위 접속사 뒤에는 that을 써지 않는다. 이때는 목적어가 아니라 이유나 결과 관계이기 때문이다. 여기서 **was/wanted=동시점 과거이지 선과거가 아니다.** 즉 '이다고, 배가 고프다고/원한다' 고 말했다이지 '이었다고, 고팠다고/원했다' 고 말했다가 아니다. (과거사실이 아니라) 현재사실 전달이기 때문이다.

Tom이 실제로 나에게 한 말 : "She will succeed, for she works hard."

들은 것을 직접전달

: He said to me, "She will succeed, for she works hard."

들은 것을 간접전달

: He told me (that) she would succeed, for she worked hard. ('not' *for that*)

would/worked=동시점 과거미래/동시점 과거 : 그때 할 것이라고, -- 그 이유는
그때 일을 열심히 하고 있었기 때문이다 : 현재 유효할 경우=will/work 가능

plus] 1. 간접전달=that절 대신 다른 단어로 전달 가능. 아무튼 거짓말이 안되면 된다.
실제말 : "Flight BA 5531 arrived from New York,"
간접전달 : British Airways announced that flight BA 5531 had arrived from N.Y..
or British Airways announced the arrival of flight BA 5531 from N.Y..

2. that 대신 콤머사용도 가능 : She was worried, the parents said[=saying].
or The parents saying, she was worried. ※saying : 콤머 관계현분사

Tom이 실제로 나에게 한 말 : "When she comes in, go out."

들은 것을 직접전달 : He said to me, "When she comes in, go out."
들은 것을 간접전달
: He told me to go out, when she came in.
-- 명령에 맞게 전달동사를 선택하고 문맥을 적절히 만들면 된다.
*came=**동시점 과거**
-- 언제냐 하면 올 때인데 들어 올때[왔을 때인데 들어 왔을 때]

Tom이 실제로 나에게 한 말 : "Study very hard, and you'll succeed."

들은 것을 직접전달 : He said to me, "Study very hard, and you'll succeed."
들은 것을 간접전달
: He told me (that) if I studied/study very hard, I would/will succeed.
-- (동시점 속에서의) 미래 의미과성립
또는 (현재에 유효할 경우) 래발생 현재/현재미래로 전달 가능 tip)의미원성립도 가능

전자=말했는데 만약에 (그때 이후 앞으로) 공부를 했을 경우-- (그때에는) 하게 될 것이라고 말했다. **후자**=말했는데 (앞으로) 공부를 하게 되면 -- 할 것이라고 말했다.

or He told me to study very hard so that I would[could/might] succeed.
-- (동시점으로) would/could/might로 전달해도 거짓이 되지 않는다.
so that =목적/성립 -- 그렇게 되도록 즉 (내가 하도록/가능하도록/되도록)

A Quick Note

「**명령문** + and/or」에서 and=논리적 추가등맥으로서 '그러면',
or=논리적 선택등맥으로서 '그렇지 않으면' 이라는 뜻이므로
if-의미과성립 또는 if-래발생 현재
또는 so that /so that -- (not)으로 간접전달이 가능하다.

tip] 전달동사 위치는 문두, 문중, 문미도 가능하고,
comma와 period는 항상 글자 뒤에 찍힌다.
George said, "I don't smoke." Sue said (that) she felt sick.
"That man," I said, "never opened a window in his life."
He looked old, Harold said, and sick.
"I work 8 hours a day," Helen said. or "I work 8 hours a day," said Helen.

☞.. 이해는 (언어에 대한 basics를 알았디면) 최종적으로 단어의 최종적인 뜻인 감주로 이해한다.
↘그러면 영어말투가 형성되고 영어말투에 익숙해진다.

Plus-3 현동사와 for 관계

— for=해당사항으로서 해당기간, 해당 기간으로서
덩어리 기간(infml E) /전부터 어느 때까지의 기간(Standard WrE), 즉 기간계속 기간

후자일 때 과분사와 의율이 된다. 과분사에는 기간계속 event가 있기 때문이다. 그래서, 우리말 '동안' 이라는 말에는 덩어리 기간 또는 기간계속 기간, 두 가지 의미가 포함되어 있다.

1.. He is living with her in Seoul for 5 years. : **의율** infml E

□ is=**덩어리 동지속 현재** living=**덩어리 계속[지속] 진행** for=**덩어리 기간**

시동=그는 있어요, 살고 있어요, ---- 구시 5년 동안 말이다.

진행형의 덩어리 지속은 AmE이자 infml E이다. 기간계속 개념으로 표현하면 BrE 또는 WrE가 된다. 그래서, 영국 사람들이 쓴 책이나 TOEFL, TOEIC에서는 이런 표현을 틀렸다고 한다. WrE는 좋은 글, 정확한 글 입장에서 판단하기 때문이다. **특히, be동사의 동지속과 be동사의 진행 동일치는 다르다.** 그래서 전자 뜻일 때는 for와 의율이 되며, 여기에 for를 쓰면 **덩어리 동지속**이 된다.

□ WrE /TOEFL /TOEIC --> He has been living with her in Seoul for 5 years.

*has=**소유지속** been=**기간계속** living=**기간계속 진행** for=**기간계속 기간**

⇨ 기간계속은 그 전부터 해오고 있거나 해왔던 상황

시동 1=그는 가지고 있어요, 해오고 있는 것, 즉 쭉 살아 오고 있는 것을 그 여자와 함께 내소, 서울 내소에서 구시 5년동안 말이다 : **기간계속 진행의 계속**

뜻하는 의미=지금까지 살고 있어요

시동 2=그는 가지고 있어요, 해왔던 것, 즉 쭉 살아왔던 것을 그 여자와 함께 내소, 서울 내소에서 구시 5년 동안 말이다 : **기간계속 진행의 완료** **뜻하는 의미**=지금까지 살았어요

□ **Simple Statement [간단체]**

--> Living with her in Seoul for 5 years. 이럴 때 living은 덩어리 기간 계속 진행으로 판단해도 좋고[infml E], 그냥 기간계속 진행으로 판단해도 좋다[WrE].

'is/am/are' 또는 'has been' 이 전제 되었기 때문이다.

□ **for=해당구간으로서 '구간/해자 -- 까지'**

--> Danger! Highway 10 westbound is closed for the next 13 miles because of rock slides. Detour here for Route 20 through Pine Bluff, Whisper Falls and Albion.

우리말 **'살고 있다'** 는 말은 세 가지 뉘앙스가 숨어 있다. 계속[지속] 진행 뉘앙스, 기간 계속 진행 뉘앙스, 일반적 현재 뉘앙스이다. 그래서, 현재진행형, 현재완료 진행형, 현동사 영뇌를 작동시키면 된다.

ⅠⅢⅡ .. I <u>am living</u> in New York. I <u>have been living</u> in New York. I <u>live</u> in New York.
-- 가장 일반적인 표현이 현동사 영뇌이고, '<u>몇 년 동안</u> 살고 있다' 면 기간계속 진행 영뇌 [WrE]로 많이 작동시킨다.

cf] He <u>is living</u> in Busan, but he <u>lives</u> in Seoul.
-- 일반성이 진행형보다 현동사가 더 강하기 때문에 지금 살고 있는 곳은 부산이고, 현재 거주지는 서울이다는 의미도 된다. lives **시동**=살아요/살고 있어요.

ⅠⅢⅡ .. We were living with her for 5 years. : **의율** infml E
과동사=덩어리 동지속 과거[infml E] living=**덩어리 계속 진행** for=**덩어리 기간**
시동=있었다, 살고 있었다. --.

⇦ They <u>slept</u> for 5 hours. : **infml E/AmE** 하지만 영국에서는 완료형을 더 많이 사용
slept=**덩어리 과거** -- '잤다' 는 의미는 덩어리로서 일정기간 '잤다' 는 의미이다.
WrE --> They have[had] slept for 5 hours. slept=**기간계속** event

2.. **We are living with her for 5 years.** : **의율** infml E

▭ **현동사**=덩어리 래발생 현재로서 '있다', 즉 '있다' 로서 덩어리 미래
⇦ '또 있다' 할 때 '있다' 와 같다.

▭ **현분사**=덩어리 앞으로 진행의미 : -- 하기로 되어 있다/하기로 예정되어 있다
시동=있는 데 살기로 되어 있다. -- .
⇦ We will live with her for 3 months.
: **infml E[AmE]** ⇒ will live=덩어리 기간 미래: 앞으로 살 것이다

⇒ **WrE** : We will have <u>been living</u> with her <u>for</u> 5 years.
앞으로 가질 것이다. 있게 된 것, 즉 쭉 살게 된 것을 --- 구시 5년 동안 살게 된 것을 말이다 /앞으로 가질 것이다. 쭉 살아가는 것을 -- 말이다.
-- WrE**는** very formal**한 느낌이다.**
즉 너무 딱딱한 느낌을 주니 이럴 경우에는 오히려 infml E를 더 많이 사용한다.
(been=**기간계속** event -- **기간 계속을 그냥 '쭉' 으로 느껴도 좋다** living=event **진행**)

be동사 '있다'의 세 가지 IS영뇌 작동

□ **덩어리 동지속 또는 그냥 동지속으로서 '있다'** ⇐ 무언가 하고 있다로서 '있다'

□ **래발생 현재로서 '있다'** ⇐ 또 있다로서 '있다'

□ **시점 진행 동일치로서 '있다'** ⇐ 보니까 무언가 하고 있다로서 '있다'

그래서 **S영뇌 작동시** 상황이 달리 보여야 하고, **I영뇌 작동시** 이해가 다르게 스쳐가야 한다.

3.. Somone watches me for one minute! : **의율** infml E

□ **덩어리 동일치 현재** **시동**=주시해요 /주시하고 있어요.

WrE : Somone has been watching me for one minute!

시동=하고 있어요! (즉 해오고 있는 데) 쭉 주시해오고 있어요!

have=소유로서 하는 것 : **동일치 현재** ⟫ 하지만 infml E를 더 많이 사용

4.. a.. We bake the cake for 40 minutes. : **의율** infml E 〉 WrE : We have baked --- .

□ **덩어리 설명현재** **시동**=구워요 /가져요, 굽는 것인데 : pp=일반적 설명 event

[b: burn 눋 듯이 익히는 것 or k: 굽는 것 no 'd' 설명현재]

b.. U.S. marks five years since terror attacks.

□ **덩어리 설명현재** **시동**=기념하고 있어요, 5년을 --- . [=for five years]

5.. a.. He runs marathon everyday for a year.

: **의율** infml E 〉 WrE : He has run --- . **시동**=달려요 /가져요, 달리는 것인데 --- .

□ **덩어리 일반적 현재** -- 매일 일년 동안 그렇게 한다는 말

b.. We go for weeks without talking and seeing.

He plays games for 3 hours a day. [=3 hours]

□ **덩어리 일반적 생활** -- 지내는 데 여러 주 동안 그렇게 일반적으로 지낸다는 말

/구시 3시간 동안 날마다[3시간씩 날마다]

c.. How long does it take by plane?

□ **덩어리 일반적 현재 -- 일반적으로 걸리는 덩어리 시간**

*how long=for와 같이 덩어리 기간 또는 기간계속 기간

6.. a.. He stays in Australia for up to 12 months. : **의율** infml E

□ **덩어리 상지속으로서 덩어리 상태현재**

-- 머물고 있어요, -- 구시 정말로 까지 12달 까지 말이다. up=강조로서 정말로

b.. The food is cold for 10 hours. : **의율** infml E

시동=있어요, 차게 구시(區時) 10시간 동안 말이다. **기간계속의 계속**

〉 **WrE** : has stayed/has been 시동=가지고 있어요, 머물어 오고 있는 것/있어 오고 있는 것 -- .

7.. Unionists use force for 3 hours.

: **의율** infml E 〈 **WrE** : have used 가졌어요,사용한 것을 말이다 ·))) 이럴 경우 WrE를 더 많이 사용

▭ **덩어리 발생현재** -- 사용했어요. 구시 3시간 동안 말이다.

***구시**=구간 시간으로서 구시 have=발생현재

⇦ They slept for 5 hours. -- 덩어리 기간 과거와 의율이 되는 원리와 같다.

8.. We live with her for 3 months. : **의율** infml E 〉 **WrE** : will have been living

▭ **덩어리 래발생현재** -- 살게 된다.

⇦ 덩어리기간 미래와 의율이 되는 원리와 같다 : We will live with her for 3 months.

vs We has lived with her for 5 years.

-- 가지고 있어요. 살아 온 것[(전부터 하여 지금까지) 산 것/살아 왔던 것]을 동체 -- 함께 구시 -- .

cf] since=**덩어리 기간**[infml] /**기간계속 기간** ⇒ 이래로 쭉/이래로 계속해서

- We met [infml] /have met [WrE] since 2010.
  vs We have met from 2010. (from=**시작시점** ⇒ 시작[시점]이 -- 이다/부터)
- It has been/is 10 years since we met.
  (여기서는 오히려 has been=US is=UK -- infml E)
- Since then tensions surfaced between them. (infml E)
  : -- 수면 위로 떠 올라 있었다/올랐다.

tip] infml E이든 WrE이든 더 많이 사용하는 게 **Standard English[StE]가 된다.**

WrE가 반드시 StE가 되는 것은 아니다. infml E도 StE가 될 수 있다. 관습적 English가 되기 때문이다.

Plus-4 발생현재와 과거상황에 대한 설명현재는 엄밀히 따지면 과거상황이므로 기준시점 이전상황인 before 또는 yesterday와 의율 가능

IIIII .. House approves a day before/yesterday. : infml/SpE **표현**

시동=하원은 승인했어요, 예정일자보다 하루전에/어제 말이다. before **기준시점**=deadline (day)

⇨ **House has approved a day before.** : **Standard Written English**

과분사는 기준시점 이전상황이므로 before와 함께 쓰면, **WrE가 된다.**

vs House approved a day before. -- 예정 하루전으로서 예정일자가 오늘이 될 수도 있다. 유의하라. (↳즉 기준시점)

tip]과동사에 무조건 ago만 쓴다고 외우지 말라.

우리말 '하루 전' =기준시점 이전으로서 '예정 하루전' / 오늘 이전으로서 그냥 '하루 전'

후자의 경우 분명한 오늘 이전이니 ago를 쓴다 ⇒ **과동사와 의율**

: House approved a day ago. ☞ more : **영뇌영어 vol 2 p385**

plus] a week before (예정) 일주전 vs last week (지난 주)

☞.. 이해는 (언어에 대한 basics를 알았디면) 최종적으로 단어의 최종적인 뜻인 감주로 이해한다.

Plus-5 타동사의 발전 English

언어는 나날이 발전한다. 하나만 표현하면 단조롭고 지루하기 때문이다. 그래서 타동사에게도 전치사를 붙이기 시작했다. 이럴 때 **전치사 뉘앙스 만큼** 차이가 나나 결국 전달하는 결과가 같은 경우가 있다. 이런 타동사 의군을 우리는 **함께동사**라 한다.

주의)1. 그 차이만큼 IS가 달리 작동해야 한다. 2. 함께동사라도 많이 쓰면=StE 덜 쓰면= infml E가 된다.

IIIII.. Life is life, and fight for it.

시동=그래서, 싸워라. 즉/해대/해자 그것과 말이다.

≒ Life is life, and fight it. for=해당대상으로서 즉/해대(該對)/해자

vs Fight for the heavyweight title.

↳ **타동사 직대 전제** 시동=위해서/즉[해대/해자] -- 을 (얻기) 위해서

↳for=해당목적과 그 대상

▭ **타동사**=동사의 대상을 바로 취하는 것

▭ **타동사+전치사로서 함께동사 -- 특히 이런 전치사를 함께동사 전치사라 함**

=동사의 대상은 전치사, 전치사의 대상은 바로 뒷말로 하여 동사의 대상과 전치사의 대상이 결국 같은 경우, 즉 동사의 목적어와 전치사의 목적어가 같은 경우

↱**주의**]함께동사가 아니면 구자/구소가 된다 : **인수대상이 아닌 인수장소를 뜻함**

1.. Hiddink takes over at Russian Club.

시동=취해서 넘겨 받았는데[인수했는데] 즉/직체/직자 -- 을 말이다.

*at=구역일치, 즉 바로 대상으로서 즉/직체/직자 takes=발생현재 over=전치사 부사

≒Hiddink takes over Russian Club.

시동=취해서 넘겨 받았는데[인수했는데] -- 을 말이다.

: Looking at me. **시동**=살펴보고 있다. 즉/바로 나를 말이다. -- **타동사**

≒Looking me. **시동**=살펴보고 있다, 즉 나를 말이다

vs Looking at me. 쳐다보고 있다 -- **자동사**

2.. Korean lawmaker visited to an island.

시동=방문했는데 대처(對處)/대자 (어떤 섬을 말이다)

≒ Korean lawmaker visited an island.

시동=방문했는 데 어떤 섬을 말이다. *Korean lawmaker=(**관사전제**) infml E

3.. Abby, thank you for giving me this opportunity to let people know about that issue.

시동=이런 기회, 즉 하게하는 기회인데 사람들로 하여금 알게 하는 기회, 관련해서 그 문제와 관련해서 말이다.

≒Abby, thank you for giving me this opportunity to let people know that issue.

시동=이런 기회, 즉 하게하는 기회인데 사람들로 하여금 알게 하는 기회, 그 문제를 말이다.

: a.. I know about it. ≒ I know it *about=변관으로서 관련내용/변관 대상으로서 변자

b.. Read about the story. ≒ Read the story.

시동=읽어라. 변관/변자, 그 이야기에 관한 것을 말이다 ≒ --- , 그 이야기를 말이다.

c.. We're talking about quantity, not quality.

≒ We're talking quantity, not quality.

d.. Forget about it. ≒ Forget it. Think about it. ≒ Think it.

4.. Leaving from the main gate.

시동=떠나고 있다. 기처/기자 정문으로부터 말이다. *from=출처장소로서 기처/그 대상으로서 기자

≒Leaving the main gate. 시동=떠나고 있어요, 정문을 말이다.

*Leaving=(주동 전제) infml E : He is/They are --- etc.

5.. I will kill for the man.

시동=할 것이다. 죽이는 것인데, 즉/해대/해자 그 남자를 말이다.

≒I will kill the man. 시동=할 것이다. 죽이는 것인데, 그 남자를 말이다.

*for=해당대상으로서 즉/해대/해자

: a.. Volunteers prepare for food. ≒ Volunteers prepare food.

cf] N.K. readies for Brazil.

시동=준비하고 있는 데 즉 브라질과의 대전을 말이다.

prepare =미리 준비하는 것 [pre: before]

vs ready=할려고 준비하는 것[d: do y: 준비자세]

b.. We're not seeking revenge, but for justice.

시동=모색하고 있지 않는데 복수는 모색하고 있지 않아요, 하지만 즉/해대 정의는 모색하고 있어요.

-- 하나는 바로 대상으로, 다른 하나는 전치사 대상으로 말하고 있다.

c.. Wait for dinner for him. ≒ Wait dinner for him.

시동=기다려라. 해대 정찬을, 해자 그 사람을 위해서 말이다.

⇛ 사람일 때는 for로 비사람일 때는 optional이다.

: We waited for the sun. Wait your turn.

6.. Count of three. 시동=세어라, 즉 셋을 말이다. ≒ Count three. 시동=세어라, 셋을 말이다.

*of=동격대상으로서 즉 -- 동격목적=타동사 목적어와 전치사 목적어가 같다는 것

: a.. Thinking of you. ≒Thinking you.

b.. He thought of Skip everyday. ≒ He thought Skip everyday. *Skip=name of a dog

c.. US knew in '98 of plan to fly plane into towers. *plane=(지정사 전제) infml E

≒ US knew plan to fly plane into towers in '98.

d.. Buddhist monk: I need of nothing. ≒ Buddhist monk: I need nothing.

cf] be 동사의 발전 English : 동질과 동격끼리 의율

||||| .. UN chief : Time is of the essence.

시동=유엔 사무총장[수장] 말은 시간이 즉 정말로 중요하다는 것이다.

≒ Time is the essence. 시동=시간이 정말로 중요해요.

cf] of=동격 대상으로서 즉 -- 에게

||||| .. LPGA says English will be required of its players.

시동=앞으로 될 것이다. 필수요건으로 즉 LPGA 선수들에게 말이다.

7.. Listen to me. 시동=귀기울이세요, 즉/대자 나에게 말이다. *to=방향대상으로서 즉/대자

≒ Listen me. 시동=귀기울이세요, 나에게/내 말에 말이다.

*내 말에서 '말' =대명사 associate로서 단어 associate

8.. In spite of recent corporate scandals, and job cuts, workers still believe in CEO's.

시동=여전히 믿음을 주고 있다. CEO들에게 말이다.

≒ -----, workers still believe CEO's.

시동=여전히 믿고 있다. CEO들을 말이다. *in=불어[내로 집어] 넣는 것으로서 주는 것

9.. Eating into our savings.

시동=갉아 먹어 들어가고 있다 ≒ Eating our savings. 시동=갉아 먹고 있다.

10.. I can hear in your voice.

시동=할 수 있어요, 들려 들어오는 것인데 너의 목소리가 말이다.

≒I can hear your voice. 시동=가능해요, 듣는 것인데 너의 목소리를 말이다.

11.. Open to the page you want.

시동=열어라, 즉/대자 그 페이지를, 즉 여러분들이 원하는 그 페이지를 말이다.

*to=방향대상으로서 즉/대자 you want=관계문장

≒ Open the page you want. 시동=열어라, 그 페이지, 즉 ----. *즉=문맥 associate

: Oil turned to gold.
시동=변했는데 즉/대자 금으로 변했다. -- **금값으로 번역하면 '값'** = associate
≒ Oil turned gold. **시동**=변화하고 말았다, 금(값)으로 말이다.

12.. **Israeli PM called for special cabinet meeting.**
시동=목소리를 냈다[요구했다], 하자고 특별 내각 회의를 하자고 말이다. /해자[해대]
/해자[해대] 특별 내각 회의를 (하자고) 말이다. ＊for=해당목적과 그 대상으로서 하자고
≒ Israeli PM called special cabinet meeting. ⇒ call=목소리를 내는 것으로서 요구하는 것
plus] People **called for** him to leave. 요구했다 ＊for=해당대상으로서 즉/해자
Trump calls bank executives **for their thoughts** on recession warning.

plus] People hailed democracy.
⇒ hail=불러대는 것으로서 강하게 요구하는 것

tip)사전에서 동사가 이런 전치사 또는 전부와 함께 보통 쓰인다는 말은 그 뜻을 무시하고 동사의 미만 이해해서는 안된다. 관사나 복수처럼 그 뜻도 따져봐야 한다.
overdose=to take too much of a drug or medicine -- usually +on
: She overdosed on tranquilizers and fell into a coma.
on=**상작동으로서 계속** -- 과용했는데 계속 그렇게 했다는 것

cf] UN secretary general Ban Ki Moon called on all members.
시동=목소리를 냈다[요구했다]. (하라고 모든 회원국들에게 하라고 말이다).

call=목소리를 내는 것으로서 요구하는 것[부르는 것]
/가서 부르는 것[불러 방문하는 것]으로서 호방문하는 것
on=상작동으로서 하라는 것 /상작동으로서 실시 /상표면으로서 상소 /상소에 있는 것으로 방문하는 것
: Pope **called on** churches to renew. 목소리를 냈다[요구했다]. 하라고 -- 대동/즉 새롭게 하라고 말이다..
[=Catholic churches ⇐ 주체 helper cf] Christian churches]
↗또는 (상소에) 미치는 대상으로서 상자
Pope **called on** churches. 목소리를 냈다[요구했다]. 하라고 교회들에게 하라고[상자 교회에게] 말이다.
cf]I hear on me. 들렸는데 상자/상소 나에게 말이다.[=I hear. 들렸어요]

Give up on Pyungyang. 주고 손드는 것/주되 완전히 주는 것[즉 포기하는 것]을 실시하라.
I called (in) on him yesterday. 불러서[불러 들어가] 방문했다.
cf] call in products/loan **불러 들이는 것**
vs I called at her house. 불러 방문했다. (at=구처에 있는 것으로서 방문하는 것)
cf]He called a meeting/witness. : 부르는 것으로서 소집[소환]하는 것

cf] He called out to passersby for help. 목소리를 밖으로 내뱉는 것 ⇒ (목)소리를 크게 지르는 것

Trump : He calls out KKK, Neo-Nazis, and supremacists.

cf] **타동사 + 전치사부사** : 전치사 부사 함께동사 ⇒ 함께동사 전부

||||| .. US killed on Osama bin Laden. [=killed]   Capitalize on it. [=Capitalize]

시동=미국은 죽이는 일을 수행했다. --에게 말이다. /자본화 시켜라. 그것을 말이다.

*on=상작동으로서 수행/실시

cf] **뜻의 차이가 있는 것** : 함께동사가 아닌 것

||||| .. Early season beachgoers enjoy at Bethany Beach.

시동=즐기는 데 구처 Bethany Beach에서 즐기고 있다.

vs Early season beachgoers enjoy Bethany Beach.

시동=즐기는 데 -- 를 즐기고 있다.

vs Vote for me.   시동=투표하되 찬성표를 나에게 말이다 : **함께동사 전치사**

=Vote me.   cf]I will vote yes/no.

시동=투표하라. 나에게 말이다 : 나에게 투표하는 것으로서 찬성표이다.

cf] Crimea has voted to become a part of Russia.

*voted=가결/표결/의결한 것 -- 사실 event

걸친시제와 한 시제 — 시제의미에는 걸친 시제와 한 시제가 있다.

한 문장에서 동사가 한개이든 두개이든 세개이든 네개이든 모든 동사는 자기 시제의미를 갖고 있다. 그 시제의미를 알아야 IS가 쉽게 작동한다. 일반적으로 **능동 event와 쭉 진행**에서 걸친 시제가 발생하고 그 외는 한 시제가 발생한다. **cf]비시제의미=시제의 제한성이 없다**

▭ **과현 속에서의 event= 과현 계속 event**

▭ **현미 속에서의 event= 현미 계속 event**   ▭ **과미 속에서의 event= 과미 계속 event**

cf]과과 속에서의 event= 과거 이전[대과거/선과거]부터 과거 까지로 여전히 과거 속이니 걸친 시제가 아니라 일종의 한 시제이다.

▭ **과현 속에서의 쭉 진행= 과현 쭉 진행**

▭ **현미 속에서의 쭉 진행= 현미 쭉 진행**   ▭ **과미 속에서의 쭉 진행= 과미 쭉 진행**

이렇게 pp와 ing는 걸친 시제의미가 있으므로
걸친 시제의미로 표현하고 싶으면 완료형과 완료 진행형으로 표현하면 된다.

tip)영어는 걸친 시제이든 한 시제이든 동사사실의미/자동의미처럼 모든 동사상황에 맞는 해당 단어들이 있다. 그 단어를 찾아라. 찾는 게 바로 해당단어 의미이다. 언어를 처음 만들 당시 이렇게 만들어 놓았기 때문이다.

Plus-6 자타동사 IS영뇌 쉽게 작동시키기 :

tip) 원어민들도 형식동사로 알고 있지 않다.
그냥 자동사와 타동사 개념만 잘 알고
기/설로 뜻 관계만 잘 알면 된다.

||||| 동사=자동사/타동사

전자=영향을 미치지 않는 동사, 그래서, 목적어[대상어]가 없는 동사

후자=대상[직/간접 대상], 내용, 결과, 수단, 동반 -- 등으로 목적어에 영향을 미치는 동사

대부분의 동사는 자동사와 타동사 의미, 모두 다 되는 경우가 많은 데 전자는 영향을 미치지 않게 자동의미로 시동을 걸고, 후자는 영향을 미치게 타동의미로 시동을 걸면 된다.

즉 **자동사 일때**는 영향을 미치지 않게 "-- 되다/지다/스스로 하다"로 자동으로 이루어지는 의미로 시동을 걸면 되고, **타동사 일때**는 직물로, 간물로, 내용물로, 결과물로, 수단물로, 동반물로 영향을 미치게 시동을 걸면 된다.

↗우리말 '되다/지다' =자동의미/피동의미

ex]자동사 : Oil crushed. 기름값이 (자기 스스로) 꾹 눌러져 부서졌다. 즉 폭삭 내려 앉았다는 말이다.

Dow sells off more than 700 points. 다우는 (주식이) 팔려나가면서 떨어졌는데 이상 차자 -- 이상

↘ **동사** associate, **즉 단어** associate

||||| 자동사=완전자동사/불완전자동사

전자=영향을 미치지 않는 동사로서 보어를 필요로 하지 않는 동사 -- **1형식 동사**

후자=영향을 미치지 않는 동사로서 보어를 필요로 하는 동사 -- **2형식 동사**

||||| 타동사=완전타동사/불완전타동사

전자=영향을 미치는 동사로서 보어를 필요로 하지 않는 동사 -- **3형식/4형식 동사**

후자=영향을 미치는 동사로서 보어를 필요로 하는 동사 -- **5형식 동사**

||||| 목적어 종류=대상물[직물/간물], 내용물, 결과물, 수단물, 동반물 ⇨ 그냥 기/설로 간단히 처리

-- 영뇌에서는 목적어를 한뇌, 즉 한글구조로 '을/를' 로만 생각하면 안 된다. ↘목적어도 기/설, 즉 뜻 관계로 저절로 결정됨
↘그리하여 단어의 최종적인 뜻인 감주로 이해함

a.. He gave Vera a generous discount. **간물** (에게) /**직물**

North Korea is funding its threats. **간물** (에)

-- 자금을 대고 있는데 자기네들이 여러가지로 위협하는 일에 말이다.

He married her. **직물** --그 여자와 말이다. I got me some intelligence. **간물** (내가)

He fed lines to a person. **직물** -- 불러 주었는데 대사를 대자 어떤 사람에게 말이다

He fed a person with hope. **간물** -- 에게 격려해 주었는데 동자 희망을 가지고서 말이다

b.. Mike planted the garden. 정원에 -- **간물 or 명사부사**

He eagled the 8th hole. **간물 or 명사부사** 8번 홀에서

c.. You burnt a hole in my skirt. **결과물** -- 태워서 구멍을 냈구먼 /구멍이 생겼구먼 -- .

d.. Clinton said that it' s dangerous. **내용물** -- 하다고 말이다.

e.. He lives a lie. He points a shotgun. He hit his fingers.

수단물 -- 거짓말로 /사격총으로 /자기 손가락으로

f.. He is walking his dog. **동반물** -- 데리고 걷고 있는데 자기 개를 말이다
/걷고 있는데 자기 개를 데리고 말이다.

cf]Hidden Object(숨겨진 목적어), 즉 단어 associate : Inspiring lifestyle today.

무언가 힘을 불어 넣는 것, 라이프 스타일에 오늘 말이다. ＊lifestyle=간물

↗ 문장 오형식과 기능은 학문적 접근이고, 기/설은 그냥 생활 속에서의 뜻으로 뜻관계이다.

IIIII **기/설 영뇌 -- 오형식 중독에서 벗어나라.** 우리도 우리말을 익힐때 그냥 뜻으로 익히지 오형식과 기능으로 익히지 않는다.

반드시 동사를 기능으로 문장 오형식처럼 표현하지 않아도 된다. 특히 1형식 동사, 2형식 동사 -- 하면서 외울 필요도 없다. 그냥 기/설 관계, 즉 뜻 관계로 이해하면 된다. 보조어도 마찬가지이다. 기/설은 영맥을 파악하기에 유용하고 최종적으로 이해는 단어의 최종적인 뜻인 감주로 이해한다.

a.. My muscles ache from shoveling snow. b.. Frank is. or Frank is here.

c.. My sister enjoyed. or My sister enjoyed a great deal.
or My sister enjoyed the play.

d.. The firm gave. or The firm gave a lot. or The firm gave Sam.
시동=주었는데 샘에게 말이다[간물] /넘겼는데 샘을 말이다[직물]
or The firm gave a watch. or The firm gave Sam a watch.

e.. They made. or They made bigger. or They made Sam. ↗ 불필요한 상태로서 불필요한 것
시동=만들었어요[즉, 낳았어요], 샘을 말이다. or They made Sam redundant[chairman].

4. 일반과분사 영뇌[GPP NB]란 :

무한글 이해, 즉 IS두뇌로 HB동사/명사(대명사)를 event 또는 그 확장의미로 그냥 서술적으로 설명해 나가는 뇌 또는 명사/대명사를 먼저 말해 놓고 바로 event 또는 그 확장의미로 그냥 서술적으로 설명해 나가는 뇌[free 영뇌/infml E]
요컨데, 비연결설명어

또는 event 또는 그 확장의미로 먼저 말하는 뇌[free 영뇌/infml E] 요컨데, 기본어

▭ **과분사 BNW**=event ∴ **일반과분사 BNW**=그냥 능동/피동/자동 event
vs **관계과분사 BNW**=피동/자동 event로서 제한적/비제한적 연결의미

▭ **과분사**=event로서 능동의미 /피동의미 /자동의미,
즉 능동 event 또는 피동/자동 event와 EM

▭ **일반과분사**=능동/피동/자동 의미, 즉 능동 event 또는 피동/자동 event와 EM — **비연결설명어**
(피동 event ···› 피동동작 자동 event ···› 자동동작으로 확장)
vs 관계과분사=피동의미와 자동의미, 즉 피동/자동 event와 EM — **연결설명어**

피동/자동 event로서 확장 event

↗과분사=원동사 + ed=본동사 의미 + event

tip)일반과분사도 event이기 때문에 또는 본동사 의미가 들어있기 때문에 현재/과거/미래 속에 들어갈 수 있고, 특히 본동사 의미가 들어 있기 때문에 현과미 속에서의 event 또는 일설 event가 된다.

※HB 동사=have/be 동사 : 일반과분사와 일반현분사는 본동사가 아니다. HB 동사를 설명해 나가기 때문이다.

tip)관계과분사=관계를 짓는 과분사 일반과분사=그냥 과분사

.. 감주로 자꾸 말하면 뒷말과 말하는게 굳어진다. 한뇌로 거꾸로 이해하는 버릇때문에 "감주습관"이 필요하다.

1) 일반과분사 영뇌[GPP NB]

무한글 이해, 즉 IS두뇌로 HB동사/명사(대명사)를 event 또는 그 확장의미로 그냥 서술적으로 설명해 나가는 뇌 또는 명사(대명사)를 먼저 말해 놓고 바로 event 또는 그 확장의미로 그냥 서술적으로 설명해 나가는 뇌**[free 영뇌/infml E]** 요컨데, 비연결설명어 또는 event 또는 그 확장의미로 먼저 말하는 뇌**[free 영뇌/infml E]** 요컨데, 기본어

① have 동사를 능동 event로 설명해 나가는 뇌

A.. I have /mailed /the letter. (or I have /mailed the letter.)

영뇌=기→ 설→ 설′ : BEis–Os

or I + I + I : I–Os or S + S + S : S–Os

↘ .. **major 감주=** I -- mailed -- letter.

How to Read[Speak]

=Ihave mailedthe letter. 〉 Ihave mailed theletter.

: BEis/IS로 되어 있는 것을 감각적 주파수로 이해한다.

구슬이 서말이라도 꿰어야 보배다.

small tip)통역[해석]은 감주로 먼저 이해가 된 후 일어나는 부산물이다. 이해의 근본방법이 아니다.

시동= vocal 감각적 주파수로 ↳주의]영뇌 상급자가 되면 IS로부터 해석이 나오지 해석으로부터 IS가 나오지 않는다.

(자동 설가가 될 때까지) F3+E2 강하게 말하기

→주동으로 개략적으로 말하고, event로 구체적으로 설명해 나가는 뇌 : BEis–Os

(메일드어/메일더=slide F : th폐쇄와 비합성/합성 감주 또는 메일더=slide F : 유성음 매치음가 폐쇄, 즉 ed 폐쇄

레터/레러=slide F : t단타 or 메일드=slide F : ed 유성음 매치 더레터/더레러=cramp F : t단타=r or d

ex] tartar=타–더=retro–root F) ※mailedthe letter=단감주+단주 ⇒ p562

↱ 과거 속에서의 event
과분사 영뇌 : 부친 것이 있어요.
↱ 과동사 영뇌 : 부쳤어요.

.. **영어는 영어 이해흐름대로 이해돼야 진짜 영어다.**

.. **我必 Free 감주 간직하기**=Have mailed the letter. or Mailed the letter.

시동=나는 가지고 있어요[나에게 있어요], (우편으로) 부친 것인데 그 서신을 말이다.

[=posted : BrE] ↳부친 event, 즉 가지고 있는데 부친 event를 가지고 있다는 것

영뇌시동

현동사 have=소유현재 -- s동사 **mailed**(AmE)=능동 event로서 사실 event

[mail + ed 었던 것〉 했던 것으로서 event 음가 or (e: 조율음) d: done]

말=MAiled=slide 주파수 **a**=e: 알파벳음가 ei중 e : i는 뒷 i **음가** 때문에 폐쇄 **나온다.**

↗**Ekbe 시동은 처음에는 이해수단이 되지만, 나중에는 영어자체 (무한글) 이해느낌으로부터 Ekbe가**

시동종류=원애시동 /vocal음 /Free 영뇌 /F3+E2 /일상적인 생활 /Ekbe /†SIUM 말하기 **/무한글** /BNW or 비한글 BNW /BAM /BEis영뇌 /G토씨 /connotation /영뇌기본자세 /패턴 /associate

— 실력이 늘면 (감주로 이해되는 것 속에서) 안되는 것만 시동을 건다.

··))) **letter 뒤에 전치사 영뇌를 추가하면 :**

A- E -1.. I have /mailed /the letter /to John.

영뇌=기-->설-->설′-->설″ : BEis-Os 시동=나는 가지고 있어요, (우편으로) 부친 것인데 그 서신을 대자 존에게 말이다.

··))) **the letter 대신 부정관사와 명사 영뇌를 작동시키면 :**

A- E -2.. I have /mailed /a parcel. =기-->설-->설′ : BEis-Os

시동=나는 가지고 있어요, (우편으로) 부친 것인데 어떤 소포 하나를 말이다.

나는 부쳤는데 그 서신을 부쳤다 : **여전히 한글모습으로 이해**

주의]have 의미를 빼먹으면 영뇌가 아니다 : Ekbe=완전한 직독직해

A.. I have mailed the letter.

그 편지는 내가 했던 것, 즉 부쳤던 것(이다).
/그 편지를 나는 했는데 부쳤다.

Free 감주로 이해/간직 하기 ⇨ I have. /Have mailed. /Mailed the letter. /Have mailed the letter. /The letter I have mailed. (**관계문장/서술문장**) /-- etc.

··))) I have. 나는 가지고 있어요. Have mailed. 가지고 있는 데 부친 사실을 가지고 있다.
Have mailed the letter. 가지고 있어요, 부친 것인데, 그 서신을 말이다 (**기의미성립 능동** event)
tip) **또다른** free **영뇌**=가지고 있어요, 부치는 일인데 그 편지를 말이다. ※have=가지는 것으로서 하는 것
(**일반적 또는 일반적 설명 (능동)** event ☞p130 〉 F..)

<u>Mailed</u> the letter. 부친 것인데 그 편지를 말이다 : **일반과분사** free **영뇌**
tip) **또다른** free **영뇌**=부쳤는 데 그 편지를 말이다 : **과동사** free **영뇌**

B.. She had /been /a vegetarian /for ten years.

영뇌=기→ 설→ 설′→ 설″ : BEis-Os

How to Read[Speak]=Shehad <u>beena</u> vegetarian forten years.
: 먼저 (생활 속에서의 뜻이 용해된) 감각적 주파수로 이해한다.
시동= vocal **감각적 주파수로**
(**자동 설가가 될 때까지**) F3+E2 **강하게 말하기**

(쉬**해**ㄷ=cramp F or 쉬-해ㄷ=line 점형 F + slide F 비-너=retro-root F : 합성감주 vs 비합성 감주 : 포-ㅓ[포ㅇ]테ㄴ =line 점형 F[내성음 slide F] + post 점형 F /퍼-**테**ㄴ=up-slide F : '퍼-' 로 앞으로 밀어주면서 올라간다.
베짙**테**어리언=뒤가 높은, 즉 후음고음 double slide/dragon F) | **Free 감주 간직하기**

↗있어 왔던 것 [해왔던 것/생활해 왔던 것]이 있어요[있었어요].

.. 我必 Free 감주 간직하기=Been a vegetarian for ten years.

있었다는 것

↗ **해왔던** event, **즉 가지고 있었는데 해왔던** event**를 가지고**

시동=그 여자는 가지고 있었어요[에게 있었어요], 해왔던 것인데 채식주의자로 구시, 10년 동안

more) ˋbeen a **free 감주**=있어왔던 것인데 어떤 한 사람으로 있어왔던 것

.. Ekbe 시동[영어본래의미] 또는 감주로 이해되어야 영어승차감이 나온다.

말이다. / --- 있어 왔던 것 [생활해 왔던 것]인데 --- . tip) 여기서 'been' =동동사

↘여기서는 과과 속에서의 event

↘이전과거부터 (그때) 과거까지

*구시(區時)

과동사 had=실제과거로서 단순과거

been=능동 event로서 (기간) 계속 event

: 있어 왔던 것으로서 해왔던 것/생활해 왔던 것

[be 있는 것 + en (언 〉었던 것 〉했던 것 〉해왔던 것) : event 음가 or en: done]

⋯› en : '언' 하면 소리에서 '일어난 것, 즉 event' 가 느껴짐

말=BEEn=비-ㄴ[비인]/비ㄴ=line점형/post점형 주파수 인=장음내성음 e/e: **알파벳음가**

tip)have=가지는 것으로서 하는 것 : It's become a daily ritual. 그렇게 하는 것은 되었는데

실행 event↙ 일상적으로 하는 의례적인 일이 되었다.

C.. You will /have /read /at least one of his English books. ↘Have a shower.

가져라/하라

영뇌=기→ 설→ 설′ → 설″ : BEis-Os

↗고난도 감주

How to Read[Speak]=Youwill havereadat leastoneofhis Englishbooks.

: 먼저 감각적 주파수로 이해한다. 그러면 저절로 의음/의자가 된다.

시동= vocal 감각적 주파수로 ↗**그러면 영어말투가 형성되고 영어말투에 익숙해진다.**

(의음/의자가 될 때까지) F3+E2 강하게 말하기 | Free 감주 간직하기

(해브레드애ㅌ[애트]=slide F + check mark F[=slide F + dot 점형 F /little slide F])

.. 我必 Free 감주 간직하기=Will have read at least one English book.

시동=너는 할 것이다. 갖는 것인데 읽은 것을 갖는 것인데 즉 적어도 한 권 정도를 그 사람의 영어책 중에서 말이다. /할 것이다. 즉 가질 것이다. 읽은 것을 --- .

/앞으로 가질 것이다[있을 것이다]. 읽은 것인데 즉 적어도 한 권 쯤은 --- .

↘ **영어는 항상 어느 부분을 보더라도 free 영뇌, 특히 free 감주로 이해되어야 한다.**

of=동격크기로서 정도/쯤은 -- 중에서 ↗read=미래 속에서의 (기의미성립) event

□ **미래 완료의미일 경우 미래 어느 시점에 읽은 사실을 소유**

[≠will read **시동**=할 것이다. 읽는 것을 말이다 /앞으로 읽을 것이다.]

□ **현조동사 will=주체래발생 -- s동사 원동사 have=미래 속에서의 본동사 의미**

비한글 BNW로 시동

=그냥, will에서 주체래발생을, have에서 미래 속에서의 본동사 의미를, read에서 사실 event를 느낀다. 즉 그것들만 느껴도 의미가 스쳐가는 게 **비한글 BNW 시동**이다.

☞.. **시동으로 (영어) 글자/말 자체에서 뜻이 보이거나 상황이 (머리 속에서) 보이면 된다 : IS 영뇌**

read=능동 event로서 사실 event
[r: run 읽어가는 흐름 + ead〉ed (었던 것〉 했던 것 : (능동) event 음가 or d: done]
cf] ead〉ed '얻〉었' 으로서 과음가 : 과동사
말=REAd=slide 주파수 ea=ea 〉e: **e지배음가=철자음가**

D.. He has /been training /700 horses /for ten years.
영뇌=기→ 설→ 설′→ 설″ : BEis-Os

How to Read[Speak]=Hehas beentraining 700 horsesfor tenyears.
: 먼저 감각적 주파수로 이해한다.
(한 단어처럼) 뒷말과 말하는 느낌 때문에 저절로 이해가 발생한다.
시동= vocal 감각적 주파수로 (자동 설가가 될 때까지) F3+E2 강하게 말하기

(트[츄]레이닝 세븐헌드레드=cramp F + slide F + slide F 호-시즈=retro-root F : 소리는 소리본체에서 나오기 때문에 e음을 기준으로 한 유성음 매치)
능동동질 ↖↗ 과현 속에서의 event ↗ 과현 속에서의 쭉 진행의미
↗ 해왔던 것[있어왔던 것], 즉 쭉 훈련을 시켜 왔던 것이 있어요.

☞.. **我必 Free 감주 간직하기**= Been training 700 horses for ten years.
or Has been training 700 horses for ten years.

시동=그는 가지고 있어요[그에게 있어요], 해왔던 것인데 쭉 훈련을 시켜 왔던 것인데 말 7백마리를 구시 10년 동안 말이다. [=Has been training ---- . : infml E] | Free 감주 간직하기

현동사 has=소유현재
과분사=능동 event로서 (기간) 계속 event [be+ en: event 음가 or en: done]
현분사=쭉 진행, 즉 event 진행
-- 즉 과분사의 기간계속 event가 진행의미에 가미되어 event 진행으로 바뀐 것

E.. He had /been repairing /the engine /since dawn.
영뇌=기→ 설→ 설′→ 설″ : BEis-Os

How to Read[Speak]=Hehad beenrepairingthe enginesincedawn.
: 먼저 감각적 주파수로 이해한다. 이때 이해는 소리본체에서 느껴진다.
시동= vocal 감각적 주파수로 (자동 설가가 될 때까지) F3+E2 강하게 말하기

(리페어리잉디=cramp F 리페어리잉더=cramp F : 어화=감주시 모음과 관계없는 the의 infml 소리 리페어린디[더]=cramp F : g폐쇄와 빠른 리듬 ∵ 소리는 소리본체에서 나오기 때문이다. 리페어린디[더]=cramp F + little slide F : 보통 리듬)

☞.. **我必 Free 감주 간직하기**=Been repairing since dawn. or Repairing since dawn.
시동=그는 가지고 있었어요[그에게 있었어요], 해왔던 것인데 쭉 수리를 ↳**후자로 많이 표현한다.**
해 왔던 것인데 엔진을 이래로 새벽 이래로 말이다.↘**능동동질** | **Free 감주 간직하기**

과동사 had=실제과거로서 단순과거
과분사=능동 event로서 (기간) 계속 event [be+ en: event 음가 or en: done]
현분사=쭉 진행, 즉 event 진행 ↘여기서는 과과 속에서의 event
↘과과 속에서의 쭉 진행 ↘이전과거부터 (그때) 과거까지

F.. By the end of the year //he will /have /been training /horses /for ten years. =전설 ⇨ 기→ 설→ 설′→ 설″→ 설‴ : BEis-Os

How to Read[Speak] ↘ ☺.. major 감주= -- end of the year he -- have -- training horses -- ten years.
=Bythe endofthe year hewill havebeen training horsesfor tenyears.
: 먼저 감각적 주파수로 이해한다.
말에 의미가 실리는 것이지 의미를 먼저 생각하고 말을 하지 않는다. 그래서 말부터 먼저 하라.
시동= vocal 감각적 주파수로 (자동 설가가 될 때까지) F3+E2 강하게 말하기

(바이디=slide F 애ㄴ드어브더=slide F+ little slide F 애ㄴ더브더=slide F : 합성 감주 애ㄴ어브더=slide F : d폐쇄와 비합성 감주 ➾ the의 디/더 소리는 철자기준=standard 소리)

☺.. **我必 Free 감주 간직하기**=By end of year he will have trained for ten years.
시동=(쯤에는/근시/근자 말, 즉 금연말 쯤에는) 그는 할 것 같아요, 갖는 것인데, 해왔던 것, 즉 쭉 훈련을 시켜 왔던 것을 말에게 구시 10년 동안 말이다. | Free 감주 간직하기 ↘여기서는 과미 속에서의 event
↘과미 속에서의 쭉 진행 -- 전부터 해왔던 것을 미래까지 통틀어서 계산 tip)will과 have=같은 미래 상황 ↘능동동질

현조동사=주체래발생 ☺.. **문장 뼈대**=전설 연결설명어(By) + 기본어(he) + s동사(will) + 연결설명어(for)
원동사 have=미래 속에서의 본동사의미 ∵ will=주체래발생
과분사=능동 event로서 (기간) 계속 event 현분사=쭉 진행, 즉 event 진행
tip)동사가 네개이더라도 각각 자기시제 상황이 있다.

② be동사를 피동[자동] event 또는 그 확장의미[EM]로 설명해 나가는 뇌

A.. The house is /destroyed /in the ethnic clashes.
영뇌=기→ 설→ 설′ : BEis-Os
or I + I + I : I-Os or S + S + S : S-Os

How to Read[Speak]=Thehouseis destroyedinthe ethnicclashes.
: 먼저 감각적 주파수로 이해한다.
그러면 저절로 순서대로 IS가 실린다.
시동= vocal 감각적 주파수로 (자동 설가가 될 때까지) F3+E2 강하게 말하기

(인디=small slide F 이쓰니끄클**래**쉬즈=slide F(극저음 된소리화) + cramp F 이쓰닉클**래**쉬즈=slide F + cramp F)
⇒ 주동으로 개략적으로 먼저 말하고 event로 구체적으로 설명해 나가는 뇌 : BEis-Os
☺.. **我必 Free 감주 간직하기**=House destroyed in ethnic clashes.
☺.. **문장 뼈대**=기본어(The house) + s동사(is) + 연결설명어(in)

↗피동동질/능동동질

시동=그 집은 (되어) 있는데 파괴되어 있다. 속에서 민족 간의 충돌 속에서 말이다 -- **상태** event

/그 집에게 있었는데[생겼는데] 파괴된 것이 있었다[생겼어요], 속에서 민족 간의 충돌 속에서 말이다 -- **동작** event

↙확장 event

/되었어요[이었어요], 즉 파괴되었어요, 속에서 -- 충돌 속에서 -- **피동동작**

주의]be동사 의미를 빼먹거나 부분역순 이해는 영뇌가 아니다 : Ekbe=완전한 직독직해

→ **여전히 한글모습[한글구조]으로 이해**

현동사 is=피동동질/능동동질 ↘그 집은 파괴되어 있는데 민족 간의 충돌 속에서 말이다.

destroyed=피동 event로서 상태[동작] event /피동동작

[destroy + ed 인 것〉된 것으로서 피동 event 음가 or (e: 조율음) d: done]

↳여기서는 현재 속에서의 event[피동동작]

destroy=공격을 해서 갈기 갈기 찢어 손상을 입히는 것으로서 파괴하는 것

[d: damage s: strike t: tear + no 's' 원형 자체의미]

말=DEstROyed=slide+cramp 주파수 y=i: **알파벳음가, 즉 wai 중 i지배음가**

▭ **원동사 /현동사 /과동사 /과분사 /현분사 :**

be /are, am, is /were, was /been /being

: 과분사는 이 모두 설명해 나가는 뇌로 작동한다 ∵ **event**

하지만 현분사는 being을 설명해 나갈 수 없다. 하지만 다른 현분사는 가능하다 ∵ **진행의미**

: a.. Most merchandise is **left unsold**. **둘다 현재 속에서의 event**

[=Most of the merchandise] ↳ **s동사도 현재 속 상황, 그래서 세 동사 모두 같은 시제상황**

b.. 72 are **reported killed**. **현재/과거 속에서의 event**

cf] He is watching drinking. **시동**=그는 있는 데, 보고 있는 데 마시면서 말이다.

▸ 과분사 앞에 일반부사 영뇌를 추가하면 :

A- E -1.. The house is /severely destroyed /in the ethnic clashes.

영뇌=기-->설-->설′ : BEis-Os

시동=그 집은 있는 데 심하게 파괴되어 있다. 속에서 민족 간의 충돌 속에서 말이다.

▸ The house 앞에 일반 대명사와 전치사 영뇌를 추가하면 :

A- E -2.. Most of the house is /destroyed /in the ethnic clashes.

영뇌=기-->설-->설′ : BEis-Os

시동=대부분 즉 그 집의 대부분은 있는 데 파괴되어 있다. 속에서 민족 간의 충돌 속에서 말이다.

cf] most house : **incorrect**

-- 가산명사 단수일 때는 불가산 명사처럼 of 지정 묶으로 표현한다.

vs most houses : **correct** most wine : **correct**

A.. The house is destroyed in the ethnic clashes.

Free 감주로 이해/간직 하기 ⇒ The house is. /Is destroyed. /Destroyed in. /In the ethnic clashes. /Destroyed in the ethnic clashes. /The house destroyed.

The house is. 그 집은 있어요. Is destroyed. 있는데[인데] 파괴되어 있어요. tip)**이럴때 주로 과분사만 표현**
In the ethnic clashes. 속에서 민족 간의 충돌 속에서 말이다. Destroyed in the ethnic clashes.
파괴되어 있는데 속에서 민족 간의 충돌 속에서 말이다 (**피동** event**로서 상태** event)
tip) **또다른** free **영뇌**=파괴한 사실이 있는 데 --- (**능동** event**로서 사실** event)

Destroyed in. 파괴 되어 있는 데 (어떤 것) 속에서/어떤 내소에서 말이다 → **일종의 일반과분사** free **영뇌**
The house destroyed. 그 집은 파괴되어 있어요 (**일반과분사 영뇌로서 서술적 영뇌**)
StE : The house is[was/has been/had been] destroyed.
tip) **또다른** free **영뇌**=그 집, 즉 파괴된 집 (**관계과분사 영뇌로서 제한적 연결영뇌**)
[=The house which is/was destroyed.]

B.. You have /been -- /approved?

영뇌=기→ 설→ 설´ : BEis-Os

How to Read[Speak]=Youhave beena/pproved? 말하면 듣기가 어렵다. (**고난도 감주** — 글자는 떨어져 있어도 말은 이렇게)
: 먼저 감각적 주파수로 이해한다.
영뇌 상급자는 감주로 이해하고 주로 I영뇌로 이해한다.
시동= vocal **감각적 주파수로 (자동 설가가 될 때까지)** F3+E2 **강하게 말하기**
(유해브 비-너프루-브드=cramp F + retro-root/trapezoid F)

→ 주동으로 말하면서 소유대상을 been으로 개략적으로 설명해 나가면서 다시 과분사로 구체적으로 설명해 나가는 뇌 : BEis-Os | Free **감주 간직하기**

.. **我必 Free 감주 간직하기**=Been— approved? (있었던 것, 즉 승인 받았던 것이 있지?)
시동=너 가지고 있지, 했던 것, 즉 승인 받았던 것을 말이야? (**둘다 과거 속에서의** event)
/ ---, 있었던 것, 승인받은 사실이 있었던 것을 -- ? : **능동동질**
/ -- , <u>되었던 것,</u> 즉 승인 <u>되었던 것</u>을 말이야? : **피동동질**
/ -- , <u>이었던 것,</u> 즉 승인 받았던 것을 말이야? : **피동동질**

현동사=소유현재 **과분사** been=능동/피동 (기의미 성립) event로서 동질[사실] event
과분사 approved=피동 event [approve + ed: (피동) event 음가 or (e: 조율음) d: done]
approve=어떤 것에 긍정적인 증명을 하는 것으로서 승인하는 것
[a: at + p: positive + prove + no 's' 원형 자체의미]
말=appROved=dot 점형 + trapezoid 주파수 a=어: **약한 감정음가** o=u-: **강한 감정음가**

C.. Radiation steam may /have /to be /released. released.

영뇌=기→ 설→ 설′→ 설″ : BEis-Os ↘ ☺.. **major 감주=** Radiation steam may ---

How to Read[Speak]=Radiation steammayhave tobe released.: 먼저 감주로 이해한다.

대개 부분 감주[free 감주]로 저절로 엮어지는 것이지 내가 엮는 것은 아니다.

시동= vocal 감각적 주파수로

(자동 설가가 될 때까지) F3+E2 강하게 말하기 | Free 감주 간직하기

(릴리-스트=trapezoid F : 과음가 무성음 매치 ↗드물게 역행동화를 시키지 않는 사람도 있다.

주의) have to=일반적으로 의무/필요성/강한 추측일 때 후음 무성음 매치=역행동화 : hæftə=해프터=slide F)

☺.. **我必 Free 감주 간직하기**=Radiation steam likely to be released.

시동=방사선 증기에게 아마도 생길[될] 것 같다. 즉 방출 되는 일이 말이다.

/방사선 증기가 아마도 가질 것 같다. 즉[대동] 되는 것인데, 방출되는 일이 말이다.

↘**피동동질** ↘**미래 속에서의** event

현조동사=추측 ☺.. **문장 뼈대**=기본어(Radiation steam) + s동사(may) + 연결설명어(to)

원동사=현재 또는 미래 속에서의 본동사 의미 **have**=가지는 것으로서 생기는 것

to be= '연결+동질' 로서 즉 /대동 즉

과분사 released=피동 event [release + ed: (피동) event 음가 or (e: 조율음) d: done]

release= set된 것을 놓아 주는 것으로서 풀어주는 것 /방출하는 것

[r: make run + s: set + no 's' 원형 자체의미]

말=RELEAsed=trapezoid 주파수

ed=t: event 또는 과음 **무성음가** -- 무성음 s음가 영향을 받아 무성음이 된 것

즉 무성음 뒤에서는 't' 로, 유성음 뒤에서는 'd' 로, d/t로 끝나면 'id' 로 소리 난다.

: **released(t) /lived(d) /tested(id) /added(id)**

↗ 무성음 단독=배의 기를 이용해 목으로 만드는 성대 비울림음

무성음(voiceless sounds)=p, f, t, k, s, ʃ, tʃ, θ : 하지만 모음과 결합하면 성대 울림음=진동+공명

유성음(voiced sounds)=b, d, g, v, — etc. : 성대 울림음(모음도 일종의 유성음)

모음=a, e, i, o, u, ə ,æ 치경음=t, d, s, z , l, n

↗ 위쪽 치아 안쪽에 붙는 음

연구개음=k, g, ŋ 경구개음= r, j, ʃ, tʃ — etc. 치찰음=s, ʃ, tʃ, z, ʤ --
(sibilants)

성문음=h 설치음=θ, ð

··· 설치음도 t음과 h음이 합친음이므로 사실상 t음을 성문쪽으로 가져가서 내면 저절로 설치음이 된다. 비영어권 사람들은 편법으로 윗니로 혀끝을 약간 물면서 내고 있다.

: month, three, this, that, -- etc.

D.. Shoplifters will /be /prosecuted.

영뇌=기→ 설→ 설′ : BEis-Os

How to Read[Speak]=Shoplifters willbe prosecuted.

: 먼저 감각적 주파수로 이해한다 ⇒ 단주+감주+단주

시동= vocal 감각적 주파수로 (자동 설가가 될 때까지) F3+E2 강하게 말하기

(샤프리프터즈=post 점형 F + slide F : 즈=s복수 유성음 매치 샤프리프터스=post 점형 F + slide F : 스=소리본체 infml 소리 위ㄹ비=slide F 프라서큐-티드=cramp F + retro-root F : e의 약한 감정음가 또는 어화 프라시큐-티드=cramp F + retro-root F : e=알파벳 음가) | Free 감주 간직하기

.. 我必 Free 감주 간직하기=Shoplifters to be prosecuted. ↗기소되는 event

시동=가게 들치기들에게 앞으로 있을 것 같은데 기소되는 일이 말이다 /앞으로 생기는데 기소되는 일이 생긴다 -- **동작** event / -- 들은 앞으로 될 것 같은데 기소 될 것 같다 -- **피동행위**

⟹ **동격동질** : 앞으로 일 것인데 기소 될 것이다. ↳**피동동질** ↖확장 event

will=뒤에 do동사일 경우 : 할 것이다. be동사일 경우 : 있을 것이다/될 것이다.

현조동사=주체래발생 ⇒ 해석한글 대신 '주체래발생' 으로 스쳐가는 것=**비한글** BNW 시동

원동사=본동사 의미로서 미래상황 ↗**미래 속에서의 event[피동행위]**

과분사 prosecuted=피동 event로서 동작 event/피동행위

[prosecute + ed: (피동) event 음가 or (e: 조율음) d: done]

prosecute=검찰 또는 경찰이 수사/조사해서 보내는 것으로서 기소/고소하는 것

[p: prosecutors or police s: 수사/조사 no 's' 원형 자체의미]

말=pROseCUted=cramp+retro-root 주파수

E.. A man is /being /questioned /in relation to the attempted murder and robbery. **=기→ 설→ 설′→ 설″ : BEis-Os**

↗**분리 감주**

How to Read[Speak]=Amanis beingquestioned inrelation tothea/ttempted murderand robbery. : 먼저 감각적 주파수로 이해한다.

시동= vocal 감각적 주파수로 (자동 설가가 될 때까지) F3+E2 강하게 말하기

(투디어테ㅁ티드=small slide F + slide F : p폐쇄=자음과 자음 사이 자음폐쇄) | Free 감주 간직하기

.. 我必 Free 감주 간직하기=Man being questioned in relation to it.

시동=어떤 한 남자가 있는 데 하고 있다. 심문 받는 것인데 해서[내자] 관련해서, 즉[대자] 살인과 강도 기도 사건과 관련해서 말이다. /있다. 하고 있는 데 심문을 받고 있다. ----. /있다. 받고[되고] 있는 데 심문을 받고 있다. ---. /인데, 하고 있는 데 심문을 받고 있다.

.. 문장 뼈대=기본어(A man) + s동사(is) + 연결설명어(in/to)

↳어떤 한 사람이 있는데 내자 관련해서 대자 그 무엇과 관련해서 말이다.

현동사=동일치 현재[즉, 진행 동일치현재] 또는 동지속 현재
현분사=진행의미로서 능동동질/피동동질
과분사 questioned=피동 event로서 동작 event /피동행위
[question + ed: (피동) event 음가 or (e: 조율음) d: done으로서 피동 event]
question=물어 보는 것[캐묻는 것]으로서 심문하는 것
[question or que: 캐묻는 것 no 's' 원형 자체의미]
말=QUEstioned=slide 주파수
being=진행의미로서 하고 있는 것/되고[받고] 있는 것
-- 뒷말에 따라 하고 있는 것/되고/받고 있는 것으로 이해하면 된다.
: The baby is being carried by Mom.
시동=그 애는 있다. 되고 있는 데 옮겨지는 일이 되고 있다. 의해서 엄마에 의해서 말이다. / 그 애는 있다. 되고 있는 데 옮겨지고 있다. ---- .
＊영어에서 피동의미 두 단어 ↘**피동동질**
=be동사가 피동 event와 쓰일때/hit(부딪히다)

F.. Drawers are /opened /by pulling out Iand Iclosed /by pushing in.
영뇌=기→ 설→ 설′ ⇨ 등설 ⇨ 설→ 설′ : BEis-Os
↘ ☺.. major 감주= Drawers -- opened -- pulling
How to Read[Speak] --- closed -- pushing -- .
=Drawersare openedby pullingout and closedby pushingin.
: 먼저 감각적 주파수로 이해한다 ⇨ 이때 감주=마음의 소리 or 실제소리
시동= vocal 감각적 주파수로 (자동 설가가 될 때까지) F3+E2 강하게 말하기
(드로-어즈어=trapzoid F : 비합성감주 드로-어저=trapzoid F : 합성감주 드로-어즈이=trapzoid F + dot 점형 F)
⇒ 주동으로 먼저 개략적으로 말하고, 과분사로 구체적으로 설명해 나가는 뇌 : BEis-Os

☺.. **我必 Free 감주 간직하기**=Drawers opened, closed by pulling and pushing.
시동=서랍이란 하는 데 열리는 일을 하고, 함으로써 잡아 당겨냄으로써, 그리고 닫히는 일도 하는 데 함으로써 밀어 넣으므로써 말이다. / -- 하는 데[되는데] 열렸다, -- 닫혔다 한다 --.
/ 인데 열리기도 하고 닫히기도 하는 것이다. -- . ↳**능동동질/피동동질** | **Free 감주 간직하기**
/ -- 이란 생기는 데 열리는 일이 생기고 --- 그리고, 닫히는 일이 생긴다. ---- .
↳**일반적으로 또는 일반적 설명으로 열리고 닫히는 event**

비한글 BNW로 시동
=과분사에서 event만 느껴도 의미가 스쳐가면 **비한글 BNW로 시동**이 걸린 것이다. event에는 능동/피동/자동 event가 있다. 여기서는 일설 event 또는 일설 피동동작만 느껴도 의미가 스쳐가면 된다. ☺.. **문장 뼈대**=기본어(Drawers) + s동사(are) + 연결설명어(by/by)

☜.. 암기도 역순해석으로 암기하는 것과 영순의미가 느껴지면서 암기되는 것은 다르다.

현동사=기능 일반적 현재[기능 일반적 설명현재]
과분사 opened/closed=일반적[일반적 설명] 피동 event 또는
일반적[일반적 설명] 피동동작으로서 열리고 닫히는 것
[open/close+ ed: 피동 event 음가 or (e: 조율음) d: done 피동 event]
: Gruesome attack in France investigated. : **일반적 설명 피동행위[의미성립]** -- 조사를 받게된다
↘ p219
말=Opened=slide 주파수 CLOsed=ER 주파수

vs open=바깥이 보이게 하는 것으로서 여는 것
[o: outside e: eye + no 's' 원형 자체의미]
vs close=보이지 않게 막는 것으로서 닫는 것
[c/l: 앞을 막는 실체/모습 + se: see + no 's' 원형 자체의미]

＊are=발생으로서 하는 것[생기는 것/일어나는 것] : **동동사**
: Be careful. **시동**=있게 하라. 주의하는 마음을 말이다. /생기게 하라, 주의하는 마음을 말이다. /하라, 주의하라.
⇒ be= **'있게 하는 것' 로서 하는 것**
vs do= **'짓' [행위/실행]으로서 하는 것**

tip)능동 event 음가=-ed : 었던 것〉했던 것
/-one[en] : 언〉었던 것〉했던 것
피동 event 음가=-ed : 인 것〉된 것 /-en : 언〉된 것: bitten
자동 event 음가 =-ed: 인 것〉한 것 /-one : 언〉한 것
과음가 : 언〉었 ※-one[en]=done[gone]/been
↘요컨데, done --〉한 것 : 능동 event
--〉된 것 : 피동 event
--〉영향을 받아 한 것 : 자동 event

G.. Hey , pal, ///if you are /done, /pumpin', //move /it!
영뇌=대전설 ⇨ 소전절→ 설′→ 설″ ⇨ 기→ 설 : BEis-Os

↗**고난도 감주**=콤머가 있어도 붙여 말하니까.
How to Read[Speak]=Hey pal, ifyouare donepumpin', moveit!
: 먼저 감각적 주파수로 이해한다. 감주는 남들보다 머리를 빨리 쓰는 것이다.
시동= vocal 감각적 주파수로 (자동 설가가 될 때까지) F3+E2 강하게 말하기 | Free 감주 간직하기
(이프유어=slide F pumpin=g폐쇄 소리로 infml 표기 : ing=잉/인 : 전자=standard 소리 후자=infml 소리)

☜.. **我必 Free 감주 간직하기**=Hey pal[dude], if done, move it! ＊dude=이 사람아
시동= -- 친구, -- 생겼으면, 다 끝낸 일이 생겼으면, pumping [주유하는 것]하는 것말이야, 그렇다면 옮기세요, 그 차를 말이야. /-- 되었으면[했으면/가] 다 되었으면[다 했으면] ----.
↘**자동동질**
현동사=발생현재 ＊그렇다면=**문맥** associate ※ **'되다' =자동의미/피동의미**
과분사=자동 event로서 자동 동작 ⇒ **현재 속에서의** event[**자동동작**]
-- 어떤 것의 영향을 받아 자동으로[스스로] 생긴 것
[do + one〉on 언 〉 된 것/한 것 : (자동) event 음가으로서 자동 event : 음조율을 위해 앞 o탈락]

☜.. **문장 뼈대**=전설 연결설명어(if) + 기본어/s동사(move)

H.. A: Hey! A left-over steak!

B: Wait! That's /spoken /for. A: Too bad!

영뇌=기→ 설 → 설′ : BEis-Os

> **How to Read[Speak]**=That's spokenfor. : 먼저 감각적 주파수로 이해한다.
> **시동=** vocal 감각적 주파수로 (자동 설가가 될 때까지) F3+E2 강하게 말하기

.. 我必 Free 감주 간직하기=Spoken for. | Free 감주 간직하기

시동= -- 인데, 점찍어 둔[놓은] 것, 누군가를 위해서 점찍어 둔[놓은] 것이다. /점이 찍혀 있는 것, 누군가를[누군가에게] --- .

현동사=동질현재 *누군가=for associate(로서 단어 associate)

과분사=자동 event/피동 event, 즉 말해둔 것으로서 점 찍어 둔[놓은] 것/점이 찍혀 있는 것

[spoke + en 언 〉 한 것/된 것 : (자동/피동) event 음가]

leftover=남겨 따로 걸쳐[위에] 놓은 것으로서 남겨 놓은 것

: 남겨 놓은[둔] steak야! -- **자동 상태, 일종의 자동 event**

③ 명사(대명사)를 event 또는 그 확장의미[EM]로 그냥 설명해 나가는 뇌

— 주로 목적어(즉 일반과분사 주어) /묻는 말 HB동사 주어를 그냥 설명해 나가는 뇌로서 관계과분사 영뇌가 아니다. 명사/대명사 뿐만이 아니라, s동사와도 관계하기 때문이다.

A.. Children want /their father /buried /next to their birth mother.

영뇌=기→ 설→ 설′→ 설″ : BEis-Os

or I + I + I + I : I-Os or S + S + S + S : S-Os

> **How to Read[Speak]**
> =Children·wanttheir fatherburied nexttotheir birthmother.
> : 먼저 감각적 주파수로 이해한다. 뒷말과 말하면 이해가 발생하는 것은 IS 설가뇌와 IS 설주뇌 때문이다.
> **시동=** vocal 감각적 주파수로 (자동 설가가 될 때까지) F3+E2 강하게 말하기

(네ㅋ스터데어=double slide F : 앞 t폐쇄와 비합성 감주

네ㅋ스어데어=double slide F : tt폐쇄와 비합성 감주 네ㅋ서데어=double slide F : tt폐쇄와 합성 감주)

.. 我必 Free 감주 간직하기=Children want father buried next to mother.

시동=애들은 원해요, 자기 아버지가 묻히는 것인데[묻히기를] 옆에 대자 자기 본 엄마 옆에 말이다. /자기 아버지에게 묻히는 일이 생기기를 ----- .

현동사=현재 범위에서의 상동사 발생현재 -- 원해요/원했어요 **과분사**=피동 event로부터[로서] 동작 event/피동동작[피동행위] [bury + ed: 피동 event 음가 or (e: 조율음) d: done]

↳**여기서는 미래 속에서의 event[피동동작/피동행위] -- 미래 의미성립**

말=BUried=slide 주파수 u=e: 감정음가 (i=일종의 조율음)
bury=지게에 지고 가 구덩이를 파서 버리는 것으로서 묻는 것/매장하는 것
--태초에 장례는 이러했다.
[b: 버리는 것 u: 웅덩이 같은 구덩이 y: 지게(모양) + no 's' 원형 자체의미]

: a.. He knows /we want /him gone.

영뇌=기→ 설→ 설′ : BEis-Os

시동=그는 알고 있어요, 우리가 원하고 있다는 것인데 그에게 떠나 버리는 일이 생기기를 말이다 -- **자동** event
/ --- 우리가 원하고 있다는 것인데 그가 떠나 버리기를 말이다 -- **자동행위**
[go + one: 자동 event 음가 or one: done]

마지막에 전치사 영뇌를 추가하면 :

A-E.. Children want /their father /buried /next to their birth mother /in the ancestral burial mountain.=**기→ 설→ 설′→ 설″→ 설‴** : BEis-Os

시동=애들은 원해요, 자기 아버지가 묻히기를 옆에 대자 자기 본 엄마 옆에 내소, 선산 내소에 있는 본엄마 옆에 말이다.

외국에서는 보통 지상이나 yard에 묻으니 원어민들은 선산하면 the ancestral burial ground or the family graveyard로 말해야 하나 우리는 보통 산에 묻기 때문에 mountain으로 표현해야 한다. **cf]** graveyard/churchyard/cemetery

---

Free 감주로 이해/간직 하기 ⇨ Children want. /Want their father buried. /Children want next to their birth mother. /Buried next to their birth mother. /-- etc.

Children want. 애들은 원해요. **Want their father buried.** 원해요, -- 묻히기를 말이다.
Children want next to their birth mother. 애들은 원하는 데 옆에 대자 자기들의 본엄마 옆에 있기를 원해요. **Buried next to their birth mother.**
묻혔는데[묻히는 일이 생겼는데] 옆에 대자 그들의 본엄마 옆에 말이다 : **일반과분사**

tip) **또다른** free **영뇌**=묻히게 되는데 옆에 대자 자기들의 본엄마 옆에 묻히게 된다 : **미래 속에서의 피동행위**
or 묻히는 일이 생기는 데 : **미래 속에서의** event
/묻었는데 옆에 대자 자기들의 본엄마 옆에 묻었다 : **실제과거**
/묻었으면 해요 : (소망/소원/바람) **의미과성립**

big tip) American Ryder Cup finalized Tuesday next week. -- **미래 의미성립**
: 최종전이 이루어지는 일이 생긴다/최종경기가 치루어 진다. ↳**즉 미래 속에서의** event[**피동행위**]

cf]미래 의미성립 event와 미래 속에서의 기의미성립 event :

IIIII.. 미래의미성립 event : **피동** event

• The window will be broken tomorrow.

-- 앞으로 있는 데 부셔지는 일이 있다는 것이다.

vs 미래 속에서의 기의미성립 event : **능동** event

• By next week he will have trained 50 horses.

-- 앞으로 가지는 데 훈련 시킨 것을 가진다는 뜻이다.

B.. Where have /you /been?

영뇌=기→ 설→ 설′ : BEis-Os ↘ .. **major 감주=** Where ----- been?

How to Read[Speak]=Where haveyou been?

: 먼저 감각적 주파수로 이해한다.

시동= vocal 감각적 주파수로 (자동 설가가 될 때까지) F3+E2 강하게 말하기

(비-ㄴ=line 점형 F 비인=내성음 slide F: wh-question은 단어 자기주파수 대로 내면 된다. 의도적으로 falling tone을 취하지 않는다.)

.. **我必 Free 감주 간직하기**=Where been? (어디에 지금까지 있었던 것이냐?)

↳**현과/과현 속에서의 event**

시동=어디에 있었지, 즉 너희들이 (지금까지) 있었던 곳 말이야?

-- 미리 달리기 finish line을 돌파하고 의자에 앉아 뒤늦게 들어오는 친구들에게 하는 말로 '어디에서 지금까지 있다가 이제 오느냐?' 하고 빈정대는 말이다.

*have=어떤 곳을 소유하는 것으로서 소재 been=소재 event 지금까지=been associate

↳ **과분사 associate**

have=소유소재로서 있었지[발생현재] | **Free 감주 간직하기**

과분사=능동 event로서 소재 event -- 있었던 곳

[be + en: 능동 event 음가 or en: done]

: a.. Has /NetFix /bottomed? cf] Did NetFix bottom?

영뇌=기→ 설→ 설′ : BEis-Os | **Free 감주+我必 Free 감주 간직하기**

시동=가지고 있지, NetFix가 바닥을 친 것 말이다? /있는 가, -- 친 것이 말이다?

cf] 했지-- 바닥을 쳤지?

b.. Have /you eaten /at that restaurant?

영뇌=기→ 설→ 설′ : BEis-Os | **Free 감주+我必 Free 감주 간직하기**

시동=가진 적이 있지, 네가 지금까지 먹어 본 것인데 처소(處所))에서 그 식당 처소에서 말이야/구처 그 식당 (구처)에서 말이야?

HB동사=조동사 do를 거치지 않고 바로 묻거나 부정할 수 있는 동사, 그래서 특수동사라 한다. 하지만 H동사는 특수 동사뿐만이 아니라 일반 동사도 된다.

: Had you it? You had not a car. [BrE]

vs 조동사 do를 거치는 경우 일반동사로 취급

: Did you have it? You did not have a car [AmE]

tip)be 동사의 피동동질 의미
→ 동작동질 : 되는 것
상태동질 : 되어있는 것
cf]그외 피동의미 동사
: hit(부딪히다)

수동태일때 be동사도 피동의미가 될 수 있다.

c.. Hi, Eve! How have /you /been?

영뇌=기→ 설→ 설′ : BEis-Os

시동=어떻게 하고 있지, 네가 (지금까지) 지내오고 있는 [지내 온] 생활이 말이다? : **계속** event

뜻하는 의미=어떻게 즉 네가 지금까지 있어 왔지[지내 왔지]? ↳**현과/과현 속에서의** event

/어떻지, 즉 네가 지금까지 지내 왔던 것이 말이야?

(Answer: "I have been ok."

cf] "How are you doing?" "I' m doing ok." -- 인사말)

묻는 말 do=대동의미로서 하지/이지/그렇지-- 등등
묻는 말 have=가지고 있지로서 하고 있지/pp 안내로서 즉
묻는 말 is=이지/하지/있지--- 등등 *생활=**문맥/상황** associate

big tip) **능동** event에는 기의미 성립 event, 미래의미 성립 event(p201), 일반적 의미성립 event(p130/201), 설명 event가 있고, **기의미 성립 event**에는 완료, 경험, 계속, 결과, 사실 event가 있고, **설명 event**에는 일반적 설명 event(p130/201), 현재상황 설명 event(p130), 미래상황 설명 event(p201), 과거상황 설명 event가 있다. 기의미 성립 event도 현과미 속에 들어 갈 수 있다.

: I have now finished my homework. -- **현재 속에서의 기의미 성립** event

more)미래 속에서의 기의미 성립 event → **미래완료** p203

C.. Were /four people /killed?

영뇌=기→ 설→ 설′ : BEis-Os

영어도 시조리듬처럼 리듬을 맞추기 위해 보통 두단어를 한단어처럼 뒷말과 말한다.
↗여기서는 3/4조 리듬, 즉 음수조절 감주 ⇒ 단어기준 2/2조 리듬

How to Read[Speak] =Werefour peoplekilled?

: 먼저 감각적 주파수로 이해한다.

시동= vocal **감각적 주파수로 (자동 설가가 될 때까지)** F3+E2 **강하게 말하기**

↘그러면 영어말투가 형성되고 영어말투에 익숙해진다.

.. 我必 Free 감주 간직하기=Four people killed?

시동=있었지, 네 명의 사람에게 살해된 일이 말이야? /되었지[이었지], 네 명이 살해되었지?

***과분사=피동** event /**피동동작** ↘**피동/능동 동질** | Free 감주 간직하기

↳**여기서는 과거 속에서의** event[**피동동작**] ↘**명사와 과분사와 동질**

↱s동사 없이 설명해 나감

④ 명사(대명사)를 바로 event 또는 그 확장의미로 그냥 설명해 나가는 뇌 [free 영뇌/infml E]

-- 일반적으로 s동사를 쓰면 문장이 된다.

: s동사=sentence 동사로 문장에서 기본이 되는 동사

IIIII .. Global news /delivered /daily. tip)주어가 피사체 --〉 pp=피동 event[피동의미]

영뇌=기→ 설→ 설′ : BEis-Os 능동체 --〉 pp=능동 event[능동의미]

or I + I + I : I-Os or S + S + S : S-Os 자동체 --〉 pp=자동 event[자동의미]

How to Read[Speak]=Globalnews delivereddaily.

: 먼저 감각적 주파수로 이해한다.

시동= vocal 감각적 주파수로 (자동 설가가 될 때까지) F3+E2 강하게 말하기

.. **我必 Free 감주 간직하기**=Delivered daily. | Free 감주 간직하기

시동=Global news는 delivered되는 일이 매일 발생해요. *delivered=[동사] 전제 infml E

/Global news가 배달되는데 매일 배달됩니다.

↱요컨데 일설 event/피동동작

과분사=피동 event로서 일반적[일반적 설명] 피동 event /일반적[일반적 설명] 피동동작

[deliver + ed: (피동) event 음가 or (e: 조율음) d: done] **말**=DELIvered=ER 주파수

deliver=배달하는 것/전하는 것

[d/v〉: v〉d 배달하는 것 d: 전하는 것 -- 구개음화 + no 's' 원형 자체의미]

: a.. Delete done. b.. Debt agreement reached.

c.. Nothing left, Everything gone -- India Flood

d.. They were taken from their homes, <u>some pulled</u> from their beds, in the middle of the night.

e.. It was grace that taught my heart to fear and grace <u>my fears relieved</u>.

시동=아무 것도 남아 있는 것이 없고[아무 것도 남겨진 것이 없고], 모든 것은 가버리고 텅빈 것이 되었다[가버렸다].

/그들은 되었는 데 잡혀가게 되었고[그들에게 생겼는데 잡혀 가는 일이 생겼고] 기처 자기 집으로부터 잡혀 가게 되었고[잡혀 가는 일이 생겼고], 일부는 끌려갔다 기처 자기 침대로부터 중에 즉 밤중에 말이다.

/바로 그것은 신의 은총이었고, 바로 이것이 가르쳐 주었는데 나의 마음에 두려움을[두려움이 생기도록] 말이다. 그래서 (그) 은총 때문에 나의 온갖 두려움은 사라지게 되었어요.

*was=과거 동질연결로서 '은 -- 이었고'

and=논리적 추가로서 '그래서' fears=복수로서 '온갖 두려움' (그)/때문에=**문맥** associate

tip) "Just Divorced!" -- 방금 속에서의 event

↳**일종의 과거 속에서 event**

left=자동/피동 event [l: leave + eft 에프트〉엎트〉었던 것〉한 것/된 것: event 음가 or t〉d: done]
*eft=에프트〉엎트〉었다 : 과음가 or t〉d: did ↳했던 것=능동 event
gone=자동 event /자동동작 [g: go + one: event 음가 or done]
, some pulled=(접속사+be동사) **전제** infml E ⇒ StE: , and some were pulled --- .

done /reached /left /gone /pulled=(be 동사) **전제** infml E
-- **일반과분사 영뇌**[= is/was done /reached /left /gone]
vs events played cuts made [=which are/were played/made]
-- **관계과분사 영뇌**
시동=경기인데 참가한[참가가 이루어진/play 된] 경기수
/컷수인데 통과된 컷 통과수: golf

tip] HB동사 없이 과분사 단독으로 표현되었다고 해서 반드시 피동의미[피동 event/피동동작] 또는 자동의미[자동 event/자동동작]만 되는 것은 아니다.
: Never seen before.
시동=결코 본적이 없는 데 전에 말이다 -- **능동의미[능동** event]
⇒ seen=(주동전제) infml E 이때 전제동사=have 동사

⑤ event 또는 그 확장의미로 먼저 말하는 뇌 : 기본어 [free 영뇌/infml E]

A.. Been /there, /done /that : Japan's bailout journey : **능동 event**
영뇌=기→ 설 + 기→ 설 : BEis-Os
or I + I + I + I : I-Os or S + S + S + S : S-Os

> **How to Read[Speak]**=Beenthere, donethat.
> : 먼저 감각적 주파수로 이해한다.
> **시동=** vocal **감각적 주파수로 (자동 설가가 될 때까지)** F3+E2 **강하게 말하기**

.. 我必 Free 감주 간직하기=Been, done. (있었던 적이 있었고, 그리고 해결한 적이 있었다)
tip) "Been." 있었던 것[있어왔던 것]이 있어요. ⇒ 하나의 단어도 충분히 의사전달 가능 ↳**둘다 과거 속에서** event
: Been there. I have been there. ↳**여기서는 과거/과현 속에서** event
시동=(옛날에 그런게) 있었던 곳은 거기였고 (일본이었고), 그리고 해결한 적이 있는데 그것이었다.
: **일본의 구제 금융지원 행적/행로 -- 과분사=능동** event**로서 소재** event /**경험** event

미국의 금융위기에 구제 금융지원 어려움을 보고 잘 처리한 일본의 예를 두고 한 표현이다. 일본은 과거 10년간 어려움이 있었는데 잘 처리했다. | Free **감주 간직하기**
tip] free 영뇌는 SpE(뉴스, 드라마, 쇼, 대화), 리플, 알림, 광고, Headline, — 등에서 많이 표현한다.

B.. Reported killed. : **둘다 피동 event**

시동=보도 된 것이 있는데 살해 된 것으로 말이다. [=He is[has been] reported killed.]

pp를 보았을 때 단순한 동사서술이 아니라 event가 머리를 스쳐가야 pp 글자에 의해 pp 이해가 확실히 스쳐가게 되고, 또는 pp 상황을 확실히 볼 수도 있다. 만약 단순한 동사서술의미로 스쳐가면 과동사처럼 이해가 스쳐가거나 상황이 눈에 보이는 것이 되니, IS영뇌 작동시 유의하라.

: **Been inside?** (StE : Have you been inside?)

시동=있어 본 적이 있느냐? ※ been=(동주) **전제** infml E

-- **다 지은 경기장을 구경한 시민에게 묻는 상황**(London Olympic)

vs Had been trapped by Gadhafi troops in Tripoli. [=usually, trapped]

*Had=(주어) **전제** infml E 즉 과동사를 능동 event로 설명해 나가고, 다시 피동event로 설명해 나가는 뇌 : 이럴때 보통 과분사로 많이 표현하고 때에 따라 have been 전제 가능

시동=가지고 있었다. 했던 것, 즉 함정에 빠진 것인데, 행자(行者) 가다피 병력에 의해서, 내소,-- 내소에서 말이다.

event와 단순한 동사서술의미

◇과분사도 과동사도 단독 표현이 가능하나 그 뉘앙스가 다르다

: "Seen." "Done." "Finished." "Killed."

시동=본 적이 있다/다한 일이다[끝난 것[일]이다]/살해된 것이다--event [**능동/자동/피동** event]

↳**동사 event**

↳**즉 본 적이 있는** event, **다한/끝난** event, **살해된** event

vs "Saw." "Did." "Finished." "Killed."

=보았다 /했다 /끝냈다 /죽였다 -- **단순한 동사서술의미**

그래서, 과분사는 단순한 동사서술이 아니라 event 이기 때문에 원동사처럼 현재, 과거, 미래 속에서 두뇌를 작동시킬 수 있다. 현재완료, 과거완료, 미래완료로 쓰이는 이유가 바로 여기에 있다.

Plus] 앞에서 설명해 주는[말해주는] event는 한뇌와 같다.

: <u>used</u> cars /<u>broken</u> windows -- **기의미 성립 피동** event: 사용된 차/부서진 창문

단, 상태 event인 경우 : 사용되어져 있는 차/부서져 있는 창문

vs have **동사 뒤** pp

=(현재 속이든, 과거 속이든, 미래 속이든 일반적으로) **기의미 성립 능동 event가 많다.**

: have used/broken -- 가지고 있는 데 사용한 것/부순 것을 가지고 있다

tip] 기의미성립≠그냥 의미성립 ☞ p218

(현재/과거/미래/일반적 의미성립--보통 동질발생인 be동사와 함께 발생)

☜.. 이해는 (언어에 대한 basics를 알았디면) 최종적으로 단어의 최종적인 뜻인 감주로 이해한다.

2) 과분사 영뇌와 과동사 영뇌의 차이 즉, event와 단순한 동사서술의미의 차이

우리가 유리잔을 바닥에 떨어뜨려 깨면 두 가지 입장에서 두 가지 사실[능동사실/피동사실]이 존재한다.

▭ **주체 입장에서는**

깼다와 깬 사실이 존재하고

▭ **피사체 입장에서는** 깨어진 일이

생긴 것과 깨어져[흩여져] 있는 사실, 깨어졌다가 존재한다.

tip)조동사+원동사 have동사+과거분사
be동사+현재분사/과거분사
모두 앞부분=기본어 → s동사
뒷부분=설명어

이때, 깼다 --〉 broke **깬 사실 --〉** broken

깨어진 일이 생긴 것과 깨어져 있는 사실, 깨어졌다 --〉 broken

여기서 깬 사실과 깨어진 일이 생긴 것, 깨어져 있는 사실은 event이다.
이게 바로 **과분사의** BNW이다. 이렇게 event는 단순한 동사서술의미가 아니다.

그리고, 깬 사실은 **능동** event이고,
깨어진 일이 생긴 것은 **피동** event로서 동작 event이고,
깨어져 있는 사실은 **피동** event로서 상태 event이다.

'깼다' '깨어졌다' 는 것은 **단순한 동사서술의미이다. 즉 능동동작과 피동동작이다.** '깨어졌다' 는 것은 깨어진 일이 생긴 것의 **확장의미이다. 즉, 피동 event의 동작 event의 확장의미가 된다.** 태초에 언어를 만들때 생긴 일부터 먼저 인식된 것이다. 나중에 가서 생각해보니 '깨어졌다' 를 발견하게 된 것이다.

event는 소유할 수 있으나 단순한 동사서술의미는 동사 그 자체의 움직임 흐름이므로 소유할 수 없다. 즉 소유의 대상이 될 수 없다. 모든 단어의 의율은 BNW를 기준으로 하여 판단해야 한다.
그래서, has broken, has been broken 표현은 있으나 has broke는 없다.
시동=가지고 있어요, broken한 것을 말이다.
/가지고 있어요, 있었던 것인데 broken되어 있었던 것을 말이다.

tip)조동사도 단순한 동사서술의미가 아니다. 즉 생각의미와 대동의미는 생각서술, 대동서술이기 때문이다. 그래서 단순동사가 되지 못하고 뒤에 원동사를 써도 서로 충돌이 일어나지 않는다.

➾ 단순동사≠본동사

∵ 단순동사=원동사/현동사/과동사 본동사=현동사/과동사/조동사 → s동사
↳ 단순한 동사서술의미 ↳ 본동사의미

명령/의미원성립 원동사는 s동사가능
↗ 단, 원동사=본동사는 아니지만
↘문장전체 기본동사로서 문장동사

그리고 또한, event는 동질로 연결되나 **단순한 동사서술 의미**는 동질로 연결될 수 없다. 연결설명어 to를 거치지 않으면, 단순한 동사서술 의미 끼리는 서로 충돌이 일어나기 때문이다. 그래서, is broken, is to break는 있으나 is broke, is break는 없다.

단, All I did was (to) press this button. ∵ **강조 be부정사=optional 관습적 E**

☞ **기본영뇌 vol 1 p260**

tip]단순한 동사서술의미가 아닌 것=event/진행의미/동사사실의미/생각[대동]의미 → 이들 동사는 단순동사가 아님

-- 서로 충돌이 일어나지 않는다 : Has been reading. Liking watching TV. (현분사+동명사) Been broken.(능동+피동) event
Reading thinking. (현분사+현분사) : 읽고 있는데 생각하면서 말이다.

뿐만이 아니라, 과분사는 event이기 때문에 현재, 과거, 미래 속에서 두뇌를 작동시킬 수 있으나, 과동사, 현동사의 단순한 동사서술 의미는 그렇게 할 수 없다. 그렇게 하려면 원동사 영뇌로 바꾸어 작동시켜야 한다. 원동사는 자체의미를 보유하고 있기 때문이다. 부정사 영뇌도 일종의 원동사 영뇌다. to가 있느냐 없느냐의 차이일 뿐이다.

그리고, 'is broken' 은 확장의미를 포함해서 세 가지 뜻이 된다.

시동=있는 데 깨어져 있다[깨어져 있는 것이 말이다] -- **피동 event로서 상태** event
/생겼는데 깨어지는 일이 생겼다 -- **피동 event로서 동작** event[=happens broken]
⇨ 되었는데 깨어졌다 -- **피동동작**[EM] ↳ More than 100 people happen rescued.

요컨데, 과분사는 크게 보면 능동 event 아니면 피동 event이다.

have 동사는 능동 event를 소유하는 것이고, be 동사는 **피동** event를 동질[상태/발생]로 연결시키는 것이다. 피동 event에는 동작과 상태 event 두 가지가 있다. 그래서 수동태는 동작 수동태와 상태 수동태 두 가지가 나오는 것이다.

pp의 정확한 뜻을 모르면 IS영뇌를 정확하게 작동시킬 수 없다.

거의 대부분의 한국 사람들은 모두 뭉쳐서 한글구조로 이해하고 있기 때문에 have 동사의미, be 동사의미[특히, be/been/being 의미], pp의미를 제대로 느끼지 못하고 있는 게 현실이다.

따라서, 편지를 부치고 나서

→ 그냥 단순한 동사서술 뇌로 작동시키면, 'I posted the letter.' 로 되고,

→ 동사 소유 뇌, 즉 event 소유 뇌로 작동시키면, 'I have posted the letter.' 로 되고,

→ event 동질[상태/발생] 연결 뇌를 작동시키면 'The letter is posted.' 로 되고,

→ event 뇌만 작동시키면 'The letter posted.' 로 된다 [infml E : 일종의 free 영뇌]

→ 그리고 능동+피동 event 소유개념 뇌로 작동시키면
'The letter has been posted.' 로 된다.

시동=부쳤다 -- **단순한 동사서술의미** /가지고 있는데 부친 사실을 가지고 있다 -- **사실** event
/(현재) 생겼는데 부쳐진 일이 생겼다 -- **동작** event /있는데 부쳐져 있다 -- **상태** event
/되었는 데 부쳐졌다 /는 부쳐졌다 (는=동질연결 의미) -- **피동동작[단순한 동사서술의미]**
/그 편지에게 부쳐진 일이 생겼다[부쳐져 있다/부쳐졌다] -- **동작/상태 event와 피동동작**
/가지고 있어요, 있었던 것, 부쳐진 사실이 있었던 것을 말이다.

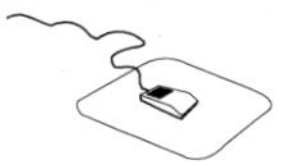

그래서 편지를 뜯어 보고, '편지를 읽었다' 고 표현하면 단순한 동사서술 개념이 되고, '편지를 읽은 사실을 가졌다/읽은 사실이 있었다' 고 표현하면 동사 소유개념, 즉 event 소유 개념이 된다. 전자=I read the letter. 후자=I have read the letter. **(발생현재+event)**

따라서 완료형 표현은 <u>어떤 일이 있었다고</u> 표현하기 위한 것이고, 과거형 표현은 그냥 했다고 표현하는 것이기 때문에 동사 소유개념이 단순한 동사서술의미보다 **메시지가 훨씬 더 구체적이고 강하다.**

: Incident[Accident] has cleared. No delays. (가지고) 있었는데 깨끗이 치워진 것이[을] 말이다.
 〉 Incident[Accident] cleared. No delays. 깨끗이[말끔히] 치워졌다.

incident=갑자기 들어온 피해로서 사고[in/c: come + d: damage]
/심각한 문제를 일으킨 일로서 사건[c: cause serious problems] tip)**사건 사고=incidents and accidents**
accident= '악' 하고 별안간(瞥眼間) 온 피해로서 사고[ac: 악/c: come + d: damage]

↗만약 '깼다'를 "I' m broken."으로 표현한다면 자동 event가 된다.

cf] 1. event=능동 event /피동 event /자동 event
자동 event=일종의 **발전** English로서 과분사로 취급 하는 사람
또는 자동형용사[분사형용사]로 형용사로 취급하는 사람, 두 부류가 있다.

↗ 원동사와 과동사의 하생각도 포함 ∴ is/has+하생각 : not ok 하생각+event/진행의미/동사사실의미 : ok

2. **동사의미 종류**=단순한 동사서술의미 /event /진행의미 /동사사실의미 /생각[대동] 의미
⇒ 단순동사 /과분사 /현분사 /동명사 /조동사 cf]부정사=일종의 원동사

.. 언어에 대한 기초[Basics]는 영어를 (보아서/들어서) 이해하기 위한 것이다.

3) event와 그 확장의미[EM]

||||| event 개념

=(동사 event로서) 일어 났거나 일어나 있는 사실/일/사건/상황/현상 또는 앞으로 일어나는 일

과분사의 BNW=event : 일어났거나 일어나지는 것 또는 영향을 받아 (자동으로) 일어나는 것
과분사=능동 event /피동 event /자동event[능동과분사/피동과분사/자동과분사]
— (영어에 대한 기초지식을 알았다면) 생활 속에서의 뜻으로 **모두 我必 free 감주로 간직하라.**

tip)과분사=현과미 속에서의 event 또는 일설 event -- 이렇게 이해하면 IS가 쉽게 작동한다.

☞.. 단어 본래의미를 알면 어순이 동일해지고 그 원천기술은 기/설과 BAM이다.

event로 느껴져야 영어승차감을 탈 수 있다.

d: done 한 것-- **능동** event

d: done 되어져 있는 것/된 것이 생긴 것 -- **피동** event(**상태** event /**동작** event)

d: done 영향을 받아 스스로 생긴 것으로서 다한 것 -- **자동** event

∵ done=d: do + one: 능동/피동/자동 event 음가

➠ have동사에 능동 event를 쓰면 완료형이 되고, be동사에 피동 event를 쓰면 수동태가 되고, be동사에 자동 event를 쓰면 자동태가 된다.

↗부순 event -- 자기행위에 중점

1 **능동 event** ⇒ have+pp=가지고 있는데 능동 event를 가지고 있다 : **소유** event cf]**실행** event

□ have broken=가지고 있는 데 부순 것을 가지고 있다/있는 데 부순 것이 있다.

***우리말 '있다'** =†소유/†상태/†존재/행위존재/†발생존재 -- 등등

□ had broken=가지고 있었는 데 부순 것을 가지고 있었다/있었는 데 부순 것이 있었다.

□ will have broken=할 것이다. 갖는 것인데 부순 것을 갖는 것을 말이다.
/할 것이다. 즉 가질 것이다. 부순 것을 말이다.
/앞으로 갖을 것이다. 부순 것을 말이다. /앞으로 있을 것이다. 부순 것이 말이다.
-- 미래 어느 시점에 부순 사실을 소유하거나 부순 사실이 있을 것이라는 말이다.

과분사=event 또는 본동사의미가 들어있기 때문에 현과미 속에서 두뇌를 작동시킬 수 있고, 원동사=자체의미 또는 본동사의미, 하생각이 되기 때문에 현과미 속에서 두뇌를 작동시킬 수 있고 (단, if-의 미원성립=현미 속에서만 가능), **과동사**=하생각과 성립과거일 경우 현과미 속에서 두뇌를 작동시킬 수 있다.

cf] have=소유로서 '가지다/†있다/†갖게되다/하다' (vs be 동사=존재로서 '있다')

There may <u>have</u> been a breach in protocol. [=of protocol]
시동=아마도 <u>있을는지도</u> 모른다. 있었던 것이, 즉 위반한 것, 속의 것, 안전규약 속의 것을 위반한 것이 있었던 것이 말이다 : I have a car. (가지고 있다/†있다)

Within hours, police had apprehended the thief. **시동**=갖게 되었다. 체포한 것[붙잡은 것]인데

You have to compare your pumpkin to those we have displayed. ↗**실행** event
시동=대자 그것들과 즉 우리가 하고 있는 것, 즉 펼쳐놓고 있는 것과 말이다.

vs Trump: "Clintons are the sordid past."[=have] Clintons=클린턴 가족(에게 있는데)

more)완료형 '있다'=소유로서 '있다' vs 수동태 '있다'=존재[상태]/발생존재로서 '있다'

↗부서진 event

2 **피동 event** ⇒ be동사+pp=(되어) 있는데 피동 event가 있다/인데 피동이다 tip)be동사=피동 event와 쓰이면 피동동질/능동동질

□ is broken=(상태현재로서) (되어) 있는 데 부서져 있다[부서져 있는 것이 말이다] -- **상태** event

➾ **동격동질** : 인데 부서져 있다는 것이다/은[는] 부서져 있다. → **상태동질**

/ (발생현재로서) 생겼는데[있었는데] 부서진 일이 생겼다[있었다] -- **동작** event

➾ **동격동질** : <u>인데</u> 부서진 일이 생겼다는[있었다는] 것이다. [=happens broken]

tip)동작동질/상태동질/동격동질

↓
: 100 people happen rescued.
= 100 people are rescued.

/ (발생현재로서) 되었는데 부서졌다 -- **피동동작 → 동작동질**

➾ **동격동질** : 인데 부서졌다는 것이다//은[는] 부서졌다.

▭ was broken=있었는데 부서져 있었다[부서져 있었던 것이 말이다] -- **상태** event
/ (과거에/그때) 생겼는데[있었는데] 부서진 일이 생겼다[있었다] -- **동작** event
/ (과거에/그때) 졌는데[되었는데] 부서졌다 -- **피동동작**
➾ **동질연결** : 이었는데 부서졌다는 것이다//이었는데 (즉) 부서졌다

▭ will be broken
=앞으로 있을 것이다. 즉 부서져 있을 것이다[있는 것이 말이다] -- **상태** event, : **미래 어느 시점에서의 상태**
/ 앞으로 생길[있을] 것이다. 즉 부서지는 일이 생길[있을] 것이다 -- **동작** event
: 미래 어느 시점에서의 발생 -- 폭탄 타이머(ticking bomb)를 설치 놓고 이렇게 표현하면 된다.
/ 앞으로 될 것이다[일 것이다]. 즉 부서질 것이다 -- **피동동작[동질연결]**

▭ broken window **상태** event -- 부서져 있는 창문
동작 event -- 부서진 것이 생긴 창문 --> **피동동작**[EM] -- 부서진 창문

plus] 능동 event + 피동 event : The ringleader[mastermind] has been killed.
시동= -- 는 가지고 있다[에게 -- 있다]. 있었던 것인데 살해 된 것을[이] --.
자동동질↰ ↱**부순 event -- 양향을 받아 자동발생**

[3] **자동 event** ⇒ be동사+pp=인데 자동 event이다/인데 자동이다 : I' m broken. 내가 했는데 부수었어요.

▭ 'Good job, 88 out of 100!,' I was **prompted** to lament, 'Oh, just below the average of 91.'
prompted=**자동** event
-- (무언가에 의해 영향을 받아) 스스로 급한 것이 생긴 것으로서 곧바로[급하게]
시동= 하지만 -- 되었는데 곧바로 대동 슬퍼하는 쪽으로 가게 되었다. ∗하지만=문맥 associate
100점 만점에 88점 나온 것은 잘 한 것이나 평균이 91점이나 되니까.
: Where are markets headed? **시동**=어디이지, 시장이 향하고 있는 곳이 말이야?

① 능동 event :

A.. **He has been a teacher for 10 years.**
시동=가지고 있어요, 있었던/있어 왔던[해왔던 것/생활해 왔던 것]인데 선생생활로 구시[동안], 10년 동안 말이다.
-- **(과현) 계속** event cf]had been -- for =**(과과) 계속** event
↳**과과 속에서의** event

구문법에서 말하는 경험, 계속, 완료, 결과도 알고 보면 다 (기의미 성립) event이다.
그래서 have 동사 뒤 과분사는 능동 event로서 사실, 완료, 경험, 계속, 결과, 소재, 발생, 처지, 동질, 반복, 일반적 설명/일반적 event -- 등등이 있다. 구문법 대로 네 가지만 있는 게 아니다. event는 수없이 많다. 특히 피동 event에도 동작, 생산, 상태 event -- 등등이 있다.

cf] have **동사 뒤** pp=(능동으로서) 보통 기의미 성립 event이나 일반적[일반적 설명] event
또는 미래의미성립/현미 계속 event도 있다. 주의하라. ☞ H.. G.. B..
: A lotta people have been treated. : (능동과 피동으로서) **일반적 설명 또는 계속** event
시동=많은 사람들은 갖고 있는데, 있는 것[되는 것] 즉 치료되고 있는 것[치료되어 오고 있는 것]을 말이다.
↳ 이미 치료를 받았다면 **기의미성립** event 가능 : 있었던[되었던] 것인데 치료된 것이 ---

↗현미 계속으로 지켜주는 event ↗현미 속에서의 event

B.. **Zuckerberg: This system has kept Facebook ahead for 12 years.**: (현미) 계속 event

시동=이 시스템은 갖게 된다. 지켜주는 것인데 페이스북을 앞으로 구시 12년 동안 말이다.

↗과과 속에서의 event

tip)**계속** event=①과거 어느 시점부터 과거 어느 시점까지 계속 event : **과과 계속** event

②과거 어느 시점부터 지금까지 계속 event : **과현 계속** event → **과현 속에서의** event

③지금부터 미래 어느 시점까지 계속 event : **현미 계속** event -- **일종의 미래의미 성립** event

> vs **일반적[일반적 설명]** event="Bomb cyclone" is a low pressure system that has undergone bombogenesis. In the meteorological sense, bombogenesis simply means a storm that drops 24 millibars within 24 hours. 일종의 저기압 조직체계로서 이것은 가지고 있는데 발생하는 것, 밤보제네시스 현상이 발생하는 것을 가지고 있는 것이다[가지고 있다].

↳that=제한적/비제한적 연결영뇌

C.. **"Hey! You sunk my battleship!"**

시동=침몰 시킨 적이 있지/침몰 시킨 일이 있지! *sunk=(have 동사) **전제 infml E**

D.. **I have been lucky.**

시동=가지고 있어요, 있었던 것인데 운이 있었던 것을 말이다 -- **사실** event

/ -- . 지금까지 있어 왔던 것인데 운이 있어 왔던 것을 말이다 -- **계속** event

: 그래서 지금까지 운이 좋았다는 말이다 *지금까지=been associate ⇒ **과분사** associate

일반적으로 완료형 과분사를 특히 기의미성립 (능동) event라 한다.

이미 의미가 성립된 상황[time-up situation 이전상황]을 말하기 때문이다. 인터넷에서 가입 동의서를 다 읽은 후 동의여부를 체크하기전에 반드시 다음과 같이 물어오는 메시지가 있다.

: "I have read this and accept this." 읽었으니까 갖게 되는 것이고, 갖게 되는 것은 읽은 사실이다.

시동= -- 가지고 있다, 읽은 사실인데 이것을 말이다. 그리고 받아 들인다, ---- . ↳**과거 속에서의** event

영뇌 소유자는 동사 상황을 event 소유개념으로 표현할 수 있는 능력을 가지나 대부분의 한국 사람들은 pp의미를 정확히 모르기 때문에 가입동의서로 단순한 동사서술 개념으로 메시지 강도가 덜한 과동사로만 표현할 것이다.

E.. **"I am not a gay. I have not been a gay."**

시동=나는 없어요, 지금까지 있어온 사실, 게이로 있어 온 사실이 말이다 -- **계속** event

/----, 살아온 사실, 즉 게이로 살아온 사실이 말이다.

▭ **been=있어 온 것으로서 살아 온 것/생활해 온 것** *지금까지=been associate

F.. **We had used to work together for almost 10 years.**

시동=가지고 있었다. 늘 한 것인데 대동 일을 늘 함께 한 것으로 말이다. *늘=used associate

▭ used=use: **사용/이용하는 것으로서 하는 것** d: done **반복** event ↳**과분사** associate

※**표현자의 몫[speaker's desire]** — (이미) 예측한 사실을 두고 현재[과거] event 소유 또는 과거 가능

: Pundits have/had predicted[predicted] the UK elections would be a close one. ↳ ☞ p143

close=neck and neck (서로 서로 가까운 것으로서) 막상 막하인 것

G.. We hope you have enjoyed the new experience. -- 제품광고 문귀

시동=우리는 바랍니다. 여러분들이 갖기를 즐겨 본 것을 갖기를 새로운 경험으로 말이다.

-- **미래 속에서의 기의미성립 event : 미래완료 의미와 같다 (have=래발생 현재)**

또는 미래의미성립 event 가능 : 갖기를 즐겨 보는 것[즐기는 것]을 갖기를

↳**둘다 미래 속에서의 event**

vs We hope you enjoy the new experience. I hope you are enjoying your life.

시동= 즐겨보기[즐기기]를 /하기를 즐기는 것인데 ⇐enjoy/are=**래발생현재 현분사=앞으로 진행**

: a.. I hope I haven't caused you too much trouble.

시동=(앞으로) 없기를 야기시킨[시키는] 일이 없기를 당신을 너무나 많이 골치 아프게 말이다.

b.. Suicide bomber believed to have exploded. : to explode**보다 더 구체적이고 더 강력한 메시지**

시동=믿고 있었다. 가질 수 있다고, 폭발한[폭발하는] 것[사건]을 가질 수 있다고 말이다.

⇐Suicide bomber=(관사) **전제** infml E

c.. We have got an interview tomorrow. -- **미래의미성립** event (**미래상황 설명** event**도 가능**)

Trump : I would have fired FBI director Comey. (would=**생각의미로서 과생각**)

"I'm feeling so much better, and obviously I should have gotten some rest sooner." : Hillary Clinton

시동=가지고 있어요, 받는 것인데 인터뷰를 내일 말이다. /생각하고 있었다. 갖는 것인데, 해고시키는 것을 갖는 것을 말이다. /그래서 분명히 나로 하여금 일어나는게 좋을 것 같다. 즉 갖는 것인데 좀 휴식을 조만간에 말이다.

↱일반적 투자성향 또는 그런 것에 대한 설명

H.. The fear of losing money has lost more money. : **일반적[일반적 설명]** event]

시동=그런 두려움, 즉 잃을 까하는 돈을 잃을 까하는 두려움은 가지게 된다. 잃어버리는 일인데 더 많은 돈을 말이다.

실행 event

vs 가지고 있는데, 잃어버린 적이 있는 것을 가지고 있어요 : **기의미 성립** event**로서 경험** event

tip) I couldn't have identified him from where I was. : **과거상황에 대한 설명** event

시동=나는 할 수 없었다. 즉 신원 확인(하는 것을), 즉 그 사람 신원 확인을 기쳐 내가 있었던 곳으로부터 말이다.

I.. The ass had travelled some distance, when he came across a dog. **뜻하는 의미=** ↱우연히 마주치는 것

시동=그 당나귀는 하다가, 즉 쭉 가다가 좀 거리를 가다가 (언제냐 하면) 그때 그는 마주치게 되었는데 가로지르는 상황, 어떤 개 한마리 옆을 가로 지르는 상황을 마주치게 되었다. ※come=어떤 상황이 오는 것으로서 마주치는 것

돌연변이 English	got cf]got=가ㅌ /가ㄹ : 받침단타 /가트 vs got a/got to=가러 : 합성감주

IIIII.. 'I gotta run.' -- 과동사는 과거상황이 되어야 하는 데 오히려 현재 또는 미래 상황이 되었다.

정생각 정과거로서 **일종의 발전** English**이자** infml E ∴ 우리는 gotta를 일종의 조동사로 취급

시동=해야 겠어, 달리는 것을 말이다. get=움직여 취하는 것으로서 하는 것[g: go>move t: take] =I have to run.

have=**래발생현재** ⇒ **시동**=나는 해야 겠어, 대동 달리는 것을 말이다.

/소유현재 ⇒ **시동**=나는 가지고 있어요, 대동 달려야 한다는 것을 말이다.

/소유 필요성 ⇒ **시동**=나는 가질 필요성이 있어요, 대동 달리는 것[달릴 것]을 ----.

vs I've got to run. -- have 동사 뒤 과분사는 보통 **기의미성립**이나 미래의미 성립이 되는 경우

시동=가지고 있어요, 해야 겠다는 것인데 대동 달리는 것으로 말이다. ※run=달리는 것/달아나는 것

tip) I get to[getta] run. : get=**래발생현재** -- 해야겠어

J.. He kept to his bed for a week, by which time he had recovered.

시동=계속해서 대자 자기 bed에 붙어 있었는데 구시 일주일 동안 붙어 있었는데,
쯤 가서, 그 기간쯤 가서는 그는 갖게 되었어요, 회복 된 것을 말이다.
*to=방향부착으로서 대자 -- 붙여 있는 것 had=일주일 쯤 지난 시점

과거 완료라해서 무조건 앞선 과거로 두뇌가 작동하면 안된다. 그냥 두 단어의 뜻대로 생각하라. 여기서 'time' position는 period이다 ⇐ 'time' position=period or point (of time) **기간 또는 시점**

vs After I had tied one end of the rope to his bed,
I threw the other end out of the window.
⋯▸ 여기에서는 had=threw 이전상황 tied=기의미 성립으로서 had 이전 상황
구문법에서는 과거완료를 대과거라 한다. 과거에 기의미성립 event를 보유했기 때문이다.
시동=후에 -- 가진 후, 묶은 것을 가진 후에 -- 던졌다. -- .

과거 속에서의 event↘

K.. 고 정주영 회장이 잘 쓰는 용어가 '해봤어' 이다. 이럴 때 딱 들어 맞는 표현이 event이다.
"Have you done/tried?" ⇒ 결국 이 말은 해본 일이 있느냐는 말이다.
시동=가져봤어, 해본 것을 말이야? ▭ done=**실행으로서 해본 것** vs tried=**시도로서 해본 것**
vs "Did you try?" **시동**=해봤어, 시도를 말이다?

event 소유와	같은 것

IIIII.. S&P 500 had the biggest gain.
시동=가졌는데 가장 크게 상승한 것을 말이다.

이것을 일반과분사 뇌로 작동시키면 :
IIIII.. S&P 500 had gained (the) biggest.
시동=가졌어요, 상승한 것인데 (정말로) 가장 크게 말이다.

모두 동사소유 개념 표현이다. 영뇌는 이렇게 동사소유 개념 뇌로 발달 되어 있다.
그래서, 웃고나서 "I have a funny laugh." 라고 표현한다.
웃었으니까 재미나는 웃음을 가진 것[셈]이 된다.
시동=나는 그냥 가져봤어요, 재미나는 웃음을 말이다.
즉 재미있게[신나게] 한번 웃어 봤다는 것이다. ※ have=발생현재로서 소유발생

☜.. 이해는 (언어에 대한 basics를 알았디면) 최종적으로 단어의 최종적인 뜻인 감주로 이해한다.

event와	현재완료, 과거완료, 미래완료

과분사는 BNW가 event이기 때문에 원동사처럼 현재/과거/미래 속에서도 두뇌가 작동한다. 그래서 현재완료, 과거완료, 미래완료가 만들어 진다. event는 단순한 동사서술의미가 아니다.

IIIII .. have trained (horses)

시동=(지금) 갖고 있는데 훈련 시킨 것을 말이다 -- **현재 속에서의 기의미성립 event 소유**

Obama: Time has come for Syrian president Assad to step down.

시동=때는 가지고 있어요, 왔다는 것, 즉 시리아 대통령 Assad가 대동 하야할 때가 왔다는 것을 말이다. 결국 뜻하는 의미는 그럴 때가 왔다는 것이다.

IIIII .. had trained (horses) -- **과거 속에서의 기의미성립 event 소유**

시동=(그때) 갖고 있었는데 훈련 시킨 것을 말이다.

: They hadn't trained hard, however they won.

시동=갖지 못했다. 훈련을 열심히 시킨 것을 말이다. 하지만 --- .

IIIII .. will have trained (horses) -- **미래 속에서의 기의미 성립 event 소유**

미래 속에서의 기의미성립과 미래의미 성립은 일종의 미래 속에서의 event이다.

시동=(그 때쯤에는) 할 것이다. 갖는 것인데 훈련 시킨 것을 말이다.

/앞으로 가질 것이다. 훈련시킨 것[훈련시켜 놓은 것]을 말이다.

vs 미래의미 성립 event인 경우

: 앞으로 가질 것이다. 훈련시키는 것을 말이다.

※**주체래발생(will)+미래 속에서의 본동사 의미(원동사)**

cf] 현재완료, 과거완료, 미래완료 할때 이때 완료는 어느 시점에 완료 된 것을 의미하므로 **완료형의 pp는 보통 기의미 성립, 즉 기의미 성립 event**이다. 하지만 일반적[일반적 설명/미래의미 성립/현미 계속] event도 있는데 이 때에는 완료(라는 의미)가 아니다. 그래서 구문법에서 말하는 현재[과거/미래] 완료는 기의미 성립만 의미하는 것이다. 따라서 'have+pp' 를 무조건 완료형이라고 말하면 틀린 말이다.

"I will have finished the work when you come home next week."

시동=앞으로 가지는 데 끝낸 것을 가진다. 언제나 하면 네가 올때 말이다.

"He will have trained horses 10 times by the end of this year."

시동=앞으로 가질 것이다. 훈련시킨 것을 10번 씩이나 쯤[근시 近時/근자 近者]에는 말이다.

···› 이렇게 기의미 성립 소유이니 미래완료를 구문법에서는 '-- 한 셈이 된다' 고 해석한다.

vs "He will train horses 10 times until the end of this year."

시동=앞으로 훈련시킬 것이다. 열번을 말이다 ···› will=(주체래발생으로서) **단순미래**

vs "We have got an interview tomorrow." : **미래 의미성립** event

시동=가지고 있다. 받는 것인데 인터뷰를 내일 말이다 : **미래 의미성립[≠미래완료 -- 기의미성립]**

vs "Almost all Koreans have eaten rice everyday." **시동**=갖는다. 먹는 것[일]인데 밥을 매일 말이다 : **일설 능동** event cf]**일설 피동** event
↳**즉, 일반적 식사경향** event
또는 그런 것에 대한 설명 event

일반적으로 원동사의 본동사 의미와 바람 의미원성립, 의미과성립, 과분사, 현분사, 동명사는 현재/미래/과거 속에서도 가능하다. 본동사의 본동사의미, if없는 하생각, 일어난 것처럼 성립시켜보는 하생각, event, 진행의미, 동사사실의미이기 때문이다.

※**미래 속에서의 기의미 또는 미래의미 성립** event ⇒ **둘다 미래 속에서의** event

시제 종류

의미성립 입장에서 event에는 기의미성립, 현재[과거/미래] 의미성립, 일반적 의미성립, 일반적 설명 의미성립 event가 있다. 이들 event가 바로 event 시제이다. 특히 기의미성립 event는 이미 의미가 성립한 것으로 time-up situation이자 have 동사 이전 상황이다. 현재[과거/미래] 의미성립 event는 그 시점에 의미가 성립하는 의미이다.

그래서 시[시제]에는 원시 /현재 /과거 /미래 /event시 /진행시 /동명시가 있게 된다.

▭ **원시**=기시(基時)로서 원동사의 BNW 시제이다. 모든 시제에 적용시키기 위한 **기본시제**이다.

event 부사=ever/never

과동사에 ever/never를 붙이면 event가 된다.

ever가 경험[사례]의 때로서 event이기 때문이다. ☞ **영뇌영어 vol 2 ever 개념 p361/381**

IIIII .. ever saw=have seen

전자=있는 적이 있는데 본 적이 있다. **후자**=가지고 있어요, 본 적이 있는 것[본 것]을 말이다.

: never saw=have never seen : not+ever=never cf]never ever saw : **강조**

cf] never=event 부사 /그냥 부사 ↳결코 정말로 본 적이 없었다

↳결코 한 적이 없다/결코 하지 않다

❖ have seen**의 뜻** :

시동=가지고 있어요, 본 것[본 적이 있는 것]을 말이다 -- **사실/경험** event

/----, 보아왔던 것[계속 보아 왔던 것]을 말이다 -- **계속** event

/ ---, 방금 본 것을 말이다 -- **완료** event ☞**처지** event p61

event의 일상적인 의미

일반적으로 쓰이는 event **의미, 즉 명사** event[≠**동사** event]
↳pp

=눈에 꽂히듯이 크게 보이는 일[것]로서 어떤 사건/경기/행사

[e: eye v: 꽂히는 모습 e: eye t: thing]

a.. Polish president : biggest tragedy event ❖ biggest=(the) **전제 infml E**

b.. The 800 meters is not his best event. a main event 주경기

c.. an annual event 연중 행사 social event /fund-raising events

cf] occasion=특별히 일어나는 일[경우]로서 행사[oc: occur c: case s: specially]

: I' m saving this bottle of champagne for a special occasion. public mourning ~

현분사의	동일치/계속 진행과 쭉 진행

현분사의 동일치/계속[지속] 진행과 현분사의 쭉 진행은 다르다.

후자=been 의미가 첨가된 쭉 진행, 즉 기간계속 event가 첨가된 쭉 진행으로서 event 진행, 즉 event 진행으로서 쭉 해오고 있는 것/쭉 해왔던 것

전자=be 동사의 진행 동일치/동지속이 첨가된 동일치/계속[지속] 진행으로서 (그냥 어느 시점 또는 그냥 일정기간에) 하고 있는 것 cf]기간계속=전부터 어느 시점까지 계속

□ has been training (horses) ⇒ **training=쭉 진행**

시동=(현재) 가지고 있어요, 있어 왔던[해왔던 것]인데 쭉 훈련시켜 왔던 것을 말이다.

/ ----, 해오고 있는 것인데 쭉 훈련시켜 오고 있는 것을 말이다.

→ vs is training (horses) **시동**=(무언가 하고) 있는 데 훈련시키고 있다.

⇒ **training=동일치 진행 또는 계속[지속] 진행**

□ will have been training ⇒ **training=쭉 진행**

시동=앞으로 (그때쯤에는) 갖게 될 것이다. 해왔던 것, 쭉 훈련 시켜 왔던 것을 말이다.

→ vs will be training

시동=앞으로 (그때에는 하고) 있을 것이다. 즉 훈련시키고 있을 것이다.

⇒ **training=동일치 진행 또는 계속[지속] 진행**

↗즉 확장 event

② 피동 event와 그 확장의미[즉 피동 event로서 EM] :

A.. Many charity shops in Britain are staffed by/with volunteers.

□ **동작** event=생기고 있는 데 직원들로 채워지는 일이 생기고 있다 -- **일반적 동작** event

□ **상태** event=있는 데 직원들로 채워져 있다.

□ **피동동작[피동행위]**=있는 데, 직원들로 (일반적으로) 채워지고 있어요.

-- 일반적 피동동작[피동행위]

⋙ **동질연결** : 인데/에게 채워지고 있어요. tip) '에게' 로서 **동질연결** -- '에게' 동질

tip)과분사=event와 EM 동명사=동사사실의미와 EM/IM

B.. Initially, concerns of all members were not being heard.

□ **동작** event=처음부터 여러가지 걱정들이 --- 되고 있지 않았어요, 즉 <u>귀 기울어지는 것</u>이 말이다.

□ **피동동작[피동행위]**= -- 우려들은 -- 되고 있지 않고 있었어요, 즉 <u>귀 기울어지지 않고 있었어요</u>. **＊행위는 동작의 구체적 개념이다. 넓은 의미에서는 모두 동작에 속한다.**

⋙ **동질연결** : -- 은 이었는데 안되고 있었어요, 즉 귀 기울어지는 것이 말이다.

C.. The baby is being carried by Mom.

▭ **동작** event=그 애에게 있는 데 되고 있어요, 옮겨지는 일이 행자 엄마에 의해서 말이다.

▭ **피동동작[피동행위]**=그 애는 있는 데 되고 있어요, 즉 옮겨지고 있어요. ----.

⟹ **동질연결** : -- 은 인데 되고 있었어요, 즉 옮겨지는 일이 말이다[옮겨지고 있어요].

D.. Because they are so hidden, we don't know even what has been demolished.

▭ **상태** event= -- 은 있기 때문에, 그렇게 숨겨져 있기 때문에 *are=**상태 현재**

▭ **동작** event= --에게 생겼기 때문에 그렇게 숨겨져 있는 일이 생겼기 때문에 *are=**발생현재**

▭ **피동동작[피동행위]**= -- 되었기 때문에 그렇게 숨겨졌기 때문에 *are=**발생현재**

시동=왜냐하면 --- 때문에, 우리는 몰라요, 조차도[정말로] 무엇이 되어 있는지 즉 파괴되어 있는지 (조차도) 말이다. ***has=소유상태로서 되어 있는 것** been=**동질** event**로서 즉**

고정관념 바꾸기 be동사를 '이다/있다' 로만 알고 있으면 안된다.
문맥에 따라 발생으로서 ' 되다/생기다/발생하다 -- 등등' 이 가능하다.

tip)**전환식/한뇌식 공부의 맹점** : Prince Harry was joined by his fiance'e, Meghan Markle.

했는데 (즉) 함께 참가하게 되었는데 함께한 자/행자는 그이의 약혼녀, -- 이었다 : 이것을 '-- 에 의해서' 로 해석하면 문맥이 맞지 않는다. Christmas Day church service(교회 예배식)에 그냥 같이 참가한 것이기 때문이다.

※by=행위의 실체로서 함께한 자/행자

E.. 18 killed. Made in Korea.

▭ **동작** event=18명에게 살해 된 일이 발생했다. **피동동작[피동행위]**=18명은 살해 되었다.

▭ **상태** event=18명은 살해 되어 있다. ▭ **생산** event=제조된 것인데 내소 한국 내소에서 제조된 것 *killed=(HB동사) **전제** infml E --> StE=are[were] killed/have[had] been killed

F.. We want him buried next to his wife tomorrow.

▭ **동작** event=묻히는 일이 생기기를 **피동동작[피동행위]**=묻히기를 **상태** event=묻혀 있기를

-- (피동 event로부터) **미래 의미성립**

미래 의미성립은 미래 수동태에서 많이 나타난다. cf]미래완료 pp=미래 속에서의 기의미성립
: He will be buried.
시동=앞으로 생길 것이다. 묻혀 지는 일이 말이다. / 앞으로 될 것이다. 즉 묻혀 질 것이다.

G.. He has twice been convicted of arson or robbery.

▭ been=**사실/경험/발생으로서 능동** event convicted=**피동** event

시동=가지고 있어요, 두 번이나 있었던 것, 유죄 판결받은 사실이 있었던 것을 즉 -- 관련해서 / -- , 두 번이나 받았던 것, 유죄 판결을 받았던 것을 -- . / -- , 두 번이나, 즉 유죄판결을 받았던 것 ***우리말 '받다' =능동의미/피동의미** been=**동질** event**로서 '즉'**

H.. The public is/are being enlisted to help. *누군가=help associate → **원동사** associate

▭ **피동동작**=있다. 즉 하고 있는데 협력 요청을 받고 있다. 대동 누군가를 돕기 위해서 말이다.

I.. **Hosni Mubarak who was ousted and tried on various charges can go free.**

▭ **동작** event=누구냐 하면 있었던 사람, 즉 축출되어 재판 받은 일이 있었던 사람인데 --- .

tip)**일설** event : 〃Overworked, Underpaid!〃 일은 많이하고 월급은 적게 받고!

→ 미 public school 선생들의 시위 slogan : **전자=능동 event 후자=피동 event**

〃First come, first served〃 ↳일반적인 근무 환경 또는 그런 것에 대한 설명 : 오우버워어컷[워어크트] 언더페이드

〃Begun well, almost done〃 ↳**계속 event인 경우** : 지금까지 일은 많이 해왔고 월급은 적게 받아왔다!

↗즉 확장 event

③ 자동 event와 그 확장의미[즉 자동 event로서 EM] :

무언가 영향을 받아 자동으로 발생했거나 발생하는 것이다. 영향을 받아 생기는 일이니 스스로 발생한다. pp가 자동의미가 되는 근거가 바로 여기에 있다. 영향을 받아 생기는 일이니 자동 event는 타동사 뿐만이 아니라 자동사에게도 나타난다. 따라서, 자동 event와 그 확장의미는 능동태를 수동태로 전환시키는 **전환개념**으로 이해할 수 없다. 그런데, 이럴 경우 자동과분사로 동사로 보는 사람이 있는가 하면, 자동형용사로 형용사, 즉 동사형용사로 보는 사람도 있다[≠질/상태 형용사]

tip)1. 영향을 받지 않고 스스로 발생시키는 자동현분사도 있다 ☞ p476

2. 타동사의 자동의미는 피동의미로 뜻이 같은 경우도 있고, 그렇지 않은 경우도 있다. 주의하라.

↳ I.. vs G..

A.. **It's that bum you said was taken up two parking spaces.**

-- taken에 영향이 기분이 나쁜 것인지, 무슨 사연인지 모르나 아무튼 영향을 받아 스스로 일이 생긴 것이다. (밑줄=보어)

▭ **자동** event =바로 저 불량배, 즉 네가 말한 녀석인데, 그 녀석에게 일어 났어요, 차지 해버린 일이 일어 났어요 --- .

▭ **자동 동작[행위]**=바로 저 불량배, 즉 네가 말한 녀석인데 해버렸어요, 차지 해버렸는 데 두 곳의 파킹 구역을 말이다 ⇠ 그 녀석에게 있었는데 차지하게 되는 일이 있었다는 것

↳**영향을 받아 생기는 일**

you said=관계문장 up=완전히 끝내는 것으로서 해버리는 것

was=발생으로서 생긴 것/일어난 것/해버린 것

⇒ was=동질연결 발생으로서 '그 녀석에게 일어났어요'

plus) Sam is always surprised just to see a snake. : **일/설 자동** event

=샘은 늘 놀란다. 그냥 대동 보이기만[눈에 들어오기만/보기만] 하면 뱀이[을] 말이다.

B.. **Hey , pal, if you are done, pumpin', move it!**

▭ **자동** event

= -- 친구, -- 에게 생겼으면, 다 끝낸 일이 생겼으면, pumping[주유하는 것]하는 것말이야, 그렇다면 옮기세요, 그 차를 말이야. ⇒ **그렇다면=문맥** associate

→ **자동 동작[자동 행위]**= -- 에게 되었으면 다 되었으면 ----.

⇒ **are=현재범위에서의 발생현재** ↘**자동동질** ＊**우리말 '되다' =†자동의미/피동의미**

↗자동동질 -- 자동의미로서 자동 event와 동질

C.. We're taken more actions, more steps on nuclear program.

▭ **자동** event=우리에게 있다, 취한 것인데 더 많은 조치들이 --/했는데 취했어요 --- .

▭ **자동 동작[자동 행위]**=우리는 취했어요 ---. ⇒ 're=는 tip)pp=능동의미/피동의미 외에도 영향을 받아 생기는 자동의미도 있다.

D.. A white house source said he was woken from his sleep for the signing. : Mr. Obama를 두고 한 말이다.

▭ **자동** event=있었다고, 깨어나 있었다고 --- .

▭ **자동동작**=했다고, 깨어났다고, 기처 잠으로부터, 해자 그 사인 때문에[을 위해서] 말이다.

E.. "See! You were supposed to have three heads!"

: 지금 마술을 하는 상황 -- 마술의 영향을 받아 자동발생

▭ **자동 행위[동작]**=봐라! 너 되었지, 상상이 되었지[상상이 일어났지], 가진 것으로 세 개의 머리를 가진 것으로 말이다.

: We are supposed to open next month.
현재 공사 진척에 양향을 받아 자동으로 생각이 발생 한 것이다.
시동=있는데 생각하고 있다. 대동 open하는 것인데 다음달에 말이다.

'--할 예정이다' 는 말은 이 표현이 뜻하는 의미이다. 단어의 뜻을 뜻하는 의미로 가지고 있으면 마술사 말을 이해하지 못할 것이다. 한국 사람이 영어가 안되는 이유 중의 하나이다.

F.. Getting dressed. Get started. Are you bet?

▭ **자동** event=하기, 옷 입는 것을 하기 ▭ **자동 행위**=하기, 즉 옷 입기

▭ **자동** event=하라, 출발하는 것을 말이다.

▭ **자동 행위**=하라, 출발하라. /했는가, 당신은 걸었는가? ＊are=발생현재

: The most watched channel, CNN. : 가장 많이 보는

↗자동동질/능동동질

G.. Obama being briefed on Libya. ＊being=(be동사) **전제** infml E --> StE=is being

▭ **자동 행위**=하고 있는 데 브리핑을 하고 있다. 관련해서 리비아와 관련해서 말이다.

vs **피동동작[피동행위]**=하고 있는 데 브리핑을 받고 있다 . ↳**대통령 기자회견**

: A third of the world's food is lost and wanted.
없어지기도 하고, 필요하기도 한다 -- **음식물 낭비 금언**
-- 단어의 뜻은 상황 또는 문맥에 따라 판단 : lost=**피동의미**, wanted=**자동의미**

H.. Infested with vermin.

▭ **자동 행위**=들끓고 있는데 vermin으로/동자 -- 으로 말이다.

＊with=동존으로서 있는 것/동존대상으로서 동자--으로
Infested=(주동) **전제** infml E-->StE=It is infested ＊it=그곳
↳들끓게 되는 일이 생기는 것으로서 들끓는 것

I.. A: Hey! A left-over steak!

B: Wait! That's spoken for. A: Too bad! cf]She is spoken. : 자동 event

□ **자동 event //피동 event [피동동작/피동상태]**

=점찍어 둔 것[놓은 것], 누군가를 위해서 점찍어 둔 것[놓은 것]이다.

/점이 찍혀 있는 것인데 누군가를 위해서[누군가에게] 점이 찍혀 있는 것이다 : **상태** event

/점 찍혔다[점 찍혀 있다]. 누군가를 위해서[누군가에게] 말이다. **＊누군가=for associate**

spoken=자동 event : 말해둔 것으로서 점찍어 둔 것/말해 놓은 것으로서 점찍어 놓은 것

spoken for=adj. infml (of a thing) being kept aside for someone

-- 사전에 이렇게 표시 되어 있으면 자동과분사로 보지않고 자동형용사로 본 것이다.

leftover=left-over adj. remaining; unused

남겨 따로 걸쳐[위에] 놓은 것으로서 남겨 놓은 것 : 일종의 자동 event

tip)well-spoken words=a. 주체=사람 : 자동의미(잘 말하는 말) b. 사물 입장 : 피동의미(잘 말해지는 말)

↳caution]자동 event는 주체가 사람도 가능하다.

영향을 받아 스스로 발생하기 때문이다.

vs **"The people of Britain have finally spoken."**

: London Mayor가 의회 진출한 것을 두고 한 표현 : **능동** event

시동= 국민, 즉 영국국민들은 가지게 되었다. 최종적으로 점찍어 둔[놓은] 것을 말이다.

＊우리말 '점찍어 둔[놓은] 것' =**자동의미/능동의미**

영어에서 피동이라는 개념

피동이라는 개념은 반드시 '되다, 맞다, 당하다, -- 등' 으로 직접 입히는 것[직접 영향을 받는 것], 즉 직접피동만 뜻하는 것은 아니다. 영향을 받아 생기는 일도 피동이다. 이때 피동은 영향을 받아 스스로 발생한다. 그래서 **자동 event와 그 확장의미**는 자동과분사로 표현하고 타동사 뿐만이 아니라 자동사에게도 나타난다. 자동사/타동사와 다른 점은 영향을 받아 생기는 일로서 스스로 발생한다는 데 있다 : **자동과분사=자동의미**

- I am not oppressed. **자동행위**=하지않는데 즉 억압하지 않는다 -- 자기발생에 중점

  ↳(나에게) "없는데 억압하게 되는 일이 없다"로서 억압하지 않는 것

  피동행위=받지 않는데 즉 억압받지 않는다 -- 영향을 받는데 중점

  vs I don't oppress. **타동행위**=하지않는데 억압하지 않는다 -- 남에게 영향을 주는데 중점
- Trump is misunderstood. 잘못 이해했다/오해했다 -- 자기발생에 중점

  vs Trump misunderstood. 잘못 이해했다/오해했다 -- 자기행위에 중점

① 영향을 받아 스스로 일어나는 것은 자동사에게도 일어난다.

a.. She is gone. □ **자동** event= -- 에게 생겼는데 가버린 일이 생겼다**[동작]**

/ -- 는 가버리고 없다**[상태]** □ **자동 동작**= -- 는 가버렸다

-- 무슨 일인지 모르나 어떤 것에 영향을 받아 gone**한 일**이 생긴 것이다.

이럴 때에는 능동 event 뇌로 표현도 전달결과는 같으나 그 뉘앙스가 다르다.

···› 'She has gone.' **시동**=가지고 있다. 가버린 것을 말이다.

···› 만약 과동사 뇌로 표현하면 'She went.' 로 되어 '갔다' 가 된다.

b.. She is just returned from town.

□ **자동** event= -- 에게 생겼는데 방금 돌아 온 일이 생겼다[**동작**].

/ -- 있어요, 방금 돌아와 있어요[**상태**].

□ **자동 동작**= -- 했어요, 방금 돌아왔어요

vs She just returned --. **시동**=방금 돌아 왔어요.

vs She has just returned --. **시동**=가지고 있어요, 방금 돌아온 사실을 말이다.

c.. We want him gone in three days. Get started.

□ **자동** event=원하는 데 그에게 가버리는 일이 생기기를 지나서 3일 지나서 말이다.

□ **자동 동작**=가버리기를 지나서 3일 지나서 -- □ **자동** event=하라. 출발하는 것을 말이다.

d.. I am come to sacrifice to the Lord. □ **자동** event=-- 생겼는데 왔던 일이 생겼다.

□ **자동 동작**=나는 왔어요, 대동 재물을 바치기 위해서[제사를 지내기 위해서] 대자 --- .

② 영향을 받아 스스로 일어나는 것은 타동사에게도 일어난다.

-- 태 전환개념으로 이해되지 않는 표현들이다. 그래서 수동태를 전환식으로 공부하면 안된다. 즉 피동의미 과분사를 전환값으로 이해하면 안된다. 그냥 be동사를 자동과분사로 설명해 나가는 뇌로 이해하면 된다.

a.. I' m finished. -- 자기발생에 중점 cf]I finished. 나는 끝냈어요-- 자기행위에 중점

□ **자동** event=나에게 생겼어요, 끝난 일이 말이다. □ **자동 동작**=나는 끝났어요 ⇒ ' m=는

***우리말 '끝났어' =자동의미/능동의미**

이때 '끝났어' 라는 의미는 자기가 일을 다했기 때문에 일어나는 결과이다.
영향을 받아 스스로 일어나는 결과로 크게 보면 피동개념에 속한다.

자동 event를, 특히 일부 문법학자들은 분사형용사, 자동[동사]형용사라 하며 사전에서는 형용사로 분류하고 있다. 그런데 형용사만으로는 과분사 느낌을 충분히 느끼기에는 부족하다. 자동 과분사로 바로 이해하라.

b.. I' m done. □ **자동** event=나에게 생겼어요, 다한 일이 말이다.

□ **자동 행위**=나는 다 했어요/다 됐어요. cf]He is done. : 모든 게 '끝장이다' 는 의미로 '끝났어' 도 됨

c.. I' m surprised.

▭ **자동 event**=나에게 생겼어요/있어요, 놀란 일이 말이다. ▭ **자동 행위/동작**=나는 놀랐어요.

↖나에게 있는데 놀라게 되는 일이 있다는 것↗

: I' m disappointed.

▭ **자동 과분사로 동사로 보는 사람** -- 여전히 과분사로 동사의 일종으로 본다.

: I am <u>much</u> surprised. **시동**=많이 놀란 일이 생겼다/놀랐다.

▭ **자동 형용사로 형용사로 보는 사람** -- 결국 형용사로 본다.

: I am <u>very</u> surprised. **시동**=매우 놀랐다.

일반적으로 정도부사 much는 동사를, 강조부사 **very**는 원급형용사를 설명해 준다 ⇒ **StE/WrE**

: surprised/interested/excited/disappointed //surprising/disappointing -- etc.

=**자동 과분사[현분사] or 자동 형용사**

-- 여기에 much를 쓰면 infml E [SpE]가 되고, very를 쓰면 StE가 된다.

a.. He is <u>much interested</u> in the project. : **Webster Dictionary**

시동=많은 관심이 있다 ⇒ **infml E [SpE]** -- 동사로 생각하여 much를 썼다.

vs He is <u>very interested</u> in the project.

시동=매우 관심이 있다 ⇒ **StE/WrE** -- 형용사로 생각하여 very를 썼다.

vs **피동 과분사** ⇒ 관심을 받고 있다

b.. They were much/very excited at the game.

시동=많이 흥분한 것 /매우 흥분한 것 ＊**at=바로 대상으로서 즉 -- 보고서**

vs They were much excited by the game.

＊**excited=피동 event /피동동작으로서 <u>피동 과분사</u>**

-- 동사만 되니 much만 가능 ⇒ StE

시동= -- 에게 생겼다. 많이 흥분을 받은 것이 말이다.

/ -- 받았는 데 많은 흥분을 말이다.

↗ **자동 과분사=자동 event or 자동형용사[=동사형용사≠질/상태 형용사]**

▭ **자동 과분사**= 자동사의 자동 과분사 [gone]

/타동사의 자동 과분사 [finished]

vs **피동 과분사**= 타동사의 피동 과분사 [killed]

☺.. 이해는 (언어에 대한 basics를 알았디면) 최종적으로 단어의 최종적인 뜻인 감주로 이해한다.

피동 event	두 가지 해석 방법

피동 event는 피사체 입장에서 보면 피동이지만, 주체 입장에서 보면 능동이다. 그래서, 문맥에 따라 주체 입장에서 이해해도 좋다. 즉 시동을 걸어도 좋다.

a.. A president forgotten but not gone.

▭ **피사체 입장**=잊혀지지만 가버리지 않는다.

▭ **주체 입장**=잊는 것이지만 떠나지 않는다 (**피사체**=a president **주체**=we)

↳**주체입장 뜻은 자동의미와 다르다. 분명한 피동의미의 뜻하는 의미이다.**

b.. This product is made by China.

▭ **피사체 입장**=(인데) 만들어 졌는 데 만든 곳이 China이다.

: He had his purse stolen.

시동=그는 가졌다. 지갑이 도난 된 것을 말이다 /그는 당했다. 지갑 도난을 말이다.

▭ **주체 입장**=(인데) 만든 것인데 만든 곳이 China이다.

: Have my hair cut. **시동**=하라, 내 머리를 깎도록 말이다.

c.. They have us surrounded. ▭ **주체입장=적(they=enemy) 입장**

시동=그들은 가졌어요, 우리들을 포위한 것으로 말이다.

: History of gay rights in the U.S. examined. 역사 인데 -- 상세히 살펴보고 있다.

↗The judge orders him jailed.

d.. I had the roof fixed. ↗**미래 속에서의 피동행위[event]**

▭ **피사체 입장**=하게 했다. 지붕이 고쳐지도록/지붕에게 고쳐지는 일이 생기도록 말이다.

or 나는 갖게 되었다. 지붕이 고쳐진 것으로 말이다.

▭ **주체 입장**=나는 하게 했다. 지붕을 고치도록 말이다.

/지붕에게 고치는 일이 생기도록 말이다.

e.. Mr. Sharon was both vilified and admired.

▭ **주체 입장/피사체 입장**=샤론(수상)에게는 있었다. 두가지 점, 즉 사람들이 헐뜯는 것과 사람들로부터 칭송받는 것말이다.

과분사와 영뇌화법[전달표현]

그냥 상황에 맞게 단어의 뜻대로 말하는 것이 영뇌화법이다.

a.. Tom Casey said in a statement it was unfortunate that North Korea has not yet met its commitments.

시동=말했는데 -- 없다는 것은 아직도 충족시킨 사실이 없다는 것은 불행이다고 말이다/가지고 있지않다는 것은 아직도 충족시킨 사실을 가지고 있지 않다는 것은 불행이다고 말이다.

: 동시점 과거로 had가능 (also, was=동시점 과거)

b.. They have said that the house is[was] destroyed.
They had said that the house has[had] been destroyed.
They said that the house was[is] /has been[had been] destroyed.

is/has는 여전히 현재 범위에서 유효할 경우 표현 가능
그래서, 휴게소에서 어떤 한 여자가 현재 배가 고프다고 말한 것을 다른 사람에게 전달할 때 "She said she is hungry."라고 표현 하는 것이다.
여전히 현재범위에서 고픈 상태가 현재 그대로 유효하기 때문이다 : **상태현재**

이렇게 **상황에 맞게 뜻대로 쓰면된다.** 말한 사실이면 과거이면 said로, 현재에 말한 사실을 보유한 것이면 has said로, 그리고 that이하 상황이 현재상황이면(즉 현재에 유효하면) 현동사로, 과거상황이면 과동사(즉 동시점 과거/선과거/단순과거)로, event 상황이면 event로 표현하면 된다.
시제일치, 인칭일치, 지정일치, 장소일치 따위를 생각하면 오히려 표현하는 데 구속을 받는다. ☞ p140

plus] a.. United States secretary of state Colin Powell has said that there are problems with Iraq' s nuclear weapons declaration.
시동=가지고 있다. 말한 사실을 가지고 있는 데 -- 현재에 있다고 말이다.

b.. Democrats have said Bush was gambling his prestige on the outcome of the race.
시동=가지고 있다. 말한 사실을 가지고 있는 데 하고 있었다고 말이다. *prestige 신망/위신

c.. She always has said she is/was innocent.

수동태/완료형과 과분사 관계

먼저 말에 먼저 무한글 이해가 스쳐가지 않으면 영뇌가 아니다.

수동태와 완료형이 별것 아니다. be동사에 피동 event를 쓰면 수동태가 되고, 자동 event를 쓰면 자동태가 되고, have동사에 능동 event를 쓰면 완료형이 된다.

수동태=be 동사로 먼저 개략적으로 말하고, 피동 과분사로 구체적으로 설명해 나가는 뇌
자동태=be 동사로 먼저 개략적으로 말하고, 자동 과분사로 구체적으로 설명해 나가는 뇌

완료형=have 동사로 먼저 개략적으로 말하고, 능동 과분사로 구체적으로 설명해 나가는 뇌
=소유+event, 즉 event 소유

그래서, 능동태를 수동태로 고치는 식으로 수동태를 이해하지 말라.
그냥 단어의 뜻대로 이해하라. 특히 태전환 개념으로 이해가 안되는 과분사도 너무나 많다.
: The mountain is covered in/by/with dense forest.

시동=있는 데 덮여 있는 데 내자[행자/동자] 밀림으로[의해서/으로] 덮여 있다.

*with=동존대상으로서 동자(同者)-- 함께/으로

in=내속 대상으로서 내자(內者) -- 으로[속으로/속에서]

: He wins a seat in the general election. 내자 총선 (속)에서 *a seat=의석 하나

by와 과분사 관계 by가 반드시 피동 과분사와 의율이 되는 것은 아니다.

a.. Disease runs rampantly and death occurs almost routinely by accident or violence.
3 students died by suicide this semester.
He enhanced the pride of the nation by winning the men's marathon.
시동=행자 사고 또는 폭력에 의해서 말이다 /행자 자살로 해서 /행동 승리함으로써 -- 에서 말이다.
↳원인행위 대상이 동사인 것으로서 행동

b.. Music by David What's the plan by Romney-Ryan?
The foiled terror plot was by the Somalia-based militant group, Al-Shabaab.
시동=만든 자[연주자]가 -- 이다. /무엇이지, 그 플랜,
즉 행자 롬니와 라이언이 제시한[만든] 플랜 말이다? /있었다. 행자 -- 의해서 말이다.

Headline : ---------
--------- --------- By Amanpour 시동=행자[쓴 기자/제공자]는 -- 이다.
cf]issued by : ---- 시동=발행되었는 데 발행한 곳/발행 행자 -- 여권 발행처를 말하는 것

"Birdie", used by[to] children, dubbed 'a little bird'.
시동=(사용되는 데) 행자 -- 의해서 (사용된다) [(사용되는 데) 대자 -- 에게 (사용된다)]
: Kennedy was shot and killed by Oswald. 행자[살해자]는 -- 였다 *dubbed=일명

c.. We offer by e-mail. Go by train. I know him by name. We pay by the monthly fee.
No one by the name. 시동=행자 e-mail편으로 /행자 열차편으로 /(알고[인지 하고] 있는데) 해서
[행자] 이름으로 해서 -- /해서 월세로 해서 /(아무도 없는데) 해서[판자]
그런 이름으로 해서 --

by=[b: behaviour y: 지게] 지게를 지는 행위로서
원인행위와 그 실체 -- 행동(行動)[행자(行者)] -- 함으로써[의해서] cf]to=대자/대동 for=해자/해동
/**행위실체** -- 행위 실체로서 행자(行者), 행자로서 쓴 자/살해자/만든 자 -- 등등
/**행(위) 수단과 그 대상** -- 해서[행자] ~ 해서[편으로] **cf]상수단과 그 대상** : on foot 해서 도보[발]로 해서/상자 도보[발]로
/**판단과 그 대상** -- 해서[판자(判者)] ~ 으로 해서
/**판단행위 대상이 동사인 것으로서** -- 행동/해서 **내수단과 그 대상** : in ink 해서 잉크로 해서 /내자 잉크로
: Summarize by selecting and reporting the main features.
↳행동/해서 -- 알릴 내용으로 해서 그 주요 특징들로 말이다.

tip)행자/행동의 '행'=앞말에 대한 행위이다.

plus] by=(지게) 옆에 앉아 있는 것으로서 옆인 것/옆 대상으로서 측자(側者) [b: 옆에 앉아 있는 모습 y: 지게] : They have a house by the lake. cf] by=근자/측자/차자 ☞ vol 1 p306/25 tip)have 본토말=해브/어브/어/합성감주

기간계속의 완료와 기간계속의 계속

↗과현 속에서의 event

IIIII .. He has been a teacher for 10 years. : been=기간계속 event[즉 과현 계속 event]

▭ **기간계속의 완료** : 지금 끝나 있어도 전부터 계속된 사실을 말하는 경우

시동=가지고 있어요, 있었던/있어 왔던[해왔던 것]인데 선생생활로 구시[해자] 10년 동안 말이다.

▭ **기간계속의 계속** : 지금도 하고 있어도 전부터 계속된 사실을 끊어서 말하는 경우

시동=가지고 있어요, (전부터) 있어 오고 있는 것/해오고 있는 것인데 선생생활로 구시[해자] 10년 동안 말이다.

↗합성감주일때 소리가 안나는 것이 아니라 합성감주로 소리나는 것

tip)has 본토말=해즈/어즈/합성감주

기간계속 진행의 완료와 기간계속 진행의 계속

IIIII .. He has been training 700 horses for 10 years. : been=기간계속 event[즉 과현 계속 event]

▭ **기간계속 진행의 완료** : 지금 끝나 있어도 전부터 계속 진행된 사실을 말할 경우

시동=가지고 있어요,

있어 왔던[해왔던 것]인데, 즉 쭉 훈련시켜 왔던 것인데 -- 구시 10년 동안 말이다.

↘과현 속에서의 event[쭉 진행의미]

▭ **기간계속 진행의 계속** : 지금도 하고 있어도 전부터 계속 진행된 사실을 끊어서 말하는 경우

시동=가지고 있어요, ↗능동동질 → 능동의미로서 현분사와 동질

있어 오고 있는 것[해오고 있는 것]인데, 즉 쭉 훈련시켜 오고 있는 것인데,

말 7백마리를 구시 10년 동안 말이다. ↘과현 속에서의 event[쭉 진행의미]

이렇게 완료형과 완료 진행형은 하는 행위가

현재 끝나 있어도, 하고 있어도 끊어서 일정기간 계속 되었음을 말할 수 있다.

단, been이 현미 계속 event일 경우에는 앞으로 10년 동안 계속되거나 쭉 계속되는 의미가 된다.

과분사와 분명한 과부사 의율

infml E로

현재완료에서도 과분사와 의율이 되기 때문에 분명한 과부사(의군)를 작동시킬 수 있다.

a.. We have /seen /in 2007. --- CNN broadcasting, 2011

=기→ 설→ 설′

시동=우리는 가지고 있어요, 본 적이 있는 것[본 것]인 데, 내시(內時) 2007년 내시에 말이다.

b.. "I haven't /lost /a bag /in the last year. I haven't had any luggage issues."

=기→ 설→ 설′/설′

시동=없다. 잃어버린 적이 어떤 하나의 bag도, 내시 바로 지난해 내시에서도 말이다. 그래서 나는 없어요, 지금까지 가진 적이 어떠한 짐 문제를 가진 적이 없어요.

※in the last year=last year : the=강조로서 바로

in 2007 /in the last year
=과분사를 설명해 나가는 뇌이기 때문에 의율이 된다.
기의미 성립 경험[사실] event이다.

그래서, 다음 표현에서도 in the last year를 쓰고 있다.

c.. Billions of dollars of Nigeria's immense oil riches have been funneled to places like this in the last year alone, yet they have not brought the country peace.

시동= 수십억 달러 치의 -- 막대한 부는 가지고 있어요. 있었던 것인데 깔데기처럼 빨려 들어온 자금들이 있었던 것을 가지고 있어요. 대자 여러 곳, 즉 동모[동자] 이와 같은 곳으로 내시 지난 한해 내시에서만 말이다. 그럼에도 불구하고, -- 없어요. 가져 온 사실인데 이 나라 평화를 가져 온 사실은 말이다.

*like=꼴이 같은 것과 그 대상으로서 동모/동자 -- 와 같은 것 immense 막대한 것

단, 현재 완료는 현재와 이전 event, 두 시제가 걸쳐 있기 때문에 Standard Written English에서는 분명한 한 시제와 함께 쓰는 것은 좋은 글이라고 판단하지 않는다. 그래서 Standard WrE 애호가들은 이런 표현은 틀렸다고 생각한다. 특히 지배시제를 have로 생각하기 때문에 더욱 더 그렇게 생각한다. 하지만 일반 대화에서는 아무런 문제가 없다. 의율이 되기 때문이다. CNN 방송 앵커들도 써지 않은 가?

막연한 과거부사의 관습적 English와 분명한 과거부사의 infml E :

IIIII .. I have just/now finished my homework.
"The bell has just rung – stop writing now."
We have seen him before. I've seen it already. He has now won 3 gold medals. (↗지금까지 딴 것인데)

: 관습적 English -- 막연한 time은 과거의미가 되도 현재완료 과분사와 함께 쓴다.

▭ just=시간이 지금 막 스쳐갔거나 스쳐가는 것으로서 막(BNW)/방금
[s: 스쳐간 것/스쳐가는 것 t: time — BNW]
*막=직전 또는 직후 -- '막'의 범위가 막연하다 vs 방금=직전(a moment ago)
: 막연한 time=just, before, already, now, -- etc. ☞ p507

vs We have seen him yesterday/last year. : infml E

-- 분명한 과거로서 의율은 되지만 아직 덜 굳어진 English이다.

하지만 너도 나도 많이 써 세월이 지나 관습적으로 굳어지면 이것도 Standard WrE가 된다.

하지만 과거완료는 과동사, 과분사 모두 과거상황이니 분명한 과거부사와 함께 쓰이며, **Standard WrE**가 된다. ||||| .. We had seen him last month.

순서대로 단어 하나 하나 모두 다 느껴라 : IM으로 '하자마자' 표현들

||||| .. Hardly[Scarcely /Barely] had the game begun when[before] it started raining.

시동 (도치강조)=거의 갖지 못했다. -- 먼저 시작한 것을 거의 갖지 못했다. 때에[전에] 시작할 때에[시작하기 전에는] -- . *먼저=**기의미성립의 단어** associate, 즉 **과분사** associate

결국 뜻하는 의미=**거의 같은 시기로서 동시상황** : 이렇게 정도로 같은 것이지 빈도로 같은 것은 아니다 : 하자마자 -- 했다 (As soon as /The moment[minute] the game began, it --.)

barely/hardly/scarcely=정도부사 뜻하는 의미=almost not
barely=겨우/간신히 할 정도로서 almost not hardly=아주 어려울 정도로서 almost not
scarcely=듬성듬성 할 정도로서 almost not *the moment[minute] (that)

||||| .. No sooner had the game begun than it started raining.

시동 (도치강조) =더 빨리 갖지 못했다. -- 먼저 시작한 것을 더 빨리 갖지 못했다. 보다 시작한 것보다 말이다.

결국 뜻하는 의미=**더 빠르지 않는 것으로서 동시상황**
: 하자마자 -- (그때) 했다 (As soon as/The moment[minute] the game began, it --.)

→ The game had hardly /scarcely /barely begun when it started raining.
→ The game had no sooner begun than it started raining. : **보통어순**

||||| .. I had not gone far when[before] I met her.

시동 =갖지 못했다. 간 것인데 멀리 간 것을 갖지 못했다. 때에[전에] -- 만났을 때[만나기 전에] 말이다. 결국 뜻하는 의미=**더 가지 않는 것으로서 동시상황**
: 하자마자 -- (그때) 했다 (As soon as/The moment[minute] I went, I --- .)

현동사도 의미에 따라 동사소유[event 소유] 개념 표현 가능

과동사 뿐만이 아니라, 현동사도 소유의미가 있을 시 동사소유 관계로 표현이 가능하다. ☞ p143

||||| .. The six-party talks <u>have included</u> North Korea, South Korea, China, Russia, Japan, and the United States.
=The six-party talks <u>include</u> North Korea, South Korea, China, Russia, Japan, and the United States. *United States에서 United의 세 가지 소리=유나이티드/유나이리드 : t단타 /유나잇엣=cramp F

☺.. 이해는 (언어에 대한 basics를 알았다면) 최종적으로 단어의 최종적인 뜻인 감주로 이해한다.

terms 정리와	실례

Roundup □ 성립과거, 의미과성립, 의미원성립,
기의미성립, 현재의미성립, 과거의미성립, 미래의미성립, 일반적[일반적 설명] 의미성립이 있는 데 각각 다르다. event이면 의미성립이 된다.

성립과거는 실제과거이고, 의미과성립과 의미원성립은 성립적인 생각[하생각]으로서 실제의미가 아니며, 기의미성립, 현재의미성립, 과거의미성립, 미래의미성립, 일반적[일반적 설명] 의미성립은 과분사 의미로서 event 또는 피동동작이다.

기의미성립은 이미 의미가 성립한 것이고, 현재, 미래, 과거 의미성립은 그 시기에 의미가 성립하는 것을 말하며, 일반적[일반적 설명] 의미성립은 일반적 또는 일반적 설명으로 성립하는 의미이다. 대개 기의미 성립은 have동사에서, 현재/미래/과거 의미성립은 be동사에서, 일반적[일반적 설명] 의미성립은 HB동사에서 많이 나타난다. have동사에는 소유의미가 있고, be동사는 동질[즉 동질발생/동질행위 — 등] 의미를 가지고 있기 때문이다.

a.. We have buried him next to our birth mother.

시동=가지고 있는데 묻은 것을 가지고 있다

-- **(능동 event로서) 기의미성립**

: 어느 기준시점[have]보다 이전 것으로서 기의미 사실 event

보통 have 동사 뒤 pp

=기의미 성립으로서 사실 /계속 /경험 /발생 /완료 /상태 /결과 /소재 /처지 event

b.. He is just buried next to our birth mother.

시동=그는 방금 묻혔어요/그에게 생겼어요, 방금 묻힌 일이 생겼어요

-- **(피동 event로부터) 현재 의미성립 (즉 피동동작/동작 event)**

c.. He was buried last Monday.

Stones hit the window and it was broken into several pieces.

시동=그는 묻혔어요/그에게 생겼는 데 묻힌 일이 지난 월요일에 말이다 /되었는데 부셔졌다

-- **(피동 event로부터) 과거 의미성립 (즉 피동동작/동작 event/피동동작)**

d.. Marinated ribs. Broiled haddock. Fried shrimps.

vs He is buried in rest. The summer house is painted green.

The heating system in my house is broken for two days. vs paid content[TV]

시동=절여진[절여놓은] 갈비 vs 절인 갈비 구워진 대구[구워놓은] vs 구운 대구

튀겨진[튀겨 놓은] 새우 vs 튀긴
-- **(피동/자동 event로서) 기의미 성립**
　↳ **기의미성립은 보통 능동 event에서 많이 나타난다.**
vs 그는 있어요, 묻혀 있는데 속에 평온 속에 말이다/있는 데 페인트칠이 되어 있다/있는 데 부서져 있다[망가진 채로 되어 있다].
　-- **상태 event로서 s동사와 같은 시점의 상태 의미성립**
vs 유료 콘텐트[TV] -- 일반적으로 지불되는 것으로서 유료 **(일반적 피동 event)**

e.. **We want him <u>buried</u> next to our birth mother.**
He will be buried next month.
시동=그가 묻히기를[그에게 묻히는 일이 생기기를]
/앞으로 될 것이다. 즉 묻힐 것이다[앞으로 생길 것이다. 묻히는 일이 생길 것이다].
-- **(피동 event로부터) 미래 의미성립 (즉 피동행위 /동작 event)**

f.. **"First we'll scrape, then glaze, then sand, then prime, then finish – and we hope to get it all <u>done</u> today."**
시동=그 모두가 끝나기를 /끝내지기를
-- **(자동/피동 event로부터) 미래 의미성립 (즉 자동행위/피동행위)**

g.. **We have <u>got</u> an interview tomorrow.** -- **(능동 event로서) 미래 의미성립**
시동=가지고 있어요, 받는 것인데 인터뷰를 내일 말이다.
have 동사 뒤 pp는 보통 기의미 성립인데
오히려 미래 의미성립이 되는 경우이다.

tip)모든 동사는
현과미 속에서의 의미 또는 일설의미가 된다 ⇒ 원동사/현동사/과동사/현분사 /과분사/동명사/to부정사 (to부정사의 동사는 원동사다)

미래 속에서의 기의미 성립 event[미래의미성립 event] :
We hope you have <u>enjoyed</u> the new experience.
-- 갖기를, 즐겨 본 것[즐기는 것]을 갖기를 바란다는 말이다.
: 그냥 **래발생 현재** enjoy를 쓰는 것보다 <u>더 구체적이고 더 강력한 메시지</u>이다. 즉 단순한 동사 서술의미보다 event 소유 메시지가 훨씬 더 구체적이고 더 강하다. 즉 미래에 단순히 '즐기를 바란다' 보다 event 소유가 더 구체적이고 더 분명한 메시지이다 ☞ p201

h.. **Every year in this country more than 50,000 children are <u>bitten</u> by dogs.**
시동=에게 생기는 데 물리는 일이 생긴다/되는데 물리게 된다 -- (일반적[일반적 설명] 피동 event로부터) 일반적[일반적 설명] 의미성립[동작 event /피동동작] ☞ **p199 [treated]**
cf] (일반적[일반적 설명] 능동 event으로부터) 일반적[일반적 설명] 의미성립 ☞ **p130 /178 /199 [been] /204**

☞.. **어순대로 이해하는 법 : 감주, IS, BEis, Ekbe,**

↘두뇌 움직임을 같게 하는 법 **Free 영뇌, 단어 본래의미[=원어민이 알고 있는 의미]**

5. 일반현분사 영뇌[GPRP NB]란 :

무한글 이해, 즉 IS두뇌로 be동사 /명사(대명사)를 진행의미로 그냥 서술적으로 설명해 나가는 뇌 또는 명사(대명사)를 진행의미로 바로 그냥 서술적으로 설명해 나가는 뇌[free 영뇌/infml E] 요컨데, 비연결설명어

또는 진행의미로 먼저 말하는 뇌[free 영뇌/infml E] 요컨데, 기본어

▭ **현분사 BNW**=진행의미/본동사의미

▭ **일반현분사 BNW**=그냥 진행의미

vs **관계현분사 BNW**=진행의미/본동사의미로서 제한적/비제한적 연결의미

tip)일반현분사=진행의미이기 때문에 또는 본동사 의미가 들어 있기 때문에 현과미 속에 들어 갈 수 있고, 특히 본동사 의미가 들어 있기 때문에 현과미 속에서의 진행의미 또는 일설 진행의미가 된다.
(⇐ 일반현분사=원동사 + ing vs 관계현분사=원동사 + ing 또는 원동사 + iN ※in=입작동)

∴ 현분사=현과미 속에서의 진행의미 또는 일설 진행의미
/현과미 속에서의 본동사의미 또는 일설 본동사의미

✠ 영어에서 '진행의미'란?

= ① 진행 중인 것 : 하고 있다/하고 있었다/하고 있을 것이다

② 진행시키는 의미 : 하기로 되어 있다 /하겠다 /하려고 한다 /하는 것이다 — 등등

그래서, 진행형의 현분사를 만나면 반드시 '하고 있다'로 의미가 스쳐가면 안된다.

▭ **현분사의 본동사의미**=ing형으로서 본동사의미

vs 원동사의 본동사의미=원형으로서 본동사의미

vs 현동사/과동사/조동사의 본동사의미=현재/과거형으로서 본동사의미

그래서, 문장 속에서 현재/과거/미래 의미로서 본동사의미를 표현하고 싶으면 원동사나 현분사를 선택하면 된다. to부정사도 일종의 원동사 표현이다. tip)관계현분사=관계를 짓는 현분사 일반현분사=그냥 현분사

☞.. **언어를 소유하려면 감주로 주거니 받거니 말을 많이 하라.**

1) 일반현분사 영뇌[GPRP NB]

무한글 이해, 즉 IS두뇌로 be동사 /명사(대명사)를 진행의미로 그냥 서술적으로 설명해 나가는 뇌 또는 명사(대명사)를 진행의미로 바로 그냥 서술적으로 설명해 나가는 뇌 **[free 영뇌/infml E]** 요컨데, 비연결설명어

또는 진행의미로 먼저 말하는 뇌 **[free 영뇌/infml E]** 요컨데, 기본어

이때 be동사
=원동사(be) /현동사(am/is/are) /과동사(was/were) /과분사(been), 단, 현분사 being은 안됨
진행의미=동일치 진행 /계속[지속] 진행 /일반적 진행 /설명진행 /앞으로 진행 /쭉 진행
/덩어리 진행[infml E] ⇒ **현과미 속에서의 진행의미 또는 일설 진행의미**

① be동사를 설명해 나가는 뇌

A.. "He is /fixing /Tom's car. It has a flat tire." (=He fixing /Tom's car. : infml E)

영뇌=기→ 설→ 설′ : BEis–Os
or I + I + I : I–Os or S + S + S : S–Os

현분사가 단독으로 쓰일 경우
⇒ 진행의미 또는 본동사의미
후자=
고쳐요/고쳤어요/고칠 것이에요

How to Read[Speak]
="Heis·fixing Tom'scar. Ithasa flattire."
: BEis/IS, 즉 설가뇌와 자동설가뇌로 되어 있는 것을 감각적 주파수로 이해한다.
그러면 저절로 선인영뇌각인과 선강후약이 유지되고, 특히 영맥이 감주로 보인다.
주의] 특히 영맥 파악은 BEis로 하고, 영어 이해는 감주로 한다.

시동= vocal 감각적 주파수로 ↗**그러면 영어말투가 형성되고 영어말투에 익숙해진다.**
(BEis/IS 영뇌가 될 때까지) F3+E2 강하게 말하기
(이ㅌ해즈어=post 점형 F + slide F : 비합성 감주 이ㅌ해저=post 점형 F + slide F : 합성 감주)
tip)IS=생활 속에서의 뜻으로 무한글로 이해하는 것, 그래서 IS에는 한글구조의 문맥토씨는 없다.
⇒ 먼저 개략적으로 be동사로 진행 동일치 현재 또는 동지속 현재로 말하고, 진행의미로 다시 구체적으로 말하는 뇌 : BEis–Os ↘ **.. major 감주=** "-- fixing -- . -- flat tire."

.. 我必 Free 감주 간직하기= "Fixing Tom's car. It is a flat tire."
시동=그는 있더라. 즉 고치고 있더라. /그는 있는 데 고치고 있다. 탐의 차를 말이다.
⇒ **이런 Ekbe값이 BEis/IS로 이해되고 영뇌상급자는 감주로 이해한다.** ↳현재 속에서의 진행의미

tip)Best 감주=콤머, 피어리어드, 접속사 무시

▭ **이때 '있더라/있다'**
=보니까 무언가 하고 '있더라/있다' 로서 **진행 동일치현재**
또는 무언가 하고 '있더라/있다' 로서 **동지속 현재**
그래서, 현동사와 현분사 의율=동과 동끼리 의율
-- 먼저 말에 먼저 이해가 스쳐가지 않으면 영뇌가 아니다.

↗뉴스와 대화에서 많이 등장
※현분사가 단독일 경우
: 일반현분사 ⇒ s동사 전제
관계현분사 ⇒ 연결대상 전제

▭ **우리말 '있다'** =존재 /상태 /위치 /발생 /행위 /발생존재[행위존재]
⇒ 발생존재[행위존재]로서 **진행 동일치 또는 동지속**

.. 시동으로 (영어) 글자/말 자체에서 뜻이 보이거나 상황이 (머리 속에서) 보이면 된다 : IS 영뇌

fixing=동일치 또는 계속 진행으로서 고치고 있는 것
[fix + ing: 진행음가로서 동일치/계속 진행]
말=FIksing=slide 주파수   x=eks: 알파벳 음가로 e가 i때문에 없어진 것
fix=패서 다듬어 정확하게 고정시키는 것으로서 고치는 것
[f: 패서 다듬는 것 x: 정확하게 고정된 모양 + no 's' 원형 자체의미]

.. Topic [topic sentence/main idea] Talk Drill :

→ Teacher : What are the advantages and the disadvantages of small cars?
Student : First, about the advantages, you can drive any place. Also, small cars use less gas. Second, about the disadvantages, the small cars are not strong for an accident. Moreover, small cars cannot go very fast. For all this I like small cars.

car 뒤에 전치사 영뇌를 추가하면 :

A- E.. "He is /fixing /Tom's car /in[at] the garage. It has a flat tire."

영뇌=기-->설-->설'-->설" : BEis-Os

시동=그는 있는 데 고치고 있다. 탐의 차를 내소[구처], 정비소 내소[구처]에서 말이다.

garage*=a place where motor vehicles are repaired : **My car's at the garage.

A.. "He is fixing Tom's car. It has a flat tire."

Free 감주로 이해/간직 하기 ⇒ He is. /Is fixing. /Fixing Tom's car. /He fixing Tom's car. /It has. /It has a. /It has flat tire. /Has a flat tire. /Has flat tire.

He is. 그는 (무언가) 하고 있어요 **(진행 동일치현재/지속현재/설명현재)**
Is fixing. 하고 있는데 고치고 있다. **tip)** 이럴 때에는 보통 분사만 표현한다 ···› **fixing [infml]**

Fixing Tom's car. 고치고 있는데[있었는데] 탐의 차를 말이다 **(동일치진행/지속진행/설명진행)**
tip) 또다른 free 영뇌=(앞으로) 고치기로 되어 있는데 --- : **앞으로 진행**

He fixing Tom's car. 그는 고치고 있는데[있었는데] 탐의 차를 말이다 : **현재시점/발생현재 일반현분사**
It has. 그 차는 가지고 있어요. **Has a flat tire.** 가지고 있는 데 어떤 하나 즉 펑크 타이어를 말이다.
Has flat tire. 가지고 있는데 (그것은) 펑크 타이어이지요. *그것은=**문맥** associate

It has a. 그 차는 가지고 있는데 어떤 하나를 가지고 있다 : **명사 전제 infml E**
It has flat tire. 그 차는 가지고 있는데 펑크난 타이를 말이다 : **관사 전제 infml E**

B.. They were /playing /at 10 o' clock /yesterday.

영뇌=기→ 설→ 설′ → 설″ : BEis–Os

How to Read[Speak]=Theywere playingat 10o' clock yesterday.
: 먼저 감각적 주파수로 이해한다.
시동= vocal 감각적 주파수로 (BEis/IS 영뇌가 될 때까지) F3+E2 강하게 말하기

.. 我必 Free 감주 간직하기=Playing 10 o' clock yesterday. | Free 감주 간직하기

시동=그들은 있었는 데, 놀고/연주하고/경기를 하고 있었다. 그 때가 10시 어제였지요.

[=at ten hundred hours/at 1000 hours/at 10 o' clock in the morning] *morning=am/AM 아침/오전

과동사=보니까 과거 그때에 무언가 하고 '있었다' 는 것으로서
진행 동일치과거 ⇒ clue=at 10 o' clock ↗과거 속에서의 진행의미
playing=과거 동일치진행[시점진행]으로서 연주하고/놀고/경기를 하고 있었던 것
[play + ing: 진행음가로서 동일치[시점] 진행 ⇒ clue=at 10 o' clock]
말=PLAying=ER 주파수
play=이리 저리 (선을 따라) 행위를 하는 것으로서 노는 것 /연주하는 것 /경기를 하는 것
[p: perform l: line + no 's' 원형 자체의미]

C.. "Don' t phone me between 6 and 7. We will be /having /dinner /then."

영뇌=기→ 설→ 설′ → 설″ : BEis–Os ↘ **.. major 감주=** "Don' t phone --- 6 and 7. -- having dinner -- ."

How to Read[Speak]=Wewillbe havingdinnerthen.
: 먼저 감각적 주파수로 이해한다. 단어의 뜻이 IS로 체화되어 있어야 감주도 가능하다.
시동= vocal 감각적 주파수로
(BEis/IS 영뇌가 될 때까지) F3+E2 강하게 말하기 | Free 감주 간직하기

(위ㄹ비=slide F : 같은 뒷소리 폐쇄=wi cf] gas station=갸스**테**이션=post 점형 F + cramp F : 같은 앞소리 폐쇄=앞 s)

.. 我必 Free 감주 간직하기
= "Don' t phone between 6 and 7. Having dinner then [or Dinner then]."

시동=우리는 앞으로 (하고) 있을 것이다. 즉 갖고[먹고] 있을 것이다. 저녁식사를 그 때쯤에는 말이다.

↘미래 속에서의 진행의미
현조동사=주체래발생로서 미래의미
원동사=(미래 속에서의 본동사 의미로서) **진행 동일치미래** ⇒ clue=then
having=미래 동일치진행[시점진행]으로서 갖고 있을 것
[have + ing: 진행음가로서 동일치[시점] 진행 ⇒ clue=then]

.. 문장 뼈대=기본어/s동사(Don' t) + 연결설명어(between)

말=HAving=slide 주파수
have=가지는 것으로서 하는 것 /먹는 것 /마시는 것

be 동사와 현분사, 과분사 영뇌

▭ be **동사**=원동사 /현동사 /과동사 /현분사 /과분사
즉, be /are [am /is] /were [was] /being /been

단, being을 현분사로 설명해 나가는 뇌로 작동시킬 수 없다.
하지만, 과분사는 가능하다. ☞ **기본영뇌** vol 1 p82
언어의 효율성 때문이다. 다음에서 being은 redundant[군더더기]이다.
→ He is being repairing. : not ok --〉 He is repairing. : ok
vs It is being repaired. : ok
⋯▸ **과분사**=event이기 때문에 being을 설명해 나가는 것이 가능하다.
시동=그것은 있다. 되고 있는데 수리되고 있다[수리되는 것이 말이다].

been=현분사/과분사로 설명해 나가는 뇌로 작동시킬 수 있다.
→ He has been repairing. It has been repaired.
시동=그는 가지고 있어요, 해왔던 쭉 수리를 해왔던 것을 말이다.
/그것은 가지고 있어요, 되었던 것, 즉 수리가 되었던 것을 말이다.
결국 현재에 수리가 되어 있다는 말이다.

D.. I'm not /sleeping /well yet.
영뇌=기→ 설→ 설′ : BEis–Os ↘ ☜.. **major 감주=** --- not sleeping well -- .

How to Read[Speak]= I' mnot sleeping wellyet.
: 먼저 감각적 주파수로 이해한다. 그러면 저절로 의음/의자, 해음/해자, 상음/상자가 된다.
시동= vocal 감각적 주파수로
(의음/의자, 해음/해자, 상음/상자가 될 때까지) F3+E2 강하게 말하기

→ 먼저 be동사로 개략적으로 일반적 사실을 말하고, 다시 진행의미로 구체적으로 말해 나가는 뇌
: BEis–Os | Free 감주 간직하기

☜.. **我必 Free 감주 간직하기**= Not sleeping well yet.
시동=나는 (일반적으로) 하고 있지 않다, 즉 잠을 잘 자고 있지 않는데 아직도 말이다.
: 일반적 불면증 현상과 그런 것에 대한 설명 ↳일설 진행의미

: People are doing wrong. -- **일반적인 설명**

시동=사람들은 하고 있는 데 짓을 잘못하고 있다.

현동사=일반적 현재 또는 일반적 설명현재

현분사=일반적[일반적 설명] 진행으로서 잠을 자고 하는 것

[sleep + ing 진행음가로서 일반적 진행/일반적 설명진행]

말=SLEEping=trapezoid 주파수

sleep=편안하게 눈을 감고 누워 있는 것으로서 잠자는 것

[s/l: 오그리거나 쭉 뻗어 누워 있는 모습 ee: eye + eye p: peace + no 's' 원형 자체의미]

vs I don't sleep well yet.

시동=나는 하지 못해요, 잠을 잘 자지 못하는데 아직도 그래요.

-- **일반적 현재 사실 〉 일반적 진행 : 일반성 강도**

E.. Situation : Is it raining? No, but the ground is wet. -- 완료상황

It has /been /raining.

영뇌=기→ 설→ 설′ : BEis-Os

How to Read[Speak]=Ithas beenraining. or Ithasbeen raining.

: 먼저 감각적 주파수로 이해한다.

시동= vocal **감각적 주파수로 (자동 설가가 될 때까지) F3+E2 강하게 말하기**

(이ㅌ해즈 비-ㄴ=post 점형/slide F + line 점형 F : 애=강한 감정음가 이ㅌ어즈 비-ㄴ=slide F + line 점형 F : h폐쇄와 어=약한 감정음가 또는 어화 has=HAs=해즈/어즈=slide F/little slide F)

→ 먼저 주동으로 말하고, 소유대상을 기간계속 event로 개략적으로 말하면서 다시 쭉 진행으로 구체적으로 말해 나가는 뇌 : BEis-Os | Free **감주 간직하기**

↗ 있어 왔던 것, 즉 쭉 비가 왔던 것이 있어요.

我必 Free 감주 간직하기=Has been raining. or Been raining.

↘ 현재에도 유효한지 안한지는 상황으로 판단

시동=날씨는 가지고 있어요, 있었던 것인데,

쭉 비가 오고 있었던 것을 말이다. / -- (있어) 왔던 것인데, 쭉 비가 (있어) 왔던 것을 말이다.

: 기간 계속 진행의 완료

↘**과현 속에서의** event/**쭉 진행의미**

현동사=현재범위에서의 소유현재

it= referring back**으로서 날씨를 지칭 -- 이런** it**을** situation 'it' **이라 함**

과분사=기간 계속 event -- 있었던 것으로서 (있어) 왔던 것
현분사=쭉 진행, 즉 비가 쭉 진행 되었던 것으로서 비가 쭉 내려 왔던 것
[rain + ing 진행음가로서 쭉 진행]
말=RAining=slide 주파수
rain=뚝뚝 떨어져 담기는 것으로서 비가 오는 것
[r: drop in: (지구에) 들어오는 것으로서 담기는 것 + no 's' 원형 자체의미]

F.. Situation : It is raining now. It began raining three hours ago and it is still raining. --계속상황
How long has it been raining?
It has /been /raining /for three hours.
영뇌=기→ 설→ 설′ → 설″ : BEis-Os

How to Read[Speak]= Ithas beenraining forthree hours.
or Ithasbeen rainingfor threehours. : 먼저 감각적 주파수로 이해한다.
시동= vocal 감각적 주파수로 (자동 설가가 될 때까지) F3+E2 강하게 말하기

.. 我必 Free 감주 간직하기=Has been raining for three hours.
or Been raining for three hours. or Raining for three hours.
— 말자로 많이 표현한다 중자=있어오고 있는데 즉 쭉 비가 내려오고 있어요. 구시 -- .
시동=날씨는 가지고 있어요, 있어 오고 있는[해오고 있는] 것, 즉 쭉 비가 내려오고 있는 것을, 해자 [구시] 세 시간 동안 말이다. ↳과현 속에서의 event/쭉 진행의미
···› 현재 비가 오고 있어도 그간 계속해서 오고 있는 것을 끊어서 말하는 것
: **기간 계속 진행의 계속** | Free 감주 간직하기

현동사=현재범위에서의 (현재시점) 소유현재 **과분사**=기간 계속 event
현분사=쭉 진행, 즉 비가 지금까지 쭉 진행 되어 오고 있는 것으로서 비가 쭉 내려오고 있는 것 [rain + ing 진행음가로서 쭉 진행]

② 명사(대명사)를 그냥 설명해 나가는 뇌
-- Be동사 묻는 말 주어 /목적어(즉 일반현분사 주어)를 설명해 나가는 뇌
이때는 관계현분사 영뇌가 아니다. 명사/대명사 뿐만이 아니라, **s동사**와도 관계하기 때문이다.

A.. Is /Tom riding /a bus /now?
영뇌=기→ 설→ 설′ → 설″ : BEis-Os

How to Read[Speak]=IsTom ridinga busnow?
: 먼저 감각적 주파수로 이해한다.
시동= vocal 감각적 주파수로 (자동 설가가 될 때까지) F3+E2 강하게 말하기
(라이딩어=slide F　라이딘어=slide F : g폐쇄=infml 소리　∴ infml 표기=ridin')

→ 동일치 현재, 즉 진행 동일치 현재로 먼저 묻고, 주체를 진행의미로 구체적으로 물어 나가는 뇌
: BEis-Os　　**.. 문장 뼈대**=기본어/s동사(Is)

.. 我必 Free 감주 간직하기=Tom riding bus now?

시동=(하고) 있는 가, -- 타고 가고 있는 가, 버스를 지금 말이야?

현동사=동일치 현재로서 진행 동일치 ⇨ clue=now
현분사=현재 동일치 진행으로서 타고 가는 것
[ride + ing 진행음가로서 동일치 진행 ⇨ clue=now]
말=RIding=slide 주파수 i=ai: 알파벳 음가
ride=r로서 타고 가거나 타고 있는 것
[r> : 태워 있거나 태워 가는 말의 모습 + no 's' 원형 자체의미]

bus 뒤에 전치사 영뇌를 추가하면 :

A- E.. Is /Tom riding /a bus for[to] Seoul /now?

영뇌=기-->설-->설'-->설"　: BEis-Os

시동=(하고) 있는 가, -- 타고 가고 있는 가, 버스를 해자[대자] 서울행 버스를 지금 말이야?　＊for=해당방향으로 해자 -- 행　to=방향대상으로서 대자 -- 행

↘ **.. major 감주=** --Tom riding --- bus /now?

Free 감주로 이해/간직 하기 ⇨ Is Tom?　/Tom riding?　/Riding a bus?
/(A) Bus now?　/Riding a bus now?　/Riding now?　/Is Tom riding?　/-- etc.

Is Tom? 하고 있는 가, 탐이 말이다? : **진행로서 동동사**
/이지, 탐이지? (Is X>Y? 인가, 즉 X가 Y보다 큰가?) : **동질동사**

Tom riding? 탐이 타고 가는 것인가/탐이 타고 가고 있는 가/탐이 타고 가는 것이지?

Riding a bus? 타고 가는 데, 버스지? → **일종의 일반현분사 free 영뇌**

(A) Bus now? 버스를 지금 말인가?　tip) **단수 단독표현=infml E vs 비수 단독표현=StE**

Riding a bus now? 타고 가는 데 버스를 지금 말인가?　Riding now? 타고 가는 데 지금 말인가?

Is Tom riding? 있는 가, 탐이 타고 가고 있는 가? /이지, 탐이 타고 가는 것이지?

B.. "Are /you resetting /your watch /to L.A. time?"

영뇌=기→ 설→ 설′→ 설″ : BEis-Os

How to Read[Speak]= "Areyou resettingyour watchto L.A.time?"

: 먼저 감각적 주파수로 이해한다.

시동= vocal 감각적 주파수로 (자동 설가가 될 때까지) F3+E2 강하게 말하기

(리세팅유어=cramp F + small slide F)

말은 밀어 주면서 배와 목에서 우러나오게 강하게 말한다. 나왔다가 안으로 들어가게 말하면 안된다. 음치들은 후자에 속한다. | Free 감주 간직하기

☜.. 我必 Free 감주 간직하기="You resetting the watch to L.A. time?"

시동=(하고) 있는 가, 당신은 맞추고 있는 가, 너의 시계를 대자 LA time에 맞게 말이다?

↘ 영어는 항상 어느 부분을 보더라도 free 영뇌, 특히 free 감주로 이해되면 된다.

현동사=진행 동일치 또는 동지속 현재

현분사=동일치/계속[지속] 진행으로서 맞추고 있는 것

[reset + ing 진행음가로서 동일치/계속[지속] 진행]

말=reSEtting=cramp 주파수 **☜.. 문장 뼈대**=기본어/s동사(Are) + 연결설명어(to)

reset=다시 set시키는 것으로서 맞추는 것

[re: again/back s〉z : 설치 〉 조립/정함 + no 's' 원형 자체의미]

C.. We saw /him[people] /singing.

영뇌=기→ 설→ 설′ : BEis-Os

↗약강약 감주

How to Read[Speak]=Wesawhim singing. Wesaw peoplesinging.

: 먼저 감각적 주파수로 이해한다.

시동= vocal 감각적 주파수로 (자동 설가가 될 때까지) F3+E2 강하게 말하기

(쇼-힘=retro-root F : 음수에 따라 감주가 달라진다. people은 비약음 감주가 더 자연스럽다.)

| Free 감주 간직하기

☜.. 我必 Free 감주 간직하기=We saw singing. (singing=동명사/현분사 영뇌)

↘노래하는 것을 하는 것/노래하면서

시동=우리는 보았어요, 그가[사람들이] 노래를 부르고 있는 것을 말이다.

과동사=실제과거로서 단순과거

현분사=과거 동일치/지속 진행으로서 그때 또는 과거에 노래를 하고 있는 것

↘**여기서는 둘다 과거 속에서의 진행의미**

Staying informed with Accor Hotels. **전자**↲ 머무는 것을 하기, 견문을 넓히면서[정보를 얻으면서] 동자 Accor 호텔에서 말이다 : **광고문구**

attention]**동명사 BNW를 모르면 안된다.**

[sing + ing 진행음가로서 동일치/지속 진행]
말=SInging=slide 주파수 sing=소리를 높낮이로 부르는 것으로서 노래하는 것
[s : sound + ~ : 높낮이로 흘러가는 모습 + no 's' 원형 자체의미]

③ free 영뇌[infml E]로 ↗ s동사 없이 설명해 나감
명사(대명사)를 바로 그냥 설명해 나가는 뇌
→ 일반적으로 s동사를 쓰면 문장이 된다 : s동사=sentence 동사로 문장에서 기본이 되는 동사

A.. "Tom riding a bus now?"
B.. "You resetting your watch to L.A. time?"
C.. "A lotta people complaining to Washington." D.. Skirt lifting in wind.

riding /resetting /complaining /lifting=(be동사) **전제** infml E
skirt=단수 단독표현 : (지정사) **전제** infml E
⇒ StE=Her skirt /The skirt /That skirt /This skirt /The woman's -- etc.

④ free 영뇌[infml E]로 먼저 말하는 뇌 — 먼저 기본어로 작동하는 뇌

A.. Date Maker:
Attractive, active but lonesome male, 70, seeking young-hearted female friend. No smokers. **.. 我必 Free 감주 간직하기**
B.. "Fixing Tom's car. It has a flat tire" =Must be young-hearted.
C.. "Resetting your watch to L.A. time?" D.. "Always complaining to me."

seeking /Fixing /Resetting /complaining=(주동 /동주) **전제** infml E
⇒ StE=He is seeking[I am seeking] -- .
/He is fixing /Are you resetting /He is always complaining ---- .
"Always complaining /to me."
영뇌=기→ 설 : BEis-Os → 부사의 설명을 받아 기본어로 두뇌가 작동했다.

tip) '~ing 동사'로 be동사[s동사] 전제없이 단독으로 쓰일 때는 동명사 free 영뇌도 가능 : **청취시 유의**
"Resetting your watch to L.A. time?"
or "You resetting your watch to L.A. time?"

동명사 free 영뇌=동사사실 의미의 EM 또는 IM — 맞추는 것을 했는가/맞추었는가?
← You denied resetting your watch to L.A. time.

caution] free **영뇌**는 SpE(뉴스, 드라마, 쇼, 대화, 중계방송), 리플, 알림, 광고, Headline, — 등에서 많이 표현한다. infml E도 일종의 free 영뇌다. ☞ **기본영뇌 vol 1 p185**

☞.. 이해는 최종적으로 단어의 최종적인 뜻인 감주로 이해한다.

2) 일반현분사 영뇌와 관계현분사 영뇌

↗(영어에 대한 기초지식[basics]을 알았다면)

IIIII **현분사 BNW**=진행의미/본동사의미 — 我必 free 감주로 간직하라.

일반현분사 영뇌=진행의미로서 비연결설명어 **vs 관계현분사 영뇌**=진행의미/본동사의미로서 연결설명어

즉 일반 현분사는 진행 의미로서
그냥 자신만 말하면서 서술적으로 설명해 나가는 **비연결설명어이고,**
관계 현분사는 진행 의미 또는 본동사 의미로서
사람/비사람에 연결시켜 제한적/비제한적으로 설명해 나가는 **연결설명어이다.**

현분사의 ing=①"하는 것(in) + 하는 중(going)„
즉 하는데 하고있는 중으로서 진행의미
→ **진행음가**

②하는 것(in)으로서 본동사 의미 → **본동사음가**
※in=입작동으로서 하는 것 go=실시로서 하는 것

∴ **현분사=원동사 + ing -- 자체의미가 ing 또는 in으로 적용된 진행의미 또는 본동사의미**
tip)ing ⇒ 잉=formal 소리/인=infml 소리(iN)

IIIII .. The children are taking medical attention.
시동=있다. 받고 있는 데 특별 치료를 말이다.

vs a.. The children taking medical attention are most Africans.[=who are taking] *are= '은'
시동=그 애들, 받고 있는 애들인데, 즉 특별치료를 받고 있는 애들은 대부분 아프리카인 입니다.

b.. Children needing medical attention were taken to the hospital.
시동=애들, 필요로 하는[필요 했던] 애들인데, 즉 의학 특별치료를 필요로 하는[필요했던] 애들은 되었습니다. 즉 보내졌는데 대자 병원으로 말이다. [=who need /needed]

c.. The new machines will work twice as fast, thus greatly reducing costs.
-- 미래 속에서의 본동사 의미[=and thus they will greatly reduce]
시동= ---- , 그래서/그렇게 크게 줄여 줄 것이다. 여러가지 비용을 말이다.

big tip) 현분사 BNW='진행의미' 하나로 국한 할 경우 :
이때 진행=진행 중[속]으로서 '진행'/실시로서 '진행' -- 두 가지 뜻
그래서 **일반현분사**의 동일치진행/계속진행/일반적 진행=진행 중으로서 진행
쭉 진행=진행 속에 있어 왔던 것으로서 진행 앞으로 진행=실시로서 진행
관계현분사의 진행의미=진행 중으로서 진행 본동사의미=실시로서 진행

3) 진행의미

현분사의 BNW는 두 개이지만, **일반 현분사의 BNW**는 진행의미로 하나이다.

진행의미에는 **동일치 진행 /계속[지속] 진행 /덩어리 진행[infml E] /일반적[설명] 진행 /앞으로 진행 /쭉 진행**이 있는데, 특히 be동사가 진행 동일치가 되면 **동일치 진행**이 되고, 동지속이 되면 **계속[지속] 진행**이 되고, 여기에 for가 쓰이면 덩어리 동지속이 되어 **덩어리 진행**이 되고, 일반적 의미가 되면 **일반적 진행**이 되고, 설명 의미가 되면 **설명 진행**이 되고, 래발생현재가 되면 **앞으로 진행**이 되고, 기간계속[계속 event]이 되면 **쭉 진행**이 된다 : 생활 속에서의 뜻으로 모두 我必 free 감주로 간직하라.

⇒ **이런 의미들이 느껴져야 영어승차감을 탈[유지할/으로 이해할] 수 있다.**

표현되었을 때의 뜻

이렇게 be동사 의미에 따라 현분사의 진행의미도 달라진다. 마치 will 뒤에 원동사를 쓰면 will 의미의 영향을 받아, 미래 속에서의 본동사 의미로 되는 것과 같다. 하지만 be동사를 동질 (연결) 의미로 의율을 시켜도 좋다. tip)**진행형 be동사=동동사/동질동사**

⇒ **현과미 속에서의 진행의미, 일설 진행의미로 이해하면 쉽게 IS 영뇌를 작동시킬 수 있다.**

① 동일치 진행 [특히 시점진행이라 함]

be동사가 진행 동일치가 되면 현분사는 <u>**더 구체적으로**</u> 진행 동일치, 즉 동일치 진행이 되는 경우이다. 현동사로 순간 동일치 시키거나 역사적 동일치를 시키면 박진감, 긴박감, 생동감, -- 등이 발생하나 진행 동일치는 그런 게 발생하지 않는다. (현재범위에서) 어느 시점 진행상황과 동일치 시키기 때문이다. ☞ p124

A.. She is driving to work just now.

현동사=진행 동일치 현재

-- 이때 '있다' 는 보니까 그 시점에 무언가 하고 '있다' 로서 진행 동일치 현재이다. 그리고, 상세히 들여다 보니 그 시점에 운전하고 있더라는 것이다. S영뇌 작동시 '있는 상황' 부터 먼저 눈에 들어 와야 한다 ⇒ **현분사=현재 동일치 진행**

↳**현재 속에서의 진행의미**

시동=있다, 차를 몰고 가고 있다. 대동 일하러 바로 지금말이다.

[drive + ing 진행음가로서 동일치 진행]

more)**be동사의 동개념 :** 'I have <u>been</u> clear.' 나는 지금까지 가지고 있어요. 했던 것인데 분명히 했던 것을 말이다. 즉 지금까지 분명히 해왔다는 의미이다.

B.. I was working for free in the city then.

과동사=진행 동일치 과거 -- 과거 그 시점에 '(하고) 있었다' 로서 진행 동일치 과거이다. 그래서, S영뇌 작동시 '(하고) 있었던 상황' 부터 먼저 눈에 들어 와야 한다.

⇒ **현분사=과거 동일치 진행** -- 먼저 말에 먼저 이해가 스쳐가지 않으면 영뇌가 아니다.

↳**과거 속에서의 진행의미**

시동=(하고) 있었다, 일하고 있었다. 즉 공짜로 내소에서 그 도시 내소에서 그때 말이다.
[work + ing 진행음가로서 동일치 진행] cf]현재범위 진행의미 과거 ☞p35

C.. We will be having dinner then.
현조동사=주체래발생로서 미래
⇒ **원동사=진행 동일치 미래**

-- 미래 어느 시점에 '(하고) 있을 것이다' 로서 진행 동일치 미래이다.
그래서, S영뇌 작동시 '(하고) 있을 상황' 부터 먼저 눈에 들어 와야 한다.
⇒ **현분사=미래 동일치 진행**
↘미래 속에서의 진행의미

시동=앞으로 (하고) 있을 것인데 즉 먹고 있을 것이다. -- 그때 말이다.
[have + ing 진행음가로서 동일치 진행]

be동사의 진행동일치나 동지속은 발생[행위] 존재가 동일치 되거나 동지속이 되는 것이다. 원어민들은 설가뇌이기 때문에 상태, 존재, 또는 발생[행위] 존재부터 먼저 보이는 것이다. 그래서, be동사를 먼저 표현하고 현분사를 나중에 표현하며, 서양에서 과학이 먼저 발달한다. 우리도 이렇게 먼저 보는 머리가 되어야 한다 : **개구(槪具)주의 기/설 영뇌**

② 계속[지속] 진행 /덩어리 진행[즉 덩어리 지속진행]

A.. North Korea is getting very close to dangerous line.
Guan Tianlang is swiftly winning over golf fans, despite being penalized for slow play.
The population is rising very fast.
My English is getting better.

현동사=(동지속 현재로서) 동지속 뇌
∴ getting /winning /rising /getting=**계속[지속] 진행**
↘여기서는 현재 속에서의 진행의미

시동=있는 데, 즉 하고 있는 데 매우 가까와 지고 있다. /있는 데 빠르게 얻고 있다. 홀을 지나 가면서 골프 팬을 말이다. /있는 데 증가하고 있다. / 있는 데 되어가고 있다. 더 좋게 말이다.

to=방향대상으로서 대자(對者) -- 에 (말이다)
홀을=문맥/상황/단어 associate cf] Come over. =오되 건너오라.

B.. He is living in New York.[=in living]

현동사=(동지속 현재로서) 동지속 뇌
∴ living=계속[지속] 진행 ***일반적으로 시점진행과 계속진행을 특히 '현재진행'이라 함**

시동=(하고) 있다, 즉 살고 있는데 내소, 뉴욕 내소에서 말이다.

여기에 for를 쓰면 덩어리 time이 되어 **infml E**가 되지만, 완료형에 for를 쓰면 기간계속 time이 되어 **Standard WrE**가 된다. *for=†덩어리 기간**[infml E]** /기간계속 기간**[WrE]**

big tip) is가 been, 즉 event가 되면 있었던 것, 있어왔던 것, — 등이 되고, live가 lived, 즉 event가 되면 살았던 것, 살아왔던 것, — 등이 된다 : He has been/lived for 10 years.

a.. He was coughing for 30 minutes yesterday.

과동사=실제과거로서 덩어리 동지속 ⋯▸ **여기서 for도 덩어리 기간**
⇨ 같은 표현: They slept for 5 hours.
slept=**infml E /AmE** ⋯▸ **여기서 for도 덩어리 기간**
⋯▸ **BrE /TOEIC /TOEFL /WrE=had slept /have slept**

현분사=덩어리 진행, 즉 덩어리 계속[지속] 진행
시동=(하고) 있었다, 기침하고 있었는데, 구시 30분 동안 ---- .
↘여기서는 과거 속에서의 진행의미

vs had been coughing for=WrE /BrE /TOEIC /TOEFL
과분사/for=전부터 지금까지로서 기간계속 기간
∴ coughing=**기간계속 진행**

b.. He is watching for 10 seconds.

tip) '있다'=(상태/존재 外) 동일치 진행/지속[계속] 진행 /일반적[설명] 진행/앞으로 진행 -- 등
: 현동사 자체에도 이런 의미가 있음

현동사=덩어리 동지속
⇨ 같은 표현: Someone watches me for 10 seconds.
현동사의 덩어리 기간이다. 즉 덩어리 설명현재 또는 발생현재
현분사=덩어리 진행, 즉 덩어리 계속[지속] 진행 ⋯ clue=for
시동=(하고) 있는 데, 상세히 들여다 보고 있다. ---- .

tip) **지속현재=동지속 현재 또는 상지속 현재**

동일치 진행은 시점진행으로 for를 쓸 수 없으며, 계속[지속] 진행형에 for를 쓰면 덩어리 진행이 되어 **infml E**이가 된다. 그래서, 영국 사람이 쓴 책이나 TOEIC, TOEFL에서는 후자의 경우 틀린 영어로 간주하고 있고, 미국 사람이 쓴 책에서는 이런 표현을 자주 본다.

*be 동사가 발생[행위] 존재로서 진행동일치 또는 동지속일 때는 현분사는 동일치 진행 또는 계속[지속] 진행이 된다.

③ 일반적 진행[일반적 설명 진행]

be동사가 일반적 의미가 되면 현분사도 일반적 진행이 되는 경우이다. 어느 한 시점으로 국한하지 않는다. 지금 시점에 실제로 하고 있지 않아도 좋다. **모든 일반적 진행도 일반적 설명진행 뇌로 작동이 가능하다.** **설명진행**에는 현재/과거/미래 상황 설명진행과 일반적 상황 설명진행이 있다. 그래서 **설명진행은 동일치 진행뿐만이 아니라 모든 진행 대체가 가능하다.** 어떤 상황 또는 일반적 상황을 설명해 주는 식으로 말하기 때문이다.

A.. **상황 : 병원에서 가서 진찰을 받으면서 하는 말**

"I' m coughing and sneezing."

현동사=일반적 현재

-- 이때 '있다[하고 있다]' 는 '일반적으로 있다[하고 있다]' 이다.

⇒ **현분사=일반적 진행**

시동=있어요, 기침과 재채기를 하고 있어요 /하고 있어요, 기침과 재채기를 하고 있어요.

-- **일반적 병현상** [cough/sneeze + ing 진행음가로서 일반적 진행]

am=일반적 발생으로서 '있다/하고 있다'

※ **우리말 '하고 있어요'**

=동일치 의미 /진행 의미 /일반적 의미 /설명의미 /지속 의미 -- 등등

'하고 있어요' 가 반드시 진행만 의미하는 것은 아니다. 주의하라.

의사 앞에서 실제로 기침을 하고 있지 않아도 이렇게 표현해도 좋다. 자기 병에 대한 일반적 현상이기 때문이다. 이런 병 현상은 지금 안 한다고 해서 끝난 것은 아니다. 잠시 쉴뿐이다. 여전히 현재 속에서 진행 중인 일반적인 상황이다. 일반적 설명현재와 일반적 설명진행 뇌로도 작동이 가능하다.

현재 일반적 진행과 영뇌화법

이럴 때는 'I said' 해도 뜻의 변화를 주면 안되므로 그대로 표현한다. 즉 현재 일반적 의미가 그대로 반영되어야 하므로 그대로 전달하면 된다. 이럴 때에는 일반적 상황에 대한 **설명**느낌으로 두뇌를 작동시켜도 좋다.

⇨ I said to the doctor I' m coughing and sneezing.

동시점 과거와 영뇌화법

하지만 제삼자에게 과거 그때 말한 사실로 **동시점 과거 뇌로도 전달할 수 있다.** 이때는 현재에 유효한 과거이다. 이렇게 보통 일반적인 사실은 절대적인 일반적인 사실과 달리 동시점 과거 뇌로 일반적인 사실 의미를 전달할 수도 있다. 즉 현재에도 여전히 기침과 재채기 현상이 있어도 동시점 과거로 과동사 뇌를 작동시킬 수 있다.

⇨ I told the doctor I was coughing and sneezing.

시동=말했는데 -- 그때 하고 있다고, 기침과 재채기를 하고 있다고 말이다.

→ 시간이 지나면 병은 나을 수 있기 때문에 보통 일반적인 사실이 된다.

그러나 단순 과거 사실로 오해할 것 같으면 앞에서와 같이 'am' 으로 전달하면 된다.

덩어리 time + 일반성, 즉 덩어리 일반성 :

- He is coughing for thirty minutes everyday.

▭ **is=덩어리 일반적 현재, 즉 덩어리 동지속 일반**

coughing=덩어리 진행 일반 **for=덩어리 기간**

: 매일 30분씩 기침하는 일반적인 현상

cf] Imams, militants, and police are killed every week.

현동사=일반적 현재 **과분사=일반적** event

시동= -- 에게 생기고 있는 데 살해 되는 일이 ---.

B.. She is constantly finding fault with others.

He is always complaining of his salary.

▭ **현동사=** '하고 있다' 로서 성격[습성] 현상, **즉 일반적 현재**

⇒ **현분사=일반적 진행**

constantly/always

=일반성 정도를 말해주는 부사말

그래서, **보통** 이들 단어와 함께 일반적 진행의미를 만든다.

→ Constantly finding fault with others.

Always complaining of his salary.

시동=끊임없이 찾아내고 있다. 흠이 있는 것을, 다른 사람에게 (있는 것을) 말이다.

↗ 있는데, 하고 있는데 즉 고치고 있어요.

C.. He is fixing cars. [=is in fixing] ↗일반적 진행 associate

만약 is가 일반적 현재이면 현분사는 고치고 있는 일반적 직업이 된다. *요즈음=fixing associate

시동=있는데 (요즈음) 고치고 있어요, 차를 말이다/하고 있어요, 고치고 있어요, ---.

vs He fixes cars. 시동=고쳐줘요[고치는 사람이에요] 차를 말이다.

-- 일반성은 일반적 현분사보다 일반적 현재가 더 강함

D.. I was always coughing in the past.

▭ **과동사=**(일반적으로 하고 있었던 것으로서) **일반적 과거 ⇨ 현분사=과거 일반적 진행**

시동=(하고) 있었지요, 늘 기침을 하고 있었지요 -- **과거 일반적 진행 병현상**

E.. I think I will be always coughing in the future.

▭ **현조동사=주체성발생으로서 추측 원동사=일반적 미래 (본동사의미)**

⇨ **현분사=미래 일반적 진행**

시동=(내 생각엔) 할 것같다, 즉 하고 있을 것같다, 즉 늘 기침을 하고 있을 것같다.

/앞으로 하고 있을 것 같은 데 늘 기침을 하고 있을 것 같다 -- **미래 일반적 진행 병현상**

F.. He is saying Romney lost.

▭ **현동사=일반적 현재 ⇨ 현분사=일반적 진행** *늘[다니는 것]=is/saying associate

시동=늘 하고 있어요, 즉 늘 말하고 있어요/하고 다니는 데 말하고 다녀요**(습성)**.

G.. From birth, he was smiling, always happy. ↗from=출처 대상으로서 기자 (基者)

▭ **과동사=일반적 과거 ⇨ 현분사=과거 일반적 진행** 시동=기자 태어날 때부터 그는 하고 있었어요, 즉 늘 웃고 있었고, 늘 행복했지요 : **사고로 죽은 아들에 대해서 말하는 것**

현분사 영뇌를 동명사 영뇌로 바꾸기 in 입작동과 내방향 입작동 into 사용

IIIII.. a.. Ablyazov, 50, who was in hiding[who had been in hiding], was arrested near the Riviera resort. Doug Jones : Roy Moore is in hiding ahead of vote.

시동= - (누구냐 하면 이 사람은) 있었는 데 하고 있었는 데 즉 숨어 있었는데, /가지고 있었는 데(had been), 하고 있었던 것(in), 즉 쭉 숨어 있었던 것을 가지고 있었는 데, 되었어요, 붙잡히게 되었어요, --. more] Trump : I am in fighting for you.

in=입작동과 그 대상이 동사 있다/있는데 내동 싸우고 있다. ↗있는데 즉 하고 있는데 싸우고

cf] He[She] is in drag. 시동= -- 있는 데, 즉 하고 있는 데/내자 변장[여장/남장]하고 있다.

b.. Obama : I am really into electing Hillary Clinton. [=am really electing]

시동=나는 정말로 하겠다. 선출하는 것인데[정말로 내대동 선출하겠다] -- 을 말이다.

↳into=내방향 입작동 대상이 동사

c.. The ISIS leader has been in hiding for the last five years. [=been hiding]

시동=가지고 있다. 해왔던 것, 즉 내동 쭉 숨어왔던 것을 해자 최근 5년 동안 말이다.

plus] arrest=주변을 도망가지 못하게 붙드는 것으로서 체포하는 것 [a: 붙잡는 모습 r: round r: run]

vs apprehend=도망가지 못하게 붙잡되 확실히 붙잡는 것으로서 체포하는 것/확실히 붙잡는 것으로서 바로 파악[이해]하는 것 [a: (손으로) 붙잡는 모습 r: run h: 몸과 팔로서 싸서 붙잡는 모습] ∴ formal E

④ 앞으로 진행

(특히 be동사가 래발생 현재가 되면) 현분사는 앞으로 진행시키거나 진행되는 것으로서 결정된 미래, 그래서, 해당 우리말은 **'하고 있을 것이다, 하기로 되어 있다, 하기로 예정되어 있다[할 예정이다], 하기로 했다, 하겠다[할 의향이 있다], 하려한다, 하면된다, -- 등'** 으로 다양하게 나타난다.
vs will=주체래발생 : 앞으로 그냥 일어나는 것으로서 '앞으로 할 것이다'

caution] 원동사는 자체의미가 있기 때문에 현재/미래/과거 속에 들어 갈 수 있고, 진행의미와 event, 동사사실의미는 단순한 동사서술의미가 아니기 때문에 현재/미래/과거 속에 들어 갈 수 있다. 그래서 '앞으로 진행' 도 과거 속에 들어가서 미래의미를 나타낼 수 있다. ☞ p157

: The Federal Reserve kept interest rates unchanged on Wednesday and gave no indication that it was changing course on its rate-hiking path ahead.
시동= -- 주지 않았는데 어떠한 암시도 주지 않았다. 즉 연방 준비 위원회에게 있었다는 어떠한 암시도 없었는데 변경시키겠다는 것인데 길을 상에서 금리 인상 진로 상에서 앞으로 말이다.

The Federal Reserve was changing ahead. 시동=이었는데 변경시키겠다는 것이었다. 앞으로 -- .
He was leaving yesterday. : was=유(有) 과거 ↗과거 속에서의 앞으로 진행의미
시동=그에게 있었다. 떠나겠는 것인데 어제 말이다. 즉 어제 떠나기로 되어 있었다는 말이다. ☞ p157
[= He was to leave yesterday. or He was going to leave yesterday.
시동=있었는 데 대동 떠나기로[떠나려고] 어제 말이다.
/하고 있었는 데 하려고 대동 떠나려고 어제 말이다 : **모두 과거 예정]** going=앞으로 진행
↳모두 어제 떠날 예정이었다는 말
You could be riding the hyperloop (train) by 2018.
시동=여러분들은 가능할 것 같다. 즉 타겠는[타고 다니겠다는] 것이 -- 근시(近時) 2018년 쯤에는 말이다.

↳plus]I was going to fire Comey.
=I would have fired Comey.
=I was firing Comey.
=I thought I would fire Comey.
=I was to fire Comey.

A.. He is fixing the car tomorrow. [≠will fix]

▭ **현동사=래발생현재[유(有) 미래] 또는 유(有) 현재 --〉 현분사=앞으로 진행**
-- 현분사 자체에 앞으로 진행의미가 있으나, 특히 be동사가 래발생 현재이면 반드시 앞으로 진행
시동=있는 데 고치기로 되어 있다. [fix + ing 진행음가로서 앞으로 진행,
↳현재 속에서의 앞으로 진행의미 즉 in+g〉go: 앞으로 들어가는 것으로서 앞으로 진행]

is= '있다' 로서 래발생 현재[유(有) 미래] 또는 유(有) 현재
전자=우리말 '또 있다' 할 때 '있다' 와 같다. 무언가 앞으로 '있다' 는 뜻으로서 '있다' 이다. 그래서, 우리말 '있다' 도 반드시 현재만 뜻하는 것은 아니다.

B.. Steve Jobs is resigning. The Ferguson police chief is staying put.
시동=있다. 사임하기로 결정[예정]되어 있다. /있는데 머물기로 예정되어 있다. 업무 밖으로 놓여져서 말이다 -- 결국 사임한다는 말 [resign/stay + ing 진행음가로서 앞으로 진행]

C.. Alex is getting married this spring.

시동=있는 데 하기로 되어 있다/할 예정으로 있다, 결혼(하는 것인 데)을 --.

*married=자동 과분사 /자동형용사

나가면서 하는 말 : "I'm walking."

현동사=(직후) 래발생현재

--> 현분사=바로 진행시킨다는 말 : 즉 직후진행로서 의향

시동=하겠어요(직후래발생), 즉 걸어 나가겠어요.

따라서, 남들은 다 가고 자기만 남겠다고 하고 싶으면

'I'm staying here.' 로 표현하면 된다. 의향이 없다면 "I'm not staying here."

나와 앞으로 놀 의향이 있다면 "I realize she is playing with me."

: 앞으로 진행로서 의향

vs I will get your glasses upstairs for you.

시동=하겠다. [갖다 주는 것을 말이다] : 주체래발생 의향[앞으로 실시]

vs The four statements will not be printed in your test book.[=are not printed]

↗단순동사로서 보통 메시지
동동사로서 '되지 않는 것'

시동=-- 지문은 하지않는데/되지않는데 즉 인쇄되지 않는다 : 주체성발생 성격

↘성격설명으로서 더 강한 메시지

add] 직후진행으로서 임박미래 : It is going to rain.

시동=날씨가 가려고 해요, 대동 비가 오는 쪽으로 말이다.

/하려고 해요, 즉 비가 오려고 말이다.

▭ 현분사 의향=진행의향 -- 앞으로 진행 또는 직후 진행으로서 의향

▭ will 의향=주체래발생으로서 의향, 즉 의지표명으로서 의향

↘ 주체가 갖고 있는 생각이나 마음이 앞으로 일어나는 것

: [w 〉 v + v: 발생+will: 의지 i: 주체 l: 래(來)]

▭ let 의향=하여금 되게[하게] 하겠다는 것으로서 사허(使許) 의향 ↗[l: allow t: take]

-- 어느 누구에게 동사 행위를 일어나게 하는 것 (let=취하도록 허락하는 것으로서 사허)

: Let me walk. Let the warming trend begin. : 일기예보

시동=되게[하게] 하겠어요, 나에게 걸어 가는 것을 말이다.

뜻하는 의미=하겠어요, 내가 걸어 나겠어요/걸어 나가는 것을 말이다.

/보도 하겠어요, 워밍추세 시작을 말이다.

[하겠어요, 워밍추세 시작을 알리는 것을 말이다.]

*보도=문맥/상황/단어 associate 알리는 것=문맥/상황 associate

caution] 뜻하는 의미보다 BNW로 단어의 뜻을 가지고 있어야 어떻게 표현되도 이해할 수 있고, 감정을 살려 낼 수 있다.

미셸 오바마가 keynote speech (기조연설)로 하는 말: Let me tell you 'why'?

시동=하게 하느냐, 나로 하여금 말을 여러분들에게 하게 하느냐, '왜' 라고 말이다?

즉 '나로 하여금 여러분들에게 말을 '왜' 라고 하게 하는가?' 라는 뜻이다. 만약 '하겠어요, -- 그 이유를 말이다' 로 뜻을 가져가면 <u>why라고 묻듯이 강하게 말할 수 없다</u>.

미래 진행과 앞으로 진행은 다르다

전자=동일치[동지속] 진행으로서 미래 어느 시점에 하고 있을 상황
후자=앞으로 진행으로서 앞으로 실시하는 것

즉 **전자**=단순한 주체래발생[will]이 가미된 단순한 미래진행
후자=앞으로 진행시키거나 진행되는 것으로서 결정된 미래

: **He will be having dinner then.**
vs He is having dinner tomorrow.

시동=앞으로 하고 있을 것이다, 즉 먹고[갖고] 있을 것 것이다.
vs 있는 데 먹기로[갖기로] 되어 있다.

tip) '진행' 이라는 말=진행 중[속]으로서 '진행' 과 실시로서 '진행' 두 가지 뜻이다.
앞으로 진행/관계현분사의 본동사의미는 후자 쪽이다. 쭉 진행은 진행 속이다.

D.. **"Giddyap, Billy, I' m riding you all the way to the White House."**
"Yes, ma' am."

시동=하겠어요, 즉 타고 가겠어요/할거야, 즉 타고 갈거야//나는 타고 가겠어요/나는 타고 갈거야.

래발생 현재=하겠어요/할거야 ⇒ 래발생현재 대신에 동질연결 가능= '는'
현분사=현재 속에서의 앞으로 진행으로서 의향
→ 백악관 진출하려고, Hillary가 남편 Bill Clinton등에 타고서 한 말이다.

giddyap=giddap, giddup, giddyup
우리말 '이랴, 이랴' 에 해당하는 말 -- 소를 몰때 빨리 가라고 하는 말
세울 때는 'Weoh, weoh.' 이다. 우리말과 영어가 같다. weoh=(infml) to stop

E.. **She won' t be doing that again.** ⇨ **감주리딩** : Shewon' t bedoing that again. (↗강조하기 위해 '단주+단주' 로 각각 말함)

-- 일회용 렌즈(disposable lenses)를 계속 35년 동안 끼고 있다가 눈알에 붙어버린 상황

시동=하지 않을 것이다. 즉 하는 것인데 그런 짓을 또다시는 말이다 : **미래진행이 아니다.**
↳즉 결코 앞으로 하지 않을 것이다는 의미

□ **비행기 좌석에 앉아 있는 손님에게 스튜어디스가 묻는 말 :**

"L. A. is 16 hours behind Seoul. Are you resetting your watch to L.A. time?"

→ **의향인 경우 :** 하시겠습니까? -- 맞추시겠습니까? ⇒ **현재 속에서의 앞으로 진행의미**

현동사=직후 래발생 현재 **현분사=직후진행으로서 의향**

→ **동작상태 지속인 경우 :** ↗**현재 속에서의 동상 진행의미**

해놓고(동) 있습니까(상)? -- 맞춰 놓고(동) 있습니까(상)? (=Is your watch reset ---?)

현동사=동상 지속현재 **현분사=동상 지속진행**

□ **시계를 맞추고 있는 손님에게 스튜어디스가 묻는 말이면** ↗**현재 속에서의 진행의미**

"Are you resetting your watch to L.A. time?" 하고 있습니까? -- 맞추고 있습니까?

현동사=동일치 현재로서 진행 동일치 현재

현분사=보다 더 구체적인 진행 동일치로서 동일치 진행

tip) 현분사 자체에 여러가지 진행의미가 있어 be동사 의미에 따라 그 진행의미가 결정되기도 하고 동질연결일 경우에는 be동사 의미와 상관없다.

F.. He is living with Sam for six months next year.

시동=있는데[그는] 살기로 되어 있다/살 예정으로 되어 있다. ----- .

is= **'있다'** / **'는'** 으로서 (덩어리) 래발생/동질현재 tip)for=**해당시간과 그 대상으로서**

: **동질연결=동개념도 상개념도 아님** : equal **구시/그 시간 //해자 ---**

: Scheduled for 10 o' clock.

living=(덩어리 기간으로서) 앞으로 진행 -- 살기로 되어 있는 데, 구시 6개월 동안

⇦ We will live with her for 3 months. **미래시제**에 for를 쓰는 것과 같다.

live=미래 속에서의 본동사 의미, 즉 덩어리 기간미래 -- 그래서 for 와 의율

: 앞으로 사는 데, 구시 3개월 동안 사는 것 (will=**주체래발생**)

G.. Dennis Gartman sees stocks dropping another 10% ~ 15%.

시동=내다보고 있는데 주식이 떨어질 것으로 보고 있는데 또한번 더 10에서 15%까지 말이다.

이때 sees=미래 상황에대한 예측 현재 ↘**현재 속에서의 앞으로 진행의미**

vs -- stocks drop ---. : 미래속에서의 본동사 의미

↗**현재 속에서의 앞으로 진행의미**

H.. You are subtracting −2b from 7b. are= '하면 되는 것/은' 으로서 래발생[동질] 현재

시동=하면 되는 데 즉 빼면 된다/여러분들은 빼면 된다 : 7b−(−2b) cf]( )=parentheses(AmE), (round) brackets(BrE) [ ]=square brackets 〈 〉=angle brackets { }=braces

Caution] be going to= '-- 할 예정이다' 로 **무조건 숙어로 외우지 말라.**
이때 going은 **앞으로 진행**이다. 앞으로 진행으로서 그냥 의미를 가져오면 된다.

: • We are going to open tomorrow.
우리는 하기로 되어 있는데[할 예정인데/하려고 하는데] 대동 open하는 것을 내일 말이다.
(go=가는 것으로서 진행, 진행시키는 것으로서 하는 것)

• I' m going to buy a computer.
나는 가고 있는데[진행시킬 것인데] 대동 구매하는 쪽으로 말이다.
(**우리말 '가다'** =실제로 가는 것/진행으로서 가는 것)

• Somebody reading this is going to be sitting in my birthday show audience.
시동=누군가가 읽는 다면 즉 이것을 읽는 다면[사람이면] 그런 사람은 가서 대동 할 수 있을 것이다. 즉 앉아 있는 것을 내소 -- 청중 석 내소에서 말이다.
(그런 사람은=**동질연결** 석=**명사** associate**로서 단어** associate)

⑤ 쭉 진행[event 진행] ↗**단어 본래의미를 알면 어순이 동일해지고 그 원천기술은 기/설과 BAM이다.**

• He had /been /coughing /for 30 minutes /yesterday.
영뇌=기-->설-->설' -->설"/설" or 기-->설-->설' -->설"-->설'"

▭ **과동사=과소유** ▭ **과분사=기간계속** event -- 해왔던 것
▭ **현분사=(기간) 계속 event가 첨가 되어 쭉 진행**[event 진행]
-- 쭉 기침을 해왔던 것 -- 그래서 for와 의율
tip]기간계속을 '쭉' 으로 느끼고, 쭉 진행을 '해왔던 것' 으로 느껴도 좋다.

시동=그는 갖고 있었어요, 해왔던 것 쭉 기침을 해왔던 것을 구시 30분 동안 어제에 말이다.
↳**과과 속에서의 쭉 진행의미**

vs He has lived in Seoul for 10 years.
lived는 **쭉** 살아 왔거나 **쭉** 살아 오고 있는 것이 아니다. **쭉 진행, 즉** event**진행**이 아니다.
그냥 기간계속 event로서 '기간 계속' 만 뜻한다.

기간계속의 완료인 경우
=살아 온 것/살아 왔던 것 -- 현재에 살지 않아도 지금까지 살아 왔던 것을 끊어서 말함
기간계속의 계속인 경우
=살아 오고 있는 것 -- 현재에 살고 있어도 지금까지 살아 오고 있는 것을 끊어서 말함

시동=그는 가지고 있어요, 살아 온 것[살아 왔던 것]인데 /살아오고 있는 것인데
내소(內所), 서울 내소에서 구시, 10년 동안 말이다.

terms 정리와	기간계속 event, event 진행, 덩어리 진행

□ 기간계속 event ≠ 기간계속 진행, 즉 쭉 진행/event 진행 ≠ 덩어리 진행
□ 기간계속 진행[즉 쭉 진행/event 진행]=been의 현분사
vs 기간계속=have동사의 과분사
vs 덩어리 진행=덩어리 동지속 과동사[현동사/원동사]의 현분사
: He will <u>be</u> arriving here <u>for</u> 5 minutes. ☞ p166

big tip) 예컨데 일반 현분사 〃coughing〃 free 영뇌에게 가능한 의미 :
1. 현재/과거/미래 속에서의 진행의미 2. 현재/과거 속에서의 앞으로 진행의미 3. 과현/과과/과미 속에서의 쭉 진행의미 4. 일설 진행의미 5. 기타 : 현재 속에서의 동상 진행의미 ↳p181

tip) free 고난도 감주 : The 67-year-old patient had been wearing disposable lenses for 35 years.
⇒ **free 감주 :** had been wearing —〉 been wearing
∴ Thesixty sevenyear oldpatient beenwearing disposablelenses forthirty 5years.
↳비영어권 사람들은 had를 빼먹고 말할 때 듣기가 어렵다.

be동사 (최상위) BNW

□ be동사 (최상위) BNW=있다 ↱ ∵ **있다=동질/상/동 의미 다 되기 때문**

모든 것은 '있다' 로 거의 다 통하고, '있다' 에서 출발한다.

a.. **He is a student.** 시동=그는 있다. 학생이라는 실체로 있다.
확장[EM] 시동=동질연결 의미: 인데 학생이다/그는 학생이다.
↳"이다" 동질 ↳"는" 동질

b.. **He is reading a novel.**
시동=그는 있다. 읽고 있다. **확장[EM] 시동=동질연결 의미**: 그는 읽고 있다.
↳"는" 동질

이때 **'있다'** =발생[행위] 존재의 진행동일치로서 '있다' . 즉 '<u>보니까 그때</u> 무언가 하고 있다' 로서 '있다' .
또는 발생[행위] 존재의 동지속으로서 '있다' . 즉 '무언가 하고 있다' 로서 '있다' .
⇒ **발생[행위] 존재 '있다'** =동개념,
현분사도 진행의미로서 동개념이니 서로 의율이 되는 것이다.

c.. **I am happy.** 시동=있다, 행복한 질[상태]로 있다/행복한 것으로 있다.
확장[EM] 시동=동질연결 : 인데 즉 행복하다/나는 행복하다.

형용사는 대개 질/상태를 의미하고, 부사는 방법, 이유, -- 등을 뜻한다.
우리가 보통 알고 있는 '이다' 또는 '는/은/가' 는 이렇게 '있다' 로 다 통한다.

be동사 BNW [b: 발생 e: existence/equal 있다/이다 ⇒ 동동사/상동사/동질동사
=있다 [발생 /존재[유(有)존재] /상태 /위치 /행위 /발생존재[행위존재] (로서 안내의미)]
-->동질 /동질연결 /동질알림 [EM], 즉 동질 종류 : 이다 [즉 /는 /이 /가]
/은 바로(기본영뇌 vol 1 p160) /인데: **You will be asked.** 여러분들은 할 것인데 질문을 받을 것이다.
/바로(영뇌영어 vol 1 p228) /과(영뇌영어 vol 1 p232)
/으로(영뇌영어 vol 1 p284) /에게 있다 (영뇌영어 vol 2 p122)
/는 즉 -- 이다 (영뇌영어 vol 2 p320 기본영뇌 vol 2 p461)
/그런 것/그들 (영뇌영어 vol 2 p296/297/365 기본영뇌 vol 2 p432/434/504)
-->**동질변화** [EM] : 되다(이다로서 되다)
-->**일반적 의미** [EM] : 하고 있다 /이다

caution] 확장의미[Extended Meaning]≠뜻하는 의미[IM : Indicating Meaning]
: 전자는 단어의 본래의미이고, 후자는 본래의미가 뜻하는 뜻하는 의미이다.
즉 전자는 bnw-BAM이고, 후자는 im-BAM이다.

상지속/자동지각과 현분사

동사자체가 **상지속/자동지각**을 뜻한다면 그 의미 그대로 현분사로 표현할 수 없다.
현분사는 동진행이기 때문이다. 즉 현분사는 동개념 동동사이다. 상지속/자동지각도 우리말로는 '하고 있다' 로 나타나니, 마치 현분사의 진행의미가 되는 것인 양 오해하여 현분사로 표현하는 사람들이 있는 데 이것은 틀린 영어이다.

영어에서 동사는 같은 형태로서 동/상 개념 모두를 가지는 경우가 많다. **영어는 일형태 다의어 뇌이기 때문이다.**
[verb=v: 동, 즉 움직이는 모양 b: be 상]

a.. **He has a close friend. : ok -- 소유상태 지속**=가지고 있다
vs He is having a close friend : not ok
→ 소유 상태의미 그대로(해서) 진행형으로 표현할 수 없다는 것이다.

하지만 have 동사가 동동사 의미일 때는 현분사 뇌로 작동시킬 수 있다.
He is having dinner. He is having a car. tip) **우리말 '가지고 있다' =상동사/동동사**
시동=그는 (무언가 하고) 있다. 갖고[즉 먹고] 있다. 저녁을 말이다.
/있다, 가질려고[즉 사려고] 하고 있다. *사려고=**뜻하는 의미**
→ **이 때 '있다' / '갖고 있다' =행위 존재 + 행위 진행으로서 동개념**
→ **'가질려고 하고 있다' =앞으로 진행으로서 동개념**

b.. He is a father. : 상동사

vs He is not being a father. : is/being=동동사

시동=있지 않다, 즉 하고 있지 않다. 아버지 구실을 말이다.

▭ 동동사 : The concert was last night. 있었다. ⇒ 발생했다라는 의미

The concert is there. 있어요. ⇒ 진행되고 있어요라는 의미

The concert is tonight. 있다. ⇒ 앞으로 있을 것이다는 의미

1.. Europe is not being helpful. 시동=있지 않다, 되고 있지 않다, 도움이 말이다.

2.. I'm being your way.

시동=있다, 즉 되어가고 있다. 너의 식으로 말이다. ▭ being=동질변화로서 동개념

3.. I was just being neighborly. He is being sarcastic.

시동=있었다. 그냥 하고 있었어요, 가까이에서 말이다.

/그는 있는데 하고 있어요, 즉 비꼬고 있었다.

being=발생[행위] 진행으로서 하고 있는 것

vs doing=실행진행으로서 하고 있는 것

4.. I was being sweet. 시동=있었다, 되어가고 있었는데 아주 잘 되어 가고 있었다.

*sweet=(**생활** infml E) very good

c.. She wants a bigger house. 원하고 있어요-- **마음의 상[state]표시**

vs "You wait - by next year she'll be wanting a bigger house!"

할 것같다, 즉 원하고 있을 것 같다. -- want**의 동작화**

d.. You resemble your father. 닮았다 -- **닮은** state

vs You are resembling your father. 시동=있다, 닮아가고 있다 -- **닮음의** movement化

e.. I think it is easy. 생각엔 --인 것 같다 -- **생각** state

vs I am thinking about it. 시동=있는데, 생각하고 있다 -- **생각의** movement化

f.. I see a bird!

(나에게) 보여요/보이고 있어요 -- **자동지각 반응** -- 눈에 저절로 들어오는 것

vs I am seeing a bird. : **수동지각** 시동=있다, 보고 있다 -- **보는 행위**

g.. I feel fine now. 느낌이 와요 -- **지각의 자동반응**

vs I am feeling jet-lagged. : **수동지각** 시동=있다, 느끼고 있다 -- **지각의 움직임**

h.. He looks familiar. 인 것같다, 전에 본 것[익숙한 것]같다 -- **추측** state

vs The future is looking fine.

시동=있다. (앞으로) 보이고 있다. 좋게 말이다 -- **전망의** movement**화(化)**

i.. I love you. 사랑해요-- **사랑의 감정** state

vs He is loving her. 시동=있어요, 사랑하고 있어요 --- **사랑행위**

--- kiss, embrace -- 등등 사랑표시도 가능함

*****우리말 '사랑하고 있어요'** =사랑감정/사랑행위

j.. I know it.

알고 있어요 -- **정보 보유**('to have information about something')

vs I am knowing it. 시동=있는데, 알고 있어요[인지/이해하고 있어요],

-- **이해/인지 지각화** ('to realize, find out about, or understand something')

*****우리말 '알고 있어요'** =정보보유/인지[이해]

그래서, 나는 '알았다' 할 때 I know로 표현해도 좋다. 이때는 발생현재 이해[인지] 동개념으로 표현한 것이다.

[=I got/get it. or I see/understand.] -- 중국인들은 'I know.' 를 더 많이 쓴다.

▭ get/got=움직여 (이해, 인지 따위를) 취하거나 취한 것으로서 아는 것

▭ see=(이해/정보-- 따위를) 본 것으로서 아는 것

▭ understand=그냥 이해로서 아는 것

▭ know=정보/이해[인지]를 갖게 되는 것으로서 아는 것/알아차리는 것

: I knew right away that he was a detective.

The rent isn't any higher. : **상동사 시동**=임대[집세]는 하지않은데 조금도 더 비싸지 않다.

In the listening test you will be asked to demonstrate how well you understand spoken English. : **동동사 시동**=내자 리스닝 테스트에서 여러분들은 앞으로 해야하는데 질문을 받아 대동 입증해야 해요. 얼마나 잘 여러분들이 이해하는지 스포큰 잉글리쉬에 대해서 말이다. (in=내소대상으로서 내자 will=주체래발생으로서 앞으로)

동진행과 동상진행

a.. He is sliding.

▭ **동진행**=있는데 미끄러지고 있다

▭ **동상진행**=있는데 미끄려져(동) 있다(상)

: **미려끄려져 주저 앉아 있는 모습을 보고 한 말** [=He is slid/He is being slid.]

b.. Are you resetting your watch?

▭ **동진행**=있는 가, 맞추고 있는 가?

▭ **동상진행**=있는 가, 맞춰놓고(동) 있는 가?(상) -- **진행표현으로서 더 강한 메시지**

: **가만히 앉아 있는 손님에게 하는 말** [=Is your watch reset?]

보통 메시지↗

plus 진행의미에는 동일치 진행 /계속[지속] 진행 /일반적 진행 /설명진행 /앞으로 진행 /덩어리 진행[infml E]이 있는데 be동사의 동질 (연결)의미로 서로 의율을 시킬 수 있다. **동질 (연결)은 (상개념이 아니라) 진행 행위와 equal 개념이기 때문이다.**

진행형 be동사=동질동사/동동사

IIIII.. He is reading.

그는 (인데) 읽고 있다(는 것이다) : **동일치/계속 진행**

그는 (인데) 독서하는 사람이다 : **일반적[일반적 설명] 진행**

그는 (인데) 읽기로 예정되어 있다(는 것이다) : **앞으로 진행**

: I am staying. 나는 (인데) 머물겠다(는 것이다).

Next time we're shopping at Wal-Mart. 다음번에 우리는 쇼핑하는 거야. 구처 —— .

IIIII.. The wet land is raining until now. 축축한 땅은 비가 왔다는 것이다. 도자 지금까지 말이다 : **동명사** (비가 오는 것을 한 것)

IIIII.. He was reading for 2 minutes.

그는 읽고 있었는 데 구시 2분간이었다 : **덩어리 (계속) 진행** ＊**여기서 was=**과동질로서 '는'

terms 정리와	Key BNWs

Roundup

조동사 BNW — 생각의미 **원동사 BNW** — 자체의미

과동사 BNW — 실제과거 **과분사 BNW** — event

현동사 BNW — 현재범위/현재중심 **현분사 BNW** — 진행의미/본동사의미

Be 동사 BNW — '있다'

6. 조동사 영뇌[MV NB]란 :

무한글 이해, 즉 IS두뇌로 명사(대명사) /동명사 /to부정사 (주어)를 생각의미로 그냥 서술적으로 설명해 나가는 뇌, 요컨데 비연결설명어

또는 묻는 말[정생각/의미과성립]로 먼저 말하는 뇌 : 기본어 또는 전설

/free 영뇌[infml E]로 먼저 말하는 뇌 : 기본어

(단, 정생각과 의미과성립이 도치 정생각/하생각으로 전설)

▭ **조동사 BNW**=생각의미 [단, 대동조동사=(보통/강조) 대동의미] ⇒ 영어는 설가뇌이기 때문에 이런 개략적인 의미를 먼저 표현하거나 이런 것이 먼저 보인다.

▭ **조동사**=현조동사/과조동사

⋯› 현조동사=현생각

과조동사=정생각 /과생각 /의미과성립 cf]과동사=실제과거/의미과성립

tip) 영뇌(NB)에서는 조동사는 본동사이다. 조동사[즉 기본어]를 원동사로 (보충) 설명해 나가기 때문이다. 그래서 본동사=현동사/과동사/조동사 (⇒ s동사), 따라서 to부정사는 to 본동사의미로서 이들 동사의 의미를 대변한다[대용으로 쓰인다]. ☞ vol 1 p282/283

.. 감주로 자꾸 들으면 뒷말과 말하는게 굳어진다. 한뇌로 거꾸로 이해하는 버릇때문에 "감주습관"이 필요하다.

1) 조동사 영뇌[MV NB]

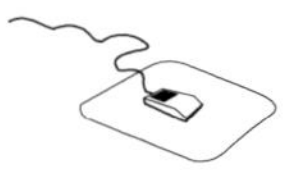

무한글 이해, 즉 IS두뇌로 명사(대명사) /동명사 /to부정사 (주어)를 생각의미로 그냥 서술적으로 설명해 나가는 뇌

요컨데, 비연결설명어

또는 묻는 말[정생각 /의미과성립]로 먼저 말하는 뇌 : 기본어 또는 전설

또는 free 영뇌[infml E]로 먼저 말하는 뇌 : 기본어

조동사의 BNW는 생각의미이다.

그래서 표현자가 생각이나 생각적인 태도를 취할 수 있다. 따라서 단순동사 서술의미에 생각의미를 부여하고 싶으면 조동사를 쓰면 된다. 그래서, 조동사를 modal verb라 한다.

[modal=m: mind or mood a: attitude of the speaker]

생각의미=현생각, 과생각, 정생각, 성립적인 생각[의미과성립]

---

① 명사를 설명해 나가는 뇌 ↗**단어 본래의미를 알면 어순이 동일해지고 그 원천기술은 기/설과 BAM이다.**

A.. "All Korean residents must /carry /identification cards."

[=Must carry -- . : infml E]

영뇌=기→ 설→ 설′ : BEis-Os

or I + I + I : I-Os or S + S + S : S-Os

그러면 시조리듬처럼 쉽게 리듬을 잡을 수 있다.

How to Read[Speak] ↗감주는 뒷말과 말하므로 보통 두 단어를 한 단어처럼 말한다 : 2•2조 리듬

=AllKorean residentsmust carryidentification cards.

: 먼저 감각적 주파수로 이해한다. 그러면 저절로 의음/의자가 된다.

시동= vocal 감각적 주파수로 ↗**그러면 영어말투가 형성되고 영어말투에 익숙해진다.**

(의음/의자가 될 때까지) F3+E2 강하게 말하기

tip)소리=마음의 소리/귀에 익은 소리/실제소리

— 이런 소리들에 의해서 이해되는 것이 의음이다. (레지던스=slide F : 무성음 매치와 t폐쇄)

⇒ 먼저 개략적으로 생각을 밝히고, 다시 원동사로 구체적으로 설명해 나가는 뇌로 작동시킨다.

생각을 먼저 말하는 것은 생각[마음]주의 기/설 영뇌이다.

↘ .. **major 감주=** " --- residents -- carry identification cards."

↳원동사=본동사 대용, 즉 조동사 대용의미가 들어 있기 때문에 이것만으로도 이해 가능

☞.. Ekbe 시동[영어본래의미] 또는 감주로 이해되어야 영어승차감이 나온다.

☞.. **我必 Free 감주 간직하기**= All residents must carry identity cards.
or People must carry ID cards.

시동=모든 한국인들은 반드시 해야 해요, 갖고 다니는 것인데 신분증을 말이다.

현조동사=의무로서 현생각 -- 먼저 말에 먼저 이해가 스쳐가지 않으면 영뇌가 아니다.
원동사=일반적 본동사의미[일반적 설명 본동사의미]
must=확실한 의무로서 반드시 해야하는 것 [m: misson s: sure + no 'd' 현재]
소리=MUs(t)=slide 주파수 u=아/어 중간 감정음가

시동 종류=원애시동 /vocal음 /Free 영뇌 /F3+E2 /일상적인 생활 /Ekbe /†SIUM 말하기 /무한글 /BNW or 비한글 BNW /BAM /BEis 영뇌 /G토씨 /connotation /영뇌 기본자세 /패턴 /associate — 언어는 생활의 산물이다. 생활 속에서의 뜻으로 IS로 작동해야 한다.

tip) (역순) 해석뇌 발동의 근본원인은 바로 IS 영뇌가 작동하지 않거나 영어 본래의미를 모르기 때문이다.
↘영어 본래의미=단어 본래의미: BNW와 BAM(bnw/im-BAM)(+설가뇌 의미(Ekbe))

IC 뒤에 comma 영뇌를 추가하면 :

A- E.. "All Korean residents must /carry /identification cards, /such as[for example /that is /i.e.] a driver's license or a resident card."
영뇌=기-->설-->설′-->설″ : BEis-Os

시동=모든 한국인들은 반드시 해야 해요, 갖고 다니는 것인데 신분증, 예컨데 그와 같은 것 [즉 예를들면/즉] 운전면허증이나 주민등록증 같은 것 말이다[같은 것이다].
*driver's license=driving license i.e.=abbrev. id est; that is 즉
that is=그것은 이런 것이다는 것으로서 즉→ 이런 것=is의 **단어** associate

A.. "All Korean residents must carry identification cards."

↗ **항상 vocal로 F3로 말하여 간직**

Free 감주로 이해/간직 하기 ⇒ All Korean residents must. /Must carry. /Carry ID cards. /Residents must carry. /All must carry. /All residents must carry ID cards. /ID cards residents must carry. /-- etc. tip) free **영뇌는 그 자체만으로도 말이 된다.**
→ **관계문장/서술문장**

All Korean residents must. 모든 한국 주민들은 해야 해요. Must carry. 반드시 갖고 다녀야 한다. *carry=운반해 다니는 것으로서 갖고 다니는 것 Residents must carry. 주민들은 필히 해야하는데 갖고 다니는 것을 해야한다. All residents must carry ID cards. 모든 주민들은 필히 갖고 다닌다.

신분증을 말이다. *must=의무/필요성/불가피성으로서 해야한다/반드시/필히
tip) Must be. 반드시 있어야 한다[임에 틀림없다]. Can be. 가능한데 있을 수 있다. ⇒ **일종의 조동사 free 영뇌**

Carry identification cards. 갖고 다니는 것인데 ID 카드를 말이다[갖고 다니는 것]
: **일반적 또는 일반적 설명 본동사 의미 (definition/제목/상황설명)**
⇨ tip) **또다른 free 영뇌**=갖고 다녀라: **명령 본동사 의미**
/갖고 다녔다: **발생현재** /갖고 다닌다: **설명현재**
/갖고 다니면 좋을텐데[갖고 다니는 것이 이루어지면 해요] : **의미원성립**
All must carry. 모두[전원]가 반드시 갖고 다녀야 한다.
*all=대명사일때 ⇨ 사물 : 단수 사람: 복수 ···› All is lost. All were glad.
형용사일때 ⇨ 사물 : 복수/비수 사람 : 복수
···› all respects (모든 점) /all morning all residents
cf]Health, friends, position – all are gone. (position 지위)

일반적인 표현	복수

신분증이 복수표현이라고 해서 각각 여러 개를 갖고 다니라는 뜻은 아니다. 여러 사람들에게 모두 해당시키는 **복수 일반적 표현**이다. 그래서, 이때 복수 sign 's' 는 한 장씩 한 장씩 모두에게 해당시키는 전체 대표의미, 즉 일반적 의미가 머리를 스쳐가야 한다.
[card + s: not 'single' or several 전체로서 일반복수]

만약에 복수로 표현하여 여러 장으로 의사전달에 혼란이 있을 것 같으면, 부정관사 뇌를 작동시킨다 ···› All Korean residents must carry an identification card.
an 시동=각각 한장의 ID카드 [각각 한장인데 ID 카드로 말이다] /일종의 ID카드라는 신분증
*a/an=어떤 하나 하나로서 각각 (each) /어떤 하나로서 일종의(a kind)

⇦ a.. "You' re both getting a movie ticket."
시동=하려고 하는 군요(래발생현재), 둘다 사려고 하는 군요. ---.
a 시동=각각 한장의 영화티켓/각각 한장인데 즉 영화표를 말이다.
-- 두 명이 각각 어떤 하나의 ticket를 산다는 것이지, 두 명의 몫으로 티켓 한 장을 산다는 의미는 아니다. 그리고 이 표현도 어떤 하나의 종류로서 시동을 걸어도 좋다 ···› 일종의 영화 티켓이라는 표
b.. Avoid people who already have a cold. [=catch/contract]
a 시동=각각, 감기가 각각 /일종의 감기라는 병
* have=가지고 있는 것으로서 걸려 있는 것

② 대명사를 설명해 나가는 뇌

A.. "Everybody should /have /a medical exam /at least once /every two years."

영뇌=기→ 설→ 설′→ 설″→ 설‴ : BEis–Os

or I + I + I + I + I : I–Os or S + S + S + S + S : S–Os

How to Read[Speak]

=Everybodyshould havea medicalexam atleast onceevery twoyears.

: 먼저 감각적 주파수로 이해한다. 그러면 저절로 선인영뇌각인과 선강후약 영뇌각인이 유지된다.

시동= vocal 감각적 주파수로

(자동 설가가 될 때까지) F3+E2 강하게 말하기

tip)특히, IS로 먼저 말에 먼저 각인이 되면 '해석본능'도 막을 수 있다.

.. **我必 Free 감주 간직하기**= Everybody should have every two years.

시동=모든 사람들로 하여금 일어나야 한다/일어나게 해야 한다. 받는 것인데 건강검진을 (즉) 적어도 한 번씩 매 2년마다 말이다.

(역순이해인) X시동은 걸지마라.
이것은 Ekbe 시동에 의해 저절로 걸리니까.

→ 이때 at 시동=무한글로 느끼든지 또는 비한글 BNW, 즉 규모크기 또는 바로대상을 느끼면 된다.

과조동사=사(使)발생으로서 정생각

원동사=일반적 본동사 의미[일반적 설명 본동사의미]

should=사발생 정생각으로서 하여금 일어나야 하는 것 /하여금 일어나게 해야 하는 것

[s: sure h: happen l: let

\+ ould(었): 과음가 or d: did + decide 정생각]

소리=SHOUld=retro–root 주파수 ou=u지배음가

: Boehner Bill =B(o)Ehner BIll : e 지배음가

-- 미국의 Debt Ceiling을 발의했던 최초법안

: a.. **I did /love you. I do /love you.** cf] **I really did love you. I really do love you.**

영뇌=기→ 설 : BEis–Os

→ 대명사를 'do' 조동사로 설명해 나가는 뇌 ＊do=**긍정문에서는 개략적[은근한] 강조**

시동=나는 (정말로) 했어요, 사랑을 당신에게 말이다. / -- (정말로) 해요, ---.

↳**여기서 '정말로' = do의 개략적[은근한] 강조의 뜻하는 의미**

b.. **That /she is guilty /may be your thought.**

영뇌=기→ 설/설 : BEis–Os

→ 대명사를 관계문장으로 설명해 나가면서 조동사로 설명해 나가는 뇌

↗사전의 뜻만으로 부족+BAM(Associate)+(특히 설가뇌) 뜻관계 뜻+finally, 감주

..영어는 단어의 뜻만 정확히 알면된다.

시동=그것, 즉 그 여자가 유죄라는 것은 아마도 일지도 모른다. 너의 생각일지도 모른다.

Plus]동명사/부정사 주어를 설명해 나가는 뇌로도 작동시킬 수 있다.

— 주어이면 모두 가능

a.. The building of the bridge can be finished by next year.

b.. To build the bridge can be finished by next year.

·))) everybody 뒤에 관계형용사 영뇌를 추가하면 :

A- E.. "Everybody /young or old /should /have /a medical exam /at least once /every two years."

영뇌=기→ 설/설→ 설′ → 설″→ 설‴ → 설″″ : BEis-Os

시동=모든 사람들, 나이가 안들은 사람이든 들은 사람이든[나이가 안들었건 들었건] 그들로 하여금 일어나야 한다/일어나게 해야 한다. 받는 것인데 건강검진을, 즉 적어도 한 번씩 매 2년마다 말이다. ∗at=규모 크기 또는 바로 대상로서 즉

↘ **.. major 감주=** " -- young or old --- have -- medical exam -- once every two years."

Free 감주로 이해/간직 하기 ⇒ Everybody should. /Should have. /Have (a) medical exam. /(A) Medical exam at least once every two years. /Should have at least once every two years. /Everybody at least once every two years. /Should at least.

·))) **Everybody should.** 모든 사람들로 하여금 일어나야 해요/일어나는 게 좋을 것같아요.
Should have. (누구로 하여금) 일어나야 하는 데 갖는 것으로 말이다. **Should have at least once every two years.** (하여금) 일어나는 게 좋을 것 같다. 갖는 것을 즉 적어도 한번씩 매 2년마다 말이다.
Everybody at least once every two years. 모든 사람들은 즉 적어도 한번씩 매 2년마다 발생하면 된다.
∗발생하면 된다=**문맥/상황** associate **Should at least.** (하여금) 일어나야 하는 데 즉 적어도 말이다.
Cf] Can absolutely. 가능한데 확실히 말이다/할 수 있는데 확실히 할 수 있다.

Have (a) medical exam. 갖는데 의료검진을 갖는다 : **일반적/일반적 설명 본동사 의미**

tip) 또다른 free 영뇌=가져라/받아라: **명령 본동사 의미** /받을 것이다: will **대용** → **원동사 자체에 이런 본동사의미가 들어 있다.**

-- 미래 속에서의 본동사의미 : Thanks, be all right/be right back. 할 것인데 괜찮을 것이다.
/가졌어요[받았어요]: **발생 현재** /받고 있어요: **설명 현재 또는 일반적 현재** / -- 곧 돌아오겠다.

(A) <u>Medical exam</u> at least once every two years.

의료검진을 즉 적어도 한번씩 매 2년마다 말이다/의료검진은 -- 매 2년마다 한다.

③ 묻는 말로 먼저 말하는 뇌

A.. Will /you phone /me /tomorrow?

영뇌=기→ 설→ 설′→ 설″ : BEis-Os

or I + I + I + I : I-Os or S + S + S + S : S-Os

How to Read[Speak]=Willyou phoneme tomorrow?

: 먼저 감각적 주파수로 이해한다. 감주는 남들보다 머리를 빨리 쓰는 것이다.

시동= vocal 감각적 주파수로

(자동 설가가 될 때까지) F3+E2 강하게 말하기

(터마로우↗=cramp F + tail F : 단어 본래 주파수는 cramp이지만 yes-no question에서는 tail 주파수가 추가된다. 단, wh-question에서는 자기주파수 대로 소리내면 된다. you=유-↗=중간 tail F)

→ 먼저 개략적으로 주체래발생으로 묻고, 다시 주원으로 구체적으로 물어 가는 뇌 : BEis-Os

.. 我必 Free 감주 간직하기=Will you phone tomorrow?

시동=할 것인가, 네가 전화하는 것인데 나에게 내일 말이야?

현조동사=주체래발생으로서 현생각

-- 표현자가 상대방에게 '할 것인가'로 생각적인 태도를 취하는 것으로서 생각의미

원동사=미래 속에서의 본동사의미

will=주체래발생 현생각으로서 '(앞으로) 할 것인가' 라고 묻는 의미

그래서 will의 뜻=(앞으로) 할 것이다 /할 것인가

[w>v: 발생 i: 주체 ll: 래(來)]

소리=WIll=post/spiral점형 주파수 i=이: **철자음가**

: a.. When will /you take /this woman /to be your lawful wedded wife?

영뇌=기→ 설→ 설′→ 설″ : BEis-Os

→ 부사의 설명을 받아 주체래발생으로 먼저 묻고, 다시 주원으로 구체적으로 물어 가는 뇌로 작동시킨다.

| Free 감주+我必 Free 감주 간직하기

시동=언제 할 것인가, 네가 삼는 것인데, 이 여자를 즉 너의 법적으로 식을 올린 아내로 말이다?

: What time will you arrive?

시동= 몇시가 될 것 같은 가, 네가 도착하는 게 말이다?

*what time=**명사부사**

☞.. 시동으로 (영어) 글자/말 자체에서 뜻이 보이거나 상황이 (머리 속에서) 보이면 된다 : IS 영뇌

b.. What did /you say?

영뇌=기→ 설 : BEis-Os

How to Read[Speak]=Watdidyou say?
: 먼저 감각적 주파수로 이해한다.
시동= vocal 감각적 주파수로 (자동 설가가 될 때까지) F3+E2 강하게 말하기

말은 배 힘에 의해서 목으로 음을 만들면서 성대가 울리고 입천정 공간에서 공명이 일어나야 한다.

→ (의문) 대명사를 대동 과조동사로 설명해 나가면서 개략적으로 먼저 묻고, 다시 주원으로 구체적으로 물어 나가는 뇌 : BEis-Os | Free 감주 간직하기

☞.. **我必 Free 감주 간직하기**=What did? caution] 이때 '이었지' 는 대동의미 대상을 묻는 것 vs 'was 묻는 말' 과 다르다 : What was it?

시동=무엇이었지, 네가 말한 게 말이야?

did=**보통 대동의미**로서 했지[이었지] (의문문/부정문)
/**강조 대동의미**로서 정말로 했다(긍정문/never 부정문)
//**본동사**로서 했다
[d: 짓(구개음화)/deed로서 하는 것 i: 이지 id 엇>었: 과음가]

➧ tomorrow 뒤에 명사 영뇌를 추가하면 :

A- E.. Will /you phone /me /tomorrow afternoon?

영뇌=기→ 설→ 설′→ 설″ : BEis-Os

시동=할 것인가, 네가 전화하는 것인데 나에게 내일 오후에 말이다?

↘ ☞.. **major 감주=** -- -- phone -- tomorrow?

Free 감주로 이해/간직 하기 ⇒ Will you? /Will you phone? /You phone? /Phone me tomorrow? /Will you tomorrow? /Phone tomorrow? /-- etc.

➧ Will you? (앞으로) 할 것인가 당신이 말이다?
Will you phone? 할 것인가 네가 전화를 말이다? /앞으로 네가 전화를 할 것인가?
You phone? 네가 전화하는 것 말이다?

Phone me tomorrow? 전화하겠는가[전화하는 것인데], 나에게 내일 말이다?
Will you tomorrow? 할 것인가 당신이 내일 말이다?
Phone tomorrow? 전화를[전화하는 것인데] 내일 하겠는가?

tip) free **영뇌로 말문 더 틔우기** : Will you phone me up later? [=call] *up= '똑바로' 로서 확실히

④ 정생각으로 먼저 말하는 뇌 : (very) formal E

A.. Should /you be interested /in our offer, //contact /us.

영뇌=전설→ 설′→ 설″ ⇨ 기→ 설 : BEis-Os

or I + I + I + I + I : I-Os or S + S + S + S + S : S-Os

↘ .. **major 감주=** Should -- interested -- offer, contact -- .

How to Read[Speak]

=Shouldyou beinterested inour offer, contactus.

: 먼저 감각적 주파수로 이해한다.

시동= vocal 감각적 주파수로 (자동 설가가 될 때까지) F3+E2 강하게 말하기

(슈드유[슈-드유]=check mark F[retro-root형 check mark F] 셔드유=check mark F : ou중 u지배음가=유 또는 아/어 중간 감정음가[Λ], 그래서 슈/셔가 된다 인아우어=cramp F)

⇒ 먼저 정생각으로 공손하게 말하고 뒷말로 설명해 나가면서, S동사로 다시 본론을 말해 나가는 뇌

: BEis-Os .. **문장 뼈대**=전설(Should=도치 정생각) + 기본어/s동사(contact)

.. **我必 Free 감주 간직하기**=Should you be interested, contact.

시동=발생하시면, 여러분들로 하여금 있는 것, 관심이 있는 것이 발생하신다면, 분야, 우리의 제의 분야에 말이다. 그렇다면 연락하되 우리들에게 하라. ＊in=내범위 지정으로서 분야 그렇다면=문맥 associate

과조동사=사발생 정생각로서 공손한 뜻

원동사=본동사의미로서 미래 또는 현재 의미

should=사발생 정생각으로서 (하여금) 발생하신다면

[h: happen l: let + ould: 과음가 or d: did + decide 정생각]

소리=SHOuld=slide/retro-root 주파수 ou=u 지배음가

정생각과 하생각은 생각을 정하거나 성립적인 생각으로서 생각의미 또는 상상의미를 갖고 있으므로 다른 생각의미와 달리 접속사 대용으로 먼저 표현하는 것이 가능하다. 그래서, 특히 이들을 **도치 정생각/하생각**이라 한다.

us 뒤에 전치사 영뇌를 추가하면 :

A- E.. Should /you be interested /in our offer, //contact /us /at 070-5577-7878.

영뇌=전설→ 설′→ 설″ ⇨ 기→ 설→ 설′ : BEis-Os

시동=발생하시면, 여러분들로 하여금 있는 것, 관심이 있는 것이 발생하신다면, 분야, 우리의 제의 분야에 말이다. 그렇다면 연락하라. 우리들에게 즉[직자] 070-5577-7878로 말이다.

↳ **영어는 항상 어느 부분을 보더라도 free 영뇌, 특히 free 감주로 이해되어야 한다.**

↘ **특히 감주 영뇌가 되어야 major 감주 또는 아필 감주로 쉽게 이해 된다.**

Free 감주로 이해/간직 하기 ⇒ Should you be. /Should you be interested. /Interested in our offer. /Interested in our offer, contact us. /Should you, contact. /In our offer, contact us. /-- etc.

▶ Should you be. 발생하신다면 여러분들로 하여금 (있는 것이) 발생하신다면 : **정생각**

/(현재) 일어났다면[(앞으로) 일어났을 경우] 여러분들로 하여금 말이다 : **의미과성립**

tip) be를 동질연결로서 '로 하여금' 으로 느낄 경우 '있는 것' 으로 시동을 걸지 않아도 된다.

Should you be interested. 발생하신다면 여러분들로 하여금 (있는 것이) 관심이 있는 것이 발생하신다면

Interested in our offer, contact us. 관심이 있다면, 분야 즉 우리의 제의 분야에 관심이 있다면, 연락하세요, 우리들에게 말이다 : **콤머영뇌 -- 콤머=조건**

ex]Love me, love my dog. 사랑하면 -- 사랑하라.

Should you, contact. 발생하신다면 즉 여러분들로 하여금 발생하신다면 연락하세요.

In our offer, contact us. 분야 우리의 제의 분야와 관련해서 연락하되 우리들에게 하세요.

Interested in our offer. 관심이 있어요. 분야, 즉 우리의 제의 분야에 말이다.

↗전설 또는 기본어 가능

⑤ 의미과성립으로 먼저 말하는 뇌 : 도치 하생각⇒전설 (very) formal E

A.. Would /she get /many more pearls, //she should /dive deep into /the sea.

영뇌=전설→ 설′→ 설″ ⇨ 기→ 설→ 설′ : BEis-Os

or I + I + I + I + I + I : I-Os or S + S + S + S + S + S : S-Os

How to Read[Speak]

=Wouldshe getmany morepearls, sheshould divedeep intothe sea.

: 먼저 감주로 이해한다. **문장뼈대**=전설(Would=도치 하생각)+기본어(she)+s동사(should)

시동= vocal 감각적 주파수로 (자동 설가가 될 때까지) F3+E2 강하게 말하기

→ 먼저 성립적인 생각으로 강한 욕구를 밝히고, 주조로 설명해 나가는 뇌 : BEis-Os

我必 Free 감주 간직하기=Would you get, (you) should dive.

시동=하고 싶은 마음이 생겼다면 (획득하는 것인데 ------ .) ＊should=정생각

뜻하는 의미=그래도 (지금 상황을 만족하지 않고 훨씬 더) 원하는 것을 이루고 싶다면-- .

그렇다면 --- . (그 여자로 하여금 일어나게 해야 한다/일어나야 한다.

dive 해서 깊숙히 들어가는 것을/내대자 바다 속으로 해서 말이다.)

B.. "Could /right now."=**기→ 설** 시동=할 수 있었으면 해요[좋을텐데], 당장 지금말이에요.

我必 Free 감주 간직하기= "Could". : **단주로서 일종의 free 영뇌로 단어 하나라도 충분히 의사전달이 된다.**

dive=뛰어 드는 것/잠수하는 것[d: 뛰는 것 i: in/into v: 꽂히는 모습]
would=주체성발생 의미과성립으로서 강한 욕구 : **하생각 접속사** -- [=If she would]
[w: v + v 즉 바람 +바람 ould: 과음가 or d: did + under]
소리=WOuld=slide/retro-root 주파수 ou=u: 지배음가

: Could /I buy /the car, //I could /fly to /you.
영뇌=전설→ 설′→ 설″ ⇨ 기→ 설→ 설′ : BEis-Os

vocal 감각적 주파수로 자동 설가가 되게 F3+E2 강하게 말하기
⇒ 먼저 성립적인 생각으로 강한 바람을 밝히고, 주조로 설명해 나가는 뇌 : BEis-Os
| **Free 감주+我必 Free 감주 간직하기**

시동=(지금/현재) 가능했다면 ---, 그랬다면 나는 가능할 것같다[할 수 있을 것같다]
: **(가능성) 정생각** 가능 했을텐데[할 수 있었을텐데] : **(반대사실) 의미과성립**
뜻하는 의미=(그럴 가능성은 없지만/지금 형편이 안되어 할 수 없지만 그래도 지금) 할 수만 있다면
-- 가능할 것같다/가능할 텐데 ＊뒷 could=(가능성) 정생각/(반대사실) 의미과성립

·))) dive 대신에 다른 원동사 영뇌를 작동시키면 :

A- E.. Would /she get /many more pearls, //she should /swim deep into /the sea. **=전설→ 설′→ 설″ ⇨ 기→ 설→ 설′** : BEis-Os

시동=하고 싶은 마음이 생겼다면 (획득하는 것인데 -- .) 그렇다면 --. (그 여자로 하여금 일어나게 해야 한다. 수영을 해서 깊숙히 들어가는 것을 /내대자 바다 속으로 해서 말이다.)

↗ **.. major 감주=** Would -- get -- more pearls, --- -- deep into -- sea.

A.. Would she get many more pearls, she should dive deep into the sea.

Free 감주로 이해/간직 하기 ⇒ Would she. /Would she get. /Get many more pearls. /She should. /Dive deep into. /Deep into the sea. /Should dive deep. /Would she get, she should. /Many more pearls, she should dive deep. /-- etc.

·))) Would she get. 하고자 하는 마음이 생겼다면 그 여자에게 획득하는 것이 말이다 : **의미과성립**
하시고자 한다면 : **정생각** She should. 그 여자로 하여금 일어나야 한다[일어날 것같다] : **정생각** 하여금 일어나야만 했다 /하여금 일어났어야 했다(유감) /하여금 일어났던 것 같다 : **과생각**
그 여자로 하여금 일어났어야 하는데[했는데]/일어났으면 좋을텐데[좋았을 텐데] : **의미과성립**
Deep into the sea. 깊숙히 들어가는 것인데[내대자] 바다 속으로 말이다. tip) Would she, she should.

Should dive deep. (누군가로) 하여금 일어나야 하는 데 dive를 깊이 말이다. **Would she get, she should.** 하고자 하는 마음이 생겼다면[하시고자 한다면] 그 여자에게 획득하는 것이 말이다. 그렇다면 그 여자로 하여금 무언가 일어나야 한다. (그렇다면=**문맥** associate 무언가=should, **즉 조동사의 단어** associate)
Many more pearls, she should dive deep. 훨씬 더 많은 진주라면 그 여자로 하여금 일어나야 한다. dive를 깊숙히 하는 것이 말이다 ⋯→ <u>Many more</u>, she should dive deep.
훨씬 더 많은 것이라면 : **일반 형용사의 명사전제 infml + 콤머 영뇌**

Would she. 하고자 하는 마음이 생겼다면 : (도치) **의미과성립** 하시고자 한다면 : (도치) **정생각**
vs Would she? 할 것 같은 가, 그 여자가 말이다? : **정생각**
Get many more pearls. 획득하는 것이 이루어지면 해요, 훨씬 더 많은 진주가 말이다.
: **바람 의미원성립** 획득하라 : **명령 본동사의미** 획득했다 : **발생현재**

Dive deep into. dive 해서 깊숙히 들어가는 것 : **definition/제목/상황설명**
dive 해서 깊숙히 들어가라 : **명령 본동사 의미** dive 해서 깊숙히 들어갔다 : **발생현재**
dive해서 깊숙히 들어가는 것이 이루어지면 해요 : **바람 의미원성립**

⑥ free 영뇌[infml E]로 먼저 말하는 뇌 : 기본어

IIIII.. Help Wanted:
Part-time cook.
Must be 20 or older with experience. Apply in person. Phil's Diner

→ **Must /be 20 or older /with experience.**
영뇌=기→ 설→ 설′ or **기→ 설/설** : BEis-Os
or I + I + I : I-Os or S + S + S : S-Os

How to Read[Speak]=Mustbe 20or olderwith experience.
: 먼저 감각적 주파수로 이해한다.
시동= vocal **감각적 주파수로 (자동 설가가 될 때까지) F3+E2 강하게 말하기**
*must=(주어) **전제 infml E** | Free **감주 간직하기**

→ 먼저 조동사로 생각을 밝히고, 다시 원동사로 설명해 나가는 뇌 : BEis-Os

.. 我必 Free 감주 간직하기= Must be 20 or older. Apply in person.
시동=반드시 돼야 한다. 스무살 이상은 되어야 하고, 그리고 또한 갖추고 있어야 하는 데 경험도 말이다.

caution] free 영뇌는 일반적으로 SpE (뉴스, 드라마, 쇼, 대화), 리플, 알림, 광고, Headline, — 등에서 많이 표현한다. tip)일반적으로 short하게 말하면 free 영뇌[infml E]가 되고, full로 말하면 StE[formal E/WrE]가 된다. 그래서, 대개 각종 시험영어, 특히 IELTS, TOEFL의 말하기와 쓰기는 full로 표현한다.

현조동사=확실한 필요성으로서 현생각
must=확실한 필요성으로서 반드시 해야하는 것
[m>n+n: necessity s: sure + no 'd' 현재]
소리=MUs(t)=slide 주파수 u=아/어 중간 감정음가

원동사=일반적 요건로서 일반적 본동사 의미
in=들어가는 것으로서 하는 것 person=U의미로서 몸소 [≠사람]
apply=present [제시/제출]하는 것으로서 신청하는 것 vs ask=물어보는 것
시동=신청하되 해서, 몸소해서, 하라. [신청하되 내자 몸소로 하라.]

.. 이해는 (언어에 대한 basics를 알았디면) 최종적으로 단어의 최종적인 뜻인 감주로 이해한다.

명령 tag	즉 직접명령 태그와 간접명령 태그

명령 태그 —— 묻는 말로 먼저 작동시킨다.
IIIII .. Bung /me /a cigarette, //will you?
[won't you? /would you? /could you? /can't you?]

영뇌=기→ 설→ 설′ ⇨ 전설 or 기→ 설/설 ⇨ 전설 : BEis-Os
시동=툭 던져라, 나에게 담배 한까치를 말이야, 할것이지?
[안 할 것인가? /하시겠오? /가능하겠오? /할 수 없는 가?]

⇒ **직접명령 태그** : 본인이 확인 하고 싶은 뜻 대로 조동사를 사용해서 tag를 만들면 된다.
confirmation[agreement /aggressive /echo] tag와 다르다.
☞ **현동사 영뇌 참조 〉 p122**

: **a..** Stop fiddling with that TV, will you? [won't you? /can't you?, /---? etc.]
b.. Don't tell anyone I told you, will you?
c.. Go off for the weekend, why don't you?

bung=to throw, esp. roughly 던지되, 특히 툭 던지는 것
[b: 방/벙 던지는 것]
fiddle=할 일없이 손가락으로 짓을 하는 것[만지작 거리는 것]
[f: fingers id: idle/idly d: do]

(**사전상의 뜻** : fiddle=to move things aimlessly in one's fingers)
: Put down that pen and stop fiddling!
fiddle with=손가락으로 만지작 거리는데 동자 -- 에게 말이다
with=동존방향 대상으로서 동자 -- 에게

⇒ **간접명령 태그**

: **a..** Let's take a taxi, shall we?
Let's not go to the party, OK? /all right?
⇒ let' s=제안/실시 명령이니 shall we? /OK? /all right?으로 확인 tag로 말해야 뜻이 통한다.

시동=합시다/해보자. --- 그렇게 (발생) 해야지요/그렇게 (발생) 하는 게 맞지요, 우리가[우리로 하여금] 말이다? 시동=하지 맙시다. --- ?

b.. Please let us have more time, will you?
⇒ let+목적어=부탁이나 의향 명령이니 will you? /OK? /all right?으로 확인 tag로 말해야 뜻이 통한다.
시동= (제발 하도록) 해주세요,---, 하시겠어요, 당신이 말이다?
/(부디) 하겠어요,---, ok?
= Please allow us to have more time, will you? /OK? /all right?

vs John isn' t /here /today, //is he? **=기→ 설 /설 ⇨ 전설 or 기→ 설→ 설′ ⇨ 전설**
시동=존은 오지 않았지요, 여기에 오늘 말이다, 그렇지, 그 사람이 말이야?
: confirmation tag

대답 방법 :
to agree 즉 확인내용에 동의할 경우 ⇨ No, he isn' t.
to disagree 즉 확인내용에 동의하지 않을 경우 ⇨ Yes, he is. He' s downstairs.
-- 확인 내용에 촛점을 맞춰 agree **또는** disagree 해야 한다. *downstairs=adv.
확인내용이 부정이니 이때 no= '그래' yes= '아니' 라는 뜻이 된다.

tip) Don' t you love me? -- 묻는 내용이 부정이니 상기와 같다.
No, I don' t. 그래, 사랑하지 않아요. Yes, I do. 아니, 사랑해요.

2) can 영뇌[can NB]

명사(대명사)를 능력/가능성 현생각으로 그냥 서술적으로 설명해 나가거나 묻는 말로 먼저 말하는 뇌
또는 free 영뇌[infml E]로 먼저 말하는 뇌

□ **can** BNW=능력/가능성 (**최상위** BNW=능력 : 능력이 있으니까 가능성이 있다)
□ **can**=능력/가능성으로서 현생각 — (영어에 대한 기초지식[basics]을 알았다면) 생활 속에서의 뜻으로 **我必 free 감주로 간직하라.**
소리=캐ㄴ/컨=post/dot 점형 F : 애=강한 감정음가 어=약한 감정음가

① 능력 현생각으로 설명해 나가는 뇌

Ⅲ .. **I can not read Arabic writing.** [c: capable 능력 no 'd' : 현생각]
시동=나는 할 수 없어요/능력이 안돼요.
: 'Can' is more usual than 'be able to' or 'be capable of'.

우리말 '만나다'는 단순동사 서술의미이고, '만날 수 있다'는 생각의미이다. 마찬가지로 [similarly] 영어에서도 단순동사 서술의미를 생각의미로 표현하려면 조동사를 쓰면 된다 : meets ⇒ can meet : Travelling is dangerous. ⇒ Travelling can be dangerous.
Most people agree with me. ⇒ Most people would agree with me.

② 가능성 현생각으로 설명해 나가는 뇌

A.. **He can't be the author of this rumor.** [c: 카>가 : 가능성 no 'd' : 현생각]
시동=그럴 가능성이 없다[가능성이 전혀 없다]. (즉 장본인, 이 루머의 장본인으로 말이다.)
＊그럴=can't associate, **즉 단어** associate tip)**모든 동사=자기 시제의미를 갖고 있다.**
↳can't와 be=같은 시점상황↘
가능성이 없는데 일 가능성이 없다는 것

B.. **He can't have been the author of this rumor.**
보이면 IS가 쉽게 작동
시동=가능성이 전혀 없다,
↗been=can't와 have **이전상황 : 자기시제 의미가**
(즉, 였을 가능성이 전혀 없다 /즉, 이었을 가능성이 전혀 없다. 장본인, 이 루머의 장본인으로 말이다.) tip) can't와 have=**같은 시점 상황** -- 가능성이 전혀 없는데 그때 가졌을 가능성이 없다는 것
have=소유하는 것이 pp로서, 즉
can=가능성으로서 부정어와 함께 쓰면 문맥에 따라 ⇨ " " 없는데 였다는 것[사실]을 말이다.
강한 추측/보통 추측 vs must=확실한 추측으로서 강한 추측 ↗contracted form

tip)**비축약형** : cannot(BrE), can not(AmE) ⇒ **강조**(emphatic) **또는** formal E **축약형** : can't ⇒ general E
↳**전자**=do not/does not/was not/have not -- etc. **후자**=don't/doesn't/wasn't/haven't -- etc.

C.. I cannot help changing my view. [=cannot help but change]

시동=가능성이 전혀 없는데 피할[막을] 가능성은 전혀 없다. 바꾸는 것을 하는 것인데 내 견해를 말이다 : 'Stop biting your nails.' 'I can' t help it.'

help=p로서 피하는 것/막는 것 [p: 피하는 것 (avoid) or prevent + no 's' 원형]
cannot help **뜻하는 의미**=하지 않을 수 없다

D.. I cannot but change my view.

시동=무엇을 할[그럴] 가능성은 전혀 없어요, (하지만) 제외시키고 바꾸는 것을 제외시키고는 말이다. **이면의 뜻**=바꾸지 않을 수 없다는 것이다.

▭ but=preposition **제외 전치사** ▭ 무엇을 할/그럴=cannot associate

E.. I cannot help but change my view.

시동=가능성이 전혀 없는데 피할[막을] 가능성이 전혀 없다, 제외시키고, 바꾸는 것을 제외시키고는 말이다.

▭ but=preposition **제외 전치사**

: 제외 전치사가 can/do와 함께 쓰이면 부정 전치사 to처럼 원동사로 설명해 나가는 뇌 : **관습적 E**

▭ help를 붙이나 안 붙이나 전달 결과는 같다.

모두 '바꾸지 않을 수 없다' 는 뜻이지만 접근하는 뉘앙스와 문체가 다름에 유의하라.

vs I have no choice **but to** agree to his terms.
There was nothing for it **but to** obey the patriarch/monarch.
➧ but=adv. **제외부사** : 부사가 전치사 to를 설명해 주는 뇌
-- 더구나 can 또는 do와 함께 쓰이지 않았다.

F.. We cannot be complacent. : 가능성 불허

시동=우리는 할 수 없다. 즉 만족해 하는 것을 말이다[즉 자기 만족을 말이다].

---

tip)영어는 영어 본래모습대로 공부해야지, 한글모습으로 공부하면 영뇌가 아니다.

	영어 본래모습	**vs 한글모습**
1) 소리	주파수, 즉 단어주파수와 감주 — 영어말투	사전발음기호, 즉 악센트 음가소리 — Konglish 말투
	— 고저 리듬과 빠르기 형성	— 2음절 이하 단어 고저리듬 없음
	— 온음으로 음이 한꺼번에 움직임	— 평음과 산탄음 경향
	— 감주리딩	— 한뇌리딩(해석한 한글중심 말하기)
2) 단어암기	BAM으로 정리 : 직렬식 암기	사전의 여러가지 뜻 병렬식 암기
	— 고유한 뉘앙스 바탕으로 여러가지 뜻 암기	+ 버그단어 한글구조에 맞는 뜻으로 암기
	+ 버그단어 영어 본래의미로 암기	
3) 이해흐름	영어구조 대로 설가뇌 의미로 이해	한글구조로 역순해석으로 이해
	— Ekbe 시동	— 부분 역순이해 포함

tip 1)조동사는 본동사이기 때문에 다음과 같은 어순도 가능하다.

I can /English speak. =기-->설 : 나는 가능한데 영어 말하는 게 말이다.

-- 노래나 옛날 표현에서 많이 볼 수 있는데 기/설로 의율이 되기 때문이다.

tip 2)can=일반동사 : 통[병]조림하다//그만두게 하다 : **You can can. Can the talk[job].**

help의 또다른 BAM

help=무언가 쉽게 하도록 해주는 것으로서 도와 주는 것/거드는 것

[h: 하는 것 e: easy/easily l: let]

a.. 'Help yourself to some cake.'

시동=쉽게 하라. 너 자신이 대자 케이크를 좀 먹는데 말이다.

뜻하는 의미=마음 편히 먹어라.

∗to=방향행위 대상으로서 대자 -- 를 하는데 some=호소적인 뜻으로서 좀

b.. 'Here, let me help you on with your coat.'

시동=자, 하겠어요, 내가 도와 주겠어요, 네가 입는 데 가지고서 --를 가지고서 말이다. ∗on=위에 두는 것으로서 입는 것

c.. 'Ovbiously he had been helping himself to the money.'

시동=분명히 그는 가지고 있었던 것 같다. 해 왔던 것, 즉 쭉 쉽게 해 왔던 것을, 자기 자신이 대자 그 돈을 훔치는 데 말이다.

∗to=방향행위 대상

: 이때 행위는 문맥 또는 상황에 따라 결정하면 된다.

그래서 영영사전에서는 to **의미를** 'to steal something' 이라고 풀이함

tip) helping noun 쉽게 먹도록 한 접시씩 또는 한 사람 몫으로 주는 음식이나 음료(의 양) [help + p: a plate/person] : He had two helpings of carrots. Can I give you a second helping? There will be enough for six helpings.

G.. You cannot study too hard.

시동=여러분들은 그럴 가능성은 없다. 공부를 너무 (지나치게) 열심히 하지 않나 하는 가능성 말이다.

이것을 '아무리 해도 지나치지 않는다[지나치는 법이 없다]' 고 외우는 것은 어디까지나 이 말이 **뜻하는 의미이지 단어의 본래[원래] 의미는 아니다.** 즉 단어의 BNW를 바탕으로 이해한 것은 아니다. 이렇게 숙어 식으로 이해하면 cannot와 too의 고유한 뜻이 도망가 버린다. 더군다나, 아무리 해도 지나치지 않는다는 말은 별도로 다른 표현이 있다.

IS영뇌 작동시 유의하라. ⇒ It is not excessive that you study too hard.

H.. 공항 X-Ray Vision[나타난 것]을 보고 어느 뚱뚱한 여자가 하는 말

"I need to lose 20 L.S.D. before I can fly."

시동=하기전, 내가 할 수 있기 전에 즉 비행할 수 있기[비행기를 탈 수 있기] 전에 말이다.

-- **가능성 발생** : 가능성이 발생하기 전에 어떤 조치를 취하겠다는 말

▭ **우리말 '할 수 있다'** =능력/가능성 의미 모두 가능 *L.S.D.=pounds

I.. If you can't keep quiet you can get out!

시동=만약에 할 수 없다면 --- 할 수 밖에! (없다)

-- **전자=가능성 무(無) 후자=가능성으로서 불가피성** *후자 '없다' =**문맥** associate

③ 묻는 말로 먼저 말하는 뇌

A.. Can you read Arabic writing? 시동=할 수 있는 가/능력이 되는 가/가능한 가?

B.. Mom, can I set fire to it?

시동=가능한 가? (내가 붙이는 것인데 불을 대자(對者) 그것에 말이다)

뜻하는 의미=가능성으로서 허락[허가]

A Quick Note 원래 허락[허가]는 may or allow라는 단어가 따로 있다.
그래서, '해도 좋은 가' 라고 번역하면 **이면 번역[준번역]**이 되고,
가능성 그대로 번역하면 **완전번역**이 되고, IS영뇌도 달라진다.

to 시동 Ekbe **시동**= '대자 (對者) -- 에게' 로 느낀다.
하지만 **방향대상**으로서 그냥 '안내' 만 하고 빠질 수도 있다. 이렇게 우리말로 전혀 느끼지 않고, 영어 자체에서 바로 이해가 우러나오면 **'무한글 시동'**이 되고, '방향대상' 만 느껴 이해가 스쳐가면 **비한글 BNW 시동**이 된다.

④ free 영뇌[infml E]로 먼저 말하는 뇌

A.. Can read Arabic writing? -- 평서문을 이용한 묻는 표현

B.. Can't be the author of this rumor.

C.. Can't have seen me. D.. Can nothing. Your love is too high.

시동=일리가 없다 /가능성이 전혀 없다. 즉 보았을 리가[가능성이] 나를 말이다.

/할 수 있는게, 아무것도 없어요. ▭ **마지막 Can=(주어+원동사) 전제 infml E**

tip) **(과거 상황에 대한) 설명 현생각** -- 현동사의 설명현재와 같다 : 과조동사로 대체 가능

Matt Kuchar : However, I lose two shots in those four holes to Jordan. I think I lose, yeah, two shots to Jordan. And so, I can only control what I do, how I play. Jordan is a great champion. -- 매큐 차가 the Open 경기가 끝난 후 기자회견에서 한 말[=I could]

시동=그래서 나는 할 수 있었어요[가능했어요], 오로지 컨트롤만은 할 수 있었어요[가능했어요].

조동사 종류

⇒ 생각 조동사/비생각 조동사
즉 일반조동사와 대동조동사

▭ **생각 조동사[modal verb : m=mind or mood] — 일반조동사**
=can/could, will/would, shall/should, may/might, must, ought to, -- etc.

▭ **비생각 조동사[do] — 대동조동사** : 보통 대동의미(의문문/부정문)
/강조 대동의미(긍정문/never부정문) 이때 강조=개략적[은근한] 강조 ☞**영뇌영어 vol 1 p59**

- **보통의미** : Did he like you?
  Did he not like you? : Formal E **시동**=그랬지, 좋아하지 않았지?
  Didn't he --? : **일반적** E **시동**=하지 않았지, 그가 좋아하기를 너를 말이야?
  I did not like you. Don't come here.

  여기서 '정말로'=개략적 강조 대동사의 associate ∴ really 가능 ☞ **p18**
- **강조의미** : I did love you. I do love you. **시동**=(정말로) 했어요/해요[=really did/do]
  I <u>never did</u> love her. **시동**=결코 (정말로) 하지 않았다. 사랑하는 것인데 [=never really did]
  [=never loved : **보통표현** **시동**=결코 사랑하지 않았다. --- .]
  You do have to dress like that. [=really do] Do come here. [=really do]
  시동=정말로 해야 한다. ---- .
  or 정말로 할 필요성이 있다. ---- .
  ⇒ do에서 강조를, have에서 강한 수행 또는 필요성을 느낀다.

||||| **묻는 말이 될 수 있는 단어**=조동사 /be동사 /have동사(optional) /의문사

.. 이해는 최종적으로 단어의 최종적인 뜻인 감주로 이해한다.

3) could 영뇌[could NB]

명사(대명사)를 능력/가능성 과생각[정생각/의미과성립]으로 그냥 서술적으로 설명해 나가거나 묻는 말[정생각/의미과성립]로 먼저 말하는 뇌
또는 free 영뇌[infml E]로 먼저 말하는 뇌

我必 free 감주로 간직하라.

▭ **could**=능력/가능성으로서 과생각 /정생각 /의미과성립 — (영어에 대한 기초지식을 알았다면)
소리=쿠드/커드=slide/small slide F : 우=u지배음가/철자음가 어=o지배음가/약한 감정음가/어화 l=폐쇄

① 과생각으로 설명해 나가는 뇌

이 때 과거형은 실제과거이다. 형태대로 과거의미가 나타나는 두뇌이다.

▭ 능력 과생각

IIIII .. **She could play the piano at the age of 5.**

[c: capable 능력 ould: 과음가 or d: did 과생각] -- **과거능력** ＊ould=었

시동=(그 여자에게) 능력이 있었다/(그 여자는) 할 수 있었다. ＊**play=과거 속에서의 본동사 의미**

▭ 가능성 과생각

A.. **She said she could meet me at 12 noon.**

[c: 가능성 ould: 과음가 or d: did 과생각] -- **(동시점 과거로서) 과거가능성**

시동=(말했는 데) 그때 가능한 것 같다[할 수 있다]고 (만나는 것인데 ---- .)

B.. **We could have met her.**

시동=(과거에) 가능했던 것 같다.

(가지는 것인데 만난 사실을 가지는 것이 말이다.)

＊**have=과거 속에서의 본동사의미** met=**능동** event

그래서, 앞뒤로 우리는 이렇게 표현할 수도 있다.

We were free, and we could have met her, but we stayed at home.

→ 우리는 과거에 free 해서 -- 할 수 있었지만, 즉 가질 수 있었지만, 만난 사실[만남]을 가질 수 있었지만 -- 머물었다. 결국 집에 머물었다는 얘기이다.

vs **We could meet her.**

could=정생각인 경우 : 가능한 것같아요, 만나는 것이 말이다 /할 수 있을 것 같다. 만나는 것을 말이다. ＊meet=**(현재 이후) 미래 속에서의 본동사 의미 : 현재미래**

caution] 과거미래는 뜻이 상황에 따라 과거에만 국한 될 수도 있고, 현재 이후까지 미칠 수도 있다. 과거 시점 이후부터 발생하니까.

could=과생각인 경우 -- 형태대로 과거이다.

: (과거에) 가능했던 것 같아요. 만나는 것이 말이다. 즉 과거에 만나는 것이 가능했다는 의미

＊meet=**과거 속에서의 본동사 의미**

그래서 다음과 같이 말하는 것이다.

We were free, and we could meet her, but we stayed at home.

C.. **You were very lucky when you fell off the ladder. You could have hurt yourself.**

시동=(그때/과거에) 가능했던 것 같다/가능성이 있었던 것같다. 즉 가지는 것인데 다친 사실을 가지는 것이 말이다. ＊have=**과거 속에서의 본동사의미**

이 말의 이면의 뜻은 만약 운이 좋았지 않았다면 다쳤을 가능성이 있었다는 얘기이다.
: **과거 가능성** [Something was possible but didn't happen.]

D.. **He passed me on the street without speaking. He can't[couldn't] have seen me.**

-- 기의미 성립에 대한 가능성

can't=현생각 : -- 가능성이 (전혀) 없을는지도 모른다.
즉 보았을 가능성이 말이다.
/가능성이 (전혀) 없다. 즉 보았을 가능성이 (전혀) 없다.
/일리가 없다. 즉 보았을 리가 없다. 나를 말이다.
＊have=event 소유로서 '즉'

couldn't=과생각인 경우 : -- 가능성이 (전혀) 없었던 것 같다[같았다].
즉 보았을 가능성이 말이다.
/였을 리가 없다. 즉 보았을 리가, 나를 말이다.

couldn't=정생각인 경우 : -- 가능성이 (전혀) 없는 것 같다.
즉 보았을 가능성이 말이다 : **과거상황에 대한 현재생각**

현생각 뇌로 작동시키나 **정생각 뇌**로 작동시키나, **과생각 뇌**로 작동시키나 그 뉘앙스만 다를 뿐 전달 결과는 같다.
모두 기의미 성립에 대한 가능성이다. 그래서, 원어민들은 can't/couldn't로 병기하는 것이다. 이럴 때 단어의 선택은 **표현자의 마음**[speaker's desire]이다.

② 정생각으로 설명해 나가는 뇌

능력/가능성으로 생각을 정하는 것으로서 정생각이다. 과거 형태대로 과거의미로 가지 않는다. 이 때 과거형은 생각을 정하기 위해서 취한 것이지, 실제 과거는 아니다(non-past). 영어에서의 과거형은 실제과거뿐만이 아니라, 의미를 성립시켜 보거나 정하는 뉘앙스도 갖고 있다.

그래서, 과거형이라고 해서 항상 실제과거로만 생각하면 안된다.
우리말도 '할 것이다' 와 '할 것 같다' 는 말이 있다. 후자가 바로 정생각이다. 이럴 때 영어는 과거형을 취하여 만든다. 일반적으로 정생각은 '것 같다' 는 의미이다 : -- 하는 것 같다 /할 수 있을 것 같다[가능한 것 같다 vs 가능하다] / -- 등등
그래서, 정생각은 정과거로서 오히려 현재 또는 미래, 과거에 대한 현재 생각이다.

A.. You could play the piano.

시동=할 수 있을 것 같다 /능력이 있는 것 같다 /가능성이 있는 것 같다.

[c: capable/가능성 ould: 과음가 or d: did + decide 정과거]

B.. You could stay with Mary. 시동=할 수 있을 것 같다/가능성이 있는 것 같다.

C.. If I had a traffic map, I could lend it to you.

시동=(지금 가졌더라면) -- 할 수 있을 것같다 : **(가능성) 정생각**

/할 수 있었을 텐데 : **(반대사실) 의미과성립** ∴ **가정의미 단어=had와 if, could**

↳ 현재사실 반대

뜻하는 의미=(지금) 가지고 있으면 ---- 할 수 있을 것같다/할 수 있을 텐데

add] If I had been rich, I could have bought the house.

▭ **had=과거 속에서의 가상 의미과성립** ↱ 과거사실 반대

▭ been=event ▭ **could=(가능성) 과생각/(반대사실) 의미과성립**

시동=만약에 (그때) 가졌더라면 였던 것, 부자였던 것을 말이야,

그랬더라면 (그때) 가능했을 것이다. 즉 구입한 사실이 있었던 것으로 말이다.
[--- 가능성이 있었을 것이다. 즉 구입했을 가능성이 말이다]
//(그때) 가능했을 텐데. 즉 구입한 사실이 있었던 것으로 말이다.
[--- 가능성이 있었을 텐데. 즉 구입했을 가능성이 말이다]

D.. We could have met her.

could=정생각인 경우 :

시동=가능한 것같다. 가지는 것, 즉 만난 사실을 가지는 것으로 말이다.

↳ **have=현재/미래 속에서의 본동사 의미**

could=과생각인 경우 :

시동=(과거에) 가능했던 것 같다.

(가지는 것, 즉 만난 사실을 가지는 것으로 말이다.)

↳ **have=과거 이후 속에서의 본동사 의미**

③ 의미과성립으로 설명해 나가는 뇌

능력/가능성의 성립적인 생각으로 능력/가능성을 한번 성립시켜 보려고 과거형을 취한 것이지, 실제과거는 아니다. 즉, 과거형태를 빌어서 '현재/앞으로 할 수 있었으면' 또는 '그때 할 수 있었더라면' 하고 실제로 일어 나지는 않았으나, 현재/미래/과거 속에서 (한번) 성립시켜 보는 의미이다. 그래서, 과조동사의 의미과성립도 과동사의 의미과성립처럼 **현재/미래/과거 속에서 가상, 소망, 바람, -- 등** 하(下)에서 성립적인 생각을 할 수 있다.

A.. If I could buy the car, I could fly to you.

-- 현재/미래 속에서의 가정[가상/조건] 의미과성립

: 현재/미래 속에서 가정[가상/조건] 하에서 일어난 것처럼 한번 시켜 보는 것

[c: capable/가능성 ould: 과음가 or d: did + under 의미과성립]

시동=현재 할 수 있었다면[가능했다면] --- 할 수 있을 것같다[가능할 것같다]

//할 수 있었을 텐데[가능했을 텐데]

↱ tip)미래 속에서의 의미과성립에서는 정생각만 가능

/앞으로 가능했을 경우에는 --- 할 수 있을 것같다[가능할 것같다]

뒷 could=(가능성) 정생각/(반대사실) 의미과성립

≒ If I bought : (현재/앞으로) 샀을 경우에는 -- **현재/미래 속에서의 의미과성립**

앞 could=희박한 가능성 또는 반대사실 의미과성립

뜻하는 의미=(그럴 가능성은 없지만 그래도/지금 형편이 안되어 할 수 없지만 그래도)

지금/앞으로 할 수만 있다면 --- 할 수 있을 것같다//할 수 있을 텐데

: If you could eat, he's eating. : 현분사=앞으로 진행

시동=(현재) 가능했다면/(현재) 할 수만 있으면 --- 그 사람도 (인데) 먹겠다는 것이다.

여기서 '있다면/있으면' =하생각으로서 현재/앞으로 발생하는 경우를 전제한다. 그래서, '있었다면' 의 이면의 뜻이 된다.

※우리말 '하면' =if-래발생현재 /if-의미원성립 /if-의미과성립의 뜻하는 의미

B.. Man A : If you could have three wishes granted, what would they be?

Man B : Just three wishes, huh? I guess I'd have to think about it a while.

[=for a while]

-- 현재/미래 속에서의 의미과성립

시동=만약에 너에게 (현재/앞으로) 가능했을 경우 가지는 것인데 세 가지 소원 부여를 말이다. 그렇다면 무엇이 될 것같은가, 그 소원들이 말이야? : **여기서 would=문맥상 정생각만 가능**

뜻하는 의미=만약에 너에게 혹시라도 (현재/앞으로) 가능한다면 가지는 것이 가능한다면, 즉 세 가지 소원 부여를 가지는 것이 가능한다면 무엇이 될 것같은가, 그 소원들이 말이야?
＊혹시라도=**하생각 전제**

C.. If you could see me now, you'd laugh your head off. -- 현재 속에서의 의미과성립
시동=만약 네가 (현재에) 할 수만 있었다면 보는 것인데 나를 지금말이다.
그랬다면 했을 것같은데[했을텐데] : **여기서 would=문맥상 (반대사실) 의미과성립만 가능**
뜻하는 의미=만약에 (현재에) 혹시라도 할 수만 있다면 -- 그렇다면 할텐데, 우스워서 너의 머리가 떨어져 나갈 텐데

D.. If I could drive a car, I would[could] teach you. -- 현재/미래 속에서의 의미과성립
시동=만약에 지금 가능했다면 / 앞으로 가능했을 경우에는
-- (그때는) 할 것같다[할 수 있을 것같다] //했을텐데[가능했을 텐데]
뜻하는 의미=(지금/앞으로) 그래도 할 수 있다면
-- 할 것같다[할 수 있을 것같다] //할텐데[가능할 할텐데]

E.. If I could have bought the car, I could have flown to you. -- 과거 속에서의 의미과성립
시동=그때 할수 있었다면 즉 가질 수 있었다면, 구매한 사실을 가질 수 있었다면, ----,
그때 할 수 있었을 것이다[할 수 있었을 텐데]
: **뒷 could=과생각/의미과성립**

F.. I wish I could buy the car. -- 현재/미래 속에서의 소망[소원] 의미과성립
— 현재/미래 속에서 소망[소원] 하에서 일어난 것처럼 한번 시켜 보는 것
시동=(내 소망/소원은) (지금 또는 앞으로) 가능했으면 해요. (사는 것인데 그 차를 말이다.)

구문법에서는 이런 표현을 subjunctive를 오역하여 가정의미로 생각하는 데 그냥 단어의 뜻으로 생각하면 소망[소원] 의미이다. 가정의미는 '만약에 -- 한다면' 하는 표현이다. subjunctive**의 정역은 하생각 또는 성립적인 생각이다.** 가정은 하생각의 극히 일부임에 명심하라.

G.. I can't speak Chinese, but I wish I could speak Chinese.
-- 현재/미래 속에서의 의미과성립
시동=지금/앞으로 할 수 있었으면 해요
뜻하는 의미=지금/앞으로 할 수 있으면 해요

H.. We wish we could be rich. -- 현재/미래 속에서의 의미과성립

시동=(우리의 소망/소원은) (현재 또는 앞으로) 가능 했으면 해요, 즉 되는 것인데 부자로 말이다.

I.. I wish I could have slept more. -- 과거 속에서의 의미과성립

시동=나의 소망/소원은 그때 할 수 있었다면[있었더라면] 해요, 즉 가질 수 있었다면[있었더라면] 해요, 잠 잔 사실을 더 많이 말이다.

-- 결국 가질 수 없었다는 의미과성립으로서 **소망유감**이다.

④ 묻는 말[정생각/의미과성립]로 먼저 말하는 뇌

A.. Could you buy this car?

시동=가능하겠오/가능한 것 같아요, (사는 것인데 이 차를 말이다?) **-- 묻는 말 정생각**

B.. Could you buy the car, contact us.

시동=가능성이 있으시면/가능하신다면

-- 정생각 (공손)으로서 접속사 대용 : 도치 정생각 -- Formal E

C.. Could I buy the car, I could fly to you.

시동=현재 할 수만 있었다면 -- 그랬다면 할 수 있을 것같다[할 수 있었을 텐데]

/앞으로 가능했을 경우에는 -- 가능할 것같다

-- 도치 의미과성립 :-- Formal E

*formal English는 정중한 맛도 있고, 딱딱한 느낌도 있다.

우리말도 '머리말' 이라 하지 않고 '권두언' 이라고 하면 formal K이 된다.

Plus

a.. Could I leave here early today? 시동=가능한 것 같아요?

could에 허락의미가 있다는 것은 이 말의 이면의 뜻이 허락이지 단어 본래의 뜻으로 허락은 아니다. 허락 단어는 별도로 있음에 유의하라. [≒May I --?]

b.. Could you change 30 dollars, please? 시동=가능 할 것 같소/가능하시 겠오?

can대신에 could를 쓰면 정생각으로서 더 공손한 뜻이 된다. 생각의미가 한번 더 들어가기 때문이다.

⑤ free 영뇌[infml E]로 먼저 말하는 뇌

A.. Could buy this car? 시동=가능할 것 같은 가 ? ▭ Could=(주어) **전제** infml E

B.. Could buy the car. 시동=가능한 것 같다/가능했을 텐데 ▭ Could=(주어) **전제** infml E

C.. Couldn' t have seen me. 시동=였을 리가 없다[가능성이 전혀 없었던 것같다] -- **과생각**

/가능성이 없는 것 같다 -- **정생각**

/가능성이 없었을 텐데 -- **의미과성립** ▭ Couldn' t=(주어) **전제** infml E

☞.. 이해는 (언어에 대한 basics를 알았디면) 최종적으로 단어의 최종적인 뜻인 감주로 이해한다.

삽입설과	embedded questions

A.. 삽입설 :

Joyce Mitchell who authorities said may have aided a pair of convicted murderers before their brazen escape has been arrested.

시동=누구냐 하면 당국이 발표한 것에 의하면 아마도 즉 도왔을 지도 모르는 사람인데 — 을 — 전에 말이다. 그런 사람이 가지고 있는 것같다. 된 것인데 체포된 것을 말이다.

B.. embedded questions

Could you tell[say to] me where the bank is? : 보조어

의문사가 묻는 말이 되지 않고 목적절의 일부인 경우에는 embedded(문장 속에 들어감) 된다.

Plus] 또다른 embedded questions

: Do you think this train is going to be late? vs Is this train going to be late?

vs 의문사가 묻는 말이 되는 경우 — not embedded : 보통 생각동사/say일때 많이 발생 — 양쪽기능

a.. Where do you think the bank is? : 보조어+보조어 ⇒ believe /imagine /suppose, -- etc..

시동=어디라고 너는 생각하니, 그 은행이 있는 곳 말이야? cf]Do you think where the bank is?

↳어디에 — 있다고 : 한쪽기능=is 보조어

: What do you think is wrong? — 목적어+절주어

시동=무엇이라고 너는 생각하니, 되어 있다고 잘못 되어 있다고 말이다?

같은 표현] What is it happened to him? : 보어+절주어

↗와싱톤 사람들의 입장을 묻는 것

vs Do you think what is wrong? Do you think people in Washington where they're now?

: 절주어=한쪽 기능(embedded), 즉 목적절의 일부 – 전달결과는 위와 동일

시동=그런가 즉 너는 생각하는가, 무엇이 되어 있다고 잘못되어 있다고 말이다/생각하는가? /그런 가, 너 생각엔 사람들, 내소 와싱톤 지역 내소에 사는 사람들은 어디쯤 그들이 지금 있다고 생각되는 가?

b.. What do you say we go into business? : 목적어 **같은 표현]]** What did you say? : 목적어

What did you say your name was? : 목적어+절보어

Who did you say changed the most?

What would you like to see happened to him? : 목적어+절주어

cf] What you have is mine.: 절목적어+주어

시동=무엇이라고 너는 말하겠니, 우리가 시작하려고 하는데, 사업을 말이야? /무엇이라고 너는 말했지, 너의 이름을 그때 말이다? /누구라고 너는 말했나, 변화시킨 사람으로 그야말로 가장 많이 말이다? /무엇을 하고 싶어하지, 즉 너가 보고 싶어하지, 일어난 것인데 대자 그에게 일어난 것에 대해서 말이다?

*did=대동의미로서 '이라고' was=동시점 과거 동질연결로서 '그때'

4) will 영뇌[will NB]

주어(주로 명사/대명사)를 주체발생 현생각으로 그냥 서술적으로 설명해 나가거나 묻는 말로 먼저 말하는 뇌
또는 free 영뇌[infml E]로 먼저 말하는 뇌

我必 free 감주로 간직하라.

□ **will BNW=주체발생** —— 주체에게 일어 나는 것 : (영어에 대한 기초지식을 알았다면)
□ **will=주체발생으로서 현생각** ***will BAM=주체발생으로서 주체래발생/주체성발생**
소리=위ㄹ/워ㄹ=post 점형/dot 점형 F i=이: 철자음가 어: 약한 감정음가/어화

주체래발생과 주체성발생으로 느껴져야 영어승자감을 탈 수 있다.

주체발생은 크게 나누면 주체래발생과 주체성발생이 있다. 전자는 주체가 앞으로 일어나는 것에 중점을 둔 두뇌이고(something will happen), 후자는 주체가 갖고 있는 성질[성격]이나 생각[마음]이 일어나는 것에 중점을 둔 두뇌이다.

① 주체래발생 현생각으로 설명해 나가는 뇌

주체래발생 현생각이기 때문에 주체에게 앞으로 일어나는 것에 대해서 표현자가 현재 생각이나 생각적인 태도를 취할 수 있다. 즉 앞으로 일어날 것에 대해 생각이 들어 갈 수 있다. 그래서, 현생각으로 미래[앞으로] 발생의미로 표현하고 싶으면 어느 인칭에 상관없이 무조건 will를 쓰면 된다.

주체래발생 미래
=단순미래 또는 미래완료, 미래진행형, 화법 속에서의 단순미래로 많이 표현된다.

A.. He will come here on the 24th.
-- 주체래발생로서 단순미래 [w>v: 발생 i: 주체 ll: 來 + no 'd' 현생각]
시동=앞으로 할 것이다. (오는 것인데 여기에 말이다).
-- 여기서 '할 것이다' 라는 말은 그 사람이 24일 날 올 것에 대한 표현자의 생각적인 태도이다.
또다른 Ekbe=앞으로 올 것이다 : will=앞으로 빌생으로서 '앞으로' come=미래 속에서의 본동사의미
/직후발생으로서 '곧[바로]' : Now, we will begin.

vs a-1.. He is coming here on the 24th. -- 현분사의 앞으로 진행
시동=그는 되어 있어요, 오기로 되어 있어요[인데 올 예정이다].

❖우리말 '있어요/있다'
=현재의미/미래의미 -- 또 '있어요' / 또 '있다' 할 때 '있어요/있다' 는 것은 미래의미이다.
tip) will=**일반동사 의미** : 유언으로 남기다/하려고 의지를 갖다
: You can will your property to your children. To will is easy, to do is difficult.

a-2.. **He is going to come here on the 24th. -- 현분사의 앞으로 진행**

시동=(앞으로) 되어 있어요, 하기로 되어 있어요[있는데 하기로 예정되어 있다]. 즉 오기로 -- .
/그는 인데 가겠다는 것이다. 대동 오는 쪽으로 --- . ※ 우리말 '간다'=실제로 가는 것/진행시키는 것

만약 앞으로 진행이 임박진행이 되면
'하려고/가려고 해요'가 된다 : It is going to rain.

시동=날씨가 해요, 하려고 해요, 즉 비오는 것을 말이다.
/ -- , 가려고 해요, 대동 비가 오는 쪽으로 --- .

a-3.. **He comes here on the 24th. -- 현동사의 래발생 현재**

시동=와요/온다 ※우리말 '해요/한다'=**현재의미/미래의미**

B.. **I will have met you by next month.**

시동=앞으로 갖게 될 것이다. (만난 사실을 근시 다음달 쯤에는 말이다.)
/할 것이다. 즉 가질 것이다. 만난 사실을 ---- .
/앞으로 하게 될 것이다. 가지는 것인데 만난 사실을 말이다.

: 주체래발생로서 미래완료

— 미래완료도 주체래발생 will를 have로, have를 과분사로 설명해 나가는 것에 불과하다.

tip) I will **감주**=아윌/아월/아을/아우어/아얼/아으 : `아이, 의 단모음화

C.. **The train will be arriving at eight o' clock [for 5 minutes].**

시동=앞으로 있을 것이다. 즉 도착하고 있을 것이다. 타임은 8시이다[구시 5분 동안이다].
/할 것이다. 즉 도착하고 있을 것이다. --- .
/할 것이다. 즉 하고 있을 것인데, 도착하고 있을 것이다.

: 주체래발생로서 미래 진행형

vs a.. **The train is arriving ---.** 시동=있다, 도착하기로 되어 있다 : **앞으로 진행**
b.. **The train arrives ---.** 시동=도착한다 : **래발생 현재**
c.. **The train will arrive ---.**
시동=(앞으로) 할 것이다. 도착하는 것을 말이다 : **주체래발생**
d.. **The train would arrive ---.** 시동=할 것 같다. 도착을 말이다 : **정생각 미래**

tip) Ok. Maybe I will take two of these.

1)**주체성발생일 경우** : --. 아마도 내가 해야겠어요, 선택해야 겠는데 두 개 즉 이것들중 두개를 말이다 -- 현재 마음을 결정한 것 : 앞으로 결정하는 것이 아니다.
즉 앞으로 일과 상관없다.

2)**주체래발생일 경우** : --. 아마도 내가 앞으로 해야겠어요, 선택해야 겠는데 두 개 즉 이것들중 두개를 말이다 -- 앞으로 결정하는 것

D.. **He said that the train would arrive at eight o' clock.**

: **전달표현에서의 주체래발생**

시동=그 사람은 말했어요,

-- (그때) 할 것 같다고 도착하는 것인데 시간은 8시이다고 말이다.

동시점 과거미래가 현재에도 유효하면 will도 가능함 :

He said that the train will arrive at eight o' clock.

시동=그 사람은 말했어요, -- 앞으로 할 것이다고 도착하는 것인데 시간은 8시이다고 말이다.

/앞으로(will) 도착할 것이다고 ---- .

② 주체성발생 현생각으로 설명해 나가는 뇌

주체성발생은 주체가 갖고 있는 성질[성격]이나 생각[마음]이 일어나는 것으로서 추측, 성향, 습성, 고집, 의지, 의향 -- 등이다. 앞으로 발생[미래발생]과 상관없다. 이런 주체성발생 현생각 대해서 표현자는 현재 생각이나 생각적인 태도를 취할 수 있다.

A.. **I suppose this will be the Tower of London.**

If you' re paying by credit card I' ll need your full name.

[w〉~ + v: 추측/생각(하는 모습)+발생 i: 주체 + no 'd' 현생각]

시동=일 것같다. (즉 타워 런던 타워로 말이다). /내 생각에는 (현재) 필요할 것 같아요.

탑모양이 눈에 들어오니 표현자는 주체(this) 성발생 추측에 대해 생각적인 태도를 취할 수 있다 : **주체성발생 추측** -- 주체에게 추측이 들어 있는 데 그것이 발생하는 것

하지만, 공사중이면 주체래발생으로도 가져 갈 수 있다 : '앞으로 될 것이다'

▭ vs -- would --- . 인 것같다 -- **정생각 추측** by=**행수단**

B.. **A drowning man will catch at a straw.**

▭ 주체가 갖고 있는 성향/경향이 발생하는 것 시동=하려 한다/하려는 경향[성향]이 있다.

[w: v+v 발생+발생 i: 주체 + no 'd' 현생각]

→ 주체가 자꾸 발생시키려는 것으로서의 경향/성향이다.

: Truth[Murder] will out. Accidents will happen.

vs a.. **A drowning man is apt to catch at a straw.**

b.. **A drowning man tends to catch at a straw.**

apt=하기 쉬운 것으로서 경향이 있는 것 [a: easy/easily t〉d: do]

tend=기우는 것으로서 경향이 있는 것 [t: tilt]

▭ 요컨데 will은 하려는 경향이고, apt은 하기 쉬운 경향이고, tend는 어느 쪽으로 기우는 경향이다. 그래서, 상기 tend은 잡는 쪽으로 기우는 경향이 된다.

※ **at=바로 대상으로서 즉/직자**

⇒ **(타동사) 발전 English=함께동사**

: catch at≒catch ⇦ He killed on the woman. [≒killed]

C.. She will sit in the garden for hours.

▭ 주체가 갖고 있는 습관이 발생하는 것

시동=하곤한다. (앉아 있는 것인데 내소에서 정원 내소에서 -- .)

[w: v+v 발생+발생　i: 주체 + no 'd' 현생각]

⇒ 발생, 또 발생하는 것으로서의 습관적인 행위이다 : **현재 often 습관**

vs I used to smoke 10 cigarettes a day.

[use + ed: 과음가 or d : did -- always 반복과거]

시동=늘 하곤 했다/이용하곤 했다

⇒ used는 이용[사용]하고, 이용[사용]하고 해서 생기는 반복적인 습관적 행위이다 : **과거 always 습관**

D.. I will be happy if you <u>will</u> help me.

▭ 주체가 갖고 있는 의지가 발생하는 것　시동=(만약에 현재) 기꺼이[굳이] 한다면[=are willing to]

[w: v+v 발생+발생　i: 주체　no 'd' : 현생각]

⇒ 자꾸 발생시키고자 하는 것으로서 현재 의지/고집이다.

미래의미 if/when/until과 의율이 되는 조동사와 현동사

a.. You can do it if you <u>will</u>.　시동=할 의지가 있다면

⇒ 의지는 주체래발생이 아니라, 주체성발생이기 때문에 **if**와 의율이 된다.

b.. I will stay at home if it <u>rains</u> tomorrow. : **일종의 관습적 E**

⇒ **현동사=래발생 현재** --- if 미래의미 영향을 받아 래발생 현재가 되었다.

마치 will 영향을 받아 원동사가 미래 속에서의 본동사 의미가 되는 것과 같다.

A Quick Note

주체래발생은 미래의미가 내포되어 있는 **if**와 함께 쓸 수 없다.
마치 'It will will rain.' 이 되는 꼴과 같기 때문이다.
따라서, will 미래의미에는 원동사 영뇌를,
if/when/until 미래의미 종속접속사에는 현동사 영뇌를 작동시키면 된다.

¦ **미래상황 표현방법**=현동사 /조동사, 특히 will / †원동사 /현분사 /과분사 /동명사

: US president to visit Seoul next month.

↳ 현동사(래발생현재) 또는 조동사(will) 대용

cf] The flower will live without water for 2 hours.

▭ 주체가 갖고 있는 능력이 앞으로 발생하는 것 : **주체래발생 능력**

시동=할 수 있을 것이다[같다]

＊will live=**덩어리 지속미래** [생활 infml E] for=**덩어리 기간** [생활 infml E]

[w: v+v 발생+발생 i: 주체 ll: 래(來) + no 'd' 현생각]

⇒ 주체에게 발생할[일어 날] 수 있는 것으로서 발생능력

¦ vs can=수행/감당해 낼 수 있는 능력으로서 수행능력 : 할 수 있다

¦ [c: capability+수행(c>s) or c: capability+감당]

E.. We cannot always do as we will.

시동=바라는 대로[욕구대로/의지대로]

-- **바람발생** [w: wish+v 발생 or v 바람+v 발생 i: 주체 + no 'd' 현생각]

F.. The window won't shut. 시동=하지 않으려 한다 -- ok **거부 발생**

[w>v: 발생 i: 주체 o: ok n't : not + no 'd' 현생각]

cf] I will get your glasses upstairs for you.

시동=하겠다 [갖다 주는 것을 말이다]

-- **의향 발생** [w>v: 발생 i: 주체 ll: 래(來) + no 'd' 현생각]

⇒ 주체가 갖고 있는 마음을 앞으로 발생시키겠다는 것으로서 의향[intention]

: **주체래발생 의향**

vs I'm getting -- . 진행시키겠다는 것으로서 의향 -- **진행의향**

vs Let me get --- . 사허로서 의향 -- **사허의향** ↗단순동사로서 보통표현

G.. The four statements will not be printed in your test book.[=are not printed]

시동=-- 지문은 하지않는데/되지않는데 즉 인쇄되지 않는다 : **주체성발생 성격설명**

-- **더 강한 표현**

③ 묻는 말로 먼저 말하는 뇌

A.. Won't you come in and sit down?

시동=하지 않겠습니까? -- **주체성발생, 즉 공손발생**

[w>v+v↓: 발생을 낮추는 것으로서 공손 i: 주체 + no 'd' 현생각]

¦ ⇒ 주체가 (갖고 있는) 공손을 발생시키는 것

¦ 보다 더 정중히 하려면 정생각 Wouldn't를 쓰면 되고,

¦ 그냥 물어 보려면 생각의미가 없는 서술동사로 표현하면 된다.

¦ vs Don't you --- ? 시동=하지 않겠나 -- ?

B.. **Will you come tomorrow?** 시동=할 것인가, 오는 것인데 내일 말이다? -- **주체래발생**

C.. **Will he sit by the window for hours?**

시동=하곤 하는 가, 앉아 있는 것인데 --- 동안 여러 시간 동안 말이야? -- **주체성발생**

④ free 영뇌[infml E]로 먼저 말하는 뇌

A.. **Won' t come in and sit down?** ↗워운(트) vs want 워ㄴ(트)/와ㄴ(트)

시동=하지 않겠습니까? -- 평서문 형태를 이용한 의문문 ▭ Won' t=(주어) **전제** infml E

B.. **Will sit by the window for hours.** 시동=하곤 한다. ▭ Will=(주어) **전제** infml E

will의 뜻 = '할 것이다/할 것인가' '앞으로 -- 할 것이다/앞으로 -- 할 것인가'
'하곤 한다/하곤 하는 가' '하는 경향이 있다/하는 경향이 있는가' ---- 등등

우리는 will 자체에 평서문 뜻이외도 묻는 뜻이 있다는 것도 함께 기억 해둬야 한다. 특히 will은 미래 발생의미로 그냥 '앞으로' 라는 뜻도 기억해둬라. 마치 must/have to를 '반드시' 로 기억하는 것과 같다. 단어자체에 의해서 바로 그런 의미가 우러나와야 하기 때문이다. 그러면 IS 영뇌를 바로 작동시킬 수 있다. 평서문을 의문문으로 고치는 식으로 단어는 과정으로서 뜻을 가져가면 안된다.

: **We' ll have to see what you are like. He will arrive.**

시동=우리는 앞으로 반드시 대동 볼 것이다. 뭐가 네가 되는 지 말이다.[무엇으로 네가 동모되는 지 말이다] /그는 앞으로 도착할 것이다.

*are= 동질연결로서 '가' like=같은 것으로 되는 것으로서 '되는 것' /꼴이 같은 것으로서 '동모'

tip) ☺.. I will 아월 : 단모음화 I' ll 아으/을[얼]

You' ll 유얼 We' ll 위ㄹ/일

BNW=단어의 고유한 뉘앙스를 알려주는 것이고

BAM=단어의 뜻이 어떻게 만들어지는 가를 알려주는 것이다.

주요 조동사	BNW

will BNW=주체발생 [w : 발생 i>I : 주체]

shall BNW=사발생 [h/l : happen+let 하여금 일어나게 하거나 일어나는 것]

can BNW=능력/가능성[c : capability + 가능성(카>가)]

may BNW=추측/허락/기원[m : mind/아마도 a : allow y: 서서 비는 모습]

must BNW=의무/확실한 추측[m : mission /mind s: sure]

☞.. 이해는 최종적으로 단어의 최종적인 뜻인 감주로 이해한다.

5) would 영뇌[would NB]

주어[주로 명사/대명사]를 주체발생 과생각[정생각/의미과성립]으로 그냥 서술적으로 설명해 나가거나 묻는 말[정생각/의미과성립]로 먼저 말하는 뇌
또는 free 영뇌[infml E]로 먼저 말하는 뇌

▭ would=주체발생로서 과생각 /정생각 /의미과성립

— (영어에 대한 기초지식을 알았다면) 모두 我必 free 감주로 간직한다,

*주체발생=주체래발생/주체성발생

소리=우드/워드/어드=slide/small slide/little slide F : u/o 지배음가/철자음가/약한감정음가[어화]/l폐쇄

IIIII .. **주체발생 과생각**

[w〉we+v 주체발생 ould: 과음가 or d : did 과생각]

-- 주체발생 과생각에는 주체래발생 과생각과 주체성발생 과생각이 있다.

전자=그 때 할거라고 : **동시점 과생각** **후자**=한 [했던] 것 같다 : **단순 과생각**

IIIII .. **주체발생 정생각**

[w〉we+v 주체발생 ould: 과음가 or d: did + decide 정과거]

-- 주체발생을 정하기 위해 과거형을 취한 것이지 실제과거는 아니다.

오히려 현재 또는 그 이후 상황이다 : 할 것 같다 /(주로 be동사 앞) 될[일] 것 같다

IIIII .. **주체발생 의미과성립**

[w〉we+v 주체발생 ould: 과음가 or d: did + under 의미과성립]

-- 주체발생을 현재/미래/과거 속에서 한번 성립시켜 보기 위해서 과거형태를 취한 것이지 실제과거는 아니다.

: 하고자 하는 마음이 생겼다면[생겼더라면] /했을 경우[했더라면]

① 주체발생 과생각으로 설명해 나가는 뇌

: 이 때 과거형은 실제과거이다. 형태대로 과거의미가 나타난다.

▭ **주체래발생 과생각으로 설명해 나가는 뇌**

IIIII .. **She knew[said] she would be late.** : 동시점 과생각, 즉 동시점 과거미래

시동=(그 때) 할 거라는 것을 [할 것이라고], --- .

[w: we주체 + v발생 l: 來 ould: 과음가 or d: did 과생각]

□ **주체성발생 과생각으로 설명해 나가는 뇌**

A.. They would meet here.

[w: we 주체 + w: ~ 추측 + v 발생 ould: 과음가 or d: did 과생각] -- **과거 추측**

⇒ 주체가 갖고 있는 '생각/추측' 을 발생 시킨 것

시동= 했던 것[한 것] 같다. (만나기로 말이다/만나는 것인데--) /한 것같다. 즉 만난 것 같다.

-- 과거 추측 이후 만나는 것/발생에 대한 과거 추측 : What would you find, Sam?

↳무엇을 한 것같은 가, 즉 네가 찾아낸 것 같은 가?

meet =**과거 범위에서의 미래 본동사의미 -- 과거에 국한된 미래**

또는 과거에서부터 현재이후 까지의 미래 본동사 의미 -- 현재에 유효한 미래

또는 과거 속에서의 (발생) 본동사 의미 : "We grew up speaking Spanglish. My grandmother would be like 'Nino, throw me the remote control'," he said. This is who we are as a people. 한 것 같은데, 즉 했던 것[있었던] 같다.

-- 이것이 바로 누구냐 하면 우리의 존재가 즉 한 민족이라는 것이다.

*called also (infml) remote, (US infml) clicker, (BrE infml) zapper

---

만약 정생각 뇌로 작동시킬 경우 :

-- 현재이후 만나는 것 : 할 것 같다. (만나는 것을 말이다) /할 것 같은 데 만날 것 같다.

meet=**미래 속에서의 본동사의미**

B.. They would have met here. -- 과거추측

시동=했던 것 같다. 즉 가진 것같다. 만난 사실을 이곳에서 말이다.

/있었던 것 같다. 즉 만난 사실이 있었던 것 같다.

-- 이럴 경우 대화에서는 완료형보다 would meet로 많이 표현한다.

□ **정생각인 경우**

=할 것 같다. 즉 가질 것 같은 데 만난 사실을 가질 것 같다 **-- 미래에 대한 현재추측**

/있는 것 같다. 즉 만난 사실이 이곳에서 말이다 **-- 과거에 대한 현재추측**

[=They appear to have met here.]

C.. She wouldn't lend me a penny yesterday.

시동=하려고 하지 않았다. (빌려주는 것인데--)

[w: v 발생+we 주체+want ould: 과음가 or d: did to do 과생각 n't : not]

□ 주체가 갖고 있는 원치 않은 마음을 발생시킨 것으로서 **과거 거절**

D.. He did not, but he wouldn't.

시동=(하지만, 과거에) 하려고도 하지 않았다.

[w: v 발생+we 주체+ v〉b: bid 시도 ould: 과음가 or d: did to do 과생각 n' t: not]
▭ 주체에게 마음이 없었던 것을 나타낸 것으로서 **과거 불시도**
▭ **만약 정생각인 경우**=(하지만) 앞으로도 할 것 같지 않다.

E.. We tried to warn her, but she wouldn' t listen.
시동=(하지만) 하려고 하지 않았다
[w: v 발생+we 주체+v: 붙어 있는 것으로서 고집 ould: 과음가
or d: did to do 과생각 n' t: not]
▭ 주체가 갖고 있는 불고집을 발생 시킨 것으로서 **과거 불고집**

F.. He would continue his journey, whatever happened.
시동=하려고 했다. ---, 그 무엇이든지 발생한다해도 말이다.
[w: v 발생+we 주체+v: 붙어 있는 것으로서 고집 ould: 과음가 or d: did to do 과생각]
▭ 주체가 갖고 있는 고집을 발생시킨 것으로서 **과거고집** *발생한다해도=현재형 과거상황

G.. My car would barely start this morning.
시동=하게 되었다/할 수 있었다. (겨우 시동을 오늘 아침에 말이다).
[w: v 성능발생+we 주체 ould: 과음가 or d: did 과생각]
▭ 주체가 갖고 있는 성능 발생으로서 **과거 성능 발생**
would=**주체성발생 능력** vs could=**감당/수행 능력**

vs My car barely started this morning.
시동=(겨우) 시동이 걸렸다 -- **(생각의미가 없는 단순한) 동사서술의미**

H.. On Saturdays he would get up early and go fishing. [=often got up -- went]
시동=(종종/이따금) 하곤 했다, 일어나서 가는 것을 말이다
[w: v 발생+v 발생+we 주체 ould: 과음가 or d: did often 반복과거로서 과생각]

▭ 종종/이따금=would associate, **즉 단어** associate
▭ 주체가 발생시키고, 발생시키고 한 것으로서 주체가 갖고 있는 습관적 행위를 나타낸 것
-- 주로 often **발생으로서** often **과거 습관**에 쓰임 tip)would/will/used to=모두 반복습관
↳**전자/중자=주체성발생 습관**
말자=사용/이용 습관
vs will=종종 하곤한다: often **현재 습관**
vs On Saturdays he used to get up early and go fishing.: always **과거 습관**
[=always/usually got up -- and went]

cf]I would like to play the saxophone. 하곤했어요, 즉 좋아하곤 했어요
/하고싶어요[하겠어요]

시동=(상일/상자 토요일 마다) 하곤 했다/늘 하곤했다.

[use: **사용/이용하는 것** ed: **과음가** or d: did always/usually **반복과거**]

▭ 사용[이용]하고, 사용[이용]하고 했던 것으로서 하곤 했던 것 -- **반복적인 행위**

=had used to get up early ---.

시동=가지고 있었다. 늘 한 것인데 대동 해서 일어 나기를 일찍 한 것으로 말이다.

▭ had=**과동사** used=**과분사의 반복 사실** event**로서 늘 한 것**

반복과거 과동사는 원래 표현에 따라 반복적인 뜻이 들어 있다. 그래서 습관도 반복과거 속에서 찾아야 한다.

※ Customers' deposits increased about 300 million won for four months.

⇒ 상세히 들여다 보면 고객 예탁금이 한꺼번에 증가한 것이 아니라 4개월에 걸쳐 꾸준히 반복해서 증가한 것

I.. A: She came to yesterday's party.

B: Did she? I would have expected her to take part in the party.

시동=했던 바다. (즉 기대했던 바다. 그 여자가 대동 하는 것, 즉 참석하는 것인데 내자 그 파티에 말이다.) /했던 바다. 즉 가졌던 바다. 기대한 사실을 말이다.

[w: v 발생+we주체+w 추측/생각 ould: 과음가 or d: did 과생각]

▭ 주체가 갖고 있는 추측[생각]을 발생 시킨 것 -- **과거 추측[생각]**

part=일부분이 되는 것으로서 참석 in=내소 대상으로 내자 -- 에

☞ vol 1 p294

tip]1. **내지정 대상 종류:** 내소 /내시 /입작동[입상태] /내범위 /내소속 /내관 /간시 /내속 /내대상 — 등

(**입작동**=실행, 수단, 변화, 입크기, -- 등 **입크기**=입상태 크기/입작동 크기)

vs **상지정 대상 종류 :** 상소 /상일 /상작동 /상관 /상바탕 — 등

2. 아무리 종류가 많아도 이런 것들이 뇌화[체화]되면 원어민 들처럼 내자/상자로 하나로 다 통한다. 즉 저절로 해당의미가 작동한다. 걱정말라.

J.. Who would've guessed?!

시동=(과거에) 했겠는 가?! 즉, 생각을 말이다 [즉 생각 해본 적이 말이다]?!

▭ 이제 최고가 되었을 때 이렇게 표현하면 된다 -- **과거 생각[추측]**

K.. (At last she actually got a job.)

I wouldn't have thought that it was possible to do that.

시동=하지 못했던것 같았다[같다]. 즉 생각[해 본 일이]을 말이다. (즉 그것이 하리라고, 가능하리라고 --- .) ＊이때 '하리라고' =**현재형 과거상황**

L.. She would have come if she had heard the news.

would=**과생각/의미과성립**　had=**의미과성립**

시동=했을 것이다. (즉 와 있었을 것이다/왔을 것이다 --- 그때 가졌더라면[있었더라면] 즉 들은 사실을[이] --)

/-- (즉 가졌을 것이다. 와 있었던 것을 말이다) -- **과거 추측**

//했을 텐데, 즉 와 있었을 텐데 -- **반대사실 의미과성립**

＊have=event 소유로서 '즉'

② 정생각으로 설명해 나가는 뇌

— 주체발생의 정생각이다. 즉 주체래발생과 주체성발생의 정생각이다.

A.. If you would wait a moment, I' ll see if Mr.Jones is free.

시동=해주신다면

[w: v+we 주체 v: 체크표시로서 허락/수락　ould: 과음가 or d: did + decide]

▭ 주체가 갖고 있는 수락 여부가 발생하는 것으로서 부탁

-- **정생각 부탁/허락** [polite request]

vs a.. If you will wait a moment, I' ll see if Mr.Jones is free.

시동=기꺼이 해준다면 [w>v+we **주체**　v: **허락/수락**　no 'd' **현생각**]

▭ 주체가 갖고 있는 수락 여부가 발생하는 것으로서 부탁

-- **현생각 부탁[허락]**

☞ 현생각 부탁 〈 정생각 부탁 : 더 공손한 부탁

b.. If you would get pearls, you should dive deep into the sea.

would=**의미과성립**　should=**정생각/의미과성립**

시동=(만약에) 하고자 하는 마음이 생겼다면 , ----

너로 하여금 일어나야 한다//일어났어야 하는 데

B.. I would like to go to see a movie tonight.

시동=하고 싶어요, ok를 대동 가는 것에 즉 보러 가는 것에 말이다.

[w: v+we+want　ould: **과음가** or d: did + decide]

like= '좋다' 는 것으로서 ok [승인/인정] /want -- **우리말 '그래도 좋다' 할때 '좋다' 가** ok **이다** : I would like coffee.

시동=나는 하겠어요, ok를 coffee에 말이다 / -- 하고 싶어요, ok를 coffee에 말이다 /나는 하고 (would의 의향) 싶어요 (like의 원함), coffee로 말이다.

↗ 영어 본래의미=단어 본래의미: BNW와 BAM(bnw/im-BAM)(+설가뇌 의미(Ekbe))
tip) (역순) 해석뇌 발동의 근본원인은 바로 IS 영뇌가 작동하지 않거나 영어 본래의미를 모르기 때문이다.

*would=하겠어요[의향]/하고 싶다[원함]
→ 원하는 것으로서 해요 : **I'd really prefer a larger room.**

C.. I would be very grateful, if you would make the arrangements for me.
시동=할 것 같다 : **정생각 추측** --- 해주신다면 : **정생각 허락**
[w: v **발생**+we **주체** w: **추측** or v: **허락** ould: **과음가** or d: did + decide]

만약 의미과성립으로 표현했다면 :
앞 would=**정생각/의미과성립**
시동=하고자 하는 마음이 생겼다면 -- 할 것같다/했을 텐데

뜻하는 의미=그럴리는 없겠지만 그래도 해주신다면 -- 할 것같다/할텐데
-- 뜻하는 의미에서는 **강한 하생각 전제**가 들어간다.

D.. I'd say they could do something.
시동=내 추측으로 말할 것같으면 (-- 할 수 있을 것 같다.) * 'd (would)/could=**정생각**

would를 반드시 '할 것같다/일 것같다' 로 시동을 걸지 않아도 된다.
그냥 '추측' 으로 걸어도 좋다. 정생각 추측이니까.

E.. 'Will it be expensive?' 'I would think so.'
시동=그런가, 그것이 즉 바싸다고 생각하는 가? 나도 그런 것같다. 생각엔 그런 것같다 -- **정생각 추측**

F.. 'The guy on the phone had an Australian accent.
That would be Tom, I expect.'
시동=그 사람은 인 것 같다, 즉 탐인 것 같은 데, 나는 그러기를[그렇기를] 바란다[기대한다].
-- **정생각 추측**

▭ 그러기를/그렇기를=expect의 **문맥** associate be=동질연결로서 '즉' ▭ would 뒤에 일반동사가 오면 '한/할 것같다' 가 되고, be 동사가 오면 '인/일/된/될 것같다' 가 된다.

수학적이며 학문적 접근인 기능적 문법=구문법	**vs 신문법=뜻 문법**

전자는 문장오형식, 시제일치로 직접화법을 간접화법으로 고치기, 가정법 현재/미래/과거/과거완료 패턴식 외우기, 능동태를 수동태로 고치기, 부사절을 분사구문으로 만들기, 관대/관부/종사의 명사절/형용사절/부사절, to부정사의 명사적 용법/형용적 용법/부사적 용법 — 등등은 뜻 문법이 아니다. 알아도 그만 몰라도 그만, 몰라도 된다.

G.. I would rather die than surrender.

시동=하고 싶다, 차라리 죽는 것을 말이다/하는 게 차라리 낫겠다 -- **정생각 원함 : 직설의미**

vs **(바람) 의미과성립**=했으면 해요, 차라리 죽기를, 보다 굴복하는 것보다 말이다.

즉 차라리 굴복하는 것보다 죽었으면 한다는 말이다.

had/gotta의	정생각

형태는 과거이나 현재 또는 미래에 대한 현재 생각의미이다. 즉 정생각 정과거이지 실제과거는 아니다. 생각을 정하기 위해 과거형태를 빌렸을 뿐이다. 그래서, 정생각 조동사로 취급하여 뒤에 원동사를 쓰는 것이다.

일종의 발전 English로서 관습적 또는 infml E이다.

a.. You had better go at once.

시동=하면/되면 더 좋을 것같다 -- **바람[권고] 정생각**

[또는 했으면/되었으면 더 좋을 것같다 -- **바람 하생각**]

* had better[rather] + **원동사=관습적** E

b.. We gotta go.

시동=해야 겠어 (가는 것을 말이다) -- **수행[실행] 정생각**=infml E

*gotta=infml **표기** ← got to

vs 1.. We have gotta go. -- **미래의미성립 event**

보통 have뒤 pp는 **기의미성립**인데 오히려 **미래의미성립**이 되는 경우

시동=우리는 가지고 있어요, 해야 겠다는 것인데 가는 것을 말이다.

/우리는 해야겠다(래발생현재). 움직여 취하는 것인데 가는 것을 말이다.

*got=pt/pp of get

2.. I've got an interview tomorrow and I'm dreading it. -- **미래의미성립 event**

시동=가지고 있어요, 받는 것인데 인터뷰를 --- . 그래서 나는 겁내고/두려워 하고 있어요.

vs We have had to do that.

-- (과거 속에서의) **기의미성립 event**

시동=가지고 있어요, 했던 것, (대동/즉) 해야만 했던 것을 말이다.

*have=소유로서 '가지고 있다/있다' 또는 동개념 가지다로서 '하다'

☞.. 이해는 (언어에 대한 basics를 알았다면) 최종적으로 단어의 최종적인 뜻인 감주로 이해한다.

↘그러면 영어말투가 형성되고 영어말투에 익숙해진다.

③ 의미과성립으로 설명해 나가는 뇌

주체발생의 성립적인 생각이다. 즉 주체래발생과 주체성발생의 성립적인 생각이다. 그런 것들을 실제로 일어나지는 않았으나 과거형태를 빌어서 일어난 것처럼 가정[가상/조건]/바람/소망[소원] — 등등 하에서 현재/미래/과거 속에서 한번 성립시켜 보는 의미이다.

A.. If she would get many more pearls, she should dive deep into the sea.

-- 현재/미래 속에서의 바람 의미과성립

: (주체성발생을) 현재/미래 속에서 바람 하에서 일어난 것처럼 한번 성립시켜 보는 것

[w: v+we+want ould: 과음가 or d: did + under] should=정생각/의미과성립

시동=(만약에) 그 여자에게 하고 싶은 마음이 (현재) 들었다면 ----,

그 여자로 하여금 일어나야 한다/일어났어야 하는데 ---.

//(만약에) 그 여자에게 하고자 하는 마음이 (앞으로) 생겼을 경우에는 ---,

그 여자로 하여금 일어나야 한다.

뜻하는 의미=굳이 원하는 것을 이루고 싶다면/하고자 한다면 --- , 그렇다면 --- .

vs If she would get many more pearls yesterday, she should have dived.

-- 과거 속에서의 바람 의미과성립

: 과거 속에서 바람 하에서 일어난 것처럼 한번 성립시켜 보는 것 should=의미과성립

시동=(만약에) 그 여자에게 하고 싶은 마음이 (그때) 들었다면[들었더라면] --- ,

그 여자로 하여금 일어났어야 했다[했는데]. 즉 dive한 사실이 말이다.

B.. a.. If Mary would tell me what she wants for her dinner, I'd cook it for her.

-- 현재/미래 속에서의 실시 의미과성립[=told me or were to tell me] or 정생각

: (주체래발생을) 현재/미래 속에서 실시 하에서 일어난 것처럼 한번 성립시켜 보는 것

뒷 would=정생각/의미과성립

시동=(현재) 했을 경우에는[했더라면] -- , 해주겠어요[해주었을 텐데], --- .

(앞으로) 했을 경우에는 -- , 해주겠어요, --- .

: 만약에 메리가 했을 경우[했더라면] 말을 나에게 무엇을 자기가 원하는 지 해자 저녁용으로 말을 했을 경우에는[했더라면] 나는 해주겠어요[해주었을 텐데]. 요리, 즉 그 저녁 요리를, 해자 그 여자를 말이다.

정생각 시동=(그냥) 해주신다면 -- , 해주겠어요, --- .

b.. "You can handle the financial crisis. You cannot handle, I think, the damage to the European integration process," he told CNBC. "It would be the first time since 1951 that a treaty-based integration process would have been reversed. It would be a disaster."

-- 현재/미래 속에서의 의미과성립

시동=그것은 될 것 같은 데 즉 그야말로 최초의 사례가 될 것 같은 데 이래로 1951년 이래로 말이다. 즉 협약을 바탕으로 한 통합 처리 시스템이 (현재/앞으로) 했을 경우, 즉 되었을 경우 즉 뒤집어 졌을 경우에는 말이다. 그것은 아마도 될 것같은데 재앙이 될 것 같다.

> *여기서 앞 would=문맥상 정생각만 가능 마지막 would=정생각
> 여기서 it=that이하를 가리키는 것이 아니라, the damage to the European integration process를 가리킴, 즉 referring forward[선 it]가 아니라 referring back이다.

C.. If only you would drive more slowly.

-- 현재 속에서의 if only 바람 의미과성립

: 현재 속에서 if only 바람 하에서 일어난 것처럼 한번 성립시켜 보는 것

시동=(만약에 단지) 해주었으면 해요, (운전하는 것인데 좀더 천천히 말이다).

뜻하는 의미=(만약에) 꼭 해주기만 하면 좋을 텐데 ---- .

D.. I wish she would come back.

-- 현재/미래 속에서의 소망[소원] 의미과성립

: 현재/미래 속에서 소망[소원] 하에서 일어난 것처럼 한번 성립시켜 보는 것

시동=(내 소망/소원은 지금/앞으로) 해주었으면 해요.

뜻하는 의미=(내 소망/소원은 지금/앞으로) 해주시면 좋겠어요.

> **vs Would that we had seen her before she died!**
>
> **-- 현재/과거 속에서의 would that 의미과성립** : 현재/과거 속에서 would that 하에서 〃
>
> → would that=했으면 좋겠는데[했더라면 좋았는데] 즉 : **의미과성립** had=**의미과성립**
>
> 시동=했으면 좋겠는데 즉 우리는 (지금) 가졌으면 해요, 본 사실인데 그 여자를 전에[후자] 죽기 전에 말이다 -- **would/had=현재 속에서의 의미과성립** ∴ **would의 뜻하는 의미=We wish**
> /했더라면 좋았는데 즉 우리가 가졌더라면 좋았는데 본 사실를 그 여자를 전에[후자] 죽기 전에 말이다 -- **would/had=과거 속에서의 의미과성립** ∴ **would의 뜻하는 의미=We wished**
>
> 그래서, 원서에서는 would 의미로 we wish 또는 we wished로 밝히고 있다.
> 단, would=정생각과 과생각도 가능 : 전자=현재 바람 후자=과거 바람

▭ **과거의 종류=실제과거 /정과거 /의미과성립** -- 중자와 말자는 실제과거가 아니다.

④ 묻는 말[정생각/의미과성립]로 먼저 말하는 뇌

A.. a.. **Would they meet here?**

시동=한 것 같은 가/했던 것 같은 가, (만나기로 말이다/즉 만난 것같은가?) -- **과추측**

⇒ **만약 정생각으로 묻는 말이면** '할 것 같은 가, (만나기로 말이다?)'

b.. **Would you leave your coat in the rack of the hall?**

시동=하시겠오/해주시겠오[해줄 마음이 있오]? -- **정생각 부탁**

c.. **Would you like a chocolate?**

시동=하시겠오? (ok를/받아 들이는 것인데 쵸콜렛에 말이야?)

-- **정생각 수락/허락 여부를 제의(an offer)하는 말**

*like= '좋다' 는 것으로서 ok /받아 들이는 것(approve)

B.. **Would you leave your coat in the rack of the hall, it would be good.**

시동=해주신다면 --- 할 것같다, 즉 좋을 것 같다

-- **도치 정생각** [=If you would]

C.. **Would she get many more pearls, she should dive deep into the sea.**

시동=하고자 하는 마음이 (현재) 생겼다면 /(앞으로) 생겼을 경우, 즉 그 여자가 하고자 하는 것에 말이다 -- **도치 하생각** [=If she would]

⑤ free 영뇌[infml E]로 먼저 말하는 뇌[말]

A.. **Would meet here?**

시동=한 것 같은 가 -- **과생각** /할 것 같은 가? -- **정생각**

: You[She] would -- ? -- 평서문을 이용한 의문문

B.. **Would meet here.** 시동=한 것 같다 -- **과생각** /할 것 같다 -- **정생각**

C.. **Would get up early and go fishing.**

시동=(종종/이따금) 하곤 했다 -- **과생각** ***모든** would=**(주어) 전제** infml E

---

from p411 — 대명사의 U/C 의미

more) More than 10 million people were newly displaced just last year. <u>That's</u> about 20 new people displaced each minute.[=They're]

↗뒤에 복수단어 가능

that=그러한 것은 다시 말하면 ⇒ 어떤 상황, 즉 앞 상황지칭이기 때문에 비수단독 표현가능

they=그들은 대략 -- 명에 해당되는 데 --⇒ 복수의 사람 지칭이기 때문에 복수대명사 표현

6) shall 영뇌[shall NB]

명사(대명사)를 사발생 현생각으로 그냥 서술적으로 설명해 나가거나 묻는 말로 먼저 말하는 뇌

또는 free 영뇌[infml E]로 먼저 말하는 뇌

사발생으로 느껴져야 영어승차감을 탈 수 있다.

▭ shall BNW=사발생 —— 하여금 일어나게 하거나 일어나는 것 /하여금 하게 하는 것

▭ shall=사발생으로서 현생각 : 보통 사발생/강한 사발생 — **我必 free 감주로 간직하라.**

vs will BNW=주체발생 —— 주체에게 일어 나는 것 : 주체래발생/주체성발생

▭ shall BAM=사발생으로서 하여금 일어나는 것

소리=섀ㄹ/셔ㄹ=post 점형/dot 점형 F : a=얘 : 강한 감정음가 여 : 약한 감정음가

① 사발생 현생각으로 설명해 나가는 뇌

A.. I shall go.

[hl: happen+let 하여금 일어나게 하거나 일어나는 것 I: 래來 no 'd' 현생각]

시동=나로 하여금 일어나게 할 것이다/나로 하여금 일어 날 것이다. 가는 게 말이다.

A Quick Note 결국 자신에게 그런 일이 일어난다는 말이다.

그래서, 주체가 일인칭일 경우 shall를 쓰나, will을 쓰나 전달 결과는 거의 같지만 그 뉘앙스까지 같은 것은 아니다.

vs a.. I will go. 시동=할 것이다. 가는 것을 말이다.

사발생 미래가 주체래발생 미래보다 더 강하다.

그래서, 앞에 **don't worry**를 표현하면 절로 **will**대신에 **shall**를 쓰게 될 것이다.

IIIII .. **'Don't worry. I shall go.'**

[s: sure hl: happen+let 일어나게 하는 것 I: 래來 no 'd' 현생각]

··))▶ 나로 하여금 확실히 일어나도록 하겠다는 것이다.

sure 의미가 첨가되고 안되고 하는 것은 그 때 그때 상황에 따라 결정하면 된다.

-- **강한 사발생 or 보통 사발생**

shall의 이런 뉘앙스 때문에 영영사전에서는 뜻하는 의미로 **certainly will**로 뜻풀이를 하고 있다. 따라서, **shall**과 비슷한 뉘앙스로 **will**를 쓰려면 **certainly** 또는 **have**를 함께 쓰면 된다.

⇨ 'Certainly I will go.' or 'I will have to go.'

시동=확실히 나는 할 것이다. 가는 것을 말이다.

/나는 앞으로 해야 할 것이다. 대동 가는 것을 말이다 : **조동사 대용**(must)

↳You will pay your own electricity and water. 앞으로 내야 한다

b.. I shall have to go.

시동=나로 하여금 일어 나도록 해야 겠어, 대동 가는 것을 말이다 -- **사발생 현생각**

▸ 이 말은 결국 확실히 가야 겠다는 것이다.

*have=동개념 : 가져야 하는 것으로서 해야 하는 것

c.. I should go.

시동=나로 하여금 일어 나게 해야 겠어, 가는 것을 말이다 -- **사발생 정생각**

d.. I'm going.

시동=하겠다, 즉 가겠다. [or 나는 가겠다. --- **'는' =동질연결**]

* 'm=am=래발생 현재로서 하겠다는 것 **현분사**=앞으로 진행으로서 **진행의향**

e.. You have to go.

▭ have=① **래발생현재**로서 가져야 하는 것, 가져야 하는 것으로서 해야 하는 것

시동=해야해요, 대동 가는 것을 --- .

② **소유현재**로서 가지고 있는 것

시동=너는 가지고 있어요, 대동 가야 하는 것을 말이다 : **조동사** must **대용**

* **전자**=현동사에서 의무/필요성을 느낌

후자=to 부정사의 원동사에서 의무/필요성을 느낌

이렇게 각각 느껴져야 사이에 다른 말도 끼워 넣을 수 있다.

: **Qatar had until Wednesday to inform FIFA.** → 시동=해야만 했다/가지고 있었다.

tip)영영사전에 "have to=must"로 되어 있는 것은 뜻하는 의미이지 단어 본래의미는 아니다.

⇒ have=가지는 것으로서 의무/필요성/강한 추측

f.. You don't have to change your car.

시동=없는데 해야 할 필요성이 없다. 대동 바꾸는 데, 당신 차를 바꾸는 데 말이다.

cf] 1. have도 to부정사도 의무/필요성이 아닌 경우

: • **You don't have to be impotent to use Viagra.**

시동=여러분들은 없다. 즉 되는 일이 불능이 되는 일이, 대동 사용하면 비아그라를 사용하면 말이다.

• **You don't have to dress like that.** -- 앙상맞게 내의를 입는 것을 두고 한 말

don't=**금지** : 하면 안된다. 즉 갖으면 안되는 데 대동 쭉 입는 것을 동모[동자] 그 처럼 말이다.

※동자=동모대상으로서 동자

2. 의무/필요성 또는 그냥 래발생 현재

: Stocks have further to correct.

시동=주식은 가져야 한다/가질 필요가 있다 //(앞으로) 가진다. (좀더 대동 조정을 말이다.)

tip)상황에 따라 판단 : They don't have to feel shame.

시동=없다[즉 하지못한다] //할 필요가 없다

B.. I shall go to Europe this winter.

시동=(나로) 하여금 일어나게 하겠다[하게 하겠다]. (가는 것을/가는 것인데 대처[대자] 유럽으로 가는 것을 말이다). [hl: happen + let 하여금 일어나게 하거나 일어나는 것 or have+let 하여금 하게 하는 것 l: 래來 no 'd' 현생각] 뜻하는 의미=틀림없이 하겠다

↳ 소유로서 하는 것

C.. We shall leave at noon tomorrow daytime.

시동=(우리로) 하여금 하게 할 것이다[일어나게 할 것이다/일어날 것이다] : **사발생 의향**

뜻하는 의미=우리는 틀림없이 하겠다 cf] **will=주체래발생 의향**

'Let me tell you.' 시동= '하게 하겠다. 나로 하여금 말을 너에게 하는 것을 말이다'

: **let=사허로서 의향, 즉 사허(使許) 의향**

⇒ 뜻하는 의미=하겠다. 내가 말을 너에게 말이다.

D.. If you do that one more time, I shall be very cross.

시동=(나로) 하여금 하게 할 것이다. (즉 아주 기분 언짢게 말이다.)

/(나로) 하여금 일어 날 것이다. (즉 아주 기분이 언짢은 것이 말이다.)

cross=adj. 얼굴이 가로 지게 주름잡히는 것으로서 언짢은 것

[cro: cross o: 얼굴 ss: 주름잡히는 모양]

뜻하는 의미=angry or annoyed

E.. I shall never forget you.

시동=(나로) 하여금 하게 할 것이다. (결코 잊지 않는 것인데 너를 말이다.)

F.. I'm afraid I shall not/shan't be able to come to your party.

시동=(정말로 미안한데 나로) 하여금 하게 할 수 없어서 말이다.

*afraid=두려워서 벌벌 기는 것으로서 정말로 미안한 것

G.. We shall[=intend to] let you know as soon as there's any news.

시동=우리로 하여금 하게 할 것이다. 여러분들이 알도록 (하는 것을) 말이다.

☞ 이때 사전에서 shall의 뜻으로 intend to [의향]로 나와 있는 데 이것은 뜻하는 의미이지 단어 본래의미[원래의미]는 아니다.

> **will=주체래발생 의향**　 **shall=사발생 의향**
> intend=(속) 마음을 취해 놓고 있는 것으로서 '할 마음을 가지고 있는 것' [in: intention　t: take]

H.. I shall have completed my report by Friday.

시동=나로 하여금 하게 할 것이다. 즉 완성시켜 놓는 것인데 내 리포트를 근시[쯤에는] 금요일 쯤에는 말이다. / -- 즉 가지게 하는 것인데 완성 시킨 것을 가지게 하는 것인데 --- .

뜻하는 의미=나는 틀림없이 하겠다

I.. Thou shalt not kill.

시동=그대로[너로] 하여금 일어나게 해서는 안된다 -- **출애굽기 Exodus 20:13**

> *Thou shalt (*old use*) =You shall
> thou, thy, thee, thine (archaic pronouns)=**you, your, you, yours**
> **attention]** Bible (성경책) 에서는 명령문을 써지 않고 사발생을 많이 쓴다. 사발생이 더 강한 전달이기 때문이다. 뿐만 아니라, 강조하기 위해 도치 영뇌를 많이 작동시키고 있다.

J.. You shall die!

시동=(너로) 하여금 확실히 일어나게 할 것이다. (죽는게 말이다.)

즉, '확실히 만들어 주마' 라는 뜻이다.

> 우리말 '너 죽었어!' 에 딱 맞는 표현이다.
> 그래서 '너 죽어 볼래?' 라는 표현도 'You shall die?' 라고 하면 된다.
> ▭ 뜻하는 의미=**I certainly will let you die. or I certainly will kill you.**
>
> **vs a.. You must die!** 시동=반드시 해야해! **b.. You will die.** 시동=할 것이다.

K.. "Don't worry about it. He shall not trouble you again."

시동= (그로) 하여금 결코 하지 못하게 할 것이다. (괴롭히는 것인데 너를 또다시는 말이다.)

▭ 뜻하는 의미=**I certainly will let him not trouble you again.**

▭ 뜻하는 의미=**I promise I certainly will let him not ---- .**

▭ 뜻하는 의미=**You shan't be troubled again.**

시동=(너로 하여금/너에게) 절대로 일어나지 못하도록 하겠다. (즉 괴롭힘을 받는 것인데 또다시는 말이다.)

L.. All life on earth shall die some day.

시동=일어나도록[하도록] 되어 있다. 死인데 언제가는 말이다.

뜻하는 의미= '확실히 할 것이다'

vs -- will die --- . 시동=할 것이다.

M.. Never the train shall meet.

시동=결코 열차로 하여금 일어나게 할 수 없다.

/결코 열차에게 일어 나도록 일으킬 수 없다. (서로 충돌시키는 일을 말이다.)

/결코 열차로 하여금 일어 날 수 없다. (서로 충돌하는 일이 말이다.)

→ 즉, 열차는 결코 서로 충돌하지 않는다는 뜻이다.

[s: sure hl: happen+let l: 래來 no 'd' 현생각 -- 강한 사발생]

O.. Ask, and it shall be given you.

시동=(구하라, 그러면 그것이) 일어 나도록 되어 있다. (즉 주어지는 것인데 너에게 말이다.)

즉 주어지는 것이 확실히 일어 날 것이다는 의미이다.

P.. Oh, east is east and west is west, and never the twins shall meet.

시동=(그래서) 결코 (그 둘은) 일어 나도록 되어 있지 않다. 만나는[충돌하는] 일로 말이다.

[s: sure hl: happen+let l: 래來 no 'd' 현생각 -- 강한 사발생]

뜻하는 의미= 결코 (그 둘에게는) 일어나지 않는다.

vs never -- will 시동=결코 -- 하지 못할 것이다.

이렇게 shall은 강한 사발생 의미를 가지고 있기 때문에 인칭에 상관없이 강조(emphasize)하거나 공문서(official documents), 법(law), 명령(order), 약속(promise) -- 등에서 shall **두뇌**가 많이 작동된다.

a.. The truth shall make you free.

시동=(진실만이) 틀림없이 하도록 할 것이다. (만드는 것인데 여러분들을 자유롭게 말이다.)

진실만 오로지 통한다는 말이다. [s: sure hl: have+let l: 래來 no 'd' 현생각]

b.. Freedom of speech shall not be violated.

시동=(자유, 즉 언론의 자유에게) 확실히 일어 나도록 되었어는 안된다.

/확실히 일어 나도록 해서는[놔 두서는] 안된다.

/(-- 하여금) 확실히 일어나면 안된다. 즉 위반되는 일로 말이다.

c.. All payments shall be made in cash.

시동=(확실히) 하도록 돼야 할 것이다. **뜻하는 의미**=해야 할 것이다.
/되도록[하여금] 일어나야 할 것이다. 즉 지불되겠끔, 내자 현금으로 해서 말이다.
[s: sure hl: have+let or happen+let l: 래來 no 'd' 현생각]
⇒ 앞으로 이렇게 돼야 한다는 말이다.

made=만들어지는 것으로서 되는 것 지불=**문맥/상황/단어** associate
in=내수단 대상으로서 내자 -- 로 해서

d.. I said you could go, and so you shall.
시동=그래서, 그렇게 너는 하도록 해야 할 것이다/너로 하여금 일어나야 할 것이다.
-- **강한 사발생 현생각** 뜻하는 의미= -- 너는 (틀림없이) 해야 할 것이다.

vs -- and so you should.
시동=그래서, 그렇게 너로 하여금 일어나도록 해야 해요 -- **강한 사발생 정생각**
vs -- and so you must.
시동=반드시/필히 해야 해요 -- **의무/필연성/필요성 현생각**

e.. No fine shall exceed $1,500.
시동=어떠한 벌금도 하도록 되어서는 안된다/일어나게 해서는 안된다. 초과하는 것인데 1,500불을 말이다.

f.. Article 1.
The Emperor shall be the symbol of the state.
시동=황제에게는 확실히 일어나도록 되어야 한다. 즉 심벌, 국가의 심벌로 말이다.
[s: sure hl: happen+let l: 래來 no 'd' 현생각]

감주로 이해하거나 듣거나 말하는 것과	(감주 느낌없이) 그냥 하는 것은 엄청난 차이가 있다.

▭ CNN Partner Hotel. ⇒ 감주 〃 =CNN • Partner Hotel.=장감주+단주 i.e., 소감주+단주=빅감주
⇒ 그냥 이해/들음/말함=CNN Partner Hotel. (장감주=사이 time + 단주=장장감주 : 사이 time ++)
▭ Monday on CNN. ⇒ 감주 〃 =Mondayon CNN.=단감주+단주 i.e., 소감주+단주=빅감주
⇒ 그냥 이해/들음/말함=Monday on CNN. (단감주=사이 time zero or minus)

전자는 감주와 단주로 뒷말과 말하는 느낌이고, 후자는 그런 느낌이 없다. 즉 장감주/단감주는 한 단어처럼 뒷말과 말하는 느낌이고(**밀접감주**), 단주는 약간 떨어지면서 뒷말과 말하는 느낌이다(**근접감주**). 실제로 본인이 직접 말해 보아라. (감주 느낌없이) 그냥 말하는 것과 엄청난 차이가 있다.

특히 뒷말과 말하는 느낌 때문에 마음의 소리이든 실제소리이든 말순 대로 (무한글) 이해가 실린다.

② 묻는 말로 먼저 말하는 뇌

A.. "I' m going to a party tonight. What shall I wear?"

시동=무엇으로 일어나게 할까요, 내가 입고 가는데 말이다?

/무엇을 일어나게 할까요, 내가 입는 것에 말이다? 뜻하는 의미= "무엇으로 할까요?"

B.. Shall he carry this luggage for you?

시동=하게 할 까요, 그로 하여금 옮기게 말이다?

/일어나게 할 까요, 그로 하여금 옮기는 것을[옮기게] 말이다?

→ shall에 사발생 의미가 있기 때문에 뜻하는 의미로 다음과 같이 달리 말해도 좋다.

뜻하는 의미 = Do you want him to carry -- ?

= Will you let him carry -- ?

= Do you want me to let him carry -- ?

= Shall I have[make] him carry -- ?

vs a.. Will he carry--? 시동=할 것인가[할 수 있을 것인가 : 발생능력]?

b.. Can he carry--? 시동=가능한 가[할 수 있는 가 : 수행능력]?

C.. So we'll see you at the weekend, shall we (= is that right)?

시동=(그래서, 우리는) 할 것이다. --, 그렇게 하게 할까요, 우리들로 하여금 말이다?

뜻하는 의미=그렇게 할 까요 (우리들이 말이다)? *그렇게=shall, 즉 조동사 associate

사전에 is that right?과 뜻이 같다고 하는 것은 뜻하는 의미로 같다는 것이다.

shall의 사발생 뉘앙스와 일치한다. 시동= '인가, 그렇게 하는 게 괜찮은 가?'

D.. "I' m hot. Shall I open the window?"

시동=하게 할 까요, 나로 하여금 열게끔[여는 것을/열도록] 말이다? 뜻하는 의미= '할까요'

원어민들은 사발생으로 알고 있기 때문에 뜻하는 의미로 사전에서는 Do you want로 풀이하고 있다. [=Do you want me to open -- ?]

vs "I don' t know. Will I open -- ?"

시동=할 것인지[할 수 있을 것인지], 내가 여는 것인데 -- 말이다?

강조로 먼저 말하는 뇌 :

IIIII .. As ye sow, so shall ye reap.

시동=(그렇게) 일어 날 것이다. 너로 하여금 거두는 게 말이다.

③ free 영뇌[infml E]로 먼저 말하는 뇌

A.. Shall die some day.

시동=일어 나도록 되어 있다. 뜻하는 의미=확실히 일어날 것이다.

B.. 'Don't worry. Shall go.' ❖ 둘다 Shall=(주어) **전제** infml E

시동=틀림없이 일어 나도록 하겠다. 뜻하는 의미=틀림없이 일어날 것이다.

약음단어를	감주로 말할 때 알아듣기 힘든 단어[소리본체]와 low skim 감주, stress 감주

① of=어ㅂ/어 or=오어/어 at=애ㅌ/엇 for=포/퍼 to=투/터/더/어 do=듀/더 as=애ㅈ/어ㅈ
and=애ㄴㄷ/애ㄴ/언 that=대ㅌ/덧 the=더/어/디 an=애ㄴ/언 a=에이/어
won't=워운/우운 I'll=아을/얼/아으

② low skim 감주 — 무슨 종류의 감주이든 쭉 말해가면서 낮게 스쳐가는 감주
in our party : in our/of the=소감주로서 low skim 감주 any season of the year
빅감주

③ stress 감주 — 쭉 말해가면서 강세를 두는 감주, 주로 강약/비약음 감주에서 많이 발생
and you can see a lot of wild life — 앞 두 감주를 low skim으로 말히면서 뒷 두 감주에 stress를 둘 수 있다. 청취시 stress 감주만 잘 파악되면 나머지는 쉽게 들을 수 있다.

중앙감주 빅감주
tip)They visit the region. : best 감주 ※d/d=탈리/폐쇄/묵음
소감주 빅감주 ↘말과 이해느낌이 좋은 감주 tip)중앙감주로 느껴도 좋다.

☞.. **이해는 최종적으로 단어의 최종적인 뜻인 감주로 이해한다.**

7) should 영뇌[should NB]

명사(대명사)를 사발생 과생각[정생각/의미과성립]으로 그냥 서술적으로 설명해 나가거나 묻는 말[정생각/의미과성립]로 먼저 말하는 뇌
또는 free 영뇌[infml E]로 먼저 말하는 뇌

我必 free 감주로 간직하라.

▭ should=사발생으로서 과생각 /정생각 /의미과성립 — (영어에 대한 기초지식을 알았다면)

소리=슈드/셔드=slide/small slide F : 유=u지배음가와 알파벳 음가 여=o지배음가와 약한 감정음가

① 사발생 과생각으로 설명해 나가는 뇌

— 시제 형태대로 실제 과거 뜻이 나온다.

A.. I said that I should soon get well.

시동=(나는 말했는데, 즉 나로) 하여금 (그때) 일어 날거라고 말했다. (곧 되는 것인데 좋아 지는 것으로 말이다.) [hl: happen+let ould: 과음가 or d: did 과생각] *거라고=**현재형 과거상황**

vs --- would ---.

시동=(그 때) 할 것이라고 말했다. (곧 될 것이라고, 즉 좋아 질 것이라고 말이다.)

B.. "The party was terrific. You should have come." [=should come]

시동=너로 하여금 발생했어야 하는 데[했는데], 즉 참석한 것이[참석이] 말이다.

기의미성립이 발생했어야 하는데 하고 **사발생 과거 유감**이다.
뜻하는 의미=했어야 하는 데[했어야 했는데]
have=event 소유로서 '즉'

C.. We always went to school with a hat on. We should do that.

시동=(과거에) 우리는 우리들로 하여금 일어나야만 했다/일어나도록 해야만 했다. (하도록, 그렇게 하도록 말이다). [s: sure hl: happen+let ould: 과음가 or d: did 과생각]

확실한 사발생으로서 **사발생 의무/필연성/당연성**
⇒ 뜻하는 의미=해야 했다

vs a.. had to do that

시동=(과거에) 가져야만[해야(만)] 했다. 대동 하는 것인데 그것을 말이다.
/가지고 있었다. 대동 해야 하는 것인데 그것을 말이다. ☞ p 289

b.. We have had to do that.

시동=가지고 있어요, 했던 것, 즉 해야만 했던 것인데 그것을 말이다.
-- **(to 부정사의) 원동사에서 의무를 느낄 경우** : do=본동사의미로서 본동사 must 대용
/가지고 있어요, 해야만 했던 것인데 즉 하기로 그렇게 말이다.
-- **과분사에서 의무를 느낄 경우** tip) **have 동사와 원동사 양쪽에서 의무를 느낄 경우**
: You have to see. 여러분들은 꼭[필히] 대동 보아야 한다.

c.. We have to do that.

시동=가지고 있다. 대동 해야 하는 것인데 그것을 말이다 : do=본동사의미로서 본동사 must 대용
//해야 한다[할 필요성이 있다] /가져야 한다[가질 필요성이 있다]. 대동 하는 것인데---.

d.. must 시동=반드시 해야 한다 : **의무로서 의무/필연성**

caution]

should는 **사발생 과생각**으로서 사발생 과거의무/과거유감/과거추측 — 등이 나온다. 과거유감은 사발생 과생각의 일부에 불과하다. 그래서 'should+현재완료'를 과거유감으로만 외우지 말라 : 하여금 일어나야만 했다/하여금 일어났어야 했다/하여금 일어났던 것 같다

↳should meet : — 만나는 것이 말이다
=should have met : — 가진 것인데 만난 사실을 가진 것이 말이다

tip) have=의무/필요성 외 문맥에 따라 그냥 소유행위로 뇌를 작동시켜도 좋다 (☞ p 289)

IIIII .. **Guan, who actually had to face away from the hole to play the correct amount of break, considered it carefully and struck a solid putt.**

시동=Guan, 누구냐 하면 이 선수는 실제로 가졌지만[해야만 했지만], 즉 얼굴을 다른 데로 돌리는 것을 가졌지만[해야만 했지만], 기자(基者) 자기홀로부터, 대동 플레이하기 위해 정확한 브레이 크기로 플레이하기 위해 그렇게 가졌지만[해야만 했지만], 고려해서 그런 것을 주의깊게 고려해서 쳤는 데, 확실한 퍼팅이 되었다.

the=**외부적 지정뇌로서** one's, 즉 his**를 지정**
그렇게=**문맥** associate　　고려해서=**현재형 과거상황**
struck 목적어=**결과물**　　it=the correct amount of break**를 지칭**
우리말 '해야만 했다' 의 두 가지 뜻=†실제로 한 경우/실제로 안 한 경우
face away=라이(lie)를 읽기 위해 홀을 벗어나서 홀 주변을 보는 것

D.. (Situation: At last she actually got a job)
I shouldn't have thought that it was possible to do that.

시동=나로 하여금 일어나지 안했던 것 같다[같았다], 즉 생각[생각한 일]이 말이다.
: **사발생 과거추측**
[s: guess hl: happen+let ould: 과음가 or d: did 과생각]
뜻하는 의미=확실히 하지 못했던 것 같다[certainly wouldn't]

정생각인 경우 :
-- (과거상황에 대한) **사발생 현재추측** : 나로 하여금 일어나지 못한 것같다
뜻하는 의미=확실히 하지 못한 것같다[certainly wouldn't]

vs a.. wouldn't　시동=하지 못했던 것같다 -- **과생각**　/하지 못한 것같다 -- **정생각**
b.. I didn't think　시동=하지 못했다. 생각을 말이다 -- **그냥[단순한] 동사서술 의미**

E.. We knew that we should be leaving the next day.

시동=우리는 알고 있었다. 즉 우리들로 하여금 (그때) 하게[일어나게] 해야한다는 것인데 즉 떠나는 것을 말이다. [s: sure hl: have or happen + let ould: 과음가 or d: did 과생각]
*하게[일어나게] 해야한다는 것=**현재형 과거상황**

tip)고난도 감주 : There's a lot of food you should try all kinds. : you~kinds=**관계문장**
⇒ There' sa lotof foodyoushould tryallkinds. **데**어즈어 **라**ㅅ러 **푸**-**유슈**- **츄라**이**오**ㄹ**카**인(즈)

-- 이런게 있는데 즉 많은 음식이 있는데, 너로 하여금 하면 좋을 것 같은 맛보면 좋을 것 같은 모든 종류를 맛보면 좋을 것 같은 것들이 말이다.

② **사발생 정생각으로 설명해 나가는 뇌**

실제과거가 아니라서, 시제형태 대로 뜻이 나오지 않는다. 생각을 정하기 위해 잠시 과거형을 빌려 왔을 뿐이다.

A.. Her son, Pappu, who is half the weight he should be.

시동=(누구냐하면은 이 애는) 절반정도 무게가 나가는 데 그로 하여금 발생돼야 할 무게의 절반이다 ⇒ 영양실조에 걸린 자식을 두고 한 표현이다.

*he should be=**관계문장 -- 주기능 소유=보어**

B.. Children should respect the elders.

시동=애들로 하여금 하게 해야 한다/일어나게 해야 한다/일어나야 한다 -- bnw-BAM

[s: sure hl: have/happen + let ould: 과음가 or d: did + decide]

뜻하는 의미=애들은 해야 한다 -- im-BAM

vs must respect 시동=반드시/필히 해야 한다 -- **더 강한 생각**

C.. You should put cotton in your ears.

시동=너로 하여금 하게 하는 게/일어나는 게 좋을 것같다 -- **사발생 충고**

[s: suggest hl: have/happen+let ould: 과음가 or d: did + decide]

뜻하는 의미=너는 해야 할 것 같다[너는 하면 좋을 것같다]

vs had better[best] ⇒ 의미과성립 충고 //정생각 충고 :

↳**in short, better[best]** 시동=했으면[됐으면]//하면[되면] 더[가장] 좋을 것같다.

전자=하생각 의미 후자=직설의미

D.. "You should be able! You should be able!"

시동=여러분들로 하여금 있게 해야 한다. 능력이 말이다.

⇒ Democratic Convention의 keynote speech **중에서 발췌**

E.. Do you think I should buy this hat?

시동=그런가 너 생각엔 나로 하여금 하게 하는 게[일어나는 게] 좋을 것같은 가? --- .

: **사발생 의견개진** 뜻하는 의미=내가 하는 게 좋을 것 같은 가? --- .

F.. "It' s a good film. You should go and see it."

마침내 영어의	4가지 미스테리가 풀렸다.

1. 원어민 두뇌는 어떻게 움직이는 가 —〉 기/설, 즉 설가뇌
2. 아이들이 언어를 어떻게 습득하는 가 —〉 Free 영뇌
3. 영어를 어떻게 읽을[들을/말할] 것인가 —〉 감주 4. 과연 단어의 고유한 뉘앙스는 무엇이며, 단어의 뜻은 어떻게 만들어지는 가 —〉 BNW와 BAM

시동=너로 하여금 하게 하는 게[일어나는 게] 좋을 것같다 -- **사발생 추천**

뜻하는 의미=너는 해야 할 것 같다.

G.. "It' s 4:30 pm. Tom should be in Seoul by now."

시동=그래서 탐으로 하여금 확실히 발생시킬 것 같다. (있는 것인데 내소(內所) 서울 내소에 근시 지금쯤은 말이다.)

[s: sure+guess hl: happen+let ould: 과음가 or d: did + decide]

뜻하는 의미=탐은 확실히 할 것같다[certainly would]

사발생 미래가 주체래발생 미래보다 더 강한 미래가 되듯이, 사발생 추측이 주체성발생 추측보다 더 강한 추측이 된다. 따라서 사발생 추측이 will/would**보다 더 합리적이거나 더 확실한 추측이 된다.**

vs will[would] --- . 시동=할 것이다/할 것 같다.

H.. 'Will it be expensive?' 'I should think so.'

시동=나로 하여금 확실히 일어나게 하는[일어나는] 것같다. 생각을 그렇게 하도록 말이다.

[s: sure+guess hl: happen+let ould: 과음가 or d: did + decide]

뜻하는 의미=확실히 그런 것같다. [certainly would]

vs 'I would think so.'

시동=(나도) 그런 것 같다 (생각해보니 그런 것같다.)

I.. It should be $20. The tornado, according to the news, should be right in that area.

시동=그것으로 하여금 확실히 일어나게 할 것같다[그것에게 확실히 일어 날 것 같다].

/ 그 토네이도로 하여금[가] 확실히 발생할 것[있을 것] 같다. 바로 내소 그 구역 내소에 말이다.

→ 사발생로서 더 강한 추측

vs It would be $20. [=It' s gonna be] ＊it=situation 'it' **로서 타고 온** distance

시동=할 것같은데 즉 20달러가 될 것같다 -- **주체성발생로서 보통 추측**

vs gonna[going to]=진행 될 것같은 것으로서 할 것같은 것 -- **(앞으로) 진행추측**

J.. I should like a bath.

시동=나로 하여금 일어나게 하고 싶다. (목욕하는 것을 말이다.)

[hl: happen+let ould: 과음가 or d: did + decide]

뜻하는 의미=틀림없이 하고 싶다. ※like=좋은 것으로서 원하는 것[want]/ok

K.. I should like to thank you all for coming here tonight.

시동=나로 하여금 일어나게 하고 싶다. (대동 생큐 올을 말이다) -- **사발생 정생각**

vs I would like --- . 하고(would) 싶어요(like) **: 주체성발생 정생각**

L.. He insisted that Tom should go there alone.

시동=주장했다. 탐으로부터[하여금] 발생해야 한다고 말이다/탐으로 하여금 해야 한다고 말이다.

[s: sure hl: happen or have+let ould: 과음가 or d: did + decide] : **강한 사발생**

-- 정생각 또는 과생각으로서 강한 사발생 ⇒ 뜻하는 의미=탐이 해야 한다고 말이다.

▭ **정생각인 경우** : 앞으로 해야 한다는 것

▭ **과생각인 경우** : 그때 (이후 앞으로) 해야 한다는 것

vs a.. -- that Tom go --- .

시동=가면 좋을 것 같다고 말이다 /가는 것이 이루어지면 하고 말이다.

-- 주장 의미원성립 : should보다 더 애절함이 느껴진다.

should 생략으로 보지 말고 원동사 그대로 이해하라.
should를 쓰고 안 쓰고에 따라 뉘앙스가 다르기 때문이다.

b.. -- that Tom went ----.

시동=갔으면 하고 말이다 /가는 게 이루어 졌으면 하고 말이다 -- **주장 의미과성립**

c.. He insists that Tom shall go there alone.

시동=탐으로 하여금 (틀림없이) 해야 할 것이라고 말이다 -- **현생각으로서 강한 사발생**

[s: sure hl: have+let l: 래來 no 'd' 현생각]

뜻하는 의미=탐은 해야 할 것이라고 말이다.

M.. I lent him the book so that he should study the subject.

시동=그래서, 그 결과로 그로 하여금 발생돼야 할 것 같다[일어나야 할 것같다]. 공부하는 것인데 그 과목을 말이다. [s: sure hl: happen+let ould: 과음가 or d: did + decide]

뜻하는 의미=그는 해야 할 것 같다. **vs might** 시동=할는 지도 모른다.

N.. Take care lest you should fail.

시동=하는 데 주의하라. 하지 못하도록 너에게[너로 하여금] 일어나지 못하도록[않도록] 실패가 말이다. *lest=**하지 못하도록**

-- **사발생 방지** [hl: happen+let ould: 과음가 or d: did + decide] -- **보통 사발생**

O.. If anyone treated me like that, I should complain to the manager.

시동=나로 하여금 발생시켜야 할 것같다. 불평을 전달하는 것인 데[[불평을 대자] manager에게 말이다/나로 하여금 일으켜야 할 것같다.

[s: sure hl: happen+let ould: 과음가 or d: did + decide] -- **강한 사발생**

뜻하는 의미=확실히 해야 할 것같다[해야 겠어]

*to =방향 이전으로서 전달하는 것/방향대상으로서 대자(對者) -- 에게

*treated=**현재/미래 속에서의 의미과성립**

P.. I should be surprised if many people voted for him.

시동=나로 하여금 발생할 것같다. 즉 놀라움이 말이다.

[hl: happen+let ould: 과음가 or d: did + decide]

뜻하는 의미=확실히 할 것 같다[=Certainly I would] ＊voted=현재/미래 속에서의 의미과성립

Q.. It is natural that you should be proud of your son.

시동=당연하다. 즉 너로 하여금 하게[일어나게] 하는 것은 당연하다. 즉 자랑스럽게 여기는 것인데 즉 자네 아들로 말이다. / -- , 즉 너로 하여금 일어나는 것은 당연하다. 즉 자랑스럽게 여기는 것인데 --.

[hl: have or happen+let ould: 과음가 or d: did + decide]

구문법의 blunder 이성적, 감성적 판단의 형용사 뒤에 보통 사발생의미[should]를 쓰는 데, 전자의 경우 구문법에서는 의미를 몰라 해석하지 말라고 한다. 정말로 어처구니 없는 짓이다.

▭ **이성적 판단 형용사:** necessary /natural(당연한) /right(옳은) /wrong /good (타당한) /well /proper /important /rational /logical /reasonable (합리적인)

▭ **감성적 판단 형용사:** surprising /wonderful /strange /curious(신기한) /odd(기이한, 이상한) /a pity (유감스러운 일) /regrettable(후회할 만한/유감스러운)

R.. It is surprising that you should reject my offer.

시동=놀랍다. 즉 너로 하여금 발생시킨다는 것[일어난다는 것]이 놀랍다. reject하는 것인데 my offer를 말이다. [hl: happen+let ould: 과음가 or d: did + decide]

생활 속에서의 뜻과 사전의 원형적인 뜻 또는 단어장 뜻은 다르다.

생활 속에서의 뜻은 실제생활 속에서 느끼는 뜻으로 사전의 원형적[정의적]인 뜻이나 단어장 뜻보다 더 실제적이고 더 넓다. 외국에 나가면 모두 생활 속에서의 뜻으로 다가오며 생활 속에서의 뜻을 모아 놓은 것이 사전의 뜻이다. 우리말도 일일이 백과사전을 찾아 익힌 것이 아니다. 생활 속에서 저절로 익혀진 것이 많다. 그래서 사전의 뜻에만 의존하지 말라. 생활 속에서의 뜻으로 의미를 잡는 기술이 있어야 한다.

↘ **일종의 si-Helper**

현장 뉴스를 듣는 것도, 영자신문을 읽는 것도, 사전의 예문을 보는 것도, 단어를 BAM으로 이해하는 것도 — 등등, 모두 다 생활 속에서의 뜻이다.

: But President Trump ordered them to pack and leave and not intervene.

— 이것을 생활 속에서의 뜻으로 이해하면 쉽게 이해할 수 있고, IS도 쉽게 작동한다. 특히 오역도 줄일 수 있다.

: 터키가 시리아 북부를 침략했을 때 미군을 철수 시키면서 하는 말

— (대동) 짐싸고 떠나지 (다시) 끼어들지 말라는 것

tip)일반적으로 president가 칭호(title)일 때는 대문자, 그외 직위/신분(position)일 때는 소문자

: President Abraham Lincoln, the President of France vs The President/president gave her approval for the interview. vs Women may run for president. a bank/college president

③ 사발생 의미과성립으로 설명해 나가는 뇌

사발생의 성립적인 생각이다. 즉 사발생을 실제로 일어 나지는 않았으나 과거형태를 빌어서 일어난 것처럼 가정[가상/조건]/바람/소망[소원] -- 등등 하에서 현재/미래/과거 속에서 한번 성립시켜 보는 의미이다. 과동사의 의미과성립처럼 실제 과거는 아니다.

A .. If he <u>should</u> die, what shall[should] we do?

[hl: happen+let ould: 과음가 or d: did + under]

-- 현재/미래 속에서의 가정[가상/조건] 의미과성립

: 사발생을 현재/미래 속에서 가정[가상/조건] 하에서 일어난 것처럼 한번 성립시켜 보는 것

※주절 shall[should]=사발생으로서 현생각[정생각]

시동=(만약 그로 하여금 현재에) 일어났다면[발생했다면] 죽음이 말이다. 그랬다면 무엇을 일어나게 해야 할까요[해야 하나요], 우리들로 하여금 취할 조치로서 말이다?

/ (-- 앞으로) 일어 났을 경우[발생했을 경우] 죽음이 말이다. 그랬을 경우 ---- ?

뜻하는 의미

=만약 그럴리는 없겠지만 그래도 혹시 (현재/앞으로) 그로 하여금 일어나면[발생하면]

≒ If he were to die, -----? : 현재/미래 속에서의 의미과성립

시동=(만약에 만에 하나 그 사람이) 지금 되었다면/앞으로 되었을 경우 (대동 죽는 것으로 말이다. 그랬다면/그랬을 경우 -- ?)

≒ If he died, -------? : 현재/미래 속에서의 의미과성립

시동=(그럴 가능성은 희박하지만) 지금/앞으로 죽었을 경우(가 발생하면), ---- ?

과조동사의 의미과성립이나 과동사의 의미과성립이나 전달 결과는 모두 같다할지라도 서로 접근하는 뉘앙스도 다르고, IS도 다르다.

B .. I wished I should have lived with her.

[hl: happen+let ould: 과음가 or d: did + under]

-- 과거 속에서의 소망[소원] 의미과성립

: 사발생을 과거 속에서 소망[소원] 하에서 일어난 것처럼 한번 성립시켜 보는 것

시동=(내 과거 소망은) 나로 하여금 일어났으면 했다. 즉 살은 것이 동자 그 여자와 함께 살은 것이 말이다. **have**=event소유로서 '즉'

의미과성립과 의미원성립의 성립적인 생각의 차이

의미과성립의 미래 속에서의 성립적인 생각과 **의미원성립**의 미래 속에서의 성립적인 생각은 그 뉘앙스가 다르다. 전자는 실제로 일어나지는 않았으나 마치 일어난 것처럼 한번 성립시켜보는 것이고, 후자는 미래에 대해서 그냥 한번 성립시켜 보는 것이다.
그래서, 하생각 강도가 서로 다르다.

IIIII .. **If it rained tomorrow, ----.**

시동=만약에 날씨가 (**그럴 가능성은 희박하지만**) 비가 왔을 경우(가 발생하면) 내일 말이다 : 강한 전제

vs If it rain tomorrow, ----.

시동=만약에 **(혹시)** 날씨가 비가 오는 게 이루어지면[오게 되면] 내일 말이다. : 약한 전제

'했을 경우' 가 '하면' 보다 하생각 강도는 더 강하다. 하생각 강도가 높을 수록 실현 가능성은 떨어진다. 그래서 '했을 경우' 가 하생각 전제도 더 강해진다.
그리고, 의미원성립은 약한 하생각이기 때문에 직설법 현동사와 뜻이 거의 같다.
하생각 강도: **If it rained 〉 If it rain ≒ If it rains** : 실현 강도
(현동사는 하생각이 아니라 그냥 실제의미)

④ 묻는 말[정생각/의미과성립]로 먼저 말하는 뇌

A.. a.. How should I solve this difficult problem? -- **사발생 정생각 놀라움 : 현재상황**

시동=어떻게 (해서 이런 일이) 일어났지, 나로 하여금 말이다. ＊이런 일=should associate
[hl: happen+let ould: 과음가 or d: did + decide]

b.. Why should he fail?

시동=왜 그런 일이 발생해야 하나, 그로 하여금 실패하는 일이 말이다. ＊그런 일=should associate

c.. "My husband snores I can' t get to sleep at night. What should I do?"

시동=무엇이 일어나록 해야 하나요? 내가 취해야 할 조치로서 말이다 -- **사발생 정생각 실행**
[s: sure hl: happen+let ould: 과음가 or d: did + decide]

B.. Should you be interested in our offer, contact us sooner or later.

시동=일어 나신다면 여러분들로 하여금, 즉 관심이 일어 나신다면, 내자 우리의 offer 분야에 말이다. 그러면 ------ . : **도치 정생각** [=If you should be]

in=내 범위 지정 (대상)으로서 내자 -- 분야에 : I am interested in music.
시동=나는 관심이 있어요. 내자 음악 분야에 말이다.
/나는 있는 데 관심이 있어요. 내자 음악 분야에 말이다.

C.. Should he fail, what shall we do?

시동=발생했다면[발생했을 경우] 그로 하여금 실패하는 것이 말이다. 그랬다면[그랬을 경우] – ?

뜻하는 의미=그럴리 없겠지만 일어나게 되면 그로 하여금 실패하는 일이 말이다. 그러면 (무엇이 일어나야 하나요, 우리로 하여금 취할 조치로 말이다?)

-- **도치 의미과성립** [=If he should fail]

정생각은 과거형태를 빌어서 생각의미에 한 번더 생각의미를 준 것이고, 의미과성립은 성립적인 생각이기 때문에 **둘 다 if 대용이 가능하다.**

tip) Military solutions are now fully in place, locked and loaded, should North Korea act unwisely. Hopefully Kim Jong Un will find another path!

시동= -- 완전히 넣어놓고 자기 위치에 넣어 놓고 자물쇠로 잠가서 장진시켜 놓았다. 발생하였을 경우를 대비해서 즉 북한이 행동을 어리석게 하였을 경우를 대비해서 말이다.

-- 상황이 북한이 자꾸 도발하겠다고 하니 정생각 (접속사)으로 번역하면 오역이 된다. 상황이 이런데 트럼프 대통령이 정생각으로 공손하게 표현할 리가 없다. 그래서 정역은 하생각 (접속사)이다. 더구나 이때 모든 언론사는 '북이 어리석게 행동을 한다면 군사옵션이 준비되었다' 로 번역해서 보도하고 있다. 국어를 가장 잘 하는 기자들조차도 스스로 한글어법에 맞지 않은 말을 하고 있다.
이게 바로 우리나라 영어의 현실이다. associate를 모르기 때문이다.

*대비해서=should의 **(문맥/상황)** associate 자기=place의 **(단어)** associate

in place=in the proper position : 사전의 이런 뜻은 단어 본래의미의 뜻하는 의미이다. **주의하라.**

will find =앞으로 찾아야 할 것이다 : find=본동사의미로서 본동사 should/must 대용

⑤ free 영뇌[infml E]로 먼저 말하는 뇌

A.. Should go there alone.

시동=(하여금) 발생하는 게 좋을 것 같다. *should=(주어) **전제** infml E

B.. Should fail?

시동=(하여금) 발생하다니? 실패하는 일이 말이야? *should=(주어) **전제** infml E

tip)from p205/207 //p349 //p436~440

BAM으로	**이해하면 쉽게 해결된다.**

① Event와 확장의미 ② BNW와 확장의미 ③ 확장의미와 뜻하는 의미
④ BNW와 뜻하는 의미는 BAM으로 이해하라.
즉 Event로서 확장의미, BNW로서 확장의미, 확장의미로서 뜻하는 의미, BNW로서 뜻하는 의미로 이해하면 된다. 다시 말하면 단어의 뜻을 "— 하는 것으로서 blah blah" 로 이해한다.

☞.. 이해는 최종적으로 단어의 최종적인 뜻인 감주로 이해한다.

8) may 영뇌[may NB]

명사(대명사)를 허락/추측 현생각으로 그냥 서술적으로 설명해 나가거나
묻는 말/기원으로 먼저 말하는 뇌[말]
또는 free 영뇌[infml E]로 먼저 말하는 뇌

알았다면) 我必 free 감주로 간직

▭ may BNW=허락/추측/기원 ▭ may=허락/추측/기원으로서 현생각 — (영어에 대한 기초지식을

소리=메이=slide F : a=에 : 알파벳음가 '에이'의 '에' 지배음가 y=이 : 알파벳음가 '와이'의 '이' 지배음가

① 허락 현생각으로 설명해 나가는 뇌

A.. "Thank you. You may go now."

시동=해도 좋다 [m: permission or a: allow no 'd' 현생각]

B.. No one may own more than 10% of the shares.

시동=어느 누구도 해서는 안된다 -- **금지** /무(無)사람은 해도 좋다 -- **허락** (이상, 차자 10% 이상)

C.. "May I watch this film[movie]?"

"No, you may not." -- 보통금지 vs **must not -- 강한 금지** 시동=필히 해서는 안된다.

vs **shall not -- 사발생 금지** 시동=하여금 일어나서는 안된다.

D.. Study hard while you may. 시동=(하는 한) 허락하는 한 ∗while=하는 한

이 때 may를 구문법 참고서들은 can이라고 하는 데 그것은 뜻하는 의미이다.
대부분의 한국 사람들은 단어 본래[원래] 의미로 해결하지 않고 뜻하는 의미로 해결하고 있다. 즉 BNW를 느끼지 못하는 것이다. 허락/허용으로서 가능성이니 주의하라.
반면에 can은 가능성으로서 가능이다.

tip) May I ask you a question? : formal Can I watch TV? : informal, use with friends
Could I borrow your umbrella? : more polite than can

E.. He works hard so that he may succeed.

시동=그렇게 되도록 즉 그가 그렇게 되도록 성공이 되도록 말이다 -- **허락/허용으로서 성립**
/그래서, 그 결과로 그는 할는 지도 모른다. 성공을 말이다 -- **추측 현생각**

▭ so that=purpose/result ∗뒷 그렇게=may, 즉 조동사 associate

F.. Strange as it may seem, I always felt I belonged here.

시동=이상하게, 즉 그것이 해도 보인다 해도 -- **허락으로서 양보**

② 추측 현생각으로 설명해 나가는 뇌

A.. **I may be late, so don't wait for me.**

시동=아마도 할는지도 모른다.

[m: 아마도로서 추측/생각 or mind y: 기댄모습 no 'd' 현생각]

-- 기대어 마음으로 생각하는 것으로서 추측 [=Perhaps/Maybe I am late,--]

B.. **The problem may be solved in a number of different ways.**

시동=아마도 될는 지도 모른다.

∵ 원어민과 같은 느낌
bnw-BAM 시동=Best
두 번역=IS영뇌도 각각 달라진다

완전번역과 준번역

□ a number of different ways=한 수 가지나 되는 다른 방법 : **완전번역**

⇒ a number of의 뜻하는 의미=several, many, some : **준번역/이면번역**

-- 어느 것에 해당하는 지는 상황으로 판단, many일 경우 '한 수 가지가 한 수 많은' 뜻이다.

C.. **Strange as it may seem, I always felt I belonged here.**

시동=이상하게, 즉 그것이 아마도 보일지는 모르겠지만 -- **추측으로서 양보**

D.. **However humble it may be, there is no place like home.**

시동=아무리 humble하다고 그것이 그렇게 생각된다고 할지라도 -- . *그렇게=may associate

E.. **Charlse may be fat, but he can still run fast.**

시동=아마도 일지도 모르지만/아마도 인 것 같지만

F.. **She may well be surprised at the news.**

시동=아마도 당연한 것 같다. -- 직자 그 뉴스를 듣고서 말이다.

[m: 아마도로서 추측/생각 no 'd' 현생각] *듣고서=문맥 associate

well=**일리[이치]로서 당연한 것**

[el: 일리 or l>r: reasonably /good reason]

G.. **It may well rain before tonight.** 시동=아마도 가능성이 높은 것 같다.

well=very likely**로서 가능성이 높은 것**

[w: very+very l: likely]

H.. **You may as well do the work at once.**

시동=아마도 즉 잘 하는 것일지도 모른다/아마도 즉 나을는지도 모른다.

tip)고난도 감주 : May I get you something to drink?

보통감주

⇒ MayIgetyou somethingto drink? or MayI getyou -- ?

마이게이여 / 메이아이 게츄 : a의 알파벳음가 ei중 i탈리

a철자음가, y의 i음가와 I의 중복으로 y탈리 + t탈리, y의 i음가, u지배음가의 여화

: 소리는 소리본체에서 나온다. 명심하라.

well=좋은 방향[방법]으로서 잘 하는 것[낫게 하는 것]
[w: way l: likable/likeable 호감이 가는 것/마음에 드는 것]

I.. You may as well not know a thing at all as (you) know it but imperfectly.

시동=아마도 즉 나을 지[좋은 방향인지]도 모른다. (모르는 게 어떤 것에 대해 직자[즉] 전혀 모르는 게말이다.) (즉 여러분들이 아는 것보다/아는 것과 비교해서 그것을 단지 불완전하게 아는 것보다/아는 것과 비교해서 말이다.)

뒷 as=**동급비교 종맥**으로서 '즉 -- 보다/즉 -- 와 비교해서'
[a: class + comparison s: same]
vs might -- . 시동=아마도 즉 나을 것 같다 [좋은 방향인 것 같다] -- **정생각 추측**
↳ tip) 정생각으로 생각이 한번 더 들어가니 실현 가능성은 may보다 더 적어진다.
*but=adv. only

J.. China may have released dissidents. *have=소유로서 '가지다' / '있다'

시동=아마도 있는지도 모른다. 즉 풀어 준 사실이 말이다.
/아마도 가지고 있는지도 모른다. 즉 풀어 준 사실이 말이다.
/아마도 있을 지도 모른다. 즉 풀어 준 사실이 말이다.
/아마도 가지고 있을 지도 모른다. 즉 풀어 준 사실이 말이다.
/아마도 <u>가진 것</u> 같다. 즉 풀어 준 사실을 말이다.
(밑줄=과거형 현재의미 -- 현재발생 본동사의미)

③ 묻는 말/기원으로 먼저 말하는 뇌

A.. a.. May I leave right now? 시동=해도 좋은 가요?
vs **Might I leave right now?** 시동=해도 좋겠오/해도 좋을 것 같은가? -- **정생각 허락**
b.. "May I come in and wait?" "Yes, of course." 시동=해도 좋으냐?

B.. May you have a very happy married life!

시동=비옵나이다.
[m: mind y: 비는 모습 no 'd' 현생각] -- **마음으로 비는 것으로서 기원의미**
⇒ 이 때 may는 묻는 말이 아니다. 그래서 의문표도 붙이지 않는다.

vs a.. You have a ---! or Have you a ----!
-- **기원[바람/소망] 의미원성립** *have=원동사
b.. I wish you had a ---! -- **소원[소망] 의미과성립**

④ **free 영뇌[infml E]로 먼저 말하는 뇌**

A.. **May well be surprised at the news.** 시동=아마도 당연한 일인지도 모른다.

B.. **May be fat.** 시동=아마도 일지도 모른다.

C.. **May come in?** 시동=해도 좋은 가?

D.. **May go now.** 시동=해도 좋다.

E.. **May well rain.** 시동=아마도 가능성이 높을 지도 모른다.

※ 모든 May=(주어) **전제** infml E

.. 이해는 최종적으로 단어의 최종적인 뜻인 감주로 이해한다.

9) might 영뇌[might NB]

명사(대명사)를 허락/추측/기원 과생각 또는 허락/추측 정생각[의미과성립]으로 그냥 서술적으로 설명해 나가거나 묻는 말[정생각/의미과성립]로 먼저 말하는 뇌 또는 free 영뇌[infml E]로 먼저 말하는 뇌

▭ might=허락/추측/기원으로서 과생각

모두 我必 free 감주로 간직하라.

또는 허락/추측으로서 정생각[의미과성립] — (영어에 대한 기초지식을 알았다면)

소리=마이트=slide F : i=아이 : 알파벳 음가 gh=폐쇄

① **허락/추측/기원 과생각으로 설명해 나가는 뇌**

— 과생각은 시제 형태대로 실제 과거의미로 나타난다.

IIIII .. **허락 과생각으로 설명해 나가는 뇌[말]**

A.. **He said that I might borrow his car.**

시동=(말했는데 그 때) 해도 좋다고 말이다.

[m: permission ight>it 었: 과음가 or t>d: did 과생각] -- **과거허락**

*해도 좋다=**현재형 과거상황 -- 동시점 상황**

B.. **He asked if he might come in and look around.**

시동=(물었는데 그때) 해도 되는 지 말이다. *come/look=과거 속에서의 그 시점[동시점] 본동사의미

IIIII .. **추측 과생각으로 설명해 나가는 뇌[말]**

A.. **She said it might be dangerous.**

시동=(말했는데 그 때) 아마도 일지도 모른다고 말이다.

[m: 아마도 ight: 과음가 or t>d: did 과생각] -- **과거추측**

be=**과거 속에서의 그 시점[동시점] 본동사의미**

B.. If you had invited him, he might have come.

시동=(그 때) 아마도 했을 것 같다. 즉 참석을 말이다.

/--- 즉 가졌을 것같다. 참석한 것을 말이다.

*****had=과거 속에서의 의미과성립** -- 그 때 가졌더라면 (초대한 사실을)

have=과거 속에서의 (발생) 본동사의미

단 might=(가능성 대신 반대사실) **의미과성립도 가능** : 아마도 했을 텐데

C.. "Why didn't he say 'Hi' when he passed us on the street?"

"He might have been daydreaming."

지난 일에 대해 다음과 같이 두 가지로 추측할 수 있다.

▭ 과생각으로서 추측

=(그 때) 아마도 하고 있었는지도 모른다. 즉 있었던 것인 데 쭉 공상을 하고 있었던 것으로 말이다. /아마도 가진 것 같았다. 있었던 것인데 ---- .

[=Perhaps he had been daydreaming.]

⇛ **have=과거 속에서의 (발생) 본동사의미**

▭ 정생각으로서 추측

=(지금 생각해보니 그 사람에게) 아마도 있는 것 같다[=might have]. 즉 있었던 것인 데 쭉 공상을 하고 있었던 것이 말이다 ⇛ **have=현재 속에서의 본동사의미**

vs He may have been ---.

▭ 현생각으로서 추측=아마도 인지도 모른다. 즉 있었는지도 쭉 공상을 하고 있었는지도 모른다/(그 사람에게) 아마도 있는 지도 모른다. 있었던 것인데 쭉 공상을 하고 있었던 것이 말이다. *****have=과분사 안내로서 '즉' /소유로서 '있는 것'**

⇛ **have=현재 속에서의 본동사의미**

영어가 어려운 이유	**즉 영어를 중도에서 포기하는 이유**

1)보통사람 두뇌=자기이해/자기의식 발달

: 어순이 다른 second language 이해는 단일두뇌로 정복불가 → D두뇌로 정복

→ 의양두뇌 두뇌세포 선인지로 해결(의음/의자/무부스텝청취/원애청취/의음감주 — 등)

2)이해어순이 다르다 → 기/설, 즉 설가뇌 의미[Ekbe]와 (무한글 이해인) IS, 특히 감주로 해결

3)소리가 다르다 → vocal 주파수, 즉 감주와 단주로 해결

4)일형태 다의어 → BAM과 Associate, 기/설 관계, 즉 뜻관계 뜻으로 해결

cf]우리말은 일형태 일의어로 액면 그대로 뜻인 경우가 많다.

5)일형태 다소리 → 삼음가[알파벳음가/철자음가/감정음가)로 해결

cf]우리말은 일형태 일소리로 한 단어 소리는 일정하다.

ııııı .. 기원 과생각으로 설명해 나가는 뇌[말] :

▭ **Mr. Rice prayed that God might bless America.**

시동= (그때) 해주시기를 --- .

: 현재 또는 앞으로 기원하는 것이면 may를 써도 무방하다. 이런 경우를 동시점 과거[=might]가 현재에 유효한 것이라 한다.

may **시동**=(현재 또는 앞으로) 해주시기를 ---- .

might=마음으로 비는 것으로서 (그때) 해주시기를

[m: mind h: 서거나 앉아서 비는 모습 ight: 과음가 or t>d: did 과생각]

may=마음으로 비는 것으로서 기원합니다/비옵니다 : **현생각**

[m: mind y: 서거나 앉아서 비는 것 no 'd' 현재] : **May you long live!**

② 허락/추측 정생각으로 설명해 나가는 뇌

-- 시제형태 대로 과거의미가 되는 것이 아니라, 정하는 의미가 된다.

ııııı .. **허락 정생각으로 설명해 나가는 뇌**

A.. I wonder if I might speak to your son.

시동=해도 될 것같은지 [m: permission ight: 과음가 or t>d: did + decide]

B.. If you need more information, you might try the Internet.

시동=아마도 하면 될 것같다[해도 좋을 것 같다] -- **허락충고/권고**

C.. You might post this letter for me.

시동=해주시면[해주면] 좋을 것 같다 /아마도 하면 좋을 것 같다 -- **허락제의**

vs should -- **사발생 실행/제의/권고/충고**

하여금 일어나게 하면 좋을 것같다[하여금 일어나면 좋을 것같다]

D.. He works hard so that he might succeed.

시동=(그렇게 되도록 즉 그가) 되도록 성공이 되도록 말이다 -- **정생각 허락으로서 성립**

⇒ 정생각 추측인 경우=(그래서 그 결과로) 아마도 할 것같다.

⇒ may 이면 '아마도 할는지도 모른다'

=He works hard in order that he might[may] succeed.

시동=그는 일을 열심히 한다. 하기 위해서, 목적 달성을 하기 위해서 하는 데, 즉 그가 되도록 성공이 되도록 말이다.

may=**현생각 허락 (성립)** in order=**하기 위해서, 목적 달성을 하기위해서**

order=**목적 달성**[o: objective d: **달성**]

so that=purpose/result **절** in order that=purpose **절**

그래서, 문맥상 so that이든 in order that이든 that절에 can/could도 가능하다.

⇒ 할 수 있다[가능한 것같다] /할 수 있도록[가능한 것이 되도록]

ⅡⅢ .. 추측 정생각으로 설명해 나가는 뇌

A.. **"Take an umbrella with you. It might rain."** 시동=아마도 할 것같다.

[m: 아마도로서 추측/생각 ight: 과음가 or t〉d: did + decide]

vs may 시동=아마도 할는지도 모른다 : **추측 현생각**

vs It was very clouldy yesterday. Then it might rain.

시동=그 때 (날씨가) 아마도 할 것 같았다. 비오는 게 말이다 : **추측 과생각**

B.. **You might as well expect the sun to rise in the west as (you) expect me to change my opinion.**

시동=아마도 즉 (하는 편이) 나을 것같다[좋은 방향인 것같다]. 기대하는 것이 ---.

(즉 여러분들이 기대하는 것보다/것과 비교해서, 내가 대동 바꾸기를, 내 견해를 바꾸기를 기대하는 것보다/것과 비교해서 말이다.)

뜻하는 의미=결국 절대로 내 견해를 바꿀 수 없다는 말이다.

뒷 as=**동급비교 종맥**으로서 '즉 -- 보다/즉 -- 와 비교해서'

vs may as well 시동=아마도 즉 (하는 편이) 나을는 지도 모른다 : **추측 현생각**

└→ mignt **정생각**보다 실현 가능성은 더 크다. 정생각은 생각이 한번 더 들어가기 때문이다.

소감주와	**빅감주, 왕감주 — 소리는 감주로 들려야 한다. 읽기/말도 같다. [≠그냥 소리/읽기/말]**

① I'm Julia Chatterly. A rich man. Decided to buy. You can choose.

소감주 빅감주

Put the sauce in this dish. The sink is full of water. Don't miss the train.

I'm your instructor. The vine grew up the tree. Please take a seat.

— 소감주와 단주로 된 빅감주, 왕감주 왕감주 빅감주 빅감주

② 245=two hundred forty five It's very bright color. Put on your coat.

— 소감주와 소감주로 된 빅감주

③ Quest ˅means ˅business. They˅ran˅home. cf] L˅a˅n d˅o ver, Landover : spell을 말할 때 단주말 가능

— 단주, 단주, 단주로 된 빅감주 — 보통 강조할때 이렇게 말한다.

tip)사전소리=표현되지 않았을 때의 소리 ↗표현되었을 때의 소리

vs 단주=문장 속에서 다른 단어와 관계하는 단어주파수 : 근접감주로서 장장감주

vs 소감주=밀접감주로서 단/장 감주 ※ thirty=THIRty=retro-root F three=thREE=root F

C.. If you invited him, he might come. 시동=아마도 할 것같다.

▭ **invited=현재 또는 미래 속에서의 의미과성립**

-- 지금 초대했다면/앞으로 초대했을 경우 ···▸ 그래서 him뒤에 today 혹은 tomorrow를 붙여도 좋다.

tip) 현재 속에서의 의미과성립이면 might=(반대사실) 의미과성립도 가능 : 아마도 했을 텐데

D.. "I' m not sure where to go on my vacation, but I might go to Rome.

[=Perhaps I will go to Rome.]

시동=아마도 할 것같다. 가는 것인데 -- . / 아마도 갈 것같다.

▭ **on=작동으로서 시작/실시 (되면)**

···▸ 시작/실시 되면, 내 방학[휴가]이 시작/실시 되면

E.. I don' t know she might be sick today.

시동=아마도 인지 즉 아픈지 말이다. [=that she might ----. /if she might ----.]

F.. "Don' t call me at 10 : 00. I might be watching[seeing] the World Cup football match."

시동=아마도 할 것같다. 즉 보고 있을 것 같다. /아마도 있을 것 같다. 즉 -- .

③ 허락/추측 의미과성립으로 설명해 나가는 뇌

IIIII .. 허락 의미과성립으로 설명해 나가는 뇌

▭ **If you might come here, you [can]could ----.**

-- 현재 속에서의 의미과성립

시동=(만약에) 마음이 허락했다면 --- 그랬다면 -- [할 수 있다] 할 수 있을 것 같다.

뜻하는 의미=(만약에) 혹시라도 마음이 허락한다면

[m: permission ight: 과음가 or t〉d: did + under]

IIIII .. 추측 의미과성립으로 설명해 나가는 뇌

▭ **If you might come here, you [can]could ----.**

-- 현재 속에서의 의미과성립

시동=(만약에) 아마도 할 것같은 생각이 들었다면 --- 그랬다면 ----.

뜻하는 의미=(만약에) 혹시라도 아마도 할 것같으면, -- 그러면 ---.

[m: 아마도로서 추측 ight: 과음가 or t〉d: did + under]

tip) 모두 미래 속에서의 의미과성립이 아니기 때문에 could는 정생각 대신 반대사실 의미과성립도 가능하다 : (현재) 할 수 있었을 텐데 만약 might가 가능성 의미과성립이면 could는 정생각이 된다.

④ 묻는 말[정생각/의미과성립]으로 먼저 말하는 뇌

A.. Might I borrow your car? 시동=해도 좋을 것같은가 -- **정생각 묻는 말**

B.. Might you come here, we would appreciate.

시동=이마도 해주신다면 --- 할 것 같다. 고맙게 말이다.

-- **도치 정생각** [=If you might]

'해주신다면' = 허락으로서 '해주신다면' : might

부탁으로서 '해주신다면' : would

C.. Might you come here, you [can] could ----.

시동=(만약에) 마음이 허락했다면 --- 그랬다면 ---- .

/(만약에) 아마도 할 것같은 생각이 들었다면 --- 그랬다면 ---- .

-- **도치 의미과성립**[=If you might]

⇒ 이렇게 두 문장으로 되어 있으면 접속사 대용으로 판단하라.

⑤ free 영뇌[infml E]로 먼저 말하는 뇌

A.. Might borrow your car?

시동=해도 좋을 것같은 가? -- **평서문을 이용한 의문문** : I might borrow your car?

B.. Might borrow my car. 시동=해도 좋을 것같다.

C.. Might be sick today. 시동=아마도 인 것 같다.

D.. Might have been daydreaming.

시동=아마도 가진 것 같다/같았다. 있었던 것인데 쭉 공상을 하고 있었던 것을 말이다.

❈ 모든 Might=(주어) **전제** infml E

Fast Reading]

infml E는 infml E로 이해해야 빨리 이해할 수 있다. 그리고 infml E 표현에 용감하라.

ⅢⅢ.. U.S. official says ISIS bomb most likely reason for plane crash.

U.S. official/ISIS bomb/plane crash=(**보통체의**) **단수 단독표현으로** infml E ☞p377

--> A/The U.S.[US] official /An ISIS bomb /the plane crash

(**단**, reason=C/U : **보통체일 경우** infml E --> the most likely reason **그야말로 가장 유력한 이유**)

crash=**구체적인 하나의 사고로서 보통체** most likely reason=be **동사 전제** infml E --> is

시동=미국 관리 말에 의하면 ISIS 폭탄(일 가능성)이 가장 유력한 이유인 것같다. 해자[즉] 비행기 추락사고에 대해서 말이다. ＊일 가능성=(ISIS bomb의) **문맥** associate

☞.. 이해는 최종적으로 단어의 최종적인 뜻인 감주로 이해한다.

10) must 영뇌[must NB]

명사(대명사)를 의무/확실한 추측 현생각으로 그냥 서술적으로 설명해 나가거나 묻는 말로 먼저 말하는 뇌
또는 free 영뇌[infml E]로 먼저 말하는 뇌

▭ must BNW=의무/확실한 추측　　　　　　　　뜻으로 我必 free 감주로 간직한다.
▭ must=의무/확실한 추측으로서 현생각 — (영어에 대한 기초지식을 알았다면) 생활 속에서의
　소리=머스(트)=slide F : u=아/어의 중간 감정음가　t=폐쇄 또는 비폐쇄
　　❖ must=adj. : must subjects　noun : sightseeing must

① 의무 현생각으로 설명해 나가는 뇌

A.. **You must go.**
　시동=반드시[필히] 해야한다 -- **확실한 수행**　m[mission] + [no 'd' 현생각]
　또다른 Ekbe
　=반드시[필히] 가야한다 : must=의무/필연성으로서 반드시[필히]　go=의무[필연성] 본동사의미

B.. a.. **All passengers must wear seat belts.**
　b.. **All human beings must eat food and drink water in order to live.**
　c.. **All people must die eventually.**
　　-- **의무에서 필요성/불가피성[필연성]--등으로 확장**[m: n+n: necessity/inevitability]

C.. **You mustn't talk to your mother like that.**
　시동=필히 해서는 안된다 -- **확실한 금지**
　　vs may not　시동=해서는 안된다 -- **허락/허용 금지**
　　vs shall not　시동=하여금 일어나게 해서는 안된다 -- **사발생 금지**

D.. **Men must eat.**
　vs a.. have to
　　시동=가지고 있다. 대동 해야 하는 것을 말이다. /해야 한다. 대동 하는 것을 말이다.
　　　:::: have to ☞ p289, 296 : have to=**의무[필요성]/비생각의미**
　b.. need to　　　　↳To stay warm, penguins <u>have to keep</u> moving.
　c.. needs must or must needs　　해야 하는데 대동 계속해서 움직여야 한다.
　　　　　　　　　　　　　　/하는데 대동 계속해서 움직인다.
　＊needs=adv. 고어로서 필히/반드시(necessarily)

d.. have got to

시동=가지고 있다, 해야 겠다는 것인 데 (대동 먹는 것으로 말이다.)

/가지고 있다. 할 필요성, (즉 먹을 필요성을 말이다.)

*got=**미래의미성립** event

e.. are obliged to

시동=있는 데 의무감이 있는 데 대동 하는 데 말이다 : **의무감으로서 할 수 밖에 없는 것**

*obliged=**자동과분사** (로서 자동책임) 또는 **자동형용사**

f.. are forced to

시동=있는 데 강제성이 있는 데 대동 하는 데 말이다 : **강제성으로서 할 수 밖에 없는 것**

*forced=**자동과분사** (로서 자동강제성) **또는 자동형용사**

g.. are to 시동=인데 대동 해야 한다는 것이다 : **Formal/Written English**

extreme caution]

다음 문장을 불가피성으로 번역하면 뜻하는 의미이지 본래의미[원래의미]는 아님에 주의하라.

: "Do we turn away? Do we shrug our shoulders and move on?"

-- 타이거 우즈가 생애 최악의 라운딩을 한 상황

시동=하란 말인가, 우리가 피해서 외면하란 말인가? 하란 말인가, 우리가 으쓱해서 양어깨를 으쓱해서 뿌리치기라도 하란 말인 가?

뜻하는 의미=해야 하는 가, 우리가 피해서 외면 해야 하는 가?

*turn=다른 데로 돌리는 것으로서 피하는 것 move=이동으로서 뿌리치는 것 on=작동으로서 실시

cf] Do I eat this? 시동=한다↗ 내가 먹는다↗ 이것을 말이다?

② 확실한 추측 현생각으로 설명해 나가는 뇌

A.. You must go.

시동=확실하다/틀림없다. 가는 게 말이다.

-- **확실한 추측** m[mind] + s[sure] + [no 'd' 현생각]

⇒ **의무 현생각인 경우**=반드시 해야 한다.

vs You shall go. 시동=하여금 틀림없이 일어 날 것이다 -- **사발생 추측**

뜻하는 의미= 틀림없이 할 것이다.

vs You have to go. ⇒ **이때 have도 의무[필요성] 또는 추측 뇌로 작동한다.**

시동=해야 한다[해야할 필요성이 있다] 대동 go하는 것을 말이다 -- **의무/필요성**

/해야 할 것같다[해야 할 필요성이 있는 것 같다] -- **강한 추측**

*have to=**의무/필요성/강한추측/비생각의미**

B.. Sam must be nearly 90 years old now.

시동=틀림없다[확실하다/틀림없이 인 것같다].

C.. You must feel tired after your long walk.

시동=틀림없다. 느끼는 것인데 피로를 말이다.

vs have to 시동=틀림없이 가지고 있는 것같다 : **강한추측** -- infml English

D.. That must be the stupidest idea I' ve ever heard!

vs That has to be the stupidest idea I' ve ever heard!

시동=틀림없이 가지고 있는 것같다.

[=That has got to be ----. 틀림없이 가진 것같다 : infml E

⋯› has=강한 추측으로서 '틀림없이' got=움직여 취한 것으로서 가진 것]

tip) has to=생각의미일 경우 : 해스어/해서

↳'스' 음가=s의 t의 무성음 역행동화

E.. You must come and stay with us in London sometime.

시동=반드시/꼭 하면 좋을 것같다 -- **강한 추측 충고[제의]**

vs should 시동=하여금 발생하면[일어나면] 좋을 것 같다 -- **사발생 충고[제의]**

vs had better

시동=하면[되면] /했으면[됐으면] 더 좋을 것 같다 -- **정생각/의미과성립 충고[제의]**

vs might 시동=아마도 하면[해도] 좋을 것같다 -- **허락 충고[제의]**

have to/has to를 생각의미일 때도 역행동화를 시키지 않고 각각 소리를 내면 infml 소리

attention] have to의 소리

무성음 t영향을 받아 v가 f로 변하면서 감주발생

— 의무/필요성/강한추측일 때=hæftə =해프터=slide F : **후음 무성음 매치** cf]has to=같은 현상

/비생각의미로서 소유의미일때=hævto=해브투 /해브어: t폐쇄와 어화, 비합성감주 ↳hæstə =해스터

/해버: 합성감주 =slide F : You don' t have to be impotent to use Viagra.

Syrian people have to die. [=are dying]

시동=여러분들은 없다. 즉 되는 일이 불능이 되는 일이, 사용하면 비아그라를 사용하면 말이다.

/시리아 국민들은 가지고 있어요, (대동) 죽어가는 것을 말이다.

[시리아 국민들은 하고 있는데 (대동) 죽어가고 있다.] (have=가지고 있는 것으로서 하고 있는 것)

↳(현재상황에 대한) 설명 본동사의미

③ 묻는 말로 먼저 말하는 뇌

IIIII.. Must I pay now?

시동=필히 해야 하는 가? 지불하는 것인데/계산하는 것인데 지금말이다? -- **의무로서 묻는 말**

/틀림없는 가? 내가 계산하는 것이 말이다? -- **확실한 입증으로서 묻는 말**

④ **free 영뇌[infml E]로 먼저 말하는 뇌**

A.. **Must go there alone.** 시동=반드시 해야 한다 /필히 하는 게 좋겠다.

B.. **Mustn't talk to your mother like that.** 시동=반드시 해서는 안된다.

C.. **Must eat food?** 시동=반드시 해야 하는 가?

※ Must/Mustn' t/Must=(주어) **전제** infml E

.. 이해는 최종적으로 단어의 최종적인 뜻인 감주로 이해한다.

11) 과조동사 must 영뇌

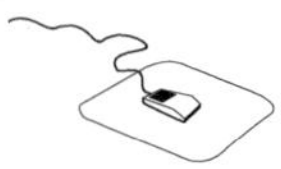

명사(대명사)를 의무/확실한 추측 과생각[정생각/의미과성립]으로 그냥 서술적으로 설명해 나가거나 묻는 말[정생각/의미과성립]로 먼저 말하는 뇌 또는 free 영뇌[infml E]로 먼저 말하는 뇌

□ must=의무/확실한 추측으로서 과생각[정생각/의미과성립]

— 我必 free 감주로 간직하라. ※must=현과동형[현조동사 또는 과조동사]

① **과생각 [정생각 /의미과성립]으로 설명해 나가는 뇌**

A.. a.. **He said that he must pay the debt. [=had to]**

시동=그 때 해야 한다고 말이다 [그때 해야 한다고, 대동 하는 것을 말이다]

-- 과거 그때 필히 해야 하는 것에 대한 과생각 : **일종의 동시점 과거**

m[mission] + ust 었: 과음가 or t[d variation: did 과생각]

b.. **He told me he must warn me of the consequences. [=had to]**

시동=자기가 (필히) 그때 해야 한다고 경고를 말이다 [해야/가져야 한다고, 대동 하는 것을 말이다] ⇒ 해야/가져야 한다고=**현재형 과거상황 : 일종의 동시점 과거**

c.. **She must work last Sunday.** 시동=해야만 했다. (일을 지난 일요일에 말이다)

d.. **I must apologize again to him yesterday. [=had to]**

시동=해야만 했다. (사과를 또다시 대자 그에게 어제말이다.)

[가지고 있었다. 대동 해야 하는 것을 말이다.]

-- 이럴 경우 구문법에서는 had to만 주장하는 사람이 있는 데 잘못된 것이다. 바로 잡아라. must는 고대영어 moste(해야만 했다)에서 나온 것인데 본래는 과거 뜻이었으나, 나중에 현재 뜻으로 사용하게 된 것이다. 따라서, 현대영어에서는 had to로 바꾸어도 좋고, 그대로 써도 좋다.

e.. **"The phone rang. But I didn't hear it. I must have been asleep."**

▭ **현생각 추측**=틀림없는 것 같다. (즉 이었음에 잠들었음에 말이다.)

m[mind] + s[sure] + [no 'd' 현생각]

▭ **과생각 추측**=(그 때) 틀림없었던 것 같다[같았다].

m[mind] + s[sure] + ust: 과음가 or t[d variation: did 과생각]

f.. **Naturally, <u>after</u> I gave her my advice, she must go and do the opposite!**

시동=당연히 <u>했는데도 불구하고</u> 내가 --- , 그 여자는 하고야 말았다. 가서 하는 것, 즉 반대하는 것을 말이다! -- **불가피성(inevitability)으로서 과생각**

[m: n + n : necessary + necessary 필요하고 필요한 것으로서 불가피성 + ust: 과음가 or t[d variation: did 과생각]

B.. **If you must apologize again, do that.**

시동=(만약에) 꼭 하시겠다면 -- **정생각**: 더 공손한 뜻 cf] **현생각**=꼭 해야 한다면

C.. **If you must apologize again to him yesterday, you should have done that then.**

--과거 속에서의 의미과성립 [=If you had to] also, should=의미과성립

시동=(만약에) 꼭 해야한다고 마음이 들었다면/꼭 해야 했다면 [가졌더라면 대동 해야 한다는 것을] -- 그랬다면 너로 하여금 일어났어야 하는 데[일어났으면 좋았을텐데], 즉 했어야 하는 것, 그렇게 했어야 하는 것을 말이다.

m[mission] + ust: 과음가 or t〉d[did + under]

② 묻는 말[정생각/의미과성립]로 먼저 말하는 뇌

A.. **Must I apologize again to him yesterday?**

시동=해야만 했던가? -- **과생각으로 묻는 말**

vs **Must I apologize again to him?**

시동=필히/반드시 해야 하는 가? -- **현생각으로 묻는 말**

vs **Ought I to apologize again to him?**

시동=당연히 해야 하는 가 ? (내가 사과하는 것인데-- .)

-- **당연성 현생각으로 묻는 말**

＊ought=현과동형으로 to로 설명해 나가는 조동사

B.. Must you apologize again, do that.

시동=꼭 하시겠다면 : **도치 정생각**

m[mission] + ust: 과음가 or t〉d[did + decide]

C.. Must you apologize again to him yesterday, you should have done that then. [=Had you to]

시동=꼭 해야한다고 마음이 들었다면 /꼭 해야 했다면 [가졌더라면 대동 해야한다는 것을]

-- 그랬다면 : **도치 하생각** m[mission] + ust: 과음가 or t〉d[did + under]

③ free 영뇌[infml E]로 먼저 말하는 뇌

A.. Must apologize again to him yesterday? 시동=해야만 했던가?

B.. Must apologize again to him yesterday.

시동=해야만 했다. *Must=(주어) **전제** infml E

☞.. 이해는 최종적으로 단어의 최종적인 뜻인 감주로 이해한다.

Plus

||||| .. to로 설명해 나가는 조동사 : ought /used

전자= 뜻과 기능이 조동사와 같기 때문에, 생각의미로 묻는 말이 될 수 있고, 바로 not으로 부정할 수 있다.

후자=뜻은 일반동사와 같으나, 기능은 조동사와 같기 때문에, 역시 바로 묻는 말이 가능하고, not으로 부정도 가능

tip)뜻이 일반동사와 같은 조동사는 정생각이 없다.

1. ought 영뇌[ought NB] :

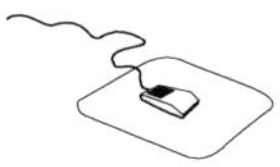

명사(대명사)를 당연성 현생각/과생각[정생각/의미과성립]으로 그냥 서술적으로 설명해 나가거나 묻는 말[정생각/의미과성립]로 먼저 말하는 뇌

또는 free 영뇌[infml E]로 먼저 말하는 뇌

간직한다.

▭ ought BNW=당연성 ↗ (영어에 대한 기초지식을 알았다면) 모두 我必 free 감주로

▭ ought=당연성으로서 현생각/과생각[정생각/의미과성립] —— **현과동형**

① 당연성 현생각으로 설명해 나가는 뇌

A.. You ought to clean your teeth before you go to bed.

시동=당연히 해야 해요, 대동 깨끗이 하는 것인데/당연히 대동 깨끗이 해야 해요 --- **당연한 실행**

ought=당연히 굴러가야 하는 것으로서 당연성
[o: 굴러가는 모습　t>d: 당연　no 'd' 현생각]
ought to=oughtta : infml 표기　ought=오-트=slide F　oughtta=오-러=slide F

B.. **You ought not to let his dog run on the road.** --- **당연한 금지**

시동=당연히 해서는 안된다. 대동 하게 하는 것을 그 사람 개를 뛰어 다니게 하는 것을 상소 차도 상소에서 말이다.　***상소(上所)　road=차도/도로**

-- 조동사처럼 부정어를 바로 뒤에 붙일 수 있으나 to를 거쳐 원동사를 표현하는 단어이다.

*oughtn't=spoken form of 'ought not'

C.. **John ought to arrive here by noon.**

시동=당연히 해야 할 것 같다. 대동 도착하는 것인데 여기에 근시 정오쯤에는 말이다.

--- **당연한 추측**

② 당연성 과생각[정생각/의미과성립]으로 설명해 나가는 뇌

— 생각의미 조동사이니 정생각도 가능하다.

A.. a.. **He said that she ought to come.**

시동=(그때) 당연히 대동 와야 한다고 말이다.

[o: 굴러가는 모습　ought 었: 과음가 or t>d: 당연 + d: did 과생각]

b.. **She ought to have completed the work.**

시동=당연히 해 놓았어야 했는 데, 즉 완성시켜 놓았어야 했는 데 그 일을 말이다.

-- **당연한 과거 유감**　*to have="연결설명+event 소유"로서 '즉'

c.. **He ought to have reached the house some time ago.**

시동=당연히 했어야 했는 데 즉 도착했어야 했는 데 --.

/당연히 대동 가졌어야 하는 데 도착한 사실을 --.

⋯› **have=과거 속에서의 발생 본동사의미**

d.. **David ought not to have gone out in the rain yesterday.**

시동=당연히 있지 말았어야 했는 데, 즉 나간 사실이 있지 말았어야 했는 데 맞으며 비를 맞으며 어제 말이다.

e.. **We oughtn't to have agreed without knowing what it would cost.**

↳ oughtn't=오-든트/오-든/오-른=retro-root F

시동=당연히 하지 말았어야 했는 데, 즉 동의하지 말았어야 했는 데 모르고서 얼마나 그것에 할 것 같은지 즉 비용이 들 것같은지 모르고서 말이다.
/당연히 대동 가지지 말았어야 했는 데, 동의한 사실을 ---- .

B.. If you ought to complete this work, we' d be pleased.

시동=(만약에) 당연히 (해주신다면, 즉) 대동 완성시켜 주신다면 이 일을 말이다. 그렇다면 -- 할 것같은데, 즉 기쁠 것같다 : **정생각**

[o: 굴러가는 모습 ought: 과음가 or t>d: 당연 + d: did + decide]

C.. If you ought to have taught that, you should have taught this.

-- 과거 속에서의 의미과성립

시동=(만약에) 당연히 했어야 했다면, 즉 가르쳤어야 했다면 ---, 그랬다면 너로 하여금 발생했어야 했다[했는데]. 즉 가르친 사실이 발생했어야 했다[했는데]. 이것부터 말이다.

[o: 굴러가는 모습 ought: 과음가 or t>d: 당연 + d: did + under]

③ 묻는 말[정생각/의미과성립]로 먼저 말하는 뇌

— 조동사이니 그대로 바로 묻는 말이 될 수 있다.

A.. a.. Ought she to arrive here by noon?

시동=당연히 해야 하나요? 그 여자가 대동 도착하는 것인데 여기에 -- 말이다?

b.. What sort of crimes ought the police to concentrate on?

시동=어떤 종류의 죄에 당연히 경찰이 대동 집중하지[하는 것이지]? *on=작동으로서 실시

B.. Ought you to complete this work, we' d be pleased.

시동=당연히 해주신다면, -- 대동 완성시켜 주신다면 ---- : **도치 정생각**

C.. Ought you to have taught that, you should have taught this.

-- 과거 속에서의 의미과성립

시동=당연히 했어야 했다면, -- 즉 가르쳤어야 했다면 --- : **도치 하생각**

④ free 영뇌[infml E]로 먼저 말하는 뇌

A.. Ought to clean your teeth before you go to bed.

B.. Ought to arrive here by noon.

C.. Ought not to have gone out in the rain yesterday.

2. used 영뇌[used NB] :

명사(대명사)를 사용[이용]의 반복적 과행위[과습관] /의미과성립으로 그냥 서술적으로 설명해 나가거나 묻는 말[의미과성립]로 먼저 말하는 뇌
또는 free 영뇌[infml E]로 먼저 말하는 뇌

▭ used BNW=사용/이용의 반복 과거
▭ used=사용/이용으로서 반복적인 과행위[과습관] /의미과성립 — (영어에 대한 기초지식을 알았다면) 모두 我必 free 감주로 간직하라.
— 뜻은 일반동사와 같기 때문에 정생각은 나올 수 없다.

① 사용[이용]의 반복적 과행위[과습관] /의미과성립으로 설명해 나가는 뇌

A.. a.. **You used not to eat chips when you were younger.** tip)usedn' t=유-슨(트)

시동=이용하지 않곤 했다[하지 않곤 했다] 대동 먹는 것을 chips 먹는 것을 말이다.
[use + ed: 과음가 or d: did 반복과거] *use=이용하는 것으로서 '하는 것'

→ You didn't use to eat chips when you were younger. -- **일반동사로 취급**
didn' t도 반복과거 use=과거 속에서의 반복 본동사의미 (유-스터=used to와 소리가 같다)
시동=하지 않곤 했다. 즉 이용하지 않곤 했다. 대동 먹는 것인데, chips 먹는 것을 말이다. *chips=BrE potatoe chips, AmE French fries

b.. **Jenny used not to fuss like this.**

시동=사용하지 않곤 했다[하지 않곤 했다], 대동 공연히 소동을 벌이는 것인데 동모[동자] 이처럼 소동을 벌이는 것을 말이다. *use=사용하는 것으로서 '하는 것'
like=꼴이 같은 것과 그 대상으로서 동모(同模)/동자 -- 처럼 [k:꼴 e: equal]

c.. **There used to be a big oak tree in the park.**

시동=이런 게 이용되곤 한 것이 즉 있었다. 큰 oak가 내소에서 공원 내소에서 말이다.
/이런 게 있곤 했다. 즉 --- . *used to be=이용되곤 하는 게 대동 있는 것으로서 '있곤 했던 것'

: **An acoustic guitar John Lennon used to record sells for $2.4 million.**
시동=-- 죤 레논이 늘 사용했던 것인데 대동 녹화를 위해서 사용했던 것인데 팔려 나갔다. *sells=발생현재

B.. **If you used not to eat chips when you were younger, you would be better now.** -- **과거 속에서의 의미과성립** [use + ed: 과음가 or d: did + under]

시동=(만약에) 하지 않곤 했다면 -- 그랬다면, 너는 할텐데, 즉 더 건강할텐데, 지금은 말이다.

② 묻는 말[의미과성립]로 먼저 말하는 뇌

A.. a.. **Used Ann to take a walk in the park?**

시동=이용 하곤 했는가[하곤 했는가]? 대동 하는 것인데 즉 산보하는 것인데 내소, 공원 내소에서 하는 것을 말이다?

b.. Used you to go to church regularly?

시동=이용 하곤 했는가? 대동 가는 것, 즉 대자 교회로 가는 것을 정기적으로 이용하곤 했는 가? /하곤했는가, 대동 가는 것, 즉 대자 교회로 가는 것을 정기적으로 말이다?

→ Did you use to go to church regularly? **-- 일반동사 취급**

시동=하곤 했는 가, 즉 이용하곤 했는가, ---? **＊did=반복과거**

B.. Used you not to eat chips when you were younger, you would be better now.

시동=하지 않곤 했다면[했더라면] 대동 ---- 그랬다면, ----. **: 도치 하생각**

③ free 영뇌[infml E]로 먼저 말하는 뇌

A.. Used to go to church regularly? -- 평서문을 이용한 의문문 : You used to go ----?

B.. Used not to fuss like this. ＊모든 used=(주어) **전제** infml E

↱ used to에서 ed폐쇄, s의 t무성음 역행동화와 t폐쇄=ju:s∂

↱ ju:st∂를 또다시 빨리 말하면 t가 d로 단타=ju:sd∂

↱ 무성음 t영향을 받아 d가 t로 변하고 다시 t영향을 받아 z음가가 s로 변함

attention] used to의 소리

||||| .. used=반복과거로서 습관/익숙함을 의미할 때 : **후음 무성음 매치**=ju:st∂=유-스터=retro-root F

/그냥 이용하거나 사용하다는 의미일 때 : **과음가와** event **음가의 선음 유성음 매치**=ju:zd to=유-즈드어/즈더/즈드투=retro-root F : 비합성/합성 감주

↳ 유성음 z음가 영향을 받아 d가 d 그대로 소리남

: We used to go out more often. I'm not used to driving this car.[=familiar/accustomed]

vs Milk is used to make butter. (to=어: t폐쇄와 어화 또는 약한 감정음가)

↳ used=자동 event ↳ 뜻하는 의미

또는 일종의 자동 형용사

not used=없는데 사용/이용한 적이 없다

.. 이해는 최종적으로 단어의 최종적인 뜻인 감주로 이해한다.

||||| .. 부정문과 의문문[감탄문]에서 일반동사도 가능한 조동사 : need /dare

기능이 조동사이고, 뜻은 일반동사이다. 뜻이 일반동사와 같기 때문에 정생각은 나올 수 없다.

단, 긍정문=일반동사만 가능

1. need 영뇌[need NB] :

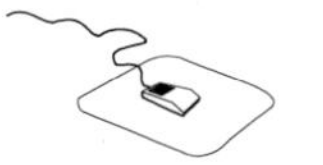

명사(대명사)를 필요성/의미과성립으로 그냥 서술적으로 설명해 나가거나 묻는 말/의미과성립으로 먼저 말하는 뇌

또는 free 영뇌[infml E]로 먼저 말하는 뇌

▭ need BNW=필요성 — (영어에 대한 기초지식을 알았다면) 생활 속에서의 뜻으로 我必 free 감주로 간직하라.

① 필요성으로 설명해 나가는 뇌

A.. a.. He needn't study. ⇨ He does not need to study. : 일반동사로 취급

b.. You needn't have told him the news: he knew it already.

-- 필요성이 없는데, 즉 기의미 성립이 있었어야 할 필요성이 없다는 것이다.

시동=너는 필요성이 없다. 즉 말을 했어야 할 필요성이 없다. ※ have=event 소유로서 '즉'

c.. I need hardly tell you. 시동=필요성이 거의 없다. 말할 필요성이 너에게 말이다.

need=하지 않아서[없어서] 보고 있는 것으로서 필요성이 있는 것
[n: not + ee: eye d: do]

B.. If I needed not study in the past, I would not have done that.

-- 조동사로서 과거 속에서의 의미과성립

시동=(만약에) 필요성이 없었다면[더라면] ---- , 그랬다면[그랬더라면] 나는 하지 않았을 텐데, 즉 실행을 그렇게 말이다.

⇨ If I didn't need to study in the past, I would not have done that.

-- 과동사의 과거 속에서의 의미과성립 need=원동사로서 일반동사

시동=(만약에) 없었다면[더라면], 즉 필요성이 없었다면[더라면] 대동 ---- ,

caution] 단, 강조표현이거나 간접물음일 때는 긍정문이더라도 일반동사로 써지지 않고 조동사로 쓴다.

- You need only do so. All you need do is to read it.
- I asked him whether he need go.

② 묻는 말[의미과성립]로 먼저 말하는 뇌

A.. Need he study? 시동=필요가 있는가?

⇨ Does he need to study? : 일반동사로 취급

tip] You need to study. Plants need light in order to survive. : 긍정문 -- 일반동사만

B.. Needed I not study in the past, I would not have done that.

시동=필요성이 내가 없었다면[더라면] ---- , 그랬다면[그랬더라면] --- .

: 도치 하생각 -- 과거 속에서의 의미과성립

③ free 영뇌[infml E]로 먼저 말하는 뇌

A.. **Need (to) study?** -- 평서문을 이용한 의문문 B.. **Needn' t study.**

C.. **Needn' t have told him the news.** ∗Need/Needn' t=(주어) **전제** infml E

2. dare 영뇌[dare NB] :

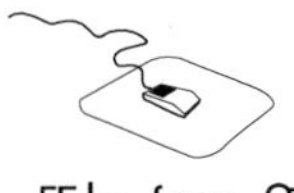

명사(대명사)를 대담성/의미과성립으로 그냥 서술적으로 설명해 나가거나 묻는 말[감탄말]/의미과성립으로 먼저 말하는 뇌 또는 free 영뇌[infml E]로 먼저 말하는 뇌

▭ dare BNW=대담성 ↗(영어에 대한 기초지식[basics]을 알았다면)

▭ dare=대담성으로서 감히 하는 것 — 생활 속에서의 뜻으로 我必 free 감주로 간직하라.

① 대담성으로 설명해 나가는 뇌

A.. a.. **I daren't go home.**

시동=감히 하지 못한다. 가는 것인데 집에 가는 것을 말이다.

▭ dare=위험을 무릅쓰고 하는 것으로서 대담성 [d: do + r: risk]

⇨ • I don' t dare to go home. : **일반동사로 취급**

• ' I' ll tell Dad.' 'You wouldn't dare! '

시동=하려해도 하지 못할 것같다. 감히 말이다!

b.. **I daren't think how much it's going to cost.** 시동=감히 생각이 안된다.

c.. **She was wrong, but <u>none</u> of us <u>dared tell</u> her.** 시동=감히 말을 하지 않았다.

⇨ • She was wrong, but none of us <u>dared to</u> tell her. : **일반동사로 취급**

• ' So jump, then. I dare you.' 시동=(그렇게) 감히 말할 수 있어

• They dared me to spend a night in the graveyard. : **긍정문 -- 일반동사만**

시동=감히 말했다.

vs I dare say things will improve. ⋯› say=(to) **전제** infml E [BrE] ∵ **긍정문**

B.. **If you dared not tell him the news then, I wouldn' t have done that.**

-- 조동사의 과거 속에서의 의미과성립

시동=(만약에) 감히 말을 하지 않았다면/말해주지 않았다면 -- 그랬다면 하지 않았을 텐데, 즉 행동을 그렇게 말이다[짓인데 그런 짓을 ------.]

⇨ **If you didn' t dare to tell him the news then, I wouldn' t have done that.**

-- 과동사의 과거 속에서의 의미과성립 dare=원동사로서 일반동사

시동=(만약에) 하지 않았다면[더라면], 즉 감히 말을 하지 않았다면/말해주지 않았다면[더라면]

② 묻는 말[감탄말]/의미과성립으로 먼저 말하는 뇌

A.. Dare you tell him the news?

시동=감히 해야 하는 가? 말을 그에게 그 news를 말이다?

⇨ • Do you dare to tell him the news? : 일반동사로 취급

B.. Daren' t you talk to me like that !

⇨ • You don' t dare to talk to me like that! : 일반동사로 취급

• Don't you dare talk to me like that! : 부정어 도치강조

⋯› talk=(to) 전제 infml E ∵ dare=원동사로서 일반동사

시동=하지말라니까! 감히 말을 대자 나에게 동모[동자] 그처럼 말이다!

How <u>dare</u> you accuse me of lying !

시동=어떻게 감히 그렇게 하는 가! 비난을 나에게 즉 거짓말 했다고 말이다!

⇨ • How you dare to accuse me of lying ! : 일반동사로 취급

C.. Dared you not tell him the news then, I wouldn' t have done that.

시동=감히 너가 말을 하지 않았다면/말해주지 않았다면 -- 그랬다면 : **도치 하생각**

③ free 영뇌[infml E]로 먼저 말하는 뇌

A.. Dare (to) tell him the news? B.. Daren't go home. *Dare/Daren' t=(주어) **전제** infml E

cf]종사=00과 00 실체 : 종맥과 종맥실체

전치사를 | 원어민들이 알고 있는 의미로 쉽게 이해하기 :

▭ **in=00과 00 대상으로 이해하기 :**

내소와 내소 대상, 내시와 내시 대상, 입작동과 입작동 대상, 내범위와 내범위 대상,
내관과 내관 대상, 내속과 내속 대상, 내분야와 내분야 대상, 내소유와 내소유 대상, —— 등
예컨데, 내소로서 내소와 내소 대상으로서 내자, —— 등

▭ **on=00과 00 대상으로 이해하기 :**

상소와 상소 대상, 상일과 상일 대상, 상작동과 상작동 대상, 상바탕과 상바탕 대상,
상관과 상관 대상, —— 등 예컨데, 상소로서 상소와 상소 대상으로서 상자, —— 등

▭ **기타 다른 전치사도 동일함** ※00과 00 대상 → 모두 bnw-BAM=단어 본래의미

↳예컨데, 내소도 내자도, 상소도 상자도 원어민이 알고 있는 의미

big tip) 00과 그 대상의 차이 : 예컨데, 상소와 상자의 차이는 on the desk 했을때,

전자는 IS 영뇌 작동시 상소만 먼저 작동하거나 보이고, 후자는 상소와 그 대상까지 먼저 작동하거나 보인다. 쉽게 말해서 전자는 on했을 때 상소만 먼저 보이고, 후자는 상소도 보이고 desk도 보인다는 것이다. 그래서 후자가 직상으로 먼저 결정되니까 desk, floor, campus, — 등으로 뒷말이 쉽게 나온다. 이것이 바로 (기/설) 영뇌다.

☜.. 시동으로 (영어) 글자/말 자체에서 뜻이 보이거나 상황이 (머리 속에서) 보이면 된다 : IS 영뇌

7. 관사 영뇌[AR NB]란 :
무한글 이해, 즉 IS두뇌로 주로 명사를 지정의미 (즉, 외부적 지정/내부적 지정 또는 어떤 하나)로 설명해 주는 뇌
요컨데, (설주) 비연결설명어

vs 의미흐름은 한뇌와 같으나, the/a(an) 의미 쓰임새는 다른 뇌이다.

tip)관사
=정관사
/부정관사

▭ **관사 BNW**=지정의미
▭ **the BNW**=외부적 지정/내부적 지정 ▭ **a(an) BNW**=어떤 하나(로 지정)
— 관사의 최상위 BNW는 지정뇌다. 따라서 영뇌 상급자가 되면 외부적이든 내부적이든 어떤 하나이든 자연스럽게 지정뇌로 작동한다. 이들 의미가 체화[뇌화]되었기 때문이다.

☜.. Basics[TF영뇌] 공부, Listening, Reading할때마다 vocal로 F3로 말하여 (의음/의자)

1) the 영뇌[DA NB]

Free 감주[Free 영뇌] 간직요

무한글 이해, 즉 IS두뇌로 명사 /동명사 /형용사 /부사를 지정의미, 즉 외부적 지정 /내부적 지정으로 설명해 주는 뇌, 요컨데 (설주) 비연결설명어

① 명사를 지정 설명해 주는 뇌

A.. The wolf was /all skin and bones. [=The wolf all skin -- . : infml E]

영뇌=기→ 설 : BEis-Os ↘ ☜.. **major 감주=** The wolf -- all skin -- bones.
or I + I : I-Os or S + S : S-Os

☜..**단주가 소감주/빅감주/왕감주로 되기 때문에 major 감주로 skim된다.**

How to Read[Speak]=Thewolf wasall skinand bones.
: BEis/IS로 이해되는 것을 감각적 주파수로 이해한다.
즉 한 단어처럼 뒷말과 말하면 저절로 이해가 실린다.

시동= vocal 감각적 주파수로
(BEis/IS 영뇌가 될 때까지) F3+E2 강하게 말하기
⇒ 여기서 정관사=외부적 지정뇌 ↘**그러면 영어말투가 형성되고 영어말투에 익숙해진다.**
-- 외부에 놓여 있는 어떤 명사를 지정하는 뇌
보통 * 그 /이 /저로 많이 나타난다.

(더우(ㄹ)-프=trapezoid F : 실제 소리에서는 I폐쇄가 더 많다. CNN 앵커 이름이 Wolf라는 사람이 있는데 I폐쇄로 소리낸다. 자모에 상관없이 the를 강하게 소리내면 디-/디이(=line 점형/내성음 slide F)가 된다. 이때 이=강음/장음 뒤에 붙는 내성음)

☺.. **我必 Free 감주 간직하기**= The wolf all skin and bones.
or Wolf was skin and bones.

시동=그 wolf는 되어 있었다. 전체가 가죽과 뼈만으로 말이다.
↳ 영어는 항상 어느 부분을 보더라도 free 영뇌, 특히 free 감주로 이해되면 된다.

the=사물을 정하는 외내적 '어' 음가로서 외부적 지정 또는 내부적 지정
[th: thing(s) e: 외내적 '어' 음가]

the **소리[본토말]**=더/디/어/합성감주
「더」=자음철자 앞[before consonants],
「디」=모음 철자 앞[before vowels]에 나는 둘다 철자기준 약음
단, 강조일 경우 「**디-/디**이」=자모에 상관없이 강음 (이=내성음 : 장음/강음에 자연적으로 덧붙여지는 음)
: in the AFN weather center (인디) in the US (인디)/the useful tool (디)
the most powerful America (**디-/디**이)
주의] 빠른 감주시 자모에 상관없이=어화(化)/합성감주 : 이때 th 비폐쇄=「더」, th 폐쇄=「어」로 합성
↳ over the uncertain fate=오우버더 in the AFN=이너

B.. We are /paid /by the hour / [//] on the pay day. [=on the payout date]
영뇌=가→ 설→ 설′→ 설″ or 가→ 설→ 설′ ⇨ 전설 : BEis-Os
↘ ☺.. **major 감주=** -- paid -- hour --- pay day.

앞 정관사=내부적 지정뇌
-- 외부에 놓여 있는 것이 아니라, 바로 뒷말을 지정하여 그 의미로 하겠다는 것
그래서, '그 시간'으로 받는 것이 아니라, **hour 자체**를 지정하여 시간자체로 받으니 '시간급'이 된다.

☺.. **我必 Free 감주 간직하기**=We paid by the hour on the payout date.
| **Free 감주 간직하기**

시동=우리는 한다. 즉 받는 데, 행자(行者) 시간급으로 해서, 상일 봉급날 상일에 말이다.
/우리에게 있다. 지불받는 것인 데 행자 시간급으로 해서 날짜는 봉급날이다.

by=행위실체 또는 행위수단으로서 행자(行者) -- 로 해서
[y: 지게를 지는 것으로서 행위실체 또는 행위수단]
the pay day=**외내적 지정**: 그 봉급날 /봉급날

**시동 종류=원애시동 /vocal음 /Free 영뇌 /F3+E2 /일상적인 생활 /Ekbe /†SIUM 말하기
/무한글 /BNW or 비한글 BNW /BAM /BEis 영뇌[=IS 설가뇌] /G토씨 /connotation
/영뇌 기본자세 /패턴 /associate — 특히 영맥 파악[이해]=BEis 영뇌, 영어이해=감주**

·))) 마지막에 전치사 영뇌를 추가하면 :

A- E.. The wolf was /all skin and bones /with no flesh.

영뇌=기-->설-->설′ : BEis-Os

시동=그 wolf는 이었어요. 즉 전체가 가죽과 뼈뿐이었고, 있는 거라곤 무살 밖에 없다.
/되어 있어요, 즉 온몸이 가죽과 뼈만으로 되어 있고, 붙어 있는 거라곤 무살 밖에 없다.

*with=동존으로서 있는 것/붙어 있는 것 : **동존부착** no=무/불/비 -- 등

cf] The spirit is willing but the flesh is weak. (†정신/영혼/†영체/영가/신기 vs 육체)

↳ spirit=동개념으로서 정신 vs soul=육체와 상대적 개념으로서 정신 ☞ **기본영뇌 vol 1 p117**

A.. The wolf was all skin and bones.

Free 감주로 이해/간직 하기 ⇒ The wolf was. /Was all skin and bones.
/All skin and bones. /The wolf, all skin and bones. /The /-- etc.

free 영뇌는 그 자체만으로도 말이 되고, free 영뇌를 알아야 원어민 말을 알아 들을 수 있다.

·))) The wolf was. 그 wolf는 되어 있었어요/이었어요. The. 그/그 것 ⇒ **관사 free 영뇌**

All skin and bones. 전체가[온몸이] 가죽과 뼈뿐이었다/가죽과 뼈였다.

↳ **big tip)** shortest simple statement : The. A. All. No. Ok. Absolutely.

Was all skin and bones. 있었는 데 전체가 가죽과 뼈만 있었다.

: 과동사로 먼저 말하는 뇌 : Was 75kg and now 65 kg.

tip) **또다른** free **영뇌**=이었으면 해요 : (infml) **의미과성립 : 소망/바람/요구/제안/주장** -- **등등**

[=Were : formal **의미과성립**]

The wolf, all skin and bones. 그 wolf는 즉 전체가 가죽과 뼈투성이다[임] : **콤머영뇌**

② 동명사를 지정 설명해 주는 뇌

A.. The building /of the bridge /was slow work.

영뇌=기→ 설/설 : BEis-Os or I + I + I : I-Os or S + S + S : S-Os

How to Read[Speak]=Thebuilding ofthe bridge wasslow work.

: 먼저 감각적 주파수로 이해한다.

시동= vocal **감각적 주파수로 (자동 설가가 될 때까지)** F3+E2 **강하게 말하기**

⇒ **여기서 정관사=외부적 지정뇌** -- the 지정후 of로 다시 설명해 나가는 뇌 : **The history of China**

⇒ bridge와 work는 붙여 말하는 것보다 극히 약간 떨어지면서 말을 하면 감주리듬을 탈수 있다 : **단주 연속음**

☞.. **我必 Free 감주 간직하기**=Building of bridge slow. or Building bridge (was) slow.

시동=그 짓는 공사, 즉 그 다리를 짓는 공사는 이었어요, 느린 작업이었어요.

☞.. **문장 뼈대**=기본어(The building) + 연결설명어(of) + s동사(was)

B.. The cooking makes /tough meat /tender.

영뇌=기→ 설→ 설′ : BEis-Os | Free 감주+我必 Free 감주 간직하기

시동=그렇게 요리하면[그런 요리는] 만들어 줘요, 질긴 고기도 부드럽게 말이다.

the bridge 뒤에 전치사 영뇌를 추가하면 :

A- E.. The building /of the bridge over the railway line /was slow work.

영뇌=기→ 설/설 : BEis-Os

시동=그 공사, 즉 그 다리를 걸치는 공사, 즉 그 철로 선에 걸치는 공사는 이었어요, 느린 작업이었어요.

A.. The building of the bridge was slow work.

Free 감주로 이해/간직 하기 ⇒ The building of the bridge. /The building of the bridge was. /Was slow work. /The building of the bridge, slow work. /-- etc.

The building of the bridge. 그 공사, 즉 그 다리 공사 /그 짓는 것을 하는 공사 즉 그 다리 짓는 것을 하는 공사 The building of the bridge was. 그 공사, 즉 그 다리 공사는 이었어요.

Was slow work. 이었는 데 느린 작업이었다.

The building of the bridge, slow work.

그 공사, 즉 그 다리를 짓는 공사는 느린 작업이다[임] : comma **영뇌**

tip) **또다른** free **영뇌** [,]=그 공사, 즉 그 다리를 짓는 공사는 느린 작업인데,

③ 형용사를 지정 설명해 주는 뇌

A.. These seats are /for the disabled.

영뇌=기→ 설 : BEis-Os or I + I : I-Os or S + S : S-Os

How to Read[Speak]=Theseseatsare forthe disabled. : 먼저 감주로 이해한다.

시동= vocal **감각적 주파수로 (자동 설가가 될 때까지) F3+E2 강하게 말하기**

(디-즈씨-스어=double retro-root F : 된소리화와 t폐쇄와 a의 약한 감정음가와 비합성감주

디-즈씨-서=double retro-root F : 합성감주 디-즈씨-트서=double retro-root F : 비폐쇄와 합성감주

디-즈씨-스아=double retro-root F : a의 철자음가 복수 s=무성음 매치)

주의]해석 한글의군[thedisabled]으로 말하면 어색한 말투가 되니 주의하라.

tip) best 영어말투가 되려면 해석한 한글의군으로 말하지 말라. 감주로 말하라. 즉 뒷말과 말하라.

: Canadian Prime Minister talks trade, relationship with Trump. 한글의군=Canadian PrimeMinister talks

⇒ CanadianPrime Ministertalks trade, relationship withTrump.

No collusion in 2016 election. 한글의군=in twentysixteenelection

⇒ Nocollusion intwenty sixteenelection : 분리 감주, 만약 the가 있을 경우 ⇒ inthe twentysixteenelection

⇒ 여기서 정관사=내부적 지정뇌 -- 그 장애자들로 일정 부분의 장애자들로 국한하는 뇌는 아니다. disabled 자체를 지정함으로서 장애자 전체를 의미하는 일반적 대표의미이다.

: 일반적 지정대표

.. 我必 Free 감주 간직하기=Seats for the disabled.

시동=이 좌석들은 입니다. 해자 장애자 용입니다. /-- 있어요, 해자 장애자 용으로 말이다.

the disabled=**관습적** E the disabled ones[people]=StE /formal E

vs for disabled : (the) **전제** infml E

↗ **.. major 감주=** -- accused --- asked -- give -- name.

B.. The accused was /asked /to give his name.

영뇌=기→ 설→ 설′ : BEis-Os | Free 감주 간직하기

□ 여기서 정관사=외부적 지정뇌

.. 我必 Free 감주 간직하기=Accused asked to give the name.

시동=그 피고인[피의자]에게 생겼어요, 요구 받은 일[것]인데, 제시하도록 자기 name을 말이다.

The accused=**관습적** E The accused one[person]=StE /formal E

: a.. Of all the people who come in here, you are the best!

시동=그야말로 최고이다! ※ the=**내부적 지정뇌-- 강조**

b.. Which mattress is the best?

vs Accused was asked to give his name.

: Strong is beautiful. 시동=강한 것은 아름답다. *Accused/Strong = (the) **전제** infml E

›› are 뒤에 일반형용사 영뇌를 추가하면 :

A- E.. These seats are /available /for the disabled.

영뇌=기→ 설→ 설′ : BEis-Os

시동=이 좌석들은 인데, 이용이 가능한 것인데 해자 장애자 용으로 말이다.

*available

=체크가 된 것으로서 이용이 가능한 것/당선 가능성이 있는 것[유력한 것]

[v: 체크표시 able: 가능성/능력이 있는 것] : an available candidate

↗한국인들은 이런 free 영뇌에 약하다. ↗즉 지정의미 속에 숨은 뜻

tip) ″Does the?″ free 감주 : 하지/이지/그런 가, 그 무엇이 말이다?

↳밑줄= 'the' associate, 즉 단어 associate

⇒ **″When does the?″ free 감주 :** 언제하지[이지], 그 무엇이 말이다?

⇒ **When does the concert start?** 언제하지[이지], 그 음악회가 시작하는 게 말이다?

↳무엇에 해당하는 말이 음악회임

↗ ☞.. **major 감주=** -- seats -- for --- disabled.

A.. These seats are for the disabled.

Free 감주로 이해/간직 하기 ⇒ These seats are /These seats are for. /Are for. /Are for the disabled. /For the disabled. /-- etc.

·››› These seats are. 이 자리들은 이지요/있지요. These seats are for. 이 자리들은 있는데 누군가를 위해서 있다/인데 어떤 사람들 용이다. *누군가/어떤 사람들=for associate
Are for the disabled. 인데 해자 장애자 용이지요/있는 데 해자 장애자용으로 있어요.
For the disabled. 해자 장애자 용인 것[이다].

Are for. 있는데 누군가를 위해서 있다/인데 어떤 사람들 용이다.
/있는데 어떤 사람들 때문에 있다/있는데 해자 용이다[때문이다].

④ 부사를 지정 설명해 주는 뇌

IIIII.. They all behaved /badly, I but I Tim behaved /the worst.
영뇌=기→ 설 ⇨ 등전설 ⇨ 기→ 설 : BEis-Os
or I + I + I + I + I : I-Os or S + S + S + S + S : S-Os

How to Read[Speak]=Theyallbe havedbadly, butTimbe havedthe worst.
: 먼저 감각적 주파수로 이해한다.
시동= vocal 감각적 주파수로
(자동 설가가 될 때까지) F3+E2 강하게 말하기

→ **이때 정관사=내부적 지정뇌** -- the가 worst 자체를 지정함으로서 강조의 the가 된다.
(특히 이럴 때 **the를 지정부사라 함**)

(배들리=slide F 배를리=slide F : d단타
↗**고난도 감주**
오ㄹ/티ㅁ비 헤이브더=basket/slide F + slide F : 분리감주와 a 알파벳 음가와 과음가 폐쇄 데=`데이 의 단모음화)

☞.. **我必 Free 감주 간직하기**=All behaved badly, but Tim behaved worst.
시동=하지만 Tim은 행동했는 데 그야말로 최악의 행동을 했다.
* badly /worse /worst cf] bad /worse /worst : 형용사

·››› **badly 앞에 일반부사 영뇌를 추가하고,**
좌상급 지정강조 뇌를 작동시키지 않으면 :

A- E.. They all behaved /very badly, I but I Tim behaved /worst.
영뇌=기→ 설 ⇨ 등전설 ⇨ 기→ 설 : BEis-Os

시동=그들 모두는 행위를 매우 나쁘게 했다. 하지만 팀의 행위는 최악으로 했다.

Free 감주로 이해/간직 하기 ⇒ They all behaved. /But Tim behaved. /Badly, but worst /They all badly, but Tim the worst. /Behaved badly, but behaved the worst. /-- etc.

➤ They all behaved. 그들 모두가 행동하였다 : **실제과거**

tip) **또다른** free **영뇌**= 행동했으면 해요 : **의미과성립** But Tim behaved. 하지만 팀도 행동했다 /행동했으면 해요. Badly, but worst. 나쁘게 했지만[하지만] 제일 나쁘게 했다[한다].
They all badly, but Tim the worst. 그들 모두는 나쁘게 했지만[하지만] 팀이 그야말로 제일 나쁘게 했다[한다]. Behaved badly, but behaved the worst. 행위를 나쁘게 한 것도 있었지만 행위를 그야말로 최고로 나쁘게 한 것도 있었다. tip) Behaved bad, but behaved the worst. 행위가 나쁜 것도 있었지만, 행위가 최고로 나쁜 것도 있었다 : **형용사** (형용사=질/상태 부사=양태/정도)

우리말로 나타나지 않는 the 영뇌

▭ The Chinese People's Liberation Army should be deployed in Hong Kong.

…› The [Chinese People's /Liberation Army]=전설 ⇨ 설-->기

: 중국 인민 해방군 ⇒ the= 내부적 지정뇌로 그냥 the 할 때 뒷말 전체를 지칭하는 것으로 느끼면 된다.

the+형용사의 관습적 English

원래 사람들은 명사도 함께 썼으나 자꾸 이렇게 표현하니까 신물이 나서 명사없이 바로 표현하기 시작하다가 지금은 너도 나도 이렇게 쓰니 관습적으로 굳어지게 되었다.

▭ The rich get richer; the poor get poorer.

: the young (people/ones) the unknown (thing/things)
the unexpected (thing/things)

요즈음은 아예 the를 안붙이는 사람도 있다. 아직 덜 굳어진 **infml E**이다. 언어의 맛을 즐겨라. 하나만 계속 쓰니 지겹다.

▭ Rich get richer; poor get poorer. ▭ Tax on <u>wealthy</u> struck down.

시동=세금인데, 붙이는 부자들에게 붙이는 세금[즉 부유세]이 판결봉으로 두들겨 기각되었다.

Plus] 부사를 설명해 주는 지정부사

: The sooner, the better. **시동**=그렇게 빠를 수록 그만큼 더 좋다/더 잘 된다.
The earlier, the sooner. **시동**=그렇게 일찍 할 수록 그만큼 더 빨리 일어난다.
…› sooner/earlier/sooner=adv. better=adj. adv. : good/well의 **비교급**

↗the할때 지정대상/지정상황이 보이면 된다 : S영뇌

2) 외부적 지정과 내부적 지정

▭ the BNW=외내적 지정 free 감주로 간직하라.↖

▭ the=외내적 지정으로서 그 / – : (영어에 대한 기초지식을 알았다면) 생활 속에서의 뜻으로 我必

외내적 지정이 느껴져야 영어승차감을 탈 수 있다.

[th : thing(s) + e 〉 '어' : 실음 외내적 지정음가
그래서 이것/저것할 때 '엇'이 양쪽으로 쓰임]

the에서 e의 '어'와 우리말 '그' 에서 '으'는 의미가 밖으로 향하는 의미이다. 그래서 외부에 놓여 있는 명사를 지정할 때 the를 쓰며, 뜻은 '그'이다.

하지만 영뇌에서의 '어' 음가는 **내적 음가**를 하나 더 지니고 있다. 아래 '으' 음가가 아니기 때문이다. 내적 음가는 의미가 밖으로 향하면서 외부에 놓여 있는 것을 지정하는 것이 아니라, 바로 뒷말 자체, 즉 명사자체를 지정한다. 바로 뒷말 자체를 지정하니 뜻은 '그'로 나타나지 않고, 지정하는 그 자체의미만 하겠다는 것으로서 강조 또는 상대적 강조의 뜻으로 나타나거나, 자체지정 대표의미, 명칭, 2차적 뉘앙스 -- 등으로 나타난다.

그래서, **"The family."** 하면 두 가지 두뇌로 작동해야 한다 ⇨ **그 가족이지/가족이야**

family =아버지, 어머니, 아이들이 모인 집단으로서 가족
[f: father + a: 애(아이)들 + m: mother +
y: 지게모양 -- 담아 둔 것으로서 집단을 느낌]

big tip) 외부적이든 내부적이든 어떤 하나이든 우리말은 관사의미를 전제로 하여 말하는 경우가 많다.
그래서 우리는 보통 관사의미를 해석하지 않는다.

① **외부적 지정 :** 외부에 놓여 있는 명사를 지정하거나 어떤 상황을 지정하는 것

a.. **The people clapped and cheered.**

[th: thing(s)사물 + e: 외적 '어' 음가] 시동=그 people들은

the가 지정하는 의미대로 뜻을 결정하면 된다. 사전의 여러 가지 뜻을 독립적으로 하나 하나 외울 필요가 없다. 길은 길인데 가던 길을 지정했다면 the는 '가는 도중/가다가' 라는 의미가 된다. 그래서 'Buy the way.' 라고 표현한다.

시동=사되, 가다가 길을 가다가 사라. ⇦ 사라, 그 길에 사라.

: More cool air on the way. It's on the go. ↗계속 진행된다는 일기예보
더 많은 시원한 공기가 상소 가던 길[방향] 상소에 계속 있을 것이다. (계속=문맥/상황 associate)
/그것은 상소 (여러분들이) 가는 길 상소에 있다 -- **스마트 폰 app 광고**

tip)외부적 지정으로서 정관사와 부정관사의 기본적 차이 :
전자=정확한 지정 -- 그/이/저 후자=부정확한 지정 -- 어떤 하나/한
The bar graph shows per pupil spending/spending per pupil.
vs A man came hundreds of miles. ↳**per=형용사/전치사**

만약 one' s를 지정했다면 소유격 의미가 된다.

b.. To the readers. 시동=대자 그 독자들, 즉 나의 독자들에게 [=To my readers.]

the에 소유격 의미가 있기 때문에 the를 쓰는 것이 아니라, the로 지정했기 때문에 소유격 의미가 나타나는 것이다. 마치 the로 지정하기 때문에 '가다가' 라는 의미가 생기는 것과 같다. 그래서, 사전의 뜻을 외워 그대로 대입시키면 안된다. 한국 사람들이 영어가 안되는 이유 중의 하나이다. 따라서 일어나서 박수를 치는 데 뒤에서 '뭐하는 짓이냐' 하고 소리를 지를 때 'The way.' 라고 표현하면 그 방법, 즉 '자신의[내] 방법대로 하는 것이야' 가 된다. '내 방식으로 하는 데 무슨 소리냐?' 라는 말이다. 만약 책머리에 To the reader로 표현했다면 그 독자로 어느 한 사람 독자를 지정하는 것이 아니라 **내부적 지정대표**가 된다 : To the teacher /To the user /To the student /-- etc.

↳대자 선생/사용자/학생에게

the로 (정확하게/분명히) 지정하기 때문에 어느 창문인지 아는 것이지, 알기 때문에 the를 쓰는 것은 아니다. 구문법은 알고 있기 때문에 the를 쓴다고 한다. 정말로 한심하기 짝이 없다.

: Open the window. 시동=열어라, 그 창문을 말이다.

the로 this를 지정할 수 있다.

this를 지정했다면 '이' 라는 뜻이 된다. 이것도 the가 this라는 의미가 있기 때문에 the를 쓰는 것이 아니라, the가 this를 지정할 수 있기 때문에 this 라는 의미가 생기는 것이다.

c.. The shot of the day. [the day= this day=today]

시동=그 shot, 즉, 이 날의 shot, 즉 이 날의 shot으로서 오늘날의 shot이 된다.

아니면 바로 오늘을 지정하는 것으로 두뇌를 작동시켜도 좋다. 그래서 상황에 따라 과거를 지정할 수도 있다 ⇒ p344

: one over of the day 시동=one over 즉 오늘은 one over (쳤다는 것이다)

Caution] 1. this는 the를 지정할 수 없다. 대개 대명사는 명사를 가리킨다. 하지만 the는 지정사이기 때문에 명사뿐만이 아니라, 대명사 지정도 가능하다.
: The real me. 시동=그야말로 진짜인 사람은 나이다. — 내부적 지정
2. the는 this/that/it을 지정할 수 있으니 the는 결국 외부적 지정으로서 '그/이/저' (weak 'that/this/it') 가 된다. 하지만 BNW는 '그' ('weak 'that')이다. 그래서 '이/저' 는 '그' 의 확장의미[EM]이다.

tip) the=지정음가로서 그/이/저 **일반대명사 that**=비근음가로서 저것/그것 **관계사 that**=관계를 짓는 것으로서 이것/그것

d.. The severity of the situation. 이때 the는 this day 또는 today를 지정했기 때문에 the situation은 이 날, 즉 오늘날의 상황으로 현실이 된다. 그래서, 현실의 가혹함을 이렇게 표현하는 것이다. **주의] 구문법의 잘못된 설명 바로잡기 : the로 분명히 지정한 것을 of로 다시 설명한 것[분명히 나타낸 것]이지 of로 수식받기 때문에 the를 쓴 것은 아니다.** 시동=그 severity 즉 현실의 severity

↳the history of China

e.. Sales are lagging at the moment.

the는 this를 지정하는 것이므로 이 순간 또는 이 순간으로서 지금 현재[at the present time]라는 뜻이 된다. 시동=sales가 있어요, 느릿 느릿 움직이고 있어요. 직자[즉] 지금 현재에 말이다.
tip)BNW가 이 순간이므로 앞에 now를 붙일 수 있다 : now at the moment 지금 직자 이 순간에

for the moment(해자 이 순간/지금 당장) [=for now] **for=해당대상/해당시간으로서 해자**
moment=굴러가는 한 time으로서 순간 [m: move o: 굴러가는 모양 t: time]
vs instant=들어 가는 time으로서 순식간/찰나 [in: 들어가는 것 t: time]

그래서 'Do you have time?' 하면 time position=period가 되어 '시간이 있느냐?' 가 되어 'Are you free?' 가 되고, 'Do you have the time?' 하면 time position=point(시점)가 되어 '그런가 너는 가지고 있는가 지금 이 시간 정보를 말이다?' 가 되어 뜻하는 의미로 몇 시인지 묻는 말이 된다. (=What time is it?) **＊do=대동의미로서 그런가 정보=the time의 상황 associate**
하지만 the 지정 상황에 따라 position이 period가 되어 이 말은 '그런가, 너 있는가, 즉 그럴 시간이 있는가?' 도 된다 : **I don't have the time.** 시동= 나는 없어요, 그럴 시간이 말이다.

f.. It's on the house. 이 집, 즉 이 집이 가게이면 주인 앞으로 달아 놓는 다는 뜻이 된다.
시동=그것은 되는데 붙이면 된다. 이 집앞 [이 가게]으로 말이다 /그것은 상자 이 집앞으로 붙이면 된다.
: Have one on me. 시동=하자. 한 잔 하는 데 내는 것은 내가 낸다 [상자(上者) 내가 낸다]
＊on=상에 두는 것으로서 붙이는 것/내는 것//상자 -- 에 붙이는 것/내는 것

그래서 '이상 끝' 할 때 'The end' 라고 하는 것이다. 이 때도 this를 지정한 것이다. 이것이 끝난 것으로서 '이상 끝' 이다.

만약 that을 지정했다면 '저' 라는 뜻이 된다. 그래서, the를 weak 'that or this' 라 한다.
g.. Get the chair here. 시동=가져와라, 저 chair를 이곳에 말이다.
↳the로 정확하게/분명히 지정하고 있다.

이렇게 영어의 the는 외부적 지정의미를 갖고 있기 때문에 명사 뿐만아니라, 대명사도, 어떤 상황도 지정할 수 있다. 그야 말로 모든 것을 지정할 수 있다.
그래서 the의 뜻은 '그' 라는 뜻외 무궁 무진하다. 사전의 뜻만 되는 것이 아니다.
그 /이 /저 /가다가 /오늘 /지금 /과거 --- 등등이다.
우리는 이렇게 많은 뜻을 외워서 대입시키는 것이 아니다. 외부적 지정으로 쓰인 것으로 의미를 추측하는 것이다. 그래서 우리는 **외부적 지정**만 알고 있으면 된다.

사전의 뜻만 가지고 단어를 이해하려는 사람은 정신차려야 한다. 사전에 이런 의미가 있기 때문에 그런 의미로 쓰는 것이 아니라, the로 지정하기 때문에 그런 의미가 생긴 것이니 the지정으로서 뜻을 접근해야지 뜻을 외우고 끼워 맞추는 식으로 영어를 해서는 안된다.

h.. His latest work is expected to sell in the thousands.

▭ the=범위지정 : 1,000부터 10,000 미만 사이 숫자지정, 즉 천자리수 지정　in=내범위 대상으로서 내자

그래서, 그 범위가 수천 개로 된다 : 내자 수 천개로

따라서 50대 하면 the fifties라고 하는 것이다. 50살에서 59살 까지를 지정한다 : **대(帶)지정**

[=in the fifties /in one's fifties /in fifties : 만약 복수만 표현하면 그 대에 있는 모든 숫자를 뜻한다]

tip) 우리말로 잘 나타나지 않는 내부적 the : ↗vs in the morning of October 10 : 외부적 the (↗내자 그날 아침, 즉 ~)

in the morning/afternoon/evening 내자 아참에/오후에/저녁에　vs at night : 그냥 밤 전체의미

during the week/month/year　in the summer　on[at] the weekend　play the piano

↳in=내시와 그 대상　cf]play tennis : 추상명사

↳vs on weekday mornings : 가까운 말과 match

↳상일 평일 아침마다

i.. The more you eat, the fatter you get.

▭ 앞 the=지금 먹는 상황을 지정 -- 그렇게[=such]

▭ 뒷 the=앞 표현을 지정 -- 그만큼[=to that extent]　*그만큼=많이 먹는 만큼

시동=그렇게 더 많이 네가 먹는 다면[먹을 수록], 그만큼 더 살이 네에게 붙는다.

j.. The deceased left a large sum of money to his children. 시동=그 고인은 남겨 두었어요. --- .

k.. As for the why, --- .　시동=즉, 해자 그 이유에 대해서 말할 것 같으면 (why=noun)

l.. Cold this A.M., warming trend on the way.

시동=춥는데 오늘 오전은 춥고, 하지만 따뜻한 추세는 계속 진행된다. 지금까지 가던 길[방향]으로 말이다. 즉 따뜻한 날씨가 계속해서 앞으로 진행된다는 말이다.

*하지만=문맥 associate　on=작동이 계속되는 것으로서 계속　the=현재 진행방향을 지정

3 5 9 . 7 ← tenths digit or tenths place　tenths=1/10, 2/10, -- 9/10로서 복수 (digit=자리수 place=자리)

ones digit or units digit -- 일자리수 : ones=일자리에 0에서 9까지 〃

tens digit -- 십자리수 : tens=십자리에 0에서 9까지 숫자가 들어갈 수 있는 것으로서 복수

hundreds digit -- 백자리수 : hundreds=백자리에 0에서 9까지 숫자가 들어갈 수 있는 것으로서 복수

⇨ thousands digit /millions digit /billions digit /trillions digit -- 천/백만/억/조 자리수

-- 영어는 일반적으로 이렇게 7개 단위로 되어 있는데 백 단위부터 이런 단위로 끊어서 읽으면 된다.

: 1,742,356=one million seven hundred forty two thousand 3 hundred fifty six

cf] tens of thousands(수만) /hundreds of thousands (수십만) (단, 단위=단복명사 : one/two million)

Dow closes up triple digits. 세 자리수 -- 일, 십, 백 자리수로서 복수 [=three digits] : 115, 117, 201, 323 -- etc.

(the로 지정하여) 바로 뒷말 의미로 하겠다는 것, 즉 뒷말 의미로해서 명칭, 강조, 전체, 유일함, — 등을 나타냄

② **내부적 지정** -- 바로 뒤 명사자체 /형용사 /부사자체를 지정하는 것
: 일종의 referring forward

a.. He is the wolf. [th: thing(s)사물 + e: 내적 '어' 음가]

시동=정말로 wolf와 같은 놈이다. ↗이때 소리도 자음, 모음에 상관없이 강한 소리=「**디-/디이**」

…› 뒷 명사자체만 지정하겠다니 저절로 강조가 된다. 다른 사람이 아니라, 울프 그 자체라는 것이다. 즉 강조의 the가 된다. cf]외부적 지정 강조=vol 1 〉 p161

만약 외부적 지정일 경우=그는 인데 그 놈의 울프와 같은 놈이다.

b.. We don't like the wolf.

▭ **외부적 지정**=그 wolf -- 그 울프 ↗내부적 지정대표

▭ **내부적 지정**=wolf라는 동물자체 지정으로서 전체대표 의미 --- '울프라는 동물을'

c.. **The Washington Post** …› 워싱턴 포스트 신문으로서 타이틀이라면 "그 워싱턴 포스트"가 아니라 내부적 지정으로서 워싱턴 포스트 이름 그 자체이다. 이럴 때 the 의미가 한국말로 나타나지는 않지만 내부적 지정뇌로 작동해야 the 의미를 느낄 수 있다. **IS 영뇌 작동시 유의하라**. 모든 단어는 자기 존재 부분이 있다. 그 존재를 생각하는 것이 **IS 영뇌다**. 만약 "그 워싱턴 포스트"로 지정하면 외부적 지정이 되어 우리말로 나타난다 : **according to the Washington Post**

따라서 The IMF와 IMF는 다 같이 명칭이지만 전자는 the가 들어가는 명칭이고, 후지는 the 없는 명칭이다. 내부적 지정 뇌로 명칭을 만들 때는 중요한 것이라고 강조하기 위해서 쓰는 것이다. 따라서, 1824년 죠지 스미스 정부는 위스키 공식 면허를 줄 때 **Glenlivet** 위스키 회사에만 **the**를 붙이도록 했다. **the의 가치를 알라.**

: The Glenlivet Distillery — 내부적 지정으로서 명칭의 the — 영국 하이랜드 지방의 대표적인 증류소로 원액의 품질은 향이 풍부하고 부드러우며, 1824년 죠지 스미스 정부로부터 최초로 위스키 제조 공식면허를 받았다. ↗ ∵ the=내부적 지정으로서 명칭의 일부이지 완전 고유명사는 아니기 때문

tip)**the Glenlivet Distillery**도 가능하고 특히 문장 속에서는 소문자로 시작

↗ the로 지정한 것이 of로 다시 나타났다.

the United States /of /America=기→ 설→ 설' : 그 합중국, 즉 미 합중국[합주국]으로서 미국

cf]Canada and the United States are neighboring states. (그) 합중국으로서 미국

The United States is very rich. -- 묶음 그룹복수로서 단수취급 ↘**외부적/내부적 지정**

distillery=증류소 /양조장 **Highland=a region of Scotland**

내부적 지정은 바로 뒷말을 지정하니, 의미가 밖으로 빠져 나가면서 지정하는 것이 아니다. 내부적 지정을 할 경우 뜻은 우리말로 나타나는 경우도 있고, 나타나지 않고 그냥 강하게 말하는 경우도 있고, 전혀 나타나지 않는 경우도 있다. 우리말로 나타나지 않더라도 the 의미는 **내부적 지정 뇌**로 느껴져야 한다.

d.. **The earth receives light and heat from the sun.**

▭ **내부적 지정**=유일물 지구, 유일물 태양을 의미 : 이때 the **느낌**은 the할 때 earth로 가면 된다.

시동=지구는 받는다. 빛과 열을 부터 태양으로부터 말이다.

여기에서는 내부적 지정에 맞는 우리말은 없고, 그냥 '지구, 태양' 으로 나타난다.

자연물은 여러 개로 된 것도 있고 오직 하나로 된 것도 있다.
자연 유일물일 때 보통 the로 많이 표현하는 데 the로 내부적 지정을 하여 오직 하나임을 나타낸다. 이럴 경우에는 고유명사로 취급하여 capital letter로 바로 Earth, Sun으로 표현해도 좋다. 하지만, 인공 유일물 고유명사는 capital letter로 표현하여 오직 하나임을 나타낸다 : John, Smith, China, --- etc.

▭ **외부적 지정**

=이 지구, 저 태양 -- 손으로 땅을 가리키고, 하늘을 가리키면서 외부적 지정으로도 말할 수 있다.

A Quick Note **유일물이더라도** 어떤 하나의 상황으로 말할 때는 a/an **두뇌**를 작동시킬 수 있다.
: a calm earth ⇒ 지구의 여러 자연 현상 중, 어떤 하나의 고요한 지구 상황을 표현한 것이다. 형용사 없이 an earth로 표현해도 좋다. 어떤 하나의 지구라는 의미이다.
그래서, CNN은 'Imagine a world.' 라고 표현한다.

우리는 명절 때 '재래시장에서 장을 본다' 고 한다. 이 말의 이면에는 현대식 시장이 아니라 재래시장이라고 **상대적으로 (비교) 강조하는 뉘앙스**가 들어 있다. 이럴 때 우리는 재래시장이라고 그냥 강하게 말함으로써 그 뉘앙스를 대신한다. 이럴 경우 영어에서는 the라는 단어를 쓰면 된다. 바로 뒷말 자체로 하겠다는 것이니까.

e.. **"We shop in the traditional market at the Chuseok."**

여기서 the Chuseok도 Chuseok **자체**를 지정하는 의미이니 Chuseok과 함께 명칭이 된다.
이 표현 역시 우리말로는 나타나지 않고, the 뜻은 내부적 지정으로 그냥 마음 속으로 느끼면 된다.
이 문맥에서는 '그 추석' 으로 어느 해의 추석을 가리키는 의미는 아니다. 물론 the를 붙이지 않고, 대문자로 표현해도 좋다. 시동= -- 내자 재래시장에서 직자 추석 때에 말이다.

그래서, 우리는 centimeter가 아니라, meter로 판다고 말하고 싶으면 이제는 the라는 단어를 쉽게 가져 올 수 있을 것이다 : **This cloth is sold by the meter.** 시동= -- 행자 미터로 해서 말이다.
⇒ 단위를 나타낼 때 the를 붙인다고 앵무새처럼 외우지 말라.

하지만 우리말로 나타나는 경우도 있다.

f.. George Washington, he is the man.

여기서 the man은 그 남자가 아니다. man 자체이다는 것이다. 이런 뉘앙스에 맞게 우리말을 가져 오면 '정말로/그야말로 /바로' 가 된다. 그래서, 사전에서는 the의 의미를 **real, typical, true** 라는 의미로 풀이하고 있다. 내부적 지정에서 자연적으로 이런 **강조 의미**가 나오는 것이지 굳이 외울 필요는 없다.

: Taxpayers bailed us out to <u>the tune</u> of a trillion dollars. Play in the now.

시동=납세자들이 구제금융을 내어 우리들을 구해 내었어요, 대자 그야말로/정말로 무려 (즉) 일조 원 달러까지 되요. /플레이에 들어가라[플레이를 시작하라], 바로 지금 말이다.

*to=방향대상 크기로서 대자 -- 까지 **to the tune of**=*infml* used to emphasize how large an amount or number is **now=noun**

g.. Alexander the Great.

내부적 지정으로 Great를 강조하는 것이니 이럴 때는 大로 나타난다. 그래서 대왕으로 시동을 걸면 된다. 내부적 지정은 바로 뒷말만 지정하는 것이 아니다. 바로 앞말만 지정하는 경우도 있다. 이 때는 앞말만 하겠다는 것이다. 마치 대명사가 한 문장 내에서 앞 또는 뒷 부분을 가리키는 경우와 같다. 그러니, 이름 지을 때 뒤에 붙이는 예도 많이 있다.

: Peasants' Revolt, the 시동=농민 반란인데, 대 농민 반란

그래서, 이제는 우리도 'Great Alexander, the' 로 표현하는 능력이 생길 것이다. 뜻은 '위대한 Alexander 대왕' 이다. 하지만, 'the Great Alexander' 일 경우 두 가지 뇌가 작동 할 수도 있다.

···› **내부적 지정**=대왕 알렉산더 **외부적 지정**=그 위대한 알렉산더

h.. That is the heaviest snow I've ever seen.

heaviest snow한 것이라고 지정하니 저절로 강조 뉘앙스가 발생한다. 최상급이라고 붙이는 것이 아니다. 내부적 지정으로 최상급으로 표현된 명사 영뇌의군을 강조한 것이다. 이때 the에 해당하는 우리말은 '정말로/그야말로' 이다. tip)최상급=많고 적은 정도의 문제이지 강조가 아니다.

시동=그것은 정말로/그야말로 최고로 많이 내린 눈이다. 내가 지금까지 본 것중에서 말이다.

⇒ **(설주) 영뇌의군**: the [heaviest /snow]=전설 ⇨ 설→기

: Trade Center in N.Y. is the highest building in the world.

그러니 최상급 표현에 the를 써지 않아도 되고, 상황에 따라 외부적 지정 뇌로도 작동된다.

vs That is a heaviest snow. Look at the heaviest snow.

tip) the가 외부적 지정이든 내부적 지정이든 강조일때는 자모에 상관없이 "디-/디이 "로 소리내는 것이 일반적이다.

↳ 청취시 유의

시동=그것은 인데 어떤 하나의 상황인데 엄청나게 많이 내린 눈으로 말이다.

-- 엄청나게 많이 온 눈을 하나의 상황으로 가져 간 것이다. 앞에 really를 붙여 강조할 수도 있다 : **That is really a heaviest snow.** / -- 직자 저렇게 굉장히 많이 쌓인 눈을 --- .

서수도 마찬가지 원리이다. the **또는** a **두뇌**를 작동시킬 수 있다.

i.. **This is the last lesson that I teach you.** 바로/그야말로

vs **A second group are those parents who feel that they were too harsh.**

시동=어떤 하나, 즉 두 번째 그룹에 속하는 어떤 한 그룹은 인데 그런 부모들이에요, 즉 누구냐 하면은 느끼는 사람들, 즉 자기들이[그들이] 했다고, 너무 가혹했다고 느끼는 사람들이에요.

*harsh=가혹한/잔혹한(harsh climate), 거칠은(harsh voice), 거북한/거슬리는(harsh color/light)

구문법에서는 최상급이나 서수에 the를 붙여야 한다고 한다. 무조건 그렇게 쓸 것이 아니라, 뜻으로 따져 봐야 한다. 관사도 일종의 단어이다. 단어의 뜻대로 쓰라. 관사만 어디에는 붙이고, 못 붙이고 하는 식으로 한국 사람들은 외우고 있는 데 이것은 **잘못된 학습방법**이다.

내부적 the는 이렇게 강조를 나타내니 자연적으로 최상급뿐만이 아니라, very/only로 강조된 명사와도 의율이 된다.

j.. **He is the only son of the family.** 그야말로 유일한

vs **Liz is the very woman that I want.**

: 외부적 the — 그런 바로 그런 (very=강조로서 바로) : 일종의 referring foward로서 referent=that이하

우리는 강, 산맥에는 붙이고, 신문이름, 역에는 못 붙이고 — 하는 식으로 the를 앵무새처럼 외우고 있다. 그렇게 외우는 것이 아니다. the의 뜻대로 쓸 것인가 안 쓸 것인가 그것이 문제이지 언어는 루울을 정해놓고 쓰고 안 쓰고 하는 것이 아니기 때문이다. 즉 **단어의 뜻이 판단의 기준이지, 루울이 판단의 기준이 되어서는 안된다.** 그래서, 신문이나 역에 붙인 것도 많다. 이름을 지을 때 the를 사용하면 그 이름이 강조되어 빛나기 때문이다. 아직도 많은 참고서들은 이름짓는 자유까지 빼앗아 가고 있다는 데 우리는 한탄하지 않을 수 없다.

k.. **The Asian Wall Street Journal** **The Washington Post** cf] **Financial Times**

The L.A. Times ↗The Noun, The Verb -- etc. : **책 목차로서 명칭**

⋯› **두 가지 뇌 작동**=① 내부적 지정 : 명칭의 일부 -- 시동=그냥 'LA 타임지'

② 외부적 지정 : 외부에 놓인 그 신문사를 지칭 -- 시동= '그 LA 타임지'

Dalai Lama도 'the Dalai Lama'로 표현하기도 한다. 이 때는 **외부적** the이다.

시동=그 사람 Dalai Lama / 그 Dalai Lama

: **The John came here. According to the Bill, ---.** 시동=그 사람 죤[빌]/그 죤[빌]

You can't be the John F. Kennedy. 시동=그와 같은 사람, 즉 죤 에프 케네디와 같은 사람

1.. The Rocky Mountains.

▭ **내부적 지정일 경우**

=로키 산맥에 있는 산 모두만 하겠다는 것으로 그 범위를 한정시키니 자연적으로 산맥으로서 '로키산맥' 이 되는 것이다 : (설주) 영뇌의군=The [Rocky /Mountains]=전설 ⇨ 설→ 기

or The /Rocky Mountains=설→ 기

: formal E/StE (공식명)

／같은 줄기에 있는 산전체, 섬전체, province 전체, 주전체

그래서, the Alps, the Philippines, the Netherlands, the United States로 표현하는 것이다. 이럴 때 우리말로 나타나지 않고 마음 속으로 실음 내적 지정 뇌로 작동되면 된다. 이럴 때 the는 명칭의 일부로서 같이 명칭이 된다.

the로 범위 한정을 시키지 않고 바로 복수로서 전체의미를 나타내도 좋다.

: Alps, Philippines, Netherlands, United States, ---etc : **infml E -- 비공식명칭**

⋯› 이 때는 단수동사를 쓴다. 복수전체 단일개념, 즉 복수로 뭉쳐진 한 덩어리로서 고유명사이기 때문이다 : **Philippines is a country of islands.**

cf] **Twenty years is a long time. Five million dollars is a large sum of money.**

▭ **외부적 지정일 경우**=그 로키 산맥

big tip)한국사람이 영어가 안되는 주된 이유 :

영어는 언어이지 학문이 아니다.

☜ : 비영어권 사람은 사전의 뜻에 익숙해 있고, 원어민은 표현된 뜻에 익숙해 있다.

뜻으로 접근하지 학문적 접근으로 공부하지 마라. 영어는 일단 표현되었을 때 뜻을 아는 게 중요하다. BAM과 Associate는 단어의 뜻이고, 기/설은 뜻 관계 뜻이고, 감주는 소리 뜻이다. 원어민은 그냥 표현된 뜻으로 알고 있지 이런 학문적 접근으로 알고 있지 않다. 또한 그렇 게 공부하지도 않는다. 우리가 우리말을 배울 때도 같다. 특히 외국인이 한글을 배울 때 생활 속에서 그냥 뜻으로 배우지 학문적 접근으로 공부하지 않는다. 학문적 접근은 영국 사람과 한국 사람이 지어낸 장사 영어다. 아직도 이렇게 가르치는 사람이 있거나 배우려는 사람이 있다면 **"You' re fired! Just don' t forget."**

학문적 접근 :

1. **기능식 문법** : 명사절/형용사절/부사절과 구, to 부정사의 명사적/형용사적/부사적 용법, 문장 오형식
2. **전환식 공부** : 부사절을 구로 바꾸는 분사구문, 두 문장을 한 문장으로 고치는 관계대명사절/관계부사절, 능동태를 수동태로, 직접화법을 간접화법으로 기술적으로 고치기
3. **패턴식 공부** : 가정법 패턴, 시제일치, —— 등등
4. **용법식 설명** : 단어 자체의 뜻으로 가르치지 않고 the는 명확할 때 쓰고 특히 알고 있을 때 쓰고, a/an은 불명확할 때 쓰고, 또한 더 큰 문제는 두 단어의 뜻을 가르치지 않고 엎쳐서 완료형는 계속, 경험, 결과, 완료의 뜻이 있다는 가르침 + in과 at의 정확한 뜻을 제시하지 못하고 어떨 때 쓴다는 가르침, 기타 등등

— 그냥 뜻으로 표현하는 것이지 실제로 그럴때를 생각하고 언어를 표현하는 사람은 하나도 없다.
<u>용법이 뜻을 결정하는 것이 아니라, 단어의 뜻이 용법적 상황을 만들기 때문이다.</u>

=영어의 새로운 생태계[패러다임]= 영뇌영어에서는

분사구문, 가정법, 화법, 시제일치, 숙어, 구나 절, 문장오형식, 부정사의 용법, 진주어/가주어, 악센트, — 등의 말을 사용하지 않는다. 모두 영어본래의 모습으로 단어의 뜻과 (vocal) 주파수로 처리하기 때문이다.

m.. the Clintons

▭ **내부적 지정일 경우**=Clinton Family의 성으로서 복수이면 그 범위만 하겠다는 것이니까 '클린턴 가족(전체)' 이 된다 -- **지정전체로서 가족**

[the: 내부적 지정으로서 성 전체 지정 Clinton: 성 s: 전체복수]

▭ **외부적 지정일 경우**=그 클린 가족

하지만, 이 반에 있는 성으로서 복수이면 외부적 지정으로서 Clinton 성을 가진 그 사람 모두를 뜻하게 된다. (시동=그 Clinton 씨(氏)들) **그러나 지정하지 않고,** Clintons로 표현하면 그냥 Clinton이라는 성을 가진 사람들의 복수[즉 개체복수] 또는 그냥 전체복수로서 가족이 된다.

: Clintons=Clinton 씨(氏)들 /Clinton 가족 3 generations of <u>Buffetts</u> 3세대 (가족)인데, 즉 버핏 가족의 3세대 (가족) (first, second, and third generation)

↗**발생현재**

부모들이 나이가 들어서 딸을 결혼 시킨 것을 보고 기자가 한 표현이다 : A Clinton weds.

시동=한 클린턴이 결혼식을 올렸어요 -- 이제 (딸) 자식 하나 결혼식을 올렸다는 얘기이다.

이렇게 복수로서 그냥 실체 모두를 나타낼 수도 있고, 내부적 the로 복수전체를 지정하여 전체의미를 만들 수도 있다. 이럴 경우 시동은 그냥 대표의미[일반적 의미]로 새기면 된다.

n.. **The computers revolutionized office work. [=Computers]**

시동=그 컴퓨터들로 한정하는 것이 아니라, 전체를 의미하는 '컴퓨터라는 게/컴퓨터가' 로 시동을 건다.

하지만, 외부적 지정일 경우 그[저] 컴퓨터들로 외부에 놓여 있는 컴퓨터를 가리키는 의미로 이해해야 한다. 상황과 문맥에 따라 판단하면 된다. 어느 의미로 두뇌가 작동해야 할지 걱정할 필요가 없다.

만약, 복수전체로 지정하지 않고 computer 자체를 지정하여 전체대표의미/일반적 의미로 나타 낼 수도 있다. 역시 내부적 지정 대표의미로 뇌가 작동한다.

o.. **The computer has revolutionized office work.**

이 때에도 '컴퓨터라는 놈/컴퓨터가' 로 시동을 건다. 하지만 외부적 지정일 경우에는 '저 놈의 컴퓨터' 로 뇌가 작동한다. cf] **외부적 지정으로서 전체대표의미 : ☞ 영뇌영어 vol 2 p279**

시동=컴퓨터라는 놈/저 놈의 컴퓨터는 가지고 있어요, 세상을 확 바꾼 것인데 사무실 작업을 말이다.

↗**복수일반/부정관사 일반/정관사 일반=gerneral statement/something in general**

일반성 정도 : Computers 〉 A computer 〉 The computers 〉 The computer ☞ **p403**

-- 전체를 복수로 표현 〉 하나하나로서 전체 〉 복수전체를 지정 〉 명사자체를 지정하여 전체를 의미

p.. **The poor get poorer; the rich get richer.**

▭ **내부적 지정일 경우**=가난한 사람(들), 부자(들) -- **일반적 의미** (the poor/rich=**관습적** E)

▭ **외부적 지정일 경우**=그 가난한 사람들, 그 부자(들) -- **한정 의미**

Plus] Rich are/is strong. 시동=부자들은/부는 : **일반적 의미**
vs Korea's rich came here. 시동=한국의 부자들은 : **한정의미** *rich=(명사) **전제** infml E

내부적 지정 영뇌는 바로 명사자체만 지정하니 그것자체가 갖고 있는 성질이나 성격을 지정하는 뇌로도 작동하기도 한다. 이런 the를 2차적 뉘앙스로서 **2차적** the라 한다.

q.. The pen is mightier than the sword. *mighty nation 힘이 센 나라/강대국

▭ **내부적 지정일 경우**=그 펜, 그 검이 아니다. 펜자체, 즉 펜으로 쓰는 힘, 펜의 힘[문의 힘]/검자체, 즉 검으로 쓰는 힘, 검의 힘[무의 힘]을 의미한다.

▭ **외부적 지정일 경우**=그 펜/ 그 검, 저 펜/저 검

: the patriot 애국심 /그 애국자

(**2차적 의미**=추상적 의미 **1차적 의미**=구체적/실제적/실질적 의미 **3차적 의미**=비유적 의미)

r.. The mother is stronger than the father.

▭ **내부적 지정일 경우**=모성/부성 ⇨ **외부적 지정뇌일 경우**=그[저] 엄마 /그[저] 아범

vs 지정하여 추상체 뇌를 작동시키지 않고, 명사자체 표현으로 추상체 뇌를 작동시킬 수도 있다.

: Mother[Man] is stronger than father[woman].

그냥 명사자체 성질로서 모성/남성[인간] /부성/여성

⇨ a television 한대의 TV /television TV 영상 a bus 한대의 버스 /bus 버스편: by bus

보통체를 추상체로 작동시키는 법

= 내부적 지정 /명사자체[비수단독] 표현

비영어권 사람들의 사전의 뜻 추가

우리도 이제 BAM 영뇌를 가지고 있기 때문에 원어민들처럼 사전의 뜻을 추가할 수도 있고, 추가해서 이해할 수도 있다.

→ 추가뜻 또는 추가이해 : **Obama's state of the Union speeches over the years.**

⇨ **뒷 the=외부적 지정으로서 과거를[지난 것을] 지정함**

시동=오바마의 진언[메시지/교언/교서], 즉 연합/미 연두연설, 걸쳐 과거[지난] 여러 해에 걸쳐 있었던 연합/미 연두 연설 중에서의 오바마의 진언[메시지/교언/교서] : **Thank you over the years.**

↳연두=(speeches의 상황) associate ∴ state of the Union 메시지, 즉 미메시지 가능 -- 연두가 빠져도 좋다

*state of the race 진언[메시지]인데 즉 (대통령 캠페인) 레이스 중에서의 (나온) 진언[메시지] ↗the European Union[EU]

state of America 진언[메시지/교서]인데 즉 미국의 진언[메시지/교서] Union=미국은 여러 주의 하나의 공동체로서 연합

state 말 또는 글로 쭉 표현하는 것으로서 진언(陳言)/message/교언/교서

※the Union **전체연합으로서** 미국[the United States] /**북부 주연합로서 북부연합** vs the Confederacy **남부연합**

plus] 1. CNN's the Situation Room : 소유격에는 관사를 붙일 수 없으나, 여기서 밑줄=고유명사

: my a/the book (×) ⟶ my book (0) cf] the/a book of mine

2. 사전에 the와 함께 보통 쓰인다고 표시되었다고 해서 무조건 the를 붙이면 안된다.

외부적 지정인지 내부적 지정인지 a가 되는지 따져봐야 한다 ⋯➔ **사전표시 예** : culprit 명사 (보통 the culprit)

: North Korea is the culprit. ⋯➔ the=내부적 지정 : 바로 범인이다. 외부적 지정 : 그 범인이다.

→ 하지만 a의미로도 표현할 수 있으며 (하나의 범인), 심지어는 지정사 없이 infml E로 단수단독 표현도 가능

3) a(an) 영뇌[IA NB]

명사를 어떤 하나로 지정 설명해 주는 뇌. 요컨데, (설주) 비연결설명어 a(an) BNW=어떤 하나

IIIII .. **명사를 설명해 주는 뇌 :**

A.. A man /came /to see you. (or A man came /to see you.)

영뇌=기→ 설→ 설′ : BEis–Os or I + I + I : I–Os or S + S + S : S–Os

How to Read[Speak]=Aman cameto seeyou. : 먼저 감각적 주파수로 이해한다.
시동= vocal 감각적 주파수로 (자동 설가가 될 때까지) F3+E2 강하게 말하기
(씨–여/씨–유=retro–root F 전자=o지배음가의 어화 후자=u지배음가)

→ 어떤 하나로 명사를 설명해 주면서, s동사로 설명해 나가는 뇌 : BEis–Os

.. **我必 Free 감주 간직하기**=Man came to see. ↗어떤 한 사람으로서 어떤 사람

시동=어떤 한 사람[남자]/어떤 사람이 왔어요, 대동 보러 당신을 말이다.

a=어음가와 첫 번째로서 어떤 하나 [어떤 하나의 상황]
[a: '어' 음가로서 어떤 + (알파벳에서) 첫 번째 나오는 것으로서 하나]
소리[본토말]: a=어/에이/합성감주 (어/에이: dot점형/slide 주파수)
어/에이=**약한 감정음가/알파벳음가(강조)**-- used before the sound of consonants

tip]a/an **용법=소리기준**
↳a의 **강조**=에이 an의 **강조**=애ㄴ

B.. That sounds /like an excuse /to me.

영뇌=기→ 설→ 설′ : BEis–Os ↘ .. **major 감주=** -- sounds --- excuse -- .

How to Read[Speak]=Thatsounds likean excuseto me. : 먼저 감주로 이해한다.
시동= vocal 감각적 주파수로 (자동 설가가 될 때까지) F3+E2 강하게 말하기

like **영뇌의군**=like를 an 영뇌의군으로 설명해 나가는 두뇌 (익스큐–저=t폐쇄와 어화 합성감주)

.. **我必 Free 감주 간직하기**=That is like excuse. ǀ Free 감주 간직하기

시동=그것은 들리는 것 같다. 동모[동자] 어떤 하나의 변명처럼 대자 나에게 말이다.

an=어음가와 첫 번째로서 어떤 하나[어떤 하나의 상황]
[a: '어' 음가로서 어떤
+ 첫 번째 나오는 것(first letter)으로서 하나 n: 소리조절 sign]
소리[본토말] : an=애ㄴ/언=post점형 /dot점형 주파수
-- used before the sound of vowels

시동 종류=원애시동 /vocal음 /Free 영뇌 /F3+E2 /일상적인 생활 /Ekbe /†SIUM 말하기 /무한글 /BNW or 비한글 BNW /BAM /BEis 영뇌[=IS 설가뇌] /G토씨 /connotation /영뇌기 본자세 /패턴 /associate — 실력이 늘면 (감주로 이해되는 것 속에서) 안되는 것만 시동을 건다.

a/an은 동명사를 설명해 줄 수 없다.

동명사는 동사서술명사로서 uncount 동사명사이기 때문이다.

즉 실체 명사가 아니면 셈 단어 또는 복수 sign으로 셈할 수 없다.

▭ **셈 단어=a/an(어떤 하나) /one, two, a few, many, --etc.**

▭ **복수 sign=plural 's' or 'es' [e: 조율음]**

- A building of the bridge is a hard work. : Incorrect

⇨ The building of the bridge is a hard work.

vs He has a building. ⋯› building=noun -- 빌딩 /gerund -- 짓는 공사

›› came 뒤에 일반부사 영뇌를 추가하면 :

A- E.. A man came hundreds of miles /to see you.

영뇌=기-->설 : BEis-Os ∗hundreds of miles=명사부사 (의군)

시동=어떤 한 사람[남자]이 왔는 데 수 백마일을 왔어요, 보러 당신을 보러 말이다.

A.. A man came to see you. ↘ **.. major 감주=** -- man came -- see you.

Free 감주로 이해/간직 하기 ⇛ A man came. /Man came. /Came to see. /Came to see you. /To see you. /A. /To. /-- etc.

›› A man came. 어떤 한 남자가 왔어요. Man came. 남자가 왔어요 : (단수 단독표현) infml E

tip) **또다른 free 영뇌**=인간이 왔어요 : **u의미 명사**

Came to see. 왔는데 대동 (만나) 보러고 말이다/와서 대동 (만나) 보았어요 : **실제과거**

왔으면 해요 : **의미과성립** : Donald Trump cut off. cut off 되었으면 해요. Came to see you. 왔는데 대동 보러고 당신을 말이다. To see you. 대동 보기 위해서[보니까/보면] 당신을 말이다.

A. 어떤 하나/어떤 한 /하나 (이지요) → **관사 free 영뇌** To. 대동 하기 위해[하니까/하는 것] /그렇게 하는 것

↳ **big tip)**글(text)=simple statement(간단말)/sentence(문장)/paragraph(문단)/passage(절)

//introduction(서론)/body(본론)/conclusion(결론)

shortest simple statement : The. A. All. No. Ok. Absolutely.

↳ 문장만 말이 되는 것은 아니다. 문자(text)는 모두 말이 된다.

※text=가장 일반적인 말로 단어(word) 또는 글자(letter)를 묶어 놓은 것으로서 글/문자 [t: tied] : text message /I'm texting.

↳ **tip)단어하나를 간직해도 free 영뇌[free 단주]로 간직하라. 즉 의미 전달 값으로 간직하라.**

↳**이때 의미=IS값 ⇛ 낱개영뇌 ⇛ 의미전달 최소단위=단어하나**

☞.. 이해는 최종적으로 단어의 최종적인 뜻인 감주로 이해한다.

4) a(an) BNW와 그 확장의미[EM]

(영어에 대한 기초지식[basics]을 알았다면 생활 속에서의 뜻으로)

① a(an) BNW=어떤 하나 — 我必 free 감주로 간직한다.

: 어떤 하나의 상황 또는 여러 개 중 어떤 하나 --> EM=어떤 하나로서 '하나' ---, etc.

a.. a //new /Bagdhad a //happy /Smith

영뇌=전설 ⇨ 설-->기

시동=어떤 하나인데 new Bagdhad로 말이다 ⇛ 어떤 하나의 신 바그다드

/어떤 한 사람인데 happy한 Smith로 말이다 ⇛ 어떤 한 행복한 스미드씨

b.. an /Edison

영뇌=설-->기

시동=어떤 하나인데 즉 에디슨의 발명품 중의 어떤 하나 ⇛ 어떤 하나의 에디슨 발명품

조율음가 n

an의 n은 소리를 조절하기 위해서 붙인 철자이다. 즉 모음+자음은 각각 자기 음가를 보유하나, 모음+모음은 단모음으로 발음이 되어 자기 음가를 보유하지 못하기 때문에 붙인 자음이다. 예컨데, on=모음+자음으로서 '온' 으로, a+o=ao ⇛ a or o, 즉 모음+모음의 단모음으로서 '아[애]' 또는 '오' 로 소리가 난다.

: a book vs an only child, an excuse, an hour ＊**모음=a, e, i, o, u**

vs a useful animal /a onetime soccer player : j/w=자음

tip)정관사의 강조소리=디-/디이 부정관사의 강조소리=에이/애ㄴ

↳전자=There is a report.

부정관사 BNW와 one, some

BNW가 어떤 하나이기 때문에 one에도 사용할 수 있다.

: single=noun a one dollar bill[note]

시동=어떤 하나의 일달러 짜리 지폐 ＊**single=생활 infml E**

vs Some guy called for you while you were gone.

시동=어떤 녀석

＊**called for**=불렀는 데 해자 누구를 부른 것으로서 찾았다는 말

이렇게 영어에서는 '어떤 하나' 라는 단어도 있고, '하나' 라는 단어도 따로 있고, '어떤' 이라는 단어도 따로 있다. 그래서 a[an]의 자기 존재도 분명히 있는 것이다. **이게 바로 BNW이다.**

plus] some=어떤/몇몇의/약간의 //호소적인 뜻으로서 좀
vs any=어떠한/어느/조금도 //어떠한 것으로서 좀
: Would you eat some cake? 케이크를 좀
vs Do you have any hope? Any wrong doing.
-- 좀 희망이-- ? /좀 잘못하고 있는 것 같다.

tip)PN 단어, 즉 'positive+negative' 단어는 두 가지 입장에서 단어의 뜻을 생각해야 한다.
'some' informal : ① used to express approval : ☞ vol 1)p113
That was some game! : (그래도) 좀 볼만한 게임
② used to express disapproval, disappoint, etc. :
Some navigator! : 내비가 좀 그렇다!
Some friend he is – he left me stranded at the train depot. : 좀 그런 친구다

c.. A Mr. Smith came to see you.

시동=어떤 한 사람, 즉 스미드씨라는 어떤 한 사람 ⇒ 어떤 한 미스터 스미드씨라는 사람

d.. No rose without[=sans] a thorn. 시동=어떤 가시 하나

e.. We were here for an hour.

cf] She went to the party sans her husband.
(sans: usually used humorously)

시동=구시, 어떤 한 시간 동안 / 구시, 한 시간 동안

전자=하루 24시간 중 어떤 하나로 어떤 한 시간 후자=그냥 어떤 한 시간으로서 한 시간

-- **모두 어떤 하나라는 지정 느낌으로 '한 시간' 을 느끼면 된다.**

a(an)=**지정 하나** vs one=**카운팅 하나, 즉 숫자 하나** *one=형용사/대명사/명사
vs We were here for one hour. 시동=구시, 한 시간 동안
-- **숫자 한 시간 : 그냥 숫자 느낌으로 '한 시간' 을 느끼면 된다.**

a와 one의 또다른 차이 a(an)는 어떤 하나로 one을 지정하면 하나가 되고, one은 대명사로서 어떤 하나(a/an)을 가리키면 어떤 하나가 되어 어느 하나가 된다.

: I will see you again one day. [=in a day]

시동=어느 한 날에/어느 날 : one morning 어느 한 날 아침/어느 날 아침[=in a morning]

vs one day earlier 시동=하루 전 cf] some day=어떤 날/언젠가

tip)one day/morning=명사부사 (의균) in a day/morning → day/morning=명사

f.. He is a doctor.

시동=어떤 한 사람의 닥터 /어떤 한 사람인데 닥터로 말이다[EM : -- 인데 일종의 닥터이다]
여러 명의 닥터가 있다. 그 중에 어떤 한 사람에 해당한다는 말이다. 그래서, 닥터라는 한 부류의 사람이 된다. 따라서 사전에서는 그 뜻으로 a class/a kind로 말하고 있다.

A Quick Note

이럴 때 우리 말은 **보통 부정관사 뉘앙스**를 전제를 하고 그냥 '닥터' 라고 말한다. caution]원어민들은 명사를 보다 더 세밀하게 관찰하고 있고, 부정관사 뉘앙스를 분명히 알고 있어야 의도파악이 가능하다.

: He called troops at the airport an 'armed invasion'.

-- 병력이, 구처 공항에 있는 것도 일종의 무력 침략이라고 말이다.

g.. We drove under a gloomy sky. 시동=어떤 하나의 상황으로서 어떤 한 날의 어둑침침한 하늘

h.. We all wish you a merry Christmas.

시동=어떤 하나의 상황으로서 어떤 한 즐거운 크리스머스(를 보내기를 말이다)

: I can not remember a Christmas like it.

⇒ **IS영뇌 작동시**

모두 '용해된 어떤 하나의 상황' 또는 '어떤 하나의 상황' 으로 스쳐가면 된다.

i.. Tiger Woods finished the first day with a (5 under par) 65.

···› a // 5 under par / 65 =전설 ⇨ 설-->기

: '5 under par 65타' 를 그냥 하나의 상황으로 두뇌를 작동시키면 된다.

여기서는 a의미가 우리말로 나타나지 않는다. 그냥 a할 때 무한글로 하나의 상황을 느끼면 된다. 이렇게 한글 없이 (어떤) 하나의 상황으로 느끼거나 해석 한글로 이해하지 않고 그냥 BNW로 (어떤) 하나의 상황으로 느끼는 것이 **무한글 또는** 비한글 BNW 시동이다. 시동= -- 끝마쳤다. 첫날을 동자 5 언더 파 65타로 말이다.

↗부정관사도 just-IM(단순히 뜻하는 의미)으로 외우지말고, BAM으로 접근하라.

② a/an EM[extended meaning]

— 어떤 하나로서 '하나' '어떤 것' '하나의 묶음' '각각하나' '각각모두' '하나의 종류' '대략 크기 한' '하나 같은 것' 이 된다.

즉 **어떤 하나로서,** 하나[one]가 되거나 어떤 것(a certain)이 되고, 하나(의 상황)로 묶으면 하나의 크기 묶음이 되고, 하나 하나 각각을 지정하면 each one[per]이 되고, 하나 하나 모두를 지정하면 전체 대표의미가 되고, 하나의 종류[부류]가 되면 one kind[class]가 되고, 하나의 크기 정도가 되면 대략 크기로 '한 또는 some' 이 되고, 하나 같은 것으로서 same이 된다. —— etc..

↳ tip)EM도 (생활 속에서의 뜻으로) 我必 free 감주로 간직하라.

A.. 어떤 하나로서 하나이거나 어떤 뇌: one /a certain

a.. For lunch, I ate a sandwich and an apple. : 지정하나이니 one이 아니라 a/an 느낌으로 쉽게 표현된다. **이게 바로 영뇌이다.** 시동=한 개의 샌드위치와 한 개의 사과

b.. **Such a long queue!** -- 지정하나이니 긴 한줄일 때 저절로 a가 튀어 나온다.
시동=정말로 긴 한 줄이구나!

c.. **An hour. A month. A year.** 시동=한 시간 /한 달 /일 년
vs **A thousand.** 천이라는 복수의 크기를 하나의 크기로 묶은 뇌
-- hour/month/year는 복수크기가 아님 시동=일천

d.. **You have a problem.** 시동=어떤 문제[한 가지 문제/약간의 문제]

tip)우리말 '한'=지정하나 /숫자 하나 /대략크기 /불명확한 지정(certain)
— 그래서, s영뇌 작동시 상황이 달리 보여야 한다.
vs **Dogs have sometimes a problem at home. Lots of dogs are noisy and dirty. Fierce dogs can even injure or kill people.**
▭ a problem
시동=여기서는 한 가지 문제가 아니라 어떤 문제 또는 약간의 문제이다
: 어떤 하나로서 어떤 것(a certain) **또는 하나의 크기 정도로서 약간의**(some)
↳ vs some=**특정지우지 않는 것으로서 어떤 것**
[s: specified o: **아음가로서 아닌 것**]
vs certain=**확실히 확정짓지 않는 것으로서 어떤 것**
[c>s: sure n: not]

B.. 하나의 크기로 묶는 뇌:

||||| .. 명확한 크기를 하나로 묶은 뇌

a.. **a dozen** 시동=한 다스, 즉 12개를 하나로 묶은 개념
: a dozen eggs[=a dozen of eggs] cf] 12 eggs two <u>dozen</u> roses=24 roses

b.. **a score** 시동=한 스코어, 즉 스무개의 한 묶음
: a score ships[=a score of ships] cf] 20 ships three <u>score</u> years=60 years

c.. **a decade** 시동=한 데커, 즉 10년의 한 묶음
: a decade ago[=ten years ago] /two decades ago

d.. **a couple** 시동=한 커플, 둘을 하나로 묶은 것
: a couple thousand tons[=two thousand tons]

e.. **a half** 시동=한 하프 : 절반 크기를 하나로 묶은 것
: one and a half kilos=a kilo and a half=$1\frac{1}{2}$ kilos ※kilo=kilogram
vs half a dozen[=6] eggs : half=adv. a half-holiday[share] : half=adj.

f.. **a hundred a thousand**
시동=일 백/일 천 : 백/천을 하나로 묶은 것 : a hundred ships /a thousand eggs
a=어떤 하나의 묶음으로서 지정 하나 vs <u>one</u> hundred/thousand -- **숫자 하나**

cf] Another <u>five inches of snow</u> expected. : **또하나의 사건인 것**

Another <u>two people</u> were killed. : **둘을 또하나로 묶은 것**

⇒ another=또하나로서 또다른

cf] He ate another piece of cake. 또 한조각

tip)다른 정도나 떨어진/감소한 정도가 불명확한 정도이면 "a"로 표현 : **a가 붙는 원리**

a difference in size 한 대략 차이가 나는데 면에서 크기 면에서 그렇다는 것

a drop/decrease in sales 한 대략 떨어졌는데/감소했는데 면에서 매출 면에서 그렇다는 것

||||| .. 불명확한 크기를 하나로 묶은 뇌

a.. I have a few friends. → 적은 수를 하나로 묶은 것 또는 대략 크기로서 '한'

시동=한 몇몇 정도되는 ↗also, 어떤 몇몇의

···› **여기서 우리말 '한'** = '한' 으로서 하나의 묶음 또는 대략크기 **뜻하는 의미**=조금 있다.

↘ **어떤 뜻으로 시동을 거느냐에 따라 IS영뇌도 달라진다** ⇒ bnw-BAM 시동=Best ∵ **원어민과 같은 느낌**

-- 적은 수를 하나로 묶은 것인데 a thousand처럼 복수의미이다 : few=noun

vs I have few friends. -- 수개념 (few=adj.)

시동=나는 있는데 몇몇의[적은 수의] 친구가 있다.

뜻하는 의미=별로 없다[=not -- many 많지 않다]

여러 종류라는 뜻

참치도 여러 종류,-- 해당 해산물 자체가 다양한 것이 아니라 낙지도 여러 종류,

↗낙지, 참치, 해삼, 조개,-- 등으로

tip) a variety of subjects/see food a majority of couples **단**, varieties of see food

↗also, 어떤 적은 양의

b.. We ate a little food. → 적은 양을 하나로 묶은 것 또는 대략크기로서 '한'

시동=한 조금 정도되는 **뜻하는 의미**=조금 먹었다. (little=noun) tip)수/양=많고 적은 개념

vs We ate little food.

시동=적은 양의 (little=adj.) -- 양개념

뜻하는 의미=별로 먹지 않았다[=did not -- much 많이 먹지 않았다]

cf] These shoes have <u>little red lights</u>. I see a <u>little seed</u>. She has <u>little feet</u>.

: 크기 개념으로서 작은 것 -- 그래서 <u>크기개념으로 C의미 단어 가능</u>

-- 달고 있는 데 <u>작은</u> 붉은 전구들을 말이다/어떤 <u>작은</u> 씨앗 하나

caution] 구문법은 few와 little을 <u>부정관사 유무</u>에 따라 조금있다/별로 없다는 뜻으로 가져가는 데 단어 본래[원래] 의미와 뜻하는 의미는 구별할 줄 알아야 이해의 자유가 생긴다.

New York Times: Sony likely to distribute "The Interview" to <u>few</u> hundred smaller theaters.

-- 여기서는 뜻하는 의미로 이해하면 안된다 ···› 몇 백개의

: Few years ago we met. 몇년 전

아주 적은 크기이면 very를 함께 쓰면 된다 : very few/little

시동=정말로 아주 적은 수/적은 양 ···› 뜻하는 의미=almost none: 거의 없다

vs only a few/little 시동=단지 한 조그만한 크기만 있는 것[되는 것]

···› 뜻하는 의미=not many/not much ↳bnw–BAM 시동=Best ∵ 원어민과 같은 느낌

↳few, little처럼 뜻하는 의미는 같다.

일반적으로 사전의 뜻풀이는 뜻하는 의미이지, 단어 본래[원래] 의미는 아니다. **한국사람들의 가장 큰 취약점**은 BNW를 못 느끼고, 뜻하는 의미로만 뇌를 작동시키고 있다는 것이다.

c.. I have a number of friends. → 수명[수~명]을 하나로 묶은 것 또는 대략크기로서 '한'

시동=한 수명[수~명]이나 되는

뜻하는 의미=**한 수명으로서** some(약간의), several(여러 개), many(많은)

사전의 뜻으로 이해하면 뜻하는 의미가 되고, BNW로 이해하면 단어 본래의미[원래의미]가 된다. 그래서, 사전의 뜻으로 번역하면 **준번역[이면번역]** 밖에 되지 못하고, BNW가 반영된 번역을 하면 **완전번역**이 된다. 각종 신문에 연재되는 오늘의 영어표현이나 각종 학습서는 숙어처럼 준번역만 하고 있다.

주의할 것은 a number, 즉 한 수명이 some이 될지, several이 될지, many가 될지는 그때 그때의 상황에 따라 두뇌를 작동시키면 된다. 그래서 많고 적음을 분명히 표현하기 위해 small **또는** large를 쓴다 : a small number (of), a large number (of)

a number/the number의 infml E :

vs Number of journalists were trapped in Tripoli. 시동=수명의 journalists

Number of balloons ready to be dropped at the end of speech.

시동=수 많은 balloons

vs Number of people killed in Ebola outbreak rises above 4,000.

시동=(총)수, 즉 사람, 죽은 사람의 수는

▭ number=(a/the) **전제** infml E ready=(be동사) **전제** infml E

Tip) The final official death toll is 1,400. → **'death toll'** position=number

d.. I have an amount of money.

→ 대략 양을 하나로 묶은 것 또는 대략크기로서 '한'

시동=한 양정도 되는 돈 뜻하는 의미=some(대략 좀되는) /a certain(어느 정도 되는)

cf]Some 80 people showed up for the lecture. [=about 80 people]

caution] amount는 양으로서 U의미/C의미 명사, number는 수로서 C의미 명사이다.
amount가 C의미일 때는 하나의 덩어리 크기 양, 여러가지 덩어리 크기 양이 된다.
: He could only pay half the amount he owed.
The shopkeeper had a large[enormous] amount of oranges in his storeroom.
Large amounts of money were spent on the bridge. *우리말 '양' =U/C 의미

e.. An estimated 200 people came here.

시동=한 대략 200명 → 대략 크기 200명을 하나로 묶은 것 또는 대략크기로서 '한'

: **(설주) 영뇌의군**=An estimated 200 /people =설-->기

⋯▸ An /estimated 200=설-->기 cf] I felt a little tired. 명사부사

f.. A lot of us want to leave now. I have a lot of money.

→ 다수[다량]를 하나로 묶은 것 또는 대략크기로서 '한'

시동=한 다수나 되는 사람들/한 다량의 돈 *a lot=**다수/다량으로서 복수/비수**

g.. There are a great[good] many reasons.

→ 대단히[상당히] 많은 것을 하나로 묶은 것 또는 대략크기로서 '한'

시동=한 대단히[상당히] 많은 이유들 *many=noun

cf] Many a famous pop star has been ruined by drugs. → 불명확한 지정으로서 '한/어떤'

-- 뜻은 복수이나 단수인 것 ∵ many=(문어적 표현) adv. **시동**=많은 한[어떤] 유명한 pop star들

C.. 하나 하나로 각각 지정 : each one[per/each]

a.. We work eight hours a day. 시동=하루 하루, 즉 매일

b.. Carry them three at a time. 시동=직자 한번 한번 해서/한번 한번 마다 (말이다)

D.. 하나 하나로 모두 지정 : 전체 대표의미[일반적 의미]

-- IS 영뇌를 느끼려면 하나 하나로서 모두를 지정하는 뇌로 작동시켜야 한다.

a.. A cat is a domestic animal. **시동**=고양이라는 동물은 : 한 마리의 고양이가 아니다.

b.. A square has four sides. **시동**=정사각형은 네개의 변을 가진다.

c.. A child needs love. **시동**=(하나 하나 모두를 지정하는 뇌로서) 애는

A child=The Child =Children=The Children -- all in general
시동=애는/애란/애들은 : 하나 하나로서 전체, 명사자체 지정으로서 전체, 복수로서 전체,
복수전체 지정으로서 전체이다.

E.. 어떤 하나로서 하나의 종류 : a kind[a sort/a type/a class]

a.. It' s a beetle.

시동=하나의/일종의 -- a kind of beetle : AmE vs a kind of a beetle : BrE

b.. The honesty in a politician is a virtue.

(앞 a=하나 하나 모두로서 정치인 -- 그 정직성, 즉 내자 정치인이 품고 있는 정직성)

c.. This is a water.

d.. filling=a material used to fill a cavity in a tooth to preserve it from decay.

시동=하나의/일종의 물질[재료]인데

-- 썩지 않도록 충치에 채우는 물질, 즉 봉/충전재/충전물

: The dentist gave me a temporary filling /gold filling.

F.. 하나의 크기 정도로 대략 크기 :

— 하나의 크기 정도로서 조그마한 크기(some 좀 /어느 정도 /약간) /대략 크기로 한

a.. You need a wash. 시동=(세수를) 한 번 할 정도로서 좀/한 번

→ 이 때 한 번은 1회로서 한 번만 하라는 의미가 아니다. 한 번 할 정도로서 좀 하라는 대략 크기이다.

b.. Take a look at me. 시동=한 번/좀 ＊**우리말 '한 번'** = '한 회 / †대략 크기'

c.. You' re right to a degree. 시동=(어떤 하나의 크기 정도로서) 대략 어느 정도

d.. She stood here for a time. 시동=구시 한[잠시] 동안 : time position=period

e.. It cooks in a matter of (a few) minutes. 시동=내에, 한 대략, 즉 수 분내에

The ball was foul by a matter of inches. ···› 내에, 즉 한 대략 수 분내에

시동=차이로, 한 대략, 즉 수 인치의 차이로 ···› 차이, 즉 한 대략 수 인치의 차이로

matter=구성물질, 즉 이루고 있는 구성물질의 양으로서 크기를 의미

-- 여기에 a크기가 가미되면 대략 크기가 된다. 그래서 사전에서는 이렇게 풀이하고 있다.

: a matter of=a little more or less than; about

G.. 하나 같은 것으로서 동질성 : same

a.. We are of an age. 시동=(우리는 인데 즉) 하나 같은 나이(이다).

-- **하나 같은 것으로서 같은 것**

vs We are of the same age. 시동=같은 나이 -- **그냥 같은 것으로서 같은 것**

b.. Birds of a feather flock together. 시동=새들, 즉 하나 같은 깃털을 가진 새들은

: both of one species 시동=둘다, 즉 한[같은] 종류인 것 -- **한 종류로서 같은 것**

*species=종(種)/종류(**생활** infml E: type, sort)

: This rare bird has become an endangered species. A strange species of car.

이제 비영어권 사람들도 사전의 뜻을 추가할 수 있다.

따라서, 사전에서 **a의미가** one, per, a kind, same, some, -- **등등**으로 나와 있는 데 이것은 어디까지나 뜻하는 의미이지 단어 본래의미[원래의미]가 아님에 유의하라. **단어 본래[원래]의 뜻은 BNW가 반영된 뜻이어야 한다.** 특히 이런 의미들이 있기 때문에 a/an을 쓰는 것이 아니라, 어떤 하나로 그런 의미가 생긴 것임에 명심하라.

그래서, **사전에 나와 있는 뜻 이상으로 또 다른 뜻이 나올 수도 있고, 우리도 사전의 뜻을 추가할 수도 있다. 뿐만이 아니라, 원어민이 의도하는 의미도 사전에 없어도 추측할 수도 있다.** BAM 영뇌를 소유했기 때문이다. 실제로 타임지 같은 데서는 사전에 없는 뜻도 많다. **BAM으로 해결하라.**

||||| .. **Inaugural speeches have inspired a nation and reaffirmed American ideals.**

Nepal : a nation in ruins. A public.

추가 : a=하나의 전체로서 모두 -- a nation=**전 국민[한 국민] /한 나라 국민전체 /전 대중[전 민중/한 대중]**

-- 하나 하나로서 모두를 의미하는 것과 다르다.

***우리말 '한'** = '하나' /대략크기로서 '한' /하나의 전체로서 '한' / 같은 것으로서 '한' -- etc.

||||| .. **We could tell from his slurred speech that he'd had a few. [≒ a few too many]**

원어민 infml E 이해 :

a=몇번 크기를 한번씩 한번씩으로 여러번 지정하는 것으로서 몇 번씩 여러 번 여러 번

[≒ 몇 번씩 아주 많이], 그래서 a few와 a few too many는 의미가 거의 같다.

사전에서도 **'a few or a few too many=too many alcoholic drinks'** 로 밝히고 있다.

시동=우리는 할 수 있을 것같다. 즉 말할 수 있을 것 같은데 기자 그 사람의 슬러드 말로부터

즉 그가 가졌다고, 마신 사실을 몇 번씩 여러 번 여러 번 가졌다고 말할 수 있을 것 같다.

||||| .. **Clear with a windchill as low as −3℃. Breezy. Winds from the WNW at 20 to 30 km/h.**

a=어떨 때 하나 생기고 어떨 때 하나 생기는 것으로서 sometimes

시동=맑으면서 동자 가끔 풍한도 있고 그리고 최저 온도가 즉 영하 3도이다. 바람은 제법 강하고, 이따금

바람이 부는 데 기자[기처] 서풍 또는 북서풍이고, 직자[그 크기는] 시속 20에서 30 km이다.

※ with=동존 추가로서 동자 -- 도 있고 as=동질연결로서 그리고 from=출처 대상으로서 기자[기처] -- 이다

breezy=부는 데 이는 정도로 부는 것으로서 제법 강하게 부는 것 [b: blow r: rising 이는[일어나는] 정도 : 분사부사]

/조금씩 조금씩 기분좋게 부는 바람으로서 산들바람 [b: a bit+blow ee: cheerful]

winds=wind+s: several, 즉 여러 번으로서 이따금/때때로, 즉 sometimes 복수

tip) sometimes을 **나타내는 방법=a, 복수 s, now and then, -- 등등**

WNW=West-Northwest at=바로 대상으로서 직자 //구역으로서 크기/규모[a: area]

↗그러면 영어말투가 형성되고 영어말투에 익숙해진다.

☞.. 이해는 (언어에 대한 basics를 알았다면) 최종적으로 단어의 최종적인 뜻인 감주로 이해한다.

Plus-1 ▭ **관사 전제 infml E** : infml E도 일종의 Free 영뇌

우리말은 지정사를 전제로 하는 경우가 영어보다 훨씬 더 많다.

→ **C의미 명사일 경우**=단수 단독표현 ⇒ (지정사 전제) infml E 복수 단독표현 ⇒ StE

→ **U의미 명사일 경우**=비수 단독표현 ⇒ StE

전자=보통체 /보통집합체 /무리복수집합체

후자=물질체 /추상체 /고유체 /물질집합체 /추상집합체

caution] infml English는 일반적으로 SpE(뉴스, 드라마, 쇼, 대화, 중계방송), 리플, 알림, 광고, Headline, — 등에서 많이 표현한다.

tip)단수일 경우 보통명사와 보통 집합명사는 지정사를 표현해야 StE가 된다.

1.. **I have house.** ⇨ StE=a[one] house /the house /my house — etc.

2.. **Family is happy.** ⇨ StE=The family /My family /This family — etc.

vs a.. We want water. b.. Beauty is only skin deep. c.. This is John.

d.. Furniture is made of wood. e.. We love poetry.

cf] We have houses. This is the policy for families. <u>Cattle</u> are cows and bulls.

— 복수 단독표현 ⇒ StE

명사자체 표현과 단수 단독표현은 다르다.

전자=U의미 — 비수 단독표현으로서 명사가 지닌 내부적 성격/성질에 중점을 둔 의미

후자=C의미 — 수에 중점을 둔 의미

: Mother[Man] is stronger than father[woman].

▭ 명사자체 표현으로서 비수 단독표현=모성/남성 부성/여성 -- **StE**

▭ 단수 단독표현=엄마/남자 아버지/여자 -- **전제 infml E**

3.. **ranks 27th in world** ⇨ StE=the world

day after earthquake ⇨ StE=a day/the earthquake

4.. **Ads / Classifieds** :

For Rent : House with nice yard, quiet street, garage

⇨ StE= <u>A</u> house with <u>a</u> nice yard, quiet street, garage.

5.. **Help Wanted** :

Computer technician, nights, Community College. Good salary and benefits.

⇨ StE=A computer technician, ----------- .

-- 단수 단독표현이기 때문에 a를 써지 않아도 한 명을 구한다는 말이다.

6.. **Dow is up 1.6% on month[for month].**

⇨ StE= Dow is up 1.6% on a[one] month [for a/one month].

on a[one] month=상에, 한 달 상에 -- 달력 위 한 달이라고 뇌를 작동시키면 됨

for a[one] month=구시 한 달동안에

: Stocks rally after week's loses. ⇨ StE=a week's 일주일 간의

vs Dow jumps triple[three] digits into black for year.

껑충뛰어 세 자리수가 껑충뛰어 내대자 흑자가 되었는데 구시 금년[일년] 동안 말이다

⇨ StE=for the/a year cf] a triple murder 세 건의 살인 사건

7.. **1st fl flt in mod blk close West End.** ···› 관사/전치사 **전제** infml E

⇨ StE= A first floor flat in the modern block close to (the) West End.

close=**관계형용사 또는 일반형용사** -- 후자=동사전제 infml E

tip) 관사를 쉽게 붙였다 떼었다 하기 :

감주로 말하면 쉽게 붙여지고 free 영뇌로 이해하면 쉽게 전제시킬 수 있다. 우리말은 관사 지정의미를 전제시키는 경우가 많기 때문에 처음에는 관사의미 지정 습관을 감주로 기른 후 infml E를 즐기면 원어민들처럼 관사의미를 마음대로 붙였다 떼었다 즐길 수 있다.

Plus-2 관사와 관습적 English

— 정상을 벗어나도 너도 나도 많이 쓰다보면 관습[관용]으로 굳어진다. 관습으로 굳어진 것도 StE이다.

1.. **She turned/became doctor. : 지위/신분 관습** ▭ **보통표현**=He turned/became a doctor.

2.. **Woman as she is, she can do so heavy a task. : 도치강조 및 동질양보 관습**

▭ **보통표현**=Even though she is a woman, she can do such a heavy task.

3.. a.. **How beautiful a voice she has! How big a bite will Y2K take?**

: 도치강조 관습 (fml E) → how/too/so/as+**형용사**로 보통 쓰던 습관 때문이다.

b.. **He is too good a boy to tell a lie.** : 일반형용사 영뇌 [=a boy too good to tell]

▭ **보통표현**=The boy is too good to tell a lie. ↳**관계형용사 영뇌**

c.. **Why did you wear so formal a suit to go on a picnic?** [=a suit so formal to go]

▭ **보통표현**=Why did you wear such a formal suit to go on a picnic?

d.. **I have as good a watch as he has.** [=a watch as good as]

cf] Many a small business has recently failed. : many=(문어적 말로서) adv.

▭ **보통표현**=Many small businesses have recently failed.

※middle-sized businesses 중기업/중견기업 small businesses 소기업

4.. a.. The two girls stood side by side. : **덩어리 관습**

-- 뭉쳐서 바로 간결하게 표현하는 습관 때문에 지정사를 써지 않는다.

전제 단수 단독표현이 아니다.

b.. A lone prehistoric fisherman, spear in hand, stands patiently over a hole in the Arctic ice.

→ from beginning to end, face to face, arm in arm, day and night, day after day, from door to door, step by step, from hand to mouth, hand in hand, etc..

cf] A knife and fork is very useful in our life.

⋯› 어떤 하나의 칼인데 달린 포크가 달린 것 : **한 덩어리 개체**

→ A watch and chain [=A watch with a chain]

A needle and thread -- etc..

plus] Every boy and every girl in our class has a camera. ⋯› and 단일개념

-- 모든 각각의 남학생에 합쳐진 모든 각각의 여학생이 합쳐진 여학생으로서 각각의 모든 남녀학생 ※and=추가로서 달리거나 합쳐지는 것

A Quick Note

caution] 단어자체가 uncount/count 의미가 있는 단어

a.. We go to church on Sundays. -- infml E**가 아니다**

▭ church=(U) 예배모임으로서 교회 (또는 교회예배) /(C) 예배장소로서 교회

※**우리말 '교회'** =U/C의미 모두 포함 : 간다. 대자 교회로 상일 일요일 마다

b.. He informed me of the news by mail.

▭ mail=우편/우편물 ⇒ 우편=통신수단으로서 U의미 : 행자 우편으로

c.. We traveled all over Europe by train.

▭ train=열차편/열차 ⇒ 열차편=교통수단으로서 U의미 : 행자 열차편으로

→ by bus 행자 버스편으로 (=in a bus 타고서 버스를 타고서), by taxi(=in a taxi), by bicycle(=on a bicycle ride), by telegram 행자 전보로, on foot (상자 도보/발로 해서 : (지면위) 상수단 대상으로서 상자 -- 으로 해서) : u의미 ※by=행수단 vs on=상수단

하지만 수단이 아닌 단수단독인 경우 infml E : 옆인데 버스 옆 /상소, 즉 발 상소

tip) U의미 비수단독 : a decrease in bus 한 대략 감소가 있었는데 분야, 버스편 분야에서의 감소

at table 식사[U]/테이블[C] ⇒ 직자 식사 중인 것[StE]

/구처 table에서[infml E] ⇨ StE : at a/the/his table -- etc.

go to bed in order to sleep
잠자리[U]/침대[C] ⇒ 가는 데 대자/대처(對處) 잠자리로 가는 것[StE]
그래서, "in order to sleep"도 함께 표현 가능 tip) go to bed=잠자러 간다는 말은 뜻하는 의미이지 단어 본래의미[원래의미]는 아님에 유의하라[=go to sleep]

//가는 데 대자/대처(對處) 침대로 가는 것[infml E]
⇨ StE : go to the bed/a bed/his bed -- etc.

cf] Making a bed. : 깔고 있다. 잠자리 하나를 말이다. ※**우리말 '잠자리'** =U/C 의미
/만들고 있는 데 침대 하나를 만들고 있다.

by=지게를 지는 것으로서 행위실체 /원인행위 /행위수단
[b: behavior y: 지게] : by bus=B-->E : 행자 버스편으로/행자 버스로
//지게로서 수단 : 행자 -- 으로 해서 : I know him by name.

tip) ☺.. infml E[free 영뇌]와 청취
: 극저음[저음]/폐쇄와 비합성 감주 또는 합성 감주시 이해는 StE or infml E로 이해가능
"In need of a kidney. O positive (blood)."
니-드어/니-더 키드니 비합성 또는 합성 감주로 a음가가 안들려도 of a를 다 소리를 낸 것으로 이해해야 한다 : StE (of=f음가를 폐쇄시키면 '어'가 되고 a와 중복되니 a음가를 다시 탈락시킴)
이렇게 a음가가 전혀 안들릴 때는 **infml E[free 영뇌]**로 이해해도 좋다 : In need of kidney.

Plus-3

관사와 영뇌의군 — 관사 영뇌의군은 설주 영뇌의군이다. 일종의 free 영뇌이니 free 영뇌로 간직하라.

1.. It's really a nice house.
⇒ really [a (nice /house)]
=대전설 ⇨ 소전설 ⇒ 설-->기 : 부사가 명사(의군) 설명시 관사 앞에 위치

2.. It's a very nice house.
⇒ a [very nice /house]**=전설 ⇨ 설-->기** : **최초 의군**=very nice : 부사가 형용사 설명
: That sounds like a very good idea. : 동모[동자] -- 처럼 말이다

3.. An animal called an extremely large extinct reptile is a dinosaur.
⇒ an (extremely large /extinct reptile)**=전설 ⇨ 설-->기**

4.. A knife and fork is very useful in our life.
⇒ A knife /and fork**=기-->설** : 어떤 하나의 칼인데 달린 포크가 달린 칼[=A knife with a fork]
: A watch and chain A needle and thread ⇒ and=추가로서 달린 것
cf] a /knife | and | a /fork **=설 -->기 ⇒ 등설 ⇒ 설 -->기** : 나이프 하나와 포크 하나

5.. The publisher and editor is reviewing the articles.

···› The publisher /and editor

=기--〉설 : 한 사람=그 사람, 즉 출판업자인데 그리고/동시에 편집자도 되는 사람

-- 추가 단일 개념

and=추가로서 그리고/동시에/아울러[a: addition] the=그로서 그 사람

vs The publisher and the editor are reviewing the article.

···› The /publisher and the /editor

=설--〉기 ⇨ **등설** ⇨ **설--〉기** : 두 사람=그 발행자와 그 편집자

vs a.. He is a publisher and an editor.

: 두 사람 역할로서 한 사람 [=a publisher and editor]

∵ He 한 사람을 설명해 나가기 때문

b.. A husband and wife are walking along the street.

: wife=(관사) **전제** infml E ⇨ StE=A husband and a wife are ---- .

-- 두 사람이 한 사람이 될 수 없으니 관사를 전제해도 오해는 발생하지 않는다.

6.. A black and white cow is grazing on the bank.

···› A [black and white /cow]**=전설** ⇨ **설--〉기**

: 한 마리인데 검은 점과 흰 점이 있는 소로서 한 마리의 얼룩소

7.. A black and a white cow are grazing on the bank.

···› A black and a white /cow]**=설--〉등설--〉설** ⇨ **기** : 검은 소와 흰 소

Plus] and 단일 개념 — 추가 (덩어리) 단일개념

a.. Trial /and error /is the source of the developments.

=기--〉설/설 : and 보설은 마치 전치사로 설명해 나가는 뇌와 같다. 그래서, s동사는 단수동사가 된다.

시동=시행에 들어 있는, 착오가 들어 있는 것[=시행 착오]은 인데 -- 이다.

/시행을 하다가 그리고 착오가 생기는 것은 ---- .

b.. Bread and butter is my usual lunch.

빵 인데 발려 있는 버터가 발려 있는 빵으로서 버터빵/빵 인데 그리고 버터가 발려 있는 빵

cf] Bread and butter sell well. : 빵과 버터

c.. Each day and each hour brings us something new.
각일에 더해진, 각시가 더 해진 것으로서 시시 각각

d.. Every boy /and every girl /in our class /has a camera.
=기--〉설--〉설′/설
모든 각각의 남학생[젊은이]에 합쳐진, 모든 각각의 여학생[젊은 여자]이 합쳐진 학생[젊은 사람]으로서 각각의 모든 남녀학생 [선남선녀]
*and=추가로서 들어[발려] 있는 것 /더해지는 것 /합쳐지는 것 /과[와] -- 등등

8.. What do I have to do to get a driver's license?
⋯▸ a [driver's /license]=**전설** ⇨ **설--〉기**
: 일종의 운전자 면허증 -- 운전자 한 사람의 면허증이 아니다.
: a happy mother's day vs driving license 운전 면허증

9.. A good many books are on the table.
⋯▸ A good many /books=**설--〉기** : 한 상당히 많은 수의 책들

a good many=군집명사[즉 구성원을 뜻하는 집합명사], 그래서 뒷 명사 복수 표현
--- a thousand books에서 a thousand과 같은 표현이다.
전자=불명확한 수로서 복수 **후자**=명확한 숫자로서 복수

10.. I drank quite a little soju last night, and I had trouble finding the way home.
⋯▸ quite a little /soju=**설--〉기** : a little이 부사 quite의 설명을 받아 다시 명사를 설명해 주는 뇌
⇒ 제법/꽤 좀되는 양의 소주 *quite=adv.

11.. I wanted to spend a lot of time with her, but we had only a few hours together.
⋯▸ only a few /hours=**설--〉기** : 단지 한 몇 시간 정도
vs a little /sugar=**설--〉기** : 한 조금 정도 되는 설탕

cf] She has very few close friends. ⋯▸ very few /close friends=**설--〉기**
: 아주 적은 수의 가까운 친구들 *few=adj.

같은 영뇌: a dozen /eggs (=a dozen of eggs) a score /ships (=a score of ships)
a couple /months (=a couple of months) a thousand /eggs a hundred /ships (일백 척의 배)

12.. **He walked for a good half hour.**

···› a [good half /hour]=**전설** ⇨ **설-->기** : 대략/한 상당한 반시간

a=하나의 크기 정도로서 대략 또는 한 :

▭ a good many 대략[한] 상당한 정도로 많은 것 (many=noun)

≒ quite a large number of 제법[꽤] 대략[한] 큰 수가 되는 것

▭ a great many 대략[한] 아주 큰 정도로 많은 것

≒a very large number of 대략[한] 매우 큰 수가 되는 것

13.. **It was advice of a not very good kind, and it was not helpful.**

···› a [not very good /kind]=**전설** ⇨ **설-->기**

: 일종의 매우 좋지 않은 종류 -- not은 very good을 설명해 주는 것이지 명사를 설명해 주는 것은 아니다 : 명사 설명시 관사 앞

cf] No one means not one person. ···› not //one /person=전설 ⇨ 설-->기

Plus-4 **a number와 the number의 차이** : 전자=한 수명으로서 복수의미 후자=그 수로서 단수의미

IIIII .. **A number of people were assembled in the square.**

→ a number=수명[수~명]을 하나로 묶은 것 또는 대략크기로서 '한' 일 경우

-- 보통 집합명사의 구성원 개념으로서 복수 의미 : **구성체 복수[군집명사]**

뜻하는 의미=한 수명[수~명]으로서 some 몇 명, several 여러 명, many 수 많은 사람

vs The number of people assembled in the square was great.

→ the number=그 수 [총수] -- 보통 집합명사의 집단개념으로 단수의미

cf] Iraq detainee numbers surge. 숫자들이/수들이

Plus-5 **관사 영뇌의군으로 설명해 나가는 뇌** : 일종의 free 영뇌이니 free 감주로 간직하라.

— 관사는 '전설 또는 설'로서 family를 거느리기 때문이다. 또한 전설이기 때문에 맨 앞에 위치한다.

IIIII .. **He has /a close friend. =B-->E**

↗theroyal wedding

-- has를 a 영뇌의군으로 설명해 나가는 뇌로 작동시킨다 ⇛ a **영뇌의군**=a //close /friend=WE ⇛ B-->E

vs **감주리딩**=aclose friend

vs **한뇌리딩**=a closefriend

the royalwedding

Plus-6 **infml English 종류**

① **전제** infml E : **Keeps on, keep on.**

전자=현동사 영뇌 : 설명현재 -- 평서문 후자=원동사 영뇌 : 명령 본동사의미 -- 명령문

-- **주어전제** **시동**=우리 회사[우리]도 계속해서 밀고 나가니, 여러분들도 계속밀고 나가라.

② 시차 infml E : **He went after she came.** 선과거 [StE=had come]

Attack said to kill. 선발생 [StE=to have killed]

③ 의율 infml E : **We have seen her last year.**

Excellent first response. ☞p463 밀접주의 기/설 영뇌 ↗ ∵ 많이 쓰기 때문

④ 생활 infml E : **I bet he is a liar. Cool bikes!** ⇒ tip]생활 infml E는 바로 StE가 된다.

(bet=sure that something is true cool= used for emphasis, very stylish/attractive)

⑤ 콤머 infml E : **Life is short, art is long.**

Plus-7

부사의 명사 설주 때는 관사가 있을 경우 그 앞에 위치한다 : 관사 영뇌의군 설주뇌

1.. **Even a child can do it.** ⋯▸ Even /a child=설-->기 : 조차도 애들조차도

: It's really a very nice house.

⋯▸ really //a [very nice /house]=대전설 ⇨ 소전절 ⇨ 설-->기

2.. **After lunch, it is usually a quiet time.**

3.. **It's rather a cold day.** vs It's a rather cold day.

⋯▸ a [rather cold /day]=전설 ⇨ 설-->기 : 부사가 형용사를 설명해 주는 뇌

cf] of 미사용 관습 : He got[climbed/went] on board the train. : 부사구가 아님 [=aboard]
이동해 가[위로 가/가서] 올랐는데[탔는데] 승판에 올랐다[탔다]. 그 열차 승판에 말이다.
on=상소에 오르는 것으로서 타는 것 board=(비행기, 열차, -- 등의) 보드로서 승판
on board=오르되 승판에 오르는 것으로서 승선하는 것 승판=vehicle 바닥판

1) What /such /half /quite + a/an + (형용사) + 명사 -- 관사 앞말 모두 부사

a.. **What a bride! I walked half a mile.**

b.. **Why did you wear such a formal suit to go on a picnic?**

c.. **He is quite a diligent man. She is quite a girl.**

2) double /half /both /all + the + (형용사) + 명사 -- 관사 앞말 모두 부사

a.. **Her income is double the national average.** ※double=twice

b.. **Half the work is already finished.**

c.. **Both the parents are doctors.** (=Both of the parents)

d.. **He gives all the money he earns to his wife.** (=All of the money)

cf] He gives his/the whole salary to his wife. (=all the salary)

↗사전의 뜻만으로 부족+BAM(Associate)+(특히 설가뇌) 뜻관계 뜻+finally, 감주

.. 영어는 단어의 뜻만 정확히 알면된다.

Attention] all/both가 대명사로 쓰일 때는「of 사용」또는「대명사 뒤」

Both/All of them speak French. or They both/all speak French.

cf] Both he and she are dead. : both collocation 영뇌 both=부사 : 대명사 설주

I like both paintings. : both=형용사 : 명사 설주

vs **관사+부사+형용사+명사** : 이때 부사는 형용사 설주

IIIII .. She was a very rich widow.

▭ a //very rich /widow=전설 ⇨ 설-->기 (opp.=widower 홀아비)

.. 감주 습관이 형성되면 (청취뿐만이 아니라) 모든 독해도 언어로 다가온다 : 소리값 〉문자값

→ 원어민=소리값 지배 속에서 모든 게 이루어지고, 비영어권 사람=글자값 지배 속에서 모든 게 이루어진다. 우리도 원어민처럼 바꾸어야 영어를 정복할 수 있다.

8. 명사 영뇌[Noun NB]란 :

무한글 이해, 즉 IS두뇌로 묻는 말 /감탄말 /종속접속사 /전치사 /동사 /명사[대명사]를 Title로서 C의미/U의미로 그냥 서술적으로 설명해 나가는 뇌

요컨데, 비연결 설명어

또는 기본어[주어]로 먼저 말하는 뇌

▭ **명사 BNW**

=(실체와 인지체에 붙인) Title로서 C의미/U의미 [C=count U=uncount]

▭ **C의미**=보통체 /보통 집합체 /무리복수 집합체

: 보통 셈단어 또는 복수 sign, 지정사와 함께 표현하나 단수단독으로 title 그대로 표현하면 **infml E**

▭ **U의미**=물질체 /추상체 /고유체 /물질집합체 /추상집합체

: title 그대로 비수단독으로 표현해도 → **StE**

❖ **10대 명사[즉 10체]**

= ① 보통명사 — 보통체 : child/children ② 고유명사 — 고유체 : Ronald Reagan
③ 보통 집합명사 — 보통 집합체 : family/families ④ 물질명사 — 물질체 : water
⑤ 추상명사 — 추상체 : beauty ⑥ 물질 집합명사 — 물질 집합체 : clothing
⑦ 추상 집합명사 — 추상 집합체 : news ⑧ 무리복수 집합명사 — 무리복수 집합체 : cattle
⑨ 유일명사 — 유일체 : the sun ⑩ 자체명사 — 자체 : 명사자체 또는 낱말자체

— 이들 명사를 크게 보면 C/U의미로 되어 있다.

※ **수 종류**

= ① 단수 : child — C의미

② 복수 : desks/children/cattle/poultries — C의미

③ 비수 : water/beauty/clothing/news — U의미

— 비수가 존재하는 것은 (우리는 1부터 출발하지만) 영뇌는 zero부터 출발하기 때문이다.

※ **복수 종류**

= ① 보통낱개 복수 : desks/children ② 고유낱개 복수 : Susans ③ 보통집단 복수 : families

④ 구성체 복수 : The family are/have ⑤ 무리 복수 : Cattle/Poultry are

⑥ 무리집단 복수 : poultries

※ **복수 형태**

= ① S형 복수 : desks/poultries/peoples

② 비S형 복수 : children/poultry/people

.. 영어에 대한 지식이 언어로 나타날때 비로소 그 열매를 맺는다. 그게 바로 "감주"다.

1) 명사 영뇌[Noun NB]

무한글 이해, 즉 IS두뇌로 묻는 말 /감탄말 /종속접속사 /전치사 /동사 /명사[대명사]를 Title로서 C의미/U의미로 그냥 서술적으로 설명해 나가는 뇌

요컨데, 비연결 설명어

또는 기본어[주어]로 먼저 말하는 뇌

묻는 말=조동사 /HB동사 **동사**=원동사 /현동사 /과동사 /과분사 /현분사 /to부정사 /동명사

① 묻는 말을 설명해 나가는 뇌

A.. Must /man /die? (or Must /man die?-- 이런 뜻관계로 파악해도 좋다)

영뇌=기→ 설→ 설′ : BEis-Os

or I + I + I : I-Os or S + S + S : S-Os

> **How to Read[Speak]**=Mustman die?
> : BEis/IS, 즉 설가뇌와 자동설가뇌로 이해하는 것을 감각적 주파수로 이해한다.
> 즉 한 단어처럼 뒷말과 말하면 저절로 이해가 실린다.

시동= vocal 감각적 주파수로 ↗**그러면 영어말투가 형성되고 영어말투에 익숙해진다.**
(BEis/IS 영뇌가 될 때까지) F3+E2 강하게 말하기

⇒ 여기서 명사=인간 — U의미로서 물질체 : : 흉상과 몸체로서 물질 덩어리로 관찰
(머스매ㄴ=check mark F: t폐쇄 [=slide F + post 점형 F] 머스트매ㄴ=check mark F: 비폐쇄 다이↗=slide F+tail F)

말은 배의 힘에 의해 목에서 형성되면서 입천정에서 공명이 일어나야 한다. 입 앞쪽에서 음이 만들어지면 안된다. 대개 음치들은 후자에 속한다.

.. 我必 Free 감주 간직하기= Must die?
시동=필히 일어나야 하는 가? 인간에게 죽음이[죽는 게] 말이다.

man=흉상과 몸체 (덩어리)로 만물의 영장으로서 인간 cf] man=인간/사람/남자/남성
[m〉M: 흉상과 몸체 a: 최고로서 만물의 영장]
소리=MAn=매ㄴ=post점형 주파수 애=강한 감정음가
vs Must men die? ↗[m〉M: 흉상과 몸체 n: 서 있는 두 다리모습]
인간들/사람 -- C의미로서 보통체: 서서 다니는 일정한 형태를 갖춘 개체로 관찰함
ex] A man of many talents. 팔방미인

: What does your wife want? How much did your son pay? Has your wife a car?
What has your wife? Is Tom there? What is Tom? (불쑥 나설 때) 시동=뭐야, 탐?

시동 종류=원애시동 /vocal음 /Free 영뇌 /F3+E2 /일상적인 생활 /Ekbe /†SIUM 말하기 /무한글 /BNW or 비한글 BNW /BAM /BEis 영뇌[=IS 설가뇌] /G토씨 /connotation /영뇌 기본자세 /패턴 /associate — BEis 영뇌=「이해용 + IS시동용」으로 사용 최종적인 영뇌=감주 IS 영뇌

일반형용사 영뇌와 일반부사 영뇌를 추가하면 :

A- E.. Must /nice man /die early?
영뇌=기--〉설--〉설′ : BEis-Os
시동=필히 일어나야 하는 가? 좋은 인간에게 죽음이 일찍 말이다.

↗원동사=조동사 대용의미도 들어 있으므로 이것만으로 이해 가능

A.. Must man die? ↗ **.. major 감주=** -- man die?

Free 감주로 이해/간직 하기 ⇒ Must man? /Man die? /Must die? /-- etc.
free 영뇌는 그 자체만으로도 말이 된다. 문장 공포에서 벗어나라.

▸ Must man? 필히 일어나야 하는 가? 인간에게 말이다.

tip) **또다른** free **영뇌**= -- ? 남자에게 말이다 : **단수 단독표현**(infml E) → **명사** free **영뇌**

Man die? 인간에게 죽는 게 말이다? : **원동사 -- 현재 또는 미래 속에서의 본동사 의미**

tip) **또다른** free **영뇌**=묻는 말이 과생각이거나 대동 과조동사(Did)일 경우 -- **과거 속에서의 본동사 의미**

Must die? 필히 죽어야 하는 가? : **현생각** (필히) 해야만 했던가, 죽는 게 말이다? : **과생각**

② 감탄말을 설명해 나가는 뇌

A.. What a bride /Kate Middleton /is! [= Kate Middleton is what a bride!]

영뇌=기→ 설→ 설′ : BEis-Os or I + I + I : I-Os or S + S + S : S-Os

> **How to Read[Speak]**= Whata·bride KateMiddleton is!
>
> : 먼저 감각적 주파수로 이해한다.
>
> **시동=** vocal 감각적 주파수로 (자동 설가가 될 때까지) F3+E2 강하게 말하기
>
> 여기서 명사=Kate Middleton — U의미로서 고유체
>
> **감탄말**=일종의 강**조주의 영뇌**로서 먼저 말한다 : 주어 앞말
>
> (워ㅌ러=slide F : t단타와 합성감주 bride=장감주 또는 단주 가능 — 장감주가 더 단음이다)

.. 我必 Free 감주 간직하기= What a bride!

시동=얼마나 이쁜 신분인가, Kate Middleton이 말이야!

: What a shameful act /John has /committed!

영뇌=기→ 설→ 설′ : BEis-Os

시동=얼마나 수치스러운 행위인가, 죤이 한 것, 즉 저질렀던 것이 말이야 !

*what=일종의 (감탄) 부사

cf] How swiftly //time /flies! =**전설** ⇨ **기→ 설**

시동=얼마나 빨리 시간이 흘러가는 가[날아가는 가]!

▸ 일반부사 영뇌와 the 영뇌를 추가하면 :

A- E.. Really what a bride /the Kate Middleton /is!

영뇌=기--〉설--〉설′ : BEis-Os

시동=정말로 얼마나 이쁜 신분인가! 그 Kate Middleton이 말이다!

Free 감주로 이해/간직 하기 ⇒ What a bride! /Kate Middleton is! /Bride Kate Middleton is! ▸ What a bride! 정말로 신부가 이쁘구나! Kate Middleton is! -- 도 그래요! Bride Kate Middleton is! 신부 Kate Middleton도 그래요! *그래요=**동질연결로서 인정**

③ 종속 접속사를 설명해 나가는 뇌

A.. I don't know /if /Eric /is /at home or not. [=if Eric at home -- . : infml E]

영뇌=기→ 설→ 설′→ 설″→ 설‴ : BEis-Os

or I + I + I + I + I : I-Os or S + S + S + S + S : S-Os

↘ **.. major 감주=** --- don't know --- Eric --- home or not.

How to Read[Speak]=Idon't knowif Ericis athome ornot

〉Ericisat homeornot. : 먼저 감각적 주파수로 이해한다.

문맥 파악은 BEis이지만 문맥은 감주로 보여야 한다.

시동= vocal 감각적 주파수로 (자동 설가가 될 때까지) F3+E2 강하게 말하기

여기서 명사=Eric — U의미로서 고유체

(애릭이즈앳/엇=slide F : 아주 빠르게 리듬을 주면 slide 주파수가 된다.)

Caution] I don't know Eric at home or not. : StE

⇒ 먼저 개략적으로 요지를 말하고, 종맥으로 설명해 나가면서, 다시 Title로 설명해 나가는 뇌

: BEis-Os if를 연설 뇌 대신 전설 뇌로 작동시켜도 좋다.

.. 我必 Free 감주 간직하기= I don't know if at home or not.

시동=나는 모르겠다. 인지[인자] Eric이 있는 지, 구처 집에 있는지 아니면 없는 지 말이다.

vs There are a few Erics in our class. — C의미로서 고유체

⇒ 고유체가 여러 개인 것, 즉 Eric이라는 이름 가진 사람이 여러 명인 것

원동사 뒤에 일반부사 영뇌를 추가하면 :

A- E.. I don't know dead /if /Eric /is /at home or not.

영뇌=기→ 설→ 설′→ 설″→ 설‴ : BEis-Os

시동=나는 모르겠는데 죽어도 모르겠다. 인지[인자] Eric이 있는 지, 구처 집에 --- .

Free 감주로 이해/간직 하기 ⇒ Don't know. /Don't know if. /Don't know if Eric is. /Eric is at home. /Eric is at home or not. /-- etc.

Don't know. 몰라요[없는데 아는 정보가 없다]. Don't know if. 몰라요, 어떤 것인지[어떤 인자인지] 말이다. ＊어떤 것=if associate tip) **또다른** free **영뇌**=몰라요, 만약의 경우를 말이다 : **명사** ⋯→ I don't want any ifs and buts. They could win if everyone plays his best, but that's a big if. Don't know if Eric is. 몰라요, 인지[인자] Eric이 있는지 말이다.

Eric is at home. 에릭은 있는 데 구처 집에 있다.

Eric is at home or not. 에릭은 있는 데 구처/구자 집에 있거나 아니면 없다.

④ 전치사를 설명해 나가는 뇌

A.. Wife: "It's a loan." Husband: "Of /my money."

-- 카지노에서 돈을 잃고 마누라가 하는 말

영뇌=기→ 설 : BEis-Os

or I + I : I-Os or S + S : S-Os

> **How to Read[Speak]**="Ofmy money."
>
> : 먼저 감각적 주파수로 이해한다.
>
> special tip)항상 말을 먼저 하라. 말에 의미가 실리는 것이지 의미를 먼저 생각하고 말을 하는 것이 아니기 때문이다 : **말이 자연스럽게 나오지 않은 이유**
>
> **시동=** vocal 감각적 주파수로
>
> (자동 설가가 될 때까지) F3+E2 강하게 말하기

여기서 명사=돈 — U의미로서 물질체: 돈 뭉치, 즉 그냥 돈 덩어리로서 물질 덩어리

(어브마이=slide F : 아주 빠르게 리듬을 주면 slide 주파수가 된다. 머니=slide F : o=아, 어의 중간 감정음가)

.. 我必 Free 감주 간직하기= "My money."

시동=즉, 내 돈이야 /그것도 내 돈에 속해 /그것도 내 돈이나 마찬가지야.

> money=굴러 다니는 것으로서 돈
>
> [m: move o↘ o↗ : 굴러 다니는 모양]
>
> **소리**: MOney=slide 주파수 o=아/어의 중간 감정음가
>
> vs banknote /note [BrE] /bill[AmE] 지폐 : **C의미 보통체**
>
> -- 구체적으로 일정한 형태를 갖춘 낱장 개념
>
> vs the investment and management of monies[moneys] by pension funds
>
> -- **C의미로서 보통체** -- 여러 구체적인 돈의 종류
>
> 시동=투자와 관리, 즉 여러가지 돈, 나누어 놓은, 연금 자금별로 나누어 놓은 여러 가지 돈의 투자와 관리
>
> *by=옆에 나누어[분리시켜] 놓아 두는 것으로서 구분, 구분으로서 별/별로 [b: beside]

of 앞에 일반부사 영뇌를 추가하면 :

A- E.. "Chiefly of /my money."

영뇌=기→ 설 : BEis-Os 시동=주로 그것도 내 돈이야 . *of=동격 연결로서 '그것도'

Free 감주로 이해/간직 하기 ⇒ Of. /My money. /-- etc.

Of. 즉 그것도 이지. *그것도=**연결설명어의 연결** associate My money. 내 돈이야.

.. **시동으로 (영어) 글자/말 자체에서 뜻이 보이거나 상황이 (머리 속에서) 보이면 된다 : IS 영뇌**

⑤ 동사를 설명해 나가는 뇌

A.. He is /a maker /of pots. [= -- is maker -- . : infml E]

영뇌=기→ 설→ 설′ : BEis-Os

or I + I + I : I-Os or S + S + S : S-Os

How to Read[Speak]=Heisa makerof pots. : 먼저 감각적 주파수로 이해한다.
시동= vocal 감각적 주파수로 (자동 설가가 될 때까지) F3+E2 강하게 말하기
여기서 명사=제조업자 — C의미로서 보통체 : 현동사 설가

(히-즈어/히-저=retro-root F: 유성음 매치와 비합성 또는 합성 감주 메이커어브/메이커어=slide F : f 비폐쇄 또는 폐쇄 파ㅌ스=slide F : 복수s 무성음 매치)

.. **我必 Free 감주 간직하기**= Maker of pots.

시동=그는 인데 제조업자인데 즉 항아리[단지] 제조업자이다. /그는 있는데 제조업자, 즉 항아리[단지] 제조업자로 있다 ⇒ **영어는 항상 어느 부분을 보더라도 free 영뇌, 특히 free 감주로 이해되면 된다.**
↳**그러면 감주 패턴이 눈에 보인다.**

maker=만드는 실체로서 제조업자
[m: 만드는 것 r: riser 무언가 일으키는 실체]
소리: MAker=slide 주파수 a=ei: **알파벳 음가**

maker 앞에 일반현분사 영뇌를, pots 대신에 다른 말로 발생시키면 :

A- E.. He is /a leading maker /of native pottery.

영뇌=기→ 설→ 설′ : BEis-Os

시동=그는 인데, (업계를) 주도하는 제조업자인데, 즉 본토 도기[도자기] 제조업자이다.
＊pottery=U의미로서 물질 집합체
하지만 한국산, 일본산, 중국산 -- 등 종류를 의미할 경우 C의미 : potteries
cf] a pottery bowl a glazed pottery jar pottery techniques[class]

Free 감주로 이해/간직 하기 ⇒ He is a. /Is a maker. /Is a maker of. /A maker of pots. /Maker of pots. /He, a maker of pots. /-- etc.

He is a. 그는 인데 어떤 하나(의 실체)이다. ＊실체=a associate Is a maker. 인데 어떤 한 제조업자이다. Is a maker of. 인데 즉 어떤 한 제조업자인데 즉 그 무엇과 관련된 제조업자이다. ＊그 무엇=of associate A maker of pots. 어떤 한 제조업자 즉 항아리 제조업자
Maker of pots. 제조업자인데 즉 항아리 제조업자
He, a maker of pots. 그 사람, 즉 한 제조업자인데 즉 항아리 제조업자이다.

B.. She was /the only woman /to survive /the crash.

영뇌=기→ 설→ 설′ → 설″ : BEis-Os

↘ **.. major 감주=** --- only woman -- survive -- crash.

여기서 명사=woman — C의미로서 보통체 : 과동사 설가

/crash — C의미로서 보통체, 즉 하나의 충돌사고로서 구체적인 사실

시동=그 여자는 이었는데 그야말로 유일한 여자이었다. (그때) 살아 남은 사람으로 그 vehicle 충돌 사고에서 말이다. | Free 감주+我必 Free 감주 간직하기

C.. The mini-bus will /hold /nine passengers.

영뇌=기→ 설→ 설′ : BEis-Os ↘ **.. major 감주=** The mini-bus -- hold nine --- .

여기서 명사=승객 — C의미로서 보통체 : 원동사 설가 | Free 감주+我必 Free 감주 간직하기

: 이때 우리말 '승객' 은 단복명사로 복수의미로 생각해야 한다. 한뇌는 단복두뇌가 많다.

시동=그 미니 버스는 할 수 있을 것이다. 수용하는 것인데 9명의 승객을 말이다.

will=주체성발생으로서 능력 vs can=수행능력으로서 능력: 할 수 있다.

hold=가지는 것으로서 수용하는 것

D.. He is /given /a Christmas gift. [=He given Christmas gift. : infml E]

영뇌=기→ 설→ 설′ : BEis-Os

↘ **.. major 감주=** He --- given -- Christmas gift.

여기서 명사=크리스마스 선물 — C의미로서 보통체 : (피동) 과분사 설가

시동=그에게 있었는데 (발생현재) [있는 데] 주어진 일이 (어떤 하나의) 크리스마스 선물로 말이다.

--보통 우리말은 관사의미 전제 표현이 많다. 그래서 한국사람들은 잘 번역하지 않는다.

gift=기쁨을 주는 물건으로서 선물 [g: glad t: thing] | Free 감주+我必 Free 감주 간직하기

: Migrant boat refused entry to Indonesia. (거절되었는 데 입국이 거절되었다 : infml E)

The room was painted a subtle shade of pink.

U.K. conservative elected Parliament Speaker. [=as P.S. 의회의장]

The Paris attacks were deemed by the French President 'an act of war'. [= 'an act of war' by -- .]

그 파리 공격들은 여겨졌는데 행자 프랑스 대통령에 의해서 일종의 행위 즉 전쟁행위로 여겨졌다.

*은=**과거 동질연결** deem=보고 있는 것으로서 여기는 것/이다고 생각하는 것[d: doing ee: eyes]

E.. I have /emailed /my address /to her. [=e-mailed]

영뇌=기→ 설→ 설′ → 설″ : BEis-Os ↘ **.. major 감주=** I -- emailed -- address to her.

여기서 명사=주소 — C의미로서 보통체 : 위치를 나타내는 보통체   위치=보다 구체적인 실제장소
: (능동) 과분사 설가 | Free 감주+我必 Free 감주 간직하기

시동=나는 가지고 있어요, 이메일로 보낸 것인데 내 주소를, 대자 그 여자에게 말이다.
address=주민거주 위치[지점]를 나타내는 것으로서 주소
[ad 〉 at   dr〉rd: resident(s)   or   s〉z : 주소]
소리: addREss= dot점형+cramp 주파수: **조합주파수**

↗ ☺.. **major 감주=** He -- resetting -- watch to -- time.

F.. He is /resetting /his watch /to the time.

영뇌=기→ 설→ 설′ → 설″   : BEis-Os | Free 감주+我必 Free 감주 간직하기

여기서 명사=시계 — C의미로서 보통체 : (일반) 현분사 설가

시동=그는 있어요, 맞추고 있어요, 자기 시계를 대자 현재 시간에 맞게 말이다.
watch=손에 끼고서 time을 보는 물건으로서 시계/손목시계
[w: v+v 보는 것 t: time h: hand] **소리**: WAtch= slide 주파수
to=방향조정 대상으로서 대자 -- 을 맞추는 것
the=외부적 지정으로서 현재, 즉 현재를 지정하는 말

vs I had the first watch that May evening.

▭ 경비/경계 -- C의미로서 보통체

∵ 첫번째 경비/경계, 두번째 경비/경계처럼 일정한 성격의 구체적인 사실

vs The soldiers slept at night, except for one who stayed awake on watch.

▭ 경계 -- U의미로서 추상체, 즉 인지체로서 추상적 모습

-- 이리 저리 살피는 모습으로서 경계, 이런 모습은 만질 수는 없으나. 실제로 만져 보면 사람이고, 총이다.

G.. I hate /telling /a lie.

영뇌=기→ 설→ 설′   : BEis-Os | Free 감주 간직하기

여기서 명사=거짓말 — C의미로서 보통체 ∵ a 사용, 즉 어떤 하나로서 일정한 구체적인 성격
: 동명사 설가   ☺.. **我必 Free 감주 간직하기**= Hate telling lie.

시동=나는 싫어해요, (누구에게) 말하는 것인데 거짓말을 말이다. ***누구에게**=telling associate
lie=정말[진실]이 아닌 말[길게 말하는 것]로서 거짓말 [l≠r: real or l: long story]
/쭉 누워있는 모습으로서 누워 있는 것[l 〉 — + legs: 두 다리를 쭉 뻗고 누워 있는 모습]
소리: LIe= slide 주파수   i=ai: 알파벳 음가   ↗**일종의** se-BAM
tip)deceit=부정직한 행위[속이는 것/뒤로 가져가는 것]로서 거짓[속임/속임수]
[d: dishonest behavior   or t: trick   or d: 뒤   c: come]

⑥ 명사[대명사]를 설명해 나가는 뇌

A.. The film made /Jason /a star.

영뇌=기→ 설→ 설′ : BEis–Os

or I + I + I : I–Os or S + S + S : S–Os

How to Read[Speak]=Thefilm madeJasona star.

: 먼저 감각적 주파수로 이해한다.

시동= vocal 감각적 주파수로 (자동 설가가 될 때까지) F3+E2 강하게 말하기

여기서 명사=유명배우 — C의미로서 보통체

(피음/피르름=slide F : I 폐쇄와 비폐쇄 ex]walk=워–크=retro–root F : I 폐쇄 제이선어=slide F : 비합성 감주)

.. 我必 Free 감주 간직하기=Film made Jason star.

시동=그 영화가 만들어 주었어요, Jason을 star로 말이다.

＊우리말=부정관사의미 전제 표현이 많다.

그래서, 보다 더 명사를 세밀하게 관찰하는 버릇이 있어야 한다.

: 전제되더라도 IS영뇌 작동시에는 어떤 하나의 상황이 머리 속을 스쳐가야 한다.

star=튀어 아주 잘 보이는 배우로서 유명배우/인기배우

[s: see t: 뛰어나서 튀는 것 a: a급으로서 아주 잘]

소리: sTAR=root 주파수

: Has /your wife /a car?=기→ 설→ 설′ : BEis–Os | Free 감주+我必 Free 감주 간직하기

▭ 묻는 말을 명사로 설명해 나가고, 그 명사를 또다시 명사로 설명해 나가는 뇌

시동=가지고 있는 가? 너의 wife도 자동차를 말이다 ···→ **이때 우리말 '자동차' =a의미 전제표현**

film 앞에 일반형용사 영뇌를 추가하면 :

A- E.. The blue film made /Jason /a star.**=기→ 설→ 설′** : BEis–Os

시동=그 성 영화가 만들어 주었어요, Jason을 star로 말이다.

＊**blue film also blue movie**=a film about sex; a pornographic film

plus] 소유격과 HB동사 줄임말의 apostrophe s소리 ↗ ☞유성음/무성음 기본영뇌 vol 2 p184

— 복수 s나 단수동사 s처럼 유성음 매치, 무성음 매치로 소리가 난다. 단, 소리본체 대로 s그대로 내면[스] infml 소리가 된다 : the owl's eye : 아울즈/아우얼즈 the rabbit's ear : 래빗스/래벗스 St. James's Palace : 제임스=앞 s는 영향만 주고 소유격만 소리낸다. He's=히–즈 That's=대트스 그래서, 복수 s /단수동사 s /apostrophe s /과음가와 event 음가 ed=일반적으로 **유성음 매치 무성음 매치**

A.. The film made /Jason /a star.

Free 감주로 이해/간직 하기 ⇒ The film made. /The film made Jason. /Made Jason a star. /Jason, a star. /-- etc.

➧ The film made. 그 영화가 만들어 주었어요. The film made Jason. 그 영화가 만들어 주었는데 Jason였지/Jason을 만들어 주었어요. Made Jason a star. 만들어 주었는데 Jason을 스타로 말이다 : **실제과거** tip) **또다른 free 영뇌**=만들어 주었으면 해요 : **의미과성립**

Jason, a star.(,) Jason은 즉 스타이다[인데,] : **콤머영뇌**

B.. Give /me /four sugars.

영뇌=기→ 설→ 설′ or 기→ 설/설 : BEis-Os

여기서 명사=설탕 — C의미로서 보통체 -- 봉지에 들어 있는 일정한 형태의 물체/제품/품목

⇒ 대명사의 명사 설가 — 연설뇌 [또는 독설뇌도 가능] | **Free 감주 간직하기**

.. 我必 Free 감주 간직하기= Four sugars.

시동=주세요, 나에게 네 봉지[네 가지 종류/네 숟가락] 설탕을 말이다.

sugars=단 것으로서 한개가 아닌 것으로서 설탕제품 [s: sweet s: not 'single']

소리: SUgars=retro-root 주파수

four sugars [infml E]

=four packets [types /spoons] of sugar [StE]

: **이때 sugar=U의미로서 물질체**

-- 물질 덩어리를 용기 또는 분할단어로 그냥 나누어 놓은 개념

⑦ 기본어[주어]로 먼저 말하는 뇌

A.. The film /made /Jason a star.

영뇌=기→ 설→ 설′ : BEis-Os

film=영화 -- C의미로서 보통체 : 여러 moving pictures로 구성된 제품

vs We have seen news film of families to buy a loaf of bread.

⋯› 영상/장면 -- U의미로서 추상체 | **Free 감주+我必 Free 감주 간직하기**

B.. The mini-bus /will /hold /nine passengers.

영뇌=기→ 설→ 설′→ 설″ : BEis-Os

*mini-bus=C의미로서 보통체 | **Free 감주+我必 Free 감주 간직하기**

☜.. 이해는 (언어에 대한 basics를 알았다면) 최종적으로 단어의 최종적인 뜻인 감주로 이해한다.

2) C의미와 U의미, 명사 infml E

▭ 명사는 존재하는 모든 실체와 인지체에 붙인 title이다.

▭ **명사 BNW=Title로서 C의미/U의미**

我必 free 감주로 간직하라.

구체적으로 말하면 C의미/U의미로서 실체와 인지체 — (영어에 대한 기초지식을 알았다면)

C=count 셈의미--같은 일정한 형태[성격]로 여러 개가 존재 /어떤 하나의 상황
U=uncount 비셈의미--일정한 형태가 없는 그때 그때의 모습

실체=보통체, 집합체(3), 물질체, 고유체, 유일체
인지체=추상체/추상집합체--실체에 대해 인지작용으로 생기는 추상적인 모습
— 10체는 C/U의미로서 모두 실체 아니면 인지체에 속한다.

추상체-- 보이기는 하나 만질 수 없고, 일정한 형태를 갖추고 있지 않다[U]
-- 보이기 때문에 s영뇌 작동이 가능

물질체-- 보이기도 하고 만질 수 있다. 하지만, 일정한 형태를 갖추고 있지는 않다[U]

보통체-- 보이기도 하고 만질 수도 있고, **일정한 형태 또는 일정한 구체적 성격**을 갖추고 있다.
그래서 같은 것이 여러 개 존재한다[C]

반드시 일정한 형태만 보통체가 되는 것이 아님에 주의하라.
⋯› **일정한 구체적 성격**
=사건 /현상 /사실 /구분 /종류 -- 등으로 나타나면서 같은 게 여러 개 존재
-- 일반적으로 추상체/물질체가 보통체로 쓰일 때 많이 일어난다.

고유체-- 이 세상에 하나 밖에 없는 인공물에 붙인 이름/명칭 [U]
고유체는 capital letter [대문자]로 하나임을 나타내고,
유일체는 내부적 the를 사용하여 소문자로 하나임을 나타낸다.

집합체-- 추상체/물질체/보통체/무리복수의 집합체, 즉 추상집합체, 물질집합체, 보통집합체, 무리복수집합체

보통집합체[즉 보통집단/조직 집합체]/무리복수 집합체[즉 떼복수 집합체]
=개체 집합체-- **C의미**
추상집합체/물질집합체=덩어리 집합체 -- **U의미**

유일체-- 두 개 이상은 절대로 탄생[존재]할 수 없는 유일한 자연물에 붙인 명칭[U]
인간이 만든 것이 아니다. 그래서 대문자로 써지 않으나 the를 붙여 유일물임을 나타낸다 : the sun
고유체로 취급할 수도 있으며 이럴 경우는 capital letter로 쓴다 : Sun
유일체와 고유체는 세상에 하나 밖에 없어 counting 개념이 들어 갈 필요가 없으므로 U의미가 된다. 즉 이들은 같은 것으로서 여러 개로 존재하는 것이 아니다.

기타 : 자체-- **자체**=명사자체[U] /낱말자체[U]
전자=명사자체가 지닌 성격을 나타내고,
후자=낱말자체를 지칭하는 것으로서 모두 U의미

명사의 StE와 infml E :

□ **U의미 단어**=유일자연물 모습(유일체)/고유모습(고유체) /물질 덩어리모습(물질체/물질집합체) /인지 덩어리모습(추상체/추상집합체) /자체모습(자체)
-- 그 모습 그대로 비수 단독표현이 가능 ⇨ StE

a.. **The sun releases light and heat.** b.. **John is a risk−averse apparatchik.**
c.. **We want water. The staff at the chemical plant wear protective clothing.**
d.. **Beauty is only skin deep. We passed through some beautiful scenery on our journey.**
e.. **Mother[Man] is stronger than father[woman].** ＊**명사자체**=모성/남성 부성/여성
'Woman' is used for a female person. ＊**낱말자체**=woman이라는 단어는
cf]motherhood /fatherhood 모성/부성

□ **C의미 단어**=보통체 /보통집합체 /무리복수 집합체
-- 단수 단독표현이 가능하나 그렇게 되면 **Infml E**가 되고, 복수 단독표현은 **StE**가 된다.
IIIII .. **Woman, 20, dies from injuries sustained in the explosion, hospital treating her says.** ⇨ **StE=a[the] woman** 어떤 한 여자[그 여자] /the hospital 그 병원

C의미 단어는 보통 셈단어 아니면 지정단어와 함께 표현된다. C의미 단어는 보통 셈상황 아니면 지정상황으로 존재하기 때문이다. 그래서, 눈에 보이는 대로 표현하면 **StE**가 된다.

caution] infml English는 일반적으로 SpE(뉴스, 드라마, 쇼, 대화), 리플, 알림, 광고, Headline, — 등에서 많이 표현한다.

□ **일정한 형태와 일정한 구체적 성격이면 보통체 C의미이다 :**

soldier=군에서 근무하는 일정한 형태를 갖추고 있는 사람으로서 군인 또는 사병 -- **C의미 보통체**

vs mission=꼭 해야 할 일정한 구체적 성격과 내용을 지닌 것으로서 target 임무/군사적 임무 -- **C의미 보통체**

vs duty=해야할 구체적인 성격이나 내용이 없는 것으로서 그냥 해야할 일로서 임무 -- **U의미 추상체**
/해야할 일정한 구체적 성격이나 내용을 갖추고 있는 것으로서 임무 -- **C의미 보통체**

vs experience=어떤 것을 그냥 겪어 보는 것으로서 경험 -- **U의미 추상체**
/이 곳에서 경험하고, 저 곳에서 경험하는 일정한 구체적 사실로서 경험 -- **C의미 보통체**

scenery=덩어리 경치, 즉 한 폭의 그림같은 것으로서의 경치 -- **U의미 추상집합체**
/그런 경치가 일정한 형태로 갖추는 것으로서 배경 -- **C의미 보통체**

vs landscape=어느 특별한 지역(a particular area - a combination of hills, valleys, fields, -- etc.)의 일정한 모습으로서 풍경/경관 -- **C의미 보통체**

명사를 자유롭게 표현하려면 명사 관찰력이 중요하다. 어느 한 명사로 고정시키는 것보다 표현하고자 하는 것이 (10체 중) C의미인지 U의미인지 눈에 보이는 것이 중요하다.

구문법 삭제하기] 명사전용개념

→ 강의를 듣고 요약하는 것을 그냥 짧은 덩어리 사이즈로 판단하여 표현하면 추상적인 모습이 되어 **brief**로 뇌가 작동하지만 여러 가지 구체적인 사실로 인식하여 표현하면 **briefs**로 뇌가 작동한다.

: Business News Brief or Business News Briefs -- U의미 추상체 vs C의미 보통체

→ 얼굴이 아름답다할 때 아름다움은 사람들이 얼굴이라는 실체에 대해 인지하는 추상적인 덩어리 모습으로서 눈에는 보이나 만질 수 없으며, 일정한 형태를 갖추고 있지 않아 U의미 추상체로 beauty로 뇌가 작동하지만, 그 추상적인 아름다운 모습을 실제로 만져보면 얼굴이고 신체의 일부로서 일정한 형태를 갖추었으니, C의미 보통체로 face로 뇌가 작동한다.

: They admired her elegance and her beauty especially of the face.

인지체는 사람에 따라 달리 인지될 수 있으나 실체는 속일 수 없다. 그래서 똑같은 물건을 두고 한 사람은 아름답다하고, 다른 한 사람은 우아하다고 하고, 또다른 사람은 깨끗하다고 말할 수 있다.

→ 화덕에 불이 있으면 활활 타오르는 물질 덩어리로서 건드릴 수는 있으나 일정한 형태를 갖추고 있지않아 U의미 물질체로 fire으로 뇌가 작동하지만, 이곳 저곳, 여러 곳에서 일어난 불이면 하나, 하나의 화재 사건로서 여러 가지로 존재하기 때문에 C의미 보통체로 fires로 뇌가 작동한다. 보통체 fire는 불덩이보다 어떤 하나의 구체적인 성격을 지닌 사건에 중점을 둔 의미이다. 하지만 이러한 사건도 만져 보면 불덩이이다. 마치 사람을 만져 보면 덩어리 flesh인 것과 같다. 그래서 person은 보통체로, flesh는 물질체로 뇌가 작동한다.

: a.. Horses are afraid of fire. 불

b.. Forest fires ravaged two Florida counties.

A fire per month occurs. 불이 한 건씩

우리말 '불' =덩어리/사건 -- U/C의미 두 가지 보유

forest fires=wild fires 산불 화재 (사건)

↖ 숲 화재/야생 화재

관찰에 따른 표현자의 몫 :

The bar graph shows the average cost/costs of housing in rural, urban, and suburban areas.

전자=각각 cost로서 단수의미

: Everyone brought their own lunch.

후자=각각 모두의 cost로서 복수의미

: Everyone has their own ideas.

그래서 둘다 lunches, idea도 가능

→ 여기 저기 교회가 있으면, 교회는 일정한 형태를 갖춘 건물이므로 C의미 (보통체)로 churches로 뇌가 작동하면 되고, 예배보기 위해 교회 안에 모여 있는 모습이면 추상모습으로 인지체이므로 U의미 (추상체)로 그냥 church로 뇌가 작동하면 된다. 이럴 경우 실제로 들어가서 만져 보면 worshippers들이다.

: a.. Our house is opposite the church.

Our house is opposite church. ⋯→ C의미 보통체로 썼다면 (지정사) **전제** infml E

— **C의미 보통체**=빌딩/조직으로서 교회 -- 일정한 형태로 여러 개로 존재

b.. The separation of church and state. *추상적인 모습의 교회/국가 -- **U의미**

We go to church on Sundays.

— **U의미 추상체**=예배하기 위해 모인 추상적인 모습으로서 교회[gathering] /교회예배

그래서 **우리말 '교회'** =C/U의미 모두 해당, 즉 빌딩[조직]도 되고, 예배모임도 된다. 따라서, 사전에서는 fire=[U] [C], church=[C] [U]로 표기하고 있다. 즉 이들 단어는 U, **C의미**, 다 갖고 있다는 뜻이다.

→ Edison은 사람 이름으로 세상에 하나 밖에 없는 인공실체에 붙인 명칭으로 U의미 (고유체)로 Edison이라고 뇌가 작동하면 되나, 우리반에 그런 이름이 여러 명이면 C의미 (고유체)로 Edisons이라고 뇌가 작동하면 된다.

인공물 고유체이기 때문에 대문자로 쓴다[always capitalized].

: a.. There are four Edisons in our class.
C의미 고유체=여전히 고유체로서 네 명이라는 뜻 E=capital letter

b.. an Edison
어떤 한 에디슨이라는 사람 -- **C의미 고유체** (어떤 한 사람으로 counting 되었으니 C의미)
/어떤 한 발명품인데 에디슨의 한 발명품 -- **C의미 보통체**
/일종의 에디슨과 같은 사람[발명가] -- 비유의미 -- **C의미 보통체**

⇒ 태양이 나왔다 할 때 태양은 절대로 두 개 이상 만들 수 없는, 세상에 하나 밖에 없는 자연물이기 때문에 내부적 the로 소문자로 표기하여 유일물로 만들어 주거나, 아니면 대문자로 표기하여 고유체로 만들어 주면 된다.

: The sun/Sun/The Sun came out.
-- U의미로서 유일체/고유체 **cf]**내부적 the와 함께 인공물 고유명칭 : the IMF

고유체처럼 세상에 하나 밖에 없는 것은 counting 개념이 들어 갈 필요가 없다. 그래서 U의미가 된다. 자연 유일물일 때는 인간이 만든 것이 아니므로 the와 함께 소문자로 표현하고, 인공 유일물, 즉 고유체일 때는 대문자로 표현한다. 하지만 태양도 여러 개의 태양중 어떤 하나로 생각하여 C의미 (보통체)로도 뇌를 작동시킬 수 있다. 이 때는 여러 개를 전제로 한 표현이다.

: There should be a sun in the sky.
시동= 이런게 일어나야 한다. 있는 것인데 하나의 태양만 내소에 하늘 내소에 말이다.

> ▭ There should be a sun in sky.
> 유일물에 유일물임을 나태내는 the를 붙이지 않으면 **infml E**가 된다.
> 즉 sky=(the) **전제 infml E**
> : ranks 27th in the world [StE] vs ranks 27th in world [infml E]

⇒ 백화점에 가면 한 층이 온통 옷으로 가득차 있다. 만약 그냥 옷들이 모여 있는 덩어리로 관찰했다면 U의미 물질(덩어리) 집합체로 clothing(의류/옷)으로 뇌가 작동하면 되고, 그러나 하나 하나 제품으로 관찰했다면 C의미 보통체로 clothes(옷가지/옷들/옷)로 뇌가 작동하면 된다. 그래서 '그 여자는 옷을 잘 입는다' 를 두 가지로 말할 수 있다.

: She wears clothing well. Some locals offered food and clothing to the refugees.
vs She wears clothes well. She walked upstairs to change her clothes.
제품은 일정한 형태로 여러 가지로 존재한다. ＊locals=지역인들/지역주민들 vs locale 현장
tip) 일반적으로 '옷' 하면 C/U의미로서 '옷' 이다. ∴ 옷=clothes 또는 clothing

→ 옆집에 사는 사람들을 식구들의 모임으로 집단으로 관찰했다면 C의미 보통[보통집단] 집합체로 family로 뇌가 작동하면 되고, 공원에 그런 여러 집단들이 있을 때는 C의미 여러 보통[보통집단] 집합체로 families로 뇌가 작동하면 된다. 그런데 우리말 가족이라는 말도 집단의미도 되고, 식구라는 구성원 의미도 된다. 영어에서도 마찬가지로 family 그대로 표현하여 구성원을 나타내는 뇌가 발생한다 : a.. Many families have moved in next door.

b.. A new family has/have moved in next door.

vs New family has/have moved in next door.

⋯› New family=**전제** infml E -- **단수 단독표현**

→ CNN은 고유체로서 방송국 직원들로 구성된 집단[조직] 고유체이다. 만약 집단 고유체 그대로 표현하면 U의미가 되고, 구성원 개념으로 표현하면 C의미가 된다.

: a.. The CNN is sending her to Japan. -- **집단 고유체의 집단개념**

b.. The CNN are planning to use the new satellite next month.

-- **집단 고유체의 구성원 개념**: CNN 요원들/CNN 직원들

⇨ Manchester United beat Chelsea.

-- **집단 고유체의 구성원 뇌** : Manchester United 선수들 /Chelsea 선수들

▭ beat=**복수 현동사**

→ 손목은 일정한 형태를 갖춘 신체의 일부로서 C의미 (보통체)이다. C의미 단어를 셈단어나 지정사, 복수sign로 표현하지 않고, 단수 단독으로 표현하면 infml E가 된다. 일종의 **전제** infml E이다 : Mcilroy injures right wrist.

vs Mcilroy injures his/the right wrist. ⋯› StE

→ 물처럼 그냥 눈물 덩어리(모습)로 관찰되면 U의미 물질체가 되어 tear로 뇌가 작동하지만 방울 방울 흘러내리는 구체적 현상으로 관찰되면 C의미 (보통체)로 뇌가 작동된다. 그 현상도 만져보면 여전히 물질체이나 하나 하나 발생하는 현상에 중점을 두었기 때문에 C의미 보통체가 된다. 눈물은 이렇게 보통 drop, drop으로 나오므로 보통 C의미 복수로 많이 표현한다.

: a.. Tears rained down the cheeks. b.. Tears of remorse/regret.

c.. Crocodile tears. d.. I didn't shed a single tear.

→ 여기서 일하고, 저기서 일하는 것을 그냥 겪어보는 덩어리로서 추상적으로 인지되었다면 U의미 추상체로 그냥 경험이 되어 experience로 뇌가 작동하면 되고, 실제로 경험한 사실들로 구체적 사실로서 관찰 되었다면 그런 사실들은 여러 가지로 존재하기 때문에 C의미 보통체로 뇌가 작동하면 된다 : a.. He has also had managerial experience on every level.

b.. Medical Center. X-Ray Technician. Two Years minimum experience required. Good pay[salary]. Good benefits. Good commission. Call Human Resources. 482-3346. -- U의미=경험

vs It was interesting hearing about his experiences as a policeman.
-- C의미=여러가지 경험한 사실

⇒ 일반적으로 말하는 매력은 아주 좋은 것을 보고 머리 속에서 인지되는 추상적인 모습으로 U 의미이다. 하지만 매력적인 실체[something]이면 C의미로 뇌가 작동한다. 그래서 attraction은 U/C의미, 두 가지를 보유하고 있다.

: The idea of travelling to the moon holds little attraction for me.

vs These places are our famous tourist attractions.
⋯› 관광 명승지/명소 *travelling (BrE) or traveling (AmE)

⇒ 경제학은 학문(study)으로서 U의미 추상적인 덩어리 인지체이다. 하지만 여러가지 경제 활동이 될 경우에는 여러가지 구체적 사실이 되기 때문에 C의미 보통체로 뇌가 작동하게 된다.

: She is studying economics at college. [s: study]

vs There is nothing to do economics in North Korea. [s: several]

The economics of the scheme need to be looked at very carefully.

cf] economy 경제 /경제 주체

: Greece GDP is just a little bit bigger than the economies of Kazakhstan, Algeria and Qatar. /major economies 주요 경제 주체들 ⇒ 21 member economies hold talks.

plus] 명사 associate : associate를 알아야 빨리 감을 잡을 수 있고 말도 쉽게 할 수 있다.

① • We all work at the institute. institute ⇒ research institute 연구소
: suit ⇒ swimming suit wheel ⇒ steering wheel 운전대

② • Signing up for health care took Patti five minutes – it also saved her $100 a month.
명사 associate로서 문맥[상황] associate ⇒ (걸렸는 데) Patti에게 혜택을 주는 데

③ • Another tremor brings down the building. ⇒ 또하나의 지진 흔들림이 강력한 힘을 가져와서 무너뜨렸다 : **명사** associate**로서 단어** associate, **즉** tremor associate ⇒ 지진
동사 associate**로서 단어** associate, **즉** brings associate=강력한 힘 ⟵ 무언가에 해당

④ • The month that changed America. ⟿ 여기서 the는 외부적 지정으로서 지난 달을 가리킴
⇒ 지난 달에 있었던 것들, 즉 변화시킨 미국을 변화시킨 지난 달에 있었던 것들

☜.. 이해는 (언어에 대한 basics를 알았다면) 최종적으로 단어의 최종적인 뜻인 감주로 이해한다.

3) Counting하는 법

□ 눈에 보이는 C/U 명사를 **셈 단어 또는 복수 sign**로 counting하거나 눈에 보이는 것이 **셈 단어 또는 복수 sign**로 되어 있기 때문에 이것들로 counting한다.

❖ **셈단어**=숫자, (불명확한) 수, 부정관사, 용기(用器), 분할단어

: one book[two books], two hundred books /a few books, /a book
a tube of toothpaste /an article of clothing

❖ **복수** sign

=a.. s형 : book /books [fox /foxes] — several/not single로서 **철자복수** e=조율음
b.. e형 : tooth /teeth — each other, 즉 서로 모여 있는 모습으로서 **모양복수**
c.. ice형 : louse /lice
— i: 일렬 ce>s: stand, 즉 일렬로 줄 서 있는 모습으로서 **모양복수**
d.. en형 : child /children
— e: 입 n: noise, 즉 여럿이 모여 소리를 지르는 것으로서 **소리복수**
e.. a형 : bacterium /bacteria — a: 많이 있어 '아' 하는 **감정복수**
f.. i형 : alumnus /alumni — i : '이야' 하는 **감정복수**
-- 동창생들이 오래 간만에 모이면 '이야' 너 많이 변했다하고 감탄함
g.. ices형 : appendix /appendices (부록, 찾아보기)
— i: 일렬 c: condensed 압축되어 있는 것 e: 조율음 s: several or not single, 일렬로 압축되어 있는 것이 여러 개 인것으로서 **모양복수 + 철자복수**

눈에 보이는 것이

C의미 ⇒ **숫자, (불명확한) 수, 부정관사와 복수 sign로 카운팅**
-- 일정한 형태/일정한 구체적 성격을 갖고, 여러 개로 존재하거나 어떤 하나의 상황으로 존재하기 때문이다.

U의미 ⇒ **용기, 분할단어를 사용하여 카운팅**
-- 일정한 형태/일정한 구체적인 성격을 갖추고 있지 않기 때문에 용기에 담아 분할시키거나 분할 단어로 분할시켜 일정한 형태를 만들거나 구체화 시켜 카운팅한다. 결국 U의미 그대로 보존하면서 부분으로 만들어 카운팅하는 것이다.

눈에 보이는 것이

보통체 /고유체 /보통[보통집단/조직] 집합체인 경우

⋯➝ 숫자, 수, 부정관사와 복수 sign으로 counting

-- 모두 일정한 형태를 갖춘 실체이기 때문에 counting하는 방법이 같다.

또는 눈에 보이는 이들 명사상황이

숫자, 수, 부정관사와 복수 sign으로 되어있어 이들 단어로 counting

a.. **one desk, two desks, two thousand desks /a few[several/many] desks**
/a desk /desks vs desk (infml E) -- 단수 단독표현

b.. **one Smith, two Smiths /a few[several/many] Smiths /a Smith /Smiths**
vs Smith -- 비수 단독표현 -- **Smith came in. [StE]**

c.. **one family, two families /a few families /a family /families**
vs family (infml E) -- 단수 단독표현 vs 복수 단독표현 : **We love families. -- StE**

attention]복수 s소리=(선음) 무성음[유성음] 매치 ☞ 무성음/유성음 p184

무성음 매치 : desks=데스크스=slide F : 단 two desks할 때 현장소리에서는 s음을 폐쇄시키기도 한다. 하지만 청취시 two가 있기 때문에 복수로 인식된다. Smiths=스미쓰=cramp F : s폐쇄='쓰와 스'는 음이 비슷하고 '쓰' 음가로 먼저 내기 때문에 물리적으로 도저히 두 음을 한꺼번에 낼 수 없다. two months/faiths도가 같다.

단, th는 앞이 이중모음과 장모음일 경우 θ ―› ð 로 되어 유성음 매치 : mouths=마우드즈=slide F oaths=오우드즈=slide F
clothes=클로우즈/클로우드즈=ER F : 명사/단수동사 paths=패-드즈=retro-root F baths=배-드즈=retro-root 주파수
(단, cloths=클로-드즈=trape-zoid F : 장모음 or 클로쓰=(spiral 형) cramp F : 단모음과 s폐쇄)

caps=캐ㅂ스=slide F lamps=래ㅁ프스=slide F
(단, houses=하우지즈/하우저즈=slide F : 이중모음에 의한 유성음화와 어화와 (모음) 유성음 매치)

vs **유성음 매치** : cabs=캐ㅂ즈=slide F bees=비-즈=retro-root F kings=키ㅇ즈=slide F lambs=래ㅁ즈=slide F
noses=노우지즈=slide F : e=알파벳 음가로서 모음 유성음, 보통 치찰음에서 많이 발생. 하지만 infml 소리로 '스'로 내기도 한다.
horses=호-시즈=retro-root F : e=알파벳 음가로서 유성음이며 소리는 소리본체에서 나오기 때문에 s음을 기준으로 하는 것이 아니라 e음을 기준으로 해서 판단해야 한다. buses=버시즈=slide F dishes=디쉬즈=slide F churches=처-취즈=retro-root F
↳ 단, 'ed'의 유무성음 매치(e=조율음) : lived(리브드), liked(라익트), searched(서-취트)
주의]knives=나이브즈 : k/e 폐쇄 infml 소리 : forces(포-시스), hostages(하서지스)

눈에 보이는 것이 (덩어리로)

물질체인 경우 ⋯➝ 용기 또는 분할단어로 counting

또는 눈에 보이는 이 명사상황이 용기 또는 분할단어로 되어있어 이들 단어로 counting

a.. **two cups of coffee** 시동=두 잔의 커피[두 잔인데 즉 커피 두잔]

vs **infml 표현** : two coffees A coffee and a large coke, please. Give me four sugars.

b.. **a head of lettuce two heads of lettuce**

-- 머리 모양과 같은 묶음으로서 묶음 분할단어 시동=두 뭉치[묶음]의 상치

cf] two head of cattle -- 두 두, 즉 소 두 두 : 가축 수일 경우 단복명사, 즉 단복동형(同形)

c.. **a pane of glass**

시동=한 창살의 유리, 즉 한 장분의 창유리 또는 하나의 창살인데 유리 창살 하나

: The glazier fitted a new pane of glass in the window.

*fitted -- in=맞추어서 --- 끼워 넣었다 ***우리말 '의'** =소유격 또는 크기 의미

눈에 보이는 것이 (덩어리로)

추상체인 경우 ···› 분할 단어(partitives)로 counting

또는 눈에 보이는 이 명사상황이 분할 단어로 되어있어 이 단어로 counting

a.. **a stroke of luck/fortune**

시동=한 바탕의 행운 -- 행운은 갑자기 오는 것이므로 분할단어 stroke를 사용

b.. **a piece of music/news/advice/information**

시동=한 편의 음악 /하나의 소식 /한 마디의 충고 /하나의 정보

단, advice가 **일정한 구체적인 내용**이면 통지로서 보통체: advices

c.. **a spell of work/coughing** 시동=한 동안의 일 /한 동안 계속되는 기침

vs period pains /cramps /experiences

▭ 눈에 여러 **일정한 구체적인 성격**으로 관찰[인지] 된 경우,

즉 실제로 월경고통이나 근육경련이 여러 번 일어나는 현상 /이곳 저곳에서 실제로 경험한 사실인 경우 -- **보통체로** counting

하지만 사람에 따라 추상체 덩어리 그대로 인지 되기도 한다 : pain[고통/아픔] cramp [근육경련/쥐] experience[경험]

⇒ I started to get cramp in my legs.

▭ 일정한 구체적 성격=**사건 /현상 /사실 /구분 /종류 -- 등으로 두뇌가 작동한다.**

눈에 보이는 것이

무리복수 집합체인 경우 ···› 구성체 또는 분할단어로 counting

단, 단어에 따라 셈 단어와 복수 sign으로 counting 가능 -- 이럴 경우 대개 무리 복수로서 종류를 의미함 (무리 복수=여러 명[여러 마리]이 뭉쳐서[떼 지어] 다니는 것으로서 C의미 집합체)

또는 눈에 보이는 이 명사상황이 구성체 또는 분할단어로 되어있어 이들 단어로 counting

a.. **Poultry are cheaper than cows.**

뭉쳐서 다니는 집에서 기르는 날 집승들로서 가금(家禽) (farmyard birds)

일종의 복수 단어이기 때문에 복수 단독표현이 가능하고, 복수 동사와 의율

⇨ ▭ **구성체로 카운팅**: two hens, five ducks, three chickens --- etc.

▭ **복수 sign과 셈 단어로** counting : poultries 여러 종류의 가금, two poultries 두 종류의 가금 하지만 cattle은 한 종류의 무리이니 cattles라는 단어가 없다.

caution] a.. **무리복수 집합체 or 무리복수 종류**

poultry=무리복수 집합체이나 복수로 표현하면 여러가지 종류의 가금을 뜻한다.

모두 C의미이다.

two poultries=가금 두 마리가 아니라 두 종류의 가금이다.

그래서, a people도 한 민족이지, 한 사람이 아니다.

cf] Poultry is cheaper than meat. ···▸ **가금고기=U의미로서 물질체**

b.. **물질 집합체 or 물질 덩어리 종류**

fruit=물질 집합체[U]이나 복수로 표현하면 여러가지 종류의 과일[C]을 뜻한다.

: fruit /fruits /three fruits[=three kinds of fruit]

그래서, 여러가지 과일을 놓아 두고서 그 성격에 맞게 사람들은 fruit 또는 fruits로 표현한다 : I like fruit/fruits. **전자=더미, 즉 산더미 덩어리로서 U의미**

b.. **Cattle are cows and bulls.**

축사에 기르는 서로 얽혀 있는 여러 마리의 무리 소로서 축우

⇨ ▭ **구성체로 카운팅** -- 20 cows and 5 bulls

▭ **분할단어로 카운팅** -- 20 head of cattle 20 두의 소 --머리 수로 카운팅

*head=머리수로 가축수 의미일때는 단복명사

: **Ten cows are ten head of cattle. a finest herd of beef cattle for two hundred miles**

*herd=무리/떼 beef cattle=beef용 소, 즉 식용우

⇨ livestock=가축 : sheep, cattle, hens, -- 등등이 있다.

vermin=소해 동물/해충 -- Foxes, weasels, rats, fleas, flies, parasites, insects and lice are (considered) all vermin. ↳ 이렇게 무리복수는 영영사전에서는 해당무리들의 복수로서 뜻을 풀이하고 있다.

livestock/vermin도 무리복수 집합체로 떼 지어 다니는 동물이다. poultries처럼 종류를 의미할 때는 livestocks/vermins로 두뇌를 작동 시킬 수 있다.

※ **복수**=보통낱개 복수 /보통집단 복수 /무리복수 /무리집단 복수 /구성체복수 /고유체 복수

⇒ 복수동사와 의율 : children[boys] /families (are/have) vs cattle[poultry/vermin/livestock] /poultries[livestocks/vermins] (are/have) vs the family (are/have) vs Toms

※ 수=단수/복수/비수 : friend /friends[children/cattle] /water[clothing]

눈에 보이는 것이
물질 집합체[집합덩어리 물질체]인 경우

⋯→ 용기 또는 분할단어 사용 — 물질체 counting과 같다.

또는 눈에 보이는 이 명사상황이 용기 또는 분할단어로 되어있어 이들 단어로 counting

□ **용기사용 :**

a basket of laundry[washing] two baskets of laundry[washing]

단, laundry는 세탁물이 아니라 세탁소 의미일 때는 보통체가 된다.

□ **분할단어 사용 :**

an article of clothing two articles of clothing 한벌/두벌의 의류 [의류 한벌/두벌]

several items of clothing 여러 가지 품목의 의류

an article of furniture two articles of furniture 한 점/두 점의 가구

two masses of furniture 두 무더기의 가구

two pieces of machinery 두 대의 기계(=two machines)

*****machinery**=집합덩어리로서 기계[류]/장치기계
[y: 지게(에 모두 실어 놓은 것으로서 집합체)] **vs machine**=낱개로서 기계

two pieces of jewelry 두 점의 보석(=two jewels)

* **jewelry**=집합덩어리로서 보석[류] [y: 지게(에 모두 실은 것으로서 집합체)]
vs jewel=낱개로서 보석

a set of cutlery two sets of cutlery 한/두 세트의 식탁도구

an item of merchandise two items of merchandise 한/두 품목의 상품/물품

눈에 보이는 것이
추상 집합체[집합덩어리 추상체]인 경우

⋯→ 분할 단어(partitives)를 사용 — 추상체 counting과 같다.

또는 눈에 보이는 이 명사상황이 분할단어로 되어 있어 이 단어로 counting

a piece of scenery 한 폭의 경치[**=a scene** : 한 장면으로 보이는 것으로서 하나의 경치]

단, sceneries=배경의미일 경우 C의미 보통체 -- 배경은 **일정한 구체적인 형태**를 갖추고 있다.

a piece of news 한 편의 뉴스 ⋯› **news=추상체/추상집합체**

-- information로서 그냥 뉴스 덩어리이면 추상체이고, 여러 가지 보도(reports) 집합 덩어리로서 뉴스이면 추상 집합체가 된다. 그래서, newses라는 말은 없다.

a piece of poetry 한 편인데 시가[시문] 중 한 편, 즉 한 편의 시[=one poem 한 편의 시]

⋯› poetry=짧게 갖춘 추상덩어리 집합체로서 시가(시의 노래) /시문

vs poem=짧게 **일정한 (개별) 형태**를 갖춘 것으로서 시[C] cf] verse 운문[U/C] prose 산문[U]

a list/group of vocabulary 한 리스트/그룹의 어휘

단, vocabulary=**추상 집합체 : 어휘**[U] -- 모인 추상적인 단어모습의 덩어리, 즉 추상 집합덩어리로서 어휘

/보통 집합체 : 어군[C] -- 일정한 형태를 갖춘 개별글자의 집단으로서 어군(語群)

: a.. By the age of two, a child will have a vocabulary of about two hundred words.

하나의 어군(語群), 즉 대략 이백 단어로된 어군

vs word=**독립된 완전한 형태**를 갖춘 것으로서 단어 -- **C의미 보통체**

b.. The English is one of the largest vocabularies of language.

하나 즉 가장 큰 어군들 중의 하나, 즉 언어 어군 중의 하나

-- 각 국의 어휘들은 **일정한 자기 형태**를 갖추고 있다. 그래서 C의미가 된다.

Plus-1 부정관사의 U의미 단어의 C의미로 전환

부정관사는 일종(a kind)이라는 부류의미와

하나의 대략 크기의미[하나의 묶음의미]가 있기 때문에 U의미 명사를 C의미 명사로 바꿀 수 있다.

즉 부정관사와 함께 전체적으로 C의미가 된다. **주의**]부정관사는 언제나 C의미 단어이다.

: a water 일종의/하나의 물 -- **C의미**[=a kind of water]

(즉 일종의 물로서 한 부류에 속하니 전체적으로 C의미)

It's a waste of time. 일종의/하나의 낭비-- **C의미**[=a kind of waste]

(즉 일종의 낭비로서 한 부류에 속하니 전체적으로 C의미)

a poetry 일종의/하나의 시문 -- **C의미**[=a kind of poetry]

(즉 일종의 시문으로서 한 부류에 속하니 전체적으로 C의미)

⇨ This film has a savage poetry. [=a kind of savage poetry]

시동=어떤 하나의[일종의] 원시적인 시문

a furniture 일종의/하나의 가구 -- C의미[=a kind of furniture]
(즉 일종의 가구로서 한 부류에 속하니 전체적으로 C의미) : Beds, chairs, desks are a furniture.
cf] a piece of furniture -- piece 자체가 **C의미 단어**
-- 한 품목인데 즉 가구의 한 품목, 예컨데 침대, 쇼파, 책상, -- 등등

a little water 한 적은 양의 물/한 조금정도 되는 물 -- **C의미**
(즉 한 크기로서 전체적으로 C의미)
*__우리말 '하나의/한'__ = '하나의' 으로서 종류의미/ '한' 으로서 대략크기 의미
a sun 일종의/하나의 태양과 같은 것 -- **C의미**
a Newton 일종의/하나의 뉴튼과 같은 사람[물리학자(physicist)/수학자(mathematician)]
-- C의미 : a Picasso 일종의/하나의 피카소의 작품/피카소와 같은 작품
↳one by/one like

Plus-2 복합명사 카운팅하는 법

① 중심어에 s를 붙인다.

boy friends -- 친구는 친구인데 남자 친구라는 말로서 중심이 되는 말은 friend이고 boy는 성구별용에 불과하다.

match boxes -- 박스는 박스인데 성냥 박스로서 match는 용도를 나타내는 말이고 중심이 되는 말은 box이다. → flower shops /plane tickets /telephone bills /water rates (수도요금) /tent pegs, -- etc.
그래서, 복합명사의 앞말 명사는 단수 뇌로 작동 : a four-man law firm

forget-me-nots -- 잊는 것은 하지말라는 것으로서 중심이 되는 말은 not이다 : 물망초들
→ have-nots (무산자들) touch-me-nots (봉선화들)

lay-offs -- 두기는 두되 떨어져 있게 하는 것으로서 중심이 되는 말은 off이다 : 여러가지 해고 건수
→ grown-ups (성인들) merry-go-rounds (회전목마들)
1,100 Master of Arts degrees (석사 학위들) *MA=Master of Arts 석사 : He's an MA.
영뇌의군=1,100 //Master of Arts /degrees =**전설** ⇨ **설-->기**

lookers-on -- 사람들이 보되 어떤 곳의 상면 위를 보는 것으로서 보는 사람이 중심이 되는 말이다 : 구경꾼들 → passers-by (통행인들) mothers-in-law (장모들)
thank-yous : He says too many 'thank-yous'.

② man-/woman-으로 된 복합명사는 양쪽 다 복수 : 관습적 E

men-servants women-doctors cf] maid-servants 하녀(=maids)

Plus-3 복합명사 앞명사=단수표현 : StE

앞 명사는 복합명사의 성격을 나타내기 때문이다. 이 때 뒷말이 중심이 되는 말이다.
만약 복수로 표현 : infml E 관용복수로 표현 : StE

a.. I have been living with my boyfriend, John, an attorney in a four–man law firm.
I have a ten–dollar bill.
cf] She has fifty dollars. dollar=크기 뇌로서 C의미
vs won /percent /dozen /score /thousand=단위 뇌로서 단복명사 : C의미

b.. He won a ten–mile race. cf] He won a ten miles' race.=전설 ⇒ 설-->기
→ a two–day rally cf] a two days' rally : 생물화 (소유격) 표현

c.. a book shop : (○) cf] a books shop : (×)
the animal/plant kingdom : (○) cf] the animals/plants kingdom : (×)

IIIII .. 강조나 관습적인 표현에서는 복수 그대로 표현

▭ 강조로서 Infml E :

a.. The Electronic Products Show Products=infml E
보통표현 : The Electronic Product Show Product=StE

b.. 24 hours service. 보통표현 : twenty four – hour service

c.. Wanted : Native English Teachers with a 4 Years Degree.
보통표현 : a four – year degree ＊a 4 years degree=4년제 학위

▭ 관습적 E :

a.. a human rights organization animal–rights activists

b.. a sports day c.. a singles bar ＊single = an unmarried person
cf] singles=두 사람 경기 : Do you want to play singles or doubles? a singles match

d.. The Appeals System 미국의 재심(항소, 상고)제도
＊rights /sports /singles /Appeals=관용복수
vs The United Nations Headquarters. The United States Air Force.
-- s=원래 고유명사의 일부

add] **명사의 관습적 E** : 옛날에는 학교, 법정, 병원, 읍내(사람들이 많이 모여 사는 집단), 집, — 등은 일정한 형태가 없는 추상체였다. 비록 지금은 일정한 형태를 갖춘 보통체이나 추상체 그대로 쓰면 관습적 English가 된다. 그래서 오늘날 입장에서 보면 단수 단독표현의 관습적 English이다. on board도 같다.
: • Schumacher was airlifted to hospital. Castaway lived at home. They left home.

→ in or to school, in court, in town, ---- etc.
cf]He arrives home. home=adv.

- Passengers go/get on board the train/ship/aircraft. [=aboard]
지금은 보통체이나 초기 vehicle에서는 일정한 형태가 없는 널판지[물질체] 그대로 바닥판으로 썼다. (board=판자/널빤지--〉 vehicle 바닥판/승판)

Plus-4 단어, 철자, 약자, 숫자[단철약숫]의 복수 counting

— 보통 's or s로 표현한다.

a.. There are many and's[ands] in your composition.
b.. There are two p's[ps] in the word, 'apple.' c.. VIPs or VIP's d.. 1920's or 1920s
cf] p (page) -- pp (double p로 표시 : pp 7, 8, 9) Prof -- Profs Dr. -- Drs.

Plus-5 복수 Sign이 아닌 경우

— 원래 명사단어 철자의 일부이다.

a.. **mathematics, physics, economics, politics, athletics, ethics, statistics, phonetics 발음학, linguistics 언어학** (단, economics=경제학(s: study)/여러가지 경제활동(s: several) p381)
Physics is the scientific study of forces such as heat, light, sound, pressure, gravity and electricity. cf]The economics of the scheme need to be looked at very carefully.
[s: study] -- **U의미 추상체** (깨달아 가는 연구로서 추상체) cf] logic, arithmetic 산수

b.. **measles** [s: sickness] 홍역 -- 아픔으로 인지되는 **U의미 추상체**
c.. **sullens** [s: 증/증세] 우울증/시무룩한 증세 -- 시무룩한 모습으로 인지되는 **U의미 추상체**
d.. **billiards** [s: sport] 당구 --- 긴 스틱을 잡고 치는 (덩어리) 모습으로 인지되는 **U의미 추상체**
cf] a billiard ball/table : adj.

↗ 이해는 최종적으로 단어의 최종적인 뜻인 감주로 이해한다.

Plus-6 특수한 명사

① people=무리집단 단수/낱개복수 — 민족[국민]/사람들

▭ poultries처럼 s형 복수일 경우 여러 민족 종류를 나타낸다.
peoples 여러 민족[국민들] : **Chinese are a hard-working people.**

▭ 낱개복수일 경우 사람들[=persons]
그래서, people=무리단수 집합체/복수 보통체

↘**Samsung, they are really an innovator.[=it is]**
주동복수에 단수단어가 올 수 있는 것은 이때 innovator는 조직체를 의미하기 때문 : 혁신 업체[기업] they=집단구성원

② police /foot(보병) /horse(기병)
=무리복수/낱개복수 i.e. 무리복수 집합체 /복수 보통체

a.. The police are also looking for a second car.　　cf] a second-hand car 중고차
하지만 polices로 복수 sign으로 카운팅하지 않는다.
cattle처럼 한 종류로만 되어 있기 때문이다.

vs More than one hundred police have ringed the area.
Several[Two] police were injured. ⇐ two children
단, 한 명일 때는 one policeman/policewoman/cop으로 뇌를 작동시킨다.
police는 children처럼 복수단어이기 때문이다.
cf] The gunman kills police staff. 경찰(서) 직원 : 'police' position=people or organization
↳우리말 '경찰' =사람 또는 조직

b.. Foot operate by walking, rather than in vehicles or on horseback. [=foot soldiers /infantry **보병**]
vs Three foot patrol.
foot도 보병일 때는 children처럼 복수단어이다. horse [기병]도 마찬가지이다.
단, 한 명일 때 a[one] foot soldier /an[one] infantryman

③ personnel=추상체 /낱개복수

▭ 인자부(human resources) -- **U의미 추상체 : 관습적 E**
: 인력부, 인사부, 인사행정부 -- 옛날의 인력관리는 일정한 형태를 갖춘 부서가 없이 그때 그때 오너가 관리했다.

▭ 조직원[직원] -- **C의미 복수 보통체**　cf]staff/staffer ☞ **영뇌영어** vol 1 p61

a.. Her first job was in pesonnel. -- **비수 단독표현**

b.. All personnel are asked to participate. --**보통낱개 복수, 즉 children과 같은 표현이다.**

c.. The monument was engraved with the names of the 58,000 American military personnel who died in Vietnam.
-- 군인을 무장한 사람으로 보지 않고 조직의 구성원으로 파악하여 군사요원으로 표현했음
: police personnel 경찰요원　embassy personnel 대사관 직원

초기에는 일정한 형태가 없는 관습적 E :
in school[court /jail[prison] /hospital /town] /go to church /go to bed(잠자리) in order to sleep / -- etc. : Knox leaves prison.
-- 지금은 일정한 형태가 있음에도 불구하고 초기 모습대로 비수 단독표현을 한 것은 **관습적 E**

학교 /법정 /형무소 /감옥소 /병원 /교회 /읍[소도시] -- **초기모습=관습적 E로서 U의미 추상체**
또한 학교수업 /감옥생활 /병원치료[병원신세] /교회예배 의미일 때=**U의미 추상체[EM]**

④ company=보통[조직] 집합체 /추상체

-- 회사[회사직원 — 구성체] /일행[동행/동반]

The company is[are] happy.

vs I didn't realize you had company. She is good company.

For those who live by themselves, television provides good company.

⑤ youth=추상체 /보통체 /보통[보통집단] 집합체

-- 젊은 시기[시절] 또는 젊음 /젊은 녀석인데, 특히 10 대 머슴아(a male teenager) /젊은이, 젊은층[젊은이들] cf]age=노인/노인층[노인들]

a.. **In his youth, he had shown great promise. He lost his youth a long time ago.**

b.. **She brought another spotty youth last week.** 젊은 녀석

Gangs of youths were throwing stones and bottles at the police. 여러 무리들의 젊은 녀석들

c.. **The youth of the country is/are being ignored by politicians. : 집단뇌/구성체뇌**

cf] guard=(보통/보통집단) **집합체**: 경호대/친위대 **보통체**: 보호자/경호원/친위병/보초/위병

⑥ crew=보통[보통집단] 집합체 /날개복수[즉 복수 보통체] ↗ 영뇌영어 vol 1>p61

-- 조[조일꾼들/조승무원들] /일꾼[승무원] : staff도 crew와 같은 성격의 명사

a.. **The crew is/are waiting for instructions from the captain. : 집단뇌/구성체뇌**

Road crews are spreading sand and salt. 여러 도로 (일꾼) 조들 : families와 같은 표현

b.. **Two pilots and five cabin crew were on board. [=five cabin crew members]**

⑦ population=보통[보통집단] 집합체/물질 집합체

-- 인구[사람들]/주민[주민들]/개체[개체수] : 특정지역 사람들로서 보통개체 집단 또는 물질덩어리 집단 두 가지로 관찰 가능

a.. **During the Second World War the population was/were issued with gas masks.**

b.. **India has <u>a population</u> of more than 1 billion. -- 보통집단 집합체**

Cromer is the main center of <u>population</u> in this area. -- 물질 집합체

c.. **the Indian young population** 젊은 층 인구[사람들]

the elephant population of Kenya 코끼리 개체[개체수]

cf] the elephant <u>populations</u> of Tanzania and Kenya 여러 코끼리 개체들
-- 보통집단체의 복수

↗ 보통 집합체는 영영사전에서는 보통 a group of, a collection of, -- 등으로 많이 표현된다.

Plus-7 보통[보통집단/조직] 집합체의 의미

=집단의미/구성체의미 : 전자=단수 후자=복수, 즉 구성체 복수
cf]날개복수/무리복수

: **family** (가족 /식구[가족]) ※ **우리말 '가족' =집단/구성체 두 가지 의미**
The family is/are [has/have] ---- .

구성체 복수와 무리 복수는 C의미이더라도 바로 앞에 숫자를 표시하여 구성체 수를 나타낼 수 없다. 하지만 낱개복수는 가능하다.

3 family : not ok ···› 즉 가족 3명의 뜻으로 이렇게 표현할 수 없다.
vs 3 families (집단 수) **: ok 3 poultry : not ok vs 3 poultries** (종류 수) **: ok**

⇨ **구성체 카운팅 : a.. 3 family members**
= 3 members of the family= 3 of the family=the family of 3
b.. two sons, two daughters / two hens, two ducks

enemy (적 /적들)
: **a.. The enemy was/were pursued for two miles.** 당했는 데 추격당했다
b.. Three of the enemy were killed. : five of the team/group/class/audience, --- .

populace (서민사회, 서민(층)/서민 **(우리말 '서민' =집단/구성원) :** the general populace
public (대중사회, 대중 /(일반) 대중 **(우리말 '대중' =집단도 되고 구성원도 가능)**
: The British public is/are not really interested in this issue.

clergy (성직자계급 /성직자들) **/clergies nobility** (귀족계급, 귀족층 /귀족들) **/nobilities**
aristocracy (상류사회 /상류인) **/aristocracies** ···› **s형 복수=계급 종류를 나타냄**
infantry (보병-부대로서 보병 /보병-병사로서 보병) **/infantries**
cavalry (기병대, 기갑부대 /기병) **/cavalries**

staff (집단으로서 직원, 종업원 /구성체로서 직원, 종업원) **cf]** staffer=직원/종업원 **: 보통체**
: The school's staff is/are excellent. I have a staff of 15. [=15 staffers /15 staff] ↗children과 같다.
↳BrE에서는 복수 보통체도 가능
vs a staffer=a staff member
↳보통집단 집합체
leadership (지도부, 지도층 /지도자들, 지도부 간부들)
: The leadership of the movement is/are in agreement on this issue.

'we' 의 영영사전 :
used to refer to the company, business, organization, — etc.

Plus-8 명사/대명사 associate

: 단어 associate로서 해당 단어 속에 숨은 뜻

a.. **상황** : Obama측에서 Romney의 medicare, tax 문제에 대해 신랄하게 공격한 후 하는 말
Mitt Romney says 'no'. Obama says 'yes'
⇒ Mitt Romney --> Mitt Romney 것 Obama --> Obama 것
*say=말하는 것으로서 의미하는 것

b.. **Wipe off the table.** -- 테이블을 닦아내라는 것은 문질러라는 뜻은 아니다.
테이블 → 테이블위 먼지/떨어진 음식물

c.. **He is very fond of the bottle.** 술병 → 술 -- 실질적으로는 병을 좋아하는 것은 아니다.

d.. **He fired a machine gun.**
장총 → 총알 -- 장총을 발사한 것은 실질적으로는 총알을 발사한 것이다.

e.. **She was heard to lock the door.**
그녀 → 그녀 행위 : 그녀의 행위는 들렸다. 대동 잠그는 것, 문 잠그는 것으로 말이다.

f.. **I was made to move my car.**
나 → 나의 행위 : 나의 행위는 이루어 졌다. 대동 옮기는 것으로 내 차를 말이다.
↳was=과동질연결로서 '는'

g.. **I was misquoted.** 나 → my words : 내 말은 (되었는데) 잘못 인용되었다.

h.. **We are all sold out.** 우리 → 우리의 것 : 우리의 것은 다 팔려 나갔다. *are=현동질연결 '은'

i.. **That isn't just me.** 내 → 내 것[mine] : 그것은 아닌데 바로 내 것이 아니다.

j.. **He received his full inheritance when he came of age.** 나이 → 성년 나이
: 언제냐 하면 그가 되었을 때 즉 성년 나이가 되었을 때 말이다 *came=왔는 것으로서 된 것

☞.. 이해는 (언어에 대한 basics를 알았디면) 최종적으로 단어의 최종적인 뜻인 감주로 이해한다.

4) 명사 단어를 이해하는 법

명사도 다른 단어와 같이 BAM 영뇌로 (10체의) C/U의미로 이해하면 된다. 특히 사전에서 찾았을 때 이런 입장에서 이해하면 단어의 뜻을 정확하게 그리고 쉽게 잡을 수 있을 뿐더러 사전에 없는 뜻도 쉽게 추측할 수 있다. 원어민들 표현에서는 사전에 없는 뜻도 많다 : **명사성격으로 뜻을 추측하는 기술**
↳ 일종의 e-BAM

✣ beauty=U/C의미

a) 잘 빚어져 있는 덩어리 모습으로서 아름다움[미] -- **U의미 (추상체)**

b) 잘 빚어져 있는 실체로서 아름다움 실체[즉, 미인/아름다운 것] -- **C의미 (보통체)**

tip)명사성격(복수포함)을 잘 알면 사전을 찾지 않아도 쉽게 의미를 추측할 수 있다.

[b: 빚어져 있는 것 〉 가꾸어져 있는 것　a: a급으로서 잘　y: 질 명사]
그래서, 사전에서는 바로 [U], [C]로 의미를 구분하고 있다.
: I love her beauty and grace.　She was a great beauty.　They're beauties.

✣ glass=U/C의미

a) 빛이 통과하는 물질로서 유리 -- **U의미 (물질체)**
b) 유리로 만든 것으로서 유리잔/안경 -- **C의미 (보통체)**
[g: go　l: light　s: substance]
: **This is a piece of broken glass.**
She poured a glass of wine.　He was clean-shaven and wore glasses.

✣ husband =C/U의미

a) 집안의 boss로서 남편 -- **C의미 (보통체)**　b) 남편 역할로서 남편 노릇 -- **U의미 (추상체)**
[h: home　b: boss]
: **Have you met my husband Roy?　He took to husband.**
시동=하게되었는 데, 대자 남편 노릇을 하게 되었다는 것이다.

✣ man=C/U의미

a) 흉상과 몸체로서 일정한 형태를 가진 사람으로서 인간 -- **C의미 (보통체)** [m〉M : 흉상과 몸체]
b) 흉상과 몸체로 만물의 영장 덩어리로서 인간 -- **U의미 (물질체)**
[m〉M : 흉상과 몸체　a : 최고로서 만물의 영장]　※**우리말 '인간' =C/U 의미**
: **All men must die.　Man must change in a changing world.**

✣ house =C/U의미

a) 몸을 안전하게 숨기는 곳으로 밖에서 본 것으로서의 집/주택 -- **C의미 (보통체)**
b) 집에 갖추고 있는 것으로서 가재 도구 -- **U의미 [물질 집합체, 즉 집합덩어리 물질체]**
[h: hide　ou: out　s: safe]
: **We have a four bedroom house.　We are going to move house next month.**
⋯› 여기서 집을 옮긴다는 말은 이사하는 데 가재도구를 챙겨 이사한다는 말이다.

✣ Edison=U/C의미　↗일종의 명사 associate

a) Edi+son으로서 사람 명칭 -- **U/C의미 (고유체)**　b) Edison이 만든 것/같은 것 -- **C의미 (보통체)**
[Edi+son]　어떤 하나인데 Edison이 만든 어떤 하나(one by)/것과 같은 어떤 하나(one like)↖
: **Edison is an American inventor.　This invention[contrivance] is an Edison.**

✣ **community =C/U의미**

a) 일정한 곳에 많이 모여 살면서 공동의 관심사를 갖고 있는 곳으로서 지역사회/지역 공동체 **-- C의미 (보통집단 집합체)**

b) 그 곳을 구성하는 members로서 지역주민들/지역공동민들 **-- C의미 (구성체)**

c) 이런 사람들이 가지는 공동체 의식 **-- U의미 (추상체)**

[c: 일정한 지역을 둘러싼 fence로서 곳 m: many people or com: all together unity: 단일성/통일성]

: **The President appealed to the international community for aid for the flood victims.**
The community center.
The supportive house provides privacy and a sense of community.

✣ **CNN=U/C의미**

-- 방송국이라는 조직[회사]으로서의 고유명칭 **-- U의미 (고유체)**
/CNN 직원들[요원들] **-- C의미 (구성체)**

[CNN : Cable News Network]

: **The CNN is sending him to Japan.** **The CNN are vacationing.**

✣ **personnel=C/U의미**

a) 어떤 조직에서 일하는 사람들로서 조직원들 **-- C의미 (보통체) : 보통낱개 복수**

b) 조직원들의 애로사항을 처리하는 추상적인 조직으로서 인사처리부서[인사행정부/인사부/인사과] **-- U의미 (추상체) : 관습적 E**

[personn : person + person + --, el : 일하는 것]

: **All skilled personnel [100 skilled personnel] were asked to participate.**
She works in personnel which keeps the records of employees.

✣ **TV/television=C/U의미**

a) 전파를 멀리 보내 볼 수 있게 한 기구로서 TV 수상기[television set] **-- C의미 (보통체)**

b) TV가 받는 것으로서 TV 영상[프로] **-- U의미 (추상체)**

[tele: far (t>d : distance) v: 볼 수 있는 것 or s: see]

: **We are getting a color television/a color TV.**
"He is a couch potato. He spends all his time watching TV."

기타 C/U 의미 : 동물 -> 고기 : **chicken** 닭/닭고기
일 -> 작품 : **work** 일/작품 일터 -> 일물 : **laundry** 세탁소/세탁물

☜.. 이해는 최종적으로 단어의 최종적인 뜻인 감주로 이해한다.

↘그러면 영어말투가 형성되고 영어말투에 익숙해진다.

Plus-1 □ 복수 E-BAM

— 복수 확장의미, 즉 확장 BAM이다. 한 개가 아닌 것 또는 여러 개로서 확장되는 의미이다.
그래서, 특히 복수 s의미를 막연히 복수가 아니라, 하나의 단어의미처럼 구체적으로 IS를 느낄 수 있어야 한다.
복수도 free 영뇌로 간직하라. IS 영뇌가 쉽게 발생한다. 모든 단어는 free 영뇌로 간직할 때 그 가치가 있다.

1 복수 (sign s) BAM

=한 개가 아닌 것/여러 개로서 복수 — **C의미** [s: not single/several -- BNW]

A.. **We bought two horses.** ···› 한 개가 아닌 것으로서 두 마리인 것, 즉 **둘 복수** (셋 복수, 넷 복수 ----- 등등) [horse: 말 s: not 'single']

B.. **We bought horses.** ···› 여러 개로서 여러 마리 [horse: 말 s: several]

C.. **The temperature is 0 degrees. Trump had zero signature legislative accomplishments. A rise of 1.3 degrees over 100 years. 0.2 degrees Fahrenheit. Minus 20 degrees.**
···› 한 개가 아닌 것으로서 복수, 그래서 소수/zero/minus에도 복수 sign이 붙는다.
[degree: 도 s: not 'single'] cf]온개복수[2=1+1] 분개복수[0.2= 0.1+0.1] 영개복수[0=0+0+0]
단 1 degree, -1 degree : plus로서 한 개, minus로서 한 개이므로 단수 : -1= - (+1)

2 일반복수[전체복수] E-BAM

=한 개가 아닌 것[여러 개]으로서 모두에게 해당하는 시키는 것으로 **전체[전체대표] 의미/일반적 의미**
즉, 전체복수는 보통체나 보통 집합체를 가장 일반적 의미로 만드는 방법이다.

A.. **Horses are afraid of fire. Boys must play.** [horse/boy: 말/애 s: (전체로서) 일반복수/전체복수]
이럴 때엔 '말이란' '말들은' / '애들은' 이라고 전체의미가 들어 가게 두뇌가 작동 해야 한다.
여러 마리[여러 애들]로 두뇌가 작동하면 안된다.
vs **Financials (are) leading.** [s: 전체복수 또는 several] (전체로서) 금융주가/여러 금융주들이

B.. **Gene Kelly succeeded as tap dancers. He found friends from her. He is often used as scapegoats.**
비록 Gene Kelly, her, he가 한 사람이더라도 보통체의 일반적 의미로 표현했기 때문에 복수로 표현했고, 그래서 그냥 일반적 의미로 '탭 댄서', '친구(라는 것)' '희생양' 이라고 두뇌를 작동시킨다. 여기서는 '친구들', '탭댄서들', '희생양들' 로 두뇌로 작동시키면 안된다. ↗(상황) associate
: Try our frogs' legs. : **장남감 개구리 한 마리에게 하는 말** -- 한번 해보렴[뛰어 보렴], 우리 개구리 양반[씨]의 다리로 해서 말이다. 일반[전체] 대표의미로서 '양반/씨' 가 된다. (목적어=수단물 ☞ p 175)

C.. Date Maker :
Attractive, active male, 70, seeking young-hearted female friend. No smokers.
여러 금연자는 안 된다는 말은 아니다. 일반적 의미로 금연자는 안 된다는 뜻이다.

3 **개체/구체 복수 E-BAM**=여러 개로서 보다 구체적인 의미[실체/개체]

Ⅲ.. **Tears rained down her cheeks.** 주룩주룩 자꾸 내리는 눈물 [tear: 눈물 s: 개체복수]

vs Tear rained down her cheeks.

그냥 덩어리로 쏟아지는 눈물 --- 관찰 또는 표현의도에 따라 표현을 선택할 수 있다.

기타 복수의 구체적 E-BAM, 즉 구체 복수 E-BAM :

※ atrraction 매력 /attractions 여러 명승지 sight 시력[보는 것] /sights 여러 관광지 direction 지시 /directions 지시사항/당부의 말씀 [s: 구체복수]

4 **둘[교대/교환] 복수 E-BAM**=한 개가 아닌 것으로 둘을 가리키는 복수의미

A.. **She shook hands with me. I am friends with him.** [s: two복수]

B.. **Two players take turns placing black and white stones.**: 'Go Play' [s: 교대복수]

C.. **I exchanged seats with her. You don't have to change cars.** [s: 교환복수]

cf] You don't have to change your car[a car]. ☞exchange/change BAM 〉 영뇌영어 vol 2 p444

-- 이럴 때는 헌 차와 새 차의 바꿈 개념이 아니라, 당신 차 하나[자동차 하나]로 국한된 것이다.

5 **묶음복수 E-BAM**

=한 개가 아닌 것으로 한 개 이상 또는 여러 개를 하나로 묶은 의미 -- **단수동사와 의율**

A.. **Twenty years is a long time.** 20년이라는 하나의 크기의미[s: 묶음복수]

※ 이런 묶음 현상은 보통 시간/금액/거리/중량 — 등에서 많이 나타남

vs Twenty years have passed since we met. 일년 일년해서 20년이라는 의미

[s: not single] cf] 'African Voices' is next. (CNN 프로그램 이름)

B.. **Riches is a large amount of money or valuable possessions.**

이것 저것 모든 재산을 하나로 묶은 것로서 거부(巨富) [s: 묶음복수]

vs Riches are valuable possessions or large amounts of money.

이것 저것 여러 가지 재산으로서 거부(巨富) [s: several]

※ is/are= '이다' 로서 '의미하는 것' [=means/mean]

C.. **She comes to my home every two days.**

이틀을 하나로 묶은 것 -- 매이틀마다 [s: 묶음복수]

D.. **The Friends of Syria says Geneva talks only option for peace.**

여러 명을 하나로 묶은 것으로서 단체 -- 형제단 [s: 묶음복수]

※**그룹복수**=묶음 그룹복수 — 단수취급 /전체대표 그룹복수 — 복수취급

tip)전체대표 복수로서 group : The funeral homes claim the storm caused many deaths. Democrats take the House. His family says the Russians have the wrong man. 장례식장측/민주당 (장악 즉 하원장악)

↳ 러시아측은 잡았는데 사람을 잘못 잡았요 : **스파이 혐의로 Paul를 감금한 상황**

6 **반복복수 E-BAM** =한 번이 아닌 것으로 한 번 이상 또는 여러 번으로서 반복 의미

A.. **Congratulations and all wishes.** B.. **Thanks.** 감사하고 감사합니다.

C.. **Many happy returns (of the day)!** 돌아오고 돌아오고 하는 것으로서 장수

[s: 반복복수] ※ the=외부적 지정뇌로서 this 지정 ⇒ this day

7 **취급복수 E-BAM** =복수 취급소 [s: 취급 복수]

ⅡⅡ.. **Hollywood stars speak out at Oscars.** 오스카상 시상식 **customs** : 통관할 때 마다 통관세를 붙이는 곳으로서 세관 **movies** : 여러 영화를 취급하는 곳으로서 영화관

8 **대(帶)/층 복수 E-BAM** = 일정범위 내 것 전체로서 대/층 복수 [s: **대(帶)/층 복수**]

A.. **He is in the fifties. [=in his fifties /in fifties]**

B.. **The marketing campaign is aimed squarely at adolescents. [=exactly]**

시동=그는 있는 데, 내소, 50십 대 내소에 있다. / -- 정확히 직자 청년 층에 말이다.

9 **횟수복수 E-BAM** = 참가, 경기 — 등의 횟수를 의미하는 횟수복수 [s: 횟수복수]

ⅡⅡ.. **Wins : 3 Appearances : 15 Events : 20**

시동=승리는 3번 했고, 참가는 15번, 경기는 20번 열렸다.

10 **각각복수 E-BAM** = 각각 모두에게 해당시키는 것으로서 각각복수[s: 각각복수]

A.. **Keep your shots up to the date.** B.. **Buy tickets to Ellen's Birthday Show!**

-- 각자가 맞는 주사 또는 각자 들어가는 입장권으로서 복수 : 주사/입장권 ◀ **우리말=단복명사**

11 **수복수 E-BAM** = 건수를 의미하는 수복수 [s: 수복수]

A.. **Stocks pare gains.** B.. **Job openings : 4 million in January**

시동=주식 수가 점차 줄고 있다. 상승종목 수가 말이다. /일자리 오픈 건수(로서 직원채용 건수)

이렇게 복수 E-BAM은 무궁무진하다. 그래서, 사전에서 get의 뜻도 무궁무진하다. 이렇게 무궁무진하게 발전해도 우리는 BAM 영뇌가 있기 때문에 사전에 뜻이 없어도 원어민들처럼 뜻을 만들 수도 있고, 뜻을 추측할 수도 있다 : **sometimes 복수 p221**

tip)복수 associate : Most people hate doing taxes. 활동하는 것인데 여러가지 세금 자료[정보] 수집을 말이다.

s형 복수도 하나의 단어로 생각하라. 명사에 붙이는 것으로 문법적으로 생각하지 말고, 단어모양 그대로 하나의 단어로 생각하라. 마치 비교급, 최상급 단어처럼 말이다. 그러면 IS영뇌를 과정으로 작동시키지 않고, 원어민들처럼 바로 작동시킬 수 있다.

*** 복수 종류=보통낱개 복수 /무리복수 /무리집단 복수 /구성체 복수 /보통집단 복수 /고유체 복수**

→ **Children /Poultry /Poultries /The family have[are] /Families /Toms**

☞.. 이해는 (언어에 대한 basics를 알았디면) 최종적으로 단어의 최종적인 뜻인 감주로 이해한다.

Plus-2 ||||| .. **소유격/속격 표현** — 이것도 free 영뇌로 간직하라. IS 영뇌가 쉽게 발생한다.

1. 소유격/속격을 만드는 법

···› **생물 소유격**=' s (apostrophe s: possessive) 또는 of사용 — 이때 of=동격소유로서 소유격

···› **무생물 속격**=of사용 — 이때 of=동격소속로서 속격

① 생물 소유격 -- 생물은 소유격으로 표현한다. 생물의 소유이기[생물은 소유하기] 때문이다.

a.. the horse 's tail a woman 's hat women 's hats cf] the horses' tails

b.. a tail of the horse a hat of a woman hats of women a portrait of Edward Gibbon

c.. He showed me the photo of his mother.[=his mother' s photo] the plays of Shakespeare

compare] He showed me the photo to his mother. private secretary to the queen

시동=보여 주었어요, 나에게 그 사진을, 대자 자기 엄마의 사진을 말이다.

/개인 비서인데 대자, 그 여왕의 개인비서 ∗to=방향대상 소속으로서 대자 --의

much attention] his mother' s photo[=the photo of his mother] vs the photo of his mother' s

↳전자=소유뿐만이 아니라 엄마 본인 사진도 되고 엄마가 찍은 다른 사진도 가능

d.. Tom' s voice [=the voice of Tom] 후자=엄마 소유의 사진만 가능

e.. unconfirmed photo of him[his] --- Gaddafi' s body [=his unconfirmed photo]

compare] This isn't my book/mine. The book is my brother' s.

: ' s=his/mine처럼 **소유 대명사**

vs It's my brother's book. : ' s= 소유격으로서 **소유 형용사**

그래서, 's = 소유격/소유대명사 /단어, 철자, 약자, 숫자의 복수 : --의 /것 /들

[s: possessive or 복수 sign] cf]축약동사 : It' s ⇒ It is/was/has

f.. each other's happiness sister-in-law's book someone else's shoes

: 복합단어는 's를 마지막 단어에 붙임

g.. your husband's brother's wife. : 「's」로 된 이중 소유격

→ 당신 남편 동생의 마누라 ⇐ 당신 남편의 동생의 wife

: Brian' s parents' house Why are Sue' s neighbor' s chickens a problem?

h.. Jack and Jill's wedding Mr. Rhee and Mr. Kim's office : 공동 소유격

i.. Jack's and Jill's weddings Mr. Rhee's and Mr. Kim's offices : 개별 소유격

add] 단, S형 복수명사인 경우 apostrophe만 붙인다. (어미 s발음 일때도 같다 : for peace' sake)

그러나 고유명사 「s」인 경우에는 「 's or apostrophe 」를 붙일 수 있다.

: He won a ten miles' race. vs Las Vegas's neon lights or Las Vegas' neon lights

John Keats's poems Jesus' disciple 예수의 제자 Moses' Ten Commandments

단, s' s로 반복될 때는 뒷 것은 폐쇄시키고, 앞 s만 소리낸다. two months /the month' s income

/must[머스/머스트] /pentagon[페너건/페ㄴ터건] 처럼 뒷 철자를 폐쇄시키는 것과 같다. ☞ p373

② 무생물 속격 -- 무생물은 속격으로 표현한다. 속하기 때문이다.

the door of the garage.

: *not* 'the garage's door　무생물에 딸린 것이지 무생물은 소유하지 못한다. 하지만 관습적 E로 **'장시거금무조'** 는 생물화 표현 가능

compare] 단어에 따라 속격/소유격 대신 소속관계 복합명사로도 표현 가능

: the garage door　Daegu Subway Construction Headquarters [=Daegu' s ----]

☘ 무생물의 생물화 표현

-- 일반적으로 장시거금무조, 즉 장소 /시간 /거리 /금액 /무게 /조직에 「's」으로 많이 표현 : **관습적 E**

▭ **생물화 표현('s)　vs　무생물 표현 (of)**

a.. the city's new department store　vs　the new department store of the city

b.. the world's population　vs　the population of the world (=in the world)

c.. Korea's largest city　vs　the largest city of Korea (=in Korea)

d.. today's newspaper　vs　newspaper of today (=newspaper today)　❖ today=noun /adj.

e.. death' s door (죽음이라는 시간의 소유격)　vs　the door of death

f.. thirty miles' journey　vs　a journey of thirty miles　thirty miles journey : infml **복합명사**

a five minutes' walk away.　vs　The station is only a five minute walk away. : StE **복합명사 부사**

↳**복합명사**　cf] He did ten years porridge. : infml **복합명사**

g.. five dollar's worth　vs　the worth of five dollars

h.. a pound's weight　vs　the weight of a pound

i.. the government's decision　vs　the decision of the government

j.. the company's success　vs　the success of the company

> **기타 생물화 표현** : for remembrance' sake,　mind' s eye,　fortune' s smile,
> life' s journey,　within a stone' s throw,　by a hair' s breadth,　at one' s wits' end,
> 직자 자기의 모든 재치의 끝 상태에 있는 것으로서 아무리 풀어도 안되어 안달이 나는 상태/속이 타는 상태인 것[s: 전체복수]　at one' s fingers' ends

plus] apostrophe=잠시 간격을 두는 구두점으로서 ' [a: 잠시 : It takes a while　p: pause　p: punctuation mark]

tip)apostrophe 용법: a. possessive form에 사용　b. contracted form에 사용 : 1956= ' 56　not=n' t　It is=It' s

c. plural form(단어, 철자, 약자, 숫자)에 사용 : p390

☘ 이중 소유격 표현

: Your wife's sister's husband. --　's로서 이중 소유격

: 당신 아내 여동생의 남편 ⇐ 당신 아내의 여동생의 남편

vs 동격 소유와 소유 대명사로서 이중소유격 : this racket of my father's

시동=이 라켓은 즉 나의 아버지 것이다 /이 라켓, 즉 나의 아버지 것의 이 라켓
결국 '이 라켓은 나의 아버지의 라켓' 이라는 의미이다. [=This is my father' s racket.]
: This racket of mine/his/hers/yours/theirs.
a hat of my father' s =my father' s hat = a hat of my father
She' s a friend of my mother' s. 친구인데 즉 내 엄마의 친구

cf] 소유 대명사=것/~의 것으로서 사는 곳[일터]
→ a friend of mine. 한 친구 즉 나의 프랜드로서 한 친구, 결국 나의 한 친구라는 의미
He's staying at his uncle's. 것으로서 댁
She went to fix to the shoe-maker's. 것으로서 수리공장

2. 소유격[속격] 의미

① 소유격, 동격소유, 동격소속 -- BNW

Tom's Bible -- 소유격
the love of God for mankind[= God's love for mankind] -- of=**동격소유**(possessive)
the legs of a table the roof of the house -- of=**동격소속**(belonging to)
···› 다리, 즉 탁자에 속해[딸려] 있는 것으로 탁자 다리이지, 탁자가 소유하는 것은 아니다.
지붕, 즉 그 집에 속해 있는 것으로서 그 집 지붕이지, 집이 지붕을 소유하는 개념은 아니다.

② 용도의미[EM]

a girls' school 여학생들의 학교 --> 여학생용 학교
Men's Rest Room / Women's Rest Room 남자들[여자들]의 화장실 --> 남성용[여성용] 화장실

③ 대상/목적 의미[EM]

Kennedy's murder. 케네디의 살인사건 --> 케네디를 살해한 살인사건
the fear of God (ie. It is felt by men towards God)
두려움, 즉 신의 두려움 --> 두려움, 즉 신이라는 두려움 ⇒ 두려움 , 즉 신을 두려워 하는 것
his love of (ie for) his mother ❈ of=**동격 목적**(objective)
그 사람의 사랑인데, 즉 자기 엄마를 사랑하는 것 (그이의 사랑, 해자 엄마에 대한 그이의 사랑

④ 주체관계[EM] : Oswald's murder 오스왈드의 살인 --> 오스왈드가 살해한 살인 사건
⑤ 내용관계[EM] : This is one woman's story. 어느 한 여자의 이야기 --> 어느 한 여자에 대한 이야기
⑥ 소유관계[EM] : Europe' s crisis will be very troublesome for Asia' s economies.
유럽의 위기--> 유럽이 가진 위기 [=Eropean crisis/Asian economies]

tip)소유격 대명사에는 관사를 붙일 수 없으나 명사 소유격은 가능 : Dubai is a foodies' delight.
↳ a my desk : incorrect ↳어떤 하나의 식도락가들의 기쁨

Plus-3 **단복 명사** — 보통 여러 마리로 있거나 여러 개, 여러 명으로 있기 때문에 단복이다.

: sheep/sheep, swine/swine, species/species (종種), series/series (연속), offspring/offspring (자식, 자손), counsel/counsel (변호사/고문, 조언), Chinese/Chinese, Japanese/Japanese, Swiss,/Swiss etc.

단, fish/fish(fishes), trout/trout(trouts), salmon/salmon(salmons), deer/deer(deers), duck/duck(ducks), quail/quail(quails) : 단복형/s형 양쪽으로 가능 — 하지만 단복형이 일반적이다(more commonly)

↗cf] 부정관사/정관사의 일반적 표현 ☞ 관사 영뇌

Plus-4 **명사의 가장 일반적 표현** — 10체의 일반적 특징대로 표현하면 된다.

⇒ I like apples /families /poultry /water /beauty /John /the sun[Sun] /furniture /vocabulary/OK.

보통체는 낱개복수로, 보통집단 집합체는 보통집단 복수로,
무리복수 집합체는 무리복수 그대로, 물질체와 추상체, 고유체는 비수 단독표현 그대로,
유일체는 내부적 the로 또는 고유체로,
물질집합체와 추상집합체는 물질 집합덩어리, 추상 집합덩어리 그대로, 자체는 명사자체 또는 낱말자체(ok라는 단어) 그대로 표현하면 가장 일반적 대표의미가 된다. 일반적 의미는 어떤 것으로 국한시키는 한정의미가 아니다.

Plus-5 **복합명사의 영뇌의군** — 설주 또는 설가 영뇌의군 : 이것도 일종의 free 영뇌

a.. an electric can opener **영뇌의군**=an (electric / can opener)=**전설** ⇨ **설-->기**

↳간직시
(vocal) 감주로 간직
붙여 말해도 여전히 설주뇌다.
한글느낌으로는 불가능하다.
↗이게 가능한 것은 IS 설주뇌 때문이다.

→ the (people' s / liberation Army) He won a (ten-mile /race).

He won a (ten miles' /race). a (two-day /rally) a (two days' /rally)

감각적 주파수 : anelectric canopener 주의]제한적 영뇌도 감각적 주파수로 읽어라. 즉 뒷말과 말하라. 그러면 해석한 한글 느낌이 아니라, 영어느낌으로 이해할 수 있다 vs an electriccanopener : **해석한 한글느낌 리딩**
↳**한뇌리딩**

b.. electric shock treatment **영뇌의군**=electric shock /treatment=**설-->기**

c.. UN //weapons of mass destruction /inspection team

영뇌의군=**전설** ⇨ **설-->기** : UN 대량 살상 무기 검열 팀

❈ weapons /of /mass destruction=기-->설-->설′ =**설가 영뇌의군** : 무기 즉 대량살상 무기

d.. the international chemical weapons convention

영뇌의군=the [international (chemical weapons /convention)]=**대전설** ⇨ **소전설** ⇨ **설-->기**

→ their [present (per capita / fuel consumption)] the [average (per capita / income)]

e.. House of Representatives Speaker Newt Gingrich

영뇌의군=(House of Representatives / Speaker) //Newt Gingrich=**설-->소기** ⇨ **대기**(大基)

···› **대기**=**대기본어** → University of West Virginia / Research=**설-->기**

Plus-6 **명사의 동사의미 만들기** — take, get, have, make, give — 등의 동사와 함께 표현

Give me a try.[=Just try.] S & P 500 had the biggest gain.[=gained (the) biggest]

Take a seat. [=Be seated.]

☞.. 단어의미를 만들거나 알아내는 원천기술은 BAM이다.

9. 일반대명사 영뇌[GP NB]란 :

무한글 이해, 즉 IS두뇌로 묻는 말 /감탄말 /종속접속사 /전치사 /동사 /대명사[명사]를 referring back 또는 referring forward로 그냥 서술적으로 설명해 나가는 뇌
요컨데, 비연결 설명어

또는 기본어[주어]로 먼저 말하는 뇌

영뇌의 또다른 특징]

한 문장 내에서 대명사와 referent를 함께 표현함 : 선 it, 관계대명사, — 등 cf]관계부사
우리말은 앞에서 설명해 주는 뇌이니까 그럴 필요가 없다. 사람/비사람, 명(대)/동/형/문의 연결설명어도 알고보면 한 문장 내에서 대명사를 써서 가리키는 것과 같다.
: 영어가 전개되는 원리[일종의 NB 원리] ＊referent=언급물/언급대상

▭ **일반대명사 BNW**=그냥 referring back /referring forward : 비연결설명어
vs 관계대명사 BNW=referring back으로 제한적/비제한적 연결 : 연결설명어

(단, as/than=referring forward도 가능) tip)관계대명사=관계를 짓는 대명사 일반대명사=그냥 대명사

☞.. 영어는 언어로서 그 기능을 다해야 한다. 그게 바로 "감주"이고, 그러려면 많이 듣고 독서도 많이 해야한다. 특히 영자신문과 만화를 많이 보아야 한다.

1) 일반대명사 영뇌[GP NB]

무한글 이해, 즉 IS두뇌로 묻는 말 /감탄말 /종속접속사 /전치사 /동사 /대명사[명사]를 referring back 또는 referring forward로 그냥 서술적으로 설명해 나가는 뇌
요컨데, 비연결 설명어
또는 기본어[주어]로 먼저 말하는 뇌

묻는 말=조동사 /HB동사
동사=원동사 /현동사 /과동사 /과분사 /현분사 /to부정사 /동명사

① 묻는 말을 설명해 나가는 뇌

A.. Must /they /die? (or Must /they die?)

영뇌=기→ 설→ 설′ : BEis-Os

or I + I + I : I-Os or S + S + S : S-Os

↘ ☞.. **major 감주=** -- they die?

☞.. 시동으로 (영어) 글자/말 자체에서 뜻이 보이거나 상황이 (머리 속에서) 보이면 된다 : IS 영뇌

How to Read[Speak]

=Mustthey die?

: BEis/IS로 되어 있는 것을 감각적 주파수로 이해한다.

즉 한 단어처럼 뒷말과 말하면 저절로 이해가 발생한다.

시동= vocal 감각적 주파수로 **↗그러면 영어말투가 형성되고 영어말투에 익숙해진다.**

(BEis/IS 영뇌가 될 때까지) F3+E2 강하게 말하기

▭ 이때 대명사=referring back — 뒤에서 언급

: referents=대화에서 전제되어 있음

☞.. **我必 Free 감주 간직하기**= Must die?

시동=필히 일어나야 하는 가? 그들[그것들]에게 죽음이[죽는 게] 말이다.

they=사람/사물을 복수로 가리키는 것으로서 그들/그것들

[t: thing h: human e: en 소리복수(children/oxen) + the: 지정

〈— en: e: 입 n: noise 여럿이 모여 소리를 지르는 것으로서 **소리복수**]

소리: THEy=slide 주파수

: Have they a car? What have they?

Are they there? What is this?

What do they want? How much did you pay? : do 조동사

시동 종류=원애시동 /vocal음 /Free 영뇌 /F3+E2 /일상적인 생활 /Ekbe /[†]SIUM 말하기

/무한글 /BNW or 비한글 BNW /BAM /BEis 영뇌[=IS 설가뇌] /G토씨 /connotation

/영뇌 기본자세 /패턴 /associate — 특히 영맥 파악[이해]=BEis 영뇌, 영어이해=감주

↳특히 기본어/연결설명어/s동사

🔊 Must 앞에 일반부사 영뇌를 추가하면 :

A- E.. Naturally must /they /die? =기-->설-->설′ : BEis-Os

시동=당연히 일어나야 하는 가? 그들[그것들]에게 죽음이[죽는 게] 말이다.

Free 감주로 이해/간직 하기 ⇛ Must they? /They die? /Must die? /-- etc.

🔊 Must they? 필히 일어나야 하는 가? 그들[그것들]에게 말이다.

They die? 그들[그것들]에게 죽는 게 말이다? : **원동사** Must die? 필히 죽어야 하는 가?

② 감탄말을 설명해 나가는 뇌

A.. What a bride /she /is!

영뇌=기→ 설→ 설′ : BEis-Os

or I + I + I : I-Os or S + S + S : S-Os

> **How to Read[Speak]**= Whata bride sheis! : 먼저 감각적 주파수로 이해한다.
> 그러면 저절로 선인영뇌각인/선강후약 영뇌각인이 유지된다=What〉a she〉is
> **시동=** vocal 감각적 주파수로 (자동 설가가 될 때까지) F3+E2 강하게 말하기
> ▭ 여기서 대명사=referring back —— referent=대화에서 전제
> (쉬-이즈=retro-root F : s=유성음 매치)

.. 我必 Free 감주 간직하기= What a bride!

시동=얼마나 이쁜 신분인가! 저 여자가 말이야! *what=adv. 감탄부사

she=수줍어 하는 사람으로서 그 녀/그[저] 여자 [s: shy h: human]

소리: SHEe=내성음 slide 주파수 e=내성음가 or SHE-/SHE=line/post점형 주파수

bride 뒤에 to 부정사 영뇌를 추가하면 :

A- E.. What a bride-to-be /she /is!=기--〉설--〉설′ : BEis-Os

시동=정말로 이쁜 예비 신부이구나, 저 여자가 말이다!

*A bride-to-be is a woman who is going to be married soon.

Free 감주로 이해/간직 하기 ⇒ What a bride! /She is! /Bride! /-- etc.

What a bride! 정말로 신부가 이쁘구나! She is! 그 여자는(도) 그래요!

*그래요=동질연결로서 인정 Bride! 신부가 말이다! /신부야! /신부이구나!

③ 종속접속사를 설명해 나가는 뇌

A.. I don't know /if /he /is /at home or not.

or I /don't know //if /he /is /at home or not.

영뇌=기→ 설→ 설′→ 설″→ 설‴ /기→ 설 ⇨ 전설→ 설′→ 설″→ 설‴ : BEis-Os

or I + I + I + I + I /I + I + I + I + I + I : I-Os

or S + S + S + S + S /S + S + S + S + S + S : S-Os

> **How to Read[Speak]**=Idon't knowif heis athome ornot.
> : 먼저 감각적 주파수로 이해한다.
> **시동=** vocal 감각적 주파수로 (자동 설가가 될 때까지) F3+E2 강하게 말하기

▭ 대명사 he=referring back —— referent=대화에서 전제
(아이도운=double slide F : t/k 폐쇄 아이도운트=double slide F : t 비폐쇄 히ー즈=retro-root F)

.. 我必 Free 감주 간직하기=Don' t know if at home or not.

시동=나는 모르겠다. 인지[인자] 그 사람이 있는 지, 구처 집이라는 곳에 있는 지 아니면 다른 곳에 있는 지 말이다/없는지 말이다.

he=수줍어 하지않고 똑 바른 자세를 취하는 사람으로서 그 (남자) /그 남자로서 그 사람
[h: 똑바로 서 있는 모습 (straight) + h: human] ↳**기본영뇌 vol 1 p38**
소리: HEe=내성음 slide 주파수 e=내성음가 or HE−/HE=line/post점형 주파수

원동사 뒤에 일반부사 영뇌를 추가하면 :

A- E.. I don' t know, like, /if /he /is /at home or not.

영뇌=기→ 설→ 설′→ 설″→ 설‴ : BEis−Os ∗like=kind of=well : a meaningless addition

시동=나는 모르겠다. 음[어~], 인지[인자] 그 사람이 있는 지, 구처 집에 있는 지 --- .

Free 감주로 이해/간직 하기 ⇒ Don' t know. /Don' t know if. /Don' t know if he is. /He is at home. /He is at home or not. /Home he is at. /-- etc.

Don' t know. 몰라요/없는 데 아는 정보가 없다. ↘**관계문장** : 집인데 그가 있는 곳, 즉 그 곳에 있는 곳(이다)

Don' t know if. 몰라요, 어떤 것[어떤 인자]인지 말이다 : **확인 종속접속사** ∗어떤 것=if associate

tip) **또다른 free 영뇌**=몰라요, 만약의 경우를 말이다 : **명사**

Don' t know if he is. 몰라요, 인지[인자] 그가 있는지 말이다. He is at home. 그는 있는 데 구처 집에 있다.

He is at home or not. 그는 있는 데 구처/구자 집에 있거나 아니면 없다.

tip) free **영뇌로 말문 더 틔우기** : Right now his home is a small apartment. ∗right now=당장 지금은

.. 종속접속사를 개략적인 실체[즉 종맥실체]로 시동걸기 :

종속접속사는 명대로 설명해 나가기 때문에 전치사 처럼 개략적인 실체로 시동을 걸 수 있다.

- **시자(時者)**=시기 종맥실체로서 시자 ∴ when=시자 --할때 • **처자(處者)**=장소 종맥실체로서 처자 ∴ where=처자 --하는 곳에 • **약자(若者)[혹자(或者)] /인자(認者)**=조건 종맥실체로서 약자[혹자] /확인 종맥실체로서 인자 ∴ if=약자[혹자] -- 하게 되면 /인자 -- 인지 (認=확인할 인)
- **하자(何者)**=부정확인과 부정선택[즉 어떤 것인지/어느 것이든] 종맥실체로서 하자 ∴ whether=하자 -- 인지[이든]
- after=전자(前者) -- 한 후 before=후자(後者) -- 전에 until[till]=도자(到者) -- 할 때까지
  because=원유자(原由者) -- 때문에 though/although=양자(讓者)/정말로 양자(讓者) -- 이다할지라도
  since=계자(繼者) -- 이래로 (쭉)/존유자 (存由者)-- 때문에 (존유종맥 실체) while=간자 -- 하는 사이[동안]
  as=동시자/동유자/동동자/동행자 -- 하자마자[하면서]/때문에/함에따라/하는 대로

cf] for=(그) 해유(該由)는 -- 때문이다 : **해당이유 등맥** tip)종맥실체=종맥을 일으키는 실체 : **bnw−BAM=단어 본래의미**

④ 전치사를 설명해 나가는 뇌

A.. Wife: "It's a loan." -- 카지노에서 돈을 잃은 마누라가 하는 말
Husband: "Of /mine."
영뇌=가→ 설 : BEis-Os or I + I : I-Os or S + S : S-Os

How to Read[Speak]=It'sa loan. Ofmine.
: 먼저 감각적 주파수로 이해한다. 그러면 저절로 의음/의자가 된다.
시동= vocal 감각적 주파수로
(의음/의자가 될 때까지) F3+E2 강하게 말하기
▭ 여기서 대명사=referring back — referent=a loan
(이ㅌ스어/이ㅌ서=slide F 어브마인=small slide F + slide F)

.. 我必 Free 감주 간직하기= It's mine. or Mine.
시동=즉, 내 것이야/그것도 내 것에 속해/그것도 내 것이나 마찬가지야.

mine=내 것에 속하는 것으로서 내 것 [m: me in: 속하는 것]
소리: MIne=slide 주파수 i=아이: 알파벳 음가
of=동격 연결[소속]로서 즉/그것도 -- 이다[속해]

of 앞에 출처를 밝히면 :

A- E.. He said like, /"Of mine."
영뇌=가→ 설 : BEis-Os
시동=그는 말했는데 이와 같이 말했어요, '즉 그것도 내것이' 라고 말이다.
*I said like, "I love you."

Free 감주로 이해/간직 하기 ⇒ Of. /Mine. /-- etc.
Of. 즉 그것도 이지 → **전치사 free 영뇌** *그것도=**연결설명어의 연결** associate
Mine. 내 돈이야/내 것이야 → **대명사 free 영뇌**

⑤ 동사를 설명해 나가는 뇌

A.. "It's /me, /Tom."
영뇌=가→ 설→ 설' : BEis-Os
or I + I + I : I-Os or S + S + S : S-Os

How to Read[Speak]="It'sme, Tom."

: 먼저 감각적 주파수로 이해한다. 그러면 저절로 이해가 된다.

시동= vocal 감각적 주파수로 (자동 설가가 될 때까지) F3+E2 강하게 말하기

▭ 현동사 설가

▭ 대명사 me=referring forward — 먼저 언급하고 referent는 바로 뒤에 나오는 것=Tom

(이ㅌ스미=check mark F [=slide F + post 점형 F] : s=무성음 매치)

.. 我必 Free 감주 간직하기= "Me, me, me, Tom."

시동=바로 (그 사람이) 나야, 탐말이야. ✠me=Tom

me=내 흉상과 몸체로서 나인 것 [m: n + n 나 m: M 흉상과 몸체]

소리: MEe=내성음 slide 주파수 e=내성음가 or ME-/ME=line/post점형 주파수

↱ this의 상대적 개념이 아니라 중음가 대명사로서 그때 그때의 해당 상황를 가리킴

A Quick Note

it=situation 'it' -- 그때 그때 상황를 가리키는 것으로서 referring back

여기서는 '바로 그 사람' 으로서 상대방이 원하는 것을 가리키는 것

: time, date, temperature, weather, distance, place -- 등등

It's very quiet here.

⇒ it=그때 상황의 '분위기' 를 가리킴 -- 분위기가 매우 조용하군 -- .

연설뇌로 작동시키지 않고, 전설뇌로 작동시키면

A- E.. "It's /me, //Tom."

영뇌=기→ 설 ⇨ 전설 : BEis-Os 시동=바로 (그 사람이) 나야, 탐아. ✠ me≠Tom

마지막에 말을 더 추가시키면 :

A- E.. "It's /me, /Tom. Don't /you remember /me?"

영뇌=기→ 설→ 설′ | 기→ 설→ 설′ : BEis-Os

시동=바로 (그 사람이) 나야, 탐말이야. 하지 못하니, 넌 기억을 나를 말이다?

Free 감주로 이해/간직 하기 ⇒ It's. /It's me. /Me, Tom. /It's Tom. /Tom. /Tom it's me. /-- etc. It's. 바로 그 사람이지. It's me. 즉 나야. Me, Tom. 나, 탐이야. It's Tom. 즉 탐이야. *It's=RB+동질연결로서 '바로 그 사람이지/즉' Tom. 탐이지.

tip)말문 더 틔우기 : She visited me in the hospital. : **제한적 연결영뇌**[DL NB]

문병했는데 나를 내소에 있는 병원 내소에 있는 나를 말이다.

관계문장 : 탐인데 그 사람이 바로 나인 사람(이다)

B.. A Christmas gift is /given /you.

영뇌=기→ 설→ 설′ : BEis–Os | Free 감주+我必 Free 감주 간직하기

▭ 피동과분사 설가 ▭ 여기서 대명사=referring back —— referent=대화에서 전제

시동=크리스머스 선물이 있는 데 즉 주어져 있는 데 당신에게 말이다. / -- 되었어요, 즉 주어졌어요, --- . ∗되었어요=**발생현재** [=Christmas gift given you. : infml E]

you=실음 외적 음가로서 당신 [you〉유- : 실음 외적 음가로서 상대방을 가리키는 것]

소리: YOU= line점형 주파수 ou=u- : 지배음가 or you=여: dot점형 주파수
↳ o지배음가/약한감정음가(어화)

C.. I have /emailed /her. [=e-mailed]

영뇌=기→ 설→ 설′ : BEis–Os | Free 감주+我必 Free 감주 간직하기

▭ 능동과분사[능동 event] 설가 ▭ 대명사 her=referring back —— referent=대화에서 전제

시동=나는 가지고 있어요, 이메일을 보낸 것인데 그 여자에게 말이다.

[=Have emailed her. or Emailed her. : infml E]

소리: HEr=dot or post 점형 주파수 : 강하게 소리내면 post 점형 주파수가 된다.

vs I /emailed /her. =기→ 설→ 설′ : BEis–Os

▭과동사, 즉 단순한 동사서술의미 설가 시동=나는 이메일을 보냈어요, 그 여자에게 말이다.

D.. He is /resetting /it.

영뇌=기→ 설→ 설′ : BEis–Os

▭ 현분사[동일치/계속 진행] 설가 ▭ 대명사 it=referring back —— referent=대화에서 전제

시동= 그는 있어요, 맞추고 있어요, 그것을 말이다. | Free 감주+我必 Free 감주 간직하기

it= '이' 하고 가다가 탁 멈추는 음으로서 실음 중음가, 실음 중음가 지정으로서 그것/그 사람 [i : '이' 음가 t: 탁 멈추는 것]

소리: It=이ㅌ/이ㅌ = post점형 / slide 주파수

: He has /been /resetting /it, the time.

영뇌=기→ 설→ 설′ : BEis–Os | Free 감주+我必 Free 감주 간직하기

▭ 현분사[쭉 진행] 설가 ▭ it=referring forward으로서 콤머 동격 표현 referent of it=the time

시동=그는 가지고 있어요, 있어오고 있는 것, 쭉 맞춰오고 있는 것인데 그것 즉 시간을 말이다.

E.. They will /hold /this.

영뇌=기→ 설→ 설′ : BEis-Os | Free 감주+我必 Free 감주 간직하기

▭ 조동 원동사[본동사의미] 설가 ▭ 대명사 this=referring back ── referent=대화에서 전제

시동=그들은 할 것이다. 개최하는 것[소지하는 것]인데, 이것을 말이다.

this=실음 근음가 사물[사람] 지정으로서 이 것/이 사람/저는 : **근음가 대명사**
[t: thing h: human i: '이' 는 자기 주변쪽 또는 근처쪽으로 향하는 음으로서 실음 근음가]
소리: THIs= slide 주파수
This is Patrick, Adam and Mary. : **분배법칙** -- 이 분은
Trump robocall : "Hi, this is US president Donald Trump. We need Alabama to go and vote for Roy Moore." 저는 vs I am Jones. 나는

vs that=실음 비근음가 사물[사람] 지정으로서 저 것[그 것] /저 사람[그 사람]
[t: thing h: human a: '애' 는 더 멀리 향하는 음 or th: this a: 아닌 것]
: That' s John. 그/저 분이 tip)그래서 here를 '헤어' 라 하지않고 '히어' 라 하고 there를 '디어' 라 하지않고 '데어' 라고 한다.

비근음가 대명사와 중음가 대명사의 차이

that=실음 비근음가 지정(not here)으로서 그 것/그 사람 : this 상대적 개념
: That' s right. That' ll be $20. Thank you for that.
vs it=실음 중음가 지정으로서 그 것/그 사람 : 그냥 해당 상황[사실/사물/중성] 지정
∴ 상황 it, 강조 it, 중성 it,보통 대명사 it, 선 it으로 사용

more)고난도 감주 : That will be perfect. 라[나]을비 : **두음(頭音) t단타**
That is five ninety. 다지스 : **t의 g단타** ※t단타음=r/d/g
↳5달러 90센트 cf]family=**패**멀리/**빠**멀리/**훼**멀리
From there down is a more traditional thinner style, dryer jerky. ↳레어 : **두음(頭音) t단타** — 기처 거기서부터 쭉

F.. How nice /to see /you!

영뇌=기→ 설→ 설′ : BEis-Os

▭ to 원동사[본동사의미] 설가 ▭ 대명사 you=referring back ── referent=대화에서 전제

시동=얼마나 좋은 지, 대동 보니까, 너를 말이다. | Free 감주+我必 Free 감주 간직하기

G.. The farmer /tried /growing /this.

영뇌=기→ 설→ 설′ → 설″ : BEis-Os

▭ 동명사[동사사실] 설가 ▭ 대명사 this=referring back ── referent=대화에서 전제

시동=그 농부는 해보았어요, 재배하는 것[키우는 것]인데, 이것을 말이다. / ---재배하는 것을 하는 것인데 --. / -- 키우는 것을 하는 것인데 -- . | Free 감주+我必 Free 감주 간직하기

⑥ 대명사/명사를 설명해 나가는 뇌

A.. They gave /me /that. They gave /John /that.

영뇌=기→ 설→ 설′ or 기→ 설/설 : BEis–Os

or I + I + I : I–Os or S + S + S : S–Os

> **How to Read[Speak]**=Theygave methat. Theygave Johnthat.
>
> : (BEis/IS로 이해되는 것을) 감각적 주파수로 이해한다.
>
> **시동=** vocal 감각적 주파수로 (자동 설가가 될 때까지) F3+E2 강하게 말하기
>
> ▭ that=referring back —— referent=대화에서 전제

▭ 연설 뇌로 작동시키면 대명사/명사를 대명사로 설명해 나가는 뇌 — 대명사/명사 설가 : **BEis–Os**

.. 我必 Free 감주 간직하기= Gave me that. Gave John that.

시동=그들은 주었어요, 나에게 그것을 말이다. / ---- , 죤에게 ---- .

⟫ 마지막에 전치사 영뇌를 추가시키면 :

A- E.. They gave /me /that /[//] for lunch.

영뇌=기→ 설→ 설′→ 설″ or 기→ 설→ 설′ ⇨ 전설 : BEis–Os

시동=그들은 주었어요, 나에게 그것을 해자 점심용으로 말이다 / 주었는데 나에게 그것을 주었는데 해자 점심용으로 말이다.

관계문장 : 그것은 그들이 준 것(이다)

서술문장 : 그것을 그들이 주었어요.

Free 감주로 이해/간직 하기 ⇒ They gave. /Gave me. /Gave me that. /Gave that. /They gave that. /They gave me. /They. /That they gave . /-- etc.

⟫ They gave. 그들이 주었지요 : **실제과거** 주었으면 해요 : **의미과성립**

tip) **또다른** free **영뇌**=Gave they, --- . : 주었을 경우[주었다면/주었더라면] 그들이 말이다 : **의미과성립**

접속사 Gave me that. 주었는데 나에게 그것[저 사람]을 말이다.

Gave that. 주었는데 그것이었지/주었는데 그 분에게[저 사람을] 말이다 : **실제과거**

주었으면 해요, 그것을[그 분에게/저 사람을] 말이다 : **의미과성립**

⟫ Gave you that, he would come. 주었을 경우

I wish he gave that. 주었으면 해요, 그것을 말이다. Gave that![.] 주었으면 해요, 그것을 말이다![.]

They gave that. 그들이 주었는데 그것[저 사람]이었지. They. 그들/그것들 ⇒ **대명사** free **영뇌**

> Gave me. 주었는데 나에게 말이다. tip) **또다른** free **영뇌**=주었는데[넘겼는데] 나를 ---.
>
> They gave me. 그들은 주었는데 나에게 주었다.
>
> tip) **또다른** free **영뇌**=그들은 주었는데[넘겼는데] 나를 ---.
>
> ＊give=어디/누구에게 주는 것으로서 넘기는 것

⑦ 기본어[주어]로 먼저 말하는 뇌

A.. They /made /Jason a star.

영뇌=기→ 설→ 설′　: BEis-Os

| Free 감주+我必 Free 감주 간직하기

B.. This /will /hold /nine passengers.

영뇌=기→ 설→ 설′ → 설″　: BEis-Os

| Free 감주+我必 Free 감주 간직하기

tip) • 'they' re' 의 세 가지 소리[감주]

=**데**이어 : slide F　**데**어 : slide F -- 단모음화

더어 : slide F -- 어화(the)와 단모음화

: And they' re ---.　↳**고난도 감주**

• 'Is that a' 의 세 가지 소리[감주]

=**이**즈**대**터 : small slide F + slide F　**이**즈**대**러 : 단타

이재러 : cramp F--감주시 복자음(th) 탈리와 단타

: Is that a good thing?　↳**고난도 감주**

C.. " God bless you all. We, God, /bless /United States!"

영뇌=기→ 설→ 설′　: BEis-Os

| Free 감주+我必 Free 감주 간직하기

시동=우리들(의) 신이여, 축복하옵소서, ----. : We, God 관계=**콤머 영뇌** : 소속관계

✠They/This/We=referring back　referent=대화에서 전제

D.. It /costs /so much /to get there. [=Costs so much to --- . : infml E]

영뇌=기→ 설→ 설′ /설　: BEis-Os

| Free 감주+我必 Free 감주 간직하기

▭ it으로 referring forward로 강하게 인식해놓고, 다시 to로 설명해 나가는 뇌로 작동시키면 된다.
그래서, /설이다.

시동=그렇게 하는 것에는 비용이 정말로 많이 들어가요, 대동 하는 데 거기에 도착하는 데는 말이다.

It=referring forward -- 이런 it을 특히 preparatory 'it' [선 'it']이라 한다.
먼저 언급하고 referent[언급내용]가 한 문장 내에서 바로 뒤에 나오는 것이다.

⇒ referent=to 이하

영어는 한 문장 내에서 대명사를 쓰고 그 referent도 뒤에 쓸 수 있다. 한글에는 이런 것이 없다. 한글에서는 두 문장 (또는 그 이상) 으로 하여 문장 밖에서 가르킨다. 영뇌는 설명해 나가는 뇌이고, 한뇌는 설명해 주는 뇌이기 때문이다.

Plus]선음 무성음[유성음] 매치와 후음 무성음 매치 — 유무성음의 순행 및 역행 동화

a.. 선음 무성음 매치 : This is CNN.　is--〉is(이스)　What' s=워ㅌㅅ　That' s=대ㅌㅅ　liked=라이ㅋㅌ

b.. 선음 유성음 매치 : lived=리ㅂㄷ　has=해ㅈ　as=애ㅈ　v/a에 의한 d/s--〉d/z

c.. 후음 무성음 매치 : have to=해프터 : 의무/필요성/강한 추측일때 t에 의한 v--〉f

used to=유-스터 : 반복과거로서 습관/익숙함을 의미할 때 t에 의한 즈ㄷ--〉스터

2) referring back과 referring forward

IIIII .. **대명사 BNW**= referring back /referring forward — (영어에 대한 기초지식을 알았다면)
↳我必 free 감주로 간직하라.

□ **일반 대명사**=그냥 referring back or forward
vs **관계 대명사**=chiefly, 관계 referring back
— 주로 referring back으로서 제한적 또는 비제한적 연결영뇌

A.. David was a good boxer, wasn't he? ···▸ he=referring back referent=David

B.. Perhaps I shouldn't confess this : "I did not on one occasion break the law."
···▸ this=referring forward referent=I did not .... the law.
*on one occasion 상자 딱 한번의 경우 상에서도 on=상작동 대상으로서 '상자 --'

C.. These were the facts : on a warm February afternoon, Keiko and Helmut were cruising down Washington Boulevard in a Mustang. ....
···▸ These=referring forward referents=on a warm ......, ... Mustang. ....
cf] on the Monday afternoon 상일 그 날 월요일 오후 상일에 on=달력 위 날짜로서 '상일'
vs in the afternoon 내시 그 날 오후 내시에

D.. On the blackboard these were written : Topic, Topic Sentence, Main Idea.
···▸ these=referring forward referents=Topic , ... , Main Idea.
*blackboard=chalkboard

E.. It is pleasant to lie in the sun. ···▸ it=referring forward referent=to부터
시동=그런 것[그것]은 즐거운 일이다, 대동 누워 받으면서 태양 햇빛을 받으면서 있는 일은 말이다/대동 누워서 내자 -- 속에 -- 것은 말이다.
in=속에 있는 것으로서 받는 것 /내속 대상으로서 내자 -- 속에

햇빛=sun associate
-- 실제로 태양 속에 있는 것은 아니다.

: We must not cut defense further.
···▸ defense associate=defense budget : 국방 ···▸ 국방예산/국방비

tip)고난도 감주 : This one right here is a rake.
⇒ **보통 감주** : Thisone righthere isa rake.
⇒ **고난도 감주** : Thisoneright hereis arake. ※rake=갈퀴형 개(dog) 빗

tip)관계대명사도 일종의 대명사로서 제한적/비제한적 연결영뇌로 주로 referring back이다.

: **This is my fiancée whom I'm going to marry.**

⋯▸ whom=referring back referent=my fiancée

하지만 as 관계대명사는 referring forward도 가능하다. 동급관계로 연결시켜 설명하기 때문이다 : **As is often the case with her, she is a little late.**

⋯▸ as=referring forward referent=**뒷문장**

시동=그와 같은 것은 흔히 있는 케이스이다. 동자 그 여자에게는 말이다. 즉, 그 여자가 조금 늦게 온다는 사실말이야. *is=동질로서 '은'

or She is a little late, as is often the case with her.

as=referring back referent=**앞문장**

시동=그 여자는 조금 늦는다. 이와 같은 것은 흔히 있는 현상이다. 동자 그 여자에게는 말이다.

F.. Which came first, the chicken or the egg?

⋯▸ which=referring forward referents=the**부터**

G.. Then try redistributing the items under headings such as I've suggested.

⋯▸ such=referring forward **그렇게** referent=as**부터** *headings=**표제** items=**품목**

H.. Well, you might not believe this but she doesn't smoke very much now.

⋯▸ this=referring forward referent=she**부터**

I.. I wish that for you. 'Stay hungry, stay foolish.'

⋯▸ that=referring forward referent=**뒷문장** (wish=want의 강조 : 간절히[정말로] 바란다)

J.. "The price of the car is higher than that of this one."

⋯▸ that=referring back referent=대화 속에 있는[매장에 표시되어 있는] the price

즉 다 같이 가격이지만 this one의 the price이지, the car의 the price가 아니다.

그래서, that대신에 the price 그대로 써도 좋다.

: **The worker of today is different from the worker of yesterday.**

this=referring back referent=**대화중 전제**

one=referring back referent=**대화중 전제** -- 다 같이 자동차이지만 앞 표현의 car가 아니다.

K.. The ears of a rabbit are longer than those of a cat.

⋯▸ those=referring back referent=**대화 속에 있는** a cat의 the ears

☜.. 이해는 (언어에 대한 basics를 알았다면) 최종적으로 단어의 최종적인 뜻인 감주로 이해한다.

↱이것의 세부적인 의미도 referring back or referring forward 하나로 다 통한다.

plus-1 ✠ **중음가 대명사 it :** referring back/forward로서 어렵게 생각하지 마라.

situation 'it' emphasis 'it' preparatory 'it'

↙ it의 중음가 지정이기 때문에 활용범위가 넓고,
this/that의 근음가/비근음가 지정으로서 분명하기 때문에 제한적이다.

① referring back으로서 **situation 'it'**: referent 상황에 맞게 IS영뇌를 작동시키면 된다.

a.. It is very quiet here. : it=mood (분위기) **You, it's good for a lady.** : it=now

b.. It's noisy/smoky in here. : it=environment ↘(자네, 지금은 잘하고 있구먼)

c.. It is half past five. It is December 25. : it=time/date ↘now만 지금이라는 뜻이 아니다.

d.. It is rainy and cold. It snowed steadily : it=weather

e.. It is 27° Centigrade/Celsius. : it=temperature

f.. It's 50 miles to/from Paris. : it=distance **g.. Take it easy.** : it=your heart/mind

h.. It is here, blindfolded and held down on a plastic sheet by as many as five women, that girls as young as eight are brought to be mutilated, in the name of female circumcision. : it=situation ⇒ 중음가 지정이기 때문에 여러가지 의미를 탄생시킬 수 있다 : 심지어 선 it[가주어] 의미로도 사용가능

tip]that이 가리키는 부분은 here에서 five women까지이며 이 부분을 다시 설명해 나감

-- 선 it이 아님 : 기/설 영뇌는 여러분들의 머리를 가주어, 진주어로 고정시키지 않는다.

시동=(그) 상황은 이러 했다. 즉 이곳에서 눈이 가리지고 붙잡혀서 내려 놓아졌는데, 상소[상면]/상자 비닐자리 상소[상면]에 행자 즉 많을 때는 5명 가까이 되는 여자들에 의해서 내려 놓아졌는데, 즉 (다시말하면) 애들 즉 어리기가 8살 정도 되는 애들이 데려와 졌는데 대동 즉 (음핵을) 자르기 위해 데러와 졌어요. 내자 명목으로 해서 즉 여성 할례라는 것을 명목을 해서 말이다.

＊is=동질연결로서 '은 이러 한 것' plastic=형용사/명사로서 플라스틱 또는 비닐

mutilated=피동의미를 능동입장에서 시동을 걸었음

② referring (back and) forward로서 **emphasis 'it'** : 바로 그것[그때/그 사람] ——

a.. It's money that they want. ⇠ 보통표현 : They want money.

시동=바로 그것은 돈인데 즉 그들이 원하는 것은 말이다.

⇢ referents of it=that or 대화상황+that : 가주어/진주어 개념으로 이해하면 전자[RF]만 되니 주의하라

⇒ 기본영뇌 vol 1 p160 : referring back 강조도 필히 참조

cf] All they want is money. referent of all=money

▭ they want=관계문장 만약 all that으로 표현하면 that=관계대명사

▭ 보통 표현 : **We need a bigger garden.**

⇢ all 분열강조[cleft]: **All we need is a bigger garden.**

⇢ it 분열 강조[cleft]: **It is a bigger garden that we need.**

시동=바로 그것은 더 큰 정원인데, 즉 우리가 필요로 하는 것은 말이다.

b.. It was last night that Marie phoned. [*not* last Sunday]

c.. It was Marie who phoned Jack. [*not* Mary]

tip)"분열 강조말„은 복수가 되어도 좋다 : It is just the things I had at home.

-- 그냥 그런 것들

d.. It was Jack that Marie phoned. [*not* Sam]
e.. It was 11 o'clock at night when 16 armed men came to the house.
f.. It was me who opened the letter.
⋯› referents=(대화상황 +) that/who/that/when/who (단, when=관계부사)

③ referring forward로서 **preparatory 'it'** : 先 it

a.. It costs so much to get there. 그런 것에는
It was amazing that audiences came to the theater at all. 그것은 (즉)
I found it very easy to read this English book. 그것이
I thought it unwise to make her angry. 그것은
⋯› referents=밑줄부분 to the theater at all=대자 극장으로 직자 모두(가 왔다는 것은)

b.. It is pleasant to lie in the sun. (free 영뇌=To lie in the sun is pleasant.)
It' s pleasant lying in the sun. (free 영뇌=Lying in the sun is pleasant.)
It' s a shame that Marie isn't here. (free 영뇌=That Marie isn't here is a shame.)
It doesn't matter when they arrive. (free 영뇌=When they arrive doesn't matter.)
It' s unusual where employers don' t feel the necessity. (free 영뇌=Where -- is unusual.)
⋯› referents=밑줄부분 where=어느 부문이냐 하면 (이런 점에서) [-- 하지못한다는 점, 즉 느끼지 못한다는 점]

cf] Terrorism, it can happen anywhere and anytime.
-- **referring back으로서 후(後) it : infml E**
He has been resetting it, the time. -- **referring forward으로서 선(先) it : infml E**
When Jesus comes back, I bet it' ll be on a Monday. -- **referring back으로서 후(後) it**
→ referents=Terrorism /the time /When -- back
시동=언제냐 하면 -- 오는데 다시 올때는 나는 단언컨데 그 날은 일 것같은데 상일 어느 월요일 상일 일 것같다.

plus-2 ✠ **one :** [s: say t: a thing]
↗ vs 어떤 것을 말하는 것으로서 — 것/물건: That stuff is expensive.
She wears cool stuff.
They' re giving away free stuff.
I didn' t like her early books, but her recent stuff is very good.

지주어(支柱語 prop word)로서 어떤 명사를 대신하는 것으로서— 것: 복수=ones
//**한 사람씩 모두에 해당시키는 것**으로서 [o: 어(약음) 어떤 n: noun]
어떤 사람도(any person) /(일반적으로) 사람(people in general) /자기
//한 쪽[어떤 것] //**크기**로서 하나[한 사람/한 가지] : 복수=ones //**하나로서** '1'를 가리키는 말 (⇨ 영뇌영어 vol 2 p217)

A.. a.. I don' t like this dress. She prefers that one. Which house? "Last one"
→ -- 것 : one의 referents=대화 속에 전제
b.. " Which shirt(s) do you want? " "The one(s) in the window."
c.. I have a dog and a cat : I like the one better than the other.

the one=그 것으로서 먼 것, 즉 전자 /이 것으로서 가까운 것, 즉 후자
the other=그 외 것으로서 후자 /이 외 것으로서 전자
: 문맥에 따라 the의미가 결정됨 ⇦ the=외부적 지정으로서 '그/이/저'

vs Reading is to the mind what exercise is to the body. As by the one health is preserved and strengthened, so by the other virtue is kept alive and cherished.
: as=마치 -- 처럼 so=그렇게/이와 같이 is=동질연결로서 '가/이/은'

시동=독서가 대자 마음쪽에 관계하는 것은 뭐냐하면 운동이 대자 육체쪽에 관계하는 것과 같다.
마치 행자 이것 즉 후자에 의해서 건강이 보존되고 강화되는 것처럼 그렇게
행자 전자에 의해서 덕[미덕/덕행/덕목]은 계속해서 소멸되지 않고 자상히 돌보게 된다.
cf]the one and only Elvis Presley 그야말로 한 사람이자 유일한 --

d.. I like red wine better than white one. (×)
I like red wine better than white[white wine]. (O)
I like red apples better than green ones. (O) -- green apples도 가능
-- one은 C의미이기 때문에 U의미 지주어가 될 수가 없다.
*支柱語=받쳐서 대신하는 말, 즉 어떤 하나를 대신하는 말 (instead of a single thing or person)

B.. a.. **One should do one's duty.** ···› 어떤 사람도 (any person) /자기의
b.. **One never knows what the weather will be.** ···› 사람은 (people in general)
c.. **"stepmother," a woman one's father has married who is not one's natural mother.** ···› 자기 아버지/자기 본엄마

C.. a.. **They didn't dare to look at one another.**
···› 한 쪽과 또다른 쪽, 즉 이 쪽과 그 쪽으로서 '이쪽 그쪽 서로'
그들은 하지 않았는데 감히 대동 쳐다보기를 하지 않았다. 직자 --- 를 말이다.
vs 1.. **You and I understand each other.**
···› 각각 다른 방향[반대 편]에서 보는 것으로서 '각각 서로'
↳ $500 to each other. 500불을 주었는데 대자 각각 다른 사람에게 말이다 : 노예몸값
2.. **They looked at each other.** : 보통 표현
=Each looked at the other. : Formal Written English
···› 각자가 -- 직자 서로를/반대 편에서 말이다 : **Each loves the other.**
시동=각자가 사랑하는 데, (서로) 반대편의 사람을/서로를 말이다.
*the other= 그와[즉 각자의] 다른 편으로서 서로
cf] each one=각각의 것으로서 각각/각자 : We respect each one.
Each one of them costs 50 cents.[=They each cost 50 cents.]

vs respectively=각각 분리로서 각각[e: each s: separately]
: They' re 12 and 13 respectively.

3.. **Each is inextricably in the debt of the other.** ⋯▸ 각자가 -- 즉 서로에게 말이다.

b.. **Monkeys spend a great deal of time grooming one another's fur.**

tip] 일부가 "each other" and "one another" 를 사람 수로 구분하나 일반적으로 구분하지 않는다.

c.. **Six of one and half a dozen of the other. 오십보백보**

: 여섯 개 인데 즉 한 쪽[어떤 것]의 여섯 개와 반 다스 인데 즉 그외 다른 쪽의 반 다스 -- 결국 같다는 말

D.. a.. **I have two sons : one resembles Father and the other Mother.** → 한 사람은 (그 외) 다른 사람은

: Ones to watch in the Sochi Olympics. → 사람들, 즉 주목해야 할 사람들

b.. **You shouldn't get Marilyn Monroe and Charlie Chaplin mixed up.**

: One is a film star and the other is a comedian.

The one[The first /The former /That] is a film star and the other[the second /the latter/this] is a comedian.

⋯▸ 그 사람은 /(그외) 다른 사람, 첫번 째 사람 /두번 째 사람, 전자/후자,
그 사람/이 사람으로서 전자/후자

c.. **I have three brothers : one is in Pusan, another in Taegu and the third in Seoul.**

⋯▸ 한 사람 /또 한 사람은 /세 번째 사람은

cf] The first in Pusan, the second in Taegu and the third in Seoul.
One brother fought for the Union and one for the Confederacy.

d.. **In Three, two, one, lift off!**

e.. **To know is one thing and to teach is another.** ⋯▸ 한 가지 사실 /또 (다른) 한 가지 사실

f.. **"Have you any books on farming? I'd like to borrow one."** ⋯▸ 하고 싶어요. 대동 -- 한 권을

cf] She bought ten books : two of them are on economics and the others on physics.
두 권은 /그 외 모두는 : 그 외 다른 것들로서 그 외 모두
vs Some of them are on economics and others on physics.
몇 권은 / 다른 것들은 : the의미가 없을 뿐이다 뜻하는 의미=일부는 -- 다른 일부는

plus] I' d like coffee. vs I' d love coffee. like=좋은 것으로서 ok/want
love=like 강조로서 정말로 ok/want //정말로 좋아해요 //사랑해요
⋯▸ 나는 하겠어요, ok하겠어요, 커피에 말이다/나는 하고(would) 싶어요(like), -- .
vs 나는 하겠어요, 정말로 ok하겠어요, -- . /나는 정말로 하고 싶어요. --- .

☞.. 이해는 (언어에 대한 basics를 알았다면) 최종적으로 단어의 최종적인 뜻인 감주로 이해한다.

plus-3 ✠ 사람 부정대명사와 인칭대명사(they, he, she) 관계

□ **사람 부정대명사** —— 집단대명사/지정대명사

전자=everyone[everybody]

후자=anyone[anybody], someone[somebody], no one[nobody]

① **everyone /everybody**

=모든 사람 (all the people in a particular group) — **집단대명사**

a.. **Everyone has their/his own ideas about the best way to bring up children.**

Everyone in favor of this proposal please raise their/his hand.

□ **구성체로 관찰=their 집단으로 관찰=his** Tip)손은 각자 한 손을 드니 단수의미

시동=제발 들어 주면 해요[주면 좋을 텐데], 자기 손을 말이다.

raise=바람 의미원성립 Tip)their/his own idea도 가능

he=그 남자/그 동물(male gender) /그 사람(the person)

: The modern traveller can go where he likes. ※where=명사[대명] 접속사

He who likes travel is broad-minded. ※opp. narrow-minded

b.. **Has everyone finished their drinks /his or her drink?**

모든 사람이 집단의 사람이거나 남성이면 **he**, 여성이면 **she**로 받는다 : **StE /Formal E**

구성체이면 **they**로 받는다 : **infml E** Tip)their drink도 가능 : drink=각각으로서 단수의미

vs drinks=각각 모두로서 복수의미

② **anyone /anybody**

=어떤 사람도 /어느 누구라도 (any person) — **지정대명사로서 강조 부정지정**

: **Anyone can do it if they try /if he or she tries.**

□ anyone이 여러 사람을 두고 한 표현이면=**they** (자기네 들이) : **infml E**

□ 그냥 사람 또는 남성을 두고 한 표현이면=**he** (자기가)

□ 여성을 두고 한 표현이면=**she** (자기가)

cf] She is not here for any body-shaming. 해자 어떤 몸의 수치심을 느끼게 하기 위해서

'ab', any one of the muscles that cover a person's stomach. 어떤 하나/어떤 것

↳An athlete doing exercises to tone his abs. 복근 (abdominal muscle)

③ **someone /somebody**

=어떤 사람 /누군가가 (some person /a person) — **지정대명사로서 그냥 부정지정**

a.. **Someone has parked their/his/her car right in front of mine.**

주어로 쓰일 때는 단수동사와 의율이 되지만, 어떤 사람으로 여러 사람을 두고 한 표현이면

they로, 그냥 사람 또는 남성을 두고 한 표현이면 he로, 여성을 두고 한 표현이면 she로 표현하면 된다. **b.. Someone's left the door open, haven't they?**

c.. She fell in love with someone and ran off with him.

d.. He fell in love with someone and ran off with her.

④ no one /nobody

=어떤 사람도[어느 누구도] 하지 않는다 (no person) — **지정대명사로서 강조 부정지정**

: **Nobody has parked their/his/her car right in front of mine.**

nobody가 여러 사람을 두고 한 표현이면 **they**로, 그냥 사람 또는 남성을 두고 한 표현이면 **he**로, 여성을 두고 한 표현이면 **she**로, 받으면 된다.

아무튼 부정대명사는 단수 단어이기 때문에 단수동사[singular verb]와 의율이 되고, 사람일 때 단수(singular)로 받으면 **StE/formal E**가 되지만, 복수(plural)로 받으면 **infml E**이 된다.

vs None of my children has/have blonde hair.
None of the houses has/have a large garden.
단, none=사람/비사람 부정대명사로서 단수 또는 복수
-- 어떠한 사람[것]도 아니다 (not one/not any)
: • "Have you any money?" "No, none at all [none whatever]."
• There's none left.

vs Certain of these questions <u>have</u> never been answered.
Certain of his classmates <u>walk</u> to school every day.
certain **부정대명사**=어떤 부분들[사람들]
cf] We have demonstrated <u>that nobody</u>. -- 한 일이 없는 것인데 그런 누구에게도 말이다.

vs <u>No one</u> from the White House. That was a D.O.J decision.
-- 비사람으로서 어떠한 것도 없다. (D.O.J=Department of Justice **법무부**)

plus-4 ✠ 부정대명사 (indefinite pronouns)와 형용사 관계

— 관계형용사 영뇌로 설명해 나가는 뇌, 즉 설가뇌

→ everybody/everyone anybody/anyone somebody/someone nobody/no one /everything /something /anything /nothing

a.. What was needed was someone practical.

b.. They are doing everything possible to take care of you.

vs a.. He's got to repay the money. Poor him! b.. She's been promoted. Lucky her!

— 일반대명사는 일반형용사 영뇌로 설명해 주는 뇌, 즉 설주뇌

plus-5 ✠ 복수 표현이 가능한 부정대명사형 명사

: nobody /somebody /something

1 nobody=noun plural -bodies. a person of no importance, influence, or power.

: "Your posse are nobodies." "Nobodies are somebodies, too!"

시동=별볼일 없는 사람도 쓸모가 있다 /쓸모가 있는 사람이다.

2 somebody=noun, plural -bodies. a person of some note or importance

※posse n. slang a group of friends or associates

끌어 모은 대원들[친구들/측근들] vs slang underling 졸개/졸병

3 Most American twenty-somethings do not read about politics.

시동=대부분의 20대의 미국 사람들

IIIII .. **나이숫자-something**

=대략의 대수(帶數) 나이 또는 그런 대수에 속하는 사람

He's 30-something. (그는 30대쯤 된다.)

↳ between thirty and thiry-nine [thirty to thirty-nine years old]

IIIII .. **숫자-something**=대략크기(approximate amount)

: **30-something volunteers**=30명 남짓되는[쯤되는] 자원봉사자들

IIIII .. **or something (like that)** 시동=「(또는) 뭐 그쯤 되는 것/대략 그쯤되는 것」

(infml) used when you are not sure/certain, but you refer to something similar to what you have just mentioned

: The train gets in at 5 : 17 or something (like that).

The air fare is about a hundred and fifty-five dollars or something like that.

plus-6 ✠ 소유격을 주격 존칭으로 쓰는 관습적 E와 infml E

a.. **Yes, Your Honor! Please, welcome His Honor, the mayor.**

We request a recess, Your Honor.

시동=맞습니다. 그대 자랑스런 재판장님! / -- 그대 자랑스런 시장님

/ -- 그대 자랑스런 시장님/재판장님[a title for a judge or mayor : **관습적** E]

*your=상대방 존칭으로서 '그대'

b.. **Always love your mother, 'cause you never get another.**

-- 애기가 엄마에게 하는 말 **[infml E]**

시동=늘 사랑해요, 당신 mother를 말이다. 왜냐하면 당신은 결코 되지 않기 때문이다. 또다른 사람으로 말이다 -- **엄마자체를 you 존칭으로 가리킴**

*your=상대방 존칭으로서 '당신' ∴ your=**일반적 표현 또는 존칭**

cf] Mr 존칭 -- 일반적 표현 또는 존칭 ···▸ Mr[BrE] Mr.[AmE]

[일반적 표현=m: man 존칭=m: man r: respect]

: Mr Chairman, Mr President (각하), Mr Speaker : an honorific title for a man

vs Mr Smith, Mr John Smith, Mr Hong, Mr Kildong Hong : a usual title for a man

vs Madam President 대통령 (영) 부인/여자 대통령 Madam Chairman 여 의장[회장]

: an honorific title for a woman ···▸ 소문자로 쓰면 derogatory language : She is a little madam.

plus-7 ✠ 대명사 associate : 단어 associate

a.. Do you know who is us? 우리 --> 우리편

b.. She was heard to lock the door.

그녀 → 그녀 행위 : 그녀의 행위는 였는데 즉 들렸다. 대동 잠그는 것, 문 잠그는 것으로 말이다.

c.. I was made to move my car.

나 → 나의 행위 : 나의 행위는 졌는데 이루어 졌다. 대동 옮기는 것으로 차를 말이다.

d.. I was misquoted. 나 → my words : 내 말은 되었는데 잘못 인용되었다.

e.. We are all sold out. 우리 → 우리의 것 : 우리의 것은 다 팔려 나갔다. *are=은

f.. That isn' t just me. 내 → 내 것[mine] : 그것은 아닌데 바로 내 것이 아니다.

plus-8 ✠ 소유격 대신 목적격 또는 주격을 쓰면 infml E가 된다.

a.. Fix us economy or fail like Europe. b.. Join us Dubai company.

c.. We, people urged that the restrictions be lifted.

⇒ us/us/We=infml E ···▸ our/our/Our=formal E / StE fail=(주어) **전제** infml E : we fail

시동=고쳐라. 우리들 경제를 말이다. 그렇지 않으면 실패한다/우리 국민들은 촉구했어요, --- .

: investor confidence 투자가 신뢰(지수) vs investor' s confidence : formal E / StE

cf] It' s me. You and me made a baby. Are us working 8 hours?

⇒ me/us=infml E ···▸ I/we=formal E / StE

↗이렇게 중음가 대명사는 표현도 지칭함

↗it — to/for/that/바로문장/동명사 — 등 ↗referent와 함께 쓸 수 있다.

plus-9 ✠ 영뇌특징=특히 (관계 대명사처럼) 중음가 대명사는 (콤머없이) 한 문장 내에서도 가리킨다.

: I love it when I see old couples together. 그것, 즉 언제냐 하면 내가 볼때 인데 오울드 커플들이 함께 하는 것을 말이다 : referring forward referent=when절

vs Why is the one I have to go out? [=Why is it I have to go out? → 관계문장 선행사=why]

이유가 뭐지, 그것 즉 내가 해야하는 것인데 대동 나가야 하는 이유가 말이다? ↳ it=(분열) 강조

: 지정사 the=referring forward → referent=I have 관계문장 → 선행사=the one ↳ vol 1 〉 p172/173

plus-10 ✠ us가 me인 경우 : British infml E

ⅢⅢ.. Give us a kiss. us=me : 우리말과 같다. 우리 마누라할 때 우리가 내 마누라는 뜻이다.

..시동으로 (영어) 글자/말 자체에서 뜻이 보이거나 상황이 (머리 속에서) 보이면 된다 : IS 영뇌

10. 동명사 영뇌[GE NB]란 :

무한글 이해, 즉 IS두뇌로 묻는 말 /감탄말 /종속접속사 /전치사 /동사 /대명사를 동사사실 의미 또는 그 확장의미로 그냥 서술적으로 설명해 나가는 뇌
요컨데, 비연결 설명어
또는 기본어[주어]로 먼저 말하는 뇌

▭ **동명사**
=동사명사[verbal noun]로서 동사서술 명사 ⇒ U의미 동사 추상체
동사서술 명사는 title 명사가 아니다. 그래서 셈 단어와 복수 sign으로 셈할 수 없다.

▭ **명사**=존재하는 모든 것에 title를 붙인 것으로 사실의미 보유
그래서, **동명사 BNW**=동사사실 의미 : (하는 것을 하는 사실로서) 하는 것을 하는 것
/((하고) 하는 사실로서) (하고) 하는 것 /(하고 있는 사실로서) 하고 있는 것
—〉 (하고) 하는 것을 하는 것/한 것/할 것[EM]
//하고 있는 것을 하는 것[EM]
주의] EM은 bnw-BAM이고, IM은 im-BAM이다.
vs to 부정사 BNW=(to 원동사로서) to 본동사의미

▭ **동명사**=동사명사이기 때문에 동사기능과 명사기능
동사기능=자기주어/목적어/보어/보조어를 가질 수 있다. ※자기주어=동명사 주어
명사기능=(비셈) 형용사로부터 설명을 받을 수 있고, 주어/목적어/보어, 즉 (관계대명사처럼) 주기능이 될 수도 있다.

..영뇌 상급자에게는 읽거나 듣거나 말할 시 감주 패턴이 눈에 보인다. 뒷말과 말하는 것이 눈에 보인다.

1) 동명사 영뇌[GE NB]

무한글 이해, 즉 IS두뇌로 묻는 말 /감탄말 /종속접속사 /전치사 /동사 /대명사를 동사사실 의미 또는 그 확장의미로 그냥 서술적으로 설명해 나가는 뇌
요컨데, 비연결 설명어
또는 기본어[주어]로 먼저 말하는 뇌

묻는 말=조동사 /HB동사
동사=원동사[조동원동사/to원동사] /현동사 /과동사 /과분사 /현분사

① 묻는 말을 설명해 나가는 뇌

A.. Does /slow cooking /make /tough meat tender?
or Does /slow cooking make /tough meat tender?

영뇌=기→ 설→ 설′→ 설″ : BEis-Os
or I + I + I + I : I-Os or S + S + S + S : S-Os

> **How to Read[Speak]**=Doesslow cookingmake toughmeat tender?
> : BEis/IS로 되어 있는 것을 감각적 주파수로 이해한다.
> 즉 한 단어처럼 뒷말과 말하면 저절로 이해가 발생한다.
> **시동**= vocal 감각적 주파수로
> (BEis/IS 영뇌가 될 때까지) F3+E2 강하게 말하기
> ▭ 여기서 동명사=(하는 것을 하는 사실로서) 요리하는 것을 하는 것
> .(더즈슬로우=slide F + ER or cramp F : oe=o지배음가 : 아, 어의 중간 감정음가)

.. 我必 Free 감주 간직하기=Does cooking make meat tender?

↗ 대동의미로서 '그런가/하는가'

시동=그런가[하는가]? 천천히 요리하는 것을 하면 되는가[만드는가], 질긴 고기도 부드러운 상태로[부드럽게] 말이다? ↘ **.. major 감주=** --- slow cooking -- tough meat tender?

> **cooking**=kitchen 공간에서 일하는 것을 하는 것으로서 요리하는 것을 하는 사실
> [c: 공간 oo: 움직이는 것으로서 일하는 것 k: kitchen ing: 동사사실 음가로서 하는 것을 하는 사실] **소리**: COOking=slide 주파수 oo=u: 감정음가

: Is painting your hobby? Has the cooking tough meat?

시동=그림 그리는 것을 하는 것[또는 하는 사실로서 그림 그리는 것] //가지게 되는 가, 그렇게 요리하는 것을 하면 질긴 고기로 말이다? /생기는 가, ----, 질긴 고기가 말이다?

.. 5W1H Short Talk Drill ⇒ Teacher : What does the tough meat turn into/to, if you cook slow? Student : Tender meat. or The tough meat turns into/to tender meat. [=It turns]

— 전자는 말[대화]이 끊어지지 않게 (short하게) 말한 것이고, 후자는 상대방 말을 (재)활용해서 (좀 길게) 말한 것이다. 그러면 말을 쉽게 할 수 있다.

Remember] 매일 매일 (생활 속에서의 뜻이 용해된) **감주 Free 영뇌, 즉 free 감주**를 증가시켜라. 이것이 바로 실력이다. 그리고 감주는 선인 영뇌각인으로 날개영뇌에 의해 형성된다 : 일종의 영뇌의군

tough 앞에 일반부사 설주뇌를 추가하면 :

A- E.. Does /slow cooking make /extremely tough meat tender?

영뇌=기-->설-->설′ : BEis-Os

시동=그런가, 즉 천천히 요리하는 것을 하면 되는가, 아주 질긴 고기도 부드럽게 말이다?

A.. Does slow cooking make tough meat tender?

Free 감주로 이해/간직 하기 ⇒ Does slow cooking? /Slow cooking make tough meat tender? /Tough meat tender? /Cooking? /-- etc.

Does slow cooking? 그런가 천천히 요리하는 것을 하면 말이다?
Slow cooking make tough meat tender? 천천히 요리하는 것을 하면 되는 가, 질긴 고기도 부드럽게 말이다? : **원동사** -- 묻는 말 대동 현조동사 전제(does), 만약 대동 과조동사(did) 전제시에는 과거 속에서의 본동사의미가 된다. Tough meat tender? 질긴 고기가 부드럽게 말이다?
Cooking? 요리하는 것을 하는 것이냐? → **동명사** free **영뇌**

② 감탄말을 설명해 나가는 뇌

A.. How hard /being a teacher /is!

영뇌=기→ 설→ 설′ : BEis-Os

or I + I + I + I : I-Os or S + S + S + S : S-Os

> **How to Read[Speak]=** Howhard beinga teacheris!
> : 먼저 감각적 주파수로 이해한다. 그러면 저절로 이해된다. 이때 이해는 소리본체에서 느껴진다.
> **시동=** vocal 감각적 주파수로
> **(자동 설가가 될 때까지) F3+E2 강하게 말하기**
> ▭ 여기서 동명사=((되고) 되는 사실로서) 된다는 것 **(hard=형용사)**
> (비ㅇ어/비ㄴ어=slide F : 후자소리=g폐쇄 infml 소리)

.. 我必 Free 감주 간직하기=How hard!

시동=얼마나 어려운가, 된다는[되는] 것인데 선생이 된다는[되는] 것이 말이야!

> is=동질연결로서 '이 말이야'
> being=되는 사실[즉 되고 하는 사실]로서 된다는 것
> [be: 동질변화로서 되는 것 ing: 동사사실 음가로서 되는 사실]
> **소리:** BEin(g)=post 점형 주파수 /내성음 slide 주파수(잉/인으로 극저음)

vs --- to be a teacher ---!
IS영뇌 작동시 to 부정사와 다르게 작동해야 한다. 일반적 본동사 의미로서 일반적으로 대동 되는 것이고, 동명사는 동사사실 의미로서 되고 하는 사실로서 되는 것이다.

마지막에 일반부사 영뇌를 추가하면 :

A- E.. How hard /being a teacher /is //nowadays [these days]!

영뇌=기-->설-->설′ ⇨ 전설 : BEis-Os

시동=얼마나 어려운가, 된다는 것인데 선생이 된다는 것이 요즘은 말이다! ∗is= '이'

Free 감주로 이해/간직 하기 ⇨ How hard! /Being a teacher! /Teacher is! /-- etc.

How hard! 얼마나 어려운가! Being a teacher! 된다는 것, 선생이 된다는 것이 말이다!
Teacher is! 선생이 말이다! : 단수단독 표현=**infml E**

③ 종속접속사를 설명해 나가는 뇌

A.. When /closing the shop /is done, //call /me.

영뇌=전설→ 설′→ 설′′ ⇨ 기→ 설 : BEis-Os

or I + I + I + I + I : I-Os or S + S + S + S + S : S-Os

> **How to Read[Speak]**=When closingthe shopis done, callme.
> : 먼저 감각적 주파수로 이해한다.
> **시동**= vocal 감각적 주파수로 ↗**그러면 영어말투가 형성되고 영어말투에 익숙해진다.**
> **(BEis/IS 영뇌가 될 때까지) F3+E2 강하게 말하기**

▭ 여기서 동명사=(하는 것을 하는 사실로서) 닫는 것을 하는 것/((하고) 하는 사실로서) 닫는 것
(클로징더/클로진더=ER F : 후자=g 폐쇄 infml 소리 done=단주 또는 장감주 가능 — 장감주가 더 단음이다)

.. 我必 Free 감주 간직하기=When the shop closed, call[phone] me.

시동=언제냐 하면 닫는 것을 하는 것, 즉 가게 닫는 것을 하는 것이 이루어 졌을 경우 그럴 때 전화해, 나에게 말이다. / --- 닫는 것, 즉 가게를 닫는 것이 이루어 졌을 경우 --- .
∗is= '이' '그럴때 ' =**문맥** associate
우리말 '하는 것' =원동사의 자체의미 또는 본동사 의미로서 하는 것/동명사의 동사사실 의미로서 하는 것

> closing=하는 것을 하는 사실로서 문 닫는 것을 하는 것/(하고) 하는 사실로서 문 닫는 것
> [close+ing: 동사사실 음가로서 (하는 것을) 하는 사실
> in=들어가는 것으로서 하는 것 + g: gerund or n: noun으로서 사실]

.. 문장 뼈대=전설 연결설명어(When) + 기본어/s동사(call)

소리: CLOsing=ER 주파수 o=ou: 철자음가[알파벳음가]+감정음가
close=보이지 않게 막는 것으로서 닫는 것, 즉 (문 따위를) 닫는 것 /영업마감
/완전히 울을 쳐서 보이지 않게 하는 것으로 완전히 닫는 것, 즉 영업폐쇄
[c: 울(타리)를 친 모양 l: 막는 모양 se: see no 's' 원형 자체의미: ending letter가 no 's' 인 것]

마지막에 전치사 영뇌를 추가하면 :

A- E.. When /closing the shop /is done, //call me /in person.

영뇌=전설→ 설′→ 설″ ⇨ 기→ 설 : BEis-Os

시동=언제냐 하면 닫는 것을 하는 것, 즉 가게 닫는 것을 하는 것이 이루어 졌을 경우 그 때 전화해, 나에게 내자[해서] 몸소해서 말이다. *person=U의미로서 몸소 [≠사람]

A.. When closing the shop is done, call me.

Free 감주로 이해/간직 하기 ⇒ When closing the shop is. /Closing the shop is done. /Is done. /When closing the shop is, call. /-- etc.

When closing the shop is. 언제냐 하면 닫는 게, 가게(문)를 닫는 게 있을 때 말이다.
여기서 '닫는 게' 는 동사사실로서 닫는 게이다. * '문' =**명사** associate**로서 단어** associate

Closing the shop is done. 닫는 게 가게 문을 닫는 게 됐는데 다 되었다/이루어졌다.
* '다' =**과분사** associate**로서 단어** associate

When closing the shop is, call. 언제냐 하면 닫는 게, 가게 문을 닫는 게 있을 때 전화해.

Is done. 됐는 데 다 되었다/했는 데 다 했다 : **피동의미/자동의미**
big tip) 이럴 때는 보통 더 간단한 infml E 사용 : Done.

④ 전치사를 설명해 나가는 뇌

A.. Sarkozy /against /wearing of Burqa.

영뇌=기→ 설→ 설′ : BEis-Os

or I + I + I : I-Os or S + S + S : S-Os

↱분리 감주
How to Read[Speak]= Sarkozya/gainst wearingof Burqa.
: 먼저 감각적 주파수로 이해한다.
영뇌 상급자에게는 감각적 주파수는 주로 I영뇌로 작동한다.

시동= vocal 감각적 주파수로
(BEis/IS 영뇌가 될 때까지) F3+E2 강하게 말하기

▭ 여기서 동명사=(하는 것을 하는 사실로서) 입고 다니는 것을 하는 것
(사-코지어게인스/사-코지어게인스트=retro-root F + slide F : t 폐쇄와 비폐쇄)

.. 我必 Free 감주 간직하기=Sarkozy against Burqa.
시동=사르코지 불란서 대통령은 반대했어요, 입고 다니는 것을 하는 것인데, 즉 부르카를 말이다.
*Burqa=무슬림 여성들이 앞을 가리는 dress ↘ **.. major 감주=** Sarkozy against --- Burqa.

wearing=하는 것을 하는 사실로서 입고 다니는 것을 하는 것
[wear + ing: 동사사실 음가로서 하는 것을 하는 사실]
소리: WEaring=slide 주파수 a=어: 약한 감정음가
wear=다닐 수 있게 걸치는 것으로서 입는 것
[w〉v+v : 피부에 무언가 걸치거나 입은 모양 r 〉 run : 이리 저리 다니는 것
no 's' 원형 자체의미] **.. 문장 뼈대**=기본어(Sarkozy)+연결설명어(against) : s동사 없음

▶ 전치사 앞에 일반부사 영뇌를 추가혀면 :

A- E.. Sarkozy /strongly against /wearing of Burqa.
영뇌=기→ 설→ 설′ : BEis-Os
시동=사르코지 불란서 대통령은 강력하게[완강히] 반대했어요. ------ .
* '불란서 대통령' =**명사** associate**로서 단어** associate
*There were 20 votes for her and 12 against her.

Free 감주로 이해/간직 하기 ⇒ Sarkozy against. /Against wearing.
/Wearing of Burqa. /Sarkozy against Burqa. /-- etc.

▶ Sarkozy against. 사르코지는 반대다. Against wearing. 반대인데 입는 것을 하는 것에 대한 반대[이다].
Sarkozy against Burqa. ↘**전치사 free 영뇌**
사르코지는 반대하는 데 부르카를 반대한다/사르코지의 반대, 즉 부르카에 대한 반대.

Wearing of Burqa. 입는 것을 하기[입기], 즉 부르카를 말이다 : **동사사실 의미** [=Wearing Burqa.]
tip) **또다른** free **영뇌**=입고 있는데 즉 부르카를 입고 있다 -- **진행의미** [=Wearing Burqa.]
*wear of=**함께동사 : 타동사의 발전** English [=wear]

B.. I am sure /of /his having been honest. [=him having]

영뇌=기→ 설→ 설′ : BEis−Os

시동=나는 확신해요, 즉 그가 가졌다는 것인데, 했던 것, 정직했던 것을 말이다.

여기서 동명사=동사사실 의미가 발생한 것(finished action)

-- 하는 사실을 한 것으로서 가지는 것을 한 것[EM]--> 가졌다는 것[IM]

[have + ing: 동사사실 음가로서 하는 사실을 한 것]

been=발생으로서 했던 것 ←··· **be동사**=존재 /상태 /발생 /동질 /동질연결 /동질변화 -- 등등

*am= '는' his/him=동명사 주어 | Free 감주+我必 Free 감주 간직하기

⑤ 동사를 설명해 나가는 뇌

A.. Scientists report /finding /a steamy 'Waterworld' planet.

영뇌=기→ 설→ 설′ : BEis−Os

or I + I + I : I−Os or S + S + S : S−Os

↗어=극저음

↗파인딩어스티-미=강약강 감주

How to Read[Speak]=Scientistsreport findingasteamy Waterworldplanet.

: 먼저 감각적 주파수로 이해한다.

시동= vocal 감각적 주파수로 (자동 설가가 될 때까지) F3+E2 강하게 말하기

▭ 여기서 동명사=동사사실 의미가 발생한 것[finished action]

— (하는 사실을 한 것으로서) 발견하는 것을 했다는 것 : 현동사 설가

(사이언티스리포-트=slide F + trapezoid F : ts 폐쇄=청취시 폐쇄되도 복수동사에서 복수의미를 느끼면 된다.)

.. 我必 Free 감주 간직하기= Scientists report finding a steamy planet.

시동=과학자들은 발표했어요, 찾아내는 것을 했다고, 증기로 된 '수 세계' 행성을 말이다.

뜻하는 의미[IM]=찾아냈다고 *report=발생현재

: Woods says he was not drinking that night. -- **DUI로 체포된 후 다음날 나온 말**

시동=아니었는데 술을 먹은 것은 아니었다고 말이다 <-- 술 먹는 것을 한 것으로서 술을 먹은 것

vs **일반현분사 영뇌일 경우** : 하고있지 않았는데 술을 먹고 있지는 않았다고, 그날밤에 말이다.

finding=하는 사실을 한 것으로서 찾는[발견하는] 것을 했다는 것[EM]

[find + ing: 동사사실 음가로서 하는 사실을 한 것]

소리: FInding=slide 주파수 i=ai: 알파벳음가

find=파서 들어가 발견해 내는 것으로 찾아내는 것

[f+in : 파서 들어가는 것 d : discovery no 's' 원형 자체의미]

cf] Susan could barely remember the ride to the hospital.

타고 갔다는 것 : 명사로서 한 사실[finished action]

: a.. -- reported /finding ---. =기→ 설 : BEis-Os

···› 과동사 설가 시동=보도했어요, 찾아 내는 것을 했다고 말이다.

b.. -- are /reporting /finding ---. =기→ 설→ 설′ : BEis-Os

···› 현분사 설가 시동=있는 데 보도를 하고 있는 데, 찾아 내는 것을 했다고 말이다.

›› s동사 앞에 일반부사 영뇌를 추가시키면 :

A- E.. Scientists immediately report /finding /a steamy 'Waterworld' planet.

영뇌=기→ 설→ 설′ : BEis-Os

시동=과학자들은 즉각[즉시] 발표했어요, 찾아내는 것을 했다고, --- 을 말이다.

Free 감주로 이해/간직 하기 ⇒ Scientists report finding. /Report finding. /Report finding 'Waterworld' planet. /Scientists report 'Waterworld' planet. /-- etc.

›› Scientists report finding. 과학자들은 발표했어요, 찾는 것을 했다고 말이다.

Report finding. 발표했는 데 찾는 것을 했다고/찾았다고 말이다 : **전자=EM 후자=IM**

tip) Myanmar military raping Rohingya women and girls. : **로힌자 사람들을 이미 쫓아낸 후 나온 기사**

강간을 했는데 -- 강간을 했다는 것[했다] : **동명사 free 영뇌**

강간을 하고 있어요 : **현재시점 일반현분사 free 영뇌**

강간을 하고 있었어요 : **발생현재 일반현분사 free 영뇌** : ☞ more p35

Report finding 'Waterworld' planet. 발표했는 데 찾았다고 수 세계 행성을 말이다 → **현동사 free 영뇌**

Scientists report 'Waterworld' planet. 과학자들은 발표했어요 : **단수 단독표현** -- infml E

big tip] 부정사[즉 원동사]는 s동사 이전상황으로 갈 수 없으므로 s동사 이전상황으로 가려면 시실의미를 보유한 동명사 또는 event 소유 부정사로 표현한다.

B.. Your dress has /needed /mending.

영뇌=기→ 설→ 설′ : BEis-Os | Free 감주+我必 Free 감주 간직하기

▭ 동명사=(하는 것을 하는 사실로서) 고치는[수선하는] 것을 하는 것 : 과분사 설가

시동=자네 dress는 가지고 있어요, 필요로 했던 것인데 고치는 것을 하는 것으로 말이다.

mending=하는 것을 하는 사실로서 고치는[수선하는] 것을 하는 것

[mend + ing: 동사사실 음가로서 하는 것을 하는 사실]

소리: MEnding=slide 주파수 e=에: 철자음가

mend=손상부분을 만져서 고치는 것으로서 고치는 것/수선하는 것

[m: 만져서 고치는 것 d: damaged no 's' 원형 자체의미]

☞.. 시동으로 (영어) 글자/말 자체에서 뜻이 보이거나 상황이 (머리 속에서) 보이면 된다 : IS 영뇌

C.. He will not /dislike /your[you] denying everything.

영뇌=기→ 설→ 설′ : BEis-Os

▭ 동명사=(하는 것을 하는 사실로서) 부인하는 것을 하는 것
/(하는 사실을 한 것으로서) 부인하는 것을 한 것 : 조동원동사 설가

시동= a) 그는 하지 않을 것 같다. 즉 싫어하지 않을 것같다. 네가 부인 하는 것을 해도 모든 것에(을) 말이다. 뜻하는 의미= -- 네가 부인을 해도 --- . | Free 감주+我必 Free 감주 간직하기

b) -- 네가 부인 하는 것을 한 것도 모든 것에(을) 말이다.
뜻하는 의미= -- 네가 부인한 것도 모든 것에 말이다. c) --- 너의 부인, 만사 부인을 -- .

denying=하는 것을 하는 사실로서 부인하는 것을 하는 것
/하는 사실을 한 것으로서 부인하는 것을 한 것
[deny + ing: 동사사실 음가로서 하는 것을 하는 사실/하는 사실을 한 것]
소리: deNYing=cramp 주파수
deny=하지않는 것으로서 인정하지 않는 것[d: do n: not no's' 원형 자체의미]

D.. The plan /to try growing potatoes /is not right.

영뇌=기→ 설/설 : BEis-Os | Free 감주+我必 Free 감주 간직하기

▭ 동명사=((하고) 하는 사실로서) (재배하고) 재배하는 것 : to원동사 설가

시동=그런 계획, 대동 해보고자 하는, 재배하는 것을 해보고자 하는 계획인데, 감자를 말이다. 그런 계획은 아닌데 옳은 것이 아니다. *is= '동질/동질연결' 로서 '그런 계획'

⑥ 대명사를 설명해 나가는 뇌

A.. It's /difficult /finding my way in a strange city.[=Difficult finding — . : infml E]

영뇌=기→ 설/설 : BEis-Os (단, 뒷설의 기본어= 's 제외)
or I + I + I : I-Os or S + S + S : S-Os

How to Read[Speak]=It'sdifficult finding mywayina strangecity.
↘ 약강약 감주 ↘ 비약음 감주
: 먼저 감각적 주파수로 이해한다.
시동= vocal 감각적 주파수로 (BEis/IS 영뇌가 될 때까지) F3+E2 강하게 말하기
'it' referent=finding부터

▭ 동명사=(하는 것을 하는 사실로서) 찾는 것을 하는 것/(하는 사실로서) 찾는다는 것
(이ㅌㅅ 디피컬/디피컬트=slide F + slide F : t폐쇄와 비폐쇄)

☞.. **我必 Free 감주 간직하기**= Difficult finding my way in strange city.

시동=그것은 어려워요, 즉 찾는 것을 한다는 것[찾는다는 것]인데 내 길을 내소 어떤 낯선 도시 내소에서 말이다.

> finding=하는 것을 하는 사실로서 찾는 것을 하는 것/하는 사실로서 찾는다는 것
> [find + ing: 동사사실 음가로서 (하는 것을) 하는 사실]
> **소리**: FInding=slide 주파수　i=ai: 알파벳음가

동사사실 의미 대신 설명 본동사 의미를 작동시키면 :

A- E.. It's /difficult /to find my way in a strange city. [=Difficult to -- . : infml E]

영뇌=기→ 설/설　: BEis-Os

시동=그것은 어려워요, 대동 찾는 것은 내 길을 내소 어떤 낯선 도시 내소에서 찾는 것은 말이다. (단, 뒷설 기본어= 's 제외 'it' referent=to부터)

↳ 영어는 항상 어느 부분을 보더라도 free 영뇌, 특히 free 감주로 이해되면 된다.

Free 감주로 이해/간직 하기 ⇒ It's difficult finding.　/It's difficult finding in a strange city.　/Difficult finding my way.　/Finding my way in a strange city.　/-- etc.

It's difficult finding. 그것은 어렵다. 찾는다는 것은 말이다.　It's difficult finding in a strange city. 그것은 어려운데 찾는 것을 하는 것은 내소, 어떤[어느] 낯선 도시 내소에서는 말이다.

Difficult finding my way. 어려워요, 찾는 것을 하는 것인데 내 길을 말이다 ⇒ **형용사 free 영뇌**

> Finding my way in a strange city.
> 찾는다는 것[찾기], 즉 내 길을 찾는 다는 것인데[찾기] 내소 어느 낯선 도시 내소에서 말이다.
> tip) **또다른 free 영뇌**= 찾고 있어요, 내 길을 내소 어느 낯선 도시 내소에서 말이다 -- **현재시점 진행의미**
> /찾고 있었어요, 내 길을 내소 어느 낯선 도시 내소에서 말이다 -- **발생현재 진행의미**

⑦ 기본어[주어]로 먼저 말하는 뇌

A.. Jenny's not having /been trained /as a dancer /is her one regret.

영뇌=기→ 설→ 설' /설　: BEis-Os

or I + I + I + I　: I-Os　or S + S + S + S　: S-Os

> **How to Read[Speak]**=Jenny'snot havingbeentrained asadancer isher oneregret.
> : 먼저 감각적 주파수로 이해한다.
> **시동**= vocal 감각적 주파수로 (BEis/IS 영뇌가 될 때까지) F3+E2 강하게 말하기

▭ 동명사=(하는 사실을 하지못한 것으로서) 갖는 것을 갖지 못했다는 것

☞.. **문장 뼈대**=기본어(Jenny' not having) + 연결설명어(as) + s동사(is)

(해비-인=stair F : ving 폐쇄/탈리 ∵ been과 비슷한 음가] 애즈어/애저=slide F : 비합성 감주과 합성 감주 이즈허=slide F)

我必 Free 감주 간직하기= Jenny's not being trained as dancer is regret.
/Jenny's one regret is her not having been trained as dancer.

시동=Jenny가 (갖는 것을) 갖지 못했다는 것, 즉 있었던 것, 훈련 받은 사실이 있었던 것을, 즉 댄서로서 갖지 못했다는 것은 (인데)//것, 그것은[이것은] 그녀가 후회하는 한 가지 사실이다.

| Free 감주 간직하기 ↗ '은/인데 // 그것[이것]은' 동질

*as=is동질로서 즉 is= '동질연결' 로서 은/인데// 그것[이것]은

↗보설 : 뒤로 이동 가능

B.. Farming /in a vegetable plot /is hard work.=가→ 설/설 : BEis-Os

시동=농사짓는 일을 한다는 것은 내소라하더도 (비록) 난수밭[채소밭] 내소라 하더라도[내자 채소밭이라 하더라도] 그런 농사는 어려운 일이다. | Free 감주+我必 Free 감주 간직하기

A Quick Note

▣ 동명사의 주어와 비주어를 표현하는 법 — 소유격/목적격/주격으로 표현

= 주어 기능 — 소유격으로 표현[단, 목적격=infml E]

목적어 기능 — 소유격/목적격으로 표현 tip)소유격일때 on my desk 표현과 같다.

주어/목적어 상관없이 own 수반시 — 소유격으로 표현

복합명사시 — 주격으로 표현, 즉 주어 주격/비주어 주격으로 표현 [단, 주격≠주어]

a.. Your denying everything will get you nowhere.

시동=네가 부인하는 것을 하게 되면 모든 것에 말이다. 그러면, 앞으로 하게 할 것이다.
너를 무(無) 곳으로 가게 할 것이다. 결국 너는 아무 곳도 가지 못할 것이다는 말

cf]Him not preparing dinner is good. **[infml]** cf] It's me.[infml] vs It's I.[formal]

b.. I do not remember my mother's/my mother complaining about it.

시동=불평하는 것을 했는지

c.. He insisted on my/me reading.

시동=내가 읽는 것을 하기를/했다고 -- 현재/미래 상황인지 과거상황인지 상황에 따라 판단
⋯→ 주장했다/주장을 계속했다 : on=작동으로서 수행/작동시키고 작동시키는 것으로서 계속

d.. China speaks on US meeting Dalai Lama. cf]Mandela remembering

시동=(상자/상동) 미국이 만나는 것을 하는 것에 (대해서) -- **비주어 (주격 복합명사) :** 만델라 추모하기
↘만델라가 추모하는 것은 아니다.

e.. This is a picture of his own drawing.

시동=그 사람 자신이 직접 그리기를 한 것 뜻하는 의미=그린 것 ***own=강한 소유의미**

f.. the Supreme Court ruling : 대법원이 내린 판결 -- **주어 주격 복합명사**

women beating, stick beating : 비주어로서 복합명사 -- **비주어 주격 복합명사**

: 여자 때리기(로서 여자에게 때리는 것을 하는 것) /몽둥이 때리기(로서 몽둥이로 때리는 것)

cf] picking apples : **복합명사가 아님** (따는 것을 하는 것인데 사과 따는 것을 하는 것=따기 즉 사과따기)

☞.. 이해는 (언어에 대한 basics를 알았디면) 최종적으로 단어의 최종적인 뜻인 감주로 이해한다.

2) 동사사실 의미와 그 확장의미

□ **동명사 BNW**=동사사실 의미 : 하는 것을 하는 것

⇐ **ing**="in+ noun" 즉 하는 것에 명사 사실의미가 첨가 된 것 으로서 하는 것을 하는 것 tip)gerund=er: verb n: noun

참고]1. in=입작동 명사=사실의미를 보유하고 있음

2. ing형 명사 BAM=n: noun g: gerund 즉 gerund형 명사 : building, sightseeing, — etc.

동사사실 의미=(하는 것을 하는 사실로서) 하는 것을 하는 것 /(하고 하는 사실로서) 하고 하는 것 /(하는 사실로서) 하는 것 /(하고 있는 사실로서) 하고 있는 것 /(동사사실로서) 하기: **BNW--비시제의미**

동명사 본래의미가 느껴져야 영어승자감을 탈 수 있다.

⇨ 하는 것을 하는 것/한 것/할 것[EM -- **현재/과거/미래로 확장**] ↗(영어에 대한 Basics를 알았다면)

⇨ 하고 있는 것을 하는 것[EM -- **현재로 확장**] — **모두 free 감주로 간직하라.**

: 이런 것들을 알아야 IS 영뇌를 to부정사와 구별되게 작동시킬 수 있고, 표현[말]도 자유롭다. (단, '하는 것을 하는 것' =동사사실로서 비시제의미 또는 확장으로서 시제의미)

∴ **동명사**=원동사 + ing

본동사의미에 일설의미와 현과미가 있기 때문이다.

↗ 즉 일설 동사사실의미 또는 동사사실의미의 현과미

-- 본동사의미에 동사사실 음가가 첨가된 것으로서 동사사실 의미와 그 확장의미

tip)동명사도 현재/과거/미래 속에 들어 갈 수 있다.

동사사실의미이기 때문에 또는 본동사의미가 들어있기 때문이다.

따라서, 동명사는 to부정사와 다르다.

'Stealing is not right.'

: 특허 소송에 대한 미법원의 verdict가 나온 후 Apple사가 한 말

To 원동사, 즉 to 부정사로 표현하지 않고 동명사로 표현한 것은 그 뉘앙스가 다르기 때문이다.

시동=훔치는 것[짓]을 하는 것은 아닌데 옳은 행위가 아니다 : **비시제의미** *is= '은'

vs 'To steal is not right.' 시동=대동 훔치는 것 -- **일반적 또는 설명 본동사의미**

→ 비가 오기를 시작한다고 할 때 두 가지 입장에서 표현할 수 있다.

말하는 그때, 즉 현재에 일어나는[비가 오는] 실제의미에 중점을 두고 표현할 수도 있고, 그리고 또, 인간은 그간 비가 오는 것을 여러 번 보아 왔다. 그래서 비가 오는 사실이 인간의 머리 속에 늘 존재하고 있는 것이다. 그런 사실이 발생하는[실현되는] 것에 중점을 두고 또한 표현할 수도 있다.

전자=It starts to rain. 시동=날씨가 시작했어요, 대동 비가 오기를 말이다. ***starts**=발생현재

후자=It starts raining. 시동=날씨가 시작했어요, 비가 오는 것을 하기를 말이다 : **시제의미**

즉, 여기서 to 부정사=원동사의 본동사의미로서 그때 그때 일어나는 실제의미이고,
동명사=동사 사실의미로서, 즉 비가 오고 오고 하는 사실이 실현되는 의미이다.
그래서, IS영뇌 작동시 분명히 다르게 느껴져야 하고, 특히 S영뇌 작동시 서로 다르게 상황이 분명히 보여야 한다.

✠ (하는 것을 하는 사실로서) 하는 것을 하는 것 /(하고 하는 사실로서) 하고 하는 것 /(하는 사실로서) 하는 것 /(하고 있는 사실로서) 하고 있는 것 /(동사 사실로서) 하기 [BNW ⇨ bnw-BAM] :

a.. **sewing machine**
동명사=바느질 하는 것을 하는 기계[바느질을 하고 하는 기계]로서 재봉틀
/바느질 하는 기계로서 재봉틀 vs **현분사**=바늘질 하고 있는 기계 : 진행의미

b.. **Cut along the cutting line.**
···› 자르는 행위를 하는 곳[자르는 행위를 하고 하는 곳]으로서 절단선
cf] dotted line : 점이 찍혀 있는 것으로서 점선 -- **과분사**

c.. **I quit smoking a cigarette.** ↗ 진행이 아니라 동사사실로서 하고 있는 것
···› 담배피우는 것을 하는 것[담배피우고 있는 것]인데 (까치 담배로 말이다)
Guns are for killing. ···› 하기 위한 것[해동], 죽이는 것을 하기 위한 것
[=Guns are killing. **동명사**=(총이란) 죽이는 것을 하는 것이다 vs 만약 **현분사**=죽이고 있다]

d.. **Her hobby is painting in the open air.** ···› 인데 그림 그리는 것을 하는 것이다.

e.. **I object to drinking too much.**
···› 반대한다, 대동[즉] 술마시는 것을 하는 것에 너무 많히 하는 것을 말이다.
'Oh, That's great news, honey! What's the new position?.' 'Sitting at my desk with both feet on the floor!'
···› 앉아있는 것을 하라는 거야, 구처 내 책상 구처에서 가지고[동자] 두 발을 가지고 딱 붙이고서 바닥에 딱 붙이고서 말이다! on=상면접촉로서 (딱) 붙이는 것

f.. **He gave out playing cards to players [each player /each].** cf] postcard
(=He dealt (out) playing cards --- .)
···› 놀이하는 것을 하는 것[놀이하는 것을 하고 하는 것]으로서 놀이카드
＊give out=주어 배분하는 것 out=자기구역 밖으로 주는 것으로서 배분

g.. **"It's very cold today. The temperature has dropped to freezing point."**
···› 어는 것이 일어나는 것[어는 것이 일어나고 일어나는 것]으로서 빙점 ···› 대자 빙점까지

h.. **Boston Blasts: No more hurting people.**
···› 더 이상 있어서는 안된다. 다치는 것을 하는 것[다치게 하는 것]인데 사람들에게 말이다.
/더 이상 다치는 사람이 나오면 안된다.

i.. **picking apple** **beating women[=women beating : 복합명사]** **doing homework early**
···› 따기 즉 사과 따기 /때리기 즉 여자 때리기[여자 때리기] /하기, 숙제 조기에 하기
↘**현분사일 경우** : 때리고 있는 (여자들)/(여자들이) 때리고 있다

tip) **현분사**(앞으로 진행의미)/**동명사**(IM) : **Decreasing clouds.** (앞으로) 감소가 되는 구름 예상 → 감소 구름 예상
vs **동명사**(IM) : **U.S. House and Senate approve funding government to Dec. 22.**
자금을 제공하도록 정부에게 대자 -- 까지 ※앞으로/예상=associate i.e., a-Helper

✠ 하고 있는 사실[것]을 하는 것[EM ⇨ bnw-BAM] :

a.. **'Say, hello, K-9.'** **'Keep going.'**
···› 훈련을 진행하고 있는 사실을 하는 것 ⇨ 계속하라. 진행하고 있는 것을 하기를 말이다.
[=**Get going.** 하라, 진행하고 있는 것을 하기를 말이다.]
***say**=*interj* 갑자기 흘러나오는 말로서 어머[s: sudden + ~ : 흘러나오는 모습]
//말하건데로서 응[응 그래] /자
(AmE infml used for expressing surprise, admiration or attention)
: **Say, haven't I seen you before somewhere?**
Say, Leo, would you like to have dinner one night, just you and me?

b.. **We went on talking till after midnight.** ···› talking 하고 있는 사실을 하는 것
⇨ 진행을 계속했다. 말해 오고 있는 것을 하기를 까지 후까지, midnight후까지 말이다.

c.. **I prefer waiting here.**
···› 기다리고 있는 사실을 하는 것 ⇨ 선호하는 데 기다리고 있는 것을 하기를 말이다.
동명사 뉘앙스가 이렇기 때문에 원어민들은 뜻풀이로 다음과 같이 말하는 것이다.
[=**I'm waiting here and I prefer doing that.**]
동명사=동사사실로서 사실진행
vs 현분사=진행중 진행의미로서 동일치[계속] 진행

✠ 하는 사실[것]을 한 것[EM ⇨ bnw-BAM] :

부정사는 자기 이전상황 (특히 s동사 이전상황)으로 갈 수 없기 때문에 자기 이전상황을 표현하려면 사실의미를 보유한 동명사 또는 event 소유 부정사를 쓰면 된다.

a.. **Mcilroy hurting.** ···› 다치는 것을 한 것[EM] → 다침/다쳤음[IM : im-BAM]
Sam caught speeding. ···› 과속하는 것을 했기 때문에 [be동사 전제 infml E]

b.. **Developing story.** ···› 진전[발전]되어 가는 것이 이루어 진 것 → 진전[발전]된 이야기[기사]
or 발전하는 것이 한 것으로서 발전한 것 → 발전한 이야기[기사]
Flooding water. ···› 홍수나는 것이 발생한 것으로서 홍수 **※우리말 '되다'** =자동의미/피동의미 ↗ 설주뇌 불가
All stabbing suspects killed. [be동사 전제 infml E] ↗주의]이럴때 절대로 능동과분사로 쓰면 안된다.
···› 칼로 찌르는 것을 한 것으로 칼로 찌른 모든 혐의자들, 즉 모든 칼부림 혐의자들[*not* stabbed]

c.. **Stick beating other people.** 몽둥이 때리기를 한 것인데 남들에게 한 것

···› 우리 국회처럼 초창기 미상원도 몽둥이(로) 때리는 것을 했다는 것인데 타인에게 했다는 것

d.. **This is a picture of his own painting.** ···› 그림, 즉 자기가 직접 그림 그리는 것을 한 것

e.. **Thanks for watching.** ···› 즉[해자] 보는 것을 해주었어[해주었기 때문에] 말이다.

f.. **Scientists report finding a steamy 'Waterworld' planet.** ···› 찾아내는 것을 했다고

The doctor describes checking the body.

···› 검진하는 것을 했다고[EM], 즉 검진했다고[IM] -- **재판장에서 한 말**

> warning] 우리나라 사람들은 remember/forget/regret/admit/deny 뒤에서만 한 사실 [finished action]로 알고 있다. 완료형 동명사, 그 외 동사도 얼마든지 나올 수 있다.

g.. **I remembered posting the packages.** ···› 부치는 것을 한 것 ⋙ **뜻하는 의미**=부친 것

h.. **I regret spending so much money.**

···› 쓰는 것을 했던 것/쓰기를 했던 것 : bnw-BAM ⋙ **뜻하는 의미**=썼던 것 : im-BAM

(=I'm sorry that I spent so much money.)

i.. **She admitted (to) stealing the money.** ···› 훔치는 것을 했던 것 ⋙ **뜻하는 의미**=훔쳤던 것

j.. **Japan's Prime Minister denies receiving donations from a prominent oil broker.**

···› 받는 것을 했던 것 ⋙ **뜻하는 의미**=받았던 것 ＊deny=don't admit

k.. **After using the toilet and flushing it, he washes his hands.**

···› 한 후, 사용하는 것을 한 후/쭉 내리는 것을 한 후 ⋙ **뜻하는 의미**=한 후, 사용한 후에/쭉 내린 후에

l.. **Al Baker contributed reporting.**

···› 기고했는데 보도하는 것을 한 것에 대해서 말이다 ⋙ **뜻하는 의미**=보도한 것/보도기사

[=Al Baker contributed to this report. 써서 바쳤는데 대자 이 기사를 말이다.]

m.. **I am sure of his having been honest.**

···› 가지는 것을 한 것/했던 것 : bnw-BAM ⋙ **뜻하는 의미**=가졌다는 것 : im-BAM

시동= -- 즉 그가 가졌다는 것인데, 했던 것, 정직했던 것을 말이다.

n.. **I remember having met her.** ···› 가진 것인데 만난 사실을 가진 것을 말이다.

[=I remember meeting her. 만나는 것을 한 것[EM], 즉 만났다는 것[IM]]

: a.. **I remember having posted the packages.[=posting]**

b.. **She admitted having stolen the money.[=stealing]** → event 소유가 더 구체적이고 분명한 message

c.. **I regret having spent so much money. [=spending]**

d.. **Japan's Prime Minister denies having received donations from a prominent oil broker.[=receiving]** tip)동명사=동사사실의미와 EM/IM 과분사=event와 EM o.. **A machete wielding man.**

⋯› 짐승칼로 휘두르는 것을 한[EM] /휘두른[IM] 남자　vs **현분사**=짐승칼로 휘두르고 있는 남자

cf] 명사 사실로서 한 것 : In Nepal, one daughter' s <u>search</u> for her mother.

이리저리 뒤적거려 찾았다는 것, 즉 찾았다는 소식

p.. **Fraying gray ropes are set into the rough dirt floor.**

⋯› 닳아서 해지는 것을 한 것으로서 닳아서 해진/닳은 (회색 밧줄들이 붙어 있는데 속으로[내대자] 울퉁 불퉁한 흙바닥 속으로 붙어 있다.)　＊dirt=먼지/흙/때

✠ 하는 사실[것]을 할 것[EM ⇒ bnw-BAM] :

ⅡⅢ .. **As taxes dry up, Greece warns of going broke by July.**

시동=동유[다음과 같은 이유 때문에 즉] 세금이 고갈 되어버리기 때문에, 그리스는 경고하고 있어요, 즉 되어버리는 것이 일어날 것이라고 빈털털이가 근시 7월 쯤에는 말이다.

※go=가는 것으로서 되어버리는 것　동유=同由

✠ 하는 사실[것]을 한 것이나 하는 것[EM ⇒ bnw-BAM] :

a.. **I' m glad meeting you.**　시동=만나는 것을 했으니까/하니까 [IM : 만났으니까/<u>만나니까</u>]

-- 그래서, 이 표현은 떠날 때[goodbye]와 만날 때[hello]에 쓸 수 있다.

A Quick Note

전자일 경우="Goodbye, nice meeting you."

⇒ Nice talking.　I' m happy racing in UK.　(after talking/racing)

후자일 경우= " Hello, nice meeting you." ⇒ Busy packing.　**tip)형용사 설가시 in을 쓰지 않는 것 : 관습적 E vs 명사 형용사 설가시 전치사 사용**

cf] to 부정사로 말할 경우 :　" Hello/Goodbye, nice to meet you."

현재/과거 속에서의 본동사 의미 ⇒ 시동=대동 <u>만나니까</u>/대동 만났어

※우리말　**'만나니까'** =동사 사실의미의 현재의미/현재 속에서의 본동사의미

여기서 '만나는 것을 하니까' 는 하는 것을 하는 것으로서 **동명사의 현재의미[EM] -- 시제의미**

tip)동명사의 EM=동명사의 현과미, 즉 동사사실 의미의 현과미 -- 단순한 동사서술의미가 아니다.

∵ 동사사실 의미를 보유하고 있기 때문 -- BNW로 판단

b.. **So happy seeing here.**

시동=만나 보는 것을 했으니까[IM : 만나 보았으니까] /만나 보는 것을 하니까 [IM : 만나 보니까].

c.. **Mr Smith, thank you for being here.　인터뷰 마친 후와 시작 전 모두 가능**

시동=EM : 즉[해자] 함께 있는 것을 해주었어[해주어서] --> IM : 즉 함께 있어 주었어[있어주어]

✠ **하는 사실[것]을 한 것이나 할 것[EM ⇒ bnw-BAM] :**

a.. **He insists on seeing the lawyer.**

시동= (그는 주장을 (계속) 했어요) 만나 보는 것을 했다고
/만나 보는 것을 할 것을 [하기를] (그 변호사를 말이다)
＊on=작동으로서 수행/작동시키고 시키고 하는 것으로서 계속

b.. **I remember meeting her.**

시동= 기억해요, 만나는 것을 한 것을 말이다/만나는 것을 할 것을 말이다.

뜻하는 의미=만난 것을 /만날 것을
주의]구문법에서는 전자만 말하고 있지만, 현실 영어에서는 그렇지 않다.

ing 의미 ✠ **동사원형 + ing에서 ing의미**

→ in=입작동으로서 하는 것 go=실시로서 하는 것

A Quick Note

▭ **현분사의 ing**= a) ing="하는 것(in) + 하는 중(going)„ 즉 하는데 하고있는 중으로서 진행의미
b) in=하는 것(in)으로서 본동사 의미

▭ **동명사의 ing**="in+noun„ 즉 하는 것(in)에 명사사실의미가 첨가된 것,
즉 하는 것을 하는 것으로서 동사사실 의미

tip) 동명사의 EM은 (BNW가 많이 반영된) bnw-BAM이지 e-BAM과 그 성격이 약간 다르다.
e-BAM은 BAM이 다시 BNW가 되는 BAM이다.

↗**그러면 영어말투가 형성되고 영어말투에 익숙해진다.**

☞.. **이해는 (언어에 대한 basics를 알았다면) 최종적으로 단어의 최종적인 뜻인 감주로 이해한다.**

3) 동명사와 to부정사의 차이

IIIII .. 동명사와 to 부정사의 차이는 동명사와 to 원동사의 차이이다. 결국 동명사와 원동사의 차이나 다름없다. 만약 같다면 태초에 두 단어를 만들 필요가 없었을 것이다.

1) 일설 동사사실 의미[BNW] vs 본동사 의미

① **He stopped[quit AmE also quitted] chain-smoking.**

→ 끊었는 데 (일반적으로) 줄담배 피우는 것을 하는 것[줄 담배를 피우고 있는 것] 말이다.
즉 하고 있는 습관적 사실을 끊었다는 말 : **일반적 동사사실의미**
하지만, 줄담배를 피우고 있는 것을 '방금 껐다' 는 의미도 가능 : **동사사실의미의 현재**
↳해오던 것을 그만 둘 때는 동명사를 쓴다.

vs **He stopped to chain-smoke.** : **현재/미래 속에서의 본동사의미**

→ 멈추었는데 대동 줄 담배를 피우려고 말이다. 즉, 본동사의미를 실현시키려고 멈추었다는 애기이다.

↳ 하지만, 줄담배 피우기를 막 시작하려다가 멈춘 경우도 가능

② **There is no telling what will happen tomorrow.**

→ 말을 할 수는 없다. 무엇이 앞으로 일어날지 내일 말이다 -- 말한다는 것[사실]을 할 수는 없는 것으로서 말을 할 수 없다는 것, 즉 동사사실 의미로서 할 수 없다고 설명 : **설명 동사사실의미**

vs **It is impossible to tell ----.** → 대동 말한다는 것 : **설명 본동사의미**

③ a.. **My toaster wants repairing.** (want=원하는 것으로서 필요로 하는 것)

→ 필요로 하는 데 고치는 것을 하는 것을 말이다 --〉 고치는 것을 말이다 : **일반적 동사사실의미**

vs **My toaster wants to be repaired.** → 필요로 하는 데, 대동 되기를 즉 고쳐지기를 말이다.

/대동 생기기를 즉 고쳐지는 일이 생기기를 말이다 : **미래 속에서의 본동사의미**

뜻하는 의미로 서로 같은 것이지 본래[원래] 의미로 서로 같은 것은 아니다. 특히 동명사 자체에 수동의미가 있는 것은 아니다. 구문법에서 동명사에 수동의미가 있다고 웃기고 있다. 한심하다.

b.. **The baby wants washing.** → (필요로 하는 데) 몸씻기를 하는 것을 말이다 --〉 몸씻는 것

뜻하는 의미=The baby wants to be washed.

cf] **The boy wants to wash.** (하고싶어 해요/원해요 --**능동의미**)

c.. **This room needs tidying.** → 필요로 한다. 정돈하는 것을 하는 것을 말이다 --〉 정돈하는 것

-- **일반적 동사사실 의미**로서 정돈하는 것을 하는 것/정돈하는 것

✠ 우리말 '하는 것'=동사사실 의미/본동사[자체] 의미

vs **We need to tidy this room up.** → 할 필요가 있다. 대동 정돈하는 것인데 이 방을 깨끗이 말이다.

: **미래/현재 속에서의 본동사의미** ※up=바르게 (정리) 하는 것으로서 깨끗이

vs **This room needs to be tidied.** → 필요로 한다. 대동 되는 것으로 정돈이 되는 것으로 말이다.

/대동 생기는 것으로 정돈되는 일이 생기는 것으로 말이다. / -- 즉 정돈이 되는 것으로 말이다.

↳ to be=연결설명+동질연결로서 '즉'

④ **The farmer tried growing potatoes.**

→ 시도해 보았다. 재배하는 것을 (하는 것을) 해보았는데 potatoes를 말이다 : **일반적 동사사실의미**

vs **The farmer tried to grow tomatoes.** : **현재 속에서의/일반적 본동사의미**

→ 하려고 했다/시도했다. 대동 재배하려고/재배하는 것인데 tomatoes를 말이다.

try=시도 모습[취해 보는 것]으로서 시도하는 것/애쓰는 모습[노력을 취해 보는 것]으로서
하려고 하는 것[애쓰는 것] /시험삼아 취해보는 것으로서 해보는 것
/옳은 지 결정하는 것으로서 재판하는 것 : China tries 'baby theft' doctors.
[tr: **시도 모습/애쓰는 모습** or t: take r: **로력〉노력**(effort) t: test or t〉d: decide r: right]
vs attempt=어떤 것을 취해 보거나 만들어 보는 것으로서 시도하는 것 [a: **어떤 것** t: take m: make]

tip) r**음가**="우르„도 가능 : 츄**라**이드

vs l**음가**="을르/을„도 가능 : lady=을**레**이디(을=극저음) Springvale 스프링**베**이을

vs bid=행위를 내리는 것으로서 지시/명령/시도/입찰/말하는 것 [b: behavior d: down]
vs strive=분투하는 것으로서 애쓰는 것 [str: struggle or str: **분투하는 모습**] ↳He bade welcome.

⑤ **I am used to driving on the right because I've lived in Britain for a long time.**
: **일설 동사사실의미** → 익숙하다. 즉[대동] 운전하는 것을 하는데, 상소(上所) 오른쪽 상소에서 하는 것에 말이다 --> 대동 운전하는 것에

vs I used to drive to work every day, but these days I usually go by bike.
→ 하곤했다. 대동 운전해서 가곤 했는 데 대자 일하러 말이다 : **일설 본동사의미**
tip)works=일터[공장] 의미일 때 단복명사 [singular/plural]
: He got a job at <u>a</u> cement/lead/steel works. The local steel works <u>have</u> shut down.

⑥ **I enjoy playing tennis. I like watching TV.**
→ 놀이하는 것을 하는 것 /<u>좋아해요</u>, 보는 것을 하는 것을 --- : **일설 동사사실의미**
vs I like to watch TV now. [*not* 'watching']
→ <u>좋아요</u>, 대동 보는 것인데 TV를 지금 말이다. ※ like=**좋은 것으로서** ok/want
: **현재 속에서의 본동사의미**
=I would like to watch TV now. [*not* 'watching']
→ 하겠어요, 오케이 하겠어요, 대동 보는 것인데 TV를 지금말이다.

to 부정사는 본동사 의미로서 그때 그때 일어나는 실제의미이기 때문에 지금 하고 싶을 때는 to부정사를 쓴다. 만약 동명사로 지금 하고 싶은 마음을 표현하려면 다른 단어로 표현하면 된다.
=I feel like watching TV now. (like=**전치사**)
→ 느껴지는데 동모 보는 것을 하고 싶은 것처럼 느껴진다. TV를 지금말이다. **뜻하는 의미**=하고 싶다

⑦ **I hate telling a lie.** → 말을 하는 것 /전하는 것을 하는 것 /말하는 것을 하는 것 : **일설 동사사실의미**
vs I hate to tell a lie now. → 대동 말하는 것 /대동 전하는 것 : **지금하는 것** ※ hate=don't want

2) 동사사실 의미의 현과미[EM] vs 현과미 속에서의 본동사 의미
(전자=하는 것을 하는 것/한 것/할 것 후자=대동 하는 것/한 것/할 것)

즉, 동명사는 동사사실 의미이기 때문에 자기 이전, 특히 s동사 이전 또는 미래로 갈 수 있으나, to부정사는 본동사 의미[즉 s동사=본동사]기 때문에 자기 이전, 특히 s동사 이전으로 갈 수 없다. 단, 미래로는 갈 수 있다. 그래서, to부정사 시제를 본동사와 같거나 나중시제라 한다.
tip] EM은 단어의 원래 뜻이고 IM은 원래 뜻이 아니다.

① **a.. Mcilroy hurting.**
→ 매킬로이는 다치는 것을 한 것, 즉 매킬로이는 다쳤음 : 동사 사실의미가 이미 발생한 것
-- **동사사실의미의 과거**

vs Mcilroy to hurt. [=hurts]

→ 매킬로이는 대동 다쳤다 -- (발생현재 대용으로서) **현재 속에서의 (발생) 본동사의미**

b.. **I remembered posting the packages.** → 부치는 것을 한 것[EM] --> 부친 것[IM]

I remembered having posted the packages. → 가지는 것을 한 것[EM] --> 가진 것[IM]

vs I remembered to post the packages. → 대동 부치는 것 --> 대동 부칠 것

cf] 명사사실로서 한 것 : In Nepal, one daughter's search for her mother.

이리저리 뒤적거려 찾은 것

② **Your denying everything will get you nowhere.**

→ 네가 부인하는 것을 하게 되면 모든 것에 말이다. 그러면, 앞으로 하게 할 것이다.

너를 무(無)곳으로 가게 할 것이다 -- **동사사실의미의 현재 또는 미래**

or 부인하는 것을 했다면 -- **동사사실의미의 과거**

vs I awoke to find myself famous.

→ (깨어 났는데) 그때 대동 발견하게 되었지요 -- **과거 속에서의 (s동사와 동시점 발생) 본동사의미**

We saw him lock the door. → 그때 잠그는 것 -- **과거 속에서의 (s동사와 동시점 발생) 본동사의미**

He beats Tom 3 : O to win the title. → (그는 물리쳤는 데 Tom을 3 대 0으로 물리쳐서)

대동 따냈어요 -- **현재 속에서의 (발생현재와 동시점 발생) 본동사 의미**

↗전부터 하던 것을 계속하는 것 : finish뒤 동명사를 쓰는 것과 같다.

③ **We went on talking till after midnight.** tip)keep + **동명사** : Keep talking.

→ 진행을 계속했다. 말해 오고 있는 것을 하는 것인데 까지 후까지, midnight후까지 말이다

-- **과과 동사사실의미**

vs After approving the agenda, we went on to discuss finance.

→ 우리는 진행을 계속했다. 대동 논의하는 것인데 재정문제에 대해서 말이다.

to **부정사**는 새로운 의제[new start]로 계속하는 것이다.

하지만 **동명사**는 해오고 있는 것을 다시 계속하는 것이다[keeping start].

일반적으로 to 부정사는 새롭게 시작하는 것이고, 동명사는 해오던 것을 하는 것이다.

④ **I remember meeting her.** → 기억해요, 만나는 것을 하는 것을 말이다/만나는 것을 한 것을 말이다.

vs I remember to meet her. → 기억하고 있어요, 대동 만나는 것/만날 것을 말이다.

vs I remember having met her. → 기억해요, 가진[있었던] 것인데 만난 사실을[이] 말이다.

vs I remember to have met her. → 기억해요, 대동 있는 것, 만난 사실이 있는 것을 말이다.

⇒ 만난 사실을 기억할 경우에는 단순형 동명사를 쓰나, 완료형 동명사를 쓰나, 완료형 부정사를 쓰나 전달결과는 같다.

↘동명사이든 부정사이든 완료형 표현=더욱 분명한 메시지

⑤ **She is sure of succeeding.**

→ 그 여자는 확신한다. 즉 성공하는 것을 할 것을 말이다[즉 성공하는 것을 말이다] -- **동사사실의미의 미래**

뜻하는 의미=She is sure that she will succeed.

vs **She is sure to succeed.**

→ 그 여자는 확실하다. 대동 성공하는 것이 말이다. 즉 틀림없이 성공할 것이다는 말

-- 미래 속에서의 본동사의미 **뜻하는 의미**=I[We] am sure that she will succeed.

⑥ **The path was icy, so we walked very carefully. We were afraid of falling.**

→ 했는데 두려워[몹시 걱정]했다. 즉 (과거 그때) 넘어지는 것을 할 까봐 --> **뜻하는 의미**=넘어질까봐

-- 동사사실의미의 (동시점) 과거

vs **A lot of people are afraid to go out at night.**

→ 하는데 두려워 한다. 대동 나가는 것을 밖으로 즉[직자] 밤에 말이다 -- **일설 본동사의미**

⑦ **I'm very glad meeting you.** → 만나는 것을 하니까/만나는 것을 했으니까

-- 동사사실의미의 현재/과거 vs **How nice to meet you!** → 대동 만나니까

⑧ **I prefer waiting here.** [=I'm waiting here and I prefer doing that.]

→ 선호해요[더 좋아해요], 기다리고 있는 것을 하는 것을 말이다

: **해오던 것을 더 선호한다는 말 -- 과현 동사사실의미**

vs **I prefer to wait here now.** → 더 좋아요, 대동 기다리는 것인데 여기서 지금 하는 것을 말이다.

big tip) **모든 동사의 뿌리는 원동사이다.** 원동사의 본동사 의미가 들어있기 때문이다.

(원동사+ed/ing/ing ⇒ 과분사=본동사의미+event 현분사=본동사의미+진행의미 동명사=본동사의미+동사사실의미)

본동사=현동사/과동사/조동사,

이들 본동사에 현재/과거/미래 의미와 일반적 의미/설명 의미가 들어 있고, 이런 본동사의미를 대변하는 것이 원동사이다. 그래서 원동사의 본동사 의미는 현재/과거/미래 실제의미, 일반적 실제의미, 설명 실제의미가 된다. 그리고 본동사의 본동사의미에 event 의미, 진행의미, 동사사실의미가 첨가 된 것이 과분사, 현분사, 동명사다. 그래서 과분사는 현과미 속에서의 event와 일설 event가 되고, 현분사는 현과미 속에서의 진행의미와 일설 진행의미가 되고, 동명사도 동사사실의미의 현과미와 일설 동사사실의미가 된다.

(to부정사=원동사의 본동사의미 단, 현분사=진행의미외 본동사의미도 가능)

more tip) **event/진행의미/동사사실의미이기 때문에 또는 본동사의미가 들어있기 때문에 과분사/현분사/동명사도 현재/과거/미래 속에 들어 갈 수 있다.**

원동사와 하생각, 성립과거만 들어가는 것은 아니다.

3) 일반적 의미의 차이 :

동명사=동사사실 의미로서 일반성을 가지는 일반적 사실

to **부정사**=일반적 본동사 의미로서 일반적 의미 : **원동사의 일반적 의미**

현동사= 현재 실제사실로서 일반성을 가지는 현재 일반적 사실

현분사= 진행 실제사실로서 일반성을 가지는 진행 일반적 사실

입장에서 본 것

IIIII.. **She likes watching TV.** → 보는 것을 하는 것[보고 보고 하는 것] ⇨ **일반적으로 해오던 사실**

vs **She likes to watch TV.** → 대동 보는 것 ⇨ **일반적으로 일어나는 사실 입장에서 본 것**

vs **He drives a bus.** → 운전을 해요/운전하는 사람이에요

vs **He is always complaining of his salary.** → 늘 불평하고 있어요

4) 본동사와 의율의 차이 :

IIIII .. 동사사실 의미와 의율이 되는 동사 :

→ enjoy finish mind/fancy/consider/ avoid/help/escape deny/admit
delay/postpone give up /put off /carry on /keep (on)
: 사실을 즐기는 것[(해오던) 사실을 끝내는 것 / ----, ----, 등등]

a.. **Would you mind closing the door?**

않는데 신경 쓰인다고 말할 수 없다.

시동=하십니까, 마음 쓰이십니까, 닫는 것을 하는 것에 말입니다? 환자가 아닌 이상 아무 짓도 하지

: 하는 사실에 마음 쓰이는 지 묻는 것 -- 사실이 아닌 자체의미에 신경이 쓰이는 것은 아니다.

b.. **I enjoy drinking. -- 마시고 마시고 하는 사실[마시는 것을 하는 사실]을 즐기는 것**

시동=즐기는 데 마시고 하는 것[마시는 것을 하는 것]을 말이다.

But I enjoy to drink. : not ok

-- 자체의미, 즉 만들어 놓은 의미, 즉 뜻풀이식[정의적] 의미는 사실이 아니기 때문에 즐 길 수 없다. 모든 단어의 의율의 판단 기준은 BNW이다. 원동사의 BNW는 자체 의미이다. 하지만 like는 행위동사가 아니고, 상감정이기 때문에 양쪽으로 의율이 가능하다 ☞ **to부정사편 참조**

I like drinking water. or I like to drink water.

전자=마시고 하는 것/마시는 것을 하는 것 후자=대동 마시는 것 전후자=좋아해요

IIIII .. 본동사 의미[또는 자체의미]와 의율이 되는 동사 :

→ hope, intend, expect, promise, -- etc.

동명사의 BNW는 하는 것을 하는 사실 또는 하고 하는 사실로서 기존 사실로서 하는 것이다. 그래서 앞으로 바라는 hope와 의율이 될 수 없다. hope는 앞으로 할 것을 바라는 것이지, 기존 사실로 지금 (하고) 있는 데 이것을 바란다는 말은 말이 되지 않는다. 특히 확장의미로 판단하지 말고, **BNW로 판단하라.**

만약, to 부정사로 해서 원동사의 BNW로 판단해도 말이 된다. 만들어 놓은 의미가 담겨져 있는 그것 자체, 즉 자체의미 자체를 바란다는 것은 말이 된다. 이렇게 hope는 본동사 의미뿐만이 아니라 자체의미도 의율이 가능하다. **to 부정사의 BNW는 to 본동사 의미**이지만 to부정사는 to를 원동사로 설명해 나가기 때문에 최상위 BNW는 원동사의 BNW 자체의미이다.

: I hope to leave here. 시동=나는 바래요, 대동 떠나는 것을 이곳에서 말이다.

-- 현재/미래 속에서의 본동사의미 (현재 또는 앞으로 떠나는 실제의미)

IIIII .. **동사사실 의미/본동사 의미와 의율이 되는 동사 :**

→ begin, start, like, love, hate, continue, cease, prefer, intend, attempt, -- etc.

a.. **It began raining. =It began to rain.**

전자=비가 오는 것을 하기를 -- (오고 하는) 사실이 began으로 실현되는 의미

후자=대동 비가 오는 것[비가 오기를] -- (그 때 그때) 실제로 일어나는 의미, 즉 실제의미

b.. **We must cease dumping /to dump waste in the sea.**

시동=덤핑하는 것을 하는 것[덤핑해오고 있는 것 /덤핑하고 하는 것]

/대동 덤핑하는 것을

cease=(그냥) 그만두는 것, 즉 (그냥) 그치다[멎다] -- **양쪽 의율**

to **부정사 예 추가 :**

He never ceases to amaze me. It ceased to be new.

시동=그치고 말았다. 대동 되는 것인데 새롭게 되는 것이 말이다.

vs finish=해오고 있는 것[사실]을 끝내는 것 -- **동명사와 의율**

: We must finish dumping waste in the sea.

시동=덤핑하는 것을 하는 것 /덤핑해오고 있는 것 /덤핑하고 하는 것

plus-1 **✠ 동명사 영뇌와 일반현분사 영뇌**

전자=동사사실 의미 **후자**=진행의미 cf]**관계현분사 영뇌**=진행의미/본동사의미

a.. **a private swimming pool**

→ 수영하는 것을 하는 곳으로서 수영장 [=a private pool for swimming]

vs a swimming boy → 수영하고 있는 소년

b.. **a dancing hall** → 춤추는 것을 하는 곳으로 무도장 [=a hall for dancing=a dance hall]

vs a dancing girl [=a girl who is dancing]

c.. **a smoking room**

→ 담배 피우는 것을 하는 곳으로서 흡연실 [=a room (used) for smoking]

vs a smoking room 연기가 나고 있는 [=a room which is smoking]

tip)동명사는 동사명사이기 때문에 동사형 명사가 된다.

: Doing Homework Early 하기 즉 숙제 일찍 하기 /함 즉 숙제 일찍함

d.. a walking cane →걷는 것을 할 수 있게 하는 것으로서 워킹 지팡이 vs a walking grandpa
: teaching experience 교사경험 vs a teaching lecturer

e.. drinking water →물마시는 것이 가능한 것으로서 식수 [=water for drinking]
vs a drinking horse [=a horse which is drinking]
f.. a sleeping car →잠자는 것을 하는 차로서 침대차 [=a car for sleeping]
vs a sleeping baby [=a baby who is sleeping]

plus-2 ✠ 단순형 동명사와 완료형 동명사

둘다 동명사, 즉 having까지는 동명사로서 둘다 같은 영뇌이다. 즉 완료형은 동명사를 과분사로 설명해 나가는 것으로 pp의미가 더 붙어 있을 뿐이다. 그래서, 전자는 동사사실 의미 또는 동사사실 의미가 발생하는 것, 발생한 것, 발생 할 것으로 많이 쓰이고, 후자는 발생한 것[finished action]으로 많이 쓰인다.

a.. It is difficult finding my way. →찾는 것을 한다는 것은
b.. I remember meeting her.
→기억해요, 만나는 것을 하는 것[즉, 할 것]을 말이다. /만나는 것을 한 것을 말이다.

vs Jenny's not having been trained as a dancer is her one regret.
→갖는 것을 하지 못했다는 것, 즉 훈련 받았던 것을 갖는 것을 하지 못했다는 것은
--> 가지지 못했다는 것은 *been=**동질[동질연결]** event**로서 즉**

동사 사실의미가 발생한 경우에는
단순형 동명사로 쓰나 완료형 동명사로 쓰나 전달결과는 같지만 표현의 맛은 다르다.

c.. I remembered posting the packages. →부치는 것을 한 것
=I remembered having posted the packages.
→가지는 것을 한 것 --> 가졌다[있었다]는 것인데

d.. She admitted stealing the money.
=She admitted having stolen the money.
뜻하는 의미=She admitted that she had stolen the money.

이렇게 완료형 동명사 having은 일반적으로 하는 사실을 한 것으로 finished action을 뜻한다. cf] I love <u>having</u> shaved legs <u>you feel me</u>.
→갖는 것을 하는 것인데[즉 갖는 것인데] <u>면도한 다리</u>를 : pp=**명사** legs **설주**
종속문장=밑줄 : 네가 느끼도록 나를 말이다.[=so that you can]

↗그러면 영어말투가 형성되고 영어말투에 익숙해진다.

☞.. 이해는 (언어에 대한 basics를 알았디면) 최종적으로 단어의 최종적인 뜻인 감주로 이해한다.

plus-3 ✠ 이해하기 어려운 동명사 표현의 Ekbe 값

tip)free 영뇌로 간직하면 쉽게 이해가 된다. IS 영뇌도 쉽게 발생한다.

a.. **I make a point of playing tennis every other day.**

→ 삼고 있는 데 포인트로 삼고 있다. 즉 놀이하는 것을 하는 것인데 테니스를 격일제로 (하는 것을) 말이다. 뜻하는 의미=**I make it a rule to play tennis every other day.**

b.. **It is no use trying to persuade her.**

→ 소용없어요, (시도) 하려고 해도, 대동 설득시키는 것을 (시도) 하려고 해도 소용없어요, 그 여자에게는 말이다.

뜻하는 의미 =**It is of no use to try --- . or There is no use (in) trying --- .**

c.. **He was near being killed.** → 그는 거의 (되는 것이) 될뻔했다. 살해 되는 것으로 말이다.

뜻하는 의미=**He narrowly escaped being killed.**

*was=과거 동질로서 '는' near=전치사

d.. **He came near being killed.**

→ 이르렀다. 거의 (되는 것이) 될 뻔한 사실, 즉 살해될 뻔한 사실에 말이다. *near=전치사

cf] **He came near to be killed.**

→ 거의 대동 되는 것인데 살해 당하는 것으로 말이다. *near=부사 to=부정전치사

He came near to being killed. → 거의 대동 (되는 것이) 될 뻔한 사실, 살해 될 뻔한 사실에 말이다. *near=부사 to=일반전치사

e.. **His remarks are worth remembering.**

→ 있는 데 가치가 있다. 기억하는 것을 할만한[즉, 기억할만한] 가치가 있다.

f.. **I never see this picture, without thinking of my mother.**

→ 없이는, 생각하는 것을 하는 것없이는, 즉 내 엄마에 대해서 말이다.

뜻하는 의미=**Whenever I see this picture, I think of my mother.**
or When I see this picture, I always think of my mother.

g.. **I couldn't help coming to hear the news.** *help=avoid

→ 할 수 없었어요, 즉 피할 수 없었어요, 가는 것을 하는 것을 대동 듣고서 -- -- .

뜻하는 의미=**I couldn't but come to hear the news. or I had no choice but to come to hear the news.**

h.. He is afraid of being scolded by his teacher.
→ 즉 (생기는 것이) 생길까봐, 즉 꾸지람 받는 일이 생길까봐
뜻하는 의미=He is afraid that he will be scolded by his teacher.

i.. I am sure of his having been honest.
→ 즉 그가 가졌다는 것, 했던 사실, 정직했던 사실을 가졌다는 것을 말이다.
뜻하는 의미=I am sure that he was honest. or I am sure that he has been honest.

j.. She is far from telling a lie.
→ 거리가 멀다. 기자 전하는[말하는] 것을 하는 것, 즉 거짓말을 전하는[말하는] 것을 하는 것으로부터 말이다. 뜻하는 의미=She is above telling a lie. or She never tells a lie.

k.. The behind-the-scenes negotiation is on the point of being revealed.
→ 상자 시점상에 있는데, 즉 (되는 것이) 될 시점상에 있어요. 밝혀 지는 일로 말이다.
뜻하는 의미=The behind-the-scenes negotiation is about to be revealed.
이제 막 대동 되려고 해요, 즉 밝혀지려고 해요.

l.. It goes without saying that health is above wealth.
→ 그것은 통한다. 없이[무동] 말하는 것을 할 필요[말할 필요]도 없이 통한다.
뜻하는 의미=It is needless to say that health is above wealth.

m.. You may have it for the (mere) asking. -- 결국 공짜로(for nothing/for free) 거저 가진다는 말
→ 즉 그렇게 (단지) 부탁하는 것을 하면 뜻하는 의미=즉 그렇게 (단지) 부탁을 하면 [=It is yours ---.]

.. 이해는 (언어에 대한 basics를 알았디면) 최종적으로 단어의 최종적인 뜻인 감주로 이해한다.

plus-4 **✠ 부정전치사[to] /제외전치사[but (do/can), except] /조동사 + 원동사**

but=하지만 제외하고 : 이때 제외=단어 associate except=제외하고
— 전치사 뒤에는 동명사를 써야 하나 원동사를 쓰는 경우

a.. He does nothing but read all day. My dog does everything but speak.
b.. I couldn't choose but obey him. There's nothing to do but wait.
c.. I can do nothing but obey him. Can't you do anything but ask silly questions?
d.. I cannot but agree to his terms.
-- to처럼 제외 전치사 but이 do/can과 함께 쓰이면 관습적 English로 원동사로 설명해 나간다.
단, except=optional : e.. She does everything, except (to) wash the car.

vs I have no choice but to agree to his terms.

There was nothing for it but to obey the patriarch/monarch.

했으나, 아무 것도 하지못했다. 즉 그것, 하지만 제외하고, 대동 복종하는 것을 제외하고는 말이다.

(it=referring forward)

He is still reluctant to touch me, except to hug me goodbye when I leave.

⋯› but/except=제외부사 -- do/can과 함께 쓰이지 않을 때

: to가 부사의 설명을 받아 명사/대명사/앞문장 전체를 설명해 나가는 뇌

cf] He is about to leave. ⋯› about=부사

A Quick Note

but=하지만으로서 제외[b: 반대] except=밖으로 두는 것으로서 제외[ex+p: put]

save=(고어 old use/문어체/formal) 떼어두는 것으로서 제외[s: separate]

: She answered all the questions save one. → **prep.**

The window is never opened except/save in summer. → **adv.**

I agree with you, save that you have got one or two facts wrong. → **prep.**

I would go, except it's too far. → **conj.** except[infml]=but

↗동명사일 때 바로 보어로 보지않고 관습적 in생략도 가능

plus-5 ✠ **go/come + ing 동명사/현분사** (보어 역할)

▭ 동사사실 의미를 실현시키려는 의미 : — 하는 것을 하러

▭ 동사사실 의미/진행의미로서 동시상황 : —— 하는 것을 하면서/그냥 하면서

하는 것을 하러 :

a.. Did she go shopping? → 그랬느냐, 즉 그 여자가 갔느냐, 쇼핑하는 것을 하러 말이다?

b.. Bob hasn't gone fishing in years.

c.. Last Sunday we went sight-seeing. d.. Come dancing tonight.

e.. I am going riding/skiing/water-skiing/jogging -- etc..

→ boating/ hiking/ bowling/ jogging/ skating/climbing/water-skiing/sailing, walking/shopping/riding/fishing/wind-surfing/sight-seeing /dancing/ skiing

→ outdoor activities

하는 것을 하면서 :

Going begging at their own risk → 다니고 있다. 구걸하는 것을 하면서//하면서

(처해 있어도/직자 -- 처해 있어도) -- **구걸하려고 자동차 사이를 누비는 상황**

going=(주동) **전제** infml E

*at=어떤 것이 차지하는 구역으로서 상황에 처해 있는것/바로 그 대상으로서 직자 -- 처해 있는 것
go=어떤 곳으로 움직이는 것으로서 다니는 것
vs attend=어떤 곳에 들어가는 것으로서 다니는 것/참석하는 것

caution] 동명사도 현분사도
being을 제외한 모든 현분사를 설명해 나갈 수 있다.
: He is being reading. : incorrect ⇒ He is reading. : correct

plus-6 **✠ spend/waste + 동명사/현분사 : 보는 관점에 따라 두 가지 뇌 작동 가능**

→ 동사사실의미 /진행의미로서 동시상황 : ── 하는 것을 하면서/그냥 하면서=모두 보어
caution] 동명사일 때 동사 설가시 보어/관습적 in 생략 //형용사 설가시 in 관습적 생략 : **관습적 E**
cf] 명사의 형용사 설가시 전치사 사용

a.. I spent window-shopping with Grandma.
→ 시간을 썼다[보냈다]. 윈도 쇼핑하는 것을 하면서 /윈도쇼핑을 하면서 말이다.

b.. Tom spent three years working overseas.

c.. Patrick wasted a whole afternoon trying to repair the car.

d.. They are busy packing. → 포장하는 것을 하느라 /포장하느라
The father might not be happy staying home.
→ 아마도 하지 않을 수도 있다. 즉 행복하지 않을 수도 있는데 있는다는 게 집에 말이다.
cf]They are very careful of their money.

plus-7 **✠ 동명사의 부정은 not 또는 no 사용** ⇒ not=부사 no=†**형용사/부사**

a.. Jenny's not having been trained as a dancer is her one regret.

b.. no swimming no touching cf] This is no different. [infml E] ※ no=adv.

vs **jump bail**, not to come back for trial after bail has been paid : 부정전치사 부정
or to not come back for trial after being released on bail : 원동사 부정
: They jumped bail and fled to Spain.

cf] 원래 원동사 부정 그대로 not을 사용하면 old E
"Ask not what your country can do for you. Ask what you can do for your country."
-- 원동사 부정은 원래 not이다. 그래서 John F. Kennedy는 뒤에 붙였다. 이럴 경우 동사를 부사로 설명해 나가는 뇌이다.
--> Modern StE : "Do not ask what your ---- . ---- ."
: **대동조동사로 부정**=not은 대동조동사 do 부정이지 원동사 ask부정이 아니다.

☞.. 시동으로 (영어) 글자/말 자체에서 뜻이 보이거나 상황이 (머리 속에서) 보이면 된다 : IS 영뇌

11. 일반형용사 영뇌[GADJ NB]란 :

무한글 이해, 즉 IS두뇌로 동사/명사(대명사)를 형용사 의미로 그냥 서술적으로 설명해 나가는 뇌 또는 free 영뇌[infml E]로 명사/대명사 주어를 바로 그냥 서술적으로 설명해 나가는 뇌 또는 관습적인 E로 전치사를 그냥 서술적으로 설명해 나가는 뇌

요컨데, 비연결설명어
또는 명사/대명사/동명사를 앞에서 설명해 주는 뇌

▭ **일반형용사 BNW**=그냥 형용사 position
즉, 질 /상태 /수량 /지시 /배분 /의문 /소유 /지정 — 등으로서 <u>그냥 형용사 position</u>
vs **관계형용사 BNW**=주로 질/상태 position로서 제한적/비제한적 연결의미

※등급단어=일반적으로 질/상태/수량 단어 — 질/상태 정도, 수량크기 정도로 등급화가 가능

▭ **형용사**=관계형용사/일반형용사 — 연결설명어/비연결설명어
전자=연결지어 설명해 나가는 뇌 후자=그냥 설명해 나가거나 설명해 주는 뇌
tip)관계형용사=관계를 짓는 형용사 일반형용사=그냥 형용사

☞.. 영어실력은 언어로서 기능을 다하는데 있다. 그게 바로 ″감주〃다.

1) 일반형용사 영뇌[GADJ NB]

무한글 이해, 즉 IS두뇌로 동사/명사(대명사)를 형용사 의미로 그냥 서술적으로 설명해 나가는 뇌 또는 free 영뇌[infml E]로 명사/대명사 주어를 바로 그냥 서술적으로 설명해 나가는 뇌 또는 관습적인 E로 전치사를 그냥 서술적으로 설명해 나가는 뇌

요컨데, 비연결설명어
또는 명사/대명사/동명사를 앞에서 설명해 주는 뇌
▭ **동사**=원동사 /현동사 /과동사 /과분사 /현분사 /동명사

① 동사를 설명해 나가는 뇌

A.. She fell /ill.

영뇌=가→ 설 : BEis-Os or I + I : I-Os or S + S : S-Os

> **How to Read[Speak]**=Shefell ill.
> : BEis/IS로 이해되는 것을 감각적 주파수로 이해한다.
> **시동=** vocal 감각적 주파수로 (BEis/IS 영뇌가 될 때까지) F3+E2 강하게 말하기

• 과동사 설가
(쉬-페ㄹ[페을] 이ㄹ[이을]=line/spiral /spiral 점형 [내성음 slide] F)

.. 我必 Free 감주 간직하기= Fell ill.

시동=그녀에게 갑자기 생겼어요, 병이 말이다 <-- 떨어졌어요[BNW], 병이 든 것으로 말이다.

ill=나쁜 것이 일어난 것으로서 병이 든 것[상태]
[i : 일자(一字) 위에 점이 붙은 것으로 서 나쁜 것 : Ill news]
소리: Ill=spiral 점형/post점형/내성음 slide 주파수 *fell=past of 'fall'

cf]fell=떨어지게 넘어뜨리는 것으로서 (잘라서) 넘어뜨리는 것 [f: fall l> — : 넘어진 모습]
: He used an ax to fell a tree. He's strong enough to fell an ox[his opponent].
↳ **.. 我必 Free 감주 간직하기**= He felled a tree with an ax.

: a.. **Saddam Hussein is /captured /alive. =기→ 설→ 설′ --** 과분사 설가
시동=Saddam Hussein은 있는 데 잡혀져[붙잡혀] 있다. 생포로 말이다.

b.. **Mr Cook's sight /is /poor. =기→ 설→ 설′ --** 현동사 설가

c.. **Can /the rumor be /true? We heard /him /lock tight.**
=기→ 설→ 설′ -- 원동사 설가

d.. **It is right /for the rumor /to be true. =기→ 설→ 설′ --** to 원동사 설가

e.. **It might /be /dangerous. =기→ 설→ 설′ --** 조동 원동사 설가

f.. **Alex is /getting /married /this spring. =기→ 설→ 설′ → 설′′ --** 자동형용사의 현분사 설가

g.. **She is /being /pregnant. =기→ 설→ 설′ --** 현분사 설가 시동=있다. 하고 있는 데 임신으로 --.

h.. **I am sure /of /his[him] being honest. =기→ 설→ 설′ --** 동명사 설가
시동=즉 그가 이다는 사실, 정직하다는 사실을 말이다.

시동 종류=원애시동 /vocal음 /Free 영뇌 /F3+E2 /일상적인 생활 /Ekbe /†SIUM 말하기 /무한글 /BNW or 비한글 BNW /BAM /BEis 영뇌 /G토씨 /connotation /영뇌 기본자세 /패턴 /associate — 실력이 늘면 문장 또는 글 내에서 감주로 이해 안되는 것만 시동을 건다.

동사와 형용사 앞에 일반부사 영뇌를 추가하면 :

A- E.. She suddenly fell /mentally ill.=기→ 설 : BEis-Os
시동=그녀에게 갑자기 생겼어요, 정신병이 말이다.

extreme caution] fell이 '갑자기 생겼다'는 말은 뜻하는 의미이므로 앞에 suddenly를 붙여도 좋다. 모든 것은 BNW로 판단하라 : **BNW=헌법재판소**

A.. She fell ill.[=Fell ill. : infml E]

↘ ☺.. **major 감주=** --- fell ill.

Free 감주로 이해/간직 하기 ⇒ She fell. /Fell ill. /She ill. /-- etc.

▸ She fell. 그 여자에게 갑자기 생겼어요[일어났어요].

tip) **또다른 free 영뇌**=그 여자는 떨어졌어요[멸망했어요]. Fell ill. 갑자기 생겼는데 병이 말이다 : **실제과거**

tip) **또다른 free 영뇌**=갑자기 생겼으면[들었으면] 해요 : **의미과성립** ↘**과동사 free 영뇌**

She ill. 그 여자는 병이 났다 : **(동사 전제)** infml E ⇒ **대명사 또는 형용사 free 영뇌**

② 명사(대명사)를 설명해 나가는 뇌

A.. Are /motels /different from /hotels?

영뇌=기→ 설→ 설′→ 설″ : BEis-Os

or I + I + I + I : I-Os or S + S + S + S : S-Os

How to Read[Speak]=Aremotels differentfrom hotels?

: BEis/IS로 되어 있는 것을 감각적 주파수로 이해한다.

시동= vocal 감각적 주파수로

(BEis/IS 영뇌가 될 때까지) F3+E2 강하게 말하기

(모**테**ㄹ스(즈)=cramp F 디퍼런(트)프(퍼)**로**ㅁ=slide F + up-slide F 호**테**ㄹ스[즈]=cramp F 주의]스=복수 infml 소리)

☺.. **我必 Free 감주 간직하기**= Motels different from hotels?

or Motel different from hotel?

시동=있는 가, 모텔에게 다른 점이 나오고 있는 가? 호텔과 비교할 때 말이다.

different=다른 점이 존재하는 것으로서 다른 것[질] [d: 다른 것 i: is]

소리: DIfferent=slide 주파수

from=흘러 나오는 것으로서 출처/시작 [f: flow]

: **a.. Is /it /now safe /to switch off your computer?**

영뇌=기→ 설→ 설′/설′ : BEis-Os

부사의 설명을 받아 대명사를 설명해 나가는 뇌 ＊now=adv. | Free 감주+我必 Free 감주 간직하기

시동=인가[그런 가]? 즉, 그렇게 하는 것이 지금 안전한 가? 대동[즉] 스위치를 끄는 것인데 당신 컴퓨터에 말이다. ↘ ☺.. **major 감주=** -- safe -- switch off -- computer?

b.. The family makes /me /happy.

영뇌=기→ 설→ 설′ : BEis-Os

형용사 앞에 일반부사 영뇌를 추가하면 :

A- E.. Are /motels /quite[certainly] different from /hotels?

영뇌=기→ 설→ 설′→ 설″ : BEis-Os

시동=있는 가, 모텔에게 완전히[확실히] 다른 점이 나오고 있는 가? --- 말이다.

↘ **.. major 감주=** ----- different from /hotels?

Free 감주로 이해/간직 하기 ⇒ Are motels different? /Motels different from? /Different from hotels? /Are motels? /-- etc.

Are motels different? 있는 가, 모텔에게 다른 점이 있는 가? Motels different from? 모텔에게 다른 점이 나오고 있는 가? Different from hotels? 다른 점이 나오는 가, 호텔과 비교해서 말이다? Are motels? 그런가, 모텔이 말이다? ↘ **형용사 free 영뇌**

③ free 영뇌[infml E]로 명사(대명사) 주어를 바로 설명해 나가는 뇌

A.. Motels /different from /hotels.

영뇌=기→ 설→ 설′ : BEis-Os

or I + I + I : I-Os or S + S + S : S-Os

How to Read[Speak]=Motels differentfrom hotels.

: 먼저 감각적 주파수로 이해한다.

시동= vocal 감각적 주파수로 (자동 설가가 될 때까지) F3+E2 강하게 말하기 ↗**그러면 영어말투가 형성되고 영어말투에 익숙해진다.**

-- 한글 해석느낌으로 영어를 말하면 안된다. 단어자체 뜻이 IS이기 때문이다.

특히 전치사나 종속접속사도 토씨 뜻이 아니라 일반단어로서 IS다 : **한뇌리딩≠영뇌리딩**

- S동사를 거치지 않고 바로 명사를 형용사로 설명해 나가는 뇌로 작동시키면 infml한 말이 된다.

.. 我必 Free 감주 간직하기= Motel different from hotel.

시동= 모텔은 있는 데 다른 점이 나오고 있다. 호텔과 비교할 때 말이다. | Free 감주 간직하기

different=(동사) **전제** infml E --> StE : Motels are different from hotels.

cf]Many people said good.

-- infml E로 동사를 설명해 나가는 뇌

good= (주동) **전제** infml E --> StE : Many people said it is/was good.

④ 관습적인 E로 전치사를 설명해 나가는 뇌

— 일반적으로 전치사는 명사 /대명사 /동명사 /wh절로 설명해 나간다.

A.. Police searched in /vain /for the missing gunman.

영뇌=기→ 설→ 설′ : BEis–Os or I + I + I : I–Os or S + S + S : S–Os

How to Read[Speak]=Policesearched invain forthe missinggunman.
〈 Policesearchedin vainforthe — . : 먼저 감각적 주파수로 이해한다.
시동= vocal 감각적 주파수로 (자동 설가가 될 때까지) F3+E2 강하게 말하기

• 주동전으로 먼저 개략적으로 말하고 다시 형용사로 설명해 나가는 뇌 : BEis–Os

(펄리–서–치트=root F + retro–root F: 앞 s음 폐쇄 : gas station=갰스테이션=post 점형 F + cramp F 펄리–스서–치트 =trapezoid F + retro–root F : 비폐쇄 치트=무성음 매치 : ed의 e는 폐쇄되기 때문에 tʃ로 무성음 매치 : d —〉 t

ex] liked=라익트/라이크트)

.. 我必 Free 감주 간직하기=Police searched for the missing gunman.

시동=경찰이 수색을 했으나 되었다[내자], 허사가 되었는데[되었다], 즉/해자 그 실종된 gunman에 대해서 말이다.

in=어느 쪽으로 들어 가는 것으로서 변화/변화로서 되는 것/변화대상으로서 내자 -- 로
: **We tried in vain[=vainly] to persuade her not to go.**
vain=adj. 안이 비어 있는 것으로서 허사인 것/공허한 것[상태]
[v: 빈 것 in: 안] **소리:** VAin=slide 주파수

in vain 대신에 일반부사 영뇌를 작동시키면 :

A– E.. Police searched vainly /for the missing gunman.

영뇌=기→ 설 : BEis–Os

시동=경찰이 수색을 했으나 헛된 일이 되었다/헛되게 되었다. --- 말이다.

A Quick Note

: We <u>tried vainly</u> to persuade her not to go.
-- 영어는 한자배열과 같기 때문에 반드시 but을 쓰지 않더라도 반대관계 문맥이 나 올 수 있다. 뿐만아니라, 이유, 양보 -- 등 얼마든지 가능하다.

Free 감주로 이해/간직 하기 ⇒ Police searched in vain. /In vain for the missing gunman. /Police searched for the missing gunman. /-- etc.

Police searched in vain. 경찰은 수색했는데 되어버렸다. 허사가 말이다.

In vain for the missing gunman. 되었는데 허사가 되었다. 즉/해자 --- 에 대해서 말이다.

＊영어는 항상 어느 부분을 보더라도 free 영뇌, 특히 free 감주로 이해되면 된다.

Police searched for the missing gunman. 경찰은 이리저리 뒤집고 다녔다. 즉/해자 -- 찾을려고 말이다
＊찾을려고=for associate tip) **또다른 free 영뇌**=이리저리 뒤집고 다녔으면 해요 : **의미과성립**
↘이럴 때 느낌표로 표현하면 더욱 간절한 의미과성립이 된다.

B.. I thought /it was /just a fire practice lbutl apparently it was /for real. [=for reality]

영뇌=기→ 설→ 설′ ⇨ 등전설 ⇨ 설→ 설′ : BEis-Os

시동=나는 생각했지요, 그것이 그때 그냥 화재훈련이라고 말이다. 하지만 외관상으로는 그것은 이었지요, 즉[해자] 실제와 같은 것이었어요 : Is the recovery (for) real? (즉/해자) 정말인가?

: for lost (즉/해자 잃어버린/실종된/행방불명 된 것으로), for dead (즉/해자 죽은 것으로), like crazy (듯이 즉 미친듯이), for free (즉/해자 공짜로=without charge/at no cost), still far from certain (여전히 거리가 멀다. 기처/기자 확실성으로부터 말이다), for sure (즉/해자 확실히) -- **관습적 형용사**
: I don't know for sure. **.. 문장 뼈대**=기본어(I)+s동사(thought)+연결설명어(it was/it was)
↘종속문장

vs This group is not /representative /of the population //at large.

영뇌=기→ 설→ 설′ ⇨ 전설 : BEis-Os

: large=형용사 또는 명사가 되니 명사 설가로 이해해도 좋다. 형용사 설가이면 **관습적 E이다.**
: of late 즉 최근에[=lately/recently], in short, for wrong, save for later 저장하라. 즉/해자 나중을 위해서 말이다 ⋯› late/short/wrong=**형용사/명사** later=**형용사**
tip) in short 할 것같으면/내자, 짧게 말할 것 같으면 : 입작동/입작동 대상
↘**말=(문맥)** associate

시동=이 그룹은 아닙니다, 대표하는 것인데 즉 그 주민을 말이다, 상황을 크게 볼때 그렇습니다.

at large=규모를 크게 보는 것으로서 상황을 크게 보는 것/전체적으로/일반적으로
at=area로서 규모 large=쭉 길고 크게 뻗은 것으로서 큰 것/광대한 것
[l: 쭉 길게 늘어진 모양 r: reach 뻗어 있는 것 g›k: 큰 것]

tip) in my view 할 것같으면/내자, 내 견해를 밝힐 것 같으면 : 입작동/입작동 대상
↘**밝=(문맥)** associate

vs Get out from dangerous.

: infml 영뇌 — 관습적[습관적]인 영어가 되기엔 아직 덜 굳어진 English

원어민들은 대화에서 전치사를 형용사로 설명해 나가는 뇌를 즐긴다. 질/상태로 명사의미와 일치시켜 새로운 언어의 맛을 즐기고 있다 = from danger ⇨ 형용사의 상태와 명사의 상태가 상태로서 서로 같다. 또는 dangerous를 관사와 명사 **전제 infml E 두뇌**로 작동시켜도 좋다.
= from the dangerous place

⑤ 명사 /대명사 /동명사를 설명해 주는 뇌

— 한뇌와 같아 두뇌 이식수술 대상은 아니다.

A.. We met a girl in a dark grey dress.

⇒ a //dark grey /dress=전설 ⇨ 설-->기 : EBis-Os | Free 감주+我必 Free 감주 간직하기

B.. "Poor mom, slaving away all day in the kitchen."

⇒ Poor mom=설-->기 : EBis-Os

: **호격 관습적[습관적]** E (지정사를 써지 않는 관습/습관) *slaving=(주동) **전제** infml E

☜.. **我必 Free 감주 간직하기**= Slaving all day in kitchen.

C.. " He's got to repay the money. Poor him!"

" She's been promoted. Lucky her!"

Silly me! Poor us! Good old you!

-- 부정 대명사가 아니다. 일반대명사로서 인칭대명사이다. 그래서 설주뇌로 작동한다.

D.. Slow cooking makes tough meat tender.

⇒ Slow cooking=설-->기 : EBis-Os

cf] **부정 대명사**=관계형용사 설가뇌

a.. **I have nothing particular to do now.**

nothing particular 영뇌=기-->설 : BEis-Os

시동=아무것도 없는 데 특별한 게 말이다.

b.. **handout=something given free, such as food, clothes, etc. esp. to someone poor.**

someone poor 영뇌=기-->설 : BEis-Os

시동=어떤 사람, 즉 가난한 어떤 사람[=who is poor]

c.. **Let's find somewhere quiet.**

somewhere quiet 영뇌=기-->설 : BEis-Os

시동=어떤 곳, 즉 조용한 어떤 곳

d.. **You mustn't do anything silly.**

anything silly 영뇌=기-->설 : BEis-Os

시동=어떠한 것도, 즉 어리석은 어떠한 것도[=anything that is silly]

vs 관계 형용사의 관습적 English :

(the) Director General 이사인데 총괄이사 Secretary General 사무장인데 총괄 사무장으로서 사무총장
the Princess Royal 공주인데 왕공주로서 제1공주
=a title given to the first daughter of a British king or queen Prosecutor General 검사인데 총괄하는 검사로서 검찰총장
the sum total 합계인데 총합계 from time immemorial 부터[기자] 때, 즉 아득한 때로부터 Asia Minor 아시아인데 소아시아
God Almighty 하느님인데 전능하신 하나님
Court Martial 법정인데 군법정으로서 군법회의 a Sergeant Major 상사인데 주임상사

Alexander the Great 알렉산더인데 대왕인 알렉산더 the=내부적 the로서 대(大)
Napoleon the Third 나폴레온(인데 그 집안의) 3세 the=외부적 the로 그 집안을 가리킴
···› 도치로 이해하지 말고 관계형용사로 바로 이해하면 the는 지정부사가 되어 이 지정 부사의 의미를 받아 관계 형용사로 설명해 나가는 뇌로 작동시키면 된다.
영뇌=기-->설 : BEis-Os
cf]관습적 English는 유명한 사람이 한 번 쓰면 사람들이 따라하기 때문에 생기는 현상이다.

Plus ✠ **일반 형용사의 전제 관습적 English**

—형용사 또는 「the+형용사」로 표현하여 명사/대명사를 전제시키는 관습적[습관적] 뇌이다.

A.. 형용사만 표현하는 전제 관습적 English

a.. **Both young and old enjoyed themselves at the party.** ⇒ **대조 (덩어리) 전제 관습**
둘다 젊든 나이가 들었든 즐겼다. 스스로 장에서/구처 파티장에서 말이다. ※장(場)/구처(區處)
→ young people and old people
⇨ rich and poor, high and low, from poor to rich

b.. **Slow and steady wins the race.**
⇒ **and로 된 하나의 의미 덩어리: 첨가 덩어리 전제 관습 시동**=천천히, 그리고 꾸준히 하면 -- .
→ slow and steady effort[=steady continuous effort]

c.. **I like red wine better than white.** ⇒ **반복회피 전제 관습[습관]**
→ white wine **하지만** white one : **incorrect** ∵ **one=C의미 대명사 -- C의미 지주어**

B.. the+형용사의 전제 관습적 English

: '실음 내외적 지정+형용사' 의 명사[대명사] 전제 관습
— 이때 the=내부적 또는 외부적 the : 어느 것에 해당하는 지는 상황에 따라 판단한다.

a.. **The poor get poorer ; the rich get richer.**

⇒ 가난한 자들 -- **내부적** the /그 가난한 사람들 -- **외부적** the

→ the poor people /the rich people

vs **Poor get poorer; rich get richer. Korea' s rich came here. Old are more.**

-- Poor /rich /Old=아직 덜 굳어진 것으로서 **전제** infml E

→ Old people/ones ⇒ 나이가 든 사람 /전의 것들[오래 된 것들] (이 더 많다)

⇨ the + blind, deaf, disabled, healthy, sick, living, dead, unemployed, old, young, homeless, injured, etc.

⇨ the extremely poor, the idly rich, the super-rich, the severely disabled, the mentally ill, the young at heart (젊은이들인데, 즉 마음이 젊은 사람들), --- etc.

tip) <u>Homeless</u> roundup call makes for royal wedding controversy. [=Homeless people]

Homeless roundup call=집없는 거지들을 한 곳에 몰아 넣자는 주장

makes for=함께동사 : 불러 일으키고 있는데[켰는데] 해자 -- 을 말이다[=makes]

↳ **설명현재 또는 발생현재**

b.. **The Japanese admire the traditions of the Chinese.**

⇒ '실음 내적 지정+국민 형용사' 의 명사 전제관습

→ the Japanese=Japanese people (in general)

the Chinese=Chinese people (in genera)

⇨ the English, the Spanish, the British, the Irish, the French, the Dutch, --etc.

↳ Japanese, Chinese, -- etc.=**형용사** or **명사** -- 사람과 언어 모두 가능

c.. **The accused was asked to give his name.**

⇒ '실음 외적 지정+분사 형용사' 의 명사 전제관습

→ the deceased =the deceased person[one] 그 고인

전제되는 명사 (또는 대명사)가 복수인지 단수인지는 상황 또는 문맥에 따라 판단한다.

d.. **The unknown is always something to be feared.**

⇒ '실음 내적 지정+분사 형용사' 의 명사 전제 관습

→ the unknown=the unknown thing 미지의 것/미지의 세계

⇨ the unexpected=the unexpected thing ❖ thing=C/U **의미 단어**

the supernatural=the supernatural happening[thing]

the true=the true thing=truth the good=the good thing=goodness

the beautiful=the beautiful thing=beauty, -- etc.

e.. **Which train did you catch? ~ I caught the first.**
⇒ '실음 내적 지정+서수 형용사' 의 대명사 전제관습 → the first=the first one

f.. **Which of these two is the stronger?** ⇒ '실음 내적 지정+비교급(comparative) 형용사' 의 대명사 전제관습 → the stronger=the stronger one
Don't buy the expensive apples ; get the cheaper. → the cheaper=the cheaper ones

g.. **Tom is the tallest. The eldest was only ten.** (10살)
Have you heard the latest? Fear the worst, hope for the best.
⇒ '실음 내적 지정+최상급(superlative) 형용사' 의 명사/대명사 전제관습
→ the tallest=the tallest person[one], the eldest=the eldest person[one]
the latest=the latest thing[one], the worst/best=the worst/best thing[one]

h.. **Asia's safest, Singapore's best**
⇒ '소유격 지정+최상급 형용사' 의 명사 전제관습 → safest=safest place, best=best place
시동=아시아에서 가장 안전한 곳이고, 싱가폴에서 가장 좋은 곳이다.

i.. **Of the two men, I prefer the latter to the former.**
⇒ '실음 외적 지정+전후 형용사' 의 명사/대명사 전제관습
→ the latter person[one] the former person[one] ＊former/latter=† **형용사/명사**

j.. **Seventeen governors had become presidents, the last being George W. Bush.**
⇒ '실음 외적 지정+전후 형용사' 의 명사/대명사 전제관습
시동= --- , 그리고, 그 마지막 주지사는 즉 -- 였다.
being=관계현분사의 비제한적 연결영뇌
: 본동사의미-- 동질연결로서 '는 즉 -- 이었다'
→ the last governor[one] 그중 마지막 governor
cf] Bank of Korea governor 한국은행 총재

vs.. DHL : **We know great is in the details.** ⇒ **전제** infml E=the great one ↱details associate
시동=우리는 알고 있다. 훌륭함이란 있는데 즉 하는데 그야말로 꼼꼼히 정성들여 취급하는 데 있다는 것을 말이다 -- **국제 운송 회사 DHL의 광고 문구**
(the=**내부적 지정강조뇌**)

vs.. I know you of old. ⇒ **그냥 관습적** E : of late, --- etc.
시동=나는 알고 있는데 너를 즉 옛날부터 말이다.[=knew -- long ago]

2) 일반형용사 의미와 그 성격

일반형용사 BNW=질 /상태 /수량 /지시 /배분 /의문 /소유 /지정 — 등으로서
형용사 position이며, 주로 질/상태, 즉 성상이다.
— (영어에 대한 기초지식을 알았다면) 생활 속에서의 뜻으로 모두 我必 free 감주로 간직하라.

IIIII.. **Steve Jobs' Standford Commencement Speech**
: I wish that for you, 'Stay hungry. Stay foolish.'

이 때 굶주림은 지식/발전/발명/성공 -- 등에 대한 갈망이고 바보스러움은 외부 영향에 대한 우직함이다. 그런 갈망과 우직함으로서 질 또는 상태이다. (계속해서 머물고 있거라. --으로 말이다.) : She married poor. ⇒ 결혼했을 때 가난했다, 즉 가난한 상태였다.

= **질**: beautiful, clever, good, happy, -- etc.
generous, kind, selfish, mean(비열한), cruel, foolish, rude -- etc.
-- **성격도 일종의 질에 속한다** : Clinton (is) handling criminal. ⇒ 다루고 있는데 범죄적인 성격으로

= **상태**: cold, hot, -- etc. = **질/상태**: new, fat, -- etc.

= **수량**: many, few, much, little, -- etc.
···› 등급형용사=일반적으로 질/상태/수량 형용사
--질/상태 정도, 수량크기 정도를 나타 낼 수 있기 때문이다.

= **지시**: this, that, -- etc.

= **배분**: each, every, either, neither, -- etc. = **의문**: which, what, whose, -- etc.

= **소유**: my, your, its, her, his, our, ---- etc. = **지정**: a/an, the
-- 지시 /배분 /의문 /소유 /지정 형용사는 등급화가 안되는 형용사다.

① 질[상태] 형용사와 양태[정도] 부사 관계

질, 상태일 때는 양태, 정도 부사와 뜻이 비슷하거나 같기 때문에 **SpE** 에서는 부사 쓸 자리에 형용사를 쓰는 경향이 있다. 늘 부사로만 표현하니 재미가 없어 형용사로 두뇌를 작동시킨다. 이게 바로 **언어의 맛이자 언어의 발전**이다.

A.. She walks happy/happily.
⇒ 걷는 게 행복한 상태나 행복하게 걷는 양태나 같다. 즉 상태모습이나 양태모습이나 같다.

B.. He did good. or He did well.
⇒ 잘한 것으로 두고 잘한 질로 표현하나 잘한 정도로 표현하나 같다

C.. Speak loud. or Speak loudly.

→ 같은 상황을 두고 큰 질[상태]로 말하나 큰 정도로 말하나 같다.

: a.. Think[Talk] big. 큰 것을[큰 상태로] or Think[Talk] big. 크게 ※big=adj. or adv.

b.. Lock up tight/tightly. c.. Think positive. (적극적인 자세로) /positively (적극적으로)

② 질[상태] 형용사와 질[상태] 명사 관계

-- 형용사의 질/상태로 state, quality 명사와 일치하는 경우 형용사만 표현하는 경우도 있다

: infml E or **관습적** E

▭ 명사 position

=the act of --, the quality of --, the state of --, a group of, someone/something --, a building --, a substance--, a person --, an animal --, a period --, an instrument --, a music --, 등

A.. Get out from (the) dangerous.

▭ adjective=상태 : infml E noun= state: Get out from (the) danger.

▭ **또는 명사 전제로 이해할 경우** : Get out from the dangerous thing/place.

⇨ **질로 같은 경우(또는 전제로 같은 경우)**

: the true=truth (or the true thing) the good=goodness (or the good thing)

the beautiful=beauty (or the beautiful thing)

B.. Bring out (the) best. 시동=가져 나와라, 가장 좋은 것으로 해서 말이다.

▭ best=**형용사**(infml E)/**명사 -- 전자 ⇒ 질일치 또는 전제로 이해**

cf]get=bring or take 가지고 오는 것[데리고 오는 것]/가지고 가는 것[데리고 가는 것]

C.. Slow and steady wins the race. : **관습적** E

= slowness and steadiness **-- 질 일치로 바로 이해**

또는 the slow and steady effort **-- 명사 전제로 이해** [=steady continuous effort]

D.. I thought it was just a fire practice but apparently it was for real.

▭ for real=**관습적** E ⇒ real=reality (**질 일치**) or the real thing (**전제**)

vs Strong is beautiful. : strong=infml E ⇒ strong=strength or the strong thing

③ 형용사의 밀접주의 기/설 영뇌

— 명사에 더 밀접한 것을 명사 더 가까이 두는 뇌, 즉 덜 밀접한 것을 먼저 표현하는 뇌

A.. the //first /two pages=**전설** ⇨ **설-->기** : EBis-Os

= 관사는 전설 뇌이기 때문에 제일 먼저 작동하고, 순서가 수량보다 덜 밀접하니 먼저 두뇌가 작동한다. cf] President First Lady : **고유명사** [=Madam President]

B.. the[these] //some /tall Koreans=전설 ⇨ 설-->기 : EBis-Os

= 지정/지시는 전설 뇌이기 때문에 제일 먼저 작동하고, 수량이 성상보다 덜 밀접하니 먼저 두뇌가 작동한다.

C.. a //nice /new apartment=전설 ⇨ 설-->기 : EBis-Os

= 다 같이 성상일 때는 개념(opinion)이 사실(fact)보다 덜 밀접하니 먼저 두뇌를 작동시킨다.

: It is delicious salty soup. This is an intelligent[interesting] young schoolboy.

-- 개념은 상대적 판단이고 사실은 절대적 판단이다.

D.. a //beautiful /large round /wooden table=전설 ⇨ 설/설-->기 : EBis-Os

= 개념이 사실보다,

사실 중 크기가 모양보다, 모양이 재료보다 덜 밀접하니 먼저 두뇌를 작동시킨다.

E.. the ///five //small round /new black /Korean wooden tea tables

= 수량이 사실보다,

사실 중 크기가 모양보다, 모양이 신구색깔보다

신구색깔이 출처재료보다, 출처재료가, 용도명사(복합명사 구성)보다 덜 밀접하니 먼저 두뇌를 작동시킨다.

영뇌=대전설 ⇨ 소전설⇨ 설/설-->기 : EBis-Os

A Quick Note

하지만 신구색깔과 출처재료는 표현자가 더 밀접시키고자하는 마음에 달려 있다.

: The hard-and-fast rule(절대원칙) cannot be given.

그런데, 복합명사일 경우 명사가 가장 밀접하다.

This is a tea wooden table. : not ok ⇨ This is a wooden tea table. : ok

vegetable hot soup. : not ok ⇨ hot vegetable soup. : ok

이렇게 밀접도가 다르면 comma/and를 사용하지 않는다.

하지만, 밀접도가 같은 것은 and 또는 comma를 사용

: a wooden and metal product a black and white dress

vs a black, white dress : infml E

셋 이상일 때는 Standard WrE에서는 마지막에 and/or를 붙인다. 좋은 글이 되기 때문이다.

: a red, white and green flag

vs a red and white and green flag : infml E

/a red, white, green flag : infml E

cf] Did you order coffee, tea or milk? : WrE
vs Did you order coffee or tea or milk? : infml E

관사가 전설 뇌로 작동하지 않는 관습적 E
: 'how/too/so/as + 형용사' 로 보통 쓰던 습관 때문이다.

a.. How beautiful a voice she has!

b.. He is too good a boy to tell a lie. → 관습적 뇌는 Formal E가 된다.
=The boy is too good to tell a lie. -- **보통표현**

c.. Why did you wear so formal a suit to go on a picnic?
=Why did you wear such a formal suit to go on a picnic? -- **보통표현**

d.. I have as good a watch as he has.

뜻 관계로 밀접도를 판단하라. IIIII.. Wounded men, 3 at the corner.[=3 Wounded men at the corner.]

IIIII.. We sold anemic 5 pizzas. [anemic=형용부사 : He is different shy. 남달리]
— 빈혈을 일으키는 피자가 아니다. 그래서, 수량을 나중에 표현[≠5 anemic pizzas]한 것이다.
시동=팔았는 데 머리가 빙돌정도로 다섯판을 팔았다/팔았는 데 머리가 빙돌겠다. 다섯판을 팔았으니까 : Midnight five day curfew. 밤 12시 5일간 야간 통해 금지
↳명사부사

anemic=adj. 잘 보이지 않은 것으로서 빈혈인 것/무기력한 것
[an: 아닌 것 (or a: '애~ 아닌데' 로서 not) e: eyes vs 어원분석=an: not]

↗ 이해는 (언어에 대한 basics를 알았디면) 최종적으로 단어의 최종적인 뜻인 감주로 이해한다.

④ 등급 형용사 (gradable adj.)

질/상태/수량 의미로서 정도의미가 가능한 형용사 — positive /comparative /superlative로 등급정도를 나타낸다.
vs 비등급 형용사[non-gradable adj.] → nuclear, daily, medical, unique, main —— etc.
그외 지시 /배분 /의문 /소유 /지정 형용사 — 등등

주의] 최상급 단어는 크고 작은 정도의 문제이지 강조말은 아니다. 'the tallest' 에서 강조말은 정관사이다. 정관사=보통/강조 의미

I'm tall,
but my mother is taller,
my father is, however, the tallest.

↗ 이때 강조소리=디-/디이
※the=내부적 지정 강조 : 그야 말로
(vs 외부적 지정 보통 : 그/이/저
vs 외부적 지정 강조 : **그/이/저**)

I'm very tall, but my father is much taller.

✠ very=매우로서 그냥 강조 (giving force) 그래서 원급강조 -- StE
✠ much=훨씬로서 강조, 그래서 비교급 강조 -- StE ➾ 이때 very/much=강조부사

caution] much=많이로서 정도, 정도부사로서 긍정문 원급에 사용시 -- infml E
I am much tall. : infml E vs I was not so much angry as sad. : **관습적** E (**부정문**)
"Is British culture much different from ours?" : **관습적** E (**의문문**)

☆ 규칙 비교 (Regular comparisons) :

우등비교 ···› 우등단어 er/est, more/most 열등비교 ···› 열등단어 less/least
비교선택 ···› 선택단어 more/rather를 사용한다. 여기서 우등비교 외는 음절을 따지지 않는다.

I 우등비교 :

A.. 일반적으로 일음절 형용사는 er/est를 붙인다. (er/est=접미단어)

er=[er: 어>더 더한 것으로서 더 — 한 것]
est=[st: superlative 최상의 것으로서 가장/최고로 — 한 것]

• darker/darkest, taller/tallest, shorter/shortest, greater/greatest, deader/deadest, etc.
• wide → wider/widest, brave → braver/bravest, -- etc.
: e로 끝나면 r/st만 붙인다. ∵ 왜냐하면 소리가 가장 자연스럽게 나기 때문이다.

• thin → thinner/thinnest, hot → hotter/hottest, big → bigger/biggest -- etc.
: 단모음+단자음이면 자음을 하나 더 첨가시켜 er/est를 붙인다. lagged도 같은 현상이다.

∵ 왜냐하면 소리가 가장 자연스럽게 나기 때문이다.
앞 n=고음[accent]을 내게 하는 역할 뒷 n='자음+모음'으로 음을 형성시키는 역할
: **영어의 받침은 한글과 다르다.** 영어의 받침은 초성과 중성을 강하게 하고, 한글은 그냥 받침 역할만 할 뿐이다. 그래서 사람에 따라 book을 `부ㅋ, 또는 `부크라고 한다.

Exceptions : 일음절 단어이더라도 more/most를 취하는 형용사
The film made the story seem more real. → real, right, wrong, etc.
단, stricter/more strict strictest/most strict

B.. 이음절 또는 그 이상 형용사는 more/most를 사용한다.

more=[m: much or: er 더 많은 것으로서 더 — 한 것 ‹··· or = 라틴어 비교급 철자]
most=[m: much st: superlative or ost: est 가장 많은 것으로서 가장/최고로 — 한 것]

• more/most careful, more/most stupid, more/most doubtful, more/most cautious, more/most obscure, -- etc.
• more beautiful /most beautiful, more interested /most interested, more frightening /most frightening, -- etc.

단, er, ow, y (or ly), or – some으로 끝나는 이음절 형용사는 er/est를 붙인다.

⇒ **clever** → cleverer/cleverest[also, more/most clever] **narrow** → narrower/narrowest

⇒ **pretty** → prettier/prettiest **friendly** → friendlier/friendliest

⇒ **sorry** → sorrier /sorriest **deadly** → deadlier /deadliest

(Note y changes to i. or Note that y becomes i. : y=반모음)

⇒ **handsome** → handsomer/handsomest

tip)음절수=실제발음 모음 수로 결정 : 미발음 모음 철자는 미포함 — e=조율음으로서 미발음

: **noble** → nobler/noblest **humble** → humbler/humblest **wide** → wider/widest

2 **열등비교 :**

열등비교는 음절수 관계없이 원급에 less/least 열등단어를 사용한다.

less=[s: smaller 더 적은 것으로서 보다 덜 — 한 것]
least=[st: smallest 가장 적은 것으로서 가장/최고로 덜 — 한 것]

a.. It was cold in the house, but it was less cold than outside.

b.. Motels are usually less expensive than hotels.

c.. The subway is the least expensive way to get to New York.

d.. Tom is less tall than Mary. 뜻하는 의미=Tom is not so/as tall as Mary.

e.. It's less expensive. ⇒ 덜 비싸다 -- 뜻하는 의미=It's cheaper.

vs It's less cheap. ⇒ 덜 싸다 -- 뜻하는 의미=It's more expensive.

싼 것과 비교해서 덜 싸니, 결국은 싼 물건보다 좀 더 비싸다는 말이다.

: less dark (어두운 것보다) 덜 어둡다=brighter vs darker 더 어둡다

cf] You could get one cheaper[more cheaply] secondhand.

Now that our system's computerized, we hope there will be less problems than before. 더 적은 문제들 뜻하는 의미=not so many /fewer 더 적은 수의

We eat less meat. 더 적은 양의 고기: 형용사 (a smaller amount)

뜻하는 의미=그렇게 많은 양의 고기를 먹지 않는다(not so much)

vs **전치사** : a year less two days 일년인데 모자라는[덜 되는] 이틀 모자라는[덜 되는] 일년

the regular price less[=minus] a discount *less=**부사/형용사/전치사**

caution] colder/coldest : 추운 쪽으로 더 해지나 우등이 된다. 즉 추운 것이 더 우세[강세]가 된다는 의미이니 열등의미는 아니다.

3 **(비교) 선택 :** (비교) 선택도 음절수에 관계없이 more/rather 선택단어와 함께 사용한다. 우등비교가 아니라 단어자체의 (비교) 선택이기 때문이다.

more=[mo: move로서 방향 re: er 더 — 한 쪽으로서 오히려 더 — 한 쪽]
rather=[th: this er: er 더 이쪽인 것으로서 오히려 더 — 한 쪽]

a.. Tom is more clever than wise.
인데 오히려 더 clever한 쪽이다. 하다기 보다 wise하다기 보다 말이다.
: The Federal Reserve is more likely to ease than tighten interest rate again.
시동=오히려 더 가능성이 높은데 즉 안정되게 운용할 가능성이 더 높다. 보다[하지 않고], 타이트하게 운용 하기보다[하지않고] (이자율을 또다시) 말이다.

b.. I was more sad than angry. 이었는데 오히려 더 슬픈 쪽이었다.
=I was sad rather than angry. 나는 슬펐는데 오히려 더 슬픈 쪽이었다. 보다 화가 났다기보다 말이다/나는 슬펐다. 오히려 보다 화가 났다기보다 말이다.
뜻하는 의미=I was not so much angry as sad.

A Quick Note
not so much A as B
=하지 않는데 그(런) 정도로[그렇게 많이] A하지는 않다. 즉 B만큼이나 말이다.
뜻하는 의미= A라기보다 차라리 B이다/하다.

rather=오히려 더 -- 한 것(to a greater degree)
/좀[다소/어느 정도] -- 하는 편 : It is rather cold today. (to some degree)
[a: a little th: this/than er: er
더 이쪽인 것으로서 오히려 더 — 한 쪽인 것
/적은 것보다 좀 더 한 것으로서 비교적 좀되는 것[다소/어느 정도]
∴ rather=선택의미/크기의미]
more=비교의미 (더 -- 한 것) /선택의미 (오히려 더 -- 한 쪽인 것)
/정도의미 (더 많은 것) (more cars) /추가의미 (더) (two more letters)

plus-1] 통일비교는 2음절 이상 단어와 섞여 있을 시 일음절 단어도 more/most로 통일하는 것 : WrE — 문맥이 좋기 때문이다.

a.. Women are more charitable, more kind, more sensitive than men (are). (***not kinder***)
b.. Keiko is the most innocent, kind and beautiful person I've ever seen. (***not kindest***)
c.. The most serious and grave threat ever! (***not gravest***)
-- 이렇게 써야 좋은 글로 인정받는다. 일관성이 있기 때문이다.

하지만 **infml E**로 각각 등급 정도를 표현해도 좋다 : Women are more charitable, kinder, more sensitive than men (are). Keiko is the most innocent, kindest and most beautiful person I've ever seen. The most serious and gravest threat ever!

plus-2] more/most/less/least가 명사에 쓰이면 비교의미가 되는 것이 아니라, 정도의미가 된다. 즉 많고 적음의 정도를 나타낸다.

a.. 'More bad news on your poll, dad.' 'Yes, Calvin. That's certainly food for thought.'
b.. Now that our system's computerized, we hope there will be less problems than before.

More /bad news=설-->기 : 더 많은 나쁜 소식[≠worse news] **최초 의군=bad news**
food for thought=거리인데 즉 생각거리 <-- 음식인데 즉 생각해봐야 할 음식

☘ 불규칙 비교(Irregular comparisons) tip)문법으로만 간직하지 말고 (생활 속에서의 뜻으로) free 감주로 간직하라.

little → less/least : least food/feet : 양/크기 개념 cf] **few → fewer/fewest: fewest jobs : 수 개념**
little=[tt>t: tit 젖꼭지처럼 작은 것으로서 적은 것] : **리틀/리들**=slide F : 비단타와 d단타
few=[f: fly 조각조각 나는 것처럼 적은 수인 것] **tip) less=양/크기/추감 개념 vs little=양/크기**
tip) < : less[smaller] than ⇒ 부등호를 읽는데 fewer를 써지 못하는 것은 fewer는 많고 적은 수개념이고 부등호는 크고 작은 크기개념이기 때문이다. ※양/크기/수=amount/size/number

bad/ill → worse/worst : Grexit is the worst bad option. ➾ **밑줄부분=최초의군**
worse=[w: 꼬이는 모습 or>er:더 더 꼬이는 것으로서 더 나쁜 것]
worst=[w: 꼬이는 모습 orst>est: 최고로 꼬이는 것으로서 가장/아주 나쁜 것]

good (**well**: 부사) → **better/best** : **베터/베더/베러**=slide F : 비단타와 d, r단타 **베스트/베스**=slide F : 비폐쇄와 폐쇄
better=[be>bene: good/well er: 더 더 좋은 것[잘하는 것]으로서 더 좋은/나은 것[더 잘]]
best=[be>bene: good/well st: superlative **be=bene**의 준말(b: 보이는 것 n: no+not)
가장 좋은 것[잘하는 것]으로서 가장 좋은/최고인 것[가장 잘]]
bene=no로 안보이는 것으로서 좋은 것(good) /못하는 것으로 안 보이는 것으로서 잘 하는 것(well)

many/much → more/most : **모우스트/모우스**=slide F : 비폐쇄와 폐쇄와 u감정음가 첨가
more=[m: many/much or /re:er 더 많은 것으로서 더 -- 한 것]
most=[m: many/much st: superlative 가장 많은 것으로서 가장/최고로 -- 한 것]
: Doug Jones wins in the most Republican state, Alabama. 가장 많은 공화 당원주
many=[m: 많은 것 n: number 수의 크기로서 많은 것]
much=[m: 많은 것 u: amount/그릇모양 양의 크기로서 많은 것]

far (거리/정도) → **farther/farthest** : **distance** ⇒ 거리 ☞ **p503**
further/furthest : **distance, degree or addition [extra].** ⇒ 거리/정도/추가

old → older/oldest : age 나이개념 (of people and things)   *old=나이가 든/늙은/낡은/오래된
: a 9-week-old baby
오울드/오울=slide F
: 비폐쇄와 폐쇄, u감정음가 첨가

elder/eldest : seniority 손위개념 (of people only)

late → later(더 늦은) /latest (가장 늦은, 최근의) : 시간개념

ex] Please be here by 9 o'clock at the latest. (≒at the earliest)

the latest news 최근의 뉴스 (=newest, most recent)

late → latter/last : 순서개념 : 라-스트/라-스=retro-root F : 비폐쇄와 폐쇄

ex] a late bus 늦게 다니는 차로서 막차 (toward the end of a certain time)

the latter half of the program 후반부

→ 순서상 끝무렵[끝부분]인 것으로서 늦는 것/후반 [t: toward/part e: end]

the last news 마지막 뉴스 (=final) → 줄끝으로서 마지막인 것 [l: line t: tip 끝]

vs I had my hair cut last week. [=this past week/in the past week/in the last week]

→ 시간상 가장 최근의 것으로서 바로 지난 /지난 [l: latest t: time]

vs the events of the past year   for[during/in] the past few days

→ 시간이 통과한 것으로서 지난/과거 [p: passed t: time]

: 최근 것도 되고 더 지난 것도 되니 전자 뜻일 때 last와 같다.

-- 구시 과거 며칠 동안[중에 지난 며칠 중에/사이 지난 며칠 사이]

cf] 숫자=기수/서수[infml E] 의미 ※서수 BAM=기수+th → t: turn 순서 or h: 서 있는 모습으로서 순서

↳ HK celebrates 50 million person. → 5천만 번 사람으로서 5천만 번째 사람

→ person=단수 단독표현이니 서수의미 → 기수라면 복수명사가 돼야 한다.

: (a) 3 person : 3번 사람으로서 세 번째 사람

vs 3 persons : 세 사람   vs (a) 3rd person : 세 번째 사람

tip) 4 July=July 4   July fourth=July the fourth=the fourth of July
cf]in early/middle[mid-]/late July vs early/late in July (early/late=형용사/부사)

3) 일반형용사 영뇌와 일반부사 영뇌

IIIII .. 품사 관계는 토익 문제에서 많이 출제되는 문제이다. 표현이 확실히 눈에 들어 오려면 품사 관계를 알아야 한다. (품사=word position/word class/parts of speech/types of word)

① 부사는 일반적으로 형용사를 설명해 주는 뇌

IIIII .. It is now safe to switch off your computer. → now /safe=설→ 기 : 지금이 안전한 것

vs Your son is old enough.

→ 단, enough는 설명해 나가는 뇌: old /enough=기→ 설 : 나이가 찼는데 충분히 찬 것

: Romney seems like a nice enough guy. : 좋은 데 충분히 좋은 녀석

☞.. **이해는 (언어에 대한 basics를 알았디면) 최종적으로 단어의 최종적인 뜻인 감주로 이해한다.**

cf] Better by far or By far better.

더 좋은 데 정도가 훨씬[확실히/단연코] 더 좋은 것 /정도가 훨씬[확실히/단연코] 더 좋은 것

by far=부사의군으로서 부사의미다 할지라도 **전치사로 문맥을 연결시키기** 때문에

문맥에 따라 설가뇌 또는 설주뇌 가능

*far=먼 정도로서 훨씬 큰 것, 훨씬 큰 것으로서 확실히[단연코]

② 강조부사 very, 정도부사 much와 원급형용사 관계

very=매우로서 그냥 강조=BNW -- 그래서 원급 형용사(원급 부사) 강조 : **StE/WrE**

단, 원급 형용사와 의율이 되어 긍정문에서 much[a lot]로 쓸 경우 : **infml E/SpE**

이때 **much**=많이로서 정도 부사 -- 원급 형용사에 동사처럼 많은 정도를 나타낸다.

IIIII .. **very happy (very fast) : ok in the WrE** 시동=매우 행복하다.

vs much happy : not ok in the WrE but ok in the Infml E 시동=많이 행복하다.

[=a lot happy]

→ a.. He is much[very] good at English. 시동=많이 좋아졌다: 설명현재 /매우 잘 한다.

b.. I' m not much good at knitting. : **관습적** E 시동=많이 좋아지지 않았다.

(뜻하는 의미=do not do it very well) cf] so much happy ⇒ infml E/SpE

c.. This is much[a lot/very/so] different from[than/to] yours.

시동=많이 다르다[매우/정말로] 다르다. 기자[차자/대자]

너의 것과 비교해서 말이다.

(from=**출처비교 대상 : 基者** than=**차등비교 대상 : 差者** to=**방향비교 대상 : 對者**)

vs "Is British culture much different from ours?"

"No, it isn' t much different."

I am not much tall. 시동=많이 크지 않다.

She was not so much nervous as impatient for the journey to be over.

시동=그렇게 많이 신경질을 부리지 않았다, 즉 조바심을 내는 만큼이나 말이다.

Longman에서는 **오히려** questions (**의문문**)과 negative sentences (**부정문**)에서는 의율이 될경우 **관습적[습관적] English**로 much 사용을 더 권장하고 있다.

d.. We were very afraid that we would miss the flight. : ok　　시동=매우 두려워 했다.

vs We were much afraid that we would miss the flight.　시동=많이 두려워 했다.

: not ok as WrE but ok as infml E

e.. I' m very aware of the problems. -- StE /WrE

vs I' m very much aware of the problems. -- Infml E /SpE

시동=매우 vs 매우 많이

afraid형 형용사에도 very가 StE이다

그래서, Longman Common Errors라는 책에서는 **afraid형 형용사**에 much를 쓰면 틀린 영어로 간주하고 있다. 하지만 우리나라 참고서들은 거꾸로 설명하고 있다. afraid형 형용사에 much를 써야 한다고 주장하고 있다 : 구문법의 blunder

afraid형 : alike, ashamed, -- etc.　　**※StE=WrE=관습적 E**

f.. This is a very[too] exciting book.　This book is very[too] interesting.

I am very tired.　They are absorbed in a very exciting game.

He is a very celebrated scholar.　He is a very learned man.

"Are you tired?"　"No, not very."

분사 형용사[자동 형용사]=일종의 원급형용사로서 very를 쓸 경우 : **StE /WrE**

단, 자동과분사로서 동사성격으로 생각하여 much를 쓸 경우 : **infml E /SpE**

He is much interested in the project. : **Webster Dictionary**

g.. They were very/much(infml) excited at the game.　시동=매우/많이 흥분했다

vs They were much excited by the game.　시동=많이 흥분을 받았다

···› excited=피동과분사로서 동사

-- 동사의 크기는 정도 크기의 문제이므로 정도부사 much와 의율이 되지, very와 의율이 되지 않는다 : **StE /WrE**

(**at=바로 대상으로서 즉/직자 -- 보고서**

by=원인행위 실체로서 행자(行者) -- 에 의해서)

: 1.. They were much pleased by the compliment.　시동=많은 기쁨을 받았다

2.. This is a much discussed issue.　시동=많이 논의되는　뜻하는 의미= often

3.. Brian's become a much changed person since his car accident.

시동=많이 변화된　뜻하는 의미= greatly

③ 강조부사 too와 원급형용사 관계

✠ too=over over로서 너무나(BNW) /very very[tallest]로서 아주(EM) : **원급 강조**

a.. too happy　시동=너무나 행복하다　cf]too fast : **원급부사**

b.. Thanks for all your help – you' re too kind!　시동=아주 친절했어!

cf]extreme=많은 것을 능가하는 것으로서 (아주) 지나친/극도의/극단적인 것 [ex: out　m: many]

: It' s an 'extreme vetting'.　They' re in a state of extreme poverty.

It is extremely hot/cold in here. 극도로/굉장히/지나치게

④ 강조 또는 정도 부사 much 용법

✠ **much**=정말로[훨씬]으로서 강조부사 /많이로서 정도부사 (정말로=최상급/too 강조　훨씬=비교급 강조)

cf] **very**=그냥 '매우' 로서 순수[보통] 강조 -- **BNW**

즉, too 강조 /(비수) 비교급 강조

또는 (의율이 될 경우) 원급 정도(**infml E : 긍정문**) /동사 정도 /전치사 정도를 나타냄

A Quick Note

동사/전치사는 강조보다 많음의 다소 문제이므로 정도 의미로 의율이 된다.

⇒ **동사**=원동사 /과동사 /현동사 /과분사 /현분사 /to부정사 /동명사

BNW=그릇에 많이 담은 것으로 양으로서 많은 것 [m: 많은 것　u: 그릇(모양)]

many=(수) 비교급 강조

: 지게에 많이 실은 것으로 수로서 많은 것 [m: 많은 것　y: 지게(모양)]

단, far, a lot=비수/수 비교급 모두 강조

a.. much too happy　시동=정말로 너무나 --> **infml E/SpE** : too much happy　시동=너무나 많이

much too fast : ok　　↳ **정도부사**

시동=정말로 너무나 : The English course was much[far] too difficult for me.

*course=과정으로서 과목

b.. Gold is much softer than copper.　시동=훨씬 더 부드럽다

There's much more traffic on weekdays. -- **비수 비교급 강조**

-- **여기서** more=much**의 비교급으로서 비수 형용사**

vs Many more Americans than ever before are finishing high school and college.

There have been many fewer burglaries this year. -- **수 비교급 강조**

시동=훨씬 더 적은 수의 *more=many의 비교급으로서 수 형용사　high school/college 고학/대학

vs far more traffic /far more Americans -- **비수/수 비교급 강조**

c.. I very much hope you' ll be able to come. He so much read the book. 시동=정말로 많이
Nowadays he is so much reading books. [= --- books so much.]

과동사의 so much한 정도나 현분사의 so much한 정도나 다 같이 동사의 정도크기이다. 그래서 현분사에도 much를 쓰는 것이지 very가 아니다.
very로 쓴 책들은 잘못된 참고서들이다.

Their services are very much[greatly] appreciated by the hospital management.
His word is much admired. You haven' t said much. ···› pronoun/adv.
cf] She was very nearly killed! 시동=정말로 거의 (죽을 뻔 했다!)
-- 최종적으로는 very가 아니라, 정도의미 nearly가 과분사를 설명해 주는 뇌
⇒ **very의 nearly 설가뇌 ※very=매우/정말로(EM)**

d.. Although he was very much in love with Marianne, he wanted to marry a rich heiress.
▭ in=속에 있는 것으로서 빠져 있는 것
Much to my surprise, he was found dead.
She had gained five pounds, much to her chagrin. [=to her great chagrin]
시동=많이 대자 내가 놀랍게도 그는 발견되었다. 죽은 채로 말이다. /많이 대자 자기가 분해도
[=I was very surprised that he ---.] ▭ was=과거 동질연결로서 '는'

These proposals are very much in keeping with the President' s own ideas.
시동=매우 많은 역할을 하고 있다. 지켜주는 데[간직하는 데], 동자[동체] -- 를 말이다.
/매우 많이 내동 지키는 역할을 하고 있다.
▭ in=들어가는 것으로서 하는 것, 즉 입작동으로서 역할하는 것
/입작동 대상이 동사인 것으로서 내동 -- 하는 역할
with=동존대상으로서 동자[동체(同體)] -- 를

✠ much=많은 정도와 그냥 정도의미[EM]

: • I was not in the least surprised ; I had expected as much.
시동=나는 하지 않았는 데, 내에서도 그야말로 가장 최소량의 범위 내에서도 놀라지 않았다.
왜냐하면 나는 이미 가지고 있었기 때문이다. 기대한 사실인데 그와 같은 정도로 말이다.
뜻하는 의미=전혀 조금도 놀라지 않았다. ＊was=발생으로서 '했다' 는 것

• I was not so much angry as sad. 시동=나는 하지 않았어요, 즉 그런 정도로[그렇게 많이] 화내지 않았어요, 즉 sad만큼이나 말이다.
···› **따라서**, much=강조로서 훨씬[정말로] /정도로서 많이[정도] -- 4가지 뜻

richer=더 부자라는 말은 누구보다 더 많다는 말

IIIII .. **기타 비교급 강조부사** tip)비교급 단어는 많고 적음의 문제이므로 much와 의율 : 매우(very)와 no 의율

: **a lot / still /(by) far /even /a good[great] deal] /way /plenty** (a lot, a good[great] deal=명부)

It was better by far to be clear-headed.(=far better) The tickets were way more expensive.

Buckle up! This economic doomsayer sees plenty more volatility.

시동=그것은 더 좋아 졌는데 정도가 훨씬 더 좋아졌다. 대동 하니까 즉 머리를 깨끗이 하니까 말이다.

clear-headed=adj. showing clear understanding ; not confused

way=방향강조로서 뒷말 의미 방향대로 강조 ☞ **영뇌영어** vol 2 p368

IIIII .. **최상급으로 표현된 명사 영뇌의군을 강조하는 강조부사**

— 부사가 명사 설명시 관사 앞에 위치, 그래서 최상급만 강조하는 것이 아니다.

: **much, by far, far, far[out] and away, quite** 단, much, by far, far는 비교급도 강조함

⇒ much //the /same =전설 ⇨ 설—›기

-- 이런 표현과 같다 시동=많이 그것과 같다 뜻하는 의미=거의 그것과 같다

a.. This is much the worst stretch of freeway in the country.

⇒ much //the /worst stretch=전설 ⇨ 설—›기 : EBis-Os

시동=정말로 그야말로 최악으로 쭉 뻗은 (freeway이다)

＊ freeway(AmE)=toll-free highway 무료 대로

/motorway(BrE)=자동차대로 expressway/highway=고속도로

b.. This is by far the best method.

⇒ by far //the /best method =전설 ⇨ 설—›기 : EBis-Os

시동=정도가 정말로 그야말로 최상의 방법이다.

c.. This is quite/far the most expensive bicycle in the shop.

시동=정말로 그야말로 가장 값 비싼 자전거 ＊quite=완전히[아주] 강조로서 정말로

d.. They are far[out] and away the best[stupidest] students in the class.

⇒ far[out] and away //the /best[stupidest] students=전설 ⇨ 설—›기 : EBis-Os

시동=정말로 정말로 그야말로 최고의[가장 어리석은/우둔한] 학생들

cf] I want to give my children the very best education I can afford.

very=형용사로서 최상급으로 표현된 명사 영뇌의군을 강조로 설명해 주는 뇌이지,

일반부사 영뇌가 아니다.

the //very /best education =전설 ⇨ 설—›기 : EBis-Os

시동=그야말로 정말로 최상의 교육[=much the best education]

: the very book=바로 그 책/그야말로 정말로 좋은 책 ❖ **very=adj.**

• **수 개념(numbers)과 양 개념(amounts) 단어**

수 개념 : a few[many /a great many] friends

양 개념 : a bit of [a little /much /a great deal] money   cf] a bit + 형용사/부사 : a bit tired[slowly]

수/양의 개념 : far /some /any /no /lots of /a lot of /plenty of

ex] far [many/a lot] more eggs   far [much/a lot] more butter

plus-1 ✠ **no와 not의 차이** (no=노우/노=slide F/post 점형 F : 단모음화[즉 '오' 지배음가]=더 빠른 리듬) ↱ 즉 ou의 o단모음화

no=[n: not o: ok/one or o〉a: any(=even the smallest amount or number)]

=ok/one/any가 아닌 것으로서 (정도) **강조부정**[=not ok /not one /not any]

-- 노우 : not ok //하나도[전혀] 없는 것 : 무 //조금도 없는 것[아닌 것] : 무[불/비]

vs not=[n: negative]=negative로서 (정도) **그냥부정** : 없는 것[아닌 것]

그래서, unrefundable (환불 불가) 보다 nonrefundable (환불 불가능)이 더 강하고, 대답할 때 분명히 yes, no로 쓰는 것이다.

||||| .. **I' m no happy.** 전혀[조금도] 행복하지 않다. [=not -- at all]

No time to buy with both fists. 결코 때가 아니다: 불(不)/비(非) //전혀 시간이 없다: 무(無)

He has no book. 가지고 있는 데 무(無)책을 가지고 있다 /가지고 있는 데 책이 단 한 권도 없는 것 [전혀 없는 것]을 말이다 ⇐ ∵ **book=단수**

He has no books. 가지고 있는 데 책이 조금도 없는 것을 --- . ⇐ ∵ **books=복수**

vs I' m not happy. 않은데 행복하지 않다. (나ㅌ/나ㅌ//노ㅌ/노ㅌ=post 점형/slide F: 감정/철자 음가)

He has not a book. 없는 데 (보통 의미로) 책이 한 권도 없다는 것

➾ 그래서, '책이 **한 권도** 없다' 고 강조하려면 (단수를 써서) no를 써야 한다. **주의하라.**

*any (조금도/어떠한) /no /some (약간의/어떤) + **단수/복수 명사**

.. 이해는 (언어에 대한 basics를 알았디면) 최종적으로 단어의 최종적인 뜻인 감주로 이해한다.

plus-2 ✠ **자동과분사 vs 자동현분사**

전자=영향을 받아 스스로 일어나는[발생하는] 것

후자=(영향을 받지 않고) 스스로 발생시키는 것

⇒ 사람에 따라 둘다 동사 또는 형용사로 취급 ⇒ much(**SpE/infml**)/very(**WrE/StE**)와 의율

***자동과분사**=자동사의 자동과분사(gone)와 타동사의 자동과분사(done)

***형용사일 경우**=동사[분사] 형용사로서 자동형용사

a.. **I' m finished.** 시동=나는 끝났어요.

⇒ 이 때 '끝났어' 라는 의미는 자기가 일을 다했기 때문에 스스로 일어나는 결과이다.

이 때는 일종의 원급 형용사라 할지라도 very와 비의율 : completely/much와 의율 루울이 용법을 결정하는 것이 아니라, 뜻이 용법이 되니 항상 뜻 관계로 표현하면 된다.
: 판단기준=언제나 기/설 ※ 우리말 '끝났어' =자동형용사의미 /자동[능동]의미

: I' m **done**. I' m **surprised**. I' m **disappointed**. Which is the most **liked** brand?
Sighted people should look out when they meet a person with a guide dog.
시동=나는 다했어요[놀랐어요/실망했어요] /정말로 가장 좋아하는 /보이는 사람들

vs I have **finished** the work.
The work is **finished** by him. This brand is **liked** by people.
시동=(생겼는데) 끝내지는 일이 생겼다/(졌는데/은) 끝내 졌다 /인데 선호받는다

b.. Roz is **disappointed** because the film is **disappointing**. 시동=실망(감)을 주는 것으로서 실망스럽거나 실망적인 것
"Patrick always talks about the same things. He's really boring."

사람에게는 자동현분사[현분사형 형용사]를 못 쓴다고 하는 구문법은 잘못이다.
boring=지루함을 주는 것으로서 지겨운 것 **interesting**=무언가 흥미를 발생시키는 것으로서 흥미로운 것
The students in my English class are very interesting. Henry is Chinese. He's from Shanghai. Natasha is Russian. She's from Leningrad. George is Greek. He's from Athens. Nicole is French. She's from Paris. Mr. and Mrs. Sato are Japanese. They're from Tokyo.
tip) interesting=일반현분사 ⇒ 흥미[관심]를 끌고 있다 : 진행의미 **자동현분사**=much **interesting** : infml E/SpE

plus-3 ✠ no more/less than vs not more/less than의 본래[원래] 의미[BNW]

a.. **No more than five people applied for the job.**
시동=추가가 전혀 없는데 보다[차자] 다섯명보다 더 추가가 전혀 없는 인원이 신청했어요.
There were not more than a hundred people at the rally.
시동=있었는 데 더 많지 않은, 보다[차자] 백명보다 더 많지 않은 사람들이 있었다.

no more than=더 추가가 전혀 없는 데, 보다 더 추가가 전혀 없는 것 ⇐ **여기서 no**=not one
뜻하는 의미[IM]=오로지 그것뿐인=only
more=더 extra시키는 것으로서 **추가개념** (an additional number or amount)
[or: er e: extra] -- no more=전혀 없는 데 더 추가할 게 전혀 없는 것
: No more (of) accomplices. **시동**=더 이상 공모자/공범자는 전혀 없다.
I have to write two more letters this morning. **시동**=두장 더
(=besides those already written) cf]비교[차등] 의미로서 더 : more beautiful

not more than =더 많지 않는데 보다 더 많지 않는 것
뜻하는 의미[IM]=많아야/조금 적을지도 모르는 것 (=at most /probably fewer than a hundred people)
more=더 많다는 것으로서 크기개념(a larger number or amount)
[m: many or: er] -- not more=아닌 데 더 많지 않는 것
: There are more cars on the roads in summer than in winter.

↱ than 자체에는 fewer도 가능하나 부등호를 읽는데는 fewer를 쓸 수 없다. ∵ < =크고 작은 크기개념

b.. No less than a thousand people came. [=No fewer than : 전혀 더 적은 수가 아닌 것=수개념]
시동=더 추감이 전혀 없는데 보다[차자] 천명보다 더 추감이 전혀 없는 인원이 왔어요.
There were not less than a thousand people there.
시동=있었는데 더 적지 않은, 보다[차자] 천명보다 더 적지 않은 사람들이 거기에 있었다.

no less than=더 추감이 전혀 없는데 보다 더 추감이 전혀 없는 것 ⇐ 여기서 no=not one
뜻하는 의미[IM]=만큼되는 것 (as many/much as ⋯ many/much=그냥 '정도' 의미
⋯ as many/much=같은 정도로서 만큼되는 것/동수인 것/동량인 것)
less=더 감소시키는 것으로서 추감개념 : the regular price less[=minus] a discount
[es: er s: subtraction] -- no less=전혀 없는 데 더 추감할 게 전혀 없는 것

not less than=않은데 더 작지 않은데 보다 더 작지 않은 것[더 작을 수 없는 것]
뜻하는 의미[IM]=적어도/최소한 (=at least)
less=더 작다는 것으로서 크기개념 [s: smaller] -- not less=아닌 데 더 작지 않은 것

tip) less를 C의미 명사에 쓸 수 있는 것은 추감 또는 크기 개념이 있기 때문이다. 이때는 양개념이 아니다.

plus-4 ✠ A is no more[less] B than C is의 C 전제상황

a.. A whale is no more a fish than a horse is.
b.. A whale is no less a mammal than a horse is.

A is no more B than C is : (C에게) 아닌 상황 전제
-- 말이 고기가 아니라는 사실은 모두 알고 있음 more=차등비유로서 더
= A가 조금도 더 B인 것은 아니다. 보다 C가 그런 것[B아닌 것]보다 말이다.
⇒ 아닌 상황 전제, 즉 C에 대해 아닌 것으로 누구나 다 알고 있는 상황이지, not이 생략된 것은 아니다. 그래서, C is 뒤에 not을 붙이면 오히려 틀린 표현이 된다.
[=A whale is not a fish any more than a horse is.]
: He can no more fly than he can swim.
They are not of the world any more than I am (of the world).
tip] no more/no less가 추가/추감 일때 no=not one, 비유 일때 no=not any

시동=그는[그에게] 가능성이 조금도 더 있는 것은 아니다. 나는 것인데[이], 보다[차자] 그이의 가능성, 즉 그이의 수영 가능성보다 말이다. /그대 들도 없는데, 즉 세상에 속하는 게 조금도 더 없다. 보다[차자] 내가 그러한 것(내가 즉 세상에 속하는 것)보다 말이다[보다/차자 나의 관계, 즉 나의 세상관계보다 말이다].

＊그 사람이 수영못하는 것은 이미 다 알고 있다. they=12 제자

뜻하는 의미=조금도 더 관계하는 것이 아닌 것으로서 결국 같다는 의미, 즉 서로 조금도 아닌 것으로 같다는 의미

: A가 B아닌 것은 C가 B아닌 것과 같다. ＊I=Jesus Christ -- 세상에 속하지 않는 실체로 (하나님의 아들로) 이미 알고 있음 am=동질연결로서 '그러한 것/가/의' of=동격소속/동격관계

A is no less B than C is : (C에게) 인 상황 전제

-- 말이 포유동물이라는 사실은 모두 알고 있음

＝A가 조금이라도 덜/더 덜 B인 것은 아니다. 보다 C가 그런 것[B인 것]보다 말이다.

뜻하는 의미=조금이라도 덜한 것이 아닌 것으로서 결국 같다는 의미

: A가 B인 것은 C가 B인 것과 같다. **less**=차등비유로서 (더) 덜한 것

⇒ 그런데, 단어는 단어 **본래[원래]** 의미를 알고 있어야지, **뜻하는** 의미로 알고 있으면 단어 하나 하나 **IS영뇌**를 작동시킬 수 없다. **주의하라.**

plus-5 ✠ same, like, alike, as 차이

a.. Motels are the same as hotels. Those two boys are exactly the same.

b.. The export of 'Kimchi' reached $19 million, almost the same amount seen in January–June of last year.

c.. Motels are like hotels. Susan is just like her mother. The twins look alike.

same=다르지 않은 것으로서 같은 것 [a: not m: n+n]

like=꼴이 같은 것과 그 대상으로서 인 것처럼[동모(同模)] /동자 -- 처럼 [k: 꼴 e: equal]

alike=하나 같이 꼴이 같은 것으로서 똑 같은 것/한결 같은 것 [a: 부정관사 k: 꼴 e: equal]

as=동급 (비교)과 그 대상으로서 같이[처럼/동비(同比)] /동자 -- 같이[처럼] 또는 is 동질과 그 대상으로서 즉/동자 -- 로서

[a: class/comparison s: same (quality) or is]

A Quick Note

Note the difference between these uses of like and as :

▭ He has been playing tennis as a professional for two years.

⋯› He is a professional. ↳**동질자격** ⇒ is **동질과 그 대상으로서** : 즉/동자-- 로서

vs He plays tennis like a professional. 시동=인 것처럼/동모 /동자 -- 처럼

⋯› He is not a professional but he plays as well as a professional.

시동=(같은 정도로 잘하는데) 동비/동자 -- 처럼 : 여기서 뒷 as=동급비교이지 is 동질로서 동값이 아니다.

tip)like=adv. used in speech to fill a pause while you are thinking what to say next 음/어~

: He got, like, two shots. The water was, like, really cold.

kind of/sort of=무슨 종류의 것인지 잘 모르는 것으로서 음/어~ like=어떤 꼴과 같은지 잘 모르는 것으로서 음/어~

: It really was kind/sort of a dose of reality. — 평창올림픽 참가 북한의 진정성에 관한 표현

☞.. 이해는 (언어에 대한 basics를 알았다면) 최종적으로 단어의 최종적인 뜻인 감주로 이해한다.

plus-6 ✠ 보통[보통집단] 집합체와 형용사 의율

— 집단은 수의 크기가 아니라, 규모나 정도 크기이므로 규모나 정도 크기 형용사와 의율

a.. The population of the country is/are small. (not '*few*')

b.. The number of the cars parked there was large. (not '*many*')

c.. A large number of cars was/were parked outside the school. (not '***many number***')
시동=한[대략] 아주 많은 수의 차(들)

d.. A small number are/is of this opinion. (not '***few number***')
시동=한 소수의 사람들(은 즉 이런 견해이다/이런 견해를 가지고 있다.)

e.. A small number of children are/is educated at home.
⋯› **집단 개념 단수동사=sligthly fml E**

여기서 number는 수 집단 집합체로서 small, large가 붙으면 **작고 큰 수집단**으로서 집단 또는 구성체를 의미하고, a만 붙어 **어떤 하나의 대략 크기 수 집단**이 되면 구성체만 **뜻**하게 되고, the만 붙으면 **지정 수 집단**이 되어 집단의미만 된다. 그래서, 전자의 경우에는 복수동사가 오고, 후자의 경우에는 단수동사가 온다.

: A number of viewers have complained about the excessive violence in the film.
시동=한/대략 수명이나 되는 시청자들은
한 수명이 뜻하는 의미=some, several, many
즉 몇 명이 될 수도 있고, 여러 명이 될 수도 있고, 수 많은 수가 될 수도 있다.

vs The number of people assembled in the square was great. 시동=그 수
vs a total=일총/일계로서 보통[보통집단] 집합체
이때 a는 어떤 하나의 대략크기가 아니다. 어떤 하나로서 하나이다.
그래서, 하나의 합계로서 **일정한 수 집단**이다. 따라서 두 가지 뇌로 작동한다.
a.. A total of 1,000 books is/are in my study. : 집단 뇌/구성체 뇌
b.. A total of 21 horses was /were entered for the race.
시동=되었는데 입장되었다.

f.. The audience delighted with the performance was/were large. (not '*many*')

g.. My family is very large. (not '*many*')
There are a small family over there who are all tall.

vs The cars parked there were many.

h.. I've been there a good few times. 대략 상당히 몇 번

i.. There are a great many reasons why you shouldn't do it. 대략 아주 많은 이유들

a (good) few /a great many **보통집단 집합체**

=few/many 의미 때문에 구성체만 뜻함. 그래서 뒷 명사 복수

: a thousand reasons과 같은 표현방식, 즉 같은 패턴

보통[보통집단] 집합체

: population 인구 number 수(숫자가 아님) 로서 총수(전체수) total 총수/총계 (round totals: 68, 70, 71, 69)

audience 청중 family 가족 few 약간의 수(소수) many 많은 수(다수)

▭ **정도 크기 형용사** : small, large, great(=very large), good(=fairly large), -- etc.

▭ **수의 크기 형용사** : many, few, etc.

addition] many a는 있어도 a many는 없다. 다수를 하나로 묶을 때는 number 또는 lot을 사용한다.

: a number, a lot 단, **형용사와 함께 표현시 가능** : a good/great many

cf] Many a small business has recently failed. : **many=(문어적 표현으로서)** adv.

vs Many small businesses have ---. : **보통표현**

↗ **이해는 최종적으로 단어의 최종적인 뜻인 감주로 이해한다.**

plus-7 ✠ 동급비교, 차등[우등]비교와 배수비교

Ⅰ 동급비교:

a.. This motel is as tall as that hotel (is).

→ 앞 as=동급정도로서 같은 정도로 (equally) : 부사

→ 뒷 as=동급비교(same comparison)와 그 대상으로서 동비/동자 — 만큼/처럼

↳전치사/(종속) 접속사

b.. He's not such a hard worker as his brother.

She is clever, but her younger brother is as clever.

She is clever, but her younger brother is just as clever.

(just=강조어(intensifier) -- just as=꼭 같은 정도로/똑같이)

c.. Two is to four as four is to eight. 시동=똑같이/즉 -- 와 같다 : (등위) 접속사

She is as clever as her younger brother. -- 전치사

d.. He is not as clever as she is.

=He is not as clever as her. But, he is not as clever as she. : **not ok**

cf] She is not so[as] clever as her younger sister.

시동=않은 데, 그렇게[같은 정도로] 똑똑하지 않다. 동비[즉] -- 처럼 말이다.

뜻하는 의미 =Her younger sister is cleverer than she is /than her.

…→ 전치사 표현을 보통 더 많이 쓴다.

cf] Korea is hotter, but Japan is cooler. : than없이 비교급 단독 표현가능

2 차등[우등]비교:

a.. You are taller than I am.=You are taller than me.

But, you are taller than I. : **not ok**

b.. They have more money than we have.=They have more money than us.

*than=t〉d: difference a: comparison ↱also, 차등종맥 실체로서 차자

: 차등비교와 그 대상으로서 보다[차자]/초과대상으로서 차자(差者)

more than 24 hours 이상 차자 24시간 이상[a: surpass]↲

3 배수비교:

a.. Their house is three times as big as ours.

시동=세 배나 같은 정도로 큰 데, 동자[즉] 우리의 것과 비교해서 말이다.

앞 as=equally

뒷 as=동질비교: 동자[즉] -- 것과 비교해서 말이다 (in comparison with)

주의] 동급비교로 가면 우리의 것도 세 배의 크기가 되니 세 배 차이가 나오지 않는다.
그래서, 이 표현은 동급비교로 이해하면 오역이 된다. 오역=동비[즉] 우리의 것처럼 말이다.
동질비교이기 때문에 뜻하는 의미=Their house is three times bigger than ours.

as=동급정도/동급비교/동질비교/is동질 [a: class/comparison/quality s: same/is]

: He plays tennis as a professional. 시동=동자[즉]-- 로서 : is 동질(즉 동질자격)

b.. She is clever, but her younger brother is twice as clever. 시동=두 배나 같은 정도로

c.. I want a box twice as big as this. 뜻하는 의미=twice bigger than this

d.. This new computer is nearly twice as expensive as the old one.

e.. Disney World was <u>a hundred times more</u> fun than I'd expected. 일백배나 더 많은

[=<u>more than a hundred times</u> fun than I'd expected.]

↳**최초의군**=이상, 차자 일백배 이상/더 많은, 차자 일백배보다 더 많은

※more=이음절 이상 비교급 의미/much, many 단어자체 비교급 의미 cf]twice more=두번 더 /두배나 더 많은

*fun=noun or adj. 즐겁게 해주는 것 vs funny=adj. 웃게 주는 것

f.. I'm twice as old as you. : 동질비교 =동자[즉] 너와 비교해서 말이다
=I'm twice older than you.=I'm double your age. *double=adv.
vs I'm as old as you. : 동급비교

g.. The bird is three times as big as that owl.
=The bird is three times bigger than that owl.
=The bird is three times the size of that owl. *three times=명사부사
↳즉 복합명사 부사
vs The bird is as big as that owl.
cf] He is older than I am. vs He is my elder/older brother.
*old (age 개념), elder (seniority 개념)

plus-8 ✠ 라틴어 비교급에는 방향비교와 의율

a.. I am senior to her by ten years. 시동=대자 --보다 *to=방향비교[t: to+than]
[=ten years her senior/ten years senior to her]
b.. This assignment is prior to all others.
→ superior 더 우수한, inferior 더 열등한, junior 더 젊은(=younger), senior 나이가 더 들은 (=older) prior 더 중요한(p: primary+or), anterior 먼저 일어난, posterior 후에 일어난

vs 라틴어가 아닌 경우의 방향비교
Nothing is more important to our security. Work is preferable to idleness.
Of the two men, I prefer the latter to the former. *prefer=f: fond er: 차등비교

plus-9 ✠ the+비교급과 the+비교급 끼리 의율 (Parallel Increase)

— When one change is made, another follows.

a.. **House Agent** : Do you want a big house? **Marie** : Yes, the bigger, the better.
Mike : But the smaller it is, the less it will cost us to heat.
→ 앞 the=그렇게(지정부사) 뒷 the=그만큼(지정부사) ···› 모두 외부적 the
b.. The longer the journey, the more expensive the ticket.
vs The more detection, we get the better. : infml E
c.. The older you get, the more difficult it becomes to find a job.
vs The further you travel, the more you pay. -- 부사 Parallel Increase

plus-10 ✠ 형용사 associate

IIIII.. Sorry? I couldn't hear what you said. [=Pardon? /Please say it again.]
sorry=미안하지만 다시 말해 주세요 '다시말해 주세요' =문맥/상황 associate

☞.. 시동으로 (영어) 글자/말 자체에서 뜻이 보이거나 상황이 (머리 속에서) 보이면 된다 : IS 영뇌

12. 일반부사 영뇌[GAD NB]란 :

무한글 이해, 즉 IS두뇌로 명사(대명사). 동사, 형용사, 문장전체, 다른 부사, 전치사, 종속 접속사를 부사의미로 그냥 서술적으로 설명해 나가거나 그냥 제한적으로 설명해 주는 뇌
요컨데, 비연결설명어
또는 부사만 표현하는 뇌

▭ **일반부사 BNW**=양태 /방법 /시간 /장소 /이유 — 등으로서 그냥 부사 position

▭ **부사**=관계부사/일반부사 — 연결설명어/비연결설명어

⋯▸ 일반부사는 형용사처럼 단어에 따라 등급화 가능하다.

tip)**관계부사 BNW**=referring back 제한적/비제한적 연결의미

▭ **최소한 품사관계는 알라.**

일반적 관계 : 동사는 명/대를 설명해 나가고,
형용사는 명/대를 설명해 주거나, 동사를 설명해 나가고,
부사는 모든 품사(자신도 포함)를 설명해 주거나 설명해 나가고,
종속접속사는 주로 문장을 설명해 나가거나 설명해 주고,
전치사는 부사를 제외한 모든 품사(자신도 포함)를 설명해 나간다.

tip)free 영뇌, 특히 free 영뇌의군을 많이 간직하면 품사관계 결정도 저절로 결정된다. 자연스런 품사관계 결정의 비밀이 바로 여기에 있다.

tip)관계부사=관계를 짓는 부사 일반부사=그냥 부사

❖기본품사(basic word position)=명동형부접대전 — 명동에 있는 형부가 접대전이다.

☞.. **영어에 대한 지식보다 언어 실력[소통]이 더 중요하다. 그래서 "감주"로 이해하거나 듣고 주거니 받는다.**

1) 일반부사 영뇌[GAD NB]

무한글 이해, 즉 IS두뇌로 명사(대명사). 동사, 형용사, 문장전체, 다른 부사, 전치사, 종속접속사를 부사의미로 그냥 서술적으로 설명해 나가거나 그냥 제한적으로 설명해 주는 뇌
요컨데, 비연결설명어
또는 부사만 표현하는 뇌

부사는 뜻 관계에 따라 설명해 나가거나 설명해 주는 뇌로 작동한다.
따라서, 부사의 위치는 **영뇌 뜻 관계**로 해결하는 것이지, 암기하는 것이 아니다.
동사=원동사(조동원동사/to원동사) /현동사 /과동사 /과분사 /현분사 /동명사 /조동사

① 명사(대명사)를 설명해 주거나 설명해 나가는 뇌

A.. Even a child /can /do it. [=Even child --- . : infml E]

(or Even a child can /do it.)

영뇌=기→ 설→ 설′ : BEis-Os

or I + I + I : I-Os or S + S + S : S-Os

> **How to Read[Speak]**= Evenachild candoit.
> : BEis/IS, 즉 설가뇌와 자동설가뇌로 되어 있는 것을 감각적 주파수로 이해한다.
> **시동=** vocal 감각적 주파수로 ↗**그러면 영어말투가 형성되고 영어말투에 익숙해진다.**
> (BEis/IS 영뇌가 될 때까지) F3+E2 강하게 말하기
> (이번어/이버너=slide F : 비합성 감주과 합성 감주)

기/설로 끊어 놓은 것은 영뇌로 뜻 관계를 단지 알리기 위함이니
이해하거나 말을 할때는 감각적 주파수로 하면 된다. ∵ **그렇게 해도 여전히 IS 설가뇌 유지**

.. **我必 Free 감주 간직하기**= Even a child can. or Even child can.

□ 촛점부사는 촛점부터 먼저 맞춰야 하기 때문에 설주뇌로 작동시킨다 : BEis-Os
Even /a child=설→ 기 : (부사의) 관사 영뇌의군 설주뇌

⇨ even, only, just (그냥), now (화제전환 촛점: 자), really, simply, merely, especially, chiefly, together, -- etc.

단, only는 초점결과가 똑 같을 때는 infml E로 **설가뇌**도 가능 :
: only temporary parking (StE) /temporary parking only (infml E) at only 100 km/100 km only
only you/you only [**전자**=오로지 당신만/유일한 당신(형용사) **후자**=당신만] *km=kilometer(s)
I have only nine pictures. = I have nine pictures only. (**전자/후자 모두** = nine pictures 초점)

vs I only have nine pictures. ≠ Only I have nine pictures. (**전자**=have 초점 **후자**=I 촛점)
시동=내가 유일하게 가지고 있다 /오로지 나만이 : **설주뇌=StE**

시동=조차도[심지어] 애들 조차도 할 수 있어요, 하는 것인데 그것을 말이다.

even=지정[양보] 강조 또는 눈을 부릅 뜬 강조로서 (심지어) 조차도/이라도/까지도/정말로[훨씬]
[eve: ever 지정/양보 강조 or e/e: eye/eye v: (눈을) 부릅 뜬 모습]
소리: Even=slide 주파수

B.. "You again."

영뇌=기→ 설 : BEis-Os

□ again은 추가의미로 작용하기 때문에 설가뇌로 작동시킨다.

시동=당신 또 한번 더[다시] 해봐라.

again=한번 더 진행시키는 것으로서 또/한번 더/다시[a: another g: go] : 추가부사

소리: aGAin=cramp 주파수

시동 종류=원애시동 /vocal음 /Free 영뇌 /F3+E2 /일상적인 생활 /Ekbe /†SIUM 말하기 /무한글 /BNW or 비한글 BNW /BAM /BEis 영뇌 /G토씨 /connotation /영뇌 기본자세 /패턴 /associate

— 1. 마지막 경지인 감주 IS 영뇌로 가기 위한 시동의 종류

2. BAM[BNW]을 알아야 유사어/동의어도 생활 속에서의 뜻으로 IS를 달리 작동시킬 수 있다.

it의 설가뇌로 일반부사 영뇌를 추가하면 :

A- E.. Even a child can /do /it easily.

영뇌=기→ 설→ 설′ : BEis-Os

시동=조차도 애들 조차도 할 수 있어요, 하는 것인데 그것을 쉽게 말이다.

A.. Even a child can do it. ↘ .. **major 감주=** Even a child can --- .

Free 감주로 이해/간직 하기 ⇒ **Even a child. /Even a child can. /Can do it. /Even a child do it. /-- etc.**

Even a child. 조차도 애들 조차도 (그렇다 말이지). ＊그렇다 말이지=**문맥/상황** associate

Even a child can. 심지어는 애들조차도 할 수 있어요[가능해요].

Can do it. 할 수 있어요, 하는 것인데 그것을 말이다/가능해요, 하는 게 그것을 하는 게 말이다.

Even a child do it. 심지어 애들조차도 하면 해요[하면 좋겠어요] : **의미원성립**

tip)피어리어드 대신에 느낌표를 붙이면 더욱 간절한 의미원성립이 된다.

② 동사를 설명해 나가거나 설명해 주는 뇌

A.. She danced /beautifully.

영뇌=기→ 설 : BEis-Os or I + I : I-Os or S + S : S-Os

How to Read[Speak]=Shedanced beautifully. : 먼저 감각적 주파수로 이해한다.

시동= vocal **감각적 주파수로 (자동 설가가 될 때까지) F3+E2 강하게 말하기**

(대ㄴ스트=slide F : 무성음 매치 비유-디플리=trapezoid F + small slide F)

↳ t의 d단타, 비단타로 t그대로 '티' 가능

danced /beautifully=기→ 설
춤을 추었는데 그 모습이 아름다왔다고, 행위를 양태로 설명해 나가는 뇌이다.
⇨ quietly, badly, happily, bravely, warmly, accurately, well, clearly, --- etc.
clearly도 분명한 태도를 의미하니 position은 양태이다. 단, well=양태부사/정도부사

일반적으로 양태부사는 동사의 양태를 설명해 나가는 뇌로 작동시킨다.
왜냐하면 동사행위를 보고 그것이 좋은 양태인지 나쁜 양태인지 결정되기 때문이다.
하지만 문두에 위치하거나 동사 앞에 위치하면 영뇌 뜻 관계가 달라진다. 양태를 먼저 인식하고 표현하는 뇌가 되기 때문에 설주 뇌가 된다.
: Beautifully //she /danced.=전설 ⇨기→ 설　　She /beautifully danced.=기→ 설

시동=그 여자는 춤을 추었는데 아름답게 했다. ☺.. **我必 Free 감주 간직하기**=Danced beautifully.

beautifully=이쁘게 하는 모양으로서 아름답게 하는 것
[be 〉 eb: 이쁜 것/예쁜 것　ly: 양태]
소리: BEAUtifully=(빠르게 리듬을 주면) retro-root 주파수

: She read /quietly /in the library /all afternoon.
영뇌=기→ 설/설/설　: BEis-Os

장소부사=시간부사보다 먼저 작동: **WrE**　뒤에 작동=**Infml E**
장소를 시간보다 앞에 쓰면 좋은 글[문맥]이 되기 때문이다.
그래서 summarizing 할때도 장소를 남겨둔다.

cf] CNN money, Tuesday to Saturday on CNN.
: 이때 on=장소 뜻보다 올라가는 것으로 방영된다는 의미이다 : **IM으로 판단하지 말고 BNW로 판단**

❈ 성격부사 (character/intelligence adverbs)도 일종의 양태부사
bravely, foolishly, generously, kindly, stupidly, --- etc.
-- 어리석은 짓, 친절한 짓으로서 짓이기 때문에 성격부사도 position은 양태이다.
position=단어의 자기 위치를 말해주거나 단어의 줄기를 말해주는 최상위 의미/최초의 의미

마지막에 전치사 영뇌를 추가하면 :

A- E.. She danced /beautifully /to the music.
영뇌=기→ 설→ 설′　: BEis-Os
시동=그 여자는 춤을 추었는데 아름답게 대자 그 음악에 맞추어서 말이다.

A.. She danced beautifully.

↘ ☜.. **major 감주=** --- danced beautifully.

Free 감주로 이해/간직 하기 ⇨ She danced. /Danced beautifully. /Danced. /Beautifully. /-- etc.

➾ She danced. 그 여자가 추었어요. Danced beautifully. 춤을 추었는데 아름답게 추었어요. Danced. 춤을 추었지요/추었어요. ↘ **과동사 free 영뇌**

tip) **또다른 free 영뇌**=춤을 추었으면 해요(**의미과성립 : 바람/소망/주장/제안**)

Beautifully. 아름답게 하네요. ＊하네요=**문맥** associate

B.. She /sometimes eats /meat.

영뇌=기→ 설→ 설′ : BEis-Os

시동=그 여자는 때때로 먹는다, 고기를 말이다 ⇒ 현동사 설주뇌

↗ **이해는 (언어에 대한 basics를 알았디면) 최종적으로 단어의 최종적인 뜻인 감주로 이해한다.**

✠ **동사 빈도**

=빈도는 숫자크기를 명사 앞에 쓰듯이 횟수를 의미하므로 동사 앞에 위치한다. 그래서 일반적으로 빈도부사는 어떤 단어이든 설주 뇌로 작동한다 : sometimes =부정의 횟수 vs two times=정확한 횟수

단, **문장 빈도**= 문두 또는 문미

전자= 전설로 설명해 주는 뇌 : **전설 설주뇌** **후자**= 전설로 설명해 나가는 뇌 : **전설 설가뇌**

⇨ Sometimes //she eats /meat. =전설 ⇨ 기→ 설

-- 때때로 하는 데 그것이 뒷말 전체라는 것이다.

She eats /meat //sometimes. =기→ 설 ⇨ 전설

-- 어떤 것을 하는 데 이것이 때때로 일어 난다는 얘기이다.

빈도부사를 일반동사일 경우 앞에, be동사일 경우 뒤에 위치한다고 무조건 외운 사람은 큰 코 다친다. 즉 표현의 자유, 이해의 자유가 빼앗긴다. be동사, 일반동사 따질 필요없이 동사 빈도는 앞에서 설명해 주는 뇌로 작동시켜라. 횟수를 의미하기 때문이다.

① 동사 빈도

a.. She /always is /on time /for class.

=기→ 설→ 설′ — 부사가 동사를 설명해 주는 뇌

always is=설→ 기 : 언제나 있다 on=바로 위에 있는 것으로서 정확한 것

시동=그 여자는 언제나 있는데 정확한 시간[정각]에 있다. 해자[즉] 수업을 위해서 말이다.

b.. Brown's pain is genuine, but then it always is.
시동=하지만 그 때에도 그것은 늘 그랬다.

c.. Where there always is fine weather.
시동=어디냐 하면 거기는[그 곳은] 늘 있다. 좋은 날씨로 말이다.
where=대명사 there=관계형용사
: The woman there is my relative. [=The woman who is there]

d.. Very seldom are there clouds even in winter. -- 도치강조
시동=아주 좀처럼 있지 않다. [**보통표현**=There are very ---- . : 유도부사]

↗ **이해는 (언어에 대한 basics를 알았디면) 최종적으로 단어의 최종적인 뜻인 감주로 이해한다.**

② 전치사 빈도 /형용사 빈도 /명사 빈도 /과분사 빈도 /현분사 빈도 /원동사 빈도

a.. She is /always on time /for class.
=기→ 설→ 설' — 부사가 전치사를 설명해 주는 뇌 Caution]동사빈도가 아니다.

전치사 빈도 : always on=설→ 기 : 언제나 정확하다
시동=그 여자는 있는데 언제나 정확한 시간[정각]에 있다. --- .
*on =바로 상에 있는 것으로서 정확성
⇒ on time=정확한 시간/정각(on: 정 time: 각)

b.. There the weather is almost always fine, especially during summer.
⇒ 형용사 빈도=거의 언제나 좋다.
The job is interesting, but not always easy. ⇒ 형용사 빈도=언제나 쉬운 것은 아니다.

c.. Home is not always a haven.
⇒ 명사 빈도=아닌데, 언제나 피난처[안식처]가 되는 것은 아니다.

d.. We've always lived here. ⇒ 과분사 빈도=가지고 있는데 언제나 살아온 사실을 말이다.
vs He almost[nearly] always has breakfast in bed on a Saturday.
⇒ 동사 빈도=거의 늘 먹는다. ※ per=a : 어떤 하나로서 하나 하나를 의미함

e.. He's always asking silly questions. ⇒ 현분사 빈도=있는 데 언제나 묻고 있다.

f.. Will you always love me?
⇒ 원동사 빈도=할 것인가? -- 언제나 사랑하는 것인데 나를 말이다.

A Quick Note

빈도부사 : always, usually, often, sometimes, seldom, rarely, never, continually, periodically, customarily, -- etc. 단, generally=견해부사/빈도부사
never=눈에 확실히 꽂히지 않는 것으로서 빈도 부정강조/그냥 부정강조 : 빈도부사/강조부사
[n: not ever=eye+v+eye] : never seen 결코 본적이 없다 never again 결코 다시는 하지말라

C.. US killed on /Osama bin Laden.=기→ 설 : 과동사 설가뇌

killed /on=기→ 설: 죽이는 일을 수행했다 ＊on=작동으로서 수행 : 전치사 부사

: 타동사만 쓰도 전달 결과는 같다 -- 함께동사

D.. If only //you would /drive /more slowly. =전설 ⇨ 기→ 설→ 설′

more slowly=원동사 설가뇌 : You must work hard.

only=문장전체 설주뇌, 즉 뒷 문장전체에 촛점을 두는 뇌

시동=만약에 단지 네가 (현재) 해주었으면[해주기만 하면] 좋으련[좋은데] drive하는 것인데 more slowly하게 말이다. ＊would=원함[바람] 의미과성립

E.. Susan has nearly finished work.

The driver was seriously injured in the accident. : 과분사 (정도관계) 설주뇌

F.. I want you to come back by noon. I decided to eat out.

원동사 설가뇌 ＊out=adv.

vs Maria tried again only to fail. : only의 (부정) 전치사 to 설주뇌

-- 시도를 또다시 했으나 오로지 대동 실패만 하게 되었다 : **촛점부사**

G.. I make a point of playing every other day.

I like getting up at dwan.

동명사 설가뇌 every other day=격일제로 : 부사의군 up=전치사 부사

시동=하는 것인데, 즉 일어나는 것인데 직자 새벽에 말이다.

H.. You can absolutely. 조동사 설가뇌 시동=가능한데[할 수 있는 데] 확실히 말이다.

③ 형용사를 설명해 주는 뇌

A.. It's /absolutely incredible.

영뇌=기→ 설 : BEis-Os or I + I : I-Os or S + S : S-Os

> **How to Read[Speak]**=It'sabsolutely incredible.
>
> : 먼저 감각적 주파수로 이해한다.
>
> **시동=** vocal 감각적 주파수로 (자동 설가가 될 때까지) F3+E2 강하게 말하기
>
> (애ㅂ설루-틀리=slide F + retro-root F : 전음고음=제1고음 후음고음=제2고음)

cf]appreciation=어프리쉬에이션=dot 점형 F + cramp F + slide F

↳전음고음=제2고음 후음고음=제1고음

absolutely incredible=설→ 기

enough를 제외한 모든 부사는 형용사 설주 뇌이다.

: Your son is old enough to go to school. 시동=나이가 들었는데 충분히 들었다.

cf] Better by far or By far better ▭ 전치사 설가 또는 설주 뇌 가능

시동=좋아졌는데 정도가 훨씬 더 좋아졌다. /정도가 훨씬 더 좋아졌다.

☞.. 我必 Free 감주 간직하기=Absolutely incredible.

시동=그것은 정말로 믿을수 없을 정도로 좋다.

incredible=반의적 의미(positive) /철자의미(negative) ☞ 영뇌영어 vol 2 p343
absolutely=절대적인 정도로서 강조: 정말로/확실히 그렇다
-- 생활 infml E : It's cool/fantastic!
[sol 〉 zol : 절대적인 것 ly: 정도]
소리: AbsoLUtely=double slide 주파수

▸ absolutely 대신에 다른 일반부사 영뇌로 대체하면 :

A- E.. It's /just incredible.

영뇌=기→ 설 : BEis-Os 시동=그것은 그냥 (믿을 수 없을 정도로) 아주 좋다.

Free 감주로 이해/간직 하기 ⇒ It's absolutely. /Absolutely incredible. /Incredible. /It's incredible. /-- etc.

▸ It's absolutely. 그것은 정말로 그래요. Absolutely incredible. 정말로 아주 좋아요 : **반의적 의미** /정말로 믿을 수 없어요 : **철자의미** Incredible. 아주 좋아요[놀랍군] /믿을 수 없다.
It's incredible. 그것은 아주 좋아요[놀랍군] /그것은 믿을 수 없다 : We need love badly. 몹시/나쁘게

tip] beaut=멋진 것[사람] : 반의적 의미가 오히려 negative한 쪽, 즉 비꼬는 의미로 멋지다는 표현가능
-- **철자 의미**=a very good or attracive thing or person : positive
: He just bought a new car – it's a real beaut. [IM=beauty]
반의적 의미=often used in an ironic way to describe a bad thing or person : negative
: You've told lies before, but this one's a beaut. [IM=a very bad lie]
My boss is a real beaut – he complains about everything and never does any work himself. **tip)철자의미/반의적 의미 → 일종의 PN 단어**

④ 문장전체를 설명해 나가거나 설명해 주는 뇌

A.. It seems /rather cold //maybe.

영뇌=기→ 설 ⇨ 전설 : BEis-Os or I + I + I : I-Os or S + S + S : S-Os

How to Read[Speak]=Itseems rathercold maybe.
: 먼저 감각적 주파수로 이해한다.
시동= vocal 감각적 주파수로 (자동 설가가 될 때까지) F3+E2 강하게 말하기
▭ 문장 설가뇌 (씨-임즈[스]=retro-root F : 유성음 매치와 infml 소리)

☜.. **我必 Free 감주 간직하기**=Rather cold maybe. or Maybe rather cold.
시동=날씨가 인것 같은데, 즉 (다소) 좀 추운 것같아요. 아마도 그런 것 같네요.
maybe=아마도 인 것으로서 추측 [ma 〉 am : 아마도 or m: mind be: 인 것]
소리: MAybe=slide 주파수

rather 대신에 다른 일반부사 영뇌로 대체하면 :

A- E.. It seems /fairly cold //maybe.=**기→ 설 ⇨ 전설** : BEis-Os
시동=날씨가 인것 같은데, 알맞을 정도로 추운 것같아요. 아마도 그런 것 같네요.
↘ 영어는 항상 어느 부분을 보더라도 free 영뇌, 특히 free 감주로 이해되면 된다.
↘ 특히 감주 영뇌가 되어야 major 감주 또는 아필 감주로 쉽게 이해 된다.

A.. It seems rather cold maybe.

Free 감주로 이해/간직 하기 ⇒ It seems. /Seems rather cold. /Rather cold maybe. /Rather cold. /It. /Maybe. /-- etc.
It seems. 날씨가 인 것같아요. tip) **또다른 free 영뇌**=그것은 (무언가) 인것 같아요.
Seems rather cold. 인 것 같은데 다소 좀 추운 것 같아요. Rather cold maybe. 다소 좀 추운데 아마도 그런 것같아요. Rather cold. 다소 좀 추워요 ⇒ **부사 free 영뇌**
It. 날씨가 말이야/그것이지 ⇒ **대명사 free 영뇌** Maybe. 아마도 그런 것 같아요/그럴지도 모르지요.

B.. Usually //he smokes /pot.
영뇌=전설 ⇨ 가→ 설 : BEis-Os
▭ 문장 설주뇌 -- 보통 늘 하는 것이 뒷 문장이라는 것이다.
시동=보통 그 사람은 피워요, 대마초를 말이다.

⑤ 다른 부사를 설명해 주거나 설명해 나가는 뇌

A.. She goes /to the discotheque // (/) <u>very often.</u>
영뇌=기→ 설 ⇨ 전설 or 기→ 설→ 설′ : BEis-Os
or I + I + I : I-Os or S + S + S : S-Os

> **How to Read[Speak]**=Shegoes tothe discotheque veryoften.
> : 먼저 감각적 주파수로 이해한다.
> **시동=** vocal 감각적 주파수로 (자동 설가가 될 때까지) F3+E2 강하게 말하기
> (디스커**테**크=후음 고음 double slide F) cf] subsidiaries=서브**시**디**애**리즈=중음고음 triple slide F

▭ 부사가 또다른 부사를 설명해 주면서 앞 문장 또는 바로 앞말을 설명해 나가는 뇌, 즉 전설 또는 연설 뇌

.. **我必 Free 감주 간직하기**=She goes there very often.

시동=그 여자는 간다[다닌다], 가는[다니는] 곳은 디스코텍인데 아주 종종 그렇게 한다.
/그 여자는 다니는 데 대자[대처] 디스코텍으로 아주 종종 말이다.

to=방향대상으로서 가는 곳이 -- 이다 //對者/對處 -- 으로
often=time이 자주 일어나는 것으로서 종종
[o: occur f: frequently 자주 t: time] **소리**: Often=slide 주파수 : t폐쇄

문장빈도 대신에 동사빈도로 뇌를 작동시키면 :

A- E.. She very often goes /to the discotheque.

영뇌=기→ 설 : BEis-Os

시동=그 여자는 매우 종종 간다. 대자[대처] 디스코텍으로 말이다.

Free 감주로 이해/간직 하기 ⇒ She goes to. /Goes to the discotheque. /Discotheque very often. /Goes very often. /Goes very often to the discotheque. /Goes to very often the discotheque. /Goes very often to. /-- etc.

She goes to. 그 여자는 가는 데 대자[대처] (어딘가) 로 간다. Goes to the discotheque. 가는데[다니는데] 대자[대처] 디스코텍으로 간다[다닌다]. Goes very often to the discotheque. 다니는데[가는데] 매우 종종[대개] 대자[대처] 디스코텍으로 다닌다[간다] : **전치사 빈도** Goes to very often the discotheque. 다닌다[간다]. 대자[대처]로 즉 매우 종종[대개] 디스코텍으로 말이다 : **명사 빈도**
Goes very often to. 다니는데[가는데] 매우 종종[대개] 어딘가 대자[대처]로 말이다 : **전치사 빈도**

Discotheque very often. 디스코 텍을 매우 종종[대개] 이용하지요 [**빈도** infml E]
···› 빈도 StE=Very often discotheque. : **명사빈도**
＊이용하지요=**문맥/상황/단어** associate
Goes very often. 다니는데 매우 종종 다닌다[**빈도** infml E]
···› 빈도 StE=Very often goes. : **동사빈도**

B.. Come /here /anytime now.

영뇌=기→ 설/설 or 기→ 설→ 설′ : BEis-Os

▭ 부사를 다른 부사로 설명해 나가면서 동사 또는 바로 앞말을 설명해 나가는 뇌

anytime /now=기→ 설 : 부사를 다른 부사로 설명해 나가는 뇌
vs very /often=설→ 기 : 부사가 다른 부사를 설명해 주는 뇌

시동=와라, 이 곳으로 어느 때고[언제 든지] 지금으로부터 어느 때고[언제든지]말이다.
/와라, 이 곳에는 어느 때고[언제 든지] 좋다, 지금으로부터 말이다.

tip]부사들 끼리 설명 관계에 놓일 때는 하나는 기본어가 될 수 있으나
다른 품사와의 관계에서는 일반부사는 언제나 설명어이다.
단, 관계부사와 전부는 기본어가 가능하다. ☞ **기본영뇌 vol 1 p336, 337 vol 2 p504**

⑥ 전치사를 설명해 주는 뇌

A.. She is /heavily in debt.

영뇌=기→ 설 : BEis-Os
or I + I : I-Os or S + S : S-Os

How to Read[Speak]=Sheis heavilyin debt. : 먼저 감각적 주파수로 이해한다.
시동= vocal 감각적 주파수로 (자동 설가가 될 때까지) F3+E2 강하게 말하기
(헤벌리인=slide F : i =약한 감정음가/어화)

.. 我必 Free 감주 간직하기=Heavily in debt.

시동=그 여자는 있는데 과도하게 빠져 있다. 빚에 말이다/내자[속에 즉] 빚더미 속에 있다.

heavily /in=설→ 기 : 심하게 빠져 있다
heavily= a) 높은 곳에서 누르는 상태와 같은 것으로서 무거운 것/아주 심한 것
[h: high v: 아랫쪽으로 누르는 모습 ly: 상태(부사)]
b) 또는 무게가 많이 나가는 정도로서 무거운 것/아주 심한 것
[av 〉 va 〉 wa : weighing a lot ly: 정도(부사)]
소리: HEAvily=slide 주파수

마지막에 발생이유를 작동시키면 :

A- E.. She is /heavily in debt //due to his excessive use of credit cards.

영뇌=기→ 설 ⇨ 전설 : BEis-Os

시동=그 여자는 있는데 과도하게, 속에 즉 빚더미 속에 있다. 있었기 때문에, 대자 그이의 과도한 사용, 즉 신용카드의 과도한 사용이 있었기 때문에 말이다.
/했기 때문에, 대자 그이가 과도하게 사용했기 때문에, 즉 신용카드를 말이다.

due=발생이유로서 있었기[했기] 때문에 [d: done 발생한 것으로서 있었던 것 e: 이유]
due to=발생이유 + 방향대상 : 있었기[했기] 때문에, 대자 -- 가 있었기[했기] 때문에 : **복합전치사**

[d: done 발생이유 + to: 방향대상(t)d: direction o: object)]
: He is retiring due to ill health.

vs owing to= '걸린이유+방향대상' 으로서 '걸려있기 때문에 대자 -- 에 걸려있기 때문에'
: Owing to bad weather, this morning' s flight will be delayed. : 복합전치사
owing=adj. still to be paid [v+v : 빚으로서 서로 걸려[얽혀] 있는 것]
: How much is owing to you? (much=noun) There is still $20 owing.

vs thanks to= '고마움이유+방향대상' 로서 덕분에 대자 -- 덕분에 : 복합전치사
: Thanks to the success of his first album, he is now a wealthy man.

Free 감주로 이해/간직 하기 ⇛ She is heavily. /Heavily in. /Heavily in debt. /She is in debt. /In debt. /-- etc.

➧ She is heavily. 그 여자는 있는데 아주 심하게 있다. Heavily in. 아주 심하게 빠져 있다. Heavily in debt. 아주 심하게 빠져 있는 데 빚에 빠져 있다. She is in debt. 그 여자는 있는데 빠져 있다. 빚에 말이다 : Are you in love? In debt. 내자[속에 있는 데] 빚 속에 있다 ⇒ **전치사 free 영뇌**

⑦ 종속접속사를 설명해 주거나 설명해 나가는 뇌

A.. Even though /he left /school at 16, //he still managed /to become prime minister.

영뇌=전설→ 설′ → 설″ ⇨ 기→ 설 : BEis-Os
or I + I + I + I + I : I-Os or S + S + S + S + S : S-Os

How to Read[Speak]
=Eventhough heleft schoolat 16, hestill managedtobecome primeminister.
: 먼저 감각적 주파수로 이해한다.
시동= vocal 감각적 주파수로 (자동 설가가 될 때까지) F3+E2 강하게 말하기

(매니쥐드어[더]비컴=slide F + up-slide F : t폐쇄와 비합성 감주과 합성 감주, 유성음 매치, t비폐쇄도 가능)
↳청취시 이렇게 말해도 to음가를 소리낸 것으로 알아 들어야 한다.
마치 '실라' 에서 '신라' 로 '가치' 에서 '같이' 로 듣는 원리와 같다.

▭ 부사의 설명을 받아, 주절 전체를 설명해 주는 뇌 : BEis-Os
even /though=설→ 기 : 정말로 비록 — 라 할지라도 /정말로 비록 이렇다할지라도 즉
*school/prime minister=단수 단독표현의 관습적 E

.. **문장 뼈대**=전설 연결설명어(though) + 기본어(he) + s동사(managed) + 연결설명어(to)

我必 Free 감주 간직하기=Although he left at 16, he became Chancellor.
시동=정말로 비록[정말로 비록 이렇다할지라도 즉] 그가 떠났다 할지라도 학교를 직자[즉] 16세때 떠났다 할지라도, 그는 계속해서[그래도] 잘 관리해서 대동 되었어요. 국무총리[수상]로 말이다.

even=눈을 부릅 뜬 강조로서 정말로/(심지어) 까지도/조차도
[e/e: eye/eye v: (눈을) 부릅 뜬 모습] **소리**: Even=slide 주파수

: a.. **Even if you take a taxi, you'll still miss your train.**
시동=<u>정말로 만약에</u> -- 한다할지라도[<u>정말로 만약에</u> 이렇게 한다할지라도 즉 --]

b.. **I tried to reason with him, but even as I started to explain what had happened, he stood up to leave.**
시동=정말로 즉[정말로 다음과 같이 했을 때는 즉] 내가 시작했을 때는 -- ,
(-- 일어나서 대동 떠나 버렸다)

to앞에 일반부사 영뇌를 추가하면 :

A- E.. Even though /he left /school at 16, //he still managed /finally to become prime minister.
영뇌=전설→ 설′→ 설″ ⇨ 기→ 설 : BEis–Os
시동=정말로 비록 이렇다할지라도, 즉 그가 떠났다 할지라도 학교를 직자[즉] 16세때 떠났다 할지라도, 그는 그래도 잘 관리해서 마침내 대동 되었어요. 수상[총리]으로 말이다.

A.. Even though he left school at 16, he still managed to become prime minister.
↘ **.. major 감주=** --- he left school at 16, ---- become prime minister.

Free 감주로 이해/간직 하기 ⇒ Even though he left school, he managed to become prime minister. /To become prime minister. /Even though he left at 16, he managed to become prime minister. /He managed to become prime minister. /Left at 16, he managed to become prime minister. /-- etc.

Even though he left school, he managed to become prime minister. 정말로 비록 그는 떠났다 할지라도, 즉 학교를 떠났다 할지라도 그는 관리를 (잘) 해서 대동 되었어요, 총리로 말이다.
Even though he left at 16, he managed to become prime minister. 정말로 비록 그는 떠났다 할지라도, 직자 16세에 떠났다할지라도 그는 --- . He managed to become prime minister. 그는 관리를 (잘) 해서 대동 되었어요, 총리로 말이다 : **(과거 속에서의) 발생 본동사의미**
그는 관리를 했어요, 대동 되려고 총리가 되려고 말이다 : **(과거 속에서의) 미래 본동사의미**

To become prime minister. 대동 되었는 데 총리가 되었다 /대동 되는 데 총리가 된다 /대동 되는 데 총리가 될 것이다-- s동사 대용 대동 되는 것, 즉 총리가 되는 것 -- definition/제목/상황설명
Left at 16, he managed to become prime minister. 떠났지만, 직자 16세에 떠났지만 그는 관리를 잘 해서 대동 되었어요, 총리로 말이다 : 콤머영뇌=양보 (일종의 문맥 associate)

B.. If only //you would /drive /more slowly. [= If you only would drive : 조동사 초점]
=전설 ⇨ 기→ 설→ 설′

if /only : 설가뇌=기—〉설 ··· 만약에 단지 (만약에 이렇게 단지) : 결국 초점=뒷말전체, 즉 문장
[=only /if : 설주뇌=설—〉기 ··· 단지 만약에 (이렇게) : 결국 초점=if절]

※would=바람 의미과성립

시동=만약에 (이렇게) 단지 네가 (현재) 해주었으면 좋으련, drive하는 것인데 좀더 천천히 말이다
: Only if your troops have abstained from sexual activity. [1 Samuel 21 : 4]
She thought, if I only touch his robe I' ll be healed. : 묘출표현[I=she]과 동사초점[Matthew 9 : 21]
[=She thought (that) if she only touched she would be -- .]

⑧ 부사만 표현하는 뇌

IIIII .. 'How about you?' 'Absolutely[Certainly]. /So fine.'
영뇌=(기)→ 설 : BEis-Os
or (I) + I : I-Os or (S) + S : S-Os

▭ 부사는 단독으로도 의사전달이 충분히 되며 단어 하나라도 기/설 관계 가능, 전제 기/설이 있기 때문이다.
yes, no도 it' s가 전제되었다 : It' s yes/no. ☞ 영뇌영어 vol 1 p38

*about=주변관련 대상으로서 '변자' : What about dinner? (어때/어떡하라고 변자 dinner와 관련해서는?)
시동=어때 변자 당신과 관련해서 말이다? -- 의견개진 /확실히 그래요.
/어때 변자 당신과 관련해서 말이다? -- 근황인사 /아주 잘 지내고 있어요.
vs Abosolutely /not.=설→ 기 -- 동족이 아닌 경우 기본어 시동=반드시 그렇지는 않다.

☞.. 이해는 최종적으로 단어의 최종적인 뜻인 감주로 이해한다.

2) 설주뇌와 설가뇌

IIIII .. 부사가 부사를 설명해 주는 뇌 :

— 기본어=뒷말 ··· just /now=설—〉기 : 바로 지금
I'm pretty busy just now. I'll help you later, but I can't do it just now.
We are having dinner just now — can you come back later?
시동=막 지금 (직후진행 : 있는데 막 지금 먹을려고 하고 있다)

IIIII .. **부사를 부사로 설명해 나가는 뇌 :**

— 기본어=앞말

just /now=기—〉설 : 바로 전인데 지금으로부터 바로 전으로서 방금전

Bill telephoned just now. Who was that at the door just now?

☜.. **이해는 최종적으로 단어의 최종적인 뜻인 감주로 이해한다.**

3) 특수 부사

IIIII .. **특수부사** : 일반부사와는 달리 겉으로는 다른 품사인 것 같으나 실질적으로는 부사(기능)로서 뜻 관계를 가진다.

A.. **분사부사** -- I' m steaming mad. 시동=열받아 미치는 것

burning/seething hot 시동=타는 듯이 몹시 더운 /찌는 듯이 몹시 더운

a loving kind person/so freezing cold **cf]** my loved son : **자동과분사 or 자동형용사**

시동=사랑스러울 정도로 친절한/얼정도로 **cf]** 나의 사랑하는 아들

Enclosed you will find a copy of lease agreement.

The appeals court reduced sentenced for Mubarak and two sons.

시동=동봉되었어[되었기에] -- 앞으로 발견하게 될 것이다. 한 통의 임대차 계약서 --- .

//상소[항소] 법원[=court of appeals]은 축소되게[줄여서] 선고했다. --- .

vs Enclosed, you will ---. 동봉되었기 때문에

↳ **관계분사 영뇌 [구문법 용어: 일종의 현수 분사구문 ☞ vol 1, p223]**

[=It being enclosed, ----.]

B.. **접속부사** -- while at work 시동=(이렇게) 하고 있는 중인 데, 즉 일하고 있는 중인 데

Video and stills show a Jordanian military pilot being burned alive while confined in a cage. 시동=채로, 즉 갇힌[감금된] 채로 *while=하고 있는 중으로서 채로

*still=(영화나 비데오의 특히 홍보용) 장면 사진(a photograph of a scene from a film or video) at=처한 상황으로서 중인 것

Do not drive while drunk. 시동=채로, 술 취한 채로

It was an amazing computer, albeit expensive.

He accepted the job, albeit with some hesitation.

시동=정말로 비록 동자 좀 주저함이 있었어도 (**albeit**=even though: although)

C.. **지정부사** -- The more you read, the more you know. 시동=그렇게 -- 그만큼

D.. **지시부사** -- That[This] easy. 시동=그 정도로/그처럼/그렇게[이처럼/이렇게] 쉽다.

The funeral homes claim the storm caused nine times that many deaths.

↘장례식장측

cf] She' s not that all. 시동=그 여자에게는 아닌데 그게 전부가 아니다. (that=대명사)

E.. **전치사부사** -- Bring in your photos to class. Bring out best.

전치사의 목적어로 말이 되면 전치사가 되고, 말이 안되면 전치사 부사가 된다.
가져오되 사진 속으로 가져 오라는 것은 말이 안된다.

시동=가지고 오너라. ----- . /가져 나와라. 가장 좋은 것으로 해서 말이다.

*in=안쪽으로 들이는 것으로서 오는 것

vs Read about it. 시동=읽되 관한 것을 읽어라/읽되 번자 그것에 관한 것을 읽어라. 말이 된다. 그래서 read가 타동사라 할지라도 about는 전치사가 된다 : **함께동사**

F.. **형용부사** -- Joeng Il Kim is different shy. 시동=남달리 부끄러워 한다.

A Golfer : "I know the rule' s <u>pretty good</u>. My routine is <u>pretty good</u>, too."

A Quick Note

vs a.. Things are going great. 시동=만사가 가고 있는 데 아주 순조롭게 되어 가고 있다.

b.. She sings great. 시동=그녀는 노래를 굉장히 잘 한다.

c.. The company goes global. 시동=세계로[=globally]

: speaker' s desire — 형용사의 질/상태와 부사의 양태/정도가 같은 경우 표현자의 몫

G.. **명사부사** -- a.. The compressor is top heavy. 시동=위가 무거운 것

The baby is two months old. 시동=두 달정도의 나이가 든 것

Go apartment hunting. 시동=아파트 잡으려

b.. Davis Cup 100 years. [=100 years' Davis Cup]

We walked <u>ten miles</u>. **: 복합명사 부사** [=for ten miles]

c.. "What class would you like -- coach, business or first? The coach fare is $700 <u>round trip</u>." "Charge it. Here's my VISA."

시동=700불인데 round trip으로 해서 말이다.

*round-trip [one-way] ticket 왕복권/편도권 coach fare=economy fare

d.. The CNN is four stops away. He rides a lot [a great deal /a good deal].

e.. I'm about <u>1,000 grand</u> short. ※ grand=**단복명사로서** a thousand dollars

She is seven months pregnant.

f.. Astronomers announced Tuesday that the Milky Way's brightest star releases nearly <u>10 million times</u> the power of the sun.

↳특히 명사부사가 의군일 때는 복합명사 부사라 한다.

g.. I want a box three times as large as this. He left five years ago. : 설주뇌 *ago=부사
He was released from prison early today. 시동=일찍감치 오늘 cf]earlier today 더 일찍감치 오늘

h.. Come this way. I'll see you next Friday. They got married last March.
This summer, think safety. I'm home sick. 시동=집에 있는데 아파서 말이다.
Disney World was a hundred times more fun than I'd expected.

i.. My village is about 10 minutes (away) from here.
She brought home another spotty youth last week/year. [=in the last week/year]
My watch is five minutes slow/fast. What day of a week did you do that? 무슨 요일에

j.. He is every inch a gentleman. "Where is the CNN?" "It's four stops away/down."

k.. A : If you could have three wishes granted, what would they be?
B : Just three wishes, huh? I guess I'd have to think about it a while.
vs ----- for a while.

l.. The baby was born Friday morning. vs The baby was born in the Friday morning.
We walked ten miles. vs We walked for ten miles.
I awaited her a long time. vs I awaited her for a long time.
We cannot do it that way. vs We cannot do it in that way. this time vs at this time
— 전치사를 표현하면 명사가 된다.

A Quick Note

cf] 전치사 + 명사로 된 전치사 영뇌의군의 비제한적 연결영뇌

⇒ 문맥에 따라 뜻하는 의미로 일반부사 영뇌로 대체 가능

IIIII .. She had finished the homework with ease. (=easily)
시동=동자 쉬운 처리로[갖고서 쉬운 처리를 갖고서] *with=동존처리 대상 /동존처리

→ with patience (동자/갖고서 인내를 갖고서) =patiently,
on Monday (상일, 월요일에) =Monday
on purpose (해서 고의적으로 해서/상자 고의로 해서 : 상작동) =purposely
in haste (해서/내자 급히해서 : 내작동) =hastily
without hesitation (없이 주저함이 없이) =unhesitatingly, --- etc.

☞.. 이해는 최종적으로 단어의 최종적인 뜻인 감주로 이해한다.

↘그러면 영어말투가 형성되고 영어말투에 익숙해진다.

Plus-1 ✠ **때때로의 IS 영뇌**

sometimes 어떤 때, 어떤 때로서 <u>때때로</u>

vs now and then 지금[요즘]도 하고 다음에도 하는 것으로서 <u>때때로</u>/가끔

vs from time to time 생기면 때가 생기면 하고, 되면 때가 되면 하는 것으로서 <u>때때로</u>

vs on occasion 일어나는 데 일어나고 일어나고 하는 것으로서 <u>때때로</u> [on: 작동 occ: occur+occur]

vs occasionally 일어나고 일어나고 하는 것으로서 <u>때때로</u>

-- 다같이 '때때로' 이지만 접근하는 뉘앙스가 달라 IS영뇌 작동시 각각 다르게 작동시켜야 한다.

Plus-2 ✠ **부사의 등급** — 부사도 단어에 따라 등급 정도를 나타 낼 수 있다.

a.. Keiko tries hard.

Keiko tries harder than anyone in her class.

Keiko tries (the) hardest in her class. (the=**지정부사**)

시동=노력하는 데 (그야말로) 가장 열심히

*try=이리 저리 취하는 것으로서 노력하는 것/시도하는 것 [t: take r: 이리 저리하는 모습]

vs My mother is the happiest woman in our city.

(the=**지정형용사** -- 최상급으로 강조된 명사 설주)

b.. The leader[chief] of an Antarctic[Arctic] expedition went (the) furthest of all the explorers.

시동=(그야말로) 가장 멀리

c.. They all behaved badly, but Tim behaved the worst.

Sarah concentrated the hardest.

— 내부적 the로서 강조 : 특히 부사를 설명해 줄 때는 지정부사라 함

✣ **규칙 비교 — 일반적으로 형용사와 같다.**

우등비교 ···› 우등단어 er/est, more/most 열등비교 ···› 열등단어 less/least

비교선택 ···› 선택단어 more/rather를 사용한다. 여기서 우등비교 외는 음절을 따지지 않는다.

Ⅰ 우등비교 :

A.. 일반적으로 일음절 부사는 er/est를 붙인다. (er/est=접미단어)

→ fast /faster /fastest hard /harder /hardest loud /louder /loudest : 부사일 경우 동사앞 미사용

vs Loudly say it. or Say it loudly.

↳ Say it loud.

B.. 이음절 또는 그 이상 부사는 more/most를 사용한다.

→ briefly /more briefly /most briefly fortunately /more fortunately /most fortunately

비연결설명어 영뇌

exception] **early /earlier /earliest** : 2음절이지만 er/est를 첨가

: The earlier you start, the sooner you'll be back.

왜냐하면, early는 형용사도 되므로 형용사 등급 규칙을 적용받기 때문이다.

: **일종의 관습적 E**

<u>2음절 단어</u>이더라도 ly로 끝나는 형용사는 er/est를 사용한다. ＊**early=adj. adv.**

2 열등비교 :

열등비교는 음절수 관계없이 원급에 less/least 열등단어를 사용한다.
less/least와 more/most는 단어 자체가 비교급/최상급 의미를 갖고 있기 때문에 이들 단어 뒤에는 자연적으로 원급단어가 와야 한다.

a.. Keiko drives less fast than anyone I know. (not ***less faster***)

시동=운전하는 데 덜 빠르게 운전한다 ⋯▸ 덜 빠른 것으로서 더디게/느리게

b.. She works least fast when she is under pressure. (not ***least fastest***)

시동=일처리를 하는 데 가장 덜 빠르게 한다 ⋯▸ 가장 덜 빠른 것으로서 아주 더디게[느리게]

cf] I eat less chocolate and fewer biscuits than I used to.

시동=더 적은 양의 / 더 적은 수의 -- **형용사**

-- 차자 내가 했던 것보다, 즉 대동 그렇게 했던 것 보다말이다

3 (비교) 선택 :

(비교) 선택도 음절수에 관계없이 more/rather 선택단어를 사용한다.
우등비교가 아니라 단어자체의 (비교) 선택이기 때문이다 : 오히려 더 — 한 쪽이다

IIIII.. Keiko drives more fast than slow.[=Keiko drives fast rather than slow.]

시동=운전하는 데 오히려 더 빨리하는 쪽이다. 한다기보다 천천히 한다하기보다 말이다.

/-- 차자 천천히 한다하기보다 말이다.

[운전하는 데 빨리 운전한다. 오히려 한다기보다 천천히 한다기보다 말이다.]

than=차등비교 또는 차등선택으로서 차자 — 보다

☘ 불규칙 비교(irregular adverbs) tip)문법으로만 간직하지 말고 free 영뇌로 간직하라.

† badly/worse/worst cf] bad/worse/worst : 형용사

† well/better/best cf] good/better/best : 형용사

† little/less/least -- 부사 or 형용사
† much/more/most -- 부사 or 형용사 vs few/many=형용사: fewer/fewest, more/most

: A motel will cost you less. We walked less than three kilometers. (부사)
vs We must try to spend less money. (형용사)

† far → farther, farthest ; 거리(distance)
further, furthest ; 거리 또는 정도, †추가 (distance, degree, or addition)

far=(원급) 부사/형용사: 「거리나 정도」의미
a.. She is far away from the house. 멀리 떨어져 있다는 의미
b.. The fire station/post office is not far from here.
vs a.. She is far in years. -- 실제 거리가 아니라 정도의 시간거리이다.
시동=있는 데 멀리 속으로 들어가 있다. 여러 해 속으로 말이다.
뜻하는 의미=나이가 많다는 의미이다.
b.. Sean Connery is a man of far vision. 시동=멀리 내다 보는 사람
c.. So far, so good. 시동=지금까지 **cf]** so far=정말로 멀리/이[그] 정도로
↳ so=이렇게/그렇게//이/그//정말로

*so=이 시간 지정으로서 지금 far=정도로서 까지 cf]정도로서 하는 한 : so[as] far as
so far=thus far=until now (도자 지금까지) =to this point (대자 이 시점까지)
away=길/방향을 벗어나는 것으로서 떨어져 나가는 것/떠나는 것/사라지는 것
[a 〉 ei 〉 i: 이탈 + way] //사이만큼 거리를 두는 것으로서 (좀) 떨어져 있는 것
[a + w + a ⇒ a + between + a]

† late → later /latest or last : 늦게[최근] /더 늦게[더 최근] /가장 늦게[가장 최근(most recently)] -- 시간개념
또는 마지막으로 (finally) -- 순서개념 *late=형부동형
late=정시를 초과한 것으로서 늦은 것[a: after] : The bus is late.
/시간상 끝[정점]의 것으로서 최근인 것[t: tip+time] : He has all the late details. 최근 상세한 내용
/순서상 끝무렵[끝부분]인 것으로서 후반/말/늦는 것[t: toward/part e: end] : late forties 40대 후반
a late bus 막차 (towards the end of the day) late September 9월 말 late afternoon 늦은 오후

Plus-3 ✠ 도치부사 영뇌, 전치사부사 영뇌, 유도부사 영뇌

Ⅰ .. 도치부사 영뇌

: 일반적으로 도치영뇌는 강조주의 기/설 영뇌 때문에 발생한다 : **도치강조 영뇌**
자기가 강조하고자 하는 부분을 앞에 쓰면 된다. 그래서 성경책에서는 도치표현이 많다.

a.. Long live /the king! =기-->설 Down fell /the acorn. =기-->설

부사가 동사를 설명해 주면서 기본어가 되고, 다시 관사 영뇌의군으로 설명해 나가는 뇌로 작동시킨다.

: BEis-Os 이때는 부사가 동사보다 더 강조되었다 : —— ! 〉 Live long the king! /Fell down — .

자동사 단독일 경우 일반적으로 **자동사와 함께 도치시켜 강조**

일반어순 : The king live long! The acorn fell down.

b.. Scarcely had we started when it began to rain. cf] Prosperous will your future be.

시동=거의 갖지 못했다. 출발한 상황을 갖지 못했는 데, (언제냐 하면) 그때, 즉 날씨가 시작했을 때 말이다.

cf] 번창[번성]이 앞으로 일어날 것이다. 당신의 미래에 말이다. *be=동질연결로서 '에'

복합동사일 경우 **앞 동사와 함께 도치시켜 강조**

cf] '조동사+원동사' 도 복합동사이다 : 형용사와 함께 도치

일반 어순: We had scarcely started when it began to rain.

cf] Your future will be prosperous.

c.. Little did he dream that he would succeed. cf]Little dreamed he!

↗영뇌영어 vol 1 p59

타동사 단독일 경우 **강조 대동조동사를 사용하여 도치**시켜 강조한다. 뒤에 목적어가 있기 때문이다. 일반어순 : He little dreamed that he would succeed.

plus] 도치강조 영뇌: Surrounding him /were /12 students. =기-->설-->설′

⇒ **기본어라고 해서 반드시 주어가 되는 것은 아니다: 묻는 말/도치표현/there구문/주동 기본어 -- 등**

시동=둘러싸고 있었는데 그 사람을 둘러싸고 있었는데 (그들은) 12명의 학생들이었다.

↳were=있었는데/그들은

2 .. 전치사부사 영뇌

=동사 또는 목적어, 또다른 전부를 설명해 나가는 뇌

a.. Take off your coat. or Take your coat off.

시동=취해서 벗어라. 너의 코트를 말이다.

or 취해서 너의 코트를 벗어라 /취하라. 너의 코트를 벗는 것을 말이다.

b.. He was standing with a hat on.

시동=동자 모자를 쓰고서 *on=위에 놓고 있는 것으로서 쓰고서

c.. Come in across. 전부를 또다른 전부로 설명해 나가는 뇌 시동=와서, 들어와서 가로질러라.

d.. Please turn /on /the radio.=B-->E(B′)-->E or Please turn the radio on.

— 목적어가 명사일 경우 동사 또는 명사 설명 가능 : 돌려서 켜는 것/돌려서 그 라디오를 켜는 것

tip)과학이 발달해서 오늘날은 굳이 돌리지 않아도 그냥 작동의미 가능

: 작동시켜[틀어서] 켜라/작동시켜[틀어서] 그 라디오를 켜라

↳turn=트는 것으로서 작동시키는 것 : Turn the TV to channel 4. Turn the water off.

A Quick Note

vs Please turn on it. (×) → Standard WrE는 좋은 글 입장에서 판단하기 때문이다.
but Please turn it on. (○) → 관습적 E로서 Standard WrE
— 목적어가 대명사일 경우 대명사를 설명해 나가는 뇌로 작동시킨다.
하지만 infml E로 동사설명도 가능 : Please turn on it.
compare] Get in the car. (○) 몸을 움직여서 타라 Get in it. (○) ···› in=전치사

3 .. **유도부사 영뇌 : there** — 동사상황을 유도하기 때문에 먼저 작동 → 동사상황 유도의미
동사상황(existing or happening)을 유도하면서 referring forward하는 말 ···› 실질적 referent=동사 뒷말

시동=이런 게 or 유도느낌만 유지하고 동사만 해석(비한글 BNW 시동) ···› 유도상황 또는 선언급상황
(When I am mentioning something for the first time, to say that it exists.
언제 쓰이느냐 하면은 내가 언급하고자 할때, 어떤 것을 즉 처음으로 언급하고자 할 때 쓰이는 데,
대동 말하기 위해서 즉 그것이 존재한다고 말하기 위해서 말이다.)

free 영뇌로서
a.. There's a man at the door. [=A man is at the door.] ⇒ A man at the door. : infml E
시동=이런 게 있다 or (유도느낌 유지) 있다. 어떤 남자가 구처 문간에 말이다 : 존재로서 상개념
vs There is 'opening bell'. 시동=하고 있어요, opening bell 행사를 말이다.
: 발생존재로서 동개념 *opening bell=미증권시장 opening 행사

b.. There comes a time when you have to make a choice. [=Comes a time -- . : infml E]
시동=이런 게 왔어요 /(유도 느낌 유지 하면서) 왔어요. *comes=발생현재
: Was against the same-sex marriage in 2008. : infml E -- 있었는 데 반대가 있었다.[=There was : StE]

c.. There appears <u>to be a vast amount of confusion</u>. There is <u>fairly smooth sailing so far</u>.
시동=이런 게 나타 나 있는 것 같다 /(유도느낌 유지) 나타 나 있는 것 같다. (즉, ---- .)
/있는 데 알맞게 순항하고 있다. 지금 까지 정도로는 말이다.

d.. There is a man (over) there/here. ↗실질적인 referent는 동사 뒷말이니 동사 수 쉽게 일치
시동=이런 게 있다, 어떤 한 남자가 (상결해서) 저쪽에 (상결해서) 있다 : There's money here.
: 앞 there=유도부사로서 referring forward 뒷 there/here=실질부사/(전치사 표현시) 장소대명사

compare] "Here is a man. There is a woman." : **일종의 도치표현**
: here=(언제나) 실질부사로서 여기에, 그래서 there=실질부사
∵ 앞에서 실질부사 의미로 표현했기 때문
: Here's the money you lent me. Here's your chance to change your life.
Here are some pictures of John when he was little.
Here's a look at the weather. 이쪽으로[자] 해보자.
한 번 살펴보는 것인데 직자[직체] 날씨를[쪽으로] 말이다. *'s=발생동질연결로서 해보자

tip)실질부사의 비도치 표현 : "A man is here. A woman is there."

㉦.. 이해는 (언어에 대한 basics를 알았디면) 최종적으로 단어의 최종적인 뜻인 감주로 이해한다.
↘그러면 영어말투가 형성되고 영어말투에 익숙해진다.

Plus-4

✠ 까다로운 부사 단어의 BAM, 즉 단어의 본래의미[원래의미]와 뜻하는 의미

tip)이렇게 공부해서 생활 속에서의 뜻으로 free 영뇌로 간직하라. 그러면 쉽게 저장되고 IS 영뇌도 쉽게 발생한다.

IIIII .. **(every) now and then /now and again**

=(매번) 지금[요즘]도 하고, 다음에도 하는 것으로서 때때로/이따금

//지금[요즘]도 하고, 또다시 하는 것으로서 때때로/이따금 (at times; sometimes)

a.. She meets her old boyfriend for a drink now and then.
시동=만나는데 -- 지금[요즘]도 만나고 다음에도 만나요.

b.. I like to visit art galleries now and again.
시동=좋아하는데 -- 지금[요즘]도 방문하고 또다시 방문하는 것을 말이다.

IIIII .. **very**

=확실히 보이는 것으로서 매우(부사) /정말로[바로](형용사)

[v: 확실히 꽂히는 모습 e: eye]

a.. There aren't very many weekends between now and Christmas.

b.. Thank you very much. The family is very large.

very/too/so=intensifiers (강조어)로서 원급과 의율 : 강조부사
very=매우 : 그냥 강조
too=너무나 : 지나친 강조 아주 : very보다 높은 강조, very very로서 아주
so=그렇게/저렇게/이렇게[정말로 (매우)] : 지정강조[진정한 강조] ∴ that과 의율

IIIII .. **just now**

① now로 설명해 나갈 경우[설가뇌]

just /now =기—>설 : 바로 조금 전인데 지금으로부터 바로 조금전, 즉 방금전(a moment ago)
: 과동사와 의율 ∵ 지금으로부터 계산된 분명한 바로 조금전 time

a.. I finished my homework just now. b.. Bill telephoned just now.
시동=바로 조금전인데 지금으로부터 말이다.

→ any time/day/moment/minute/second now
어느 때고, 어느 날이고, 어느 순간이고 지금으로부터 그렇다는 말이다
「at the time just following the present」: Our guests will be arriving any moment now but the house is still a mess.

② just로 설명해 줄 경우[설주뇌]

just /now =설—〉기 : 바로 지금 /막 이제

: 현동사와 의율 ∵ 바로로 지금을 지정하니 분명한 지금 time

a.. I'm pretty busy just now. 바로 지금은 말이다.

b.. "We're having dinner just now. Can you call back later?"
우리는 먹으려는 참이다. -- 막 이제 말이다.

extreme caution]

IIIII.. I have just now finished my homework. : not ok

just now는 분명한 time으로서 어느 한시제 상황을 나타내기 때문에 현재완료와 함께 써지 않고, 각각으로 과분사와 의율시키는 것은 **관습적 English**이다. now, just 각각일 경우는 지금, 막으로서 막연한 time이기 때문에 어느 한시제에 국한되지 않아 걸친시제[즉 현재완료] 속에서도 의율이 된다.

vs I have now finished my homework. : ok 시동=가지고 있는데 지금 끝낸 것을 말이다.

vs I have just finished my homework. : ok

시동=가지고 있는 막 끝낸 것을 말이다. **주의**]지금/막 범위가 막연하다.

now=시간이 흘러가지 않았던 것으로서 지금 [n/o: not+moved -- BNW]

: **막연한** time -- **지금의 범위=직전에서 직후까지** -- 그래서 현재상황뿐만이 아니라 과거사황, 미래상황과도 의율이 가능하다.

: The train now left. The train will leave now. The train now leaves.

vs just=시간이 지금 막 스쳐갔거나 스쳐가는 것으로서 막(직전/직후) : **막연한** time

[j: **지금** s: skimmed/skimming t: time -- BNW]

-- **막의 시기=직전과 직후** -- 그래서 직전과거와 직후미래와 의율

: It just turned 9 o'clock. "Where are you, Jim? I'm just coming."

시동=막 가까이 가려는 참이다

cf]방금=직전(a moment ago) -- 그래서 just=막(BNW)/방금

cf] right now[away/off]

=바로 지금/바로 떨어지는 것으로서 당장[=immediately 즉시 /straight 곧장]

addition] 보통 과동사와 많이 쓰이는 분명한 과거 time도 과분사에 쓰이면 infml E가 된다.

a.. We have seen him yesterday /last year. : **infml E**
시동= 우리는 가지고 있어요, 본 것인데 그를 어제 /지난해에 말이다.

vs We have seen him before. I've seen it already.
just나 before, already는 막연한 time을 나타내는 말이니 과거의미가 되도 보통 현재완료 과분사와 함께 많이 쓰는 것으로 굳어져 있다 : **관습적 English**
※ 막연한 time=just, now, before, already, — etc.

b.. We have seen in 2007. —— CNN broadcasting, 2011
"I haven't lost a bag in the last year. I haven't had any luggage issues."
구문법에서는 분명한 과거부사는 현재완료에 못 쓴다고 하는 데 이것도 의율이 가능하기 때문에 **SpE /infml E**에서는 쓰기도 한다.

vs We had seen him last month. : ok as the WrE
과동사도 과분사도 모두 과거상황이기 때문에 관습적 English와 상관없이 과거완료에서는 Standard WrE가 된다. **＊여기서 '과분사' =이전 event로서 과거상황**

IIIII .. Almost

= 모든 것의 대부분으로서 모든 것에 접근하는 것으로서 거의
[all + most] (very nearly but not quite)
— 즉, 모두를 나타내는 일정 기준에 대한 접근치 개념
모두로서 일정 기준치=전체 /zero 크기로서 전체 /일정의미으로서 전체, — etc.

a.. Almost all Koreans eat rice for breakfast. (○)

vs Almost Koreans eat rice for breakfast. (×)
∵ 복수는 막연한 크기로서 일정수가 아니어서 일정 기준치가 될 수 없기 때문이다.
vs Most Koreans eat rice for breakfast. (○)
: most는 그냥 대부분의 크기로서 차지하는 크기개념이지 일정 기준에 접근하는 크기가 아니다. vs Mostly human. : 대부분 같은 것으로서 '거의 모두[완전히]'
⇒ 거의 모두[완전히] 인간과 같다.
(almost all[completely])

b.. Almost every Korean eats rice for breakfast. ※ every=각각 모두 개념
Almost the entire Korean population eats rice for breakfast.
시동=거의 그야말로 전 한국 주민들은
Children almost without exception enjoy visiting the zoo.

c.. Almost no South Koreans visited North Korea.
Almost nobody in Korea eats cheese for breakfast.
거의 무 남한인들이/거의 무사람들은 — zero 크기로서 모두를 나타내며, 기준치가 분명하다.

d.. Koreans almost always eat rice for breakfast. 거의 늘
It almost never rains in the Sahara Desert. 거의 전혀
— 100% /0% 빈도로서 전체

e.. She's been to almost a dozen /ten countries.
Almost a hundred Koreans visited North Korea.
— 접근 기준치=일정수, 즉 일정수로서 전체

f.. That monkey looks almost like a human being.
The Korean 'Kayagum' sounds almost the same as the Japanese 'Koto'.
— 접근 기준치=동모 또는 동비로서 전체

g.. He drinks 'soju' too much ; he's almost an alcoholic.
Our gas tank was always full, but now it's almost empty.
I cannot remember my childhood almost perfectly.
She was so shocked by the news that she almost fainted.
— 접근 기준치=일정의미, 즉 일정의미로서 전체

cf] **most 오용구문 (problem sentences)**

A Quick Note

: 기준 접근치 개념이 아니라 일정부분 차지 개념
그래서 그냥 '자기몫 차지' 로서 대부분 /of '지정몫 차지' 로서 대부분
— C/U의미 ∵ many, much의 most (the majority, but not quite all)

a.. Most of Koreans eat rice for breakfast. (×) ∵ 그냥 자기 몫도 지정 몫도 아니다.
---> Most Koreans /Most of the Koreans

b.. I spent most of week on the assignment. (×)
---> most weeks /most of a week → 그냥 자기 몫과 of 부정관사 지정분량의 자기 몫
⇒ 대부분의 여러 주 /대부분, 즉 일주일 중 대부분

vs A teacher handed out a homework assignment on Islam. 집에서 하는 과제(물)

assignment[Am E]=할당되어 주어지는 일로서 과제(물) [a: allocated g: given]

homework=집에서 하는 일로서 가정학습/숙제/가정부업

c.. Most of friends are older than she is. (×) ---〉 Most friends /Most of her friends

d.. Most us are from Taegu, but he is from Pusan. (×)

---〉 Most of us ⇒ 대명사는 자체가 지정(의미)이기 때문에 of **지정 몫**으로 표현함

e.. Most of merchandise is left unsold. (×)

--〉 Most merchandise/Most of the merchandise cf] much of the job growth (많은 부분)

: I like most food. I like most French wine.

f.. Most their people would rather be rich than poor. (×)

---〉 Most people /Most of their people

g.. That book can be understood by intelligent most students. (×)

---〉 most intelligent students ⇒ 크기보다 성상이 더 밀접하다 : **밀접주의 기/설 영뇌**

almost=일정 기준치에 가장 접근 한 크기로서 거의

nearly=가까운 크기으로서 거의 about=근처 크기로서 대략

most=많이 차지한 몫으로서 대부분[m: many/much s: share]

IIIII .. too

= 긍정 첨가인정으로서 역시 [t: attach o : ok]

'I can sing. I can dance, too.'

vs "I can't dance. I can't sing, either."

"I haven't read this book, and my brother hasn't, either."

※ either=부정 첨가인정으로서 역시 그렇다는 것

[e〉i: is or e: yes th: this side 이 쪽도 그런 것으로서 부정 첨가인정]

vs again=한번 더 진행시키는 것으로서 한번 더/다시/또

[a: another g: go] : Let's start again from the beginning.

vs also=한번 더 인정하는 것으로서 또한

[a: another so: 그렇게로서 인정] : I also noticed the red car.

vs back=다시 되돌리는 것, 즉 반복으로서 다시/도로

[b: 반복 or behind로서 뒤 : back seat]

: Phone me back when you know the answer.

extreme caution] hour, minute, second의 차이
모두 position이 두 개로 a point or a period, 즉 시점시간 또는 크기시간으로서
크기시간 표현은 같으나 시점시간 표현은 다르다. (In short, **time position**=point or period)
also, 우리말 '시간' =point or period

We've been waiting for 10 hours/minutes/seconds. : 크기시간(period)
vs War was declared at four[4 o'clock] in the afternoon.
[=at sixteen hundred hours/1600 hours /16:00 /4:00 p.m./4 pm].
: hour의 시점시간(point)= 숫자 /o'clock (또는 생략가능) /hundred hours로 표현

vs The train waited for eight hours four minutes 10 seconds.
The train arrived at four minutes 10 seconds past[to] eight (o'clock).
: minute/second의 시점시간(point)=크기시간(period) 처럼 같이 표현
*past=지난 것으로서 즉 to=아직 더 가야 하는 것으로서 전 (즉) /전 -- 대자 -- 전

ⅡⅢ .. as of 4 p.m.

인데, 즉 4시 오후 (현재) 인 것
[s: is — is 동질으로서 인 것 of: 동격으로서 즉 현재=4 pm associate]
: as of now=인데, 즉 지금 현재

ⅡⅢ .. as it stands

즉, 점수를 순서대로 세워 놓는 것[점수가 순서대로 세워져 있는 것]으로서 즉, 현재점수 집계 상황 /인데 선수들 집계성적인 것 (golf score board) *as=동질로서 즉[인 것] *it=선수들이 획득한 score

addition] BNW가 다르기 때문에 함께 쓸 수 있다.
단어의 뜻을 뜻하는 의미로 기억하고 있으면 함께 쓸 수 없다.
: Firemen face dangerous situations each and every day. 시동=각일과 매일 매일말이다.
I want to thank each and every person. 시동=각각의 사람들과 각각 모두에게 말이다.

ⅡⅢ .. nothing but /anything but /all but

전자=어떠한 것도 안되지만 (하지만) — 만 되는 것으로서 오로지/단지
: Those kids are nothing but trouble.[=only]
중자=어떠한 것도 되지만 (하지만) — 만 안되는 것으로서 결코 — 아닌 것
: She is anything but stupid![=never]
말자=모두/전부이나 모두/전부는 아닌 것으로서 거의 /거의 완전히
: The war all but ended. [=almost (completely)]

☞.. 이해는 (언어에 대한 basics를 알았디면) 최종적으로 단어의 최종적인 뜻인 감주로 이해한다.

Plus-5 ✠ 양태[질]와 크기를 의미하는 단어

= greatly 훌륭하게[위대하게] /아주 크게 materially 물질적으로 /상당히[꽤]
modestly 얌전하게[겸손하게] /알맞게[적당히] (moderately)
fairly 공평하게[공정하게] /알맞게[어느 정도/다소] (neither large nor small)
good 좋은 /상당한 크기 : a good many 대략 상당히 많이 significant 중대한 /상당히 많은
considerable 고려해야 할, 무시 못할 /상당히 많은 것 considerably 상당히 많이
tolerably 참을 수 있을 만큼[견딜수 있을 만큼] /어지간히 well 잘 /많이(a lot), 매우(very: infml)
liberal 자유로운 /자유롭게 주어지는 것으로서 많은(large) mildly 온화하게 /다소, 약간
generous 관대한 /보통 때보다 더 많은[더 큰] (larger or more than the usual size or amount)

a.. He lived a life greatly. 시동=위대하게; 숭고[고결]하게 The weather here is great.
시동=아주 좋다 great historical events 시동=아주 훌륭한 역사 행사
This site has great prices. 시동=아주 좋은[괜찮은] 가격
vs b.. That will be greatly missed. I greatly regret not having told the truth.
The quality of health care varies greatly. a great big fish 시동=굉장히 큰 고기
The cost of repairs has greatly increased in recent years.
There are a great many people on the street. 시동=대략 아주 많은 것
The movie was a great success. the Great Depression 시동=대공항

a.. Materially, we are better off than ever before. [≠spiritually] vs b.. A strong 'No' wing would materially increase Grexit risks. 시동=상당히/꽤 Grexit=그리스의 유로존 탈퇴

a.. He lived modestly, economically without pretension. 시동=겸손하게[얌전하게] //검소하게
vs b.. Stocks are modestly lower. 시동=적당히/알맞게
vs c.. Share prices on the Tokyo Stock Exchange declined moderately.
a moderately successful film a moderately hot day
시동=알맞게[적당히/그저 그렇게] 더운 날

a.. I fight fairly. 시동=공정[공평]하게 /공명정대하게
vs b.. A fairly good pupil is neither bad nor very good. 시동=알맞게
I walk <u>fairly</u> fast, but Joe walks <u>rather</u> slowly. 시동=알맞게 /비교적 좀
a fairly heavy rain 시동=다소 큰 비

a.. He became a considerable personage. vs b.. a considerable income/distance/labor
vs c.. It's considerably colder today.
Conditions have improved considerably over the past few years.
vs d.. We were tolerably happy at first. 시동=어지간히 (fairly, but not very much)

vs e.. good hard work 시동=상당히[제법] 힘드는 일

a good many reasons 시동=대략 상당히 많은 이유

vs f.. a liberal supply of drinks[cream] 시동=많은 공급의 음료수[크림](given freely; large]

vs g.. a generous glass of wine

시동=보통 크기보다 더 큰 잔 [≠measly 쬐끔 : All I got was a measly $5.]

vs h.. Stand well back from the bonfire. That was well funny! Well after midnight.

시동=많이[훨씬] 뒤로 /매우 재미있었다[매우일 때 BrE infml E] /훨씬 전자[후에] 자정이 지난 후에

vs i.. I felt mildly depressed. 시동=느꼈는데 약간/다소 우울함을 느꼈다.

Plus-6 **✠ 행위와 크기를 의미하는 단어 :**

deal= (다루는 것으로서) 취급[거래/합의안]

/(분량으로서) 다량, 대량 [d: 다루는 것 a: amounts l: large]

a.. No big deal. 시동=크게 취급할 사항은 아니다.

You can get some good deals on the internet. 시동=좀 상당한 거래들

They made a deal to sell the land to a property developer.

시동=합의안 (=an agreement or arrangement)

vs b.. He rides a good deal 시동=대략[한] 상당히 많이

He rides a great deal. 시동=대략[한] 아주 많이 *우리말 '한' =대략크기로서 한 /어떤 하나 /하나

Plus-7 **✠ 부분 부정을 의미하는 단어 :**

IIIII **부분부정 개념** : not가 전부를 나타내는 말과 함께 쓰이면 부분부정이 된다. 즉 「전부는 아니다」는 뜻이 된다. 이 말의 이면에는 「일부는 아니다/이다」는 의미가 들어 있다.

▭ **표현형태** : 부정어 + all, both, every, always, necessarily, quite, fully, altogether, absolutely

뜻=모두 다, 둘 다, 모든 것마다, 언제나, 반드시, 아주, 완전히, 모두 함께, 절대로[반드시] 그런 것은 아니다.

▭ 부분부정 : Not all the girl students left early. ▭ 완전부정 : None of the girl students left early.

a.. Not every house on the island has electricity. Everyone is not rich.

b.. He doesn't know all of them. c.. He doesn't take a walk every morning.

d.. Not both of them are guilty. Both his parents are not living.

e.. The rich are not always happy. ↳**완전부정**=Neither of his parents is living.

or Either of his parents is not living.

f.. I do not believe him fully. g.. I do not quite agree.

시동=나는 하지 않는다. 완전히/아주 동의하는 것은 말이다.

vs I never believe him. I never agree. : **완전부정**

CHAPTER Ⅳ

.. 감주청취 보충 :

감주는 일반적으로 한국 사람들의 예상읽기를 벗어난다.

그 이유 : 영어는 IS로 말하고 소리는 고저장단 주파수로 소리본체에서 나오기 때문이다.
그래서 원어민들은 기본감주로 말하고 기본감주에서 탈리/극저음/동화/단타/삼음가 현상이 발생한다.
주의]특히 해석한 한글느낌으로 듣거나 사전의 발음기호에만 의존하는 사람들은 감주를 절대로 들을 수 없다.

다음 것들은 CNN anchor가 말한 그대로 이다.

1. Forbes releases top 100 highest paid athlete list.
   ⇒ Forbesreleases top100 highestpaid athletelist.
   — 감주 중에는 비약음 감주가 가장 많지만 "단감주+장감주" 로 된 감주도 많다.
   감주는 (한 단어처럼) 뒷말과 말하기 때문에 단어중심 2 • 2조 리듬 감주도 많다.

tip)1. **free 감주 간직**=free 영뇌로 해서 소리값으로 간직하는 것
2. 현장방송은 현장말투이고, 시험영어는 글을 읽는 말투이나 감주는 같다.

2. Baked potato, mashed potato.
   ⇒ Bakedpotato, mashedpotato.
   : 베이크포테이로우 매쉬트포테이로우: ed의 트음가 폐쇄와 t단타, po의 o음가=철자음가/알파벳음가 — 사전=어로 약한 감정음가
   — 사람에 따라 과음가가 복자음이 되면 폐쇄 또는 비폐쇄 시키도 하고, t를 단타 또는 비단타로 말을 한다. 만약 폐쇄시키지 않으면 극저음으로 말한다. 그래서 극저음이 세음으로 들리는 경우가 많다.

3. Not born on clay. ↗강=강강=비약음
   ⇒ Notbornon clay. : 강약 감주 + 단주 Notborn onclay. : 비약음 감주 + 약강 감주
   — 감주 선택은 speaker' s desire이지만 best 리듬으로 하라. tip)ofthecity' s or ofthe city' s
   ↳사람에 따라 감주 또는 단주느낌 가능
   감주일 경우 : ofthe=단감주 city' s=장감주

4. EU calls an emergency meeting. Outbreaks of parasites and lice.
   ⇒ EUcalls anemergency meeting. Outbreaksof parasites andlice. ↗패러싸잇스언/선
   : 이-유코ㄹ 애너머-젼시 미-딩 : s음가 폐쇄와 어화, d로 t단타, ↳ 만약 s음가를 내면 감주=parasitesand lice.
   패러싸잇 : tes=ts로 복자음으로 소리남 ∴ 폐쇄가능 하지만 아웃브레이크스어/서 : 뒤에 모음으로 감주가 되니 s음 비폐쇄
   — 사람에 따라 단수동사 s, 복수 s가 복자음이 되면 폐쇄 또는 비폐쇄 시키도 한다.
   특히 폐쇄 될때 문맥 또는 상황으로 복수의미를 판단하면 된다.
   vs Rolex : "It doesn' t just tell time. It <u>tells</u> history." — 여기서는 비폐쇄

등맥설명어영뇌

5. Well, some women like to shop till they drop as the saying goes.

⇒ Wellsome womenliketo shoptill theydrop asthe sayinggoes.

— 완전히 예상을 벗어난 것이다. 한뇌리딩으로는 도무지 들을 수 없다.

: 애즈어/저 : sth 복자음으로 th 폐쇄 — 즉/동자 속담이 실천되듯이 goes=가는 것—>진행되는 것—>실천되는 것

— 즈어/저와 단수동사 즈는 극저음으로 들리기 때문에 청취력이 약한 사람들은 세음으로 들릴 수 있다.

: Well, from time to time, we can all be forgetful.

⇒ Wellfrom timetotime, wecan allbe forgetful. : 오-(ㄹ) : l의 약받침

↘약받침으로 소리날 경우 청취력이 약한 사람들은 그냥 '오-' 로 들릴 수 있다.

: Your thoughts on that? ⇒ Yourthoughts onthat?

: 도-ㅅ/쏘-ㅅ 오(ㄴ)앳 : 약받침 양쪽 첨가현상으로 뒷음은 약한 '냇' 으로 들릴 가능성이 있다.

: And it resonates well with everyone, I think.

⇒ Andit resonates wellwith everyoneIthink. : and의 d음가 폐쇄[탈리]

— 한국 사람들의 예상읽기를 완전히 빗나가기 때문에 Andit, wellwith, everyoneIthink로 감주간직시 이들만으로도 (무한글로) 충분히 의미[이해]가 실려야 한다 : **일종의 free 영뇌이자 고난도 감주**

: Has made a show like "Game of Thrones" possible.

⇒ Hasmade ashowlike Gameof Thronespossible. : 에이쇼우라이크 : a의 강조말 =에이

— 이런 감주로 말할 때 우리는 듣기가 가장 어렵다.

특히 이런 감주가 가능한 것은 원어민들은 (한글구조의 느낌이 전혀 개입되지 않고) IS로 말하기 때문이고, 그렇게 붙여 말해도 여전히 IS 설가뇌가 유지되기 때문이다.

6. The place to be the 70 mile swath of full eclipse or totality.

⇒ Theplacetobe the70mile swathof fulleclipse ortotality. : 더플**레**이서비 : t탈리와 어화, 합성감주

— to 부정사=본동사의미로서 여기서는 현동사/과동사 대용, 즉 s동사 대용으로 말하는 경우도 있으니 이런 패턴도 알아야 쉽게 알아 들을 수 있다.

.. 이해는 최종적으로 단어의 최종적인 뜻인 감주로 이해한다.

Chapter Ⅳ

Ⅳ. 등맥설명어 영뇌[CEW NB]

.. 등맥설명어 영뇌란?	무한글 이해, 즉 IS두뇌로 앞말을 등맥으로 설명해 나가는 뇌 -- and, or, but, for, so, until, before, after, as, whereas, -- etc.

❖ **등위접속사 영뇌[CC NB]란 :**
무한글 이해, 즉 IS두뇌로 앞말을 등맥으로 설명해 나가는 뇌
요컨데, 등맥 설명어

▭ **등위접속사 BNW**=등맥 — 我必 free 영뇌로 간직하되 (vocal) 감각적 주파수로 간직한다.
: and, or, but, for, so, until, before, after, as, whereas, while, though, — etc..

▭ **등맥**=비중이 같게 순서대로 일어나는 것
vs 종맥=주절을 종속시키거나 주절에 종속되어 구체적인 내용이 되는 것
특히 주절을 종속시킬 경우 종속 시키는 위치는 변경 가능. 단, 구체적인 내용이 되는 that절 내용은 that을 빼고 앞으로 이동 가능

▭ **등맥**=등위접속사 : 등맥설명어 **vs 종맥**=종속접속사 : 연결설명어

.. 어느 부분을 보더라도 영뇌[무한글 뜻]로 이해되는 게 free 영뇌/free 감주다.

1) and 영뇌[and NB]

무한글 이해, 즉 IS두뇌로 앞말을 추가등맥 /계속 추가등맥 /논리적 추가등맥 /양보적 추가등맥 /전환 추가등맥으로 설명해 나가는 뇌, 요컨데 등맥 설명어

일반적으로 등위 접속사도 전치사처럼 뒷말을 작동시킨다.
앞뒤말=모든 단어(즉 모든 품사단어) /모든 구 /모든 절 /모든 문장

① **추가 등맥으로 설명해 나가는 뇌**

↗and할때 추가 등맥상황이 보이면 된다 : S영뇌

A.. **A telephone |and| a cell phone.**

영뇌=(기)→ 설 ⇒ 등설 ⇒ 설 : BEis–Os (**기본어 전제**=They' re /Those[These] are)

or I + I + I : I–Os or S + S + S : S–Os

B.. **We /kissed |and| hugged //(/)each other.**

영뇌=기→ 설 ⇒ 등설 ⇒ 설 ⇨ 전설 or 기→ 설→ 설′ : BEis–Os

C.. **Tidy up /your room. And| don't /forget to /make /your bed!**

영뇌=기→ 설. 등전설→ 기→ 설→ 설′→ 설″ : BEis–Os | Free 감주+我必 Free 감주 간직하기

시동=일반 전화 한 대와 (더불어) 휴대폰 한 대 /우리는 kiss를 했고, 그리고 끌어 안기도 했다. 서로 서로 말이다. /정리를 말끔히 하라. 자네 방을 말이다. 그리고 해서는 안된다. 즉 잊어서는 안된다. 대동 까는 것도 자네 잠자리를 말이다. ✠ up= '바로' 로서 말끔히/깨끗이

and=추가 등맥으로서 그리고/와/및 [a: addition] cf] infml writing= ' n

음파: And=애ㄴ : d폐쇄 /애ㄴ드 [애느 : d폐쇄와 n음가 부활]=post점형 /slide [slide] 주파수 =어ㄴ=dot점형 주파수 a=애: 강한 감정음가 어: 약한 감정음가

'와' 라는 의미=A와 B라는 말은 A와 더불어 B라는 의미로 추가의미

tip)등위접속사 두개 동시 사용 가능 : 서로 뜻이 다르기 때문이다.

: And while Sonia scoffed. 그리고 한편

시동 종류=원애시동 /vocal음 /Free 영뇌 /F3+E2 /일상적인 생활 /Ekbe값 /†SIUM 말하기 /무한글 /BNW or 비한글 BNW /BAM /BEis 영뇌 /G토씨 /connotation /영뇌 기본자세 /패턴 /associate

② **계속추가 등맥으로 설명해 나가는 뇌**

↗and할때 계속 추가 등맥상황이 보이면 된다 : S영뇌

IIIII.. **I /got /dressed |and| had /my breakfast.**

영뇌=기→ 설→ 설′→ 등전설→ 설→ 설′ : BEis–Os | Free 감주+我必 Free 감주 간직하기

or I + I + I + I + I + I : I–Os or S + S + S + S + S + S : S–Os

시동=나는 했어요[움직여 취했어요], 즉 옷을 입었어요, 그리고 나서 먹었지요, 조반을 말이다.

and=뒤이어 하는 것으로서 계속추가 등맥: 그리고나서 /해서 [a: after+addition]

cf] then=지정 계속추가 등맥으로서 그런 다음 [the: **지정으로서 그런** n: next]

③ **논리적 추가등맥으로 설명해 나가는 뇌**

↗and할때 논리적 추가 등맥상황이 보이면 된다 : S영뇌

A.. **Bring /the flowers /into /a warm room |and| they'll /soon open.**

영뇌=기→ 설→ 설′→ 설″ → 등전설→ 기→ 설 : BEis–Os | Free 감주+我必 Free 감주 간직하기

or I + I + I + I + I + I + I : I–Os or S + S + S + S + S + S + S : S–Os

.. 시동으로 (영어) 글자/말 자체에서 뜻이 보이거나 상황이 (머리 속에서) 보이면 된다 : IS 영뇌

시동=가지고 와서 그 꽃을 안으로 들여 둬라, 따뜻한 방에 말이다. 그러면 그것들은 할 것이다. 곧 피기를 말이다./ -- 내대자 따뜻한 방에 둬라. -- . (non-to형 명령)

B.. I missed /supper |and| I'm /starving!

영뇌=가→ 설 → 등전설→ 가→ 설 : BEis-Os

시동=나는 놓쳤어요, 저녁 식사를 말이다. 그래서 나는 지금 배고파 죽겠다.

| Free 감주+我必 Free 감주 간직하기

A Quick Note

and=논리적 추가등맥으로서 그러면/그래서 또한 [a: addition n: 논리]

--하나의 사실이 발생하면 또 하나의 사실이 발생하는 것으로서 **같은 비중으로 순서대로 발생하는 것**

if/that은 종맥으로서 논리적인 추가등맥이 뜻하는 의미이지, 단어 본래 뉘앙스는 아니다.

뜻하는 의미: If you bring --, they' ll -- . Bring the -- room so that they'll soon open.

C.. You give /blood, |and| you' ll /save a life. (you형 명령)

영뇌=가→ 설 → 등전설→ 가→ 설 : BEis-Os

: 등맥은 같은 비중으로 순서대로 일어나기 때문에 순서를 바꿀 수 없다.

뜻하는 의미=**You' ll /save a life //if /you give /blood.**

영뇌=가→ 설 ⇨ 종전설→ 설′ → 설″ | Free 감주+我必 Free 감주 간직하기

시동=만약에, 이렇게 할 경우, 즉 -- 줄 경우 피를 줄 경우 그렇다.

: 종맥은 종속시키는 것이기 때문에 종속시키고자 하는 위치에 두면 된다 : 명(대), 동, 형, 문

⇒ If You give blood you' ll save a life. or You' ll save, if you give blood, a life.

tip)고난도 감주: You get 8 and then you have 1 for free. : 살 때마다 punch card에 구멍을 뚫어 주는 상황

⇒ Youget 8and thenyouhave 1forfree. 에이전 : t의 g단타 데ㄴ유해브 : andthen이라고 말하지 않을 때 고난도 감주

시동=네가 갖게 되면 8개 구멍을 갖게 되면 그런 후에 너 또한 가지게 되는데 하나는 즉 공짜로 갖게 된다.

④ 양보적 추가등맥으로 설명해 나가는 뇌 ↗and할때 양보적 추가 등맥상황이 보이면 된다 : S영뇌

|||||.. You're /a vegetarian |and| you eat /fish?

영뇌=가→ 설 → 등전설→ 가→ 설 : BEis-Os | Free 감주+我必 Free 감주 간직하기

or I + I + I + I + I : I-Os or S + S + S + S + S : S-Os

시동=너는 채식주의자이지요, 그래도 넌 먹겠오, fish를 말이다?

and=양보적 추가등맥으로서 그래도/그럼에도(불구하고) [a: addition n: 냥보〉양보]

: 등맥양보 vs as=동급[동질]양보 though=반대양보 if=조건 (인정)양보

⑤ 전환 추가등맥으로 설명해 나가는 뇌

↗and할때 전환 추가 등맥상황이 보이면 된다 : S영뇌

IIIII .. **He's /overweight |and| yet, //he's /incredibly attractive.**

영뇌=기→ 설 → 등전설→ 전설 ⇒ 기→ 설 : BEis-Os | Free 감주+我必 Free 감주 간직하기

시동= 그는 살이 너무찌다/쪘다. 그런데 아직도 그는 믿을 수 없을 정도로 매력적이다.

and=전환 추가등맥으로서 그런데 [a: addition d: 전환 -- 구개음화 BNW]

여기서는 양보적 추가 등맥으로 뇌가 작동해도 좋다.

tip)**명령문 뒤 and가 반드시 논리적 추가 등맥이 되는 것은 아니다 :** Add them up, and the math does not computer for saving. 더해서 그것들을 합계내라. 그런데 그런 수처리는 하지 못하기 때문에 즉 컴퓨터로 계산하지 못하기 때문에 해자 (세금) 절약용으로는 말이다. *때문에=**문맥** associate 세금=**문맥/단어** associate

and의 최상위 BNW는 추가이다. 추가로서 문맥에 따라 여러 가지로 쓰면 된다.
추가이기 때문에 'A, B, C and D' 라고 먼저 나열하고 마지막에 and를 붙인다: **WrE**
하지만 한뇌에서는 앞에 붙인다. 즉 A와 B, C, D라고 한다. 토익/토플 ↳ ∵ **best 감주가 되기 때문**
문제는 Standard WrE 입장에서 풀어야 한다. 좋은 문장[글]외 좋은 소리[리듬]도 판단의 잣대가 되기 때문이다.

▭ **셋 이상일 때 :** a red, white and green flag : **WrE** → only once
vs a red and white and green flag : **infml E** a red, white, green flag : **infml E**

▭ **둘일 때 :** a black and white dress : **WrE -- 밀접도가 동등하기 때문에 등맥으로 작동시킴**
vs a black, white dress : **infml E**

.. 이해는 최종적으로 단어의 최종적인 뜻인 감주로 이해한다.

2) or 영뇌[or NB]

무한글 이해, 즉 IS두뇌로 앞말을 선택등맥[선택적 지정등맥] /이언등맥 /논리적 선택 등맥 /이유 선택등맥으로 설명해 나가는 뇌 요컨데, 등맥 설명어

① 선택등맥[선택적 지정등맥]으로 설명해 나가는 뇌

↗or할때 선택 등맥상황이 보이면 된다 : S영뇌

A.. You can /take /a subway train |or| a bus.

영뇌=기→ 설→ 설′ → 등설→ 설′ : BEis-Os | Free 감주+我必 Free 감주 간직하기

or I + I + I + I + I : I-Os or S + S + S + S + S : S-Os

B.. Was /she /blonde |or| brunette? ✠ brunette=also, brunet, dark-colored

영뇌=기→ 설→ 설′ → 등설→ 설′ : BEis-Os | Free 감주+我必 Free 감주 간직하기

or I + I + I + I + I : I-Os or S + S + S + S + S : S-Os

시동=너는 할 수 있어요, 잡아 타는 것인데 지하철 열차 혹은[또는] 버스로 말이다.

/였던가, 그 녀의 머리가 blonde였던가, 아니면 brunette였던가?

¦ or=선택[선택적 지정] 등맥으로서 혹은[또는] /아니면[않으면] [o: choice]
¦ **음파**: Or=오어 /오-어 /어=slide /retro-root /dot점형 주파수　어: o의 약한 감정음가

② 이언등맥으로 설명해 나가는 뇌　↗or할때 이언 등맥상황이 보이면 된다 : S영뇌

IIIII .. **Rosalind, |or| /Roz to her friends, /took the initiative.**

영뇌=기 → 등설→ 기→ 설　: BEis-Os　| Free 감주+我必 Free 감주 간직하기

or I + I + I + I　: I-Os　or S + S + S + S　: S-Os

시동=Rosalind, 달리 말하면 Roz로 대자 친구들에게 알려져 있는데 이 사람이, 쥐게 되었어요, 주도권을 말이다. /-- 행사했어요, 주도권을 말이다.　*to=방향대상으로서 대자(對者) -- 에게

or=달리 말하는 것으로서 이언(異言) 등맥 [o: other]　알려져 있는 데=**문맥/상황** associate

③ 논리적 선택등맥으로 설명해 나가는 뇌　↗or할때 논리적 선택 등맥상황이 보이면 된다 : S영뇌

IIIII .. **You should /eat /more, |or| you'll /make /yourself ill.**

영뇌=기→ 설→ 설′ → 등전설→ 기→ 설→ 설′　: BEis-Os　| Free 감주+我必 Free 감주 간직하기

or I + I + I + I + I + I + I　: I-Os

or S + S + S + S + S + S + S　: S-Os

시동=너로 하여금 일어나게 해야 해요, 먹는 것인데 더 많이 말이다. 그렇지 않으면 너에게 발생할 것이다. 나는 것인데 너 자신에게 병이 나는 것이 말이다: Do your job, or get out!

¦ or= '않으면' 으로서 그렇지 않으면,
¦ 그렇지 않으면 선택되는 게 이런 것이라고 하는 논리적 선택등맥 [o: **아니면/않으면**]

caution] 해야 하는 사실과 그렇지 않으면 이런 사실도 선택된다는 것으로서 비중이 같은 등맥이다. 종맥은 순서대로 일어나는 문맥이 아니기 때문에 종속시키는 위치는 표현자의 몫 : 명(대), 동, 형, 문

▭ **뜻하는 의미 :**

If you don' t eat more, you'll make yourself ill. : 문두 전설뇌로서 뒷문장 종속

or You'll make, if you don' t eat more, yourself ill. : 동설뇌로서 동사 종속

or You'll make yourself ill, if you don' t eat more. : 문미 전설뇌로서 앞문장 종속

or You should eat more so that you won' t make ---.

시동=그렇게 되도록 즉 앞으로 발생 하지 않도록 /그러면 그 결과로 하지 않을 것 같다.

: So that you won' t make yourself ill, you should eat more. : 목적종맥 이동가능

-- 결과 종맥은 이동시킬 수 없다. 논리적 또는 인과관계 문맥이기 때문이다.

tip) 그냥 주절의 구체적인 내용=that**없이 이동 가능**

∵ 논리적 또는 인과관계 문맥이 아니기 때문에 실질적인 내용만 먼저 밝힐 수 있기 때문이다.

: People said (that) he had a car.　시동=즉 그것은/즉

→ He had a car, people said. : correct　That he had a car, people said. : incorrect

④ 이유 선택등맥으로 설명해 나가는 뇌 ↗or할때 이유 선택 등맥상황이 보이면 된다 : S영뇌

IIIII .. He must be /at home, |or| his car wouldn' t be /here.=기→ 설 → 등전설→ 기→ 설

시동=그는 틀림없이 있는 것같다. 구처 집에 말이다. | Free 감주+我必 Free 감주 간직하기

뭐~ 자기 차[그 사람 차]가 있지 않는 것 같으니까[없는 걸 보니까], 즉 여기에 말이다.

or=이유 선택 등맥으로서 뭐 -- 하니까 [o: **이유** + choice]

즉 이유로 선택된 것이 or 이하라고 머뭇거리며 말하는 것이다.

.. 이해는 최종적으로 단어의 최종적인 뜻인 감주로 이해한다.

3) but 영뇌[but NB]

무한글 이해, 즉 IS두뇌로 앞말을 반대[차이] 등맥으로 설명해 나가는 뇌

요컨데, 등맥 설명어

↗but할때 반대[차이] 등맥상황이 보이면 된다 : S영뇌

① Simple |but | effective. Beautiful |but | not good.

영뇌=(기)→ 설 → 등설→ 설 : BEis–Os

(기)→ 설 → 등설→ 설 : BEis–Os (전제 기본어=It' s /This is)

or I + I + I : I–Os I + I + I : I–Os

or S + S + S : S–Os S + S + S : S–Os | Free 감주+我必 Free 감주 간직하기

② He would /have won easily, |but| he fell and broke / his leg.

영뇌=기→설 → 등전설→ 기→설 : BEis–Os | Free 감주+我必 Free 감주 간직하기

or I + I + I + I + I : I–Os or S + S + S + S + S : S–Os

시동=simple하지만 effective 하다. /beautiful하지만 좋지 않다. ✠ effective=효과적인/유효한

/그는 했을 것이다[텐데] 즉 승리를 쉽게 말이다/즉 가졌을 것이다. 승리한 사실을 쉽게 말이다. 그러나 그는 넘어져서 부러뜨렸지 뭐람, 다리를 말이다. ※ would=과생각/의미과성립

뜻하는 의미=He ---- , if he hadn' t fallen and broken his leg.

but=반대[차이] 등맥으로서 그러나/하지만[b: **반대** t〉d: difference or u〈∩ : **뒤집은 모습**]

음파: BUt=버ㅌ/버트=post점형/slide 주파수 U: 아/어의 중간 감정음가

: He had /no qualifications. |But| he got /the job. [= --, but --.] 반드시 끊어 말하지 않는다. ↗원어민들은 접속사라고 해서

영뇌=기→ 설 등전설 ⇒ 기→ 설 : BEis–Os **.. 고난도 감주** — <u>Buthe</u> gotthe job.

cf] He feels things deeply, <u>but is</u> always temperate in speech. [(주어전제) infml E]

Addition] infml E로 등맥과 종맥 함께 사용 :

a.. I love you but when we are together.

b.. When your parents piss you off but you know you can' t say anything.

✠ **but의 종속접속사 영뇌=반대부정 종맥** — 종맥은 이동이 가능 : 명(대), 동, 형, 문에 연결설명

a.. The car broke down. But for that we would have been in time.

or We, but for that, would ---- . (would=과생각/의미과성립)

시동=하지만 없었더라면, 해자 그런 것이 없었더라면 우리는 했을 것을 것이다[했을텐데]. 즉 가졌을 것이다[가졌을텐데]. 도착한 사실을 제 때에 말이다. ✠ been=있었던 것으로서 도착한 것

b.. He would have won easily, but he fell and broke his leg.

반대부정 종맥으로 볼 경우 :

시동=하지만 않았더라면, 그가 (그때) 떨어져서[넘어져서] 부려뜨리지 않았더라면 --- .

or He, but he fell and broke his leg, would have won easily.

✠ fell/broke=(과거 속에서의) 의미과성립

c.. But he were dead, yet shall he live. (New Testament)

시동=하지만 그가 되었다고 할지라도, 즉 죽었다고 할지라도, 하지만 아직도 틀림없이 발생할 것이다. 그에게 살아 있다는 게 말이다. [=although]

✠ were=(과거 속에서의) 의미과성립

cf]But for my father' s pension, we would starve.

or We, but for my father' s pension, would starve.

시동=하지만 없다면[없었다면] 해자 아버지의 연금이 없다면[없었다면] --- .

✠ but= '하지만' 으로서 부정말이 들어가는 말 -- 이때 부정말=but associate

for=해당대상으로서 해자(該者)

☞.. 이해는 최종적으로 단어의 최종적인 뜻인 감주로 이해한다.

4) for 영뇌[for NB]

무한글 이해, 즉 IS두뇌로 앞말을 해당이유 등맥으로 설명해 나가는 뇌 요컨데, 등맥 설명어

IIIII.. The old couple do not /go out /in the midwinter, |for| they feel /the cold /a great deal.

영뇌=기→ 설→ 설′→ 등전설→ 기→ 설→ 설′ : BEis-Os | Free 감주+我必 Free 감주 간직하기

or I + I + I + I + I + I + I : I-Os or S + S + S + S + S + S + S : S-Os

시동=그 나이가 많이 든 couple은 하지 않해요, 나가지 않은 데 내자 한겨울에는 말이다.
그 이유 /해유는 그들은 느끼고 있기 때문이다. 추위를 아주 많이 말이다.

↗for할때 해당이유 등맥상황이 보이면 된다 : S영뇌

for=해당이유 등맥으로서 그 이유 /해유(該由)는 -- 때문이다 [f: **해당 사항** r: reason]
: battle for Libya (전투, 즉 리비아 전투) vs battle of Libya (of=동격소유)
음파: FOr=포-/퍼/포어=line점형/dot점형/내성음 slide 주파수 어: 내성음

A Quick Note

for는 앞으로 이동시킬 수 없다 ∵ 순서대로 일어나는 등맥이기 때문이다
하지만 because는 이동이 자유롭다. 그냥 종속시키는 종맥이기 때문이다.
because=원인을 밝히는 이유로서 종속접속사 [b: **밝히는 것** cause: **원인**]
: 왜냐하면 -- 때문이다 /왜냐하면 이렇기 때문에 즉 -- 때문이다.

cf] The old couple do not go out in the midwinter. For they feel the cold a great deal.
→ and/or/but/for -- 등등, 등맥은 period 밖으로 뒤로는 빠질 수 있다.
여전히 순서대로 일어나는 등맥이다 : [= --, for --.]

Extreme Caution] (앞에 어떤 말을 전제로 해서) 등맥으로 먼저 쓰고 다시 결과를 도출하는 예 :
For he is not a man, that he should repent. -- that절이 주절이 아니다. that=종맥으로서 result
시동=그 이유는/해유(該由)는 그대는 사람이 아니어서 [그대는 사람 같은 짓을 안해서], 그래서 그로 하여금 일어나야 한다. 뉘우침이 말이다. *같은 짓=a man associate

.. 이해는 최종적으로 단어의 최종적인 뜻인 감주로 이해한다.

5) so 영뇌[so NB]

무한글 이해, 즉 IS두뇌로 앞말을 논리적 지정등맥으로 설명해 나가는 뇌
요컨데, 등맥 설명어

① I didn't /study very hard, |so | I failed /my driving test.

영뇌=기→설 → 등전설→ 기→설 : BEis–Os | Free 감주+我必 Free 감주 간직하기
or I + I + I + I + I : I–Os or S + S + S + S + S : S–Os

② He lowered /his voice, |so | Doris couldn't /hear.

영뇌=기→설 → 등전설→ 기→설 : BEis–Os | Free 감주+我必 Free 감주 간직하기
or I + I + I + I + I : I–Os or S + S + S + S + S : S–Os

시동=나는 하지 안했어요, 공부를 열실히 말이다. 그래서, 나는 실패했죠, 운전시험에 말이다.
/그는 낮추었어요, 자기 목소리를 말이다. 그래서 Doris는 할수 없었다. 청(廳)을 말이다.

↗so할때 논리적 지정 등맥상황이 보이면 된다 : S영뇌

so=논리적 지정등맥으로서 그래서
[s: reasoning + s>z: 정(定) o: 굴러 가는 것으로서 전개]
음파 : SOu=소우/서=slide/dot점형 주파수 O: ou=알파벳 음가[철자음가] + '우' 감정음가

✠ **논리적인 등위접속사** = and, or, so, therefore, — etc..

and=논리적 추가로서 그러면
vs or=논리적 선택으로서 그렇지 않으면 vs so=지정적 논리전개로서 그래서
vs therefore=(앞의 것에 대해) 지정적 이유논리 (전개)로서 그렇기 때문에
[th: the r: reason+reasoning f: forward o: 전개]
: I think, therefore I exist.

cf] then=adv, 지정적 조건논리로서 그렇다면 [th>the: 지정 e>i: if n: 논리]
: If x=5 and y=3, then xy=15. If you want to go home, then go.

.. 이해는 최종적으로 단어의 최종적인 뜻인 감주로 이해한다.

6) until 영뇌[until NB]

무한글 이해, 즉 IS두뇌로 앞말을 귀착 등맥으로 설명해 나가는 뇌
요컨데, 등맥 설명어

A.. The traffic got /slower and slower |until | it was /stationary.

영뇌=기→설 → 등전설→ 기→설 : BEis-Os | Free 감주+我必 Free 감주 간직하기
or I + I + I + I + I : I-Os or S + S + S + S + S : S-Os

B.. They walked /south-east |until | they met /her.

영뇌=기→설 → 등전설→ 기→설 : BEis-Os | Free 감주+我必 Free 감주 간직하기
or I + I + I + I + I : I-Os or S + S + S + S + S : S-Os

시동=교통이 되더니 더 천천히 더 천천히 되더니 비로소 그것은 되고 말았다. 정체로 말이다.
/그들은 걸어 갔는데 남동쪽으로 갔다. 그리하여 비로소 만나게 되었다. 그녀를 말이다.

※ 되더니=**현재형 과거상황**

↗until[till]할때 귀착 등맥상황이 보이면 된다 : S영뇌

until[till]=귀착 등맥으로서 비로소 -- 하게 되는 것 [t: to 착(방향종점) il: 이르는 것]
귀착 등맥=이르고서 바로 나타나는 것 ✠ until=WrE till=SpE up until=강조
음파 : unTIl=언티ㄹ=up-slide 주파수 u=어 : 약한 감정음가

vs They walked /south-east //until /they met /her.

영뇌=기→설 ⇨ 전설→ 설′→설″ : BEis-Os | Free 감주+我必 Free 감주 간직하기

시동=그들은 걸어 갔는데 남동쪽으로 걸어 갔다. 도자[이런 게 있을 때까지 즉 /귀착될 때까지 즉], 그들이 만날 때 까지[만나는 것이 이루어 질 때까지] 그녀를 말이다. met=성립과거

↗도자[until/till]할때 귀착상황을 일으키는 실체가 보이면 된다 : S영뇌

until[till]=어떤 것(시간/거리)에 이르는 것으로서
까지[이런 게 있을 때 까지 즉/귀착될 때까지 즉] or 귀착 종맥 실체로서 도자(到者) -- 될때 까지
-- 귀착종맥 (종속접속사) [un: 어떤 것 t>d: time, distance il: 이르는 것]
: He didn't pay attention to printing until he was 40.
=It was not until he was 40 that he paid attention to printing.
⇒ it — that로 강조 : 그것은 되지 않았다. 도자 그가 40이 될 때까지는 되지 않았다. 즉 그가 기울이는 것인데, 관심을 대자 인쇄사업(쪽)에 기울이는 것은 말이다. ※ 기울이는 것=현재형 과거상황

tip)There was a spectacular opening celebration, but it wasn't held until December first.
-- was=성립과거 : 하려고 했다 ⇦ 성립시키려고 했다 ⇨ 12월 1일에 비로소 개최되었다는 말

☞.. 이해는 최종적으로 단어의 최종적인 뜻인 감주로 이해한다.

7) before 영뇌[before NB]

무한글 이해, 즉 IS두뇌로 앞말을 전후 등맥으로 설명해 나가는 뇌
요컨데, 등맥 설명어

IIIII .. His birth mother /died | before | he /married.

영뇌=기→ 설 ⇨ 등전설 ⇨ 기→ 설 : BEis-Os | Free 감주+我必 Free 감주 간직하기
or I + I + I + I + I : I-Os or S + S + S + S + S : S-Os

▭ 그냥 비중이 같게 시기전후 일로 순서대로 두뇌를 작동시킨다 : 등맥 뇌

시동=본 엄마가 죽었는데 먼저 죽고, 나중에 그가 결혼했어요.

↘before할때 시기전후 등맥상황이 보이면 된다 : S영뇌

before=먼저 움직이는 것으로서 먼저하고 나중에 하는 것 : **등맥**
[f: forward 미리/전 o: **움직이는 것**] **음파**: beFORE=비[버]포-[포어]=root/내성음 cramp F
↘ e=어: 약한 감정음가

vs His birth mother /died //before /he married.

영뇌=기→ 설 ⇨ 전설→ 설′ : BEis−Os | Free 감주+我必 Free 감주 간직하기

▭ 주절을 종속시키는 뇌로 작동, 즉 주절은 전에 일어난 일이라고 종속[구속]시키고 있다 : **종맥 뇌**

↗**후자[before]할때 나중상황을 일으키는 실체가 보이면 된다** : S영뇌

시동=자기 본엄마는 죽었어요, 전에/후자 자기가 결혼하기 전에 말이다.

✠ birth mother=natural mother=real mother

⇨ Before he married, his birth mother died. or His birth mother, before he married, died.

⇒ 종속접속사는 자기가 종속시키고자 하는 곳에 놓으면 된다.

즉, 명(대), 동, 형, 문에 연결시켜 설명해 나가거나 설명해 주는 뇌

↗ 또는 후(後) 종맥실체로서 후자

before=먼저 움직이는 것으로서 먼저하는 것[전에 하는 것/미리하는 것] : **종맥**
[f: forward 미리/전 o: **움직이는 것** or b: a**다음 글자, 즉 뒤에 일어나는 것으로서 후자**]
: You /go //before /he comes.=**기→ 설 ⇨ 전설→ 설′** : BEis−Os
시동=너는 가면 된다, 전에/후자 그가 오기전에 말이다.
/너는 가되 먼저 가라. 그가 오기 전에 말이다.

☞.. 이해는 최종적으로 단어의 최종적인 뜻인 감주로 이해한다.

8) after 영뇌[after NB]

무한글 이해, 즉 IS두뇌로 앞말을 후전 등맥으로 설명해 나가는 뇌
요컨데, 등맥 설명어

IIIII.. **His birth mother /died | after | he /married.**

영뇌=기→ 설 ⇒ 등전설 ⇒ 기→ 설 : BEis−Os | Free 감주+我必 Free 감주 간직하기

or I + I + I + I + I : I−Os or S + S + S + S + S : S−Os

▭ 그냥 비중이 같게 순서대로 시기후전 일로 작동시키는 뇌 : **등맥 뇌**

시동=그의 본 엄마는 죽었는데 나중에 죽었고, 그 전에 그가 결혼했어요

↘**after할때 시기후전 등맥상황이 보이면 된다** : S영뇌

after=뒤에 일어나는 것으로서 나중에[뒤에] 하고, 먼저[그 전에] 하는 것 : **등맥**
[f: following **뒤 따라 일어나는 것으로서 뒤에 일어나는 것**]
음파: After=애프터/아-프터=slide/retro-root 주파수 **애=강한 감정음가 아=철자음가**

vs His birth mother /died //after /he married.
영뇌=기→ 설 ⇒ 전설→ 설′ ↘**전자[after]할때 먼저상황을 일으키는 실체가 보이면 된다** : S영뇌

▭ 주절을 종속시키는 뇌로 작동, 즉 주절은 후에 일어 난 일이라고 종속[구속]시키고 있다 : **종맥 뇌**
시동=자기 본엄마는 죽었어요, 후에/전자 자기가 결혼한 후에 말이다.

⇨ After he married, his birth mother died. : 뒷문장 종속
or His birth mother, after he married, died. : 명사 종속
→ 종맥은 자기가 종속시키고자 하는 곳에 놓으면 된다.

↗ 또는 선(先) 종맥실체로서 전자
after=뒤에 일어나는 것으로서 후[뒤]에 하는 것 : **종맥**
[f: following **뒤 따라 일어 나는 것으로서 뒤에 일어 나는 것**
or a: **먼저 글자, 즉 먼저 일어나는 것으로서 전자**]
: You /go //after /he comes.=**기→ 설 ⇒ 전설→ 설′** : BEis-Os
시동=네가 가되, 후에/전자 그가 온 후에 말이다.

.. 이해는 최종적으로 단어의 최종적인 뜻인 감주로 이해한다.

9) as 영뇌[as NB]

무한글 이해, 즉 IS두뇌로 앞말을 동급동시상황 등맥으로 설명해 나가는 뇌
요컨데, 등맥 설명어

IIIII .. **Japan's economy /stagnates | as | production /slows.**
영뇌=기→ 설 ⇒ 등전설 ⇒ 기→ 설 : BEis-Os | Free 감주+我必 Free 감주 간직하기
or I + I + I + I + I : I-Os or S + S + S + S + S : S-Os

▭ 비중이 같게 순서대로 동시비교 상황으로 작동시키는 뇌
시동=일본 경제는 침체 되어 있고, 아울러 생산도 느릿느릿 해지고 있다.
↘**as할때 동시상황 등맥상황이 보이면 된다** : S영뇌

as=동급동시상황 등맥으로서 -- 동시에/아울러/뿐만이 아니라
[a: class s: same] **음파**: As=slide F (a=강한 감정음가 : 애즈 약한 감정음가 : 어즈)

vs **She /slipped //as /she was getting off the bus.**

영뇌=기→ 설 ⇒ 전설→ 설′ : BEis-Os | Free 감주+我必 Free 감주 간직하기

▭ 주절을 종속시키는 뇌로 작동, 즉 주절은 동시에 일어난 일이라고 종속[구속]시키고 있다.

시동=그 여자는 미끄러 졌어요, 하면서/동시자 자기가 움직여 내리면서 버스를 말이다. ＊was=가

↘**동시자[as]할때 동시상황을 일으키는 실체가 보이면 된다 : S영뇌**

⇨ As she was getting off the bus, she slipped.

or She, as she was getting off the bus, slipped.

⇒ 종속 접속사는 명(대), 동, 형, 문 가운데 자기가 종속시키고자 하는 곳에 놓으면 된다.

as=동급으로서 동시상황, 동시상황 종맥과 그 실체로서 하면서/동시자 -- 하면서

[a: class s: same] get=움직여 취하는 것으로서 자기 몸을 움직이는 것

[g: go: move t: take] : Let' s get home.

off=붙어 있는 것이 떨어지는 것으로서 내리는 것 [o: on f: fall]

cf] like=infml conj. (꼴이 같은 것으로서) 동모종맥과 그 실체로서 같은 것[동모] /동자 -- 와 같은 것 [k: 꼴 e: equal] : It was like a nuclear bomb went off.

↗**그러면 영어말투가 형성되고 영어말투에 익숙해진다.**

☞.. **이해는 최종적으로 단어의 최종적인 뜻인 감주로 이해한다.**

10) whereas 영뇌[whereas NB]

무한글 이해, 즉 IS두뇌로 앞말을 위치[방향] 화제전환 등맥으로 설명해 나가는 뇌 요컨데, 등맥 설명어

IIIII .. **He must be /about sixty, |whereas| his wife looks /about thirty.**

영뇌=기→설 → 등전설→ 기→설 : BEis-Os | Free 감주+我必 Free 감주 간직하기

or I + I + I + I + I : I-Os or S + S + S + S + S : S-Os

시동=그는 틀림없이 인 것 같다, 대략 sixty로 말이다. 그런데 한편 집사람은 보이는 데 about thirty로보인다. ↘**whereas할때 위치[방향] 전환 등맥상황이 보이면 된다 : S영뇌**

whereas=위치[방향] 화제전환 등맥으로서 한편/그런데 한편

[where: **위치/장소** as: **같은 것으로서 등맥**]

음파: WHEreAs=웨어**애**즈=후음고음 double slide F vs ExPAtriAte=중음고음 triple slide F

vs while=사이 시간으로서 잠시, ↗vs **종맥, 즉 종속접속사일 경우**=한편 -- 이지만
/잠시 화제를 돌리는 것으로서 한편 /다른 한편 /그런데 : **사이 화제전환 등맥**
vs meanwhile=중간 시간으로서 화제전환
: 중간에 화제를 돌리는 것으로서 한편/그런데 한편 : **중간 화제전환 등맥**
vs and=전환추가로서 그런데: **전환추가 등맥**
cf] here=이쪽 관심을 끄는 것으로서 '자' : Here, you go.

vs whereas가 종속 접속사 영뇌일 경우
=어떤 곳에 동급 이유가 있는 것으로서 이런 게 있어서/그런 까닭에[where: **위치** as: **동급이유**]
: Whereas /the city spent /over $1 billion on /its museums and stadium, //it failed to /look after /its schools.
영뇌=전설(→ 설′→ 설″→ 설‴) ⇒ 기→ 설→ 설′ : BEis-Os
| Free 감주+我必 Free 감주 간직하기 look after=보는 데, 뒤를 돌보는 것으로서 보살피는 것
시동=그런 까닭에, 즉 그 도시가 쓴 까닭에[이런 게 있어서, 즉 그 도시가 쓴 게 있어서], 이상 10억 불 이상 상자 -- 에 쓴 까닭에[쓴 게 있어서], 그 도시는 하지 못했어요. 대동 -- 하는데 -- 를 말이다.
↘whereas**할때 해당이유가 되는 실체가 보이면 된다** : S영뇌

plus] when의 등맥과 종맥,
즉 등위접속사 영뇌와 종속접속사 영뇌 :

- I had not gone far when I met her. | Free 감주+我必 Free 감주 간직하기
  등맥=나는 갖지 못했어요, 간 것인데 멀리 간 것을 갖지 못했고, (언제냐 하면) <u>그 때</u> 나는 만났지요.
  vs 종맥= --- 갖지 못했다. 언제냐하면[때에] 내가 만났을 때, 즉 그 여자를 만났을 때 말이다.

  - I had not gone far before I met her. | Free 감주+我必 Free 감주 간직하기
    등맥=나는 하지 못했다. 즉 가지 못했는 데 멀리 <u>먼저</u> 가지 못하고, 바로 곧 나는 만났지요.
    vs 종맥= 나는 갖지 못했다. 간 것인데 멀리 간 것을 갖지 못했는데 <u>전에</u> 내가 만나기 전에 말이다. [나는 없었다. 간 것인데 멀리 간 것은 없었다. ----]
    ➾ **둘다 뜻하는 의미**=얼마 안가서 곧 만났다는 것 /멀리 못가서 바로 만났다는 것

- A cruise around New York's Lower Manhattan fizzled Saturday when the tour company's sailboat ran around near the Statue of Liberty. | Free 감주+我必 Free 감주 간직하기
  등맥=언제냐하면 그때 급히 돌고 있었다 -- 양쪽시기
  종맥=언제냐하면 급히 돌고 있었을 때 말이다 -- 한쪽시기

Plus-1

등위 접속사 collocation

A.. and yet somehow=그런데 [그럼에도 불구하고] 아직도 아무튼
and=전환 추가등맥[양보적 추가등맥] ···▸ 여기서 yet/somehow=adv.

B.. on the one hand -- but[while] on the other hand
=상[상자], 한편 상으로는 -- 이고, 하지만[그런데] 상[상자], 다른 한편 상으로는
-- on **의율은** hand**에서 찾아야 한다. 즉 원래 뜻**[BNW]**으로 해결해야 한다.**

C.. but still=하지만 그래도 (여전히) and also=그리고 또한 ···▸ 여기서 still/also=adv.

D.. and then=그리고, 그런 다음 and therefore=그래서 그렇기 때문에
···▸ 여기서 then/therefore=adv.

E.. but then (again) =하지만, 그런게 있어도[그렇더라도] (또한) ···▸ then/again=adv.
then=뒤에서 지정하여 다음으로 연속시키는 것으로서 그런 다음 /그런게 있는 것
[the + n: next]

F.. and so=그리하여 그래서 and consequently=그래서, 그 결과로[결과적으로]
···▸ so/consequently=adv.

G.. both A and B=둘다, A와 B 둘다 ···▸ both=adv.
not A but B=아니라, A가 아니라 (하지만) B ···▸ not=adv. : **A부정이지 동사부정이 아니다.**

H.. not only A but also B
=아니라, 단지 A뿐만이 아니라, (하지만) 또한 B도 ···▸ not /only /also=부사
not just A but also B =아니라, 그냥 A뿐만이 아니라, (하지만) 또한 B도

just=그냥 스치기만 하는 것, 즉 그냥 그것만 하는 것으로서
(다른 생각없이) 그냥 -- 만 하는 것 -- **초점강조** [s: skim **그냥 스치는 것**]
vs only=다른 것은 안되고 오로지 그것뿐인 것으로서 오로지[단지] -- 뿐인 것
-- **초점강조** [o: **오로지** n: nothing]

more)고난도 감주 : Would you like to just swipe it again, please? ↗ **이중 탈리현상**
└→우-유↗라이크어/커 져스와이피러게인 : 자음 사이 t탈리와 한번더 복자음 앞 s음 탈리

I.. either A or B=어느 쪽도 즉 A 아니면 B 쪽도 /이 쪽 A도 아니면 B 쪽도
[이 쪽도 즉 A 쪽도 아니면 B 쪽도]
either=어느 한 쪽을 지정하는 것으로서 어느 쪽도/이 쪽도
[e: **어느** the: **지정하는 것** or th: this]

J.. either A or (else) B : else를 쓰는 만큼 더 강조가 된다.
=어느 쪽이든지 즉 A쪽이든지, 않으면 (그렇게 하지 않으면) B 쪽으로 ···› either/else=부사

K.. neither A nor B=이 쪽 A쪽도 아니고, 또한 B쪽도 아니다
/어느 쪽도 아니다, A쪽도 아니고, 또한 B쪽도 아니다[A쪽도 또한 B쪽도 말이다]
···› neither=adv. nor=conj. and also not

not A nor B=아닌데 A도 아니고, 그리고 또한 B도 아니다
not A or B=아니다, A도 또한 B도 말이다

She doesn' t smoke nor drink.
시동=하지 않는 데, smoke도 하지 않고 그리고 또한 drink도 하지 않는다.
= She doesn' t smoke or drink. 시동=하지 않는다, smoke도 또한 drink도 말이다.
= She neither smokes nor drinks. = She doesn' t smoke and doesn' t drink.

vs Don' t drink and drive. 시동=하지마라, drink해서 drive하는 것을 말이다.
= Don' t drive after drinking alcohol.

L.. both A and B=둘다, A와 B 둘다 ···› both=adv.
≒ at once A and B=즉[직자] 한꺼번에[동시에], A와 B 한꺼번에[동시에] ···› at once=**부사의군**
*at=바로 대상으로서 즉[직자] once=한번으로서 한꺼번에/동시에
≒ not only[merely/simply] A but also B
=아니라, 단지 A뿐만이 아니라, (하지만) 또한 B도
/아니라, 단지 A정도만 아니라, --- /아니라, 단순히 A만이 아니라, ---
···› 결국 and로 추가하나 but also로 추가하나 같다.

≒ B as well as A=B도 같이 덧붙여 있는 데 즉 A에 말이다
···› as well이 추가이니 and/but 뒷말이 앞에 와야 한다.
≒ A and B alike=A와 B 똑같이
≒ A and B as well /in addition /besides=A 그리고 B도 같이 덧붙여서
A 그리고 B도 내자 추가된다[B도 들어가는데 추가된다] /A 그리고 B도 또한 있다

in=입작동 대상, 즉 들어가는 대상으로서 내자/입작동으로서 들어가는 것
besides=옆에 옆에 있는 것으로서 추가 [be: **있는 것** sides: side+side]
well=덧 붙이는 것으로서 더불어/추가/또한 [w: v + v **하나 더 붙이는 것**]
as well=같이 덧붙여서 [같이 추가해서/즉 덧붙여서]

Plus-2 A as well as B

=A도 더불어 즉 B에 말이다 /A도 같이 덧붙이는 데[추가하는 데] 즉 B에 말이다

(앞 as=부사 : 동질 추가로서 — 도/역시/같이)

: a.. Invite Emlyn – and Simon as well. 그리고 시몬도 더불어[같이 추가해서] 말이다
China is a massive consumer of commodities as well. 역시 또한 말이다

b.. I want to visit Andrew as well as Martin/you as well as her[she].
앞 as=부사 뒷 as=전치사[BrE/StE] /등위접속사[AmE/infml E]

c.. Each week he wrote her three letters, as well as telephoning[telephoned] her.
시동=(각주마다) -- 같이 덧붙여서 즉 전화하는 것에 (같이) 덧붙여서

d.. Did you realize that, as well as <u>being</u> a dress designer, she manages a chain of health food shops? As well as politics.
North Korean women <u>perform</u> music and dances as well as serving[serve] food.
시동=같이 덧붙여서 즉 되어 있는 것, dress designer로 되어 있는 것에 덧붙여서 그 여자는 또한 -- ? /역시 덧붙여서, 즉 정치에 덧붙여서 /도 하고 즉 -- 뿐만이 아니다

⇒ '그래서 — 도 마찬가지이다' 할 때 딱 맞는 표현이 as well이다 : 'You as well.'

cf]He did as well as Martin.
했는 데 같은 정도로 잘 했다. 동비 Martin처럼 말이다 ➾ 뒷 as : 동비 -- 처럼=**동급비교**

Plus-3 and의 단일개념

— 앞말을 and 보설로 설명해 나가면서 s동사로 설명해 나가는 뇌로 작동시킨다. 마치 전치사 보설이나 관계대명사 보설로 설명해 나가는 것과 같다. 그래서 and 첨가 단일의미[뭉쳐진 의미]가 된다.

a.. Honesty /and diligence /is the best policy. **=기→ 설/설**
시동=정직성에 더하면 부지런함을 더하면 (되는 데)

b.. Slow /and steady /wins the race. **=기→ 설/설**
시동=천천히 하는 데 거기에다 꾸준히 하면 ⋯▸ and=추가로서 더하면/거기에다

c.. Trial /and error /is the source of the developments. **=기→ 설/설**
시동=시행에 들어 있는 착오가 들어 있는 시행은 ⋯▸ and=첨가로서 들어 있는 것

→ all work and no play 온종일 일만하고 거기에다 전혀 놀지 않으면
plain living and high thinking 평범하게 살고 거기에다 고고하게 생각하면
curry and rice 카레에 들어 있는, 밥이 들어 있는 카레[=curry with rice]
-- curry가 rice 위에 있으니 먼저 인식되었다 : **상황발생주의 기/설영뇌**

d.. Every day /and each hour /brings us something new. **=기→ 설/설**

시동=매일뿐만이 아니라 시시각각으로

⋯› and=추가로서 뿐만이 아니라

e.. Every boy and every girl in our class has a camera.

시동=모든 각각의 남학생[소년/젊은이]에, 더한 모든 각각의 여학생[소녀/젊은여자]을 더한 것으로서 모든 남녀학생[선남선녀] → early to bed and early to rise

f.. The hammer /and sickle /was flying from the flagpole.**=기→ 설/설**

시동=해머에 그려진[더해진], 낫이 그려진[더해진] 국기[즉 소련 국기] ⋯› and=추가로서 그려진

g.. A horse /and cart /is coming here.**=기→ 설/설**

시동=말인데 끄는, 마차를 끄는 말 ⋯› and=추가로서 끄는 것

-- horse가 먼저 보이고, cart가 나중에 보인다 : **상황발생주의 기/설 영뇌**

cf] The soup is nice[good] and hot.

⋯› and=앞말 첨가 의미로서 -- 할 정도인 것 : 알맞을/상당한 정도로 뜨거운 것

→ nice and sunny rare and honest good and hungry

h.. A knife and fork is very useful in our life. vs a knife and a fork

시동=칼인데 달린, 포크가 달린 칼

→ a watch and chain a needle and thread 시동=바늘인데 달린, 실이 달린 바늘

a cup and saucer 시동=컵인데 딸린[받치고 있는], 받침접시가 딸린[받치고 있는] 컵

⋯› and=첨가로서 달린 것/딸린 것[받치고 있는 것] cf] alien flying saucer 외계인 비행접시

i.. a pen and ink 시동=펜인데 묻은, 잉크가 묻은 펜 ⋯› and=첨가로서 묻은 것

vs A husband and wife are walking along the street.

: 복수 -- 한 사람이 될 수 없음 wife=**(관사) 전제** infml E

=A husband and a wife are --- .

cf] Many a famous pop star has been ruined by drugs. : 뜻은 복수이나 단수인 것 ∵ many=부사

<u>More than one</u> person <u>is</u> involved in this case.

: 이상, 즉 하나 이상의 사람 -- 숫자가 아니고 불분명한 크기로 하나 이상일 때는 **단수의미**

vs A rise of 1.3 degrees over 100 years. one and a half kilos=$1\frac{1}{2}$ kilos 30 kilos

∵ s=not single, 즉 한 개가 아닌 것으로서 복수

vs 숫자자체는 단수 : 30 is a small number.

cf] one more person 한 사람 더(로서 한 사람인 것)

to be continued from p515

.. 감주청취 보충 :

다음 것들은 CNN anchor 말한 그대로 이다.

7. Meet the new Guinnes World Records holder for the world's largest samosa.
That's a big fryer!
Volunteers of the Muslim Aid UK charity in London made this king-sized version of the popular Asian snack Tuesday. Look at him cut into that crispy crust.
It weighed a whopping 153 kilograms and took 15 hours to create.
The team used a custom container big enough to fry it.
The Salvation Army later served it to hundreds of the city's homeless.

⇒ Meetthe newGuinnesWorldRecords holderforthe world's largestsamosa. That'sa bigfryer!
Volunteersofthe MuslimAid UKcharityin London madethis king-sized versionofthe popularAsian snackTuesday. Lookathim cutintothat crispycrust.
Itweigheda whopping(of) 153kilograms andtook 15hoursto create.
Theteam useda customcontainer bigenoughto fryit.
TheSalvation Armylater serveditto hundreds ofthe city'shomeless.

— 원애가 되도 비영어권 사람들은 감주로 귀에 익은 소리[familiar sound]가 많지 않기 때문에 한 문장씩 백번 듣고 다시 두 문장씩하여 100번 듣고 그리고 전체로 하여 100번 들어 완전히 감주로 귀에 익은 소리로 박힐 때까지 들어라. 진짜 영어 실력은 문자값이 아니라 소리값이다. 요즘은 device가 좋기 때문에 얼마든지 동영상을 캡쳐하여 반복횟수를 자유롭게 녹화할 수 있다. **Wow, 300 times!**

↳현장영어 뿐만이 아니라, 각종 시험영어 청취도 같다.

※samosa=인도 튀김 food : 써모새 a=약한 감정음가와 강한 감정음가
— 약청자는 강한 감정음가에서 say로 오청할 수 있다.

newGuinnesWorldRecords=네 단어를 빠르게 하나의 감주로 말하는 사람이 있다 : d/d 폐쇄

bige/noughto=비기너퍼 : 분리 감주 ou=u지배음가 : 아/어의 중간감정음가 gh=f : 자음감정음가 to=t폐쇄

↗우리말도 나이가 들면 이런 현상이 나타난다.

whoppingof에서 of=speaker의 **습관적 오음** — 원어민들도 습관적으로 잘못 말할 수도 있다.

∵ of 크기 습관 : a cup of coffee, 40 years of age, eight hours of sleep, — , etc.

the+형용사=명사전제 관습 : the city's homeless=the city's homeless people

sign설명어영뇌

난이도가 높은 감주 : Volunteersofthe versionofthe snackTuesday cutintothat 15hoursto TheSalvation Armylater

hundreds ofthe : hundredsofthe 이런 감주로도 말할 수 있다 : 헌드**레**저더=뒷 d와 f 폐쇄[탈리]

— 이런 감주들로 말할 때 우리는 듣기가 가장 어렵다. 난이도가 높을수록 세음이 나올 가능성이 많다. 특히 이런 감주들이 가능한 것은 원어민들은 (한글구조의 느낌이 전혀 개입되지 않고) IS로 말하기 때문이고, 그렇게 붙여 말해도 여전히 IS 설가뇌가 유지되기 때문이다.

문맥 파악이 잘 안되면 BEis 영뇌를 활용하라.

Volunteers /of the Muslim Aid UK charity in London /made this king-sized version of the popular Asian snack Tuesday. = 기—〉설/설

8. Qatar says it will restore full diplomatic relations with Iran.
   ⇒ Qatar saysit willrestore fulldiplomatic relationswithIran.
   — free 감주로 많이 간직하고 자꾸 반복해서 말하라. 그래야 감주말투에 익숙해진다.
   ↳**청취에서의 free 감주**=sp에 의해서 만들어지는 것 주의)free 감주 간직시 감주 이해감도 같이 유지
9. The great American eclipse has given an economic boost to many small towns and cities.
   ⇒ Thegreat Americaneclipse hasgivenan economicboost tomany smalltownsand cities.
   — 여기서 약청자는 to many를 too many로 오청할 가능성이 있다.
   : 스모-ㄹ타운즈언/전 : d탈리와 비합성 또는 합성 감주
   : Several Middle Eastern countries began a boycott against Qatar back in June this year.
   — 여기서도 약청자는 several —〉 seven으로 오청할 가능성이 있다 : **지음오청**
   ↳비영어권 사람들은 청취력이 약해서 자기가 알고 있는 소리로 먼저 가버리는 현상
10. Accusing it of supporting terrorism.
   ⇒ Accusing itof supportingterrorism. : 이ㅌ어브
   — it of 감주가 청자에 따라 세음이 될 가능성이 있다. 특히 세음은 script[caption]를 보더라도 들리지 않을 경우가 있다. 이때는 소리를 들을려고 하면 안된다. "FD=+„로 해서 의음 감주로 들리게 하라. 즉 뇌화된 D두뇌 속에서 의음 감주로 들리면 가볍게/깔끔하게 들린다 : **세음을 쉽게 듣는 법**
   ↳synapse도 함께 작동하기 때문에

V. sign설명어 영뇌[SEW NB]

Chapter Ⅴ

sign설명어 영뇌란?

무한글 이해, 즉 IS두뇌로
글자[단어] 대신에 sign[기호]으로 연결해 설명해 나가는 뇌

— comma, semicolon, colon, dash

❖ **연결부호 영뇌[LS NB]란 :**
무한글 이해, 즉 IS두뇌로 문맥을 글자[단어] 대신에 연결부호로 연결해 설명해 나가는 뇌
요컨데, sign 설명어

▭ **연결부호 BNW**

= , (comma)=분리해서 잇는 것 : 점+꼬리
; (semicolon)=끊으면서 잇는 것 : period + comma
: (colon)=점을 한번 더 찍어 구체적으로 설명해 나가거나 말한내용을 밝혀 나가는 것
: o/o 또는 〃(따옴표)의 변형= : 점점
– (dash)=줄을 그어 다시 발전시켜 나가는 것 : d: developing a: again
단, period는 full stop이니 연결부호가 아니다. 문장종결 표시이다.

Recapping]

▭ **영뇌**=BEis-Os, I-Os, S-Os ⋯› BEis-Os=ΣBis → Eis i.e. ΣB → E
▭ **설명어**=연결설명어 /비연결설명어 /등맥설명어 /sign설명어

❖ **B**=basic word 기본어 **E**=explanatory words 설명어
I=itself 말[소리]자체/글자자체 **S**=actual situation i.e., A상황 [실제상황]
Bis=기본어로서 IS값 in short, B **Eis**=설명어로서 IS값 in short, E

▭ **twenty four 영뇌** : 하루가 24시간으로 작동하듯이 영어도 24개 영뇌로 작동한다. 즉 영어도 알고보면 무슨 표현이든 결국 연결설명어 영뇌 10개. 비연결설명어 영뇌 12개, 등맥설명어 영뇌, sign설명어 영뇌로 표현되거나 이해된다. 연결설명어 영뇌는 관계문장 영뇌와 종속문장 영뇌가 포함되어 10개이다.
tip)1. twenty four 영뇌를 공부하여 그것 자체뿐만이 아니라 그것을 통하여 우리는 (BAM으로) 생활 속에서의 뜻으로 **free 영뇌**를 가지면 된다. 간직시 (vocal) 감주로 간직한다. 그러면 저절로 BEis/IS로 엮어진다.
2. sign 설명어에서 sign도 뜻이 있다. 즉 sign 속에 associate가 있다 : **일종의 associate**

☺.. 이해는 최종적으로 단어의 최종적인 뜻인 감주로 이해한다. 심지어 comma나 period까지 무시하고 best 감주로 이해한다 : Just like a sandwich, right? ⇒ Justlikea sandwichright? Nice. You look nice. ⇒ NiceYou looknice.

1) comma 영뇌[comma NB]

무한글 이해, 즉 IS두뇌로 앞말을 comma로 분리해서 이어 가면서 뒷말로 설명해 나가는 뇌, 요컨대 sign 설명어 주의]comma 영뇌는 (글자보다) 언어로서 표현이 더 많다.
: **대화체** 대화를 쉽게 하려면 콤머영뇌를 알아야 한다.

▭ comma sign
=분리해서 잇는 것으로서 대상, 동격, 나열, 전개, 첨가, 관련, 이유 — 등등을 의미
: 문맥에 따라 결정
[, = 점 + 꼬리 : 분리해서 잇는 sign] vs 완전분리=full stop

✠ **comma=분리관련**

A.. **"How do /you feel, //this village?"** ☺.. **고난도 감주** — **Howdoyou feelthis village?**

영뇌=기→ 설, ⇒ 전설 : BEis-Os — 원어민들은 콤머도 붙여 말할 때도 있다. 리듬때문이다.

or I + I + I : I-Os or S + S + S : S-Os | Free 감주+我必 Free 감주 간직하기

시동=어떻게 하고 있지, 즉 너는 느끼고 있지, 즉 이 마을에 대해서 말이다?

콤머대신 표현 : How do you feel about this village?

☺.. **고난도 감주** — **On the back, you' ve got the open time.**
⇒ **Onthe backyou' ve gotthe opentime.**
↳배큐브 (' ve=설명현재)
– 상면 즉 그 뒷쪽 면을 보면 너는 가질 수 있는데 즉 획득할 수 있다. 개점시간을 말이다. (got=설명 event)

B.. **"Any comments, Liberman?"**

시동-1=기자가 Al Gore에게 묻는 말
어떤 comments라도 있오, Liberman에 대해서[에게] 말이다?

콤머대신 표현 : a.. Any comments about[on] Liberman?
b.. Do you have any comments about[on] Liberman?

시동-2=기자가 interview하는 Liberman자신에게 묻는 말
어떤 comments라도 있오, Liberman씨?
-- 호격 그대로 이해하면 된다.

✠ **comma=분리대상**

A.. **"On /the attacks, //Gadhafi."**

영뇌=기→ 설, ⇒ 전설 : BEis-Os
or I + I + I : I-Os or S + S + S : S-Os
시동=하고 있어요, 공격을 (하고 있는데) Gadhafi에게[를] 말이다. | Free 감주+我必 Free 감주 간직하기

☺.. **한국 사람들의 취약점 :**
접속사, 콤머라고 해서 무조건 띄워 말하거나 (숙어는 없는데) 숙어로 외워 무조건 붙여 말한다. 이런 머리로 굳어 있으면 절대로 들을 수 없으며 말을 할때 리듬을 줄 수도 없다. **명심하라.**
∴ **일반적 고난도 감주**
❶ 분리감주 ❷ 접속사, 콤머 무시 best 감주
❸ 숙어 무시 best 감주 ⇒ 모두 best 리듬

※ on=작동으로서 하는 것

.. 시동으로 (영어) 글자/말 자체에서 뜻이 보이거나 상황이 (머리 속에서) 보이면 된다 : IS 영뇌

콤머대신 표현 : a.. The attacks on[against] Gadhafi.

b.. The attacks are on[against] Gadhafi.

B.. **Bobby Shanny, CNBC business news.**

시동=바비 샤니는 맡고 있어요, CNBC business news를 말이다.

C.. **Get water, a glass. Higher, gas prices.**

시동=가져와라, 물인데, 한 잔이야. /올랐어요, 기름값[가스값]이 말이다.

콤머대신 표현 : Get a glass of water.

D.. **Listen, what I' m saying.**

시동=귀담아 듣게, 무엇이냐 하면 내가 지금 말하고 있는 것말이야.

콤머대신 표현 : Listen to what I' m saying.

E.. **Go back, Mississippi! Go back, California! Go back, New York!**

— Martin Luther King' s 「I-have- a- dream address」

시동=가라, 다시 (말이다), 미시시피로! --- .

콤머대신 표현 : a.. Go back to Mississippi!

b.. Go back to California! Go back to New York!

말은 글과 다를 때가 많다. 글 어순보다 대화 어순에 우리 한국 사람들은 너무 약하다. sign 영뇌를 확실히 심어라. 그러면, 청취도 잘 될 것이다.

✠ comma=분리주격

A.. **"Coming, /Boss. Stop smoking."** | Free 감주+我必 Free 감주 간직하기

영뇌=기 → 설 : BEis-Os or I + I : I-Os or S + S : S-Os

시동=오고 있어요, Boss [부장/상사/수장]가 말이야. ---.

콤머대신 표현 : The boss is coming. Stop smoking.

B.. **Good job, Miami.** 시동=잘 했다, 마이애미팀. **콤머대신 표현** : Miami did a good job.

C.. **Hell out, you!** ※ hell=강조말(emphasis)

시동=빨랑 빨랑 나와, 너도 말이다. **콤머대신 표현** : You come[get] out!

D.. **Also on the rise, home prices.**

시동=또한 타고 있어요, 상승을 (타고 있는데) home prices가 말이다.

콤머대신 표현 : a.. Home prices also on the rise.

b.. Home prices are also on the rise.

✠ comma=분리동격 — 이런 동격을 특히 comma 동격이라 한다.

A.. **"Did /you see /show, /that?"**

영뇌=기→ 설→ 설′, → 설″ : BEis-Os | Free 감주+我必 Free 감주 간직하기

or I + I + I + I　: I–Os　or S + S + S + S　: S–Os

시동=했지[그랬지], 즉 너 보았지, 쇼인데, 그 쇼말이야? **콤머대신 표현** : Did you see that show?

B.. **What is it, barbecue?**　시동=무엇이지 그것말이야, 바베큐인가?

콤머대신 표현 : What is it?　Is that a barbecue?

C.. **We catch you, Saddam.**　시동=우리는 잡았어요, 당신, 사담을 말이다.

콤머대신 표현 : We catch Saddam.

＊catch/capture/get -- etc..　⇒ get=가장 **infml**한 표현

D.. **Don' t do it, child abuse[sexual abuse].**

시동=하지말라, 그것인데, 아동학대[성학대]를 말이다.

콤머대신 표현 : Don' t do that child abuse[sexual abuse].

↗특히 이런 동격을 `선동격` 이라 한다.

E.. • **The Bachelor, that continues today.**

시동=The Bachelor프로, 그것은 계속됩니다. 오늘말입니다.　＊주어=that

콤머대신 표현 : The Bachelor continues today.

• **A student of science, he was not interested in politics.**　＊주어=he

시동=**선동격** : 학생, 즉 과학도인 그는 없었다. 관심이 없었는데 내자 정치학 분야에 말이다.

vs **분리이유** : 학생, 즉 과학도이기 때문에, --- .

• **The Empire State Building, it was built in 1933.**　＊주어=it

시동=엠파이어 스테이트 빌딩, 그 빌딩은 졌는 데, 지어졌어요, 내시 1933년 내시에 말이다.

콤머대신 표현 : The Empire State Building was built in 1933.

A Quick Note

caution] Standard WrE 에서는 이런 infml E 표현을 좋아하지 않는다. 토익/토플 문법 문제는 좋은 글 입장에서 판단하기 때문이다. 한 문장에서 같은 주어를 두 번 쓰는 것은 좋은 글이 아니다.

⇒ Standard WrE :

The Empire State Building was built in 1933.

or The Empire State Building, which was built in 1933.

↗특히 이런 동격을 `후동격` 이라 한다.

F.. **I, your landlord, demand your apology.**

시동=나는 너의 집주인으로서 요구한다, 너의 사과를 말이다.　**＊주어=I**

콤머대신 표현 : I demand your apology as your landlord.

Tip) 콤머영뇌는 associate로 말하면 훨씬 쉽다.

G.. Afghan refugees come home, 1.8 million. → **분설 분리동격**

시동=아프칸 피난민들이 돌아 왔어요, 고향으로 돌아 왔는데, 인원수는 일백 팔십만명이나 된다.

콤머대신 표현 : 1.8 million Afghan refugees come home. ＊come=**발생현재**

H.. • Breaking news/Bad news/Good news, he is guilty/innocent. → **근설 분리동격**

시동=속보/ -- 뉴스인데, 즉 그에게 있다는 것이다. 즉 죄가 있다는 것이다/없다는 것이다.

콤머대신 표현 : Breaking news/Bad news/Good news is (that) he is guilty/innocent.

• **My point, he is rich.** 시동=my point는 he가 is인데 rich하다는 것이다

콤머대신 표현 : My point is that he is rich.

✠ comma=분리전개[분리삽입전개]

A.. "Stay, say, Bagdhad." | Free 감주+我必 Free 감주 간직하기

영뇌=기 → 설 → 설′ : BEis–Os or I + I + I : I–Os or S + S + S : S–Os

시동=지금 주재 근무[주둔]하면서 말하는 거예요, 바그다드에서 말입니다.

콤머대신 표현 : a.. Stay to say, Bagdhad. b.. Stay and say in Bagdhad.

: • **Maybe long, not easy.** 시동=아마도 오래 걸릴 것 같고, 쉽지 않을 것 같다.

콤머대신 표현 : Maybe it is long and not easy.

• **'All right, come in, get.'** 시동= '모두 다 잘 되었어요, 들어와서 가져가세요'

콤머대신 표현 : All right, come in and get it.

B.. See, sorry, back.

시동=보게나, 미안해요, 다시 말이다. **콤머대신 표현** : See back. I' m sorry.

: **Thank you, Bob, so much.** 시동=감사해요, Bob, 정말로 대단히 말이다.

콤머대신 표현 : Thank you so much, Bob.

✠ comma=분리이유

A.. "Caspian Sea with us, //we should /keep alive." | Free 감주+我必 Free 감주 간직하기

영뇌=전설 ⇨ **기→ 설** : BEis–Os or I + I + I : I–Os or S + S + S : S–Os

시동=Caspian해는 동자 우리와 함께 있다. 그래서 우리들로 하여금 일어나게 해야 한다.

계속해서[지키는 것인데] 살아 있게[있도록] 말이다.

콤머대신 표현 :

As Caspian Sea is with us, we should keep alive.

or Caspian Sea being with us, we should ----- .

A Quick Note

plus] comma=움직이고 움직이다가 잠시 쉬게 하는 것으로서 punctuation mark
[c: (울을 쳐서) 가두는 것으로서 쉬게 하는 것 m: move m: move a: a while]
vs coma=움직임이 잠시 갇히는 것으로서 혼수상태
[c: (울에) 갇히는 것 – 울모양 m: move a: a while]

2) semicolon 영뇌[semicolon NB]

무한글 이해, 즉 IS두뇌로 앞말을 semicolon으로 (독립되게) 끊어서 이어 가면서, 다시 뒷말로 서로의 관계를 설명해 나가는 뇌, 요컨데 sign 설명어

▭ semicolon sign
=period + comma로서 끊으면서 잇는 것으로서 추가 또는 반대, 이유, 결과 관계
[; ⇨ . =끊는 역할 , =잇는 역할]
— 그래서, 표현에 따라 comma /period로 대체 가능 tip)두 문장 이상을 한 문장으로 만들 때 사용
period=완전 분리의미이고, comma는 준분리이다.

A.. "The haircut cost /about $4 ; a shave was /a little more."
영뇌=기→ 설 ; 기→ 설 : BEis–Os | Free 감주+我必 Free 감주 간직하기
or I + I ; I + I : I–Os or S + S ; S + S : S–Os

▭ semicolon=두 가지 사실을 끊어서 잇고 있는 데, 이때 의미 = and/but
시동=Haircut값은 -- 이었고[지만], 면도는 이었는데 좀 더 많은 것이었다.
세미콜른 대신표현 :
a.. The haircut cost about $4. And[But] a shave was a little more.
b.. The haircut cost about $4. A shave was a little more.
c.. The haircut cost about $4, a shave was a little more. : infml E
한 period 내에서 독립된 문장을 semicolon으로 전개 시키지 않고, comma로 전개시키면 infml 한 표현이 된다.

: A – a.. To some life is pleasure; to others suffering. → ; 의미=but
b.. The singular form is child; the plural form is children. → ; 의미=and

sign설명어 영뇌

c.. I started at once; otherwise, I should have missed the train. → ; 의미=or

시동=않았다면, 그렇지 않았다면 나로 하여금 일어났을 것이다[일어났을 텐데]. 즉 놓친 사실이--.

d.. The poor puss had to give up the meat; she was too weak to fight the dog.

→ ; = for (해당이유)

tip] period[?/!] 전체 표현의 첫글자만 대문자[capital letter]로 표현한다.

e.. She was very ill; therefore, we had no choice but to put off our departure.

시동=그래서, 그렇기 때문에 → ; =and (논리적 추가 : 그래서) therefore=adv.

f.. He is dull; still he tries hard. *still=adv.

→ ; =but 시동=그는 둔해요, 하지만 (그래도) 여전히 그는 애쓰고 있어요, 열심히 말이다.

세미콜른 대신표현 :

He is dull. Still he tries hard. He is dull. But still he tries hard.

He is dull, but still he tries hard. He is dull, still he tries hard. *still=adv. conj.

g.. I came; I saw; I conquered. : StE

∵ **세미콜른 속에** 완전한 period가 있어 독립성 보유. 즉 완전히 끊어서 잇는 것, 그래서 한 period내에 있더라도 **StE**가 된다. vs comma=분리해서 잇는 것

I came. I saw. I conquered. : **StE**

vs I came, I saw, I conquered.

: **infml E** ⇒ 독립된 문장은 일반적으로 full stop을 찍는 뇌이기 때문이다.

h.. He never married; he lived alone; he never went to church; he never voted; he refused to pay a tax to the state; he ate no flesh; he drank no wine; he never knew the use of tobacco. —— semicolon으로 7가지 사실을 전개하고 있다. 그래서 7개의 period 문장을 만들 수도 있지만 잇는 맛은 없다. | Free 감주+我必 Free 감주 간직하기

i.. I know that a fairly good income is very important; but it is still more important that a man should follow the vocation for which he is best fitted, whether it happens to be well paid or not. | Free 감주+我必 Free 감주 간직하기

→ 세미콜른=그런데(while/whereas) : 그런데 (하지만)

⇒ 세미콜른으로 문맥을 잇기 때문에 세미콜른 문맥에 맞는 다른 등위 접속사[but]도 쓸 수 있다.

▭ whether it happens to be well paid or not = 어떤 것이든, 즉 그것에 생기는 것이 좋은 보수 이든 아니든 for which = 이유, 그 이유는 --- 때문에

3) colon 영뇌[colon NB]

무한글 이해, 즉 IS두뇌로 앞말을 colon으로 땅땅쳐서, 더 구체적으로 설명해 나가는 뇌, 요컨데 sign 설명어

▭ colon sign

=점점으로 땅땅쳐서 여러가지 예로 구체적으로 설명해 나가거나
점을 한번 더 밑에 탁 찍어서 구체적으로 말해 나가는 것
/따옴표 변형으로서 출처 내용을 구체적으로 밝혀 나가는 것
[o/o 또는 〃(따옴표)의 변형 = : 점점]　tip)점을 하나 더 찍는 것은 구체적으로 설명하겠다는 의도

A.. Churchill promised the British people three things : blood, sweat, and tears.

B.. There are three causes: poverty, injustice, and indolence.

C.. What I intend to do are as follows: to work hard, to make much money, and to work for the public good. -- 콤머 대신 세미 콜른 대체 가능　※ public good=공익

ㅣ Free 감주+我必 Free 감주 간직하기

D.. Dear Sir [Dear Abby] :
She is a girl in the fourth grade. -----. -----. (여러 가지 이야기 전개)

E.. To teach: He taught her to fish. (teach의 예문을 구체적으로 밝히는 뇌)

F.. at 10 : 15 (10시인데 다시 분으로 구체적으로 밝히는 뇌)

G.. Washington Post: "The NATO coalition forces attack."
A Fox : "He is going to eat you. "
→ : = 출처내용을 구체적으로 밝히는 뇌(=says/said/has said)

H.. Your Query of
: sicks found no matching entries.
→ : =조회 결과에 대해 구체적으로 설명해 나가는 뇌

I.. The world is like a looking-glass: if you smile, it smiles; if you frown, it frowns back. 시동=쳐다보는 거울　ㅣ Free 감주+我必 Free 감주 간직하기
→ : = 이미 취한 사실에 대해 다시 구체적으로 설명해 나가는 뇌

tip]콜른은 period 속에 있으므로, 즉 문장이 끝난 것이 아니므로 소문자로 시작해야 한다.
단, 서신 내용 전개나 단어의 예문, 출처내용을 밝힐 경우 대문자로 시작 : D.. /E.. /G..

4) dash 영뇌[dash NB]

무한글 이해, 즉 IS두뇌로 앞말을 dash로 그어서, (뒷말로) 다시 발전시켜 설명해 나가는 뇌 요컨데, sign 설명어

▭ dash sign

= 줄을 그어 다시 발전시키는 것으로서 다시 발전시켜 나가는 것　tip)줄을 길게 긋는 것은 내용을
[d: developing　a: again] — 대개 접속사 의미가 된다.　　더 발전시키겠다는 의도

A.. I'm not surprised they look alike — they're cousins.　시동=왜냐하면

B.. Wait a minute – I'm thinking.

C.. It's too late to give her any advice – she's already made up her mind.

Ⅰ Free 감주+我必 Free 감주 간직하기

D.. Thanks for all your help – you' re too kind!　시동=그런데

E.. You think too much – that's your problem. — 발전시키는 뉘앙스 : StE
시동=그래서, 그것이
vs You think too much, that's your problem. : ok as infml E — 분리해서 잇는 것
vs You think too much. That's your problem. : StE — 완전 분리 뉘앙스
vs You think too much ; that's your problem. : StE — 끊으면서 잇는 뉘앙스

Ⅰ Free 감주+我必 Free 감주 간직하기

F.. In the streets, at home, in the playground – everywhere you must try to utilize all your spare time.
— everywhere가 발전적 내용이다.　시동=그런 곳 뿐만이 아니라[**=대쉬**], 모든 곳에서

Ⅰ Free 감주+我必 Free 감주 간직하기

G.. Reactor Leaks Water Into Ocean, Official in Japan Says
By HIROKO TABUCHI and KEN BELSON
TOKYO – Japan' s nuclear regulator said Saturday there was a crack in a damaged pit that lies between the No. 2 Reactor of the Fukushima Daichi nuclear plant and the sea.
— Tokyo에서 일어나는 것을 Headline 내용보다 더 발전된 내용으로서 전개하니 dash 영뇌를 작동시켰다. 이럴 때에는 더 구체적으로 설명해 나가는 colon 영뇌를 작동시켜도 좋다.

Ⅰ Free 감주+我必 Free 감주 간직하기

H.. Oh, yes, he was hungry – hungry as a church mouse.

I.. Health, friends, position – all are gone.　❖ position=지위

☞ Continues From p533 :

Plus-4 or/nor/but 주어와 동사의율[동사수일치]

a.. The teacher or the students are to blame.
Either you or she is wrong. Neither you nor I am involved in this case.
— '아니면' 로서 선택이기 때문에 뒷말이 기준이 된다.

b.. Not only she but also I am invited to the baby shower.
Not I, but she is invited to the wedding shower.
— '하지만' 으로서 반대사실이 되므로 뒷말이 기준이 된다. ※ shower=a party
I /as well as you /am invited to the bridal shower. =기→ 설/설
— 앞말을 보설로 설명해 나가면서 s동사로 설명해 나가기 때문에 앞말이 기준이 된다. 시동=나도 같이 덧붙여서, 즉 너에 덧붙여서 되었어요, 초대되었어요.
<-- An officer /(together) with two soldiers /is coming here. =기→ 설/설
시동=장교가 (함께) 동자 두명의 사병과 함께

c.. Honesty /and diligence /is the best policy.
A knife /and fork /is very useful in our life. =기→ 설/설
— 앞말기준 보설 단일개념은 단수동사와 의율
vs Wheat, oats, and the like are cereals. : 각각 기준

Plus-5 부분주어 + of + U/C의미 단어 — 지정한 것의 부분크기 ∴ 지정사 사용

— U/C 명사의 부분크기 ⇒ 부분크기도 U/C이므로 동사 수도 이에 따른다 : of 보설

a.. Three-fourths /of the earth's surface /is water. =기→ 설/설
Three-fourths /of the houses /were burnt down. =기→ 설/설 cf]one-fourth or a quarter /a-third

b.. All /Half /Most /Part of us were surprised at the news. tip) all=부분크기가 아닌 경우: 사람 ⇒ 복수취급
All /Half /Most /Part of the city was destroyed by the air-raids. 사물 ⇒ 단수취급
↳All are/is quiet. 모두가/모든 것이

||||| **부분주어**=분수 /all /most /half /the rest /part /some —— etc.
vs Neither of the knives is mine. Either of the knives is mine.
⇒ neither/either=어느 한 쪽을 의미하니 단수

vs of=그냥 크기의미인 경우 -- 지정한 크기의 부분이 아니다.

: A lot of money was spent on English books. 많은 크기의 돈으로서 많은 돈
A lot of English books were sent to the country. A number of books were sent to it.
cf]lots=강조 (lots more interesting 훨씬 더 흥미로운 것) /많은 것이 여러 개인 것 (three lots of exams 세번이나 많은 시험 /lots of food)

Less than 6% of people contract virus. : 부등호 개념[=Fewer : 수개념] ☞영뇌영어 vol 2 p481
↳or A little less ↳미만, 차자 6% 미만 사람들

twenty four 영뇌와 free 영뇌를 알았다면 언제 어디에서나 듣고 말하고, 보고 말한다 : 감주 체화[뇌화] 시키기
All we do is hear and speak, see and speak, speak, speak — . Don't close your mouth.

CHAPTER Ⅵ

↙ **감주로 들리지 않고는 영어정복 불가 ⇨ 감주적응 ⇨ 감주습관화**

☞.. 영뇌청취의 핵심 6요소 : ◀ 이 모든 것이 머리로[속에서] 다 이루어진다 : **두뇌세포 (선)인지**

D두뇌 + 감주청취 + 원애 청취[무부스텝 음완성 청취] + 의음두뇌 + 영어 본래의미
+ 합치머리 — 원어민들은 감주로 말하고 있다. 그래서 우리는 감주로 듣는다.

tip) 1. **감주청취 전제조건**=vocal 감주 + IS 설가뇌/설주뇌 ☞.. **감주청취의 최대의 장점**=소리에만 집중시킬 수 있다.

2. D두뇌 하에서 들어야 감주/vocal음/의음/두뇌세포 (선)인지를 쉽게 느낄 수 있다. 소리가 자동으로 들어오고 〃FD=always +〃로 유지하기 때문 ⇒ FD Plus음[즉 D두뇌음]≠비FD음[즉 S두뇌음]

3. 그냥 소리≠그냥 실음≠감주 (전자/중자=감주로 느끼지 못하는 음 : 구슬이 서말이라도 꿰어야 보배)

4. **원애청취**=D두뇌 무부스텝으로 듣는 청취, 그러면 무부감주가 지감주로 변한다.
이게 바로 애들[베이비들]이 귀가 뚫리고 말문이 터지는 과정이다.
특히 <u>D두뇌 무부스텝으로 들으면</u> 음이 자동으로 들어오고 저절로 의음이 된다.

※어학연수 성공조건 4가지
듣는 기술
+ 말하는 기술
+ 이해 기술
+ 쓰는 기술

5. **(D두뇌) 무부감주도 청취대상이다.** 지감주만 듣는 게 아니다. 무부감주도 그대로 듣는다.

6. FD(Forward Distance)란=머리를 앞쪽으로 향하는 나와 감주로 인지되는 두뇌세포의 거리
⇒ D두뇌 현상으로서 합치로 일어남
⇒ FD가 클수록 synapse 작동이 더 강해지고 머리가 더 여유가 생김

7. 두뇌세포는 인지하는 쪽으로 더 발달한다. (뇌화된 D두뇌 하에서) 지감주를 인지하도록 내가 앞으로 (뚫어지게) 최대한 향하면서 synapse를 작동시킨다. 그러면 **FD Plus 음**도 발생한다.
청취는 나만 노력한다고 해서 되는 것은 아니다. 두뇌세포가 인식을 잘 해야 한다 : **일종의 두뇌세포 인지발달법**

8. 청취=SP + 두뇌세포 + 나 : 세 사람 관계 ⇒ 엄밀히 말하면 두뇌세포 인지를 통해서 내가 아는 것이지 내가 먼저 **인지**하려고 하면 안된다.

9. **영뇌청취의 전제조건** : TF 영뇌 + free 감주 많이 간직 + D두뇌 + 無不스텝 두뇌 + 의음두뇌 — etc.
↘머리 속에 감주를 많이 기억시키면 **두뇌세포 인지는 발달한다.**

10. **영뇌청취와 원어민 관계=pre-원애단계 ⇒ 원애단계 ⇒ 원어민단계**

pre-원애단계=무부감주과 지감주가 혼재되어 들린다. ↗**소감주/빅감주/왕감주**
원애단계=무부감주와 지감주가 혼재[분간]되어 들리다가 결국 지감주 지배
⇒ 지감주가 60% 이상이 되면 지감주 지배를 확실히 느낄 수 있고, 두뇌세포도 지감주 인지쪽으로 발달하면서, free 감주도 급속히 늘어난다. 특히 말을 <u>지감주로 감을 잡는다.</u>
원어민단계=완전히 모두 <u>감주 일상적인 말</u>로 들리는 경지 ☞.. **원애=(D두뇌) 감주지배 머리가 형성된 사람**

Directions(당부의 말씀)] a. 청취를 하지 않을 때에도 D두뇌로 (anytime anyplace) **synapse 훈련**을 하라. 그러면 D두뇌는 자동설정이 된다.
b. 경지로 앞으로 뚫어지게 향할수록[볼수록] synapse 작동은 더 강해지고 소리와 감주 인식[인지]은 더 분명해진다.

영뇌 청취[일명 감주청취]

원어민들처럼 쉽게 들을려면 free 영뇌로 듣되, 특히 free 감주로 많이 듣고 많이 간직하라. 이것이 바로 현장영어와 각종 시험영어 정복의 최고의 전략이다. 특히 들으면서 我必 free 감주는 반드시 간직한다. 머리 속에 free 감주가 많아지면 저절로 BEis로 IS로 엮어지고 감주 일상적인 말이 된다. 영어는 free 영뇌의 조합에 불과하다. 듣기의 비밀이 바로 여기에 있다.

전체는 저절로 엮어짐

tip) 1. 청취시 free 감주=구속받지 않고 자유롭게 (감주로) 말하는 대로 듣거나 들리는 대로 마음대로 조합하여 듣는 것
리딩시 free 감주=구속받지 않고 자유롭게 (감주로) 보이는 대로 이해하거나 마음대로 조합하여 이해하는 것

2. 영뇌청취 초기에는 처음부터 (특히 해석버릇처럼) 모두 다 알려고 하지 말라.
(D두뇌 하에서) 몰라도/알듯 모를듯 해도 감주로 쭉 들어나가라. 이것이 바로 **무부스텝 청취**이다.
모두 다 확실히 알려고 하면 SP에 의해 감주로 잘 각인이 되지 않는다.
특히 D두뇌 무부음으로 쭉 들어나가야 두뇌세포는 무부감주이든 지감주이든 계속 인지(**consecutive cognition**)한다.

그러면 결국에는 지감주 속에서[지배 속에서] 무부감주가 들려나간다. 이런 경지가 바로 **성공진입 단계, 즉 원애단계**이다.
이 수준이 되면 잘 모르거나 잘 안들리는 것은 지감주로 들리는 가운데 해결하면 된다.
(무=모르는 것 부=알듯 모를 듯하는 것 지=아는 것) ※아무튼 D두뇌음으로 들려야 감주로 쉽게 들린다.

caution) a. (sp에 의해) 무부감주가 저절로 지감주로 될 때까지 쭉 들어 나간다.
b. 완성을 시키는 방법에는 처음부터 하나하나 완성시키는 것과 쭉 해가면서 완성시키는 것, 두 가지가 있다.
프로들은 후자를 택한다. 원애처럼 감주 감지력이 생기면 해외유학시 대학강의 수강이 가능하다. 입에서 실제소리로 다가오기 때문이다. ※머리를 여유있게 들을려면 D두뇌음으로 들어라.

c. **감주 부지언인(不知言認) 현상** cf]**부지언인**=그냥 말로 들리고 말로 느껴지는 것
: 애가 엄마 말을 듣는 것처럼 (안들려도 알듯 모를 듯해도) D두뇌 무부스텝으로 들으면
감주말로 들리고 감주말로 느껴지는 경지로서 원애단계에서 나타난다. 관성으로 그 느낌을 유지하라.
이쯤되면 (마치 노래처럼) 감주로 쭉 들어나가면서 소리인지를 할 수 있는 능력이 생기고, 무부스텝으로 감주리듬을 즐길 수 있다. 처음부터 모두 알려고[들을려고] 하면 해석뇌다 : **해석뇌≠무부스텝두뇌=의음두뇌**
아무튼 감주로 쭉 들어나가는 머리가 되어야 한다 : **감주적응** ↘주의]역순 해석뇌=이해흐름을 바꾸는 뇌
— 일어가 잘 들리는 것은 이해흐름이 같기 때문이다.

3. 영뇌청취는 원애로 감주 감지력이 생긴 후에 Script[Caption] 청취로 보충한다.
Non-Script[Caption]로 무부스텝으로 쭉 들어나가면서 SP에 의해 감주로 각인되는 것을 안들리는 것[즉 무부음/무부감주]만 살짝살짝 소리본체를 보아나간다.
이렇게 자꾸 반복해서 free하게 듣다 보면 결국에는 (전체로) 완성된다.
절대로 처음부터 욕심을 내지 말라. 하나씩 하나씩 쳐들어가면 된다.

영어 이해흐름 유지 :
↘단어 본래의미(+설가뇌 의미)
↘BAM ↘Ekbe

청취는 리듬이다.

주의] script/caption **청취의 최대 약점**=두뇌세포 vocal 감주 인지력 감퇴 + D두뇌음 형성방해
그래서 그것들에 너무 의존하지 말라. 처음부터 script를 보면서 음이 완성되는 것보다 무부감주로 음이 완성되는게 훨씬 낫다. 무부스텝으로 들어야 (감주) 리듬을 놓치지 않는다. 아는 것보다 리듬으로 듣는 게 우선이다.

☞.. 언어기능[언어소통]이 완전히 되려면 (감주로) 일단 들려야 한다 → 읽기와 말하기만으로 부족

Chapter Ⅵ

Ⅵ. 영뇌청취[일명 감주청취]

보통사람의 두뇌전환 필요 : 자기 의식[이해]보다 (D두뇌) 의양두뇌 인지로 두뇌세포 선인지 ↓ 영어자체로 (무한글 이해) 느낌이 오는 것

☞.. 영뇌청취란?

Native Brain 청취로서 (non-script/caption 현장방송[시험영어]을 뇌화된 D두뇌 하에서 sp로부터/sp에 의해) **감각적 주파수로 듣는 것/들리는 것**

현장방송/시험영어 : CNN, NBC, ABC, CBS, BBC, Ipad, 스마트폰, 토익/토플/수능, — etc.

보충 : 원애가 된 후 script[caption] 청취로 보충한다. 특히 세음(細音)은 script를 봐야 한다.

→ **각종 앱 CC기능 활용**

그러면 이미 IS로 체화[뇌화]된 사람들은 저절로 이해된다. 감주는 (한 단어처럼) 뒷말과 말하는 영뇌의군 주파수로서 강약/약강/음수조절/분리/비약음/약음 감주가 있다. 그래서 뒷말과 말하는 것, 즉 감주로 들리거나 느껴지면 된다. 먼저 감주 종류와 단주로 들으면 감주를 쉽게 느낄 수 있다. 한번 감주로 들리기 시작하면 관성에 의해 계속해서 그렇게 들려 나간다. 이렇게 sp의 소리[=소리본체]에서 감각적으로 (가볍게) 감주로 느껴지는 것이 영뇌청취이다. 영뇌 상급자가 되면 감주로 듣는다. BEis/IS를 보다 효율적으로 작동시키는 것이 감주이고, 원어민들도 감주로 이해하고 감주로 말하기 때문이다.

이런 게 소감주/빅감주/왕감주로 움직이고 있다. → **즉 감주로 (무한글) 이해 느낌이 와 닿아야 한다.**

↳ 아무튼 감주인식 머리[세포]가 되어야 한다.

감주로 척척 들리면 저절로 전체가 들리고, 특히 (머리 속에) free 감주가 많아지면 저절로 BEis/IS로 엮어지고 결국에는 지감주가 지배하게 되고 감주 일상적인 말이 된다. 이게 바로 원애이자 원어민 경지이다. 한국사람들로부터 같은 한글말투를 느끼듯이 원애단계[성공진입 단계]부터 (음색만 다를뿐) 같은 음질의 vocal 감주로 들리기 시작한다. tip)감주리듬이 지배하게 되면 잘 안들리는 음도 감주리듬으로 들린다.

이렇게 감각적 주파수로 들으면 저절로 이해되는데 이때 이해는 (생활 속에서의 뜻이 용해된) 자동의음/의자[해음/해자, 상음/상자]이다. 감주로 들렸는데 이해가 되지 않으면 (들으가면서 살짝살짝) Ekbe 시동을 걸고, 특히 소리가 잘 들리지 않으면 본인에 맞는 처방들을 활용해서 소리를 들리게 하라. ↳**p561/562/563** ※특별시동=원애시동/음색시동 tip)감주=생활 속에서의 뜻

↳무부스텝으로 소리가 완성되는 것이 원어민 청취이다.

↳한글도 같다.

감각적 주파수 : very honest exchange=veryhonest exchange=감주+단주

cash for summit scandal=cashfor summitscandal=감주+감주

↳ for를 앞으로 붙여 말해도 여전히 for 설가뇌 유지

must end now=must∨end∨now=단주+단주+단주 : 보통 강조할 때 이렇게 말함

— 약간 떨어지면서 뒷말과 말하는 것=근접 감주 : 단주/단주/단주로 된 빅감주

vs 한 단어처럼 뒷말과 말하는 것=밀접 감주 : 단/장 감주

∴ 감주+단주="소감주와 단주" 끼리 근접감주 감주+감주="소감주와 소감주" 끼리 근접감주 — etc.

감주청취는 애들이 언어를 습득하는 과정과 같다. 특히 들리는 지감주만으로 감을 잡는다.

영어말투, 즉 본토말

소감주와 단주로 된 빅감주

→ **소감주와 소감주로 된 빅감주**

그래서 감주청취에서는 sp로부터 뒷말과 말해나가는 것이 느껴져야 한다.

한 단어처럼 뒷말과 말하느냐 약간 떨어지면서 뒷말과 말하느냐 그 차이 밖에 없다.

tip)감주로 많이 들리면 감주 패턴이 두뇌 속에서 보인다.

We are going to stand up for America.=Weare goingto standup forA/merica.

— 감주는 뒷말과 말하기 때문에 단어기준 2•2조 리듬이 많다. cf]시조리듬=음수기준 for=함께동사 전치사

↳즉 뒷말과 말하는 것이 두 단어가 가장 많으며 그 이상도 가능 + 축약형은 보통 한 단어로 취급

in association with Zenith Bank=inassociationwith ZenithBank=감주+감주 ↳You' rewatching TalkAsia righthere onCNN.

in association with Rolex=inassociation withRolex or inassociationwith Rolex

=감주+감주[단주] — 뒷말 음수 길이에 따라 감각적 주파수도 달라진다. 선택은 좋은 리듬이다.

North Korean Dictator Kim Jeong-un

=NorthKorean DictatorKimJeongun=(비약음) 감주+(비약음) 감주

↗전치사라고 해서 반드시 소감주가 되는 것은 아니다 ⇒ 단주+감주

주의] on both sides=on bothsides

빅감주 소감주

↘p311

Stay at the hotel that has the new source and new trust.

= Stayatthe hotel thathasthe newsourceand newtrust. tip)Stay atthe hotel=단주+감주+단주도 가능

=(강약) 감주+단주+(강약) 감주 + (강약) 감주(특히 ceand=극저음 감주 : 스언) + (비약음) 감주

↳약=약약 ↳강=강강 ↳강=강강=비약음

tip)1. 감주 가운데 비약음 감주가 가장 많다. 2. 기본감주 속에서 탈리/극저음/동화/단타/speech/구개음화/감정음가 — 등이 발생

빅감주 빅감주 소감주

tip)state-of-the-art light and sound system

스테트어/터 디아-트 라이트언 사운시스텀

in 2017=in twothousand seveteen or intwo thousand seventeen

tip)청취에서 감주는 sp에 의해서 느껴지고[의음감주], 리딩에서 감주는 자기에 의해서 이루어진다.

그래서 뇌화된 D두뇌하에서 sp의 감주에 가볍게 빨려 들어가야 감주를 쉽게 느낄 수 있다.

의음감주=sp의 감주에 의해 이해되는 것 vs **의음 vocal음**=sp의 vocal음에 의해 이해되는 것

∴ vocal 감주는 내가 먼저 건드리면 안된다. 내가 너무 의식적으로 vocal 감주를 들을려고 하면 vocal 감주를 쉽게 느낄 수 없다. 주의하라. (의음=sp에 의해 형성되는/이해되는 것)

↳특히 감주는 (D두뇌) 의음으로 되는[느껴지는] 것 ↳sp의 소리에

↗ThisisCNN breakingnews.

Talk Asia tonight on CNN=TalkAsia tonightonCNN=(비약음) 감주+(강약강) 감주 ↳(비약음) 감주

or TalkAsia tonighton CNN=(비약음) 감주+(강약) 감주+단주 ↳Wolf, TuesdaytoSaturday onCNN

Oh, my God!=Ohmy God or Oh∨my∨God=(강약) 감주+단주 or 단주+단주+단주

Hanoi, the heart of Vietnam=Hanoi, theheartof Vietnam : (약강약) 감주

Is that true?=Isthattrue? : 모두 뒷말과 말하면서 한 단어처럼 말하고 있다. 이런 느낌없이는 들을 수 없다.

Thinking of banking of Africa. Zenith Bank, in your best interest.

=Thinkingof bankingof Africa. ZenithBank, inyour bestinterest. (best=bes : t폐쇄)

↗**난이도가 높은 감주**

Is that a good thing?=Isthata goodthing? : (약강약) 감주+(비약음) 감주 ⇒ 이**재**러 : 복자음 연속시 th 탈리와 단타 : 이래서 청취는 소리본체로 들어야지 발음기호로 들으면 안된다.

tip)(합치로) 주파수 안테나를 설치하는 것은 소리머리를 자극하여 소리세포가 자동으로 vocal 감주를 받아들이기 위함이다.

그래서 (뇌화된 D두뇌 하에서 몰라도/다 안들려도) 감주로 쭉 들어나가야 감주를 쉽게 느낄 수 있다.

☞.. D두뇌음[D두뇌] 하(下)에서 (의음/감주, 즉 무부감주/지감주이든) 모든 것을 처리하는 머리가 되어야 한다.

감주청취가 처음부터 되는 것은 아니다.

대부분의 한국사람들은 그냥 소리 또는 그냥 실음으로 듣기 때문이다. 단어와 단어 사이, 즉 소리본체와 소리본체 사이에도 (단어에 장단음이 있는 것처럼) 장단이 있다는 것을 모르기 때문이다. 강약/약강/약음/비약음/분리/음수조절 감주로 단어와 단어 사이에도 (고저/저고) 장단이 있다. 원어민들은 이렇게 감주로 말하고 감주로 듣는다.

영어를 순서대로 이해케하는 원동력은 IS 설가뇌와 설주뇌이지만 이런 것들을 바탕으로 해서 자연스럽게 순서대로 굴러가게 하는 순동력은 감주다. 구슬이 서말이라도 꿰어야 보배다. 뒷말과 말하는 것으로 꿰매고 있다. 그냥 소리 또는 그냥 실음으로 듣지마라. 영어는 감주 중심으로 말을 하고 한글은 토씨 중심으로 말한다. 겉으로 보기엔 하나 하나 말을 하는 것 같지만 감주로 말하고 감주로 이해하고 있다는 것을 명심하라. **그래서 우리는 감주로 듣는다.**

감주로 쉽게 느껴지는 것이 있고 그렇지 못한 것도 있는데, 특히 감주로 들렸는데 이해가 따라가지 못하는 경우가 있어도 **그냥 감주로 쭉 들어 나가라**. 음은 D두뇌 무부스텝으로 완성된다. 이때 주의할 것은 감주로 쭉 들려나갈 때 FD는 항상 plus가 되어야 한다. 즉 뇌화된 D두뇌 하에서 듣기 때문이다. 절대로 단일두뇌로 들으면 안된다. 그러면 감주를 쉽게 느낄 수 없고 감주관성도 유지할 수 없다.

↗ sp가 말하는 대로 감주리듬 형성 → **소감주/빅감주/왕감주**

tip)**청취에서의 감주 Free 영뇌, 즉 free 감주**=sp가 말하는 대로 (낱개영뇌에 의해) 감주의군 형성

D두뇌 → Synapse 자극 → 소리인식 두뇌세포 활성화 — 마치 하나 하나 말하는 것 같지만 감주로 말하고 있다.

즉 뒷말과 말하고 있다. ↳그래서 sp가 말하는 대로 감주로 들려야 한다.

감주로 느껴지려면 먼저 소리가 (자동/무부로) 들려야 한다. 그래서 초기에는 (주파수안테나가 뇌화/뇌미덩이 되기 전까지는) 주파수 안테나를 설치해 놓고, **감주청취**를 많이 한다.

즉 (말하는 자에 의해) 감주로 들리고, 그 감주에 의해 각인이 되면 된다. 처음에는 이렇게 (다몰라도 부담없이/다들을려고 하지말고/다안들려도/들리는 대로) free하게 주파수 안테나 상태에서 (speaker에 의해) 무부감주이든 지감주이든 감주로 들리면 된다. 특히 지감주는 생활 속에서의 뜻으로 들리면 된다.

감주청취시 유의사항 : ↗**듣다가 자기 이해[의식]로 두뇌세포 자연인지를 끊으면[바꾸면] 안된다.**

청취는 speaker의 소리에 의해 바로 minus[equal] 해(解) 또는 A상황이 발생해야 영뇌이지, 즉 바로 **의음[선인 영뇌각인]**이 발생하지 않고 순간 circuit breaker가 걸리거나 들어서 또는 내가 이해하려고 하거나 엮어려고 하면 영뇌가 아니다. 이것은 **한뇌, 즉 해석뇌**다. 해석뇌가 발동하면, 즉시 무부로 그냥 넘어가야 한다.

(무부감주도 청취의 대상이다. 그렇게 듣다보면 **무부감주 —> 완성**) 그야말로 비영어권 사람들은 원애가 되기는 쉽지 않지만, (뇌화된 D두뇌 하에서) 다 안들려도 vocal 감주로 계속 각인이 되고 각인 되는 것이 많으면 원애가 된다, 원애는 아무런 사심이 없이 엄마로부터 그냥 듣는 것이다. 특히 같은 음이라도 목으로 만드는 음과 입으로 만드는 음이 다르다. 이것을 느끼지 못하면 들을 수 없다. **청취는 리듬 → 아는 것보다 (감주) 리듬으로 듣는 게 우선**

tip)1. 모르면 모르는 대로 그냥 넘어가야 영어자체로 체화되어야 원애가 된다 : **두뇌 길들이기** ↗

2. 청취=해석뇌 —> 완성 (x) 무부감주 —> 완성 (o) : **두뇌 길들이기→ 애기들 언어습득과정** **D두뇌 무부효과**

3. D두뇌 무부로 들으면 감주 부지언인, 즉 감주로 말해 나가는 것이 느껴지고 감주로 들리게 된다.

《 D두뇌음= FD plus 음이로서 synapse나 함께 작동하는 것 》

《 두뇌세포에게 (충분한) 인지 time이 필요하다. 》

☞.. 의음/의자는 모든 이해의 근저(根低)[밑바탕]를 이루고 있다.

tip) 1. 감주로 바로 영뇌, 즉 무한글 이해가 이미 발생했는데 다시 무언가 하려고 하면 안된다 : **일종의 해석버릇**

2. (뇌화된 D두뇌 하에서) 감주로 듣거나 무부스텝으로 쭉 들어나가면 circuit breaker 불작동 : **천재 두뇌**

☞.. **광의의 의음**=speaker(의 소리)에 의해 이해되거나 들리는 것 ∴ 지감주 뿐만이 아니라 무부감주도 의음으로 들려야 함

↗**영뇌청취의 주된 목적은 원애가 되는 것 → 원애가 되지 않는 청취는 의미가 없다.**

☞.. **완전한 원애가 되기위한 전제조건 : 뇌화된 D두뇌하에서 무부스텝으로 음완성** ↗애들이 말을 배우는 과정과 같다.

애들은 언제나 순수한 오매일여(悟昧一如) 머리상태 : 의양 두뇌력이 강하다

1. D두뇌 하에서 (초기에는 다 몰라도 부담없이 들리는 대로) vocal 감주로 (쭉) 들어나간다.

※**vocal음[실음]** : 소리의 생성 주체에 의해 만들어지는/음이 밖으로 향하는/음을 밖으로 밀어내는 음

사람들은 그냥소리[입소리] 청취를 하기때문에 소리가 들렸다가 안들렸다가 하는 것이다.

2. **SP로부터** 감주 지배머리를 만든다 : **감주 두뇌세포 만들기=top priority**

↘ **무부로 들으면 의음력에 내가 진다 : 의음감주**

↗듣다가 이해흐름이 바뀌면 안된다 → 〃IS + 영어 본래의미〃로 처리

↗원애는 IS 속에서 모든 것을 처리한다.

※ 영어 본래의미
=단어 본래의미(+설가뇌 의미)
↘ BNW/bnw–BAM/im–BAM

3. 듣는 중 잡념, 특히 해석뇌가 발동하면 무부로 그냥 넘어가라.

4. 두뇌세포는 관성인지가 돼야 한다. 한번 감주로 인지하면[붙으면(stick)] 계속해서 그렇게 두뇌 세포가 되어야 한다. D두뇌 하에서 감주에 빨려 들어가거나 감주를 간직하면 쉽게 관성이 발생한다.

5. (원애가 되면, 즉 D두뇌 감주로 쭉 들려나가면) 잘 안들리는 소리는 D두뇌 지감주[음색감주/감주리듬]로 들려가는 가운데 또는 D두뇌음, 특히 FD +0.01음으로 해결되어야 한다. 특히 원애로 감주 감지력이 생긴 후에 script[caption] 청취로 보충한다 : **각종 앱 CC 기능활용** ↗**두뇌세포 선인지** ↘**소감주/빅감주/왕감주**

script[caption]보다 원애가 되는 게 우선이다. ↗**원애경지**=언제나 D두뇌[FD=plus] **의음 감주로 들리는 경지**

6. 한번 성공진입 단계, 즉 원애 경지에 들어서면 계속해서 지감주 속에서 무부감주가 들려나가게 해야 한다.

7. 감주로 듣고 감주로 반복해서 말해야 한다. 감주는 항상 vocal 감주다 : **감주만의 특유한 소리**

↘**그냥소리와는 미묘한 차이가 있다.**

8. (모든 사람들의 감주를 쉽게 들을려면) vocal 음색 감주로 들어야 한다. **모두 D두뇌 의음으로 들려야 함**

9. D두뇌 무부스텝[무부감주]으로 들어가면서 (감주로) 음을 완성시킨다. ↗**무부감주/지감주이든**

애들은 근본적으로 이렇게 엄마로부터 완성시킨다 : **D두뇌 무부두뇌 길들이기**

※**완전한 원애 안테나=고성능 안테나=완전히 뇌화된 안테나=무신경 D두뇌 안테나=자동 D두뇌 → 언제나 FD=+상태**

주파수안테나 설치란 머리가 앞쪽방향으로 선 상태, 즉 머리를 앞쪽방향으로 박아[앞쪽으로 향해] 두는 것으로 감주각인과 합치로 일어난다 : **합치두뇌** ✠**합치(合致)**=합쳐서 일치로 일어나는 현상

마치 **명상상태**[meditation]에서 처리되는[느껴지는] 것과 같다.

합치로 자꾸 설치해서 듣다보면 적응이 되어 결국에는 가볍게 또는 뇌화[뇌미덩]되고, 원애가 되면 뇌화[뇌미덩]된 안테나 상태에서 vocal 감주로 각인이 된다. 이때 이해는 감주에 의해 이해되는데 생활 속에서의 뜻으로 IS다. 한글로 이동하지 않고 바로 영어자체로 이해된다.

✠**뇌화/뇌미덩**=FBH/뒷쪽머리에서 형성

D두뇌로 감주청취로 자꾸 듣다보면 감주와도 친해지고 느낌의 변화도 생기면서 원애가 되고, 결국

↘**귀에 익은 말=familiar sound**

에는 어느 날 갑자기 원어민들처럼 모든 말들이 감주로 뚜렷하게 자동 각인이 되면서 감주 일상적인 말이 된다. 이게 바로 원어민 경지이다. tip)**후순위 감주** : 그냥 소리로 들어 안들렸는데 (직후에 그것이) 감주라고 생각하면 들리는 것

caution] ☞ .. vocal음[실음] 생성 위치 :

vocal음[실음]은 음에 따라 목 또는 목 앞쪽에서 난다. 즉 음에 따라 목, 입 뒷쪽 또는 입 앞쪽에서 난다. 하지만 입 앞쪽에 나더라도 목이 만드는 음, 즉 목이 주도하는[headline] 음이다.
거의 많은 사람들은 입 앞쪽에 나는 음을 입소리로 착각하고 있다.

⇨ 대표적인 vocal 음[실음] 예 : PGA Golfer Jason Day -- 세계 랭킹 1위자

↗청취는 머리로 하는 것이지 귀로 하는 것이 아니다.
머리[머리 속에서]로

↗이게 바로 vocal 감주다.
↗모두가 vocal로 뒷말과 말하고 있다.
↗특히 고난도 감주는 (script를 보더라도) 들은 대로 자기도 실제로 말을 해봐야 한다.

☞ .. vocal 감주를 쉽게 느끼는 법 :

《원애가 되면 무부음도 감주로 느껴진다》

1. **D두뇌가 되지 않으면 vocal 감주를 쉽게 느낄 수 없다.** 그래서 항상 (들을 때마다) D두뇌부터 체크하라. ↗**D두뇌로 들어야 의음도 쉽게 느낄 수 있다.**
보통 사람들이 vocal 감주를 못 느끼는 것은 D두뇌가 되지 않았기 때문이다. ↳**D두뇌 자동설정**
↳특히 synapse를 작동시켜 모든 두뇌세포를 똑바로 세움

D두뇌로 들으면 synapse 작동외 FBH/소리머리를 통해 자동으로 vocal 감주가 들어오고 vocal 감주를 늘 FD plus로 여유있게 들을 수 있다.
특히 D두뇌는 정면 집중된 머리로 명상상태 처리 머리로 만들어 준다.
↳경지로 앞으로 (뒷머리 또는 FBH가 작동하게) 뚫어지게 향하는 머리

2. 한글 주파수로 들으면 vocal 감주를 쉽게 느낄 수 없다. 즉 `같이 갑시다.로 들으면 안된다.
vocal로 `같이 갑시다.로 들려야 한다 : **double slide F**
↳그래서 D두뇌음=(FD plus로 해서) FBH/소리머리로 자동으로 들어오는 음

3. 해석버릇을 고치는 만큼 vocal음[실음]을 느끼기가 어렵다. 그 동안 우리는 그냥소리[입소리]에 너무나 익숙해 있기 때문이다. vocal음[실음]은 그냥 목이 만드는[주도하는/내뿜는] 음이다.
tip)한글 vocal음[실음]도 아나운서에서 이런 것을 느끼면 된다.
이런게 (D두뇌 하에서) 소리에서 (특히 고음/강음에 의해서) 느껴지면 된다. 그래도 잘 안되면 저 소리가 그냥 vocal음[실음]이라고 생각하라. 그러면 vocal음[실음]으로 느껴진다 : **생각의 법칙** ↗생각대로 되는 것

tip)**소리 에너지**=목으로 밖으로 내뿜는 것, 그래서 vocal음[실음]의 소리방향은 안쪽에서 바깥쪽 잡힘 즉 소리머리 속으로
D두뇌=오매일여 상태=명상상태=원애상태=(소리 에너지에 의해) I-Beaten 상태 ↗D두뇌 하에서는 안테나 밑, 쉽게 느낄 수 있다.
⇒ 소리를 자동으로 받아들이기에 또는 무부로 쭉 들어나가기에 가장 좋은 상태

4. 청취는 같은 음으로 들린다. 즉 자기말 vocal 감주와 같다. ↗특히 **들은 vocal 감주 상기**로도 vocal 감주를 자기말 vocal 감주 느낌 상기로 자기말 vocal 감주를 쉽게 느낄 수 있다 → 훈련시 자기말 느낌 간직요
5. vocal 감주는 너무 의식적으로 느낄려고 하면 쉽게 느낄 수 없다. 우리말도 마찬가지이다. 소리가 자연스럽게 들어오거나 무부로 쭉 들어나가면서 그것이 느껴져야 한다. **천재들은 그냥 그렇게 가볍게 빨리 작동한다.**

6. (뇌화된 D두뇌 하에서) 자동으로 들어오는 소리에서 또는 무부로 쭉 들어나가면서 vocal 감주 느낌을 잡아내야 한다. 그리고 그것을 관성으로 유지한다. 합치 속에서 이런 미세한 느낌을 알아야 청취를 정복할 수 있다.
7. 소리는 FD(= +)로 들려야 vocal 감주를 쉽게 느낄 수 있다. 8. 특히 (D두뇌) 무부스텝으로 쭉 들어나가야 음이 훨씬 잘 들리고 **sp가 말하는 대**로 vocal 감주를 쉽게 느낄 수 있다.

일반적으로 감주로 들리거나 읽으면 저절로 IS영뇌, 의음, 의자가 된다. ↖ 각인[인식]되는 두뇌 어떤 모양에 의해 이해되거나 ↖

☞.. 사람마다, 특히 남녀간 청취력의 차이는 의음/의자 두뇌력의 차이이다 : 의양(依樣)두뇌

IIIII.. D두뇌 무부스텝으로 쭉 들어나가면 FD= + 로 해서 sp가 말하는 소리속도, 즉 감주속도에 맞출 수 있다.
특히 (Synapse 작동) FD=+0.01이 되면 감주는 더 분명해지고 안들리는 소리도 웬만하면 다시 살아난다. 즉 D두뇌음으로 사람마다 말해 나가는 것이 (가볍게) 감주로 들리면[느껴지면] 된다 : **청취의 최종한계 벗어나기** ← 영어공부다. ↗의음/의자 감주를 늘리는 게 ↗의음/의자로 이해되는 것과 다르다. ≠순수한 자기이해

tip)1. 영뇌청취는 speaker의 감주에 의해 영뇌로 각인되는 것이지 내가 (먼저) 이해하는 것은 아니다.
∵ IS 체화 주파수 사전조절 (이때 IS=생활 속에서의 뜻) ※특히 (D두뇌) 무부스텝으로 쭉 들어나가야 의음이 쉽게 된다.

2. **in short, (들리는) 소리가 감주로 인식되는 것이 감주청취다.**
— (D두뇌 무부스텝으로) 쭉 들어가면서 감주[무부감주/지감주]가 발생하는 것이 **Best**이다.
↳≠ (그냥) **무음/부음/지음**

↳**주의]** 1. 감주로 '들렸다' '안들렸다' 하는 것은 (D두뇌) 의음으로 듣지않았기 때문이다.
2. (영뇌상급자는) 소리에 의해 이해가 될때까지 기다린다.

A Quick Note

연속 감주머리/감주리듬 형성하기]

처음에는 (D두뇌로) 알듯 모를듯 해도[분명하지 않아도] CNN, NBC, ABC, 토익/수능 LC, — 등을 (sp가 말하는 대로) 감주로 쭉 들어나가면 된다. 그러면 감주리듬이 형성되고, 무부감주가 지감주로 변화하면서 완성된다. 이때 주의할 것은 쭉 감주로 들어나가면서 감주가 쭉 이어져야지 (중간에) 끊어지면 안된다. 잘 안되는 사람은 그냥 영뇌의군으로 듣다가 감주로 느껴지면 된다. tip)무부감주도 청취의 대상이다. 아기들도 무부감주로 들리는 가운데 자꾸 듣다보면 음이 완성된다.

(speaker의) vocal 감주에 의해 바로 이해가 안되면 영뇌가 아니다.
대부분의 한국 사람들은 IS 영뇌, 즉 IS 설가뇌/설주뇌가 형성되어 있지 않아 그냥 소리로만 들리고 일단 멈추는 현상이 발생한다. 이런 것들은 역순해석으로 영어를 이해 해왔던 해석 버릇 때문에 생기는 현상이다. 역순 해석뇌로는 영어를 감주로 이해할 수도 없고, 감주로 들을 수도 없고, 감주로 말할 수도 없다. 순서대로 대로 (무한글로) 이해하는 머리가 아니기 때문이다.

들으면서 자주 일어나는 해석버릇 현상들 [즉 일종의 I-Beat 현상] :
= 그냥 멈추는 것 /해석하기 위해 멈추는 것 /해석하기 위해 뒤로 돌아가는 것
/무언가 하려고 하는 것 /이해하려고 하는 것 — 모두 자기가 이기려는 현상

이런 해석 버릇 현상들도 우리는 D두뇌 청취, 특히 D두뇌 무부스텝으로 극복할 수 있다.
단일 두뇌로 들으면 해석버릇이 자주 발생한다. 비영어권 사람들은 특히 해석버릇을 고치지 않고는 영어, 특히 청취를 정복할 수 없다. 해석은 영어 정복의 최대의 적이자 방해물이다.

caution] 1. speaker에 의해 vocal 감주영뇌가 되려면, double 두뇌로 들으면 된다. 소리머리로 소리가 자동으로 들어오기 때문이다. 2. 영뇌청취는 이런 것이니 이렇게 하라는 것조차도 적용시키려는 의식[일종의 하려는 의식]이 발생해도 안된다. 배움지침[skills]은 두뇌의 자연적 현상을 인지하여 만든 사후적인 결과물이다. 즉, 그냥 그렇게 되는 것을 정리한 것에 불과하다. 그래서 그냥 그렇게 되면 된다.
3. ☞,, (D두뇌 무부스텝으로) 쭉 들어나가면 (의음) 감주가 쉽게 형성/발생하고[**Best**], 그것이 FD=+0.01로 해서 들려나가면서 원애가 된다 : **원애 쉽게 만들기** ↳이때 가끔 지감주 관성 이용
↳무부스텝, 특히 무부감주로 자꾸 들어나가면 결국에는 지감주로 완성 된다.

영뇌청취

A.. ☞ :

전체를 쉽게 파악하기 위한 것
감주청취는 듣기위한 것이고 major 감주 청취는

I can /see /their death toll, //passing /a thousand, /men and women.

=B--〉E--〉E′ ⇒ WE--〉E′--〉E″ : BEis-Os or I + I + I : I-Os

or S + S + S : S-Os ☞.. major 감주= — see — death toll, — thousand, — men and women.

감각적 주파수 : Ican seetheir deathtoll, passinga thousand, menand women.

BEis/IS로 이해되는[이해하는] 것을 먼저 감주로 이해하거나 듣거나 말하는 것이다.

tip)말은 감주로 들어야 저음과 극저음이 들린다.

(D두뇌 하에서) 감주는 자동으로 들어와야하고, 무부스텝으로 쭉 들어나가야 감주를 쉽게 느낄 수 있다. 감주로 들리는 사람들은 (각각의 다른) free 감주를 많이 가져라. 그러면 저절로 BEis로 IS로 이해되고 저절로 엮어진다. 특히 **아필(我必) free 감주는** 반드시 가져라 : Iseea thousandpassing.

tip)1. 영뇌청취의 일련의 현상들은 합치로 일어나는 현상이지 떨어져 분리되어 일어나는 현상은 아니다.

2. free 감주가 많이 쌓이면 귀에 익숙한 감주도 생기고 다른 감주도 이해할 여유도 생기면서 결국에는 모든 말이 감주로 쭉 이어진다. 특히 각각의 (소리본체가) 다른 감주로 들리면[이해하고 있으면] 저절로 많은 감주가 간직된다.

3. 특히 말 전개와 글 전개가 다른 경우가 많다. 그래서 소리를 많이 들어라. ↳**뉴스 하나만 들어도 서로 다른 감주는 엄청나다.**

☞ 콤머 영뇌 4. 대개 미국사람 accent(억양)는 활력이 넘치고 영국사람 accent(억양)는 점잖다.

5. (뇌화된 D두뇌하에서) vocal 감주에 빨려 들어가면 혼음이든 준청음이든 극저음이든 모든 음을 다 잡아낼 수 있다.

6. 엄밀히 말하면, SP의 소리를 두뇌세포가 인지한 것을 내가 아는 것, 즉 상대방의 소리에 의해 두뇌세포 인지를 통해 감주가 느껴지는 것, 그래서 감주로 들리면 저절로 의음/의자가 된다.

↳이때 의자는 소리본체이다.

이렇게 감주청취가 되려면 vocal음[실음] 청취가 돼야하고, 기본영뇌 vol 1, 2에 나와 있는 **twenty four 영뇌와 free 감주 간직하기, How to read[speak]의 감주리딩**을 통해서 많은 영어표현들이 감주로 이미 체화[뇌화] 되어 있어야 한다 : **일종의 주파수 사전조절**

tip)1. D두뇌하에서 감주각인은 가볍게 또는 분명하게 되어야지 너무 의식적으로 느낄려고 하면 안된다.

2. 합치머리로 감주각인이 잘 안되면 vocal 음을 더 강하게 느낀다.

3. 아무튼 소리라는 느낌없이 청취를 절대로 정복할 수 없다. 소리 속에 소리본체가 용해되어 있다.

4. 감주 청취와 BEis 청취가 되려면 일단 소리가 들려야 한다. ↳그래서 가끔 안들릴 때는 소리본체를 연상하면 들린다.

↳감주느낌과 설가느낌이 필요하기 때문이다. ↘**일종의 주파수 사전조절**

☞.. 영뇌청취 상급자는 major 감주 청취를 한다. 나머지는 흡수식 이해다 : 전체를 쉽게 감을 잡는 법

passing=관계현분사 영뇌의 본동사 의미 , men and women=comma 영뇌로 추가의미

시동= —, 즉 죽어 갔는 데 일천 명이나 되었고, 그것도 남자와 여자라는 사실이다. can=설명현재처럼 과거상황에 대한 설명 현조동사 (↗할 수 있었다)

✠ their=미군을 두고 한 말 a thousand, men and women=타동사의 목적어로서 결과물

tip)(sp에 의해) 그냥 실음 영뇌의군으로 들리는 것과 감주 영뇌의군으로 들리는 것은 다르다. 전자는 (한 단어처럼) 뒷말과 말하는 느낌이 없다. 그래서 실력이 늘면 무부감주로 쭉 들려가면서[감주리듬 속에서] 지감주로 음이 완성된다. 그리하여 지감주가 지배하면 지감주가 들려가는 가운데 무부감주가 들려나간다.

↗ 이것이 바로 애기들이 말문이 터지는 원리이다.

☞.. 영뇌 상급자는 매일 매일 듣거나 읽으면서 의음/의자 감주 두뇌세포로 이해하여 말문을 틔운다.

B.. ☞ —— in downtown Tokyo, luxurious rooms at affordable prices.
Healthy life-style activities, lavish accommodations, and outstanding service available to U.S. military members and government civilians. New sign-up customers can enjoy delectable meals and their choice of cuisine and relax in a friendly English-speaking environment. The new Sano Hotel, an oasis in the heart of Tokyo.

tip)5W1H로 끊임없이 자문(ask oneself)하면서 듣는다. 그러면 내용이 쉽게 파악이 된다.
↳ who/what/where/when/why/how assumption

⇒ 먼저 감각적 주파수로 듣는다.

그러면 저절로 이해가 되고 많이 들린다. 처음에는 (다 몰라도/다 안들려도)
(뇌화된 D두뇌 하에서) free 감주로 쭉 들어 나간다. 자꾸 그렇게 듣다보면 전체가 감주로 들린다.

↗특히, F3+E2 감주 말하기 + 무부스텝 감주 시동(better)

감주로 들렸는데 이해가 안되면 감주 또는 Ekbe 시동을 건다.
감주시동은 1차 시동이고, Ekbe 시동은 2차 시동이다. tip)현장영어와 각종 시험영어 정복의 최고의 전략 =들으면서 free 감주 많이 간직

⇒ 그리고 실력이 늘면 뉴스이든 각종 시험영어 본문은
(D두뇌 무부스텝으로) 쭉 들어나가면서

1. 들리는 (free) 감주만으로 topic을 빨리 찾아 전체 감을 잡는다.
2. 또는 major 감주로 topic을 빨리 찾아 전체 감을 잡는다.

: topic=Sano Hotel (Services)

— 중심소재로서 무엇에 관해 말하고 있는가가 topic이다.

비영어권 사람, 특히 한국인과 일본인들은 처음부터 바로 **감주청취**가 되는 것은 아니다. 영어소리는 한글소리, 일어소리와 근본적으로 다르고 말하는 법도 다르기 때문이다. 후자는 한글주파수이고 토씨 중심으로 말하지만, 전자는 영어주파수이고 감주중심으로 말한다.

그래서, **청취력이 약한 한국인과 일본인들은** 머리가 앞쪽방향으로 선 상태에서 vocal 감주 **자동적응 훈련부터 먼저 시켜야 한다.**

✠ D두뇌 무부청취[즉 원애] 음완성 과정

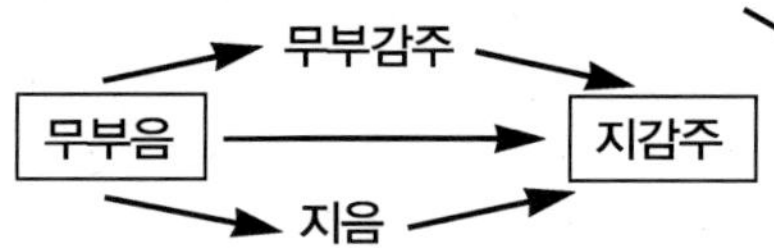

원애들이 귀가 뚫리고, 말문이 터지는 과정

A Quick Note

☞ D두뇌 vocal 감주[즉 영어말투] 자동적응 훈련 :

초기에는 머리가 앞쪽방향으로 선 상태에서
FBH 또는 뒷쪽머리 속에서 **vocal 감주 자동적응**이 일어나게 한다. 이런 것은 합치(合致)로 일어난다. 이렇게 청취력이 약한 사람들은 두뇌세포 vocal 감주 자동적응 훈련부터 먼저하라. 그러면 감주청취시 소리머리가 자동으로 감주를 받아들인다. S두뇌 한글주파수 습성뇌로는 (특히 D두뇌 vpcal 감주로 듣지 않으면) 100년을 들어도 청취를 정복할 수 없다.

✠ D두뇌 대표적 역할

=FBH/뒷머리 자극 + FD plus음 발생 + Synapse 작동

tip)vocal 감주 자동적응 훈련에는 진동과 공명도 포함된다.
목에 의해 저절로 일어나기 때문이다.
그냥 소리로 들리는 자는 소리에서 D두뇌 하에서
vocal 감주 훈련도 하라. 아무튼 감주 지배하는
머리로 바꾸라. (그냥 소리/실음=감주로 느껴지지 않은 소리)

> ✠ **주파수 블랙홀 위치[FBH]와 안테나 설치**
> : 주파수 완전일치가 쉽게 되는 곳으로서 머리 중앙 약간 뒤쪽 속
> 즉, 소리머리와 이해머리가 만나는 약간 뒤쪽 속
> /FBH 또는 뒷머리 위에서 머리가 앞쪽방향으로 서 있는 것[머리를 앞쪽으로 박아두거나
> 향해 두는 것], 그러면 소리가 그 아랫쪽으로 박힌다. tip)S두뇌 보유자는 D두뇌 전환 훈련부터 먼저 하라.

초기의 두뇌세포 vocal 감주 자동적응 위치는 주파수 블랙홀이 가장 좋으나 뒷쪽머리까지 확대되어도 좋다. 뒷쪽머리는 소리머리이기 때문이다. 왕초기에는 앞쪽머리로 들으면 절대로 들리지 않는다. 앞쪽머리는 이해머리이기 때문이다.

↗ 대부분 한국사람들은 그냥 발음기호[그냥소리]로 익숙해 있다.
↗ 또한 그냥 소리/그냥 실음으로 듣는 것과 감주로 듣는 것은 다르다.
↗ 그냥 소리로 들으면 안된다. vocal 감주만의 특유한 소리로 들어 나간다.

tip)두뇌발전 단계 : S두뇌 그냥소리론 ⇒ D두뇌 그냥소리론 ⇒ D두뇌 그냥 실음론 ⇒ D두뇌 vocal 감주론

IIIII.. **감주 전환 훈련 :**

그냥소리[입소리]로 들리는 자는 D두뇌 하에서 vocal 감주로 듣는다.

그냥소리는 어떤 때는 들렸다가 어떤 때는 안들렸다가 한다. vocal 감주가 발견되기 전에는 지금까지 청취는 S두뇌로 몰입청취를 하여 그냥소리로 들어왔다. 거의 모든 사람들이 10년, 20년, 30년을 들어도 청취를 정복하지 못한 이유가 바로 여기에 있다. 그냥소리가 vocal 감주로 돌아갈 때까지 들어라.

↳**소리를 듣게하는 끄나풀이 vocal 감주다.**

▭ **소리머리=뒷머리 vs 이해머리=앞머리** -- 소리머리=sound brain 이해머리=understanding brain

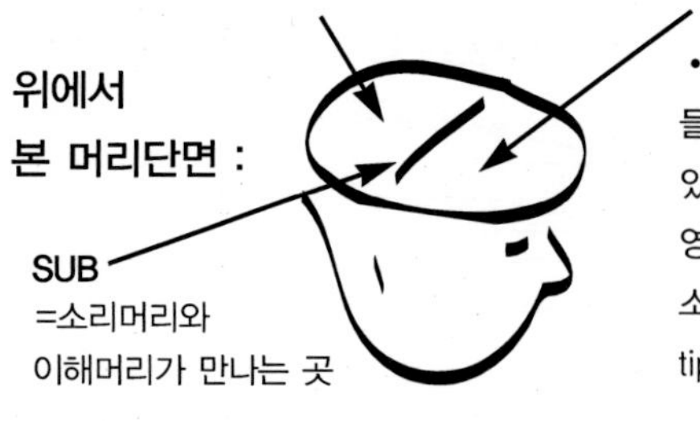

• **FBH와 뒷머리**가 소리부위가 되는 것은 소리가 귀로 통해서 들어오기 때문이다. FBH는 귓구멍과 소리생성 주체의 수직선 상에 있고, 뒷쪽머리는 귀(날개) 전체의 수직선상에 있다. 이렇게 **뒷머리는** 영뇌청취시 자동으로 작동하며 자동으로 소리가 들어온다. 그럴려면 소리머리 세포가 이해머리 세포보다 더 발달해야 한다.

tip)1. **D두뇌 감주 자동적응 훈련**은 소리세포가 인지하도록 자극하는 것이다. 2. 앞머리 작동을 쉽게 죽이는 법 : 이마에 손을 얹는다.

주파수 안테나 영역은 「**안테나 방향 + FBH + 뒷쪽머리**」이다. 그래서 실제로 소리를 잡는[소리가 잡히는] 영역은 주파수 블랙홀 또는 뒷쪽머리 속이다. 따라서 초기에는 머리가 앞쪽방향으로

tip) D두뇌 Synapse가 작동하면 의음 vocal 감주를 쉽게 느낄 수 있다.

..영뇌청취로서 청취에 대한 Basics, 소리에 대한 Basics를 갖추라.

선 상태에서 vocal 감주 자동적응 훈련은 주파수 BH 또는 뒷쪽머리 속에서 이루어져야 한다.

tip)1. 결국 주파수 안테나는 synapse 작동외 소리세포를 자극하여 소리머리를 발달시키기 위한 것이다. 즉 (나보다) 두뇌세포가 더 잘 인지하도록 만드는 것이다. 2. 눈으로 보기 때문에 보통 사람들은 앞머리가 발달되어 있다. 선천적으로 뒷머리가 발달된 사람은 천재다. 3. **D두뇌는 synapse 작동과 FD plus음 발생, FBH/뒷머리 자극, 소리의 자동 입력외** leave-behind 없이 언제나 앞으로 전진할 수 있게 하고, 명상처리와 소리속도 조절도 가능케 한다.
↓ (아는 소리가 나오면 멈추는 현상)

이렇게 초기에는 머리 성능대로 들어 소리머리를 발달시킨다. 그렇게 자꾸 듣다보면 주파수 안테나는 해당 부위에서 뇌화[뇌미덩이] 되기 때문에 나중에는 머리부위에 신경을 쓰지 않아도 된다. 그야말로 머리는 어느덧 고성능 안테나가 되어 소리만 나오면 소리머리로 자동으로 들어오고, 이해가 되어 버린다. <u>청취는 소리머리가 발달한 사람의 몫이다</u>. 소리머리가 잘 작동해야 한다.

고성능 안테나=완전히 뇌화된 안테나=무신경 double 두뇌 안테나=자동 D두뇌
cf]뇌화/뇌미덩=FBH 또는 뒷 머리에서 형성 ↘ 고성능 안테나가 되면 감주가 SUB에서 인지된다.
tip)화면/script를 보더라도 소리머리가 지배되어 있어야 들린다. script[caption]는 감주 확인용으로 활용하라.

caution] 1. 머리를 앞쪽방향으로 향하는 것과 vocal 감주 자동적응은 합치로 일어난다. 각각 따로 일어나는 것이 아니다. 이런 게 자꾸 일어나면 뇌화[뇌미덩] 된다 : **뇌화된 합치**
2. **뇌화된 합치=뇌화된 double 두뇌=명상두뇌**
⇒ **forward distance 자율조정** ↗점점 짧아질 수록 (뇌화된 안테나보다) 감주가 더욱더 뚜렷해진다.
↘점점 짧아진다. 결국에는 감주로 주파수 완전일치음(+0.01)이 된다 : **Best**
FD는 double 두뇌 때문에 나타나는 현상 ↘즉 +0.01만큼 앞으로 향하는 힘이 더 작용한다.
⇒ 감주, 즉 무부감주이든 지감주이든 FD=언제나 +

3. 감주 자동적응 훈련을 하는 것은 (소리세포가 활성화 되어 있지 않기 때문에) 소리머리를 발달시켜 영뇌청취시 소리가 자동으로 들어오게 하기 위함이다. 4. 감주 자동적응 훈련은 소리세포가 인지하도록 하는 것이다. 5. 청취는 같은 음으로 들어야 들린다. 자기도 (vocal) 감주로 말할 수 있어야 한다. 그 느낌 그대로 들으면 된다.

뇌화된 double 두뇌 경지에서는 앞쪽으로 박아두는 두뇌는 뇌미덩 또는 뇌화가 되고, 상대적으로 (vocal) 감주가 <u>뇌화된 안테나 느낌보다</u> 더 강하게 느껴지는 경지이다. 그래서, **이런 경지로 들어 나가고 이런 경지가 완전히 정착될 때까지 들어라.** 그러면 어느 날 여러분의 두뇌는 고성능 안테나 감주청취로 바뀐다.
↗**즉 그냥소리≠그냥실음≠감주**
✠뇌미덩=머리 속에 생긴 얇고, 작은 뇌화된 덩어리 ✠그냥소리 청취≠그냥 실음청취≠감주청취

double 두뇌는 합치(合致)로 일어나므로 **명상상태**[meditation]와 같다. 즉 명상상태에서 처리되듯이 명상상태에서 감주 자동적응 또는 감주각인이 일어난다.

✠합치(合致)=합쳐서 일치로 일어나는 현상, 즉 박아두는 것과 감주각인 또는 감주 자동적응이 합쳐서 일치되어 인식되는 현상, 이런 것은 무애(無碍), 즉 그침없이[거리낌없이] 일어나야 한다.

구체적으로 말하면 소리머리를 vocal 감주 자동적응 두뇌세포로 만들려면, 머리가 앞쪽방향으로 선 상태에서 (말하는 자가) vocal 감주를 말하는 대로 주파수 BH 또는 뒷쪽머리 속에서 vocal 감주 자동적응이 일어나면 된다. 처음에는 주파수 BH로 vocal 감주 자동적응 훈련을 먼저 하라. 소리가 쉽게 잡히기 때문이다.

좀더 구체적으로 말하면,

☞.. 주파수 안테나 설치와 vocal 감주[즉 영어말투] 자동적응 훈련 :

주파수 안테나 설치[turn on]는 주파수 블랙홀 위[근처] 또는 뒷머리 위[뒷쪽근처]에서 머리를 앞쪽방향으로 안테나를 펴어[펼쳐] 주는 것이다[just ahead]. 가상으로 그렇게 해두면 된다. 그러면 안테나 영역까지 소리를 잡는 세포가 된다 : **안테나 세포**

(참고: 인간에게는 눈이 세 개 있다. 실제 눈과 마음의 눈, 즉 머리 눈이 그것들이다.)

(○ : 감주 자동적응이 되는 곳/감주가 잡히는 곳)

그래서, 앞쪽 방향으로 박아둔 상태에서 주파수 블랙홀 또는 뒷쪽머리 속에서 감주 자동적응이 계속 일어나게 하는 것이 주파수 안테나 감주 자동적응 훈련이다. 처음에는 이렇게 말해 나가는 감주에만 자꾸 자동적응시켜 소리머리를 발달시킨다.

↗ D두뇌로 소리 앞에 있어야 함
↗ 두뇌세포와 두뇌세포를 연결시키는 연결고리
↗ synapse가 작동하게 안테나를 앞으로 향하라.

주의) D두뇌 synapse 작동없이 그냥 머리가 소리 앞에 있다고 해서 두뇌 (세포)가 인식하는 것은 아니다.

이렇게 주파수 안테나로 들으면 감주는 온음[압음]으로 들린다. 그러나 단일두뇌로 들으면 산탄음으로 들리니 주의하라. **big tip) ☞.. D두뇌 훈련은 평소에 청취를 하지않을 때에도 늘 한다.**

↳D두뇌로 소리를 박히게 해야지,
S두뇌로 소리를 (뒷) 따라가면 안된다 → **D두뇌음**=FD plus음 — 박히는 음 vs **S두뇌음**=FD가 없는 음 — 따라가는 음

☞.. D두뇌 쉽게 설치하기(초기) : 1. TV화면을 보지않고 좌이든 우이든 정면이든 TV 높이보다 윗쪽 하늘 방향으로 쳐다보면서 안테나를 설치한다. 2. IPad[스마트폰]를 책상 위에 놓고 컴퓨터 모니터 상단을 쳐다보면서 안테나를 설치한다.

☞.. D두뇌 자동설정(setting) : Screw your optics. 뒷머리 또는 FBH가 작동하게 경지로 앞을 향해 뚫어지게 본다 → FD와 synapse도 함께 작동

감주 온음으로 들리기 위해서는 forward distance를 일정하게 유지하는 게 중요하며, 그러면 온음[압음]으로 쉽게 꽂히게 되고, 빨라지는 소리도 늦출 수 있다. 머리의 앞쪽방향 끝과 온음이 박히는 음과의 거리를 **forward distance**라 하는데, FD는 double 두뇌 때문에 나타나는 현상으로 감주 자동각인도 주파수 완전일치음도 FD가 있다. 그래서 주파수 안테나 청취를 일명 Forward Listening이라 한다. 아무튼 소리는 FD=Plus 속에서 들리고 이해가 되어야 한다.

cf]천재들은 모든 사물도 FD= + 0.01로 보인다. 그래서 모든 소리도 머리 속에 가두어진다.

tip)소리는 FD로 들려야 두뇌를 무능력 인지세포를 인지세포로 쉽게 바꿀 수 있고, 감주를 쉽게 느낄 수 있다.

↳FD=머리 속에서 인지되는[느껴지는] 것　tip)FD로 속도조절이 안되면 F3+E2로 말한 후 듣는다.

turn on되어 앞쪽으로 박아둔 상태에서 감주 자동적응이 시작되면 그대로 최소한 5분 이상 끌고 나가라. 그래야 여러분들의 소리머리는 감주 자동적응 세포로 굳어진다 : **완전한 뇌화훈련**

tip) 1. FD로 들으면 속도를 늦출 수 있고, 특히 감주 또는 vocal음[실음]으로 들으면 빠르다는 느낌없이 그냥 말하는 사람 속도감으로 들을 수 있다. FD가 클 수록 머리에 더 여유가 생기고 2. 영뇌청취는 소리머리를 먼저 발달시키고 감주청취를 한다.

→ 즉 앞으로 향할 수록 속도도 그만큼 더 늦어진다 : **속도 조절법**

인간의 두뇌는 오른쪽 뇌와 왼쪽 뇌가 있듯이 두 가지 두뇌로 작동하는 것이 가장 좋다. 기도하는 것도 하나님 또는 부처님을 생각하면서 잘 되라고 비는 것이다. 이럴 때에는(at this point) 생각하는 것과 비는 것으로서 double 두뇌이다. 그래서, 기도하거나 참선할 때 가장 편하고, 기도 또는 참선 경지일 때 가장 잘 들린다. 교회나 절에 가면 마음이 편한 이유도 여기에 있다. 눈이 두 개이고, 귀가 두 개이기 때문에 두 가지 뇌가 발달하는 것이고, double 두뇌가 가장 좋은 것이다. 기도를 많이하는 종교인은 double 두뇌가 발달하고, 대개 공부도 잘 하고, 성공도 한다.

※double 두뇌 청취=주파수 안테나 청취=forward listening=영뇌청취

↳D두뇌=앞으로 향하는 것+원래 자기, 즉 안테나 두뇌+자기두뇌 → 그러면 두뇌세포 인지와 자기 이해[의식] 두 사람이 생긴다.

↳그러면 synapse가 작동하고 FD도 생긴다.

attention]

1. 뇌화[뇌미덩]된 고성능 안테나가 돼야 통역[대화]이 가능하다.
뇌화[뇌미덩]된 안테나 상태에서 감주 자동각인을 통해서 통역[대화]하는 것이다.
2. 만약 TV가 뒤에 있거나 옆쪽에 있어도 안테나 방향은 자기얼굴 앞쪽방향 그대로 해도좋고 소리가 들어오는 방향으로 해도 좋다. 전자의 경우 안테나를 앞쪽으로 펼쳐도 소리는 뒤에서 옆에서 막 들어온다. 후자의 경우 안테나 방향을 틀은 것에 불과하다. 하지만 전자가 언제나 Best이다.

↗감주로 인식하는 두뇌가 돼야 영어정복이 가능하다.

||||| D두뇌 (vocal) 감주[즉 영어말투] 자동적응 훈련 :

말하는 원리를 알아야 들린다. 원어민들은 감주로 말하고 있다. 그래서 우리도 감주로 듣고 감주로 말하는 머리가 되어야 들린다. 또한 감주로 들어야 속도적응이 되고, 감주로 말해야 영어 빠르기가 나온다.

↗사이 time : **합성감주=minus**

※장단 길이에 따른 감주종류 — 단어에 장단이 있듯이 단어와 단어 사이에도 장단이 있다. **비합성감주=zero**

❶ 단감주로 된 감주 : inyour atthe ofa niceto they're workof ama : **비합성감주/합성감주**

❷ 장감주로 된 감주 : testbook=test • book NBCNews=NBC • News — etc.

❸ 단장/장단 감주로 된 감주 : atthehotel=atthe • hotel stayatthe=stay • atthe — etc

↗비합성/합성 감주

① **Work of art. → Workofart=Workof • art (워-크어/커 • 아-트) or Workof art (워-크어/커 아-트)**

— 단감주와 장감주로 된 감주 또는 (단)감주와 단주, 즉 소감주와 단주로 된 빅감주

↘강약감주

② **In your test book. → Inyour testbook. On your answer sheet. → Onyour answersheet.**

— 약음감주와 비약음 감주로 된 빅감주, 즉 소감주와 소감주로 된 빅감주

영어말투에 익숙해지는 것이 영어공부다.

↗분리감주 — **고난도 감주** ↗ t탈리/폐쇄 감주

③ **Answers in your test book. → Answer/sinyour testbook. (애ㄴ서지누어 테스부ㅋ)**

— 강약감주와 비약음 감주로 된 빅감주, 즉 소감주와 소감주로 된 빅감주

↗t단타=d/r cf]d의 r 단타 → whatdo(워ㅌ러)

④ **Sitting at a table. → Sittingata table.(씨딩애러 테이블)**

— 강약감주와 단주로 된 빅감주, 즉 소감주와 단주로 된 빅감주

↘장단감주로 된 감주

⑤ **Hanging a picture on a wall. → Hanginga pictureona wall.**

— 강약감주와 '강약감주+단주'로 된 빅감주, 즉 감주 그리고 소감주와 단주로 된 빅감주

best 감주는 best 리듬뿐만이 아니라 순서대로 무한글 이해[IS 설가뇌]도 함께 따라가야 한다.

↗Ekbe 시동=한 사람 즉 그 남자들 중 한 사람은

⑥ **One of the men is looking in a drawer. → Oneofthe menis lookingina drawer.**

↘고난도 감주=key 감주

— 강약감주/강약감주와 '강약감주+단주'로 된 빅감주,
즉 감주/감주 + 소감주와 단주로 된 빅감주

있는데 살펴보고 있는데
내소 어떤 서랍내소를 살펴보고 있다.
/내자 어떤 서랍을 살펴보고 있다.

⑦ **Where will the conference be held this year? → Wherewillthe conferencebeheld thisyear?**

— 강약 감주 /강약강 감주 /비약음 감주, 즉 감주+감주+감주 ※be='가' 동질

Ekbe 시동=어디가 될 것같은가/어디서 할 것같은가, 그 대회가 개최되는 것인데 금년에 말이야?

Special Attention]감주로 이해하거나 듣거나 말하려면 IS 설가뇌[설주뇌]가 되어야 하며
역순 해석식 뇌로는 감주의 효과를 누릴 수 없다.

❖구두점/접속사 무시 고난도 감주 적용

❶ **Look at the picture. Mark No. 7 in your test book. → Lookatthe picture.Mark No.7 inyour testbook.**

— 강약 감주 /비약음 감주 /비약음 감주 /약음 감주 /비약음 감주, 즉 감주+감주+감주+감주+감주

Ekbe 시동=살펴봐라, 즉/바로/직자 그 사진을 살펴보고 마크하되 7번 정답을 마크하시오. 이것은 내소 너의 시험지 내소에 있어요/내자 너의 시험지에 있어요/— 있는 것이에요.

※정답='No. 7' (문맥/상황) associate 이것은=연결설명어 (연결) associate

in=연설로 이해해야지 독설로 이해하면 시험지에
마크하는 셈이 되니 오역이 된다 : 연설 기본어=No. 7 vs 독설 기본어=Mark
: Do not write your answers in your test book.

.. 천재들은 의양두뇌를 바탕으로 하고 있다. 엄밀히 말하면 두뇌세포 인지도, 두뇌세포 기억도, 청취도, 리딩도 –– 의양을 바탕으로 하고 있다.

❷ Just like a sandwich, right? → Justlikea sandwich,right?

— 소감주와 소감주로 된 빅감주.

Ekbe 시동=틀림없이/꼭 같은 것, 샌드위치 같은 것 맞죠?

tip) 삼음가 적응훈련도 훈련도 필요
⇒ 알파벳음가/철자음가/감정음가
☞ **vol 1 F 영뇌〉p131**
⇒ 소리=(사전소리보다) 현장소리,
즉 감주가 더 중요하다.

❸ He said that we must disarm Iraq. → Hesaidthat wemust disarmIraq.

— 감주 그리고 소감주와 소감주로 된 빅감주

Ekbe 시동=그 사람이 말했어요, 그것 즉 우리는 반드시 무장해제 시켜야 한다고 이락을 말이다.

↗**(바더바웃더)** : d단타와 분리 합성감주 → allo fus(오ㄹ러 버스),

But about the basics, they learned. → Buta/boutthe basics, theylearned.

— 소감주와 단주로 된 빅감주, 그리고 감주

Ekbe 시동=하지만 관련해서/변자 그 기초사항과 관련해서 그들은 배웠지요.

인간은 원래 천재로 태어났다.

청취실패 원인] (S두뇌로) script를 역순으로 해석하고 듣거나 받아쓰기로 청취를 했기 때문이다. 이렇게 하면 뉴스를 1,000개를 들어도 안된다. D두뇌 무부스텝으로 쭉 들어나가면서 감주리듬을 즐겨라.그렇게 자꾸 계속해서 듣다보면 원애가 되고 완성된다.
↳**D두뇌+무부스텝 두뇌+의음두뇌+두뇌세포 선인지+감주머리+원애=top priority**

※신동머리/천재머리=D두뇌인지/의양두뇌인지/두뇌세포선인지/무부스텝인지 ⇐ 초기 유아상태 머리
↘보통사람은 시간이 갈 수록 초기상태 머리가 자기의식[자기인지]/단일 머리로 발달하고, 신동과 천재는 초기상태 머리가 더욱 더 발달한다.

Supplement 1] vocal 음과 실음 :

vocal 음은 목으로 만드는 음이고, 실음은 목으로 실제로 만들어지는 음이다. 그래서 vocal 음은 단음도 포함하지만 실음은 단음을 제외한 음이다.

소리 구성=  → 회색부분=단음(sweet sound) → (성대) 진동음과 (입천정) 공명음 / 기름지게 느끼게 하는 음 / 좋은 맛을 느끼게 하는 음
검정부분=실음(일명 속음)

↘배힘을 이용해 목으로 실제로 만들어지는 음/목으로 내뿜으면서 만들지는 음

↘목으로 음의 생성 위치를 바꿀 수 있다. 목쪽에서 내면 진동이 잘 일어나고, 목 앞쪽으로 내면 공명이 잘 일어난다. 음 또는 사람에 따리 목 또는 목 앞쪽에 만들어지며 소리는 목이 주도하는[headline] 음이다. ☞ vol 1〉p135

입소리로는 절대로 청취를 정복할 수 없다. <u>감주가 잘 들리지 않으면 D두뇌로 vocal 음[실음]을 더 강하게 느낀다.</u>

tip)1. 같은 음이더라도 목으로 만드는 음과 입으로 만드는 음이 다르다. 그 느낌을 알아야 vocal 음[실음] 청취가 가능하다. 2. 특히 진동이 클수록 더 기름지나 그 크기는 본인이 조절할 수 있다 : **speaker's desire**
그래서 사람에 따라 vocal 음[실음] 강도도 다르고 진동과 공명 정도도 다르다.

특히 두뇌 세포가 실음과 단음 정도는 느낄 줄 알아야 한다. 실음으로 들으면 영어도 한글처럼 뚜렷하게 들을 수 있다. 대개 동양인의 소리는 입 앞쪽에서 입소리로 나고, 서양인의 소리는 입 뒷쪽에서 목소리로 난다. 그런데 우리의 머리는 단음에 먼저 반응하기 때문에 소리가 잘 들리지 않으며, 단음이 크면 듣기가 더 어렵다. 반기문 UN 사무총장은 실음으로 들으나 동양인처럼 주로 입소리로 말한다. 그래서, 말투가 한국말과 비슷하다.

tip)1. vocal 음[실음]으로 말하면 기름지고, 감주로 말하면 유창(fluent)해진다. IELTS 말하기는 fluent도 테스트 한다. 2. 감주로 잘 들리지 않으면 free 단주 또는 낱개실음으로 들어 소리를 살려낼 수 있다. 일종의 소리시동이다.

3. **소리[주파수] 생성주체눈 목이다.** 저 사람 목소리가 "좋다 안좋다" 하지 입소리가 그렇다고 말하지 않는다.

4 소리의 생성주체 크기가 다르고 구강구조가 다르기 때문에 음색이 발생한다.
음색(timbre)은 사람을 구별시키는 고유한 목소리 색깔이다. 음색으로 vocal 감주를 인지하는 머리가 되면 더 잘 들린다..

5. 영어 음도 자음+모음 또는 모음+자음, 모음 단독으로 형성되고, 특히 모음 중심으로 말하기 때문에 vocal 음[실음]이 생기고, 울림도도 높다. 즉 모음 중심으로 고음[장음]을 내기 때문에 단음이 더 크게 발생한다. 반면에 한글은 자음 중심으로 말하기 때문에 입소리가 많다.
(고저장단음 ⇒ 고음=고단음/고장음 저음=저단음/저장음)

Supplement 2]

non-script 두뇌세포 인지음≠script 두뇌세포 인지음
→ **전자=두뇌가 스스로 인지 후자=script에 의한 인지**

그래서 우리는 non-script로 먼저 듣는다. 두뇌세포 인지력을 키운 다음 (안들리는 것만) script로 free 감주를 더 늘이는 것이 바로 영뇌영어이자 영뇌청취이다. (D두뇌 무부스텝) 의음 두뇌세포 인지가 되면 두뇌세포 인지를 쉽게 느낄 수 있고, 특히 두뇌세포가 (나보다) 먼저 인지하면 어떠한 잡념도 생기지 않는다. 무부음/무부감주/지음/지감주/의음/vocal음이든 두뇌세포가 (나보다) 먼저 인지해야 한다. 엄밀히 말하면 두뇌세포 인지를 통해 내가 아는 것이다.

두뇌세포 인지[선인지]=나보다 두뇌세포가 (먼저) 인지[인식]하는 것으로서
특히, D두뇌 /무부스텝 두뇌 /감주두뇌 /의양두뇌 /IS영뇌 /Ekbe 일때 많이 일어나는 현상이다.
내가 일을 잘한다고 해서 되는 것은 아니다. 두뇌가 일을 잘해야 한다.
※머리가 좋다는 것= 두뇌세포가 인지를 잘하는 것

tip)특히 감주영뇌가 되면 저절로 두뇌세포 선인지[자연인지] 발생

☞.. 의음 두뇌세포 인지가 되면 영뇌[즉 무한글 이해]가 '발생했다 안했다' 하는 현상은 없어진다.

Supplement 3]

단일 두뇌로 들으면 잡념이 발생하니 double 두뇌로 들어라. 즉 초기에는 머리를 앞쪽방향으로 박아두지 않고 듣기만 하면 잡념이 생긴다. 특히 "하려고 하면" 단일두뇌가 되거나 이해머리가 더 작동되어 두뇌세포가 굳어지니 주의하라. ↘하려고 하면 의음이 되지 않는다.
하려고 하지 않으면서 소리인식이 되어야 한다.
↘**무부로 들어 의음력에 내가 져야한다.**

↗새벽에 깨어날때 머리상태처럼 순수한 머리상태

ⅡⅡⅠ 잡념 : 단일두뇌로 들어 잡념세포로 만들지 말라. 오매일여(悟昧一如) 머리상태가 되라

=두뇌세포 (vocal) 감주 자동적응[자동인지]을 자기가 방해하는 것들 → **D두뇌 무부스텝으로 해결**

A Quick Note

1. 하려고 하는 의식, 특히 청취 skill을 적용[이해/해석] 하려고 하는 것/소리를 들을려고 하는 것
2. 해석버릇으로 인한 (instant) stop 또는 turn back 현상, 즉 먼저 뒤로 돌아가는 현상
3. 긴장하는 것

이상은 **단일두뇌 현상들 — 특히 소리가 자동으로 들어오는 것을 방해하는 것들**

— 이런 잡념들도 일종의 **I-Beat 현상**이다. 즉 자기가 소리에게 이기려는 현상이다.

그래서 소리는 잡념으로 자꾸 들을려고 하면 안된다. 무엇이든지 하려고 하면 소리를 있는 그대로 받아들이지 못한다. 청취는 speaker가 하는 역할과 hearer가 하는 역할이 각각 따로 있다. 서로 적절한 조화가 필요하다.

tip)1. 잡념이 생기는 근본 원인은 바로 IS 영뇌가 작동하지 않거나 안들리기 때문이다. 특히 (vocal) 감주청취가 되는 사람들은 잡념이 없다. 2. 단일두뇌로 듣는 사람은 소리 에너지에 내가 져야[I-Beaten] 들린다. 즉 I-Beaten 되어야 감주/vocal 음[실음] 을 느낄 수 있다.

3. **두뇌세포 일정 방향 유지 필요** : 특히 (한순/역순) 해석뇌가 발동하면 방향이 헝클어 진다 → Twists and Turns
4. **두뇌세포 자연[자동] 인지시** : 자기 의식[이해] 개입보다 차라리 (관련없이) 다른 것을 생각하는 것이 낫다.

이때는 두뇌세포 인지가 끊어지지 않는다.

이것은 순서대로 무한글로 이해하는 머리가 아니다.

Supplement 4]

↗**의음/의자/선인영뇌 각인/생활 속에서의 뜻/IS — 등등**

한뇌영어, 즉 역순 해석뇌로는 감주의 magic[감주효과]을 느낄 수 없다.

IS 설가뇌[설주뇌], Ekbe 시동이 돼야 감주로 들리면 저절로 들리는 대로 이해가 되고, 말을 해도 말하는 대로 이해도 같이 실린다. 그러나 역순 해석뇌는 듣는 것[말] 따로 이해 따로, 따로 국밥이다. 그러니까 한뇌영어로는 원어민과 같은 감주리딩, 감주청취와 감주말하기가 될 수 없다. Ekbe는 영어 본래의미, 즉 원어민이 알고 있는 의미대로 시동을 건 것이다. <u>들을 때 감주로 이해되지 않으면 Ekbe로 살짝 살짝 시동을 걸어준다.</u>

Supplement 5]

↗ **의음 시동과 무부스텝 시동**

1.. ☞ 처음 시작시/듣다가 자기가 무언가 하려고 하면 빨리 원애로 돌아간다 : 원애시동(특별시동-1)

특히, 듣다가 순수한 자기 이해[의식]로 돌아가면 빨리 sp(의 소리)에 의한 이해[느낌]로 돌린다.

(D두뇌) 무부스텝으로 그냥 맡겨라. ※특별시동=원애시동/음색시동

2.. **처음 시작시 또는 듣다가 단일두뇌로 돌아가면 빨리 double 두뇌로 바꾸라 : 감주 시동(1)**
(해석버릇으로) 단일두뇌로 돌아 가 있거나 잡념 중 어떤 것을 하려고 하기 때문에 생긴다. double 두뇌로 박히는 음과 단일두뇌로 들리는 음은 그 느낌이 확실히 다르다. 후자는 음의 forward distance가 없다.

A Quick Note

double 두뇌 현상들 :

speaker에 의해서 (vocal) 감주각인 /원어민 애가 되는 것 /감주 온음으로 박히는 것
— 모두 I-Beaten 현상으로 단일두뇌로 들을 때는 자기가 욕심을 버리고 소리(의 힘)에 의해 져야 일어나는 현상이다. 하지만 이런 것들도 D두뇌로 들으면 저절로 해결된다.

애들은 이기려고[하려고] 하지 않는다. 애들은 그냥 하고, 소리를 그냥 받아 들인다 : **무애(無碍)**
script[caption]를 보는 것보다 감주청취로 원어민 애가 되는 것이 더 중요하다.

tip] 1. (무언가) 하려고 하는 것도 S두뇌의 일종의 해석버릇이다. 2. 처음부터 엮을려고[다 들을려고] 하지말라 : **해석뇌** free 감주로 저절로 엮어지는 것이지 내가 엮는 것은 아니다. 3. 소리이든 글자이든 (자기가) 이기려고 하면 안된다. 일종의 해석버릇이다. 4. 영뇌청취에서 소리머리는 자동작동이다. D두뇌 vocal 감주 자동적응 훈련으로 극복하라. 5. 일반적으로 I-Beaten → 의음발생 I-Beat → 비의음발생

special tip] 단어 내뿐만이 아니라 단어와 단어 사이에도 (고저/저고) **장단음이 있다.**

dump truck=dumptruck=dump•truck : 장감주
many parents=manyparents=many•parents : 장감주(=사이 time +)
at the=atthe : 단감주 reading a=readinga : 단감주 (리-딩어) ※단주=장장감주 : 사이 time ++)
Dog's tail: wags to riches=wagsto riches: 단감주+단주 (왜그스어/서)
Tom Costello, NBC News=TomCostello, NBCNews ⇒ 장감주로 한단어처럼 소리낸다.
=Tom•Costello, NBC•News : 장감주+장감주

— 하나 하나 말하는 것처럼 보이지만 실제로는 감주, 즉 장감주, 단감주로 말하고 있다.
이렇게 장단으로 한 단어처럼 뒷말과 말하거나 단주 연속음으로 약간 떨어지면서 뒷말과 말하고 있다.
청취시 실제로 sp가 말하는 대로 말해봐라. 그러면 장단감주와 단주를 쉽게 느낄 수 있다.

3.. **듣다가 안들리면 명상상태에서 처리하듯이[느껴지듯이] double 두뇌[즉, FD= +]로 (vocal) 감주에 빨려 들어간다. 몰입을 하더라도 D두뇌로 몰입(immersion)한다 : 감주 시동(2)**
단일두뇌는 (감주) 온음으로 잘 들리지 않으니 몰입청취를 주장하는 것이다. double 두뇌는 그 자체가 몰입청취이니 double 두뇌로 들으면 저절로 몰입이 된다. double 두뇌 청취는 일종의 명상 청취이다.
특히 D두뇌 온음으로 뚜렷하게 들리지 않으면 목으로 만드는 음색감주로 듣는다 → **음색시동(특별시동-2)**

4.. **듣다가 그냥소리[입소리]로 돌아가면 (double 두뇌 하에서) vocal 감주로 듣는다 : 감주 시동(3)**

5.. **머리가 소리 뒤에 가면 빨리 D두뇌로 머리를 소리 앞에 둔다 : 감주 시동(4)**
FD가 가장 짧은 주파수 완전일치음도 FD가 + 0.010이다 → FD=Plus음[즉 D두뇌음]

6.. **자기말 (vocal) 감주 상기 또는 들은 (vocal) 감주 상기 : 감주 시동(5)**

7.. **double 두뇌로 들어야** 요약 /말감 /통역 /대화 — 등이 가능해진다.
D두뇌 무부스텝과 synapse 작동으로 두뇌세포의 감주 자동인지를 통해서 그것들이 이루어 지기 때문이다.

8.. ☞ **흡수식 청취 :** major 감주으로 들어나거나 또는 topic으로 들어나간다. ↖특히 토익/토플/수능/아이엘스 청취시 활용
나머지들은 이것들에 흡수되면서 이해가 되는 식으로 들어나간다 : **흡수식 이해**

9.. ☞ 화면을 보지 않거나 시선을 다른 데로 돌리면 보이는 현상에 현혹되지 않기 때문에 주파수 안테나을 쉽게 설치할 수 있다. 화면을 보거나 script를 보면 단일 두뇌가 되기 쉽다.

tip)화면/script를 보면 이해머리 세포가 작동하여 소리세포를 방해한다. 우리의 머리는 보더라도 소리머리가 지배해야 한다.

10.. ☞ **speaker에 의해** 감주로 이해되는 것은 이미 자기가 twenty four 영뇌를 BEis/IS로 알고 있었기 때문이다 : **IS 체화 주파수 사전조절**

11.. ☞ **매일매일 들어서 SP를 통해서 free 감주를 70%이상 증가시켜라.** 머리 지배값[head-dominant]이 최소한 이 정도는 되게 하라. 이게 바로 영어공부이다. 가끔 모르는 소리본체나 모르는 표현이 나오면 안되는 것만 BAM 영뇌와 Ekbe값으로 시동을 걸어 (의음) free 감주로 간직한다. 영어는 해석이 종점이 아니다.

2.. ☞ **그냥 실음영뇌 의군으로 들리는 사람들은 빨리 감주로 전환 시켜라 : 감주 시동(6)**

13.. ☞ **뇌화된 고성능 안테나가 안된 사람**은 처음 듣거나 듣다가 보면 주파수 안테나가 아랫쪽, 즉 이해머리로 내려간다. 그러면 또다시 잘 안들리니 이럴 때에는 기본으로 돌아가 빨리 주파수 안테나를 소리머리에 설치하고 듣는다 : **감주 시동(7)**

↳ 잘 안되면 FBH에서 머리를 앞쪽 하늘로 향해라=**선[기도] 머리**

↗**뉴스 하나를 들어도 들리는 서로 다른 (free) 감주는 엄청나다.**

14.. ☞ **들리는 free 감주가 많아지면** 문장간[내용간] free 감주도 간직하되, 특히 아필(我必) free 감주는 반드시 간직한다.

↗잡념이 들어가 흐트리면 안된다. **cf)뇌화된 D두뇌=D두뇌 자동설정**
↗이렇게 취하면 두뇌세포는 소리를 잡는 안테나 세포가 된다.
↗이렇게 취하면 (모든) 두뇌세포는 앞으로 향하여 똑바로 선다.

↗특히 이렇게 하면 (두뇌세포) 인식이 잘 끊어지지 않는다.
↗전체적으로 앞으로 향하는 것을 좀더 강하게 한다.

15.. ☞ **뇌화된** D두뇌 청취는 마치 명상상태 /뒷머리 또는 FBH가 작동하게 압도적으로 뚫어지게 보고있는 상태와 같다. 그래서 얼굴은 늘 뇌화된 D두뇌 상태이어야 한다. 그러면 언제 어디서 TV를 보더라도 소리가 자동으로 들어오고 바로 D두뇌 감주청취가 된다.

↳**Screw your optics.**
뚫어지게 보면서 머리는 하늘을 향한다.

more)뇌화된 D두뇌 → FD와 synapse 작동 → 모든 두뇌세포가 똑바로 선다 → vocal 감주를 쉽게 느끼게 함 + 들린 말 기억유지

tip)1. 실음으로 들으면 음이 세밀하게 그리고 정확하게 들린다. 2. 보통 사람들은 일상으로 돌아가면 S두뇌가 되므로 D두뇌 전환훈련이 필요하다. 특히 계속해서 현장방송을 들어야 두뇌세포는 계속해서 의음으로 인식하지, 듣다가 한국방송을 듣지마라. 즉 한글인식으로 해석뇌로 바뀌기 때문이다. 3. 들을려고 하면 들을려는 뇌로 발달하고, 소리를 자동으로 들어오게 하면 자동뇌로 바뀐다. 4. vocal 감주로 자꾸 느껴지면 vocal 감주뇌로 바뀐다. 5. (목으로) 내 뿜는 말로 들어야지 음치처럼 안으로 들어가는 말로 들으면 안된다.
↳우리의 머리는 내 뿜는 말[=vocal 음/실음]에 익숙해 있지 않다.

16.. ☞ **감주로 들어야 쉽게 기억되고 쭉 이어진다. tip)D두뇌/vocal 감주/vocal음[실음]/의음=듣기의 일급비밀**

17.. ☞ **사람 이름이든 지리명이든 고유명사[proper nouns]의 소리본체도 많이 기억해둬라.**

18.. ☞ **감주로 들으면,** 먼저 sp의 소리에 의해 저절로 이해가 된다. 이게 바로 의음 감주이다.

19.. ☞ **부처님은 깨달음은 형상으로 말할 수 없고,** 나의 가르침을 그냥 따르고 수행함으로써 그 깨달음은 얻어진다고 하였다. 따라서 깨달은 영뇌경지는 느낌으로 그냥 이루어 지는 것이지 말로 표현하여 하려고 하지말라. 적용시키려는 구속 때문에 깨달음의 경지를 누릴 수 없다. 영어를 감각적 주파수로 이해하거나 듣거나 말하는 사람이 **영어를 가장 잘 하는 사람**이다. 나머지는 이 경지로 가기위한 과정에 불과하다.

tip)그래서 마지막 (경지의) 느낌은 느낌으로 간직하는 것이지 표현으로 간직하는 것이 아니다.

6 영뇌청취와 한글통역

원작 뉘앙스[말하자 의도]에 맞게 통역하려면 완전통역 또는 대체통역을 하라.

6 영뇌청취와 한글통역 :

통역에는 한글통역과 영어통역 두 가지가 있다. 어느 경우이든 major 감주를 적극적으로 활용한다. 모든 것을 다 일일이 통역할 필요가 없다, 중요한 말만 가지고 통역한다. 뿐만이 아니라, BAM영뇌도 적극 활용한다.

IIIII .. **영뇌청취와 한글통역 :**

➤ 뇌화된 double 두뇌 下에서 major 감주로 통역하라 ◄ ☞ 영뇌영어 vol2 p523

➤ 통역시 BAM 영뇌[필요시 associate]도 적극 활용하라 ◄ vs associate는 영어통역시 주의

영뇌 청취자에게는 통역은 이해하는 방법이 아니라, 이해의 부산물이다.
그래서, 영순통역을 할 것인가 한순통역을 할 것인가는 걱정할 필요가 없다. 이미 감주로 이해가 되었기 때문이다. 이미 감주로 이해가 된 후, 영순으로 할 것인가, 한순으로 할 것인가는 통역자의 몫이다. 한순 통역은 마치 미국인이 한글통역을 하는 것과 같다.

그리고, 통역시 BAM 영뇌를 적극적으로 활용하면 원어민들이 의도하는 뜻을 정확하게 통역할 수 있다. 일류 통역사들이 자주 오역하는 경우가 있는 데, BAM 영뇌를 보유하지 못하고, 무조건 단어를 외워서 하거나 숙어처럼 통역하거나 1대1 대응식으로 한글에 끼맞추기 때문이다. 통역의 질은 소리본체의 BNW를 얼마나 반영하느냐 그 정도로 결정되는 것이지, 마치 숙어처럼 통역하는 것은 아니다.

통역의 질은 BNW 반영 정도로 결정하라.
가장 잘 반영된 것이 **완전통역**이고, 이것과 대체시켜 반영시키는 것이 **대체통역**이고, 뜻하는 의미로 가장 덜 반영된 것이 **이면[준] 통역**이다.

IIIII.. ☺ **(뇌화된 double 두뇌 하에서)**
감주청취로 다음과 같이 들렸다면
"China is exploiting trade **loopholes.**"
중요한 말만 각인="China exploiting trade **loopholes.**"

그리고 이것을 BAM으로 BNW를 살려서 통역,
완전통역=차이나는 개발하고 있어요, 무역상 빠져 나갈 구멍들을 말이다.
이면[준] 통역= —— 무역상 허점들을 말이다.

loophole BAM=빠져 나가는 구멍으로서 작은 창문, 총구멍, (요새의) 총안, 허점
[l: 쏵 빠져나가는 모습 oo: 동/구멍 모습 hole: 구멍 — BNW]

IIIII.. (뇌화된 double 두뇌 하에서) 감주청취로 다음과 같이 들렸다면
"He did ten years **porridge** for armed robbery."
중요한 말만 각인="ten years **porridge**, armed robbery."

그리고 이것을 BAM으로 BNW를 살려서 통역,
대체통역=10년간 콩밥을 먹었다. 무장 강도질을 했기 때문이다.
이면[준] 통역= 10년간 감옥살이를 했다. 무장 강도질을 했기 때문이다.
감옥살이를 한 경우, 우리는 '콩밥을 먹었다' 고 한다. 이럴 때 죽을 먹었다고 하지 않으니 대체번역으로서 영어의 뉘앙스를 충분히 반영시킬 수 있다. *ten years porridge=(infml) 복합명사

tip) 완전번역/대체번역=bnw-BAM 이면[준] 번역=im-BAM
Tiger **lashes** out at media. 이것을 사전의 뜻대로 '심하게 비난하고 있다' 로 해석하면 lash로 표현한 감정이 충분히 살아나지 않는다. 그래서 **'후려 갈기고 있다 〉 퍼붓고 있다 〉 심하게 비난하고 있다'** 로 되어야 한다.
전자=완전번역 중자=대체번역 말자=이면번역 : 어떤 번역으로 시동을 거느냐에 따라 IS영뇌도 달라진다.
⇒ bnw-BAM 시동=Best
∵ 원어민과 같은 느낌

IIIII.. (뇌화된 double 두뇌 하에서)
감주청취로 다음과 같이 들렸다면 중요한 말만 통역을 하라.

The New Year Crush of China : ______________________
An estimated 100 million travelers will be hitting the roads, packing trains, planes, buses and highways.
➤ — New Year Crush, — China
— estimated 100 million will — hitting — roads, packing trains, planes, buses — highways.

영순[영뇌] 통역 : 신년에 밀치고 제치고 야단 났어요. 중국에서는요. 대략 1억명이 앞으로 분주히 도로에서 움직일 것 같고, <u>그리고</u> 꽉꽉 메울 것 같아요. 열차, 비행기, 버스, 고속도로 <u>할 것없이</u> 꽉꽉 메울 것 같아요.
한순[한뇌] 통역 : 중국의 신년은 밀치고 제치고 야단 났네요. 대략 1억명이 도로에서 앞으로 분주히 움직일 것 같고, 열차, 비행기, 버스, <u>그리고</u> 고속도로는 꽉 찰거라고 해요. ※밑줄부분=**일종의 associate**

A Quick Note
crush BAM=꾹 누르면서 급히 가는 것으로서 밀치고 나아가거나 밀어 내면서 나가는 것
[c : 꾹 누르는 것 rush : 급히 가는 것]
traveler BAM=쭉 밟아 가는 사람으로서 찾는 사람 [tr: 쭉 + tread er〉riser: 일으키는 실체]
그래서, 음식 탐방자를 food traveler라 한다

쭉 밟아 가면서 여행을 하면 여행자가 되고, 일을 하면 출장자(business traveler)가 된다. 쭉 걸어 가고 있는 경우도 'They are traveling.' 이고, 자동차가 쭉 달려 가고 있을 때도 'The car is travelling.' 이라고 한다. BNW와 BAM 원리만 알면 얼마든지 응용이 가능하다. 그래서 여기서는 travelers/travellers를 여행자로 번역하면 오역이 된다. 고향을 찾는 사람으로 번역해야 한다. 구경하러 가는 것이 아니기 때문이다.

CHAPTER Ⅶ

영어공부의 본격적인 시작은 원애단계 이후부터이다.

즉 twenty four 영뇌와 free 감주를 알고 원애가 되었다면 (특히 스마트 폰/Ipad를 통해서) 매일매일 뉴스를 감주로 읽거나 TV를 봐라. 그리고 감주로 말하라. 그러면 읽기도 듣기도 모두 감주 일상적인 말이 된다.

↘이런 것들은 본인의 몫이다. 학교나 학원, 선생들의 몫은 아니다.

twenty four 영뇌와 free 감주, 원애 청취는 영어공부의 서막에 불과하다. 진짜 영어의 맛은 원애단계 이후터이다. tip) 독서[즉 원서독서]와 모든 문제풀이, 유학, 해외여행은 원애단계 이후부터 한다.

---

script 청취는 원애가 된 후[즉 감주 감지력이 생긴 후에] 영뇌청취 보충으로 한다. script 청취시 특히 감각적 주파수 인지력과 speak 능력을 키워라. script 청취를 할때에도 non-script로 들어나가면서 안들리는 부분만 살짝살짝 소리본체를 보아나간다. 처음부터 완전히 script에 의존하지 말라. 해석뇌나 단일두뇌, 이해머리가 먼저 작동할 가능성이 있기 때문이다. ex]CNN, NBC, ABC, — 등의 앱 CC기능 활용요

☞.. **감각적 주파수 :** (감각적으로) 한 단어처럼 뒷말과 말하면 쉽게 IS가 작동한다. 소리본체에서 소리가 나오고, IS 설가뇌/설주뇌이기 때문에 감주가 발생한다. → **이런 게 소감주/빅감주/왕감주로 움직이고 있다.**

1. 기본감주 : 분리/강약/약강/음수조절/비약음/약음 감주 ↗감주/주파수에 의해 저절로 음이 떨어져 나가는 것

— 좋은 리듬을 만들기 위해 감주로 말하면 탈리/극저음/동화/단타/합성/비합성 — 등이 저절로 발생함

- **분리감주[고난도 감주]** : in the immediate authorities=인디어**미**–디어트 : i의 앞으로 분리
  Be considerate=비컨**씨**더러트 : con의 앞으로 분리 USA=유–에세이 : s음가의 앞뒤 분리 ※탈리≒폐쇄음

- **강약감주** : Police evacuated the immediate area=이**배**큐에이티더 : (d 탈리) 강약감주, 일명 탈리감주
  I struggle to find words=스트**라**글더 that the babies=대ㅌ더 : (that=종속접속사)
  Twins you're about to see=튜인져 : (s와 you의 합성) 강약감주, 일명 합성 감주

  And the devastation is staggering=앤더 : d/th 비슷한 드음가 사이에서 d음가 탈리
  cf]summer=써머 : 같은 복자음시 앞자음 폐쇄되어 탈리 — 단자음화 vs (장음의) 단음화

  Sonia warns that=워–ㄴ즈엇 : 복자음 속 t음가 폐쇄와 성문음가 h폐쇄
  What has the internet?=해즈어 : 하지만 "해즈어"로 둘다 저음으로 내면 **약음감주[일명 저음감주]**가 된다.
  against the sanctions=어게인서/스어 : 하지만 이것도 "어게인서/스어"로 둘다 저음으로 내면 **약음감주**가 된다.
  good reflexes to avoid drowing=리플**레**ㄱ시스어 : 스어=(극저음) 강약감주, 일명 극저음 감주
  — a음가= "to" 어음가와 중복으로 탈리
  This is CNN=디스이스 : this의 is음의 영향으로 is(이즈)가 "이스"로 소리난다=**순행동화, 일명 동화감주**

- **음수조절감주/약음감주** : ☞ vol 1 p37

- **약강감주** : I struggle to find words=투파인더 Feel right at home=라이덧 : t단타
  of course=어프**코**–스 : f는 v유성음가인데 뒤 무성음 c음가의 영향을 받아 무성음으로 되는 것=**역행동화**
  What has the internet?=이너네ㅅ : n/t 음가는 조음점이 같아 t가 n음가로 닮는 것=**순행동화**

영뇌 말하기[일명 감주말하기]

> 원어민들처럼 쉽게 말하려면 듣거나 읽거나 공부하면서 확실히 생활 속에서의 뜻으로 free 영뇌로 간직하되, 특히 free (vocal) 감주로 많이 간직하라. 간직시 我必 free (vocal) 감주는 반드시 간직한다. 머리 속에 free 감주가 많으면 저절로 BEis로 IS로 엮어지고 감주 일상적인 말이 된다. 영어는 free 영뇌의 조합에 불과하다. 말하기의 비밀이 바로 여기에 있다.
> 외워서 말하는 것이 아니다. ※free 감주=free 영뇌의 소리값 free 영뇌 ⇄ free 감주, 둘다 의자/의음

tip)1. 영뇌가 완성되면 결국 최종적으로 간직하게 되는 것은 귀에 익은 소리 또는 눈에 익은 글자, 즉 감주 일상적인 말[감주 IS 영뇌]이다.

2. 귀에 익은 일상적인 말이되면 (새로운 단어의) 새로운 말과 구분되어 다가온다. 적어도 원애경지는 돼야 이런 느낌을 느낄 수 있다. 귀에 익은 일상적인 말과 새말은 구분되어야 한다.
3. (생활 속에서의 뜻인 IS가 용해된) vocal 감주로 말해야 늘 영어를 자연스럽게 말할 수 있다. 그냥 입소리로 말하면 부자연스럽지만, 목소리 감주로 말하면 자유롭게 주파수 음정 조절이 가능하고 기름지기 때문이다.
4. 말을 할 때 뱃속의 기(氣)가 목을 통해 빠져나가는 것이 느껴져야 음정 불안이 없어진다.
5. 말에 의미가 실리는 것이지 의미를 먼저 생각하고 말하는 것은 아니다. 이때 의미=IS값이다. 감각적 주파수로 무조건 먼저 말하라. 영뇌 상급자가 되면 저절로 그 속에 의미가 실린다.
6. BAM을 알아야 단어 선택권이 생긴다. 즉 마음대로 말을 조합하려면 BAM으로 단어의 뜻을 알고 있어야 한다. BAM에는 단어의 고유한 뉘앙스가 들어있기 때문이다.

☞ **to be continued from page 568**

- **비약음감주** : I struggle to find words[findwords]=파인워-즈 : (d/d 탈리) 비약음 감주, 일명 탈리감주
  surface temperatures=**템**퍼쳐스: ra음가 탈리(a음=e음과 동일) with this robot=위**디**스: 같은 음가중 앞 th음가 탈리
  and it's so versatile=앤잇소(우) : 같은 음가중 앞 s음가 탈리 ↗ vs (이중모음의) 단모음화=도ㄴ츄
  Don't you like?=도운츄 : t/you 음가가 서로 작용하여 새로운 감정음가로 합성감주가 되는 것=**상호동화**
  dramatic change=쥬[져]러**매**틱 ⇒ 일명 (d의) 구개음화/감정음가 감주
  Stop water-boarding=워러 : r로 단타 thirty nine degrees=써-리/디 : r/d로 단타, 일명 단타감주
  Sonia started streaming water=스**타**-리드 value added tax=애리드 : d단타

2. 감주 결정=speaker's desire로서 Best 감주 cf]일형태 다소리의 삼음가 결정=同一

- I struggle to find words. 〉 I struggle to find words. How to read. 하우데[러]〉투
- Change your brain. 체인쥬어〉져〉유어 Plant your brain. 플**랜**투어〉터〉유어 See you. 씨-여〉유

Chapter Ⅶ

Ⅶ. 영뇌말하기[일명 감주말하기]

☞.. 영뇌말하기란?

Native Brain 말하기로
들은 감주로 A상황에 맞게 말하는 것

보충 : twenty four 영뇌의 감주리딩 + 영자신문/원서/영문만화 감주리딩

감각적 주파수로 말하면 저절로 전달의미(IS)가 실린다. 감주 속에 생활 속에서의 뜻인 IS가 용해되어 있기 때문이다. 특히 원어민 말투 그대로 말할 수 있다. 한글중심이 아니라 순수한 영어중심으로 (vocal) 감주로 말을 하기 때문이다.

: 1. 감각적 주파수 ☞ 기본영뇌 Vol 1, p37 2. (vocal) 감주=말하기의 일급비밀 — (vocal로) 감각적으로 한 단어처럼 뒷말과 말하는 것 3. OPic/IELTS 말하기도 감주말하기로 극복하라.

마치 우리가 우리말을 할 때 또다른 언어로 가지않고 바로 A상황에 맞게, **들어서 뇌화된** free 한글을 던지는 것과 같다. 엄밀히 말하면 원어민이든 한국인이든 애들은 들어서 말을 하지, 읽어서 말을 먼저 배우지 않는다. 더구나 말은 간직된 free 감주로 말하는 것이지 외워서 말하는 것은 아니다. **말하기의 비밀이 바로 여기에 있다.** 간직된 free 감주가 많으면 저절로 BEis로 IS로 엮어진다. 이렇게 진짜 자기말과 외워서 말하는 것은 구별되어야 한다. **tip) 말을 쉽게 하려면 상황 말하기를 하라.**

예컨데, NBA 중계방송에서 한 선수가 코너에서 공을 넣으려고 한다. 이때 어나운서가 감주로 'Cornerfor 3points.' 라고 말한다. 이렇게 들은 감주로 우리도 같이 나중에 코너에서 3점 슈팅을 하려고 할때[A상황] 말을 하면 된다. tip)영뇌말하기, 즉 감주말하기는 애들이 말을 배우는 과정과 같다.
시동=코너에서 넣는 것인데, 즉 3점짜리이다 /코너인데 즉 3점 짜리이다 /코너인데 해자 3점 짜리이다.

'목적지에 거의 다 왔다' 를 'Almostthere.' (오-ㄹ[오올]모우스데어=baskek F+slide F : t폐쇄와 비합성감주)로 생활 속에서의 뜻이 용해된 감주로 들었다면 우선 이런 free 감주를 간직하고 있어야 하며, 그리고 이런 실제상황이 되었을 때 **무한글 상태에서** 그대로 감주로 말하면 된다. 이렇게 말은 근본적으로 들어서 간직한 free 감주로 말하는 것이지, 외워서 말하는 것은 아니다. 외국에 나가도 말문이 쉽게 터지지 않는 사람들은 free 감주 개념이 없기때문이다. 거의 대부분의 한국 사람들은 영어로 말을 할때, 문장으로 외워서 말하거나 한글을 먼저 생각하고 거기에 끼(워) 맞추는 식으로 말을 하고 있다. 이것은 한뇌 말하기이지 말문을 틔우는 근본원리가 아니다.

↗소감주/빅감주/왕감주

tip)1. 감주로 말해야 쉽게 영뇌로 말을 이어 나갈 수 있다. 특히 동양인들은 vocal 감주로 말해야 영어말투가 된다.
2. free 영뇌[특히 free 감주]로 이해하는 기술이 있어야 저절로[스스로] 말의 조합력이 생긴다. 하루에 몇 문장씩 외운다고 해서 말의 조합력이 생기는 것은 아니다. 말은 free 감주로부터 저절로 만들어지는 것이다.

.. 감주, 즉 뒷말과 말하는 것이 잘 안되면 (IS) 설가뇌로 말한다 : 일종의 시동

그래서, 우리는 평소에 현장 방송 또는 실제생활에서 들어서 free 감주를 많이 간직해야 하고, 영자신문, 영문만화, 원서를 많이 읽어서 free 감주를 많이 보충해야 한다. 우리말도 마찬가지이다. 듣거나 읽어서 저장된 free 한글로 말이 저절로 만들어진다. 한글을 외워서 말하는 사람들은 거의 없다. 개그맨들이 말을 잘 하는 것은 간직한 free 한글이 많기 때문이다.
간직시 (vocal) 감주로 자동 설가가 될 때까지 F3+E2 강하게 말한다.

Konglish를 방지하고, 실제상황을 보다 정확하게 전달하려면 BAM 영뇌를 적극 활용하라.
BAM은 BNW가 내포되어 있기 때문이다. 그리고 associate를 활용하면 특히 to 부정사와 콤머 말하기를 쉽게 할 수 있다. associate는 단어 또는 문맥/상황, 연결설명어 속에 숨은 뜻이다.
주의] 일반적으로 associate는 말하지 말라. 자칫 잘못하면 Konglish가 되기 쉽다. ☞ **영뇌영어 vol 2 p523**

↗ **vocal 감주** ↗ 목으로 성대가 크게 진동하고 공명이 많이 되도록 말한다.
vocal 감주[즉 목소리 감주]로 말하면 영어말투[음질]가 된다. 그러면 음이 더욱 기름진다.
그럴려면 목소리로 기본주파수가 늘 뇌화되어 있어야 한다. 처음부터 말이 잘 나오지 않은 사람들은 **배 힘으로** 목으로 음을 만들지 못하고 윗치 또는 경구개 쪽에서 그냥 음을 만들기 때문이다. 음치들은 대개 후자에 속한다. 말은 밖으로 (내) 뿜어야 한다. 즉 흑인목사의 설교처럼 항상 강하게 말하면 된다 : **SIUM 말하기** tip)감주로 영어리듬을 빨리 잡아라.

tip)1. **처음부터 말이 나오지 않은 또다른 이유** : 감주로 먼저 말하지 않고 의미를 먼저 생각하고 말을 하기 때문이다.
말에 저절로 의미가 실리는 것이지 대부분의 사람들은 의미를 먼저 생각하고 말을 한다.
2. 감주로 말하면 쉽게 리듬을 탈 수 있다. 3. 특히 감주로 말하면 전제없이 쉽게 full로 말할 수 있다.

초기에는 영어 말투가 입에 굳어질 때까지는 영어를 듣거나 볼 때마다 (vocal) 감주로 말하라.
단순한 문법적 영어 지식만으로 영어가 정복되는 것은 아니다. 그것은 단지 영뇌 말하기로 가기위한 도우미 역할만 할 뿐이다. 그런데, 거의 대부분의 한국 사람들은 문법적 지식만 가르치거나 소유하려고 한다. 가장 큰 단점이다. 영뇌는 소리값과 문자값 모두를 포함하고 있다.

IIIII.. 영뇌 말하기 훈련 :

듣거나 읽거나 공부해서 free 감주를 많이 간직하라.
그러면 저절로 BEis로 IS 엮어진다. 예컨데, 매일매일 현장방송을 듣거나 원어민 영자신문을 읽으면서 특히 free 감주를 많이 간직하라. 그리고 또한 기본영뇌 vol 1, 2에서 연결설명어 영뇌, 비연결설명어 영뇌, 등맥설명어 영뇌, sign설명어 영뇌, 즉 twenty four 영뇌를 공부하면서도 free 감주도 많이 간직하라. 말하기의 비밀이 free 감주에 있기 때문이다.

caution] 이렇게 기본적으로 영뇌를 갖추게 하는 것이 영뇌 책이 하는 역할이고, 이것을 바탕으로 해서 수많은 표현을 듣고, 보고, 문제를 푸는 것은 여러분들 (스스로의) 몫이다. 우리가 한글을 깨우친 후에 TV를 보거나 신문을 읽거나 국어문제, 수학문제, — 등을 푸는 것과 같다.

주의]감주로 말하면 특히 본인의 말도 이중음성으로 느껴진다. 청취 때도 한 사람이 말하는데 두 사람이 말하는 것처럼 느껴진다.
예컨데, 감주+감주일 경우, 감주로 말하다가 다시 (새롭게) 감주로 말하기 때문이다.

═ **말의 종류** : 일반적으로 말은 사실을 말하거나 생각을 말하면서 묻기도 한다 ═

↳즉 사실말 + 생각말 + 묻는말

1.. 감주청취로

free 감주 간직하기와 감주로 자기말하기

tip)1. 청취 수준이 최소한 원애가 돼야 들어서 말을 할 수 있다. 2. 영뇌 말하기는 상황말하기이지 1 : 1 대응식[대입식] 한글말하기가 아니다.

IIIII .. **speaker의 말 :**

I can see their death toll, passing a thousand, men and women. They're injured and wounded, over 7,000 and they say, "Why should Americans fight and die for Iraqi people, if they are passive and they're a silent majority?"

If you yourself don't want democracy, and aren't willing to fight and die for it and put down the insurgency and not in any way enable it, why should Americans stay there and die for you? * their /앞 they=미군을 두고 한 말 you /뒷 they=Iraqi people

⇒ **감주청취로**

free 감주 간직하기 :

a.. Their death toll, a thousand, injured and wounded, over 7, 000.: **comma 영뇌말**

b.. "Why should Americans fight and die, if Iraqi people are passive and a silent majority?" c.. Their death toll, a thousand, injured and wounded, over 7, 000.

vocal 감각적 주파수↗ 단주로 toll을 극히 약간 떨어지게 내는 것도 리듬이 좋다.

: Theirdeath toll athousand, injuredand woundedover 7,000.

or Theirdeathtoll athousand, injuredand woundedover 7,000.

↳Theirdeath • toll=단장 감주

—— etc.. tip)특히 강약/약강/약음/분리 감주 인지력과 speak 능력을 키워라.

영어말투 가운데 가장 듣기 힘든 것이 고저/저고/저음분리 리듬이다.

※**vocal음 시동** : 아음~ (Ium~)/에~ 하면서 성대를 먼저 떨리게 한 후 말하기/SIUM 말하기

— vocal로 소리를 낼 때 뱃속의 기(氣)가 목을 통해 통과해 나가는 것이 느껴져야 한다.

⇒ **(들어서) 간직한 free 감주로부터**

감주로 A상황에 맞게 자기말 말하기 :

a.. Passing a thousand, why Americans fight and die? They're a silent majority!

b.. Death toll, a thousand. They are passive and silent!

c.. Their casualties, over 8,000, men and women. or Their heavy casualties, over — .

d.. You don't want democracy in Iraq and you are by no means able to put down the insurgency. —— etc.. ⇒ 밑줄=이미 간직하고 있던 free 감주를 활용하여 말한 것

감주로 말하면 전달의미로 IS가 저절로 실린다. 그래서 과감하게 말부터 먼저 하면 된다.

big tip) 1. free 감주로 말하는 것과 단순히 외워서 말하는 것은 다르다.

(전자=마음대로 조합/자기감정 조절/톤 조절이 가능) 2. 말은 항상 자기말이 있어야 한다.

↳특히 자기 음색 감주로 말하라.

.. 영뇌말하기를 통해서 말하기에 대한 Basics를 갖추라.

2.. 감주읽기로부터
free 감주 간직하기와 감주로 자기말하기

||||| .. 읽는 것 :

A protester's sign hangs
outside Terri Schiavo's hospice
in Pinellas Park, Florida, on Saturday.

⇒ 감주읽기로부터 free 감주 간직하기 :

a.. Need your help. b.. Save Terri. c.. Your help saves Terri.

d.. A protester's sign hangs outside Terri Schiavo's hospice.

e.. Terri Schiavo's hospice in Pinellas Park, Florida.

f.. A protester's sign hangs outside Terri Schiavo's hospice on Saturday. — etc

— 이렇게 간직하여 대화하거나 말을 할때 활용.

⇒ (읽어서) 간직한 free 감주로부터
감주로 A상황에 맞게 자기말 말하기 :

a.. Terri Schiavo's sign hangs. Need your help. *hangs=자동사로서 현동사 영뇌

b.. I see Terri Schiavo's sign. Need to save Terry.

c.. Your help is needed. **vocal 감각적 주파수** : Yourhelpis needed.
Your help is needed to save Terri. ⇒ 밑줄=이미 간직하고 있는 free 감주 활용
vocal 감각적 주파수 : Yourhelpis neededto saveTerri.

d.. A protester's sign hung outside Terri Schiavo's hospice.
*hung=관계과분사/일반과분사/과동사 영뇌 가능

e.. A protester's sign is hanging outside Terri Schiavo's hospice.

f.. A sign saving Terri hangs/hung[is hanging] outside Terri Schiavo's hospice.

— etc. *saving/hung=관계현분사/과동사 영뇌 **tip)1. twenty four 영뇌를 알아야 말을 마음대로 만들 수 있다.**
2. 감주로 뒷말과 말하는 것이 가능한 것은 단어의 뜻은 한글이 아니라 IS이기 때문이다. 즉 단어자체가 뜻이자 A상황이기 때문이다.

3.. 간직한 free 감주로 (무한글 상태에서) 말하기 :

듣거나 읽거나 공부해서 간직한 free 감주로 A상황에 맞게 말하면 된다.
이때 전개는 저절로 BEis 또는 IS로 전개 된다. 감주로 말하기 때문이다.

컴퓨터가 책상 위에 있는 것을 설가로 전달해보자. 기본영뇌에서 전설 또는 설이 자꾸 붙을 뿐이다.

: BEis 영뇌 말하기 ⇒ 연설뇌/독설뇌/전설뇌 (독설뇌=독설 독설뇌/보설 독설뇌/독설 보설뇌
전설뇌=기설 전설뇌/전설 기설뇌)

☺.. 영어말투에 익숙해지는 것이 영어공부다.

‿ =vocal 감각적 주파수 — vocal로 한 단어처럼 뒷말과 말하는 것

↳원어민 말투를 내게하거나 영어를 말하게하는 끄나풀[연결고리]이 감주다.

→ 무한글 상태에서 컴퓨터를 기본어로 해서 말해 나가면,

"A computer /on /the desk." = 기—〉설—〉설′ : Onthe=약음 감주 : small slide F
DEsk=단주 : slide F

→ 무한글 상태에서 책상을 기본어로 해서 말해 나가면,

"A desk /under [beneath] /the computer."= 기—〉설—〉설′

or "A desk /under [beneath] /the computer."

tip)음수조절 감각적 주파수 :
SK-US military drills won't be postponed.
=SouthKorea USmilitary drills
won'tbe postponed : 밑줄=음수조절

→ 무한글 상태에서 윗표면을 기본어로 해서 말해 나가면,

"On /the desk, //a computer." = 기—〉설 ⇨ 전설

→ 무한글 상태에서 아래[밑] 또는 아랫표면을 기본어로 해서 말해 나가면,

"Under[Beneath] /the computer, //a desk." = 기—〉설 ⇨ 전설

→ 그리고, 무한글 상태에서 컴퓨터를 기본어로 한 것에
관계대명사 영뇌를 하나 더 붙이면,

"A computer /that I like best /on the desk." = 기—〉설/설 : 독설 독설뇌

or "A computer /on the desk /that I like best." = 기—〉설/설 : 독설 독설뇌

tip)어떤 감각적 주파수로 말하느냐에 따라 리듬이 달라진다.

s동사 말을 추가시 :

"A computer /that I like best /is on the desk." = 기—〉설/설 : 보설 독설뇌

→ 아니면 무한글 상태에서 computer를 관계대명사 분설뇌로 말하면,

"A computer /on the desk /which is made in China."

= 기—〉설/설 : 위치와 제조처로 각각 독립적으로 설명해 나감=독설 독설뇌
하지만 상황을 모를 경우 (근거리 주의 영뇌에 의해) 연설뇌로 desk가 중국에서 만들어진 것으로 이해할 수도 있다. 계약서를 작성하거나 비즈니스를 할 때 유의하라.
: "A computer on /the desk /which is made in China."= 기—〉설—〉설′

= "A computer /which is made in China /is on the desk."=보설 독설뇌 : s동사로 설명

cf]"A computer /is on the desk /which is made in China."=독설 보설뇌

"A computer is on /the desk /which is made in China."=연설뇌

영어를 정확하게 그리고 고유한 뉘앙스를 살릴려면 BAM 영뇌로 말하라. 무턱대고 외워서 하는 말은 원어민 심금을 울릴 수 없다. 그리고, BAM은 말[단어]을 쉽게 고르게 한다.

예컨데, 무언가 하도록 자극을 주었다는 말과 한번 꾹 찔러 보았다는 말은 다르다. 무언가 자극을 주기위해 한번 찔러보는 의미로 쓰려면 prod라는 말[단어]을 선택해야 한다. prod의 뜻하는 의미가 전자이기 때문이다. 그리고 전자의 뜻으로 stimulate라는 단어가 따로 있다. 이렇게 단어의 본래의미[원래의미] 대로 A상황에 맞게 말을 해야 하는 것을 우리는 자꾸 뜻하는 의미로 말을 하니 의사전달이 잘못 전달될 수도 있고, 원어민들에게 심금을 울릴 수도 없다.

tip)1. 소리를 vocal 감주로 만드는 기술없이는 (특히 동양인들은) 원어민 말투를 낼 수 없다. 목소리와 입소리는 다르고, 읽는 법이 다르기 때문이다. 자꾸 연습하라. 2. (BAM을 살려) 말의 종류별로 잘 말하라.

IIIII.. ☞ Hillary Rodham Clinton **prodded** Pakistan to do more to contain Islamic militants.

완전번역=한번 찔러 보았다.
이면번역=자극을 해봤다.

tip)묻는 말에 쉽게 말하기 :
" What is his phone number?"
a. 말[대화]이 끊어지지 않게 (short하게) 말한다 : 721-1127
b. 상대말을 활용[재활용]한다 — 보통 full하게 표현
: His phone number is 721-1127.[=It' s]

prodded BAM
=반응이 일어나게 찔러[쑤셔] 본 것으로서
자극을 준 것[p: poke 쿡 찔려 보는 것 r: rise/respond ed: 과음가 or d : did — BNW] vs An inspiring conductor can stimulate the singers to excel.

IIIII.. ☞ 또한,

우리는 공공요금을 (public) utility rates /fees /charges로 말한다. rate도, fee도, charge도 모두 요금이다. 지금까지 우리는 영문도 모르고 무조건 외워 말해 왔다. 그러나 원어민들은 어떤 단어를 쓸지 알고 있다. 왜냐하면 BAM으로 BNW를 알고 있기 때문이다. 즉 BAM으로 단어의 본래의미[원래의미]를 알고 있기 때문이다.

✠ **fee BAM**= 내면 자유롭게 이용이 가능한 피로서 요금/회비 /요(료) [f: 피(要料) + free]

A Quick Note
피는 경상도 전라도 사투리로서 돈을 의미하는 데, 고스톱 구경꾼이 받는 돈을 경피라 한다. 지금은 서울 말을 표준말로 정했으니까 경상도 말이 사투리이지만 통일신라 시대에는 오히려 표준말이다. 그래서, 사투리가 중국말과 많이 닮은 점이 있다. 젓가락을 재까치라 하고, 호주머니를 갬치라 하고, 화징실을 통시라하고 한다.

: The health club charges an annual membership fee.
Cable TV subscribers pay monthly fees. Park entrance fees have gone up to $15.
A big transfer fee. 큰 이적료 School fees.

✠ **rate BAM**= (쓰는) 비율에 따라 차등 계산하는 것으로서 요금 [r: ratio 비율]
: Water rate. Some hotels offer special rates for children.

✠ **charge BAM**= 붙이는 것으로서 요금 /부과요금 /붙여주는 돈[c : make cling]
: There's an admission charge of $5.
Is there a charge for children or do they go free?
For a small charge we will also make your hotel reservations.

charge가 수수료로 쓰일 때는 붙여 주는 돈으로서 수수료이고, commission은 일을 맡아 수행한 댓가로 받는 수수료이다. 그러니까, 해주신다면 조금만 붙여주면 예약을 잡아주겠다는 뜻이다 : **완전통역/완전번역**
그래서, 내면 자유롭게 사용이 가능하고, 사용한 비율에 따라 계산하고, 사용한 것에 붙이는 것이니까 공공요금에 fee, rate, charge를 쓰는 것이다.

remember]1. 단어의 뜻은 BAM으로 (생활 속에서의 뜻으로) 해음/상음, 해자/상자를 만들어야 한다. 특히 새로운 단어나 새로운 표현을 만나면 항상 BAM으로 (생활 속에서의 뜻으로) 해음/상음, 해자/상자로 만들어 **예문을 통해** free 감주로 간직하라. 이렇게 감주로 간직하면 저절로 기억되기 때문에 암기부담도 제거된다.
2. **(free) 4감주, 즉 들은 감주, 말한 감주, 읽은 감주, 쓴 감주가 많아야 영어가 저절로 된다.**

7 한국말과 영어통역

7 한국말과 영어통역 :

한국말 그대로 옮기는 것보다, 옮기고자 하는 한국말의 A상황에 맞게 간직한 free 감주로터 감각적 주파수로 말을 하면 된다. 말을 고를 때는 **BAM 영뇌**를 적극적으로 활용하라. 그러면 Konglish를 방지할 수 있을뿐더러, 영어를 쉽게 그리고, 정확하게 자유자재로 **자신있게** 구사할수 있다. **caution] 전달의미(IS)가 저절로 실리게 감각적 주파수로 말한다.**
특히 감각적 주파수로 말해야 말이 쭉 이어진다.

일류 통역사들이 자주 오역하는 경우가 있는 데, BAM 영뇌를 보유하지 못하고, 무조건 단어를 외워서 1 대 1 대응식으로 한글에 끼(워) 맞추기 때문이다. 이들은 영어를 모르는 사람들이 보기엔 영어를 잘하는 것처럼 보이나, 겉으로 드러내지 못하는 한계점을 늘 가지고 있다. **BAM 영뇌를 보유하고 있지 않기 때문이다.**

아주 간단하게 실례를 들면 '나는 저 레스토랑에 자주간다' 는 말을 영어로 옮길 때 그냥 1대 1 대응식으로 끼맞추어 말하면 "I frequent that[the] restaurant." 로 되지만, 자주가는 그때 상황이 종종 가는 것으로서 자주 가면 often으로 말하면 되고, 패턴 식으로 단골처럼 자주 가는 상황이면 patronize으로 말하면 된다. 이처럼 그냥 끼맞추는 것보다 그때 말한 상황부터 정확하게 파악하는 게 중요하다. 이때 BAM을 활용하면 상황에 맞게 정확하게 언어를 구사할 수 있다.

IIIII.. ☞ I go to that[the] restaurant often. or I patronize that[the] restaurant.

감각적 주파수 : Igotothat[the] restaurantoften. Ipatronize that[the]restaurant.

often=시간이 날때마다 가는 것으로서 종종 가는 것,
종종 가는 것으로서 자주 가는 것 [o: move f: free t: times]
frequent=시간이 날때마다 자유롭게 달려가는 것으로서 자주 가는 것
[f: free r: run t: times]
: Police visited all the bars that the suspect frequented.
patronize=시간이 날 때마다 패턴 식으로 가는 것으로서 단골로서 자주 가는 것
[p: pattern t: times]

지금 TV에서 'Steve Jobs의 사임에 대해서 말하고 있다.'
이것을 통역할 경우 :

IIIII.. ☞ **1대1 대응식 통역일 경우**
" They are /talking about /Steve Jobs' resignation." 으로 말하면 되겠지만

IIIII.. ☞ **(뇌화된 D두뇌로) 간직한 free 감주로 상황통역을 할 경우**
" On Steve Jobs' resignation." 으로 또한 간단히 처리할 수 있다.

아무튼 1대1 대응말에 집착하는 것보다 그 말 상황에 맞게 표현하면 얼마든지 다르게 다양하게 표현할 수 있다. 즉 한국말의 구속에서 벗어날 수 있다. 이 때에도 BAM 영뇌를 적극 활용한다.
on BAM=위에 올려 놓는 것으로서 관해서 말하는 것 시동=올려놓고 있는 데[관해서 말하고 있는 데], Steve Jobs의 사임에 관해서 말이다[말하고 있다].

→ 만약 이런 것을 Bill Gates가 말하고 있다면
" Bill Gates on Steve Jobs' resignation." 을 감각적 주파수로 말하면 된다.

plus] 영뇌쓰기 **BAM 영뇌를 살려 상황에 맞게 간직한 free 감주로 글을 쓰면 된다.**

간직한 free 감주가 많으면 저절로 BEis로 IS로 쓰여진다. 글을 마음대로 쓸 수 있는 비밀이 바로 여기에 있다. 이런 free 감주를 가지고 TS(topic sentence)로 글을 쓰면 저절로 연역식, 귀납식, 논문식(서론+본론+결론, 즉 IBC식 전개) 글이 된다. 요약글은 영뇌 summarizing skills를 참고하라. ☞ **영뇌영어 vol 2 p451, 467**

주의]영작도 상황영작이지 1 : 1 대응식[대입식] 한글영작이 아니다.

CONTENT INDEX

비연결설명어 영뇌

원동사 영뇌

과동사 영뇌

현동사 영뇌

일반과분사 영뇌

CONTENT INDEX

게리오웬의 기본영뇌 Vol. 2

지은이 Garryowen J. Rhee 표지 류지웅
발행처 NB English (앤비 잉글리쉬) 인쇄 BookTory

초판 발행 2015년 8월 15일 개정1판 발행 2018년 6월 11일
개정2판 발행 2019년 10월 11일 개정3판 발행 2023년 4월 25일

등 록 1999. 1. 28 No 4-120
전 화 031-285-3908
팩 스 031-285-3909
도메인 www.nbenglish.co.kr or www.genglish.com

정가 34,000원

종이책 ISBN 978-89-98825-42-3
전자책 ISBN 978-89-98825-47-8

Native Brain Books

..게리오웬의 영뇌서적 출간 순서

영뇌종합서
리딩, 청취, 영작,
특히 신문법과
구문법 병기

영뇌
리딩
기본서

영뇌
리스닝 스피킹
기본서

단어영뇌
기본서

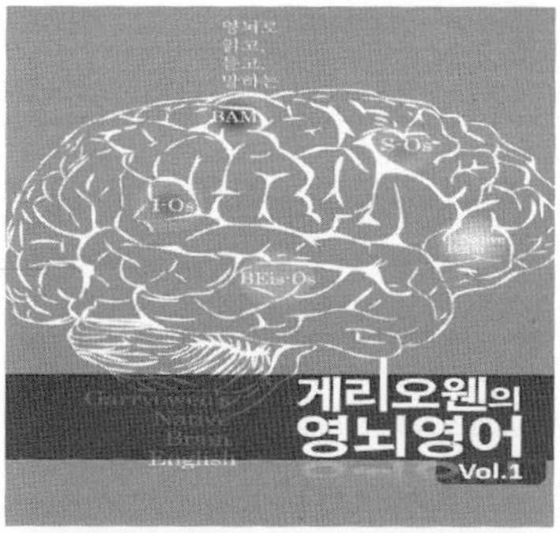

영뇌영어-종합완결편-
BEis영뇌 + IS영뇌
+ BAM영뇌 + F영뇌
+ Twenty Four 영뇌
+ ＊영뇌실전/영뇌리딩
(+수학리딩/영뇌요약)
+ 영뇌청취(+한글통역)
+ 영뇌말하기(+영어통역)
+ ＊영뇌쓰기

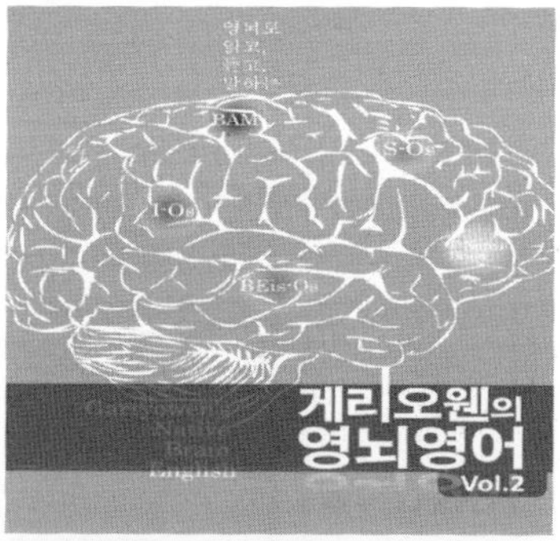

기본영뇌-기초편-
BEis영뇌 + IS영뇌
+ BAM영뇌 + F영뇌
+ Twenty Four 영뇌
+ ＊Free 영뇌
+ 영뇌청취/영뇌말하기